U0358500

中美经贸摩擦和国际经济秩序转型

上卷

沈 伟 ◎ 著

US-CHINA TRADE CONFRONTATION AND
INTERNATIONAL ECONOMIC ORDER TRANSFORMATION

上海交通大学出版社
SHANGHAI JIAO TONG UNIVERSITY PRESS

内容提要

2018 年年初开始的中美贸易摩擦由于规模之大、时间之长和议题之多,被媒体称为史诗级的贸易战。本书以中美贸易摩擦涉及的主要法律议题和分歧为经纬,以国际法为依据,以百年未有之大变局为背景,对中美贸易摩擦进行"事件"研究,试图进行客观且全面的法律分析。中美贸易摩擦久拖未决,并且向投资、金融和供应链领域扩展,从一个侧面表明中美两国在贸易领域的分歧只是地缘政治经济竞争中的一部分,甚至是很小的一部分。中美贸易摩擦也许只是百年未有之大变局的一个缩影和脚注。本书读者对象包括国际经济法、国际政治和国际关系理论界和实务界人士。

图书在版编目(CIP)数据

中美经贸摩擦和国际经济秩序转型 / 沈伟著. —上海:上海交通大学出版社,2023.6
ISBN 978 - 7 - 313 - 28143 - 2

Ⅰ.①中… Ⅱ.①沈… Ⅲ.①对外经济关系-中美关系-研究②国际经济-经济秩序-研究 Ⅳ.
①F125.571.2②F11 - 0

中国版本图书馆 CIP 数据核字(2022)第 242006 号

中美经贸摩擦和国际经济秩序转型
ZHONGMEIJINGMAOMOCA HE GUOJIJINGJIZHIXU ZHUANXING

著　者:沈　伟
出版发行:上海交通大学出版社　　　　地　址:上海市番禺路 951 号
邮政编码:200030　　　　　　　　　　电　话:021 - 64071208
印　制:上海万卷印刷股份有限公司　　经　销:全国新华书店
开　本:710 mm×1000 mm　1/16　　　印　张:46.75
字　数:731 千字
版　次:2023 年 6 月第 1 版　　　　　　印　次:2023 年 6 月第 1 次印刷
书　号:ISBN 978 - 7 - 313 - 28143 - 2
定　价:188.00 元

序
Preface

　　路就在脚下，光明就在前方。收到沈伟教授《中美经贸摩擦和国际经济秩序转型》的书稿，我脑海中立刻浮现出习近平总书记在中共二十大后我国首场国际重要展会——第五届进博会开幕式上视频致辞。坐在会场里，这句话深深触动了我。中美关系是当今世界最重要，也是最复杂的双边关系，和则两利是不争的事实。从 2018 年开始的中美贸易摩擦的持久性、规模性与复杂性都远超以往，对中美两国关系甚至当今国际经济秩序和国际经济治理体系都造成了深远的影响。美国对中国出口的价值 3 000 余亿美元的商品征收惩罚性关税是对自由贸易基本原则的重大冲击，应当完全解除。历史是最好的教科书。2022 年是尼克松访华 50 周年，历史充分证明，推动中美关系重回健康稳定发展轨道，对两国人民的友谊和合作、对亚太和平和发展、对世界繁荣和进步都是巨大的促进。

　　我长期研究并特别关注中美关系及其对国际经贸的影响等问题，与沈教授相识、相知于相关的学术论坛和研讨等场合。沈教授在国际经济法、公司治理、金融规制以及国际商事仲裁方面的研究十分广泛和深入，出版了20余部中英文著作、发表了300余篇中英文论文，研究成果之丰硕获得学界的高度肯定和认可。此次他的新作聚焦中美贸易摩擦，并进行了全景式的梳理和分析，呈现三个特点：一是全面翔实、条分缕析，论述深入浅出，围绕"结构性问题"，将中美贸易摩擦中的主要议题展开铺陈和阐述；二是重点突出，以历史走向进行层层推进，既分析了涉及的法律问题，也分析了对国际经济治理体系的影响；三是观点鲜明、立论有据、启迪心智、发人深省，值得我们认真一读。

当下，国际环境正在发生重大而深刻的变革，一系列变化都显示出国际秩序和全球治理体系已经迎来百年未有之大变局，中美贸易摩擦是这一大变局的一个重要例证。百年未有之大变局拉开的是世界之变、时代之变、历史之变的帷幕，展开的方式前所未有，巨大的挑战前所未有。以本书重点分析的中美贸易摩擦为例，与以往只涉及单个议题不同，此次中美贸易摩擦已从贸易扩展到投资、金融等诸多领域，既涉及国际经济法，又涉及中美两国的国内法和涉外法治（对外关系法）；既涉及地缘国际政治，又涉及全球经济发展和全球化。

中美两国，一个是世界上最大的发展中国家，另一个是世界上最大的发达国家。作为世界上最重要也是最复杂的双边关系，两国的发展一定是你中有我，我中有你。当前，中美两国经济深度融合，面临新的发展任务，需要从对方发展中获益，全球经济疫后复苏、应对气候变化、解决地区热点问题也离不开中美协调合作。因此，中美两国共同利益不是减少了，而是更多了。相互尊重、和平共处、合作共赢是大势所趋、人心所向。

以史为鉴，面向未来。让我们重温50年前，中美两国领导人实现了"跨越太平洋的握手"，重新打开了中美交往的大门，其所表现的远见、智慧和勇气令人赞叹。中美之间的合作从无到有、从小到大、从少到多，在历史上留下浓墨重彩的一笔。中美各自取得成功对彼此而言是机遇而非挑战。虽然中美两国未来还会摩擦不断，但在维护好我国基本原则的前提下，找到中美关系发展正确方向，使两国关系在更稳定的预期中得到发展、推动中美两国人民世代友好，这是习近平总书记一直倡导的。谋发展和促和平是世界人民的共同愿望。如今的中国正以前所未有的从容和自信，以中国式现代化全面推进中华民族伟大复兴，并且在融入世界的过程中秉持开放、融通、互利、共赢的合作观，做全球发展的参与者、推动者，同各国一起实现共同发展。

中美友好是千百万人的期盼，更需要千百万人的努力。我们要绵绵用力、久久为功，以更大的智慧、勇气，推动中美关系沿着正确航向前行，为全球稳定增加信心，为共同发展增添动力。我也期待与作者和读者们就此展开学术对话，为我们所身处的百年未有之大变局"做脚注"。

是为序。

2022 年 11 月 15 日

前　言
Foreword

　　2018 年开始的中美贸易摩擦是具有历史意义的大事件。这次中美贸易摩擦的长期性和大规模使得这次中美贸易摩擦不同于以往中美之间的贸易摩擦。中美贸易摩擦的久而未决不仅影响了中美之间的正常贸易关系，而且改变了中美之间关系的走向，甚至是国际经济秩序和国际经济治理体系。

　　中美之间的贸易关系正常化始于 1979 年。1979 年之后，中美之间逐渐开展双边往来，包括贸易和投资。中华人民共和国成立之后的 30 多年时间里，中美经贸关系是不正常的，虽然 1979 年之后进入正常化阶段，但依然发生了若干次摩擦，从这个角度来看，中美之间的贸易摩擦并不是一个偶发性的事件。

　　跟历次的中美贸易摩擦不同的是，此次中美贸易摩擦是"史诗级的"。它的特点在于：第一，规模比较大；第二，持续的时间比较久；第三，议题比较复杂。之前的中美贸易摩擦一般涉及的只是单个议题，而这次中美贸易摩擦涉及数个彼此纠结和关联的议题。以前的中美贸易摩擦都是美国设置议题、设定解决方案，中国通过临时性的方式进行应对，也就是说，中国一般不是机制性的回应（institional response），而是一种回应性应对（responsive reaction）。这主要是因为中美之间的贸易关系由美方主导，以及由其经济体量和经济规模决定的。此外，美国对国际经济治理体系和国际经贸规则了如指掌、运用自如，有比较丰富的经验，也有能力设置贸易摩擦的议题和议程，并设定解决方案。从这个角度来说，我国相对比较被动，因此，我们的应对方式都是临时性和回应性的。

从纵向来看，这次的中美贸易摩擦是规模比较大的贸易摩擦。第一次中美就所谓的纺织品配额问题发生摩擦。在中美贸易关系正常化以后，中国的纺织品大量出口美国，但是由于当时中国不是关贸总协定的成员国，所以，不受关贸总协定关于纺织品配额协定的限制，出现了大量出口，美国市场又没有办法吸收，导致贸易摩擦，解决方案是中国签订了关贸总协定项下的一个纺织品配额协定。第二次中美贸易摩擦是美国把人权与最惠国待遇挂钩，那一次的中美贸易摩擦时间比较长，一直到克林顿执政以后，双方才实现中国最惠国待遇的正常化。中美贸易所谓的逆差问题并不是中美贸易摩擦当中一个恒定的问题。因为中美贸易关系正常化之后，在相当长一段时间里，中国不是贸易顺差国，美国是顺差国，两国顺差和逆差的关系到1996年才发生了变化。也就是说，从1979—1995年，中国一直处于贸易逆差的状态，美国处于顺差；1996年后，美国的贸易才开始出现逆差，而当时美国的贸易逆差数额也不是非常大，贸易逆差总体是可控的。所以当时美国对华贸易逆差问题并不是中美贸易中的一个重要问题。直到中国加入世贸组织后，逆差就变得不可控了。现在的规模是美国对中国每年有3 200亿美元—3 800亿美元的贸易逆差（计算口径不同），美国认为这个体量难以接受。中国每年的贸易顺差仅美国就贡献了总额的2/3。另外，美国的贸易逆差每年还在持续增长，包括特朗普政府对中国实施制裁以后，本来的预想逆差是会减少，但是2020年新冠疫情暴发以后，逆差持续扩大。所以，逆差问题是此次中美贸易摩擦的直接导火索，但不是中美之间贸易摩擦恒定的问题。

中美贸易摩擦当中有一个恒定和持续的问题——知识产权保护问题以及与之有关的知识产权保护法律制度，这一直是困扰中美贸易关系的法律问题，既是法律问题，也是经济问题。例如，在这次中美贸易摩擦中，美国贸易代表办公室发布的《301调查报告》就认为，中美贸易失衡与中国盗窃大量的美国知识产权有关。中国将美国公司的知识产权转让和市场准入挂钩，产生了"强制技术转让"问题。美国还声称中国发动网络战，窃取了美国公司的知识产权，存在着网络盗窃问题。

就目前来看，中国在改革开放以后确立的知识产权保护的整个体系和框架，或多或少都与美国有关。大陆法系通常对知识产权侵权救济没有惩罚性赔偿金制度。也就是说，如果有知识产权侵权，被侵权人只能要求基于损失的赔偿。美国认为由于这样一个赔偿机制刺激或者变相鼓励了很多知识产权侵权，所以，美国要求中国改变国内的知识产权保护体系，引入惩罚性赔偿机制。中美经贸协定第一阶段里面就有吸收美国知识产权保护制度中的对知识产权侵权的惩罚性赔偿机制。在大陆法系国家中，只有中国有这样的制度，这个制度就是在美国的压力下，通过立法方式吸收的。过去中美贸易摩擦中的议题大多是由美国设定的，由其提出解决方案，中国作出临时性的应对，一般都是以接受的方式解决中美贸易摩擦，而此次中美贸易摩擦并没有按此路径得到解决。

美国政府提出了一个新的概念，是以前中美贸易摩擦没有的，叫"结构性问题"（structural problem）。结构性问题并不是第一次出现的概念，其在20世纪80年代的日美贸易摩擦中曾经出现过。国际金融法中有一个重要的国际协议，也是国际金融法一个重要研究的对象，即日美《广场协议》。这个《广场协议》就是在日美贸易摩擦高潮的时候，日本在美国的要求下，与美国、德国、英国等国签订的。《广场协议》要解决的并不仅仅是日本对美出现的大量贸易逆差，而是美国商务部部长贝克提出的结构性问题。他认为日本对美国的贸易出现大量的逆差，并非仅因为财政政策、单边制度或者是贸易保护措施引起的，而是因为有一个结构性的问题，是由产业政策、政府补贴、倾斜性保护制度和汇率制度综合引起的，所以这些问题统称为结构性问题。在《广场协议》中日本作出了一系列承诺：一是扩大对美国产品的进口；二是日元对美元大额升值。在《广场协议》签订之后，美元兑日元从1∶120上升到1∶90，《广场协议》还修改了日本对当时的半导体和电信产品、电子产品的产业政策。日本对本国的一些特别需要鼓励的新兴发展产业有特殊的保护和财政补贴，美国认为这些造成日本产品对美国形成了一个非正当优势，结构性问题需要通过一揽子的方式来解决。

这次中美贸易摩擦中也有一个结构性问题，但是这个结构性问题与日美贸易摩擦既有相同点，也有不同点。相同点都是结构性问题，是多个问题的集合；而不同点在于中美贸易摩擦中的结构性问题要复杂得多，有几个方面是日美贸易摩擦中没有的。横向比较日美贸易摩擦，对中美贸易摩擦有启发意义，例如日美贸易摩擦也是从低端的产业向高端产业的发展；最早的日美贸易摩擦同样发生在纺织品领域，然后逐渐向电子、半导体行业发展。以前日美贸易摩擦也是单个的议题，然后发展到结构性问题。以前日美贸易摩擦只是突出贸易领域的问题，例如产业政策，包括政府补贴、农产品进口等问题，然后发展到汇率和金融市场的开放。这些与现在的中美贸易摩擦一样，有相似的地方。这些相似点有一个背景。国际关系理论界提出"70％理论"，指出像这种大型的贸易摩擦背后有一个逻辑，这个逻辑就是所谓的"修昔底德困境"，也就是当后发国家的 GDP 达到了现任大国 GDP 70％左右的时候，现任大国对后发国家就会采取一些政策上的压制，在日美贸易摩擦高潮的时候，日本的 GDP 就是美国 GDP 的 70％左右。2018 年中美贸易摩擦刚开始的时候，中国的 GDP 是美国 GDP 的 63％，2020 年中国的 GDP 是美国 GDP 的 70％。从这个角度来看，中美贸易摩擦和日美贸易摩擦有相似的背景，都是"修昔底德困境"的一种表现形态，也是两国关系发展到一定阶段的必然产物。一些学者认为中美贸易摩擦的发生具有偶然性，例如美国总统的执政风格，但是，中美贸易摩擦发生的时间点也有其必然性。

日美贸易摩擦对我们看待中美贸易摩擦最大的启发，就是日美贸易摩擦最后是通过协议的方式解决的。国际贸易摩擦，或者推而广之，国家之间的纠纷，最佳的解决方式是通过协议的方式解决。经济学理论提出的所谓"囚徒困境"，即国家需要通过谈判的方式互相了解对方政策的底线和选项，以解决信息不对称的问题，这是成本最小的解决方式，达到了帕累托最优，而不能通过隐瞒信息的方式扩大纠纷，这不是成本最优的选项。不通过协议或者国际条约解决方式的后果将造成贸易摩擦的升级，并逐渐向其他领域扩展。例如，这次中美贸易摩擦已升级到投资和金融领域。日美贸易摩擦和中美贸易摩擦还有一个很大的不同点，也就是日美贸易摩擦是同盟国之间的摩擦，即这两个国家的贸易摩擦发展到一定阶段，是能够通过同盟国利益协调的机制得到解决。但是中美贸易摩擦可能就没有办法通过同盟国这种框架得到解决，所以才造成了现在贸易摩擦不断升级、扩展，在拜登执政之后，贸易摩擦仍然没有出现停止和扭转，甚至还有恶化的趋势。拜登执政后，美国国会还通过一系列法案，包括对科技链的垄断，以阻挠在一些科技领域对华合作。在未来相当长的一段时期内，我们可能会看到中美贸易摩擦或者中美关系会是目前这样的状态，而不是走向良好。归根结底，中美不同于日美贸易摩擦同盟国的关系，我们不能用这样的关系来解读、了解或者预测中美之间的贸易摩擦或者双边关系的走向。中美之间存在一个"战略竞争"的关系，这个"战略竞争"的关系也是一种"结构性问题"，无法像日美贸易摩擦那样，通过《广场协议》的方式一揽子解决。本书第二章专门分析了日美贸易摩擦对中美贸易摩擦的启示。

那么这个结构性问题复杂在哪里？按照特朗普政府贸易代表办公室的提法，主要有四个核心问题。

第一个结构性问题就是国有企业的问题。国有企业问题为什么是结构性问题当中的首要问题？因为美国政府认为国有企业是中国实施"市场扭曲行为"和非市场经济政策的载体。我们一度认为国有企业的特征是低效率、低回报和比较差的公司治理结构。但是，国有企业在 21 世纪特别是全球金融危机之后发生了一个转向，就是国有企业重新复活了，很多指标发生了较大的变化。美国学术界对中国的国有企业也投入了很大的关注，斯坦福大学法学院的柯蒂斯·J. 米尔霍普（Curtis J. Milhaupt）教授，曾分析了中国央企的一些特征，引起了学术界的关注。他用了"生态系统"（ecosystem）的理论框架，去分析中国的央企。他认为对中国央企的研究不是一个主观的评价，而是通过"生态系统"即法社会学中的生态学的方式去研究中国的国有企业，特别是央企的一些基本特征，这些基本特征给公司法学界一些启发。一是这些央企都有一个独立的融资机构，解决了公司融资难题，降低了融资成本。二是这些央企都有一个研发机构，即通过内部设定，或者是设立在央企之外的研发机构，在一定程度上解释了中国为什么在 21 世纪之后出现了大量的专利技术。中国每年的专利登记数在全球排第二，仅次于美国。当然美国也质疑我们，因为我们实用新型的专利所含有的技术含量是比较低的。但是无论如何，上述特征是日本和韩国的大型企业所不具备的。中国的央企为什么会引起了美国学术界的关注？因为中国国有企业的地位在全球金融危机之后发生了显著改变。2002年，中国只有6家企业进入全球500强；2019年，中国第一次成为拥有世界500强最多的国家，128家全球500强企业中有122家是国有企业。如果美国批评中国国有企业的低效率、低回报和有问题的公司治理结构，那么怎么解释它们反而做大了？这不符合基本的逻辑，不能从经济上或者法律上解释中国国有企业的现状，这引起了美国学术界对中国国有企业的好奇和关注。在WTO中的"双反案件"中，美国认为，中国的四大国有银行是政府公共机构，所以，中国四大国有银行向其他企业进行贷款就构成事实上的补贴。中国提出"政府职能说"，认为国有银行没有行使政府职能，因此不应该被认定为政府机构。美国则坚持"政府控制说"，认为中国的国有商业银行是政府控制的，表现在股权控制、人员任命和政策配合等方面。此外，美国在TPP谈判中嵌入了国有企业章节，这说明中美之间在国有企业问题上的争论正在不同层面上全面展开。

第二个问题是竞争中性。竞争中性这个概念最早是澳大利亚在20世纪70年代首先提出的，一开始竞争中性是一个国内法概念，不是一个国际法概念。什么叫竞争中性？也就是所有不同所有制的企业，在市场经济中的竞争条件应该是一样的。竞争中性这个概念提出之后，发达国家基本上接受了这样一个概念，特别是经合组织深度分析了竞争中性概念，并提出了具体的报告，其中一个报告专门对竞争中性概念进行了分拆和量化，提出了竞争中性的8个指标。美国在"特别301调查报告"中指出，中国有6个方面没有做到竞争中性，包括监管中性和贷款中性偏离。监管中性的意思是说，假如银保监会有一套监管规则，但是它对国有银行、民营银行、外资银行的监管措施的施加强度不一样，如果监管强度强，则被监管的银行的合规成本就高；反之，它的合规成本就低。如果这些银行的收入是一样的，监管强度越高，则其成本就越高，利润就少。在 $P=R-C$ 的公式中，如果R都一样的话，C越高，P就越低，故一定程度上解释了国有银行的利润回报率比较高，而民营银行和外资银行的回报率却比较低的原因。贷款中性是指不同借款人的贷款条件是不一样的。例如都是买房子，去银行贷款，都要贷 300 万元，如果是国有企业，银行对其资金的情况调查就比较简单，利息也比较低；假如是民营企业去贷款 300 万元，银行会让其提供抵押物或担保人，利息也比较高，这种贷款条件的差异就是贷款非中性。贷款非中性的后果就是民营企业贷不到款，我们一般称之为普惠金融不充分，美国认为这是贷款不中性或者贷款中性偏离。这种现象在金融法上称为金融市场二元结构，尽管民企对国民经济的贡献更加大，但是民企从国有银行体系中获得融资反而比国企少。

第三个结构性问题是非市场经济地位，即美国指责中国进行一系列"扭曲市场行为"。与非常经济地位直接有关的国际法问题是《世贸组织协定》第 15 条规定的中国在加入世贸组织（WTO）15 年后，美欧日在反倾销案件中不再认定中国是非市场经济国家，不再选择一个市场经济国家的产品作为替代品，以计算倾销额度。在结构性问题中，美国认为中国不是一个市场经济国家，因为中国扭曲了市场经济。

第四个结构性问题是产业政策。《中国制造 2025》是参考《德国工业制造 2.0》而设计的产业规划。美国认为中国国有企业具有竞争非中立性和非市场经济的特点，故产业政策的实施会扭曲市场。《中国制造 2025》有政府财政补贴，受益最大的是国有企业，民企和外企并不会受益，有违国民待遇原则。此外吗，我国没有加入 WTO 政府采购协定，所以外企不能进入政府采购名单。

本书的研究主题主要有两个：一是对中美贸易摩擦涉及的法律问题进行分析；二是对中美贸易摩擦对国际经济治理体系的影响进行分析。

本书为上、下卷。上卷包括第一章至第十章；下卷包括第十一章至第十九章以及附录。

第一章以日美贸易摩擦为比较和参考对象，对日美贸易摩擦的经纬加以梳理，以此对中美贸易摩擦提供参考维度。第二、三、四、五章分别讨论了结构性问题中的三个问题，即国有企业、竞争中性、《中国制造 2025》和强制技术转让问题。这四个问题在中美贸易摩擦中属于技术性问题，本书的分析主要是将这些问题置于国际经济法的框架中加以审视。非市场经济问题本身不是一个国际法问题，但是也在本书其他章节有所涉及。

以第二章为例，国有企业在国际贸易和投资领域存在身份困境。随着国有企业在国际经济活动中的优势地位日益突出，在投资、贸易和金融领域中进退维谷，涉及国有"身份"和竞争"地位"的争议无可避免。在国际投资领域，我国的国有企业在双边投资协定中的地位由于在国际法上没有明确和统一的"投资者"认定标准而受到质疑。由于在国际贸易领域，我国国有商业银行在西方国家对中国的反补贴调查中被认定为"公共机构"，从而给跨境信贷业务留下了法律隐患。本书从"捷克斯洛伐克商业银行诉斯洛伐克共和国"案（CSOB v. SlovakRepublic）和"北京城市建设集团诉也门"（BUCG v. Yemen）案等入手，对国际投资争端解决中心（ICSID）和布罗切斯（Broches）标准进行考察，分析 ICSID 仲裁申请人资格认定标准，并且从国有银行的公共机构认定切入，从竞争中性的角度提出摆脱"公共机构"的困境以及优化国有企业改革的路径。

本次中美贸易摩擦与之前不同的重要表现就是由于贸易摩擦的久拖不决，贸易摩擦继续向投资和金融领域发展。美国除了发动贸易战之外，还收紧了中国企业对美的直接投资，大幅修改外国投资国家安全审查制度。更加令人忧心的是，美国还推动金融脱钩，通过《外国公司责任法案》意图迫使中国在美上市企业下市，对中美之间的金融联系进行硬脱钩。本书第六、七章聚焦美国外资国家安全审查制度的急剧变化和《外国公司责任法案》对中美两国证券市场合作带来的消极影响。美国的立法表明美国法保守化和美国外资法单边化的趋势。

中美贸易摩擦还触发了国家安全泛化，国家安全深度卷入两国经贸关系。数据、卫生等新型安全议题成为中美贸易摩擦的新议题。

在全球数字贸易和数据治理体系尚未成型的背景下，中美之间在数据和数字贸易方面激烈碰撞。"抖音"案为我们理解和认知中美两国在网络空间博弈中的规则之争和技术遏制提供了新的材料和案例。在数字科技快速发展的大背景下，网络安全已不再是中美之间的单个争议议题，而是在国家利益指引下涉及长期战略竞争的博弈手段和角力领域。特朗普执政期间以国家安全为由，通过行政令等方式意图驱逐或封杀抖音，施压字节跳动以迫使其放弃对抖音的所有权。抖音事件是中美全面博弈升级和科技战背景下中国企业在美境遇的缩影。美国对中方高科技企业及其供应链生态实行围堵打压，扩大"国家安全"概念，意在阻挠中国正在实施的科技创新的国家发展路径，维护美国在网络空间中的优势地位，巩固美国的技术霸权。我国企业在国际化进程中应强化安全意识，积极探寻应对策略和救济途径。另外，国家层面应当加强政策上的支持，给予中国企业在跨境经济活动中的法律保护。第八章分析了中美之间在信息技术领域的竞争关系。

中美贸易摩擦有明暗两条主线。明线是两国政府就贸易摩擦所涉议题展开谈判，以期达成协议，解决贸易争端；暗线是中美之间就制裁和反制裁、遏制和反遏制展开的法律战。法律战是中美贸易摩擦所呈现的国家之间的法律和制度之争，是在美国法律霸权主义背景下，中国参与国际经济治理无法回避和必须回应的法律竞争和法律反遏制。法律战的工具具有多元性，这导致法律战呈现出复杂性。以长臂管辖和次级制裁为主要特征和核心的法律战对于中国完善国内法和参与国际法实践提出了更高的规则和制度要求。以《不可靠实体清单规定》和《阻断外国法律与措施不当域外适用办法》（以下简称《阻断办法》）为代表的法律战需要实体法、程序法、国内法、国际法等多重要素的整体配合，才能达到政策目标。

第九、十章主要对贸易摩擦中的法律战进行解读，分析我国新近构建的针对美国制裁和贸易限制措施的反制制度。第九章主要考察中国的不可靠实体清单制度；第十章则对金融制裁和反制裁进行学理分析。

卫生和健康安全是新型国家安全的重要方面。2020 年年初暴发的全球新冠疫情，不仅没有为缓和中美贸易摩擦、加强双方卫生合作提供窗口，反而引起了供应链安全的新议题。美国利用新冠疫情污名化中国政府，一些州政府挑起恶名诉讼，成为中美贸易摩擦的一个插曲。除了国家主权豁免的国际法问题外，新冠疫情似乎加重了国际法的去法化，国际法治进入弱化和式微的通道。第十一章主要围绕新冠疫情和国际法中出现的民粹主义展开。

WTO 的发展和变化离不开中美两国的参与，也深受两国的影响，而中美经贸关系上的大部分议题都可以在 WTO 体系和规则下加以认识和评价。中美经贸关系中的大部分问题，例如 301 调查及关税、232 调查及关税、贸易救济、市场经济地位问题等都与 WTO 体系有关（投资可能是一个比较明显的例外）；而对于 WTO 的改革也离不开中美两国，例如，发展中国家地位之争等都必须结合中美经贸关系和两国政府的态度进行理解。

在当今世界经贸格局中,几乎所有的全球范围内重要的问题都离不开中国和美国,而有相当比例的问题可以放在 WTO 体系下进行评价。正是因为中国、美国和 WTO 影响力及覆盖面,使得中美贸易摩擦与 WTO 的发展和改革深度纠缠。这是第十二章的主要内容。

第十三章开始主要聚焦中美贸易摩擦对国际经济秩序和治理体系的影响。近年来美国推进小多边主义,本章主要对美国的小多边主义实践进行分析,美国的小多边主义可能对现有的 WTO 和全球经济秩序起到边缘化甚至是瓦解的作用。

中美贸易摩擦的国际经济治理体系和全球化发生很大转向。美国重新定义和建构国际经贸规则的意图非常明显,试图通过"价值观同盟"突出国际经贸规则的价值属性,整个国际经贸规则体系也呈现出安全化和安全泛化的特征,逆全球化的态势非常明显。第十四、十五章分别分析价值观同盟和安全泛化主义对国际经贸规则乃至体系的重塑作用。第十六章检视逆全球化对全球治理赤字的加重影响及其克服。

第十七章重点回顾和分析中国参与国际经济治理体系和国际经济秩序的代际理论,从中挖掘难题和解法。本章聚焦国际法在 21 世纪第三个十年转折点的主要变化,并且从人类命运共同体理论提出应对的思路。"国际经济秩序"作为广受关注的概念,根据所处历史时期和功能定位的变化,产生了多次形态上的迭代,形成具有多阶段特征、依托多主体参与的代际变化。考察这样一种代际演进,能够看到中国参与国际经济秩序的理论形成过程,发掘中国视角下国际经济秩序的学术话语、历史难题和现实解法。国际经济秩序的中国参与理论以重视客体—主体、自身—他者、理想—现实等矛盾的学术话语为代表,讨论了价值判断、角色定位、功能变化等难题,最终尝试给出理念和制度上的解法。在百年未有之大变局的历史背景下,面对中美两国的碰撞和摩擦,中国参与理论将有机会指导中国进一步建设国际经济秩序,深化贡献与作为,为引领人类社会向善发展贡献中国智慧。

第十八、十九章概括中美贸易摩擦对国际经济秩序的影响。总体而言,中美贸易摩擦必然会影响全球化的进程,影响国际经济秩序的合作框架(例如 WTO),甚至会成为影响国际经济安全问题(主要表现为供应链安全和产业链安全)。中美作为世界上最大的两大经济体和最大的两大贸易国，中美贸易摩擦和失衡本身就会动摇国际经济秩序，影响国际经济秩序走向和稳定。

由于此次中美贸易摩擦还没有尘埃落定，仍是进行时。为此，书末有三个附录，分别是中美贸易摩擦大事记、美国《2021 贸易议程》和《2021 年美国国家贸易评估报告摘要（中国部分）》，以便读者对中美贸易摩擦有一个全景式的了解。

沈　伟

2022 年 3 月 4 日初稿

2023 年 3 月 27 日再稿

目　录

Contents

1　**第一章　中美贸易摩擦的镜鉴**

　　　　　　——日美贸易摩擦之回顾、走向与启示

2　第一节　日美贸易摩擦的历史进程

4　第二节　美国的多重施压手段

15　第三节　日本的回应性应对策略

19　第四节　日美《广场协议》和日美贸易冲突趋缓

24　第五节　国有企业在反倾销诉讼中的挑战

33　第六节　日美贸易冲突对中美贸易战的启示

37　第七节　结语

39　**第二章　国有企业在国际经济活动中的身份困境：**
　　　　　　有没有国际规则

39　第一节　作为跨境商业活动主体的国有企业：法
　　　　　　律身份之争

41　第二节　IIAs和《华盛顿公约》中国有企业的地
　　　　　　位和投资仲裁实践

54　第三节　摆脱"公共机构"身份困境及国有企业改革

57　第四节　结语

61　**第三章　竞争中性原则和竞争中性偏离背景下的国有企业改革之困**

62　第一节　不同版本的竞争中性原则

75　第二节　我国企业的竞争现状及特征

81　第三节　竞争中性原则对我国企业竞争环境的挑战

83　第四节　竞争中性原则在我国实现的竞争中性化进路

91　第五节　结语

93　**第四章　WTO 规则下的产业政策**
　　　　　——基于 301 报告及《中国制造 2025》的分析

94　第一节　欧美等国家对《中国制造 2025》的主要看法及指责

100　第二节　WTO 规则对产业政策的约束

110　第三节　《中国制造 2025》是否违反国际法规则

114　第四节　以 WTO 规则审视《中国制造 2025》

126　第五节　结语

128　**第五章　中国"技术转让政策"的强制性及其法理分析**
　　　　　——从 2018 年美国对华《301 调查报告》切入

130　第一节　技术转让政策的南北差异

137　第二节　中美"强制技术转让"争议

142　第三节　中国技术转让政策强制性分析

147　第四节　中国技术转让政策落入"灰色地带"释因

155　第五节　结语

157　**第六章　美国外资国家安全审查制度的最新修改**
　　　　　　及政策影响

157　第一节　美国外资安全审查制度的渊源

163　第二节　美国外资审查制度的新近修改背景

171　第三节　美国外资安全审查制度的新近修改内容

179　第四节　美国外资国家安全审查制度修改评价
　　　　　　及影响

185　第五节　应对美国外资国家安全审查制度修改的建议

190　**第七章　"脱钩论"背景下的中美金融断裂**
　　　　　　——以《外国公司问责法案》切入

191　第一节　"脱钩论"下的《外国公司问责法案》

203　第二节　中美之间的跨境证券监管争执

216　第三节　中美资本市场脱钩的应对

225　第四节　美国抗疫经济刺激计划和国际货币体系
　　　　　　动荡

232　第五节　金融领域之外的中美脱钩：从产业竞争
　　　　　　到教育拦堵

236　第六节　人民币国际化的新机遇

239　第七节　结语

241　**第八章　网络空间博弈中的网络安全悖论和网络**
　　　　　　公私矛盾
　　　　　　——基于抖音事件的分析

244　第一节　美国政府打压 TikTok 的缘起和发展

249　第二节　TikTok 事件彰显的"网络安全悖论"

260　第三节　美国的网络话语霸权和网络安全审查

267　第四节　针对"网络安全悖论"的"公私应对"

275　第五节　结语

278　**第九章　贸易摩擦中的法律之牙**

　　　　　　——从不可靠实体清单制度到阻断办法

279　第一节　不可靠实体清单制度的出台背景

294　第二节　不可靠实体清单制度的规则设计

301　第三节　不可靠实体清单制度的落地

309　第四节　结语

311　**第十章　金融制裁的对称性和非对称性**

　　　　　　——美国对中国金融制裁法理剖析

312　第一节　"脱钩论"和中美金融断裂

315　第二节　美国金融制裁及其非对称性

326　第三节　中美金融角力的对称性

333　第四节　结语

337　**第十一章　民粹国际法和国际法的去法化：透视**
　　　　　　　贸易摩擦中的疫情插曲

337　第一节　民粹主义和民粹法理学

339　第二节　民粹国际法：逻辑和形式

351　第三节　民粹主义视域下的跨国公法诉讼、"索赔
　　　　　　论"与信息战

366　第四节　结语

368　**第十二章　WTO 的困境与多边贸易体系的改革**

370　第一节　WTO 的困境和失灵

374　第二节　WTO 困境的成因和改革的必要性

375　第三节　WTO 困境的解决

381　第四节　中美方案的分歧

395　第五节　结语

396　**第十三章　美式"小多边主义"贸易体制的端倪**
　　　　　　　和雏形
　　　　　　　——《中美经贸协定》（第一阶段）的
　　　　　　　　变局背景

396　第一节　问题的提出：逆全球化背景下国际治理
　　　　　　　体系的演变

399　第二节　美式"小多边主义"的端倪

406　第三节　现阶段美式"小多边主义"的规则内容

413　第四节　美式"小多边主义"体系对国际贸易
　　　　　　　体系的影响

415　第五节　中国的应对

421　第六节　结语

422　**第十四章　"价值观同盟"视角下的国际经贸秩序**

422　第一节　"价值观同盟"战略：概念初探

425　第二节　"价值观同盟"战略的历史发展与实践现状

431　第三节　"价值观同盟"下的经贸秩序：理论
　　　　　　　分析与现实批判

441　第四节　结语：价值观同盟战略的中国因应

445　**第十五章　国际经济规则的安全化和安全泛化**

446　第一节　国家安全、国际经济规则和安全规则

452　第二节　安全困境中的国家安全泛化主义

460　第三节　国家安全泛化主义的成因

467　第四节　安全困境和博弈论分析

472　第五节　启示：代结语

475　**第十六章　逆全球化和全球治理赤字**

　　　　　　　——如何驯服逆全球化？

476　第一节　逆全球化的摇摆

483　第二节　全球治理赤字的变化特征

489　第三节　全球治理赤字加剧的原因

494　第四节　驯服全球化的美版药方

500　第五节　治理赤字的中国解法

506　第六节　结语

508　**第十七章　国际经济秩序与中国参与理论**

　　　　　　　——基于代际变迁的考察

508　第一节　"国际经济秩序"溯源

510　第二节　"国际经济秩序"话语的代际考察

517　第三节　"国际经济秩序"代际史引发的难题

528　第四节　"国际经济秩序"难题的中国解法

535　第五节　结语

537　**第十八章　百年未有之大变局中的国际法演变**

　　　　　　　和人类命运共同体理念

537　第一节　全球化和逆全球化过程中的主权

542　第二节　全球化和逆全球化过程中的国际法话语

　　　　　　　体系转变

548　第三节　多边主义和国际组织重要性的演变

551　第四节　百年未有之大变局中的人类命运共同体

563　**第十九章　中美贸易摩擦对国际经济秩序的现实主义形塑**

563　第一节　中美贸易战的修昔底德逻辑

565　第二节　中美博弈的现实逻辑和内在因素

570　第三节　拜登政府时期中美关系的发展和走向

600　第四节　拜登政府加强美国世界领导地位的态度和措施

611　第五节　摆脱"修昔底德陷阱"的对策：理念共识、规则机制、全球议题

618　**附录**

618　一、中美贸易摩擦大事记（2017.1—2022.2）

663　二、拜登政府《2021年贸易议程》

664　三、2021年美国国家贸易评估报告摘要（中国部分）

673　**参考文献**

694　**索引**

706　**后记**

第一章

中美贸易摩擦的镜鉴

——日美贸易摩擦之回顾、走向与启示

2018 年开始的中美贸易战进入胶着状态。中美两国在可能以签订协定的方式结束贸易战之际突然进入新的困顿状态，其主要原因在于，美国政府采取霸凌主义态度和极限施压手段，坚持不合理的高要价，持续加征关税，并在协议中写入干涉中国主权事务的强制性要求，导致双方分歧难以弥合。美国贸易代表处和财政部联合回应，指出中方所谓涉及主权条款是贸易协议通常具有的正常的执行机制。双方认知上的差异归根结底是中美贸易战已经从传统贸易冲突上升到经济模式和治理体系之间的冲突和竞争。日美贸易冲突的历史维度为正确解读和判断中美贸易战的本质和走向有所裨益。

中美贸易战的历史维度是后发大国和现任大国之间存在的"修昔底德陷阱"。最近几次的"修昔底德陷阱"之困似乎存在一个"七成论"的假设或巧合，当某国综合国力达到首强的 70％都会遭遇某个与美国直接或间接相关的意外事件，从而突然衰落，而且基本上都会在短期内断崖式下降到美国 30％以下。

简单的历史回顾可以从第一次世界大战前的德国开始，那时衡量国力的主要指标是钢产量。1913 年，美国和德国的钢产量排在第一和第二位，分别是 31.8 百万吨和 17.6 百万吨，后者接近前者的 60％，德国当时已经成为全球科技中心，实际工业能力已经接近美国的 70％。第一次世界大战爆发，德国战败，钢产量下降至美国的 30％以下。第二次世界大战后衡量工业的重要指标是工业的总产值，苏联 1978 年的工业总产值超过美国的 60％，接近 70％。1979 年美国涉足阿富汗武装冲突，导致油价暴跌，苏联

工业总产值开始下落。1991 年苏联的 GDP 已不足美国的 30%。在经济全球化的浪潮中，日本于 1984 年取代苏联成为第二大经济大国，GDP 达到美国的 60%，而包括海外投资的 GNP 更是接近美国的 70%。1987 年美日签订《广场协议》后，日本经济陷入长期停滞，其经济总量已降至美国的 30%。最新的例子是欧盟，其背景是金融或者货币成为决定国力的指标。欧洲大市场在 1999 年欧元诞生时正式建立，欧洲经济一体化取得重大进展，此时欧元区经济总量达到了美国的 70%。欧元在诞生之初也被视为未来唯一可以与美元分庭抗礼的币种，但是 2000 年反恐战争爆发，欧洲外围地区的战争不断爆发，欧元汇率不断下滑，欧洲经济进入"失去的 20 年"。

2002 年，中国加入 WTO，当时中国 GDP 只有美国的 15%，到 2014 年，以美元计算的 GDP 在 10 年内增长了 6 倍，达到了 10.43 万亿美元，首次超过美国的 60%。按照 IMF 的预测，在 2018 年中国的 GDP 超过 14 万亿美元，达到了美国的 70%。显然，中美贸易战有"修昔底德陷阱"之困的必然性。

与中美贸易战最为接近的是日本与美国的贸易冲突，两者存在许多共性：两者都是由贸易顺差引起的贸易冲突，进而触发其他领域的经济冲突；都涉及所谓的结构性问题，都经历多次冲突，且大部分冲突以贸易协议的方式解决。

本章试图从日美贸易战的纵向发展阶段、发展历程和发展终局，为中美贸易战提供更为直观的经验。当然，与日美贸易冲突明显不同，中美两国不是同盟国，这或多或少地解释了中美贸易战更为复杂的意识形态因素和潜在的竞争因素。换言之，中美贸易冲突已经不再是简单的贸易冲突、经济纠纷和科技竞争，还包括意识形态和制度竞争的因素。

第一节　日美贸易摩擦的历史进程

20 世纪 50—90 年代，日美两国时有贸易摩擦。一方面，美国对美日巨额贸易逆差"感觉不好"；[①] 另一方面，日本保持了大量非关税壁

---

① 对当时美国的一些立法者来说，对日存在的巨额贸易逆差本身就能表明日本是不公平贸易国。See Max Baucus. A New Trade Strategy: The Case for Bilateral Agreements. *Cornell International Law Journal*，Vol. 22，Iss. 1，1989；Wolf Ira. The Congressional Agenda for Japan. *Cornell International Law Journal*，Vol. 22，Iss. 3，1989.

垒，[①] 并在许多工业领域赶超美国。美日贸易摩擦兼具汇率战、科技战和舆论战。整体上看，日美贸易摩擦可以划分为四个阶段。

20 世纪 50 年代后期—60 年代中期是日美贸易摩擦的萌芽时期。日本劳动密集型的轻工业发展尤其迅速，大量廉价纺织品和杂货品销往美国，冲击了美国的纺织业。1955 年，首次贸易摩擦爆发，美国轻工业界要求政府限制日本出口。之后日本纺织业实行自愿出口限制，其依据是 1957 年签署的《日美纺织品协议》。1965 年，美国对日贸易出现了第二次世界大战后以来的第一次逆差，达到 5.9 亿美元。[②] 1972 年，美国对日贸易逆差增加至 41 亿美元，两国签订纤维产品长期贸易协定，以此严格限定日本向美国出口纤维产品的品种、数量和规格。

20 世纪 70 年代中期—80 年代中期，日美贸易摩擦全面升级。日本经济在这一时期进入高速发展，GDP 总量已经达到美国的 30%—40%。从 1971 年开始，美国对日出现持续的、不断扩大的贸易逆差，1980—1985 年甚至达到年均 233.8 亿美元，涉及领域从纺织品行业扩展到半导体、汽车、彩电、钢铁等行业，日美间爆发了围绕彩电、钢铁、汽车等产业的几次大规模贸易摩擦。[③] 其中，钢铁是日美贸易摩擦的焦点。为了保护本国的产业，美国钢铁企业于 20 世纪 70 年代先后对日本钢铁企业提出多次反倾销起诉。美国政府主动与国内产业合作，通过出口限额、加征关税、设定最低价、强制来美设厂等方式向日本施压，日本最后与美达成出口数量限制协议。

20 世纪 80 年代中后期—20 世纪 90 年代中期是日美贸易摩擦的深入发展阶段。这一阶段日本 GDP 总量已占美国的 50% 以上。1985—1990 年，美国对日逆差达到平均每年 496.6 亿美元，占美国整个贸易逆差的 50%。[④] 20 世纪 80 年代中期，美元贬值，美国商品出现了价格优势，美国要求日

---

① 直到 20 世纪 90 年代，日本仍保持了工业国家中最高的非关税壁垒措施，有些领域甚至高于发展中国家。See World Bank Group. "World Development Report 1987". https：//openknowledge. worldbank.org/handle/10986/5970.

② Bloomberg，东方证券研究所。

③ The United States International Trade Commission. Industry-Trade Summary. https：// search.usa.gov/search?utf8=%E2%9C%93&affiliate=www.usitc.gov&query=Industry%7ETrade+ Summary+.

④ The United States International Trade Commission. International Economic Review 1990. https：//www.usitc.gov/publications/ier/ier_1990_01.pdf.

本开放国内市场,特别是农产品、高科技和汽车市场,日美贸易摩擦的主战场逐渐转向日本国内。其中,以"半导体战争"为典型代表的高科技领域冲突激化。1986 年,日本首次超过美国,成为世界最大的半导体生产国。[1] 日产集成电路占美国市场的 30%,其中最尖端的 256K 半导体芯片占美国市场的 90%;相比之下,美国对日出口的通信器材、医药、农产品却遭遇各种关税和非关税壁垒。[2] 美国半导体产业收入在全球半导体产业总收入中的占比由 1978 年的 55% 下降到 1986 年的 40%,而日本同期则从 28% 上升至 46%。[3] 美国半导体工业协会于 1985 年 6 月要求美国贸易委员会减少日本对美半导体出口;同年 9 月,英特尔等公司发起诉讼;1986 年,美国根据 301 条款作出调查报告,认为日本对美国存在倾销行为,造成包括 5 000 人失业在内的实质性损失。根据该结果,里根政府在 1987 年对日本半导体行业实施 100% 的惩罚性关税。为避免更剧烈的摩擦,日本主动承诺自愿限制。[4]

20 世纪 90 年代中后期以来,"第三次产业革命"推动美国信息技术水平的高速发展,强化了在计算机等高新技术领域的竞争力。日本经济则陷入衰退、复苏缓慢,对美国的竞争优势逐渐减弱。为此,日本不断调整过分依赖出口的经济结构,放松国内规制,推动市场开放,吸纳美国产品进入本国市场,对美贸易顺差出现下降趋势,一定程度上缓和了日美贸易摩擦。

第二节　美国的多重施压手段

美日间的贸易摩擦持续了 40 年之久。美国在不同阶段根据自身发展的需要,采取不同的贸易措施,以保护美国工业不受日本进口产品的影响并扩大美国企业进入日本市场的渠道。

---

[1]　冯昭奎:《日本半导体产业发展与日美半导体贸易摩擦》,《日本学刊》2019 年第 3 期。
[2]　赵春明、何艳:《对日美贸易摩擦的回顾与展望》,《现代日本经济》2001 年第 4 期。
[3]　冯昭奎:《日本半导体产业发展与日美半导体贸易摩擦》,《日本学刊》2019 年第 3 期。
[4]　The United States International Trade Commission. International Economic Review 1988. https://www.usitc.gov/publications/ier/ier_1988_06.pdf.

一、利用多边贸易体制

在历次日美贸易摩擦中，美国通常利用自身的优势地位，主动挑起贸易争端，对日本采取霸凌措施，迫使日本开放国内市场、增加从美国的进口，并且自主限制出口。纵观日美贸易冲突可以发现，美国更加倾向于实行单方面制裁或者在制裁威胁下进行协商，即使基于多边贸易规则提起诉讼也会同时威胁采取单边行动来迫使对方协商解决。[①] 美国对日本采取单边措施（或威胁）一方面是出于对 GATT 争端解决机制的不满；另一方面则是出于战略考量，向日本等 GATT 成员方施压以推动改革争端解决机制。[②]

日美利用 GATT 争端解决机制多次交锋，包括日本对进口绢丝的措施 L/4637、日本关于皮革的进口措施 L/4789、日本对美国烟草制品的进口限制 L/5140、日本关于皮革的进口措施 L/5623、农产品 L/6253 等案件。美国对日本提出的第一个 GATT 争端解决之诉是 1977 年的绢丝案。在争端解决小组结束对案件的审查之前，双方协商达成了一致。1978 年美国就日本皮革进口采取数量限制措施向 GATT 提起了申诉。经协商，美国撤回了申诉，双方保留了在 GATT 机制下继续进行诉讼的权利。1983 年，美国认为日本消除限制的改革举措没有效果。1985 年，美国贸易代表处（Office of the United States Trade Representative，USTR）根据 301 条款开始国内调查。[③] 1979 年美国就日本烟草制品进口限制措施提起了申诉，该争端同样以双方达成协议后美国撤回申诉结束。[④] 截至 1985 年，美国共

---

① William E. Scanlan. A Test Case for the New World Trade Organization's Dispute Settlement Understanding: The Japan-United States Auto Parts Dispute. *University of Kansas Law Review*, Vol.45, No.2, 1997, pp.591–618.

② The World Bank Policy Research Working Paper 5102, U.S.-Japan and U.S.-China Trade Conflict Export Growth, Reciprocity and the International Trading System, prepared by Development Research Group Trade and Integration Team, October, 2009. p.18.

③ United States International Trade Commission. Review of the Effectiveness of Trade Dispute Settlement Under the GATT and the Tokyo Round Agreements, Desember 1985. https://www.usitc.gov/publications/332/pub1793.pdf.

④ United States International Trade Commission. Review of the Effectiveness of Trade Dispute Settlement Under the GATT and the Tokyo Round Agreements, Desember 1985. https://www.usitc.gov/publications/332/pub1793.pdf.

提起了 33 起 GATT 申诉，其中作为被申诉方最多的是当时的欧共体 (EC)，日本是美国提起 GATT 申诉的第二大目标国，共有 5 起案件。1974 年《贸易法案》通过后的 10 年内，美国提起的大部分 GATT 申诉都是以私人基于 301 条款向美国政府的申诉为基础，然后提交到 GATT 审查小组的。[①]

虽然上述案件提交到 GATT，但绝大多数案件没有进入后续的正式审查，而是通过双方磋商得以解决。随着美国后续相关法律的修改，GATT 时期发生的大部分争端都进入了世贸组织的争端解决程序。截至 1995 年，作为 23 起 GATT 案的被申诉方，日本是继美国和欧共体之后的第三大被申诉方。[②] 其中，美国针对日本提起的申诉有 11 起，只有两个案件进入正式审查阶段，而其他都是经双方磋商后日本同意改变相关措施，美国撤回申诉的方式结束。[③] 1995 年之前，美日之间的贸易争端基本上都是通过"磋商"解决，这种磋商并非 GATT 多边贸易规则下的平等协商，日本往往为避免危机作出妥协。[④] 1995—2002 年，日本作为被申诉方进入审查程序的 WTO 申诉案件共有 9 起，其中美国提起的就有 6 起。[⑤] 这一阶段美日之间贸易争端的方式与 1995 年之前 GATT 时期两国之间争端解决方式形成明显对比。

在多数案件中，美国认为日本对进口产品采取的税收和相关监管行为违反 GATT 第 3 条国民待遇和 GATT 第 11 条规定的取消数量限制要求。

日本政府在第二次世界大战后对本国农业采取了价格支持、生产补贴等保护政策，利用关税壁垒和非关税壁垒限制外国农产品进口。1981 年，

---

① United States International Trade Commission. Review of the Effectiveness of Trade Dispute Settlement Under the GATT and the Tokyo Round Agreements, Desember 1985. https：//www.usitc.gov/publications/332/pub1793.pdf.

② GATT Disputes：1948‐1995. the Secretariat of the World Trade Organization, December 2018. https：//www.wto.org/english/tratop_e/dispu_e/gattdisputes4895_e.htm.

③ GATT Disputes：1948‐1995. the Secretariat of the World Trade Organization, December 2018. https：//www.wto.org/english/tratop_e/dispu_e/gattdisputes4895_e.htm.

④ Geun Lee. A Constructivist Reading of Japan's Adaptive Responses to US Trade Demands：Power in Trade Dispute Resolutions. *International Journal of Area Studies*, Volume 7, Number 1, 2000, pp.81‐113.

⑤ World Trade Organization. WTO Dispute Settlement：One-Page Case Summaries 1995‐2016. https：//www.wto.org/english/res_e/publications_e/dispu_settlement_e.htm.

美国向日本提出农产品进口全面自由化要求。GATT 乌拉圭回合东京谈判后，美国要求日本对牛肉、橙子等 12 项农产品实施进口自由。1983 年，美国向 GATT 投诉，声称日本对剩余 13 项农产品实行进口限制，违反了自由贸易原则。两国于 1984 年 4 月达成农产品协议。

1986 年，美国向 GATT 提出申诉，认为日本对牛肉、水果等 12 项农产品的数量限制措施违反 GATT，① 损害了美国利益，请求专家组判定日本立即取消进口限制。日本认为，这些限制是根据 GATT 第 11 条第 2 款② 或第 20 条（d）款③的规定对数量限制的合理豁免。此外，所有相关法律法规和行政裁决均以符合第 10 条第 1 款、第 13 条第 3 款要求的方式公布，配额管理符合 GATT 第 10 条第 3 款的要求。没有事实证明美国的相关产业遭受损失。因此，日本要求专家组拒绝美国的请求。

美国国会于 1987 年警告日本，要求其在 1988 年 3 月底之前采取措施，否则将建议美国贸易代表处采取报复行动。1988 年 2 月，GATT 裁决认定日本对干豆科蔬菜和花生采取的进口限制符合关贸总协定，对其余农产品的进口限制违反了关贸总协定，缔约方可以要求日本取消所涉农产品的进口数量限制或以其他方式使其数量限制符合关贸总协定的规定。在美国和 GATT 裁决的双重压力之下，日本先后废除了 8 种农产品的进口配额制度，1991 年 4 月之后，又取消了牛肉、柑橘的进口配额。

二、运用 301 条款等国内法机制

美国意识到单纯依靠 GATT 相关规定解决贸易争端的效率非常低，开始大量通过国内法采取单边贸易措施。301 条款作为美国对外谈判和打开国外市场的利器，在日美贸易摩擦中起到了重要作用。

狭义的 301 条款指美国《1974 年贸易改革法》第 301 节，授权美国贸易代表处及总统因申诉或自行决定就外国政府不合理或不公正的贸易做法

---

① 即第 10 条"贸易法规的公布和实施"、第 11 条"普遍取消数量限制"、第 12 条"为保障国际收支而实施的限制"及第 13 条"数量限制的非歧视管理"。

② GATT1947 第 11 条第 2 款是"普遍取消数量限制"的例外条款。

③ GATT1947 第 20 条"一般例外"（d）款规定："为保证与本协定规定不相抵触的法律或法规得到遵守所必需的措施，包括与海关执法、根据第 2 条第 4 款和第 17 条实行有关垄断、保护专利权、商标和版权以及防止欺诈行为有关的措施"。

进行调查，并采取制裁措施。[①] 1984 年的《贸易与关税法》对 301 条款进行了修改，进一步明确了"不正当""不合理""歧视性"等概念。[②] 该法案还对 301 条款下发起调查的内容进行修改，规定贸易代表处可以在私人没有请求或总统要求的情况下自行发起调查。[③]

1988 年《综合贸易及竞争法》对 301 条款进行了更大幅度的修改。首先，本次修改将传统的 301 条款一分为二，分解出所谓的"特别 301 条款"和"超级 301 条款"。由此，广义的 301 条款涵盖了一般 301 条款，上述特别 301 条款和超级 301 条款的目的均为全面保护美国在国际贸易中的权益，对被认定贸易做法"不合理""不公平"的国家进行报复。[④] 特别 301 条款要求贸易代表处查明侵犯知识产权的国家和做法，尤其是影响高科技（软件和半导体）、娱乐（电影和音乐录音）和制药行业的情况，[⑤] 而超级 301 条款要求贸易代表处拟订名单，公布最严重的贸易违法国家及其不公平贸易行为，在一定的时间段内通过谈判消除对美国主要出口产品的壁垒。[⑥] 本次修订将采取措施的权力由总统转移到贸易代表处手中，[⑦] 一定程度减弱了政府（总统）通过磋商解决纠纷的能力，扩大了企业和工人在行政贸易案件中获得进口救济的途径，这在美日贸易争端中有明显的表现。

301 条款修改的另一重点是单边报复措施强制化，即在其他国家的法

---

① TRADE ACT OF 1974，§ 301（a）（1），codified as 19 USC 2411，1984-Subsec.（a）. Pub. L. 98 – 573，1988-Pub. L. 100 – 418.该条款最新修改是 2016 年。

② 修订规定，"如果一项行为、政策或做法违反或不符合美国在国际法下的权利，则该行为、政策或做法就是不正当的"。而"如果一项行为、政策或做法虽然不一定违反或不符合美国的国际法律权利，但在其他方面是不正当和不公平的，则该行为、政策或做法就是不合理的"。歧视性的行为、政策和做法包括"在美国商品、服务或投资应当被给予时拒绝给予国家待遇或最惠国待遇的任何行为、政策和做法"。19 USC 2411（d）Definitions and special rules.

③ 1984-Pub. L. 98 – 573，19 USC 2412：Initiation of investigations，（b）Initiation of investigation by means other than petition.

④ "一般 301 条款"是美国总统对外国不公平、不合理的贸易做法采取的单方面制裁措施，具体包括：① 终止、撤回或阻止适用与有关国家订立的贸易协定；② 对来自有关国家的进口货物提高关税或其他进口限制；③ 对有关国家的服务征税或进行限制；④ 对报复国家签署有约束力的协定。"特殊 301 条款"针对外国政府对知识产权保护不力行为，具体包括：① 将"缺乏知识产权保护"的国家列为重点观察国家、重点国家；② 对"重点国家"的进口征收高额关税的报复行为，可对特殊 301 调查以外的产品进行报复。"超级 301 条款"针对的是贸易自由化问题，具体措施包括：① 对美国有巨额贸易顺差的国家和地区的输入美国的贸易进行严格控制；② 一揽子调查解决有关国家的贸易壁垒问题。

⑤ 19 USC § 2242（a）In general.

⑥ 19 USC § 2242（a）Identification.

⑦ The Omnibus TradeBill of1988，Pub. L. 100 – 418 amended at 19 USC § 2411（b）Discretionary action，（c）Scope of authority.

律法规或行为使美国贸易利益受损时，贸易代表处必须采取报复措施。① 一方面，这一规定显然影响双方解决争端的磋商机制，破坏多边贸易规则；另一方面，鉴于1984年修订已赋予私人请求美国贸易代表发起调查的权利，单边报复措施强制化诱发美国公司请求贸易代表处针对外国的企业和产品发起调查的强烈动机，外国企业的利益很有可能受到美国不适当的报复措施，由此带来直接的恶劣影响。② 据贸易代表处统计，在1975—1997年，美国共发起116起301条款调查，其中对日16起，日本是美国发起301条款调查最多的国家。③ 比亚德和埃利奥特将美国运用301条款迫使其他国家屈服压力、顺从美国意愿从而达成和解的情形分为四种状况：完全成功、名义成功、部分成功和因证据不足而被取消调查。④

在上述16起301条款调查案中，有效调查14起，1976年日本与欧盟钢铁协议对美国钢铁业影响的调查因证据不足被取消，1995年针对日本照相胶卷和纸张的调查案提交给WTO争端解决机构之外。在14起调查案中，美国取得完全成功的有5起，名义成功的有4起，部分成功的有5起。可见，在该时期，日本是美国实施301条款调查成功率最高的国家。

日美贸易摩擦主要集中在两个层面：一是产品贸易层面，⑤ 美国要求日本或者开放国内市场，或者实施自愿出口限制。二是制度层面，当针对单项产品的贸易协定仍不能解决日美之间的贸易不平衡时，美国就要求日本按照美国标准进行国内经济结构改革。⑥

---

① 19 USC § 2411 (a) Mandatory action.

② Elizabeth K. King. The Omnibus Trade Bill of 1988: Super 301 and its Effects on the Multilateral Trade System under the GATT. *University of Pennsylvania Journal of International Business Law*，Vol.12，Issue 2，1991，pp.245-274.

③ USTR. https://ustr.gov/archive/assets/Trade_Agreements/Monitoring_Enforcement/asset_upload_file985_6885.pdf.

④ Thomas O. Bayard and Kimberly Ann Elliott. *Reciprocity and Retaliation in US Trade Policy*. Washington，D. C：Institute for International Economics 1994.若对象国在所有领域完全按照美国要求达成协议，意味着美国的完全成功，等级为3；若对象国认同美国的要求，但在一些问题上还存在争议，则视为部分成功，等级为2；如果未来在该领域再次发生相同的问题，或者双方达成协议但较少体现美国意愿，被称为名义成功，等级为1；最后是没有成功，指与对象国未达成任何协议，等级为0。

⑤ 包括301条款调查下的丝绸、皮革、香烟、鞋类、林木产品、农产品和半导体、人造卫星、超级计算机、汽车零部件及与建筑相关的服务等领域。

⑥ 裴桂芬、李珊珊：《美国"301条款"在日本的运用、影响及启示》，《日本学刊》2018年第4期。典型例证为1989年开始的日美结构协议、1993年开始的日美经济对话、1997年开始的日美规制缓和对话以及2001年的日美规制改革及竞争政策倡议。这些表面与301条款调查无关，但是为了规避301条款调查而设立的。

（一）《日美半导体协议》

日本的半导体企业于 20 世纪 60 年代起步，80 年代中期便占有全球市场份额的 75％以上，而美国的份额则低于 20％。[1] 1977 年，美国组成半导体工业协会（SIA），[2] 旨在废除半导体贸易壁垒。美国对日施压，要求其降低关税，遭到日本的拒绝。在 1978 年的东京谈判中，双方决定从 1980 年开始，日方每年降低关税 0.975％，美方每年降低 0.025％，用 11 年的时间共同降低到 4.2％。1981 年里根上台后，进一步增大施压力度，美日决定于 1982 年将税率直接调低到 4.2％。但这仍然无法阻止日本半导体产业的崛起。1985 年 6 月，SIA 起诉日本，要求美国贸易委员会减少日本对美国的半导体出口，同年 9 月，里根发布新贸易政策，奉行所谓的"对等主义"。[3] 1986 年，美国根据 301 条款作出调查报告，认为日本产品存在倾销行为，并造成美国包括 5 000 人失业在内的实质性损失。日美于 1986 年 5 月达成《日美半导体协议》，美国暂停对日的反倾销诉讼，实行 301 条款，并根据日本生产商提供的成本资料确立外国市场价格。[4] 在市场准入方面，日本承诺 5 年内让美国和其他外国公司在日本的销售额翻一番，销售份额达到 20％，日本通产省更是同意对日本半导体产品的出口价格实行监控。

该协议签署的重要意义在于，首先，这是美国签订的第一个有关高新技术产业的重要贸易协议，也是美国第一次动议对日本产品实行贸易制裁，其目的是挽救自身高新技术竞争力下降的态势。其次，协议主要内容是改善海外市场准入状况，扩大商品的出口，而不是像纺织品协议那样通过自愿出口限制等方式限制商品进口。再次，美国开始大幅调整对日贸易政策和手段，从美国对日本商品的限制、日本的自愿出口限制（Voluntary Export Restraint，VER）演变为日本的自愿扩大进口（Voluntary Import Expansion，VIE）和数值指标管理的贸易模式。美国由奉行新贸易保护主义转向扩张性的多边主义、有条件的互惠和管理贸易。[5]

---

① ［日］西村吉雄：《日本电子产业兴衰录》，侯秀娟译，人民邮电出版社 2016 年版，第 81 页。
② 半导体工业协会由摩托罗拉、国民半导体、英特尔等制造商组成。
③ 要求外国提供与美国相同或对等的条件，否则，美国政府会通过单边制裁或报复手段迫使外国政府达成符合美国诉求的协议。
④ 当销售价低于外国市场价格时，就可以断定该生产商正在以低于平均成本的价格进行倾销（在美国的反倾销法中允许加上 8％的边际利润）。
⑤ 赵瑾：《全球化与经济摩擦：日美贸易摩擦的理论与实证研究》，中国社会科学院研究生院 2001 年博士学位论文。

1987 年，美国称其外资半导体产品进入日本市场不充分，且日本半导体产品在第三国倾销，指责日本违反《日美半导体协议》，并对日本微型计算机等 300 亿美元相关产品征收 100％的惩罚性关税。1991 年，日美修订《日美半导体协议》，规定美国半导体产品在日本市场的份额应该在 1992 年达到 20％。1996 年，日美进一步修订半导体协议，取消了原有的数量目标，要求由政府监督控制产量，并设立全球半导体论坛。此时，日美半导体贸易摩擦才告一段落。

（二）超级计算机协议

超级 301 条款诞生的背景是美国《1988 年综合贸易与竞争法》，这也是美国国会和总统就对外经济政策进行博弈的结果。1974 年贸易法和 1985 年新贸易政策，则标志着以美国国会为首的贸易保护主义势力占据上风，美国国会还指责政府在对日谈判中损害了国内产业的利益。1988 年的贸易法案进一步限制总统权力，将决定贸易制裁或报复的权力移交给贸易代表处，并取消 301 条款下政府的自由裁量权。超级 301 条款和特别 301 条款也在此时颁布，以扩大美国对外经济制裁的范围，增强对外施压的力度。超级 301 条款中规定，贸易代表处应每年发布《外国贸易壁垒评估报告》（National Trade Estimate Report on Foreign Trade Barriers，NTE），其内容是美国主要贸易伙伴的贸易壁垒及其对美国出口的影响，报告将划定"重点观察国"和"重点观察领域"，以明确美国的贸易自由化重点，最后向参众两院提交并公布，同时对划定的重点国家和重点行业进行调查。贸易代表处将在调查发起后与被调查国进行磋商，如果被调查国在调查开始的 3 年内减少或消除了重点行业的保护行为，就仅需赔偿给美国造成的损失，如果双方不能达成协议，美国可以实施报复制裁。

1989 年发布的《外国贸易壁垒评估报告》中，日本被列为重点观察国，超级计算机行业则被列入重点观察领域。美国以此认定日本超级计算机存在倾销且在政府采购方面对外国供应商设置障碍。

其事实是，日本通产省于 1980 年制定《1981—1989 年高速计算系统应用计划》，1981 年发布《第五代计算机计划》，主张优先采购国内产品，促进本国超级计算机产业的发展。美国认为此举违背了 WTO《政府采购协议》（Agreement on Government Procurement，GPA）下的公开透明和非歧视性待遇原则。日本于 1986 年承诺提高政府采购透明度，但双方分歧未得到根本解决。根据美国 1990 年的《外国贸易壁垒评估报告》，1989 年美国超级计算机在日本以外的国际市场占有率是 80%，而在日本仅为 15%。① 1989 年 6 月，在超级计算机巨头克雷研究公司、数据控制公司（CDC）以及电器和电子工程协会（IEEE）的申请下，美国依据超级 301 条款对日本超级计算机发起调查。在预计公布调查结果的前一天，两国签署协议，日本承诺在政府采购中坚持竞争性、透明性和非歧视性原则，限制学术机构采购的价格优惠政策，增加 1990 年的公共采购预算，禁止日本电气股份有限公司竞标等。此外，美国要求日本成立独立的采购审查委员会，负责监督和审查采购过程中程序的合规性。

综上可以看出，美国一方面主导以世界贸易组织为核心的多边国际贸易规则体系；另一方面却通过违背国际贸易规则的单边性的 301 条款任意实施单边贸易制裁，反映了美国在全球贸易中的经济霸权思维。美国不仅凭借经济实力在国际贸易中占据主导地位，而且还通过国内法构建法制化的贸易壁垒应对机制，具有极强的攻击性。美国政府与企业始终站在贸易保护的同一立场，301 条款在相当程度上鼓励了美国企业、个人和行业中介组织投诉美国贸易伙伴的不公平贸易行为，最大化维护本国的经济利益。从 1991 年开始，日本每年发布针对外国非公平贸易行为的报告。在 1992 年的报告中，日本直接表达了对 301 条款的不满，指责美国是采取最不公平贸易政策的国家。

（三）《日美结构协议》

美国长期对日本国内经济制度进行各种形式的干预，例如 20 世纪 70 年代后期要求日本改革商品流通制度，20 世纪 80 年代又要求其扩大内需。1986 年在美日开展的经济结构对话中，由于缺少约束机制，未能达到美国预期效果。1989 年的《外国贸易壁垒评估报告》涉及日本的许多结构性问题，例如货币流通制度、企业系列化等，美国国会希望将这些内容纳入调查。但美国政府认为，结构性问题不宜运用以制裁为特点的超级 301 条款调查，而且由于这些问题的复杂性，不可能在规定时间内完成调查程序，

---

① USTR. 1990 National Trade Estimate Report on Foreign Trade Barriers，1990，p.114.

建议就相对缓和的结构问题进行协商。日本接受了协商建议，但认为结构协议不能单纯指向日方，应该是双向的，协议是讨论或磋商，而非谈判。①

《日美结构协议》（Structural Impediments Initiative，SII）表面上是双向协议，实际上仍是美国要求日本改革的建议书。两国共同研讨各国存在的导致贸易不平衡的制度性因素，针对日本的议题有 6 个，② 针对美国的议题有 7 个。③ 但是，最终报告只对日本议题提出了具体建议和改革措施，而针对美国问题的建议都是宏观、笼统的描述。为规避超级301 条款，日本被迫接受上述结果，承诺增加公共基础设施投资和改革《大店法》。④

三、运用 WTO 争端解决机制

WTO 争端解决机制源于 GATT 第 22 和 23 条。GATT 争端解决程序以磋商为主，最终裁决不具有强制性。WTO 采取专家组反向一致的决策方式，设立了常设上诉机构，授权受侵害方采取报复措施，能够更加快速、有效地处理成员国之间的贸易纠纷，督促成员国更好地履行各项协议的义务及其所作的承诺。

"柯达—富士胶卷案"是该时期的典型案例。柯达作为美国胶卷行业巨头，其认为日本政府对国内市场存在保护和封闭行为。1995 年 5 月，柯达依据美国《1974 年贸易法》第 302（a）条，要求贸易代表处根据 301 条款调查日本政府抵制外国照相材料进口的贸易限制行为。贸易代表处调查后，在 1996 年《外国贸易壁垒报告》中指出，日本政府政策和富士公司的限制竞争行为形成了贸易壁垒，并将此案诉至 WTO。1996 年 12 月，因日方拒绝协商，WTO 争端解决机构成立专家组进行审查。

---

① 裴桂芬、李珊珊：《美国"301 条款"在日本的运用、影响及启示》，《日本学刊》2018 年第 4 期。

② 即储蓄—投资模式、流通领域、土地政策、排他性商业惯例、企业系列制、国内外价格差等。

③ 即储蓄—投资模式、企业的投资活动与生产力、企业行为、政府规制、研究与开发、鼓励出口、劳动力的教育和培训等。

④ 日本国内商贸领域的一大特色是中小店铺众多，且采取家族经营模式。为解决就业问题，日本政府有意识地限制大型商超。1957 年，日本颁布《大店法》，限制新开店铺的扩大，固化原有市场格局，保护中小零售业主的收入。

由于 WTO 规则没有直接禁止"与贸易相关的限制竞争行为"的规定，美、日专家小组同意本案适用非违约申诉程序。[①] 美国声称，日本胶卷和相纸的进口关税在"乌拉圭回合"关税减让谈判后已降为零，且没有进口数量限制，美国可以合理预期日本改善市场准入条件，扩大对日本的产品出口。但日本政府采取的商品流通对策、限制大规模零售店铺、促进贩卖对策等措施，使美国预期利益受损。即使日本政府的措施未违反 WTO 有关协议，贸易商品可自由进口，但日本政府推行有关措施形成的本国流通体系排斥进口商品损害了美国的预期利益。

专家小组对美国主张的审查意见认为，首先，有三项措施属于政府措施范围。[②] 以第三项为例，专家小组认为，产业界、学界、政府官员组成的咨询机构由日本通产省设立，其"方针"的制订、发表与执行均受到日本通产省的委托、认可和表态支持，这种行政指导对企业采取特定行为有充分的诱导性，使得来自民间部门的方案具有强制性政府措施的类似效果，因此属于政府措施的范围。[③] 其次，关于美国声称受损的预期可得利益，关键在于阻碍该利益实现的非违约措施在进行关税减让谈判时能否被合理预见。鉴于过去的关税减让书都已纳入 WTO 规则，关税减让可在 WTO 下产生预期利益，即经关税谈判后改善的市场准入机会，但美国应承担预期利益的举证责任。而美国并未证明日本政府措施损害了本地产品和进口产品之间的竞争关系。关税谈判不保证任何一方的贸易量，美国不能仅以其日本市场份额和进口量没有明显增长就认定其可得利益——市场准入机会——受到剥夺或损害。专家小组认可美方享有对日本市场减让的预期利益，但以证据不充分为由否认了政府措施与利益受损之间的因果关系，并最终判定日本政府不存在违约行为，驳回了美国的诉求。

本案中，柯达先后（在国际贸易委员会的协助下）向美国商务部和贸易代表处寻求救济。前者发起了反倾销调查，后者则启动了 301 条款，两者都得出了有利于柯达的结论。相比于反倾销的效力限于本国境内行为，301 条

---

① 非违约申诉的成立有三个条件：被申诉方采用了非违约措施；该措施的实施破坏了申诉方的合理预期；该措施改变了在已达成的关税约束下所建立的竞争条件，导致申诉方利益丧失、受损。

② 即 1967 年内阁会议通过的"关于外资在国内直接投资自由化的决定"，1970 年通产省提出的"照相胶片交易条件正常化指针"，1971 年在推进流通体系化会议上提出的"流通体系化基本方针"。

③ 姚凯：《从日美贸易纠纷看 WTO 争端解决机制中的非违约申诉》，《深圳大学学报》（人文社会科学版）2003 年第 3 期。

款的域外干预性则十分明显。从这一时期美日经贸案例来看，301 条款是美国解决贸易争端特别是 WTO 管辖范围之外的贸易问题的强有力手段。

第三节　日本的回应性应对策略

一、以《日美纺织品贸易协议》为代表的双边谈判和协调

在日美贸易摩擦中，日本"以柔克刚""软磨硬泡"，表面上屈服于美国的强制措施，积极维持两国贸易关系。在 20 世纪 50 年代—80 年代的日美贸易摩擦中，日本以双边谈判和协调为主要手段，通过自主出口限制、有秩序的市场协定、价格触发机制等解决摩擦，花费大量公关资金与美国利益集团、国会议员斡旋。这些谈判有三个主要特征：一是通过政府间谈判确定特定商品的出口和销售数量限制，防止对美国同类产业造成较大冲击，同时符合非歧视性原则的基本要求；二是谈判确定的措施多为数量限制，且实施期限较短，具有灵活性和政策回旋余地；三是实施对象具有选择性，使得日本能够保持与美国的整体贸易顺差，有针对性地解决市场开放争端。①

《日美纺织品贸易协议》是两国解决贸易摩擦的成功个案。从 1956 年 7 月起，日本对出口美国的棉纺织品采取自我限制，一直持续到 1961 年。1958 年和 1962 年，日本纺织品的限制扩展到毛、丝纺织品。1972 年，日美达成的《日美纺织品贸易协议》基本解决了纺织品贸易摩擦。

在《日美纺织品贸易协议》谈判之初，日本主张在多边框架 GATT 第 19 条"紧急措施"规定下解决问题，② 如果美方认为某种商品受害属实，日方准备根据 GATT 第 22 条以其他主要出口国参与为前提参加磋商。③

---

①　贺平：《多边贸易体制下日美贸易争端解决机制研究》，《复旦学报（社会科学版）》2009 年第 6 期。

②　1947 GATT 第 19 条第 2 项规定："在任何缔约方根据本条第 1 款的规定采取行动之前，应尽可能提前书面通知缔约方全体，并应给予缔约方全体和对有关产品的有实质利益关系的出口缔约方就拟议的行动进行磋商的机会。如就关于优惠的减让做出通知，则通知应列明请求采取行动的缔约方名称。在迟延造成难以补救的损害的紧急情况下，可不经事先磋商而临时采取本条第 1 款规定的行动，但条件是在采取该行动后应立即进行磋商。"

③　1947 GATT 第 22 条第 2 项规定："在一缔约方请求下，缔约方全体可就经根据第 1 款进行的磋商未能满意解决的任何事项与任何缔约方进行磋商。"

1969 年，第一次日美预备会议举行。日本强调美国应承担证明进口产品对美国制造业造成伤害的举证责任，且该"伤害"须于之后 GATT 下的多边会议上被查明。美国则称，对"伤害"的判断是内在、主观的，多边会议无法进行这种技术层面的判断，谈判因此破裂。1970 年，美国众议院通过了限额法案，要求以 1967—1968 年的平均进口水平为限，对自 1970 年 1 月起棉制品以外的全部人造纤维产品进口实行配额制，1970 年以后则根据国内消费情况调整进口配额。此举旨在逼迫日本重回双边谈判。日本通产省和国内纺织产业提出的自主限制方案被美国拒绝。随后，美国对日本就纺织品问题下达"最后通牒"：若问题在 1971 年 10 月 15 日之前无法解决，美国将依据《敌国贸易法》对日实行单方面进口限制。日本被迫妥协，两国于 1972 年 1 月签署《日美纺织品贸易协议》。

根据该协议，日本自 1971 年 10 月起自我限制对美出口的毛纺织品和人造纤维。[①]《日美纺织品贸易协议》第 3—7 条规定了三年内每年对毛纺织品及人造纤维的具体数量限制方案。第 8 条规定，如果日本政府认为，与其他向美国出口毛纺织品和人造纤维明显增长的第三国相比，自我限制可能或有预兆使日本陷于不公平地位，日本可以要求与美国磋商，美国会采取适当补救措施。与之前的方案相比，《日美纺织品贸易协议》将日本开始出口限制的时间由 3 月推迟至 10 月，放宽了出口限制水平，就第一年的对美出口还采取了过渡措施，超过限额部分可提前使用第二年的限额。人造纤维可占用日美棉制品协议中未使用的限额。《日美纺织品贸易协议》在一定程度上缓和了日美贸易冲突。长远来看，该协议虽然限制了日本毛纺织品和纤维制品等对美国的出口，但在客观上推动了日本经济的转型和升级。之后，双方竞争从劳动密集型产业进入半导体、汽车等更为核心的制造业领域。

二、日本应对多边贸易体制的策略

（一）运用 GATT 争端解决机制

1962 年 2 月—1988 年 5 月，日本在 GATT 收到 14 起申诉，其中一半

---

① 参见 1972 年《日美纺织品贸易协议》第 2 条。

是美国提起的，主要涉及皮革、烟草、纺织品、柑橘和牛肉等农产品的进口限制。日本的应对策略是，尽力在 GATT 正式判决出台前，通过双边谈判和协商，与起诉方达成解决方案，在法律框架之外解决争端。[①] 例如在农产品市场的开放上，日美关于柑橘和牛肉的谈判曾是 GATT 东京回合的一部分，最终却达成双边协议。[②] 日本国内行业组织和企业主张对外申诉时，政府会避免诉诸 GATT。日本纺织协会（JSA）、铁合金协会（JFA）、针织业协会（JFA）等行业组织在这一时期内多次提出反倾销申诉（例如 1982 年 12 月诉韩国产棉纱；1984 年 3 月诉挪威和法国产硅铁合金；1988 年 10 月诉韩国产毛衣），通产省尽力说服国内产业撤销申请，建议相关行业以双边协商的方式解决问题。

日本政府的态度自 20 世纪 80 年代末开始转变。1988 年 10 月，日本向 GATT 争端解决小组提出申诉，其内容是欧共体对日本电器部件采取的反倾销措施。两年后日本胜诉，标志着日本开始从双边协商转向多边争端解决机制。在 1992 年"欧共体滥用反倾销关税案"中，日本的申诉也获得支持，为日本此后更积极地运用多边机制解决贸易争端奠定了基础。

（二）运用 WTO 争端解决机制

20 世纪 90 年代中期以后，日本开始积极运用多边法律手段维护自身权益。1995—2000 年，日本在 WTO 提出 8 起申诉，超过 1955—1994 年的总和，其中有 5 起针对美国。[③] 日本对美申诉所涉议题十分广泛，包括报复性关税、与政府采购相关的措施、反倾销法律与措施、伯德修正案、日落复审、钢铁保护措施等问题。这种运用法律武器应对美国"进攻性单边主义"的做法被美国学者佩克南称为"进攻性法律主义（条文主义）"，因为该做法具有双重作用：一方面，日本将多边贸易规则的例外条款和模糊区域作为"盾"，保护有争议的国内贸易措施，并通过 WTO 争端解决机制开拓外国市场；另一方面，日本也将其作为"矛"，反击其他国家不合

[①]　向前：《日本应对 GATT/WTO 机制的策略探析》，《日本学刊》2008 年第 5 期。
[②]　贺平：《多边贸易体制下日美贸易争端解决机制研究》，《复旦学报（社会科学版）》2009 年第 6 期。
[③]　贺平：《多边贸易体制下日美贸易争端解决机制研究》，《复旦学报（社会科学版）》2009 年第 6 期。

理的贸易措施，向美国等主要贸易伙伴施压。[①]

　　最典型的案例是日美汽车争端。美国作为世界上最大的汽车生产国，在汽车出口领域具有领先优势。而日本汽车产业在政府保护政策下快速发展，例如日本轿车产量和对美出口量从 1960 年的 165 000 辆和 1 000 辆增至 1982 年的 6 881 000 辆和 1 692 000 辆。[②] 日本汽车产业在快速发展的同时，美国汽车产业却呈下滑趋势。1977 年美国汽车产量为 921 万辆，1978 年降至 918 万辆，1979 年再次下降为 843 万辆。[③] 20 世纪 70 年代末，美国汽车产业萧条和日本对美汽车出口量增加，导致第一次日美汽车贸易摩擦，两国开始围绕汽车贸易问题进行谈判。美国要求日本实行自愿出口限制、日本汽车厂到美国投资设厂以及开放日本汽车市场，包括取消汽车零部件的关税、简化进口检查手续。两国在 1981 年达成日本对美国自愿限制出口汽车协议，约定 1981—1983 年，日本每年对美汽车出口数量低于 168 万辆，从 1984 年起扩大到 185 万辆，1985 年才增至 230 万辆。[④]

　　20 世纪 90 年代，日美争端逐步升级。两国经过长达 22 个月的多次磋商后，仍未达成一致。尽管美国于 1995 年 5 月威胁将对从日本进口的豪华汽车征收 100％关税，但在政府与利益集团的共同坚持下，日本改变以往的妥协态度，向 WTO 争端解决机构提出请求，指控美国根据 301 条款和 304 条款对从日本进口的汽车征收不合理关税。两国在 WTO 争端解决机构的协调下进行了两轮磋商并达成协议，美国撤销单方面加征 100％关税的决定。该案中，日本利用 WTO 机制成功反击美国的单边主义政策，合法地拒绝了其对日本设置数字目标的要求，有效保护了本国汽车业的海外市场。但该摩擦的最终解决事实上仍是两国主要汽车厂商之间的双边民间协议，而非 WTO 争端解决机构的裁决。因此，双边和多边并重的规则导向谈判模式都是争端解决渠道的基本手段。

　　总体而言，WTO 多边争端解决机制在处理日美贸易摩擦中发挥了作用。从 WTO 成立到 2004 年年末，美国作为应诉方涉案 23 宗，其中未出

---

　　① 贺平：《多边贸易体制下日美贸易争端解决机制研究》，《复旦学报（社会科学版）》2009 年第 6 期。
　　② 赵瑾：《全球化与经济摩擦——日美经济摩擦的理论与实证研究》，商务印书馆 2002 年版。
　　③ 赵瑾：《全球化与经济摩擦——日美经济摩擦的理论与实证研究》，商务印书馆 2002 年版。
　　④ 胡方：《日美经济摩擦的理论与实态》，武汉大学出版社 2001 年版。

现重大延迟即履行判决的有 12 宗。同期日本作为应诉方共涉案 3 宗，包括未出现重大延迟即履行判决、重大延迟后履行判决（延迟时间 20 个月）、对判决提出异议的各 1 宗。[①]

在利用 WTO 的同时，日本还积极推动建设亚太经合组织（APEC）、东盟—中日韩（APT）等地区合作机制。尽管这些区域平台缺乏法律保障，但客观上减轻了日本国内产业的出口压力，缓解了对美贸易摩擦。自由贸易协定（Free Trade Agreement，FTA）和经济伙伴关系协定（EPA）也逐渐成为日本对外经贸战略的重点，[②] 用于在 WTO 之外缓冲美国的贸易施压。

第四节　日美《广场协议》和日美贸易冲突趋缓

货币主权原则是当今国际货币体系的基础，包括汇率主权在内的货币主权被认为是一国经济主权的重要组成部分。但是在国际货币关系中，大国经常利用自身强大的经济实力，调整本国货币的可自由兑换性、利润输送职能或采取量化宽松等货币政策，向他国转嫁货币升值或贬值的损失，侵犯他国货币主权。

1985 年 9 月，日、美和欧洲签订《广场协议》，迫使日元以罕见的速度朝着升值的方向推进。[③] 日本央行驾驭货币的自主性受到了限制，[④] 日本经济遭受严重打击，日本对美国经济霸主地位的威胁也很快消失。[⑤]

尽管美国自日美贸易摩擦产生之后采取了一系列压制措施，但是并未

---

① 贺平：《多边贸易体制下日美贸易争端解决机制研究》，《复旦学报》（社会科学版）2009年第 6 期。
② 贺平：《多边贸易体制下日美贸易争端解决机制研究》，《复旦学报》（社会科学版）2009年第 6 期。
③ 《广场协议》签订前，1 美元兑换 240 日元。在《广场协议》签订之后一年内，1 美元兑换 154 日元。
④ 日本央行在美国的压力下一年半时间内降息 50%。到 1987 年 10 月，日元升值到 1 美元兑换 120 日元。
⑤ Takatoshi Ito. "The Plaza Agreement and Japan: Reflection on the 30th Year Anniversary", (2015) Working Paper of the James A. Baker III Institute for Public Policy of Rice University, https://www.bakerinstitute.org/media/files/files/0eb0ad16/WorkingPaper-Plaza-Ito-092815.pdf.

改变日本的出口优势，无法从根本上解决两国的贸易失衡问题。美国开始试图对日本进行系统性的结构改造，改变日本第二次世界大战后的出口导向经济及日元长期被低估的状况。① 20 世纪 80 年代之前，日本一直尽力抵制美国对日元升值的要求，但在解决布雷顿森林体系瓦解带来的升值压力后，日本的出口依然强劲。大藏省（现财务省）据此认为日本制造业已有能力迎接日元升值的冲击，甚至还会有助于扩大对海外的投资。基于这样的考量，日美就日元升值问题达成一致。② 1985 年 9 月，法国、联邦德国、英国、日本及美国在纽约广场酒店举行 G5 财长会议，共同发布《法国、联邦德国、英国、日本及美国财政部长和中央银行总裁的声明》，即《广场协议》。G5 在声明中一致同意调整外汇汇率、应对贸易失衡问题，"非美元货币需要有秩序地升值"，各国通过在外汇市场抛售美元、买进本国货币以促使美元贬值，其中日元和马克应当大幅升值。③

《广场协议》在一定程度上避免了日美互相采取毁灭性打击的报复性措施，④ 是一个旨在实现经济持续增长的综合性政策"处方"，具有多重目的：一是在无通货膨胀的前提下实现经济的持续增长，通过各国间政策协调，矫正各自国际收支的不平衡现状；二是恢复汇率调整国际收支的职能；三是避免贸易保护主义，加大市场开放；四是促进各国实施结构性调整的经济政策。

各国根据本国国情在贸易冲突中可以做出不同的承诺，包括扩大国内市场开放度、减少贸易保护障碍、抑制通货膨胀、减少政府赤字等。汇率政策是最引人瞩目的内容，《广场协议》标志着美国将汇率作为解决与他国贸易收支逆差和贸易摩擦的重要工具，而日元则成为美国施压的主要对象。美国希望发挥汇率在调整对外经济失衡中的作用，各国协同调整汇率，尤其是非美元货币对美元汇率应有序上升，以保障美元币值"软着

---

① 《日美贸易摩擦的细节复盘与历史镜鉴之三——日元升值与泡沫时代》，2018 年 9 月 30 日，http://www.yanjiubaogao.com/cha _ kan _ pdf? id＝60454，最后访问日期：2019 年 4 月 6 日。

② C. Fred Bergsten and Russell Green (eds). *International Monetary Cooperation: Lessons From The Plaza Accord After Thirty Years*. PIIE, 2016.

③ Michael Klein, Bruce Mizrach and Robert G. Murphy. Managing the Dollar: Has the Plaza Agreement Mattered? *Journal of Money, Credit and Banking*, Vol.23, No.4, 1991, pp.742-751.

④ C. Fred Bergsten & Russell Green (eds). *International Monetary Cooperation: Lessons from the Plaza Accord After Thirty Years*. PIIE, 2016.

陆"。日本则同意实现日元汇率和资本市场自由化，承诺实施以下政策：一是减少和抵制保护主义，向外国商品、服务扩大开放日本市场；二是放松管制，释放私营部门创造性和发展潜力；三是增强金融政策调整的灵活性；四是加快金融自由化进程和外汇市场开放；五是实施缩减中央政府赤字的财政政策，为私营部门提供良好的增长环境，适当扩大地方团体投资；六是扩大消费和抵押信贷规模以拉动内需，增加私人消费和投资。由于《广场协议》并未明确各国具体法律义务，具体政策的制定权依然归各国政府享有。日本为了缓和与美国之间的经济紧张关系，在 20 世纪 80 年代初就开始主动采取限制出口和开放金融服务市场的措施，在 1983 年 11 月成立了"日元美元委员会"，推动日元国际化。日本国内也有共识，日元升值可以降低日本与美国之间的巨额顺差。

《广场协议》签订后，日元开始迅速升值。[①] 但是，日本的贸易顺差并没有立即回落，日本的主要贸易伙伴认识到日元升值并不是调整贸易账户的主要工具。六国集团财长和央行行长在 1987 年的《卢浮宫协议》中决定维持汇率稳定，日本同意使用货币和财政政策刺激国内需求以削减外部盈余。之后，日本实行了宽松的货币政策。日本贸易顺差一直到 1986 年才有所减少。《广场协议》在短期内迅速解决了美元币值高估问题，美国对日贸易也从逆差一路逆转到 1991 年的顺差状态，但随着经济全球化的加速，1995 年美国外贸形势再次恶化。究其本质，美国贸易逆差的根本原因是国内经济结构性问题，投资率大幅高于储蓄率，无法通过日元升值的汇率战解决两国贸易失衡。

《广场协议》对日本经济造成了严重的负面影响。[②] 1986 年日本名义经济增长率和实际经济增长率分别由前一年的 7.4％和 6.3％下降为 4.7％和 2.8％，出口总额由 415 719 亿日元下降到 345 997 亿日元。同时，"1986 年，由日元升值导致以电气、机械、钢铁等制造业为中心的破产企业数较

---

① 1986 年 3 月，日元汇率升至第二次世界大战后最高点，引起政府震动，日本通过扩大内需、降低银行利率暂使汇率稳定。1986 年 9 月，日美发表《贝克—宫泽喜联合声明》，接受美元兑日元 1：160 的汇率，并认为一定时间内日元不会再大幅升值，但 1987 年 1 月 19 日，日元汇率突破 1：150。2 月 20 日，美国召集 G5 会议，规定美元兑日元的中心汇率为 1：153.5，当市场价格偏离中心汇率超过 5％时，将集体采取干预政策。然而 3 月 30 日日元汇率升至 1：144，已经事实上突破了《卢浮宫协议》5％的目标，标志着政府对日元汇率的外部干预逐渐失效。

② Maurice Obstfeld. "Time of Troubles: The Yen and Japan's Economy, 1985 - 2008", https://eml.berkeley.edu/~obstfeld/paper_march09.pdf.

前一年大幅增加，达到 698 家"。① 有观点认为，《广场协议》导致日元急剧升值，对日本出口造成不利影响，央行为防止经济衰退实行扩张性的货币政策，催生了泡沫经济，泡沫破裂导致金融危机的爆发，最终使日本经济陷入"失落十年"。有学者甚至认为，《广场协议》是美国为搞垮世界第二大经济体日本而制造的惊天阴谋。② 也有学者认为，这是对《广场协议》的误读，经济泡沫的产生源于政府的决策失误。③ 1985—1987 年日元对美元升值是对此前日元被低估的修正。1991 年日本经济泡沫破裂时，日元汇率达到高点。这意味着《广场协议》后日元未偏离均衡值，反而向均衡汇率靠拢。④

日本政府应对日元大幅升值做出的决策中不乏自乱阵脚的失误，直接导致经济陷入"失落十年"。1987 年 5 月，日本决定扩大财政预算，拿出 6.5 万亿日元刺激内需，但大部分被投入到基建中，新一轮的"日本列岛改造"热潮直接导致政府债务显著提高。同时，由于出口增速减缓，民间对实施金融宽松政策的呼声越来越高，1986—1987 年，日本 5 次下调基准利率，1987 年 2 月达到第二次世界大战后最低水平 2.5%，货币供应量增速达到两位数。⑤ 但资金未流向实体经济，反而炒热房地产市场和股市，催生了巨大的经济泡沫。1989 年，日本担心经济过热，希望通过收紧银根刺破泡沫，但矫枉过正，央行基准利率在短短一年多时间里从 3.25% 升到 6%。日本国内的要素成本升高，大量制造业被转移到海外，国内制造业的空心化难以逆转，经济由此陷入困局。

为减少贸易摩擦，日本中曾根康弘政府以"国际协调"为目标，放弃了汇率政策的独立性，以大幅牺牲国内经济为代价，换取所谓的国际政治地位提升。其背后的真正目的是美国借此打压日本经济发展，延续其政治、经济方面的国际霸权地位。

从 20 世纪 80 年代中期—20 世纪 90 年代后期，美国对日本提出了提高汇率、体制改革、行业结构调整等要求，但收效有限。《广场协议》的

---

① 吕耀东：《美日贸易摩擦与日本的衰退》，《人民论坛》2018 年第 11 期。

② 李翀：《"广场协议"是导致日本"失落十年"的原因吗？——一个经济史的谜的解析》，《福建论坛（人文社会科学版）》2014 年第 3 期。

③ 王允贵：《"广场协议"对日本经济的影响及启示》，《国际经济评论》2004 年第 1—2 期。

④ 金旼旼：《被误读的〈广场协议〉》，《中国证券报》2018 年 8 月 18 日。

⑤ 刘胜军：《杀死日本的不是美国而是日本自己》，2018 年 10 月 23 日，https://mp.weixin.qq.com/s/DAUQBjkVRkM2HzH1CF-Ykw.

签订，加之日本错判本国及国际经济形势，失当的产业、货币政策和金融监管不力，使日本经济遭受重创，从而超出了美国预期的目标。日本从泡沫经济的顶峰跌落，以惨烈的自我爆破方式结束了这场 30 多年的贸易战。[①]

第二次世界大战后日美经济关系史充斥着两国的贸易摩擦和经济竞争关系。在日本经济实力迅速上升，逐渐占有经济竞争优势之际，两国贸易失衡就会加剧，美国对日戒心就会增强；反之，日本经济增长失速，美国的危机感得到缓解，两国贸易摩擦就会相对缓和。

20 世纪 90 年代初，日本经济陷入"失落的十年"。1990 年，股票和信贷市场萎缩；次年，房地产市场崩溃，并通过消费、投资影响实体经济，诸多银行、企业的倒闭蔓延了市场的恐慌情绪，促成了"投资疲软—就业减少—消费减少—企业业绩下滑"的恶性循环。1994 年，日本在首脑会谈中拒绝美方"数值目标"要求，日美贸易摩擦一度达到白热化。1995 年，日美就汽车贸易问题达成协议，两国间贸易摩擦出现转折，开始呈现相对缓和的趋势。日本对美贸易顺差在 1994 年第四季度达到顶峰后开始下降，日本对美汽车出口时隔 3 年后首次下降 13.9％，进口增加 57.1％，美国对日贸易逆差从 646 亿美元锐减到 305 亿美元。1996 年，在美国的对外贸易逆差中，日本所占比重由 1991 年的 65％下降到 28％。同时期，世界经济形势发生了重大变化。新兴经济体的工业化发展与信息技术革命的兴起及由此导致的商业模式的变化动摇了日本经济的根基。[②] 中国利用大量廉价劳动力优势成为成本低、效率高的世界工厂，日本的传统制造业逐渐败下阵来，而 IT 服务业、咨询业等新兴产业又尚未得到发展。同时期的美国则出现了新一轮经济繁荣，经济保持高增长率，通货膨胀和巨额财政赤字问题得到解决，失业率降到 30 年来的最低水平。互联网科技革命催化科技产业发展，特别是计算机等高新技术产业的竞争力增强，使美日间的经济和产业差距不断扩大，双方的贸易摩擦逐渐退潮。

此外，日本在国内实施自由主义经济政策，从小泽一郎的《日本改造计划》到"安倍经济学"，不断调整出口导向型的经济结构，扩大国内市场开放，吸纳美国产品大量进入本国市场，在一定程度上缓和了日美贸易摩擦。随着中国、韩国等新兴国家制造业的崛起，日本不再是美国对外经

---

① 《日美贸易摩擦的细节复盘与历史镜鉴之三——日元升值与泡沫时代》，2018 年 9 月 30 日，http://www.yanjiubaogao.com/cha_kan_pdf?id=60454，最后访问日期：2019 年 4 月 6 日。
② ［日］野口悠纪雄：《战后日本经济史》，张玲译，民主与建设出版社 2018 年版。

济摩擦的核心。[①]

第五节　国有企业在反倾销诉讼中的挑战

自 2001 年加入 WTO 以来，中国对外贸易规模日益扩大，但不可避免地陷入了与其他国家日益激烈的贸易摩擦旋涡中。特别是中国国有企业的竞争力逐年提升，补贴问题成为西方国家打压中国国有企业的主要抓手。[②]根据《补贴与反补贴措施协议》，WTO 制度下有三种提供补贴的主体：政府、公共机构和受前两者委托的私营机构。其中"公共机构"这一概念争议较大，WTO 规则对其没有作出明确的界定，各国享有较大的自由裁量权。西方国家在针对我国的反补贴调查中频繁将我国的国有企业界定为"公共机构"，进而把其向下游企业出售的生产资料或提供的贷款认定为补贴，对下游企业出口的产品加征大量的反补贴税。[③]

中国的国有企业是否"公共机构"，目前还没有定论。近年来国内研究"公共机构"问题的文献主要以"铜版纸案""DS379 案"等中美反补贴贸易纠纷为例，评析 WTO 法和美国法对国有企业的法律定性，探究二者是否属于"公共机构"。[④]反补贴措施中含有竞争中性的逻辑。在中国与西方国家关于国有企业、国有商业银行"公共机构"认定的贸易摩擦中，

---

① WTO 成立到 2018 年，美日间的贸易纠纷仅有 14 件，而中美间多达 34 件，韩美间有 20 件。

② 蒋奋：《反补贴语境下的国有企业定性问题研究》，《上海对外经贸大学学报》2017 年第 1 期。

③ 例如，在中美 DS379 案中被上诉机构判定为"公共机构"。国有商业银行具有融通国民经济资金的作用，在整个金融业乃至国民经济的发展中都占据着极其重要的地位。相当多的企业从国有商业银行获得贷款，若我国的国有商业银行被认定为公共机构，则其向企业发放的贷款很容易被认定为"财政资助"，在产品出口时很可能被采取反补贴调查和加征反补贴税，严重阻碍我国的产品出口和对外贸易。

④ 胡兴黎：《反补贴调查中提供主体——"公共机构"的研究》，中华人民共和国商务部产业损害调查局、中华人民共和国工业和信息化部运行监测协调局：《集聚优势，转型升级——中国产业国际竞争力评论》（第二辑），中国商务出版社 2009 年版，第 369—384 页；赵海乐：《"国有企业补贴"的合法性分析——从中国诉美国双反措施案裁决谈起》，《中南大学学报》2011 年第 6 期；廖诗评：《"中美双反措施案"中的"公共机构"认定问题研究》，《法商研究》2011 年第 6 期；白巴根：《"公共机构"的解释及"国有企业"是否构成"公共机构"——"美国对华反倾销和反补贴调查案"上诉机构观点质疑》，中国法学会世界贸易组织法研究会、南开大学法学院：《WTO 法与中国论丛》，知识产权出版社 2012 年版，第 61—98 页；徐程锦、顾宾：《WTO 法视野下的国有企业法律定性问题——兼评美国政府相关立场》，《上海对外经贸大学学报》2016 年第 3 期；蒋奋：《反补贴语境下的国有企业定性问题研究》，《上海对外经贸大学学报》2017 年第 1 期。

竞争中性的政策考量与规则要素无处不在。[①]

一、竞争中性在国有商业银行"公共机构"认定中的体现

目前的国际法律文件对"竞争中性"没有统一的标准和定义。经济合作与发展组织（OECD）作为当下研究竞争中性问题最全面和最权威的国际机构，将"竞争中性"定义为："经济市场中没有经营实体享有过度的竞争优势或竞争劣势时的状态"。[②] 在总结各国的竞争中性实践基础上，OECD 将"竞争中性"归纳为八点：厘清政府商业行为的运作方式、识别国有企业履行公共服务职能的成本、要求国有企业达到特定商业回报率、对国有企业的公共服务支出单独进行财会统计、税收中立、管制中立、债务中立、补贴中立及政府采购中立。[③] OECD 所提出的指导性意见虽不乏贸易投资保护主义的嫌疑，但对竞争中性制度的设立和实施仍有借鉴价值。[④] 竞争中性原则主要的适用对象是国有企业。一般认为，政府的补贴会使一些国有企业享有过度的竞争优势。在此意义上，反补贴措施和竞争中性制度的目标具有一致性。换言之，在国际贸易领域，反补贴措施是反映竞争中性制度目标的典型制度安排。[⑤]

之所以少有学者将竞争中性与反补贴下的"公共机构"认定相联系，是因为没有关注到在"公共机构"认定案例中适用竞争中性的实践。这种实践模式早已有迹可循，并产生了深刻的影响。

（一）DS379 案之前的体现

美国是对我国展开反补贴调查次数最多的国家。[⑥] 在 DS379 案之前，

---

① 石伟：《"竞争中性"制度的理论和实践》，法律出版社 2017 年版，第 105 页。

② OECD. "Competitive Neutrality—Maintaining a Level Playing Field Between Public and Private Business，OECD 2012"，http：//www. oecd. org/daf/ca/corporategovernanceofstate-ownedenterprises/50302961.pdf.

③ OECD. "Competitive Neutrality-National Practices"，16 April，2019，https：//www.oecd.org/daf/ca/50250966.pdf；OECD. "Competitive Neutrality-A Compendium of OECD Recommendations，Guidelines And Best Practices，OECD 2012"，http：//www.oecd.org/daf/ca/corporategovernanceofstate-ownedenterprises/50302961.pdf.

④ 唐宜红、姚曦：《竞争中性：国际市场新规则》，《国际贸易》2013 年第 3 期。

⑤ 石伟：《"竞争中性"制度的理论和实践》，法律出版社 2017 年版，第 102 页。

⑥ 赵海乐：《"国有企业补贴"的合法性分析——从中国诉美国双反措施案裁决谈起》，《中南大学学报》2011 年第 6 期。

美国经常使用"五要素分析法",将外国企业认定为公共机构。[①] 在中美"铜版纸"案中,美国国际贸易委员会(USITC)认为:① 中国政府对国有商业银行拥有所有权;② 中国国有商业银行根据国家产业政策做出贷款决策;③ 中国国有商业银行缺乏足够的风险管理和分析技能;④ 中国国有商业银行的主管由政府任免。[②] 因此,USITC 将中国国有商业银行认定为公共机构。在更早的美韩"动态随机存储器反补贴"案中,USITC 将涉案两家韩国国有商业银行判定为公共机构,与"铜版纸"案如出一辙。[③]

在这两个案件中,美国隐含的逻辑是,政府作为国有商业银行的所有者和实际控制者,足以使得国有企业成为公共机构。当一个国有企业向另外一个国有企业提供贷款或商品时的利息或价格较低,就被认定提供补贴。由于国有企业和政府之间存在股权或者其他更为密切的联系,而获得不公平的竞争优势,明显违背竞争中性制度的宗旨和精神。[④] 将涉案的国有商业银行认定为公共机构以适用反补贴措施,可以矫正竞争中性偏离,进而实现竞争中性制度的宗旨。

(二)DS379 案及之后的体现

中美 DS379 案的核心争议之一就是如何界定"公共机构"。专家组认可了美国一贯使用的"所有权和控制权标准",将涉案的中国国有企业和国有商业银行都认定为"公共机构"。美国据此对中国国有企业或者银行获得优惠贷款或者交易的中国出口商征收更高的关税或者反补贴税。如果上诉机构采用了美国的"所有权和控制权标准",中国国有商业银行很有可能构成"公共机构"。但是,上诉机构事实上否定了在认定"公共机构"时单一适用"所有权和控制权标准"的合理性,认为政府控制企业或拥有企业的所有权并不足以证明一个实体为公共机构;同时支持政府权力论,国有企业是否构成公共机构取决于政府是否授予政府职能,因为公共机构

[①] "五要素":① 政府对实体的所有权;② 政府在董事会的席位;③ 政府对实体活动的控制;④ 实体对政府政策的利益或追求;⑤ 实体是否依据法律设立。United States-Definitive Anti-Dumping and Countervailing Duties on Certain Products from China,WT/DS379/R,para.8.101.

[②] See CFS Paper Countervailing Duty I&D Memo,p.55.

[③] USITC 认为涉案的两家韩国国有商业银行满足五个要素:① 韩国政府拥有这两家银行的全部或绝大多数股权;② 政府控制银行董事和高级管理人员的任免;③ 政府控制银行的日常运营;④ 银行的目标是实现公共政策;⑤ 银行依法设立。

[④] 石伟:《"竞争中性"制度的理论和实践》,法律出版社 2017 年版,第 107 页。

应当是"拥有、行使或者被赋予政府职能的实体"。[①] 政府对某实体及其行为进行有效控制的证据可以作为有关实体拥有政府权力并在执行政府职能时行使这种权力的证据。[②] 但是，美国的主张并未完全被上诉机构摒弃。上诉机构认为："一个公共机构的精确轮廓和特征必然因实体而异，专家组和调查机构只有通过对其核心特征、有关实体的概念及其与政府的狭义关系等方面进行综合适当的评估，所得的结论才具有合理性。"[③] 美国在证明中国国有商业银行属于"公共机构"时提供的证据显示，[④] 美国一方面主张"所有权和控制权标准"；另一方面通过考察中国国有商业银行和政府的关系、政府对银行贷款决策的控制以及国有商业银行对产业政策的支持等因素，考虑了中国国有商业银行实质上行使政府职能的持续和系统的实践，[⑤] 这符合上诉机构对"公共机构"的解读，认为中国国有商业银行代表中国政府行使政府职能，最终构成"公共机构"。[⑥]

通过这一案件，"公共机构"这一概念的判断标准从"所有权和控制权标准"变为"政府职能标准"。在此基础上，上诉机构进一步提出了三项证据标准，其中第三项是"政府拥有对企业及其行为的'有意义的控制'"。[⑦] "有意义的控制"的证据要求是"政府的正式表现是多方面的"，[⑧] 是"所有权和控制权标准"的升级版，一定程度上涵盖后者，与后者重合。[⑨] 同时，"有意义的控制"解释的空间也更加大。政府为了利用国有企业、国有商业银行实现政府政策和职能，就会保护国有企业、国有商业银

① United States — Definitive Anti — Dumping and Countervailing Duties on Certain Products from China，WT/DS379/AB/R，2011，para.290 - 295.

② United States — Definitive Anti — Dumping and Countervailing Duties on Certain Products from China，WT/DS379/AB/R，2011，para.318.

③ United States — Definitive Anti — Dumping and Countervailing Duties on Certain Products from China，WT/DS379/AB/R，2011，para.317.

④ 在 DS379 案中，美国认定提供贷款的中国国有商业银行构成"公共机构"，主要依据的是其在"铜版纸"案中调查的结果。上诉机构认为，将"铜版纸"案调查结果直接纳入本案，并以之前调查的结论作为之后调查裁决的依据并不充分合理，但由于两项调查间隔时间很短，且有实质部分重叠，作为例外，之前的调查结论可以用来支持之后的调查。See Appellate Body Report，para. 354.

⑤ Appellate Body Report，United States — Definitive Anti-dumping and Countervailing Duties on Certain Products from China，WT/DS379/AB/R (Mar. 11，2011)，para.317.

⑥ WT/DS379/AB/R，para.352 - 356.

⑦ WT/DS379/AB/R，para.318.

⑧ Appellate Body Report，United States — Definitive Anti-dumping and Countervailing Duties on Certain Products from China，WT/DS379/AB/R (Mar. 11，2011)，para.317.

⑨ 石伟:《"竞争中性"制度的理论和实践》，法律出版社 2017 年版，第 111 页。

行利益，并决定其人事任免和商业决策等事项，即实施"有意义的控制"①。特别是我国的《商业银行法》（2015 年修订）第 34 条特别规定，商业银行根据国民经济和社会发展的需要，在国家产业政策指导下开展贷款业务。这一规定很大程度上反映了商业银行的政府职能。因此，将承担、行使或被赋予政府职能的国有企业、国有商业银行定性为公共机构，是竞争中性制度在国内法上进一步扩张和延续的表现。

二、竞争中性路径下中国国有企业"公共机构"性质的定分止争

竞争中性的概念与我国国有商业银行公司化、市场化改革目标是一致的。② 我国也应该确定竞争中性的基本立场，并以竞争中性的要求作为标准衡量一个实体是否属于反补贴意义下的"公共机构"。根据 OECD 关于竞争中性的政策目标，我国国有商业银行很有可能被认定为"公共机构"。

（一）确立竞争中性的基本立场

近年来，引入竞争中性的呼声越来越高。2018 年在 G30 国际银行业研讨会上，中国人民银行行长首次表示，考虑以"竞争中性"原则对待国有企业，这表明竞争中性原则在未来很可能成为中国深化结构性改革的关键一步和改革方向。③ 目前我国国有企业公司化、市场化改革的重点是"厘清政府与国有企业的关系，完善以市场配置资源的机制、创造公平的竞争环境"。与竞争中性的本质要求不谋而合。④ 因此，只有通过竞争中性制度的"倒逼"作用，促使中国持续推进国有企业改革，使其作为独立的经济主体参与市场竞争，而不是凭借优惠政策的保护，才能真正提高国有企业的经营能力和可持续发展能力。⑤

---

① 在美国与印度的钢板案中，上诉机构拒绝接受美国的观点，认为政府有权使用一个企业的资源不代表这个企业就是政府的公共机构。Appellate Body Report, United States — Countervailing Measures on Certain Hot-rolled Carbon Steel Flat Products from India, WT/DS436/AB/R, Dec. 8, 2014, para.4.27 - 4.29.
② 应品广：《竞争中性——中国的实践与展望》，《WTO 经济导刊》2014 年第 6 期。
③ 李锦：《以"竞争中性"塑造引领国有企业改革》，《经济参考报》2018 年 10 月 17 日。
④ 李锦：《以"竞争中性"塑造引领国有企业改革》，《经济参考报》2018 年 10 月 17 日。
⑤ 汤婧：《"竞争中性"规则：国有企业的新挑战》，《国际经济合作》2014 年第 3 期。

在反补贴领域的"公共机构"认定方面，中国要逐步接受并接近竞争中性标准。从国际法看，不仅上诉机构支持竞争中性的立场，而且美欧等西方发达国家近期达成的经贸协定也将体现竞争中性原则的内容纳入其中，使得 OECD 关于竞争中性的指导性规范在缔约方之间产生约束力。[①]从国内法看，美国的立场暗含着竞争中性的逻辑，更多国家的国内法也逐渐吸收竞争中性原则。[②]可以预见的是，除美国外，欧盟、澳大利亚、日本、韩国等都可能会对我国提出竞争中性的要求，进而将我国国有企业、国有商业银行，甚至是主权财富基金认定为"公共机构"。[③]因此，我国也应以竞争中性为标准推进国有企业改革，做出实质性的改变，以期在未来可能发生的案件中充分地维护我国国有企业、国有商业银行的平等竞争利益，而不是招致政策歧视或市场排挤。

（二）我国国有企业背离竞争中性的表现

前述 OECD 报告《竞争中性——确保国营企业和私营企业间的公平贸易》总结了竞争中性 8 个方面的政策目标，称作"最佳实践"，[④]作为针对国有企业改革的建议，在一定程度上起到了"软法"的作用。[⑤]如果国有企业在税收优惠、融资条件优势、监管待遇优势、信息获取优势、直接补贴、实物补贴等方面能获得不公平的竞争优势，[⑥]且不能贯彻落实公司化改造、区分和间隔公共服务职能和商业职能、实现必要的商业回报率等措施，[⑦]即有违竞争中性的宗旨和目标，则可能被判定为"公共机构"。相比美国和 DS379 案上诉机构在竞争中性的逻辑下确立的"公共机构"判断标准，这 8 个政策目标内容更加具体和更具普适性，也更适合用来判断一个

---

① 韩立余：《国际法视野下的中国国有企业改革》，《中国法学》2019 年第 6 期。

② 李晓玉：《"竞争中性"规则的新发展及对中国的影响》，《国际问题研究》2014 年第 2 期。

③ 赵学清：《欧美竞争中性政策对我国国有企业影响研究》，《河北法学》2013 年第 1 期。

④ 竞争中性 8 个方面的政策目标：① 合理化国有企业的商业经营模式；② 识别直接成本；③ 合理确定国有企业从事商业活动的回报率；④ 合理考量国有企业的公共服务义务；⑤ 税收中立；⑥ 监管中立；⑦ 债务中立和补贴中立；⑧ 公共采购中立。

⑤ 20 世纪 80 年代，国际法领域的学者最早提出了"软法"的概念，经过几十年的发展，已逐渐为学界所接受。虽然"软法"不具有法律约束力，但在实践中，尤其是在国际经济法领域产生了巨大的国际影响力，在一定程度上被自觉遵守，是具有实际效果的行为规范。参见朱文龙、鲍禄：《国际软法的理论探析》，《天津大学学报（社会科学版）》2013 年第 4 期。

⑥ OECD. "State-owned Enterprises as Global Competitors: A Challenge or an Opportunity?" http://dx.doi.org/10.1787/9789264262096-en.

⑦ 石伟：《"竞争中性"制度的理论和实践》，法律出版社 2017 年版，第 141 页。

实体是否反补贴下的"公共机构"。

　　TPP（及最终取而代之的 CPTPP）和 TTIP 协定中的国有企业章节对竞争中性制度的设计主要来自 OECD 的制度框架，并且将"软法"通过经贸协定的方式上升为国际经贸规则。竞争中性原则的目标是消除公有实体在进行重大商业活动中基于所有权而获得的不当优势地位。因此，围绕竞争中性原则的政策路径首先是区分国有企业的商业和非商业行为；其次，是从补贴、税收、监管等方面判断国有企业是否享有私营企业不享有的不正当竞争优势；最后，通过竞争中性化的政策削弱或取消国有企业享有的不正当竞争，以便实现竞争中性。[①] 相比 OECD 竞争中性政策，TPP 和 TTIP 将国有企业的范围扩展到了指定垄断企业、独立养老基金和特权企业。这意味着在这些协定下，国有企业的商业行为不会使国有企业得到豁免。

　　然而，目前国有企业偏离竞争中性 8 个政策目标表现在以下方面。

　　第一，商业化改革效果不彰，企业经营形式不规范。"合理化国有企业的商业经营模式"这一目标要求国有企业、国有商业银行不能依靠"国有背景"获得过度竞争优势，推进公司化、股权化改革，需采取更为规范的经营模式。[②] 目前，我国国有商业银行仍未达到这一目标，主要表现如下：① 股权仍高度集中于国家。以"四大行"为例，根据 2018 年半年度报告，四大行 2018 年国家持股比例分别为 64.02%、82.04%、69.31%、57.11%，这反映出国家是占有绝对优势地位的最大股东，其他股东的股权份额偏低。② 尚未建立市场化的法人治理结构。目前，"四大行"均建立了股东会、董事会、监事会、高级管理层的公司治理架构，但其职责未能得到有效发挥。国有商业银行商业化改革的成效有限，经营模式不规范，对政府依然有很高的依赖性。

　　第二，信息披露不全，欠缺透明度。"提高企业透明度"实际上是第二项目标"识别直接成本"的间接要求，即当一个企业既参与商业活动，又参与非商业活动时，应确定一套成本分配机制；为了确保其非商业活动

---

　　① Matthew Rennie, Fiona Lindsay. Competitive Neutrality and State-owned Enterprises in Australia: Review of Practices and their Relevance for Other Countries. *OECD Corporate Governance Working Papers*, No.4, 2011.

　　② 唐宜红、姚曦：《竞争中性竞争中性：国际市场新规则》，《国际贸易》2013 年第 3 期。

不会对其商业活动进行交叉补贴，需进一步提高企业透明度和会计要求。对国有商业银行而言，这一目标主要通过信息披露来实现。目前，加强信息披露、提高商业银行的透明度已经是大势所趋，但我国国有商业银行信息披露还是存在若干问题。一方面，只有上市的国有商业银行按规例行上报年度报表，其他银行很少披露其经营信息，即使披露，披露的内容也不多。另一方面，上市的国有商业银行在信息披露方面也存在不足，例如：① 选择性披露严重，例如某些银行在报告中对自己所获荣誉和奖项进行展示，而对面临的风险、内部控制缺陷、资产质量状况等轻描淡写。[①] ② 披露形式主义现象严重，例如某银行年度报告中的"监事会报告""内部审计报告""审核意见"等项目存在某些不同的年份披露的内容类似甚至完全相同的情况。[②] ③ 部分会计信息披露的真实性较低，甚至存在回避披露负面信息、向监管部门报告假情况和假数字等情况。国有商业银行透明度的欠缺，使其成本结构无法被准确识别，进而也难以保证其非商业活动不会对商业活动进行交叉补贴。

第三，政府对国有商业银行的补贴偏离竞争中性。"补贴中立"是竞争中性的重要行为准则之一，要求政府在干预市场过程中必须在补贴上保持中立，避免国有企业、国有商业银行从政府补贴中获取竞争优势。[③] 中国政府和央行采取多种措施对国有商业银行进行了直接或间接的补贴，包括财政注资、外汇储备注资、不良资产剥离、地方政府的额外补贴等。[④] 此外，税收倾斜、宽松的（有差别的）监管环境或措施等都是变相的间接补贴行为。[⑤] 鉴于国有商业银行在一国国民经济中的重要地位，采取适当的政府补贴可以提高整个社会的福利水平。但是，我国政府对国有商业银行的补贴原则性不强，随意性较大，缺乏全局意识，忽视保护金融市场的公平竞争秩序，难以体现竞争中性，直接后果是加剧道德风险和扭曲市场

---

① 王晓燕：《上市银行信息披露超载问题研究——以工商银行为例》，《财会通讯》2018 年第 26 期。

② 栾甫贵、田丽媛：《国有商业银行内部控制实质性漏洞披露问题研究》，《财会通讯》2015 年第 2 期。

③ 唐宜红、姚曦：《竞争中性竞争中性：国际市场新规则》，《国际贸易》2013 年第 3 期。

④ 杨毅沉、杜放：《"最赚钱"国有企业仍获政府补贴　银行靠补贴闷声发财》，2014 年 11 月 19 日，http://ah.people.com.cn/n/2014/1119/c358314-22955066.html. 最后访问日期：2019 年 4 月 16 日。

⑤ 樊富强：《澳大利亚关于国有企业竞争中性竞争中性政策的实施与评析》，《对外经贸实务》2016 年第 10 期。

竞争，不利于实现普惠金融。

第四，政府对国有商业银行进行税收倾斜。"税收中立"这一目标要求对国有企业和私企施行平等的税收待遇，但国有商业银行相较一些民营金融机构和私营企业能获得一定的税收优势。例如，2009年财政部和国家税务总局发布了《关于企业重组业务企业所得税处理若干问题的通知》，将企业重组分为"普通重组"和"特殊重组"，一旦被认定为"特殊重组"，国有企业就可以获得"超特殊"税务处理的优惠，中国银行、交通银行、工商银行等国有商业银行都在获得"超特殊"税务处理优惠的企业名单之列。[1] 国有企业重组超特殊待遇体制与正常所得税制度之间对比显著，税收优惠的色彩明显。[2]

第五，国有商业银行的监管环境更为宽松。"监管中性"这一目标要求最大限度保持国有企业的商业活动和私人企业享有同样的管制条件和环境，受到等同的监管强度，不能不当地加强或放松对不同所有制企业的监管力度和范围。目前我国商业银行的金融监管体制对不同所有制金融机构和借款人的监管强度有差别，国有商业银行因其政府所有权而具有雄厚的国资背景，监管机构对其进行监管时往往表现出一定的政策导向，倾向于对其进行监管豁免。而非国有银行和其他私营企业却要花费更多的合规成本应对更为严格的监管措施，[3] 这种差别化的监管对待易导致市场主体的不公平竞争，有违竞争中性。

第六，国有商业银行履行公共服务义务并不透明、规范、持续和稳定。"合理考量国有企业的公共服务义务"这一目标本身并不禁止国有企业提供公共服务，而是要求政府对国有企业提供的公共服务进行成本范围内的补偿。超出成本范围内的补偿则会造成交叉补贴，被认为最直接的政府扶持，由此造成的竞争优势将产生劣币驱逐良币的恶性结果。[4] 我国的国有商业银行承担着一定的提供公共服务的职能，在政府的主导下为社会

---

[1]　崔威：《国有企业重组的"超特殊"税务处理：法律背景及评议》，《中外法学》2010年第6期。

[2]　崔威：《国有企业重组的"超特殊"税务处理：法律背景及评议》，《中外法学》2010年第6期。

[3]　卜令强：《竞争中性规则视野下的中国国有企业改革》，《法大研究生》2017年第2期。

[4]　胡改蓉：《竞争中性对我国国有企业的影响及法制应对》，《法律科学》2014年第6期。

管理和改革推进提供资金支持。[①] 问题在于，我国缺乏对国有商业银行公共服务职能的监管机制和成本核算，国有商业银行提供公共服务时可能会存在不规范、不透明的现象，国家给予国有商业银行的"补偿"也难以做到以成本为基础和透明、公开。

第六节　日美贸易冲突对中美贸易战的启示

中美贸易战自 2018 年 3 月拉开序幕以来，矛盾不断升级。不少学者将这一阶段的中美贸易摩擦类比 20 世纪的日美贸易摩擦，试图寻找当下的应对方案。一方面，20 世纪 90 年代末以后中国成为美国贸易赤字的最大贡献国，并在 2010 年后取代日本成为世界第二经济大国。美国在 21 世纪主要面临对华贸易大额逆差的压力，美国的制造业和服务业贸易顺差优势逐渐丧失。另一方面，特朗普上台后，效仿"里根主义"[②] 推行贸易保护主义，启动 301 调查、对华商品加征关税。

然而，中美贸易关系与日美贸易相比有三点显著区别：一是中国和美国分别代表了新兴发展中国家和发达国家，双方存在较大从经济实力差异。20 世纪 80 年代日本人均 GDP 与美国相当，而当前中国人均 GDP 仅为美国的 1/7。二是从体量来看，中美贸易是大国间贸易。1985 年日本 GDP 只有美国的 32%，而 2017 年中国 GDP 已是美国的 62%，并拥有世界最大的制造业规模，超过德日韩之和。三是从全球价值链来看，中美贸易是产业链上的贸易关系，这区别于产业间或产业内贸易，意味着中美经济的互补性远大于竞争性。特别是中国仍处于全球产业链低端，以电子产品、轻工业为代表的传统劳动密集型产业在 2016 年仍占中国对美贸易顺差的 80% 以上。相比之下，美国则占了产业链的顶端，2017 年美国知识产权出口达 1 279 亿美元，是中国的 26 倍，稳居世界第一。[③] 尽管近年来，中国劳动力成本上升导致部分劳动密集型产业向其他发展中国家转移，但

---

① 李健：《论国有银行的双重功能与不良资产的双重成因》，《财贸经济》2005 年第 1 期。

② 20 世纪 80 年代，里根政府高举"公平贸易"的大旗，启动了带有贸易战趋向的关税政策，签订了《广场协议》，意图减少美国贸易逆差。

③ 朱民、缪延亮：《从多边和双边的视角看中美贸易》，《国际经济评论》2018 年第 4 期。

对美国等发达国家而言，中国的劳动密集型产品仍将长期保持较强的出口竞争力。①

此外，不容忽视的是，美国认知竞争对手的思路发生了变化。有学者指出，美国现在正以"霸权更替"理论解释中国的崛起以及与中国之间的双边关系，对中国实行遏制和平衡的策略。与 20 世纪 80 年代充斥美国政商学界的"日本威胁论"相比，现在的"中国威胁论"有过之而无不及。由于中美政治制度不同，中美之间还有意识形态之争，因此，中国必须比当年的日本更为谨慎地处理中美贸易冲突。② 中美关系还与日美关系存在本质不同，日美关系是同盟国之间的关系，但是中美关系存在很多不确定性，美国政府不断调整对中美关系的定位。就目前而言，美国政府将中国定位为美国的第一大竞争对手，这增加了通过谈判和协议方式解决中美贸易战的复杂性。

回顾日美贸易摩擦历史，对我国寻找中美贸易摩擦应对方案可起到一定的借鉴作用。

一、加强双边谈判

日美贸易摩擦的常用解决途径可概括为以下几步：第一，美国对日谴责，日本对美国提出的议案进行辩驳。第二，将经济问题上升到政治高度。第三，双方进行协商。第四，日本迫于各方压力让步，贸易摩擦暂时缓和。尽管日本在"日美汽车案""日美胶卷案"中借助 WTO 争端解决机制成功反击，但绝大多数摩擦还是通过双边谈判的方式解决的。

目前，WTO 争端解决机制充满不确定性。一方面，特朗普上任后，提出"美国优先"，威胁"退出 WTO"，阻挠上诉机构的法官连任，导致WTO 争端解决机制几乎瘫痪。另一方面，多哈回合后，WTO 改革进程停滞，各国对 WTO 规则的改革意见难以协调。尽管 2018 年 9 月，美国、日本、欧盟三方首次向 WTO 联合提交改革提案，但 2018 年 10 月 25 日，日

---

① 朱民、缪延亮：《从多边和双边的视角看中美贸易》，《国际经济评论》2018 年第 4 期。以服装为例，中国加入 WTO 后，在美国服装进口市场中的份额从 13％攀升至 42％。2010 年以来，部分市场份额转向东南亚国家后，中国仍然保持 36％，是越南的 3 倍，印度尼西亚的 7 倍。

② ［日］川岛真：《日本"广场协议"的教训值得汲取》，陈洋译，《环球时报》2018 年 8 月25 日。

本、澳大利亚、加拿大等 12 国又与欧盟发表联合声明，提议恢复 WTO 争端解决机制，制定新的贸易规则，敦促 WTO 机制改革，但目前改革尚未取得实质进展。

鉴于当前 WTO 处于尴尬处境，中美贸易摩擦化解无法依赖 WTO 争端解决机制。因此，中美贸易战的理想结局是双方通过谈判达成和解。中美是世界上最大的两个经济体，互为重要的贸易和投资伙伴，应当在双边贸易互补互利的基础上进一步合作，甚至推动双边贸易开放和便利化。

二、灵活适度让步

纵观日本第二次世界大战后与美国的经贸摩擦历史，日本一直在妥协和让步，但这并不意味日本一直是吃亏的。[①] 日本在与美国的经济摩擦中，主动做出一定的承诺，放弃一部分经济利益，从长远看，这是为了服务日本长期的经济利益，赢得比较好的日美关系，为其经济发展争取了一段战略稳定期和发展期。

尽管日本对美贸易依存度较高，但在 20 世纪 80 年代两国间贸易摩擦最频繁、最严重的阶段，日本经济增长并未受到太大影响，背后的主要原因有以下四点：一是日本的产业实力强大，贸易摩擦与日元升值只减少了低端产品的竞争力。二是日本采取措施规避了贸易摩擦的不利影响，例如汽车行业自主限制出口数量，并转而向美出口高端车型，通过出口高附加价值产品，在数量不增加的情况下，增加出口收入。三是日本企业实现了转型与升级。例如，日本富士公司转向数码相机研发，实现企业转型。四是日本特殊的产业结构和消费习惯。日本国民有很强的危机感，内心对外国资本和外国产品是比较排斥的，存在许多非关税性的障碍。[②]

随着 USMCA 中"毒丸条款"的签订和美欧日三方达成针对"非市场经济国家"的联合声明，美国将贸易斗争目标直指中国。特朗普政府企图构建一个以西方大国为主体、广大伙伴共同参与的贸易体系，以便在全球

---

① 李红亮、李海燕、徐启元、陈卓、李湛杰：《日美贸易战　日本真的输了吗?》，《财经界》2018 年第 9 期。

② 李红亮、李海燕、徐启元、陈卓、李湛杰：《日美贸易战　日本真的输了吗?》，《财经界》2018 年第 9 期。

自由贸易系统中孤立中国。针对当前的中美贸易摩擦，有观点认为，就美国政府限制从中国进口产品、限制中国企业赴美投资，中国应采取相同的反制措施，限制和惩罚美资企业。笔者认为这种观点是不可取的。过去40年，中国是参与全球供应链的受益者，经济效率大幅提升，产业结构、科技创新能力得到发展。若意图进一步参与全球供应链，中国还面临如何保证上升空间、平衡效率和风险等问题。如果排斥美国企业，中国将部分地脱离全球供应链，在一定程度上重回"闭门造车"的处境。因此，对于中美贸易摩擦我们要谨慎对待、充满诚意地推动达成共识，甚至可以在保证核心经济利益①的前提下有所取舍，借机推动国内相关领域的实质性改革。② 笔者认为，我们应吸取日本的经验和教训，更加谨慎、灵活地对待当前的中美贸易摩擦，适时推进国内产业改革与本国市场开放。

国家之间的经济摩擦可以通过合作谈判加以解决，进入对抗和僵持模式，对两国进出口结构和产业链都将造成影响，甚至影响国家的发展进程和节奏。日美贸易摩擦表明，日本通过合作协商的方式，以贸易冲突为契机，通过国内产业调整的方式加以配合，舒缓了贸易摩擦带来的冲击，也适时调整了国家的经济发展策略，取得了比较好的结果。相反，如果采取长期对抗的模式，结果会比较被动，对应性的措施除了货币或财政政策之外，选项比较少，可能比较多的产业和行业会为持续的贸易摩擦买单，产业政策的调整也可能会丧失机遇。因此，参与贸易摩擦的国家对贸易摩擦的应对应该有比较理性的考量，也需要综合考虑国家长期的经济发展战略。

三、利用多边贸易体制

多边贸易体系（GATT/WTO）作为全球经济增长的重要引擎，其规则覆盖全球贸易额的98%，平均削减成员国关税达2/3，将包括中国在内的众多国家融入多边贸易体系，有力促进了经济全球化、多极化，助推了全球价值链的发展。这些都是多边经济体系不断演变的积极成果，符合世

---

① 在中美贸易冲突当中，关于中国经济核心利益的准确界定，可能有不同的观点。徐奇渊指出维护中国在全球供应链当中的地位是当前中国的核心经济利益。

② 徐奇渊：《应对贸易战的第三种策略："紧抱"住美国》，2018年9月26日，https://mp.weixin.qq.com/s/gDUncE1tGuijkrwt_reuhA，最后访问日期：2018年12月23日。

界各国的共同利益。

目前 WTO 正面临新一轮改革的迫切要求，中国需要极大的智慧来应对挑战。一方面，美国试图透过阻挠上诉机构的法官任命，将 WTO 的正常运转逼入绝境；另一方面，美欧日改革方案涉及国有企业、补贴、强制性技术转让以及特殊和差别待遇的问题等，对中国有很强的针对性。[1] 作为多边贸易体制的倡导者，中国应对 WTO 改革做出积极回应。在中美贸易摩擦的背景下，至少在 WTO 的改革问题上，中国应与欧盟共同破解上诉机构遴选僵局，推动 WTO 上诉机构正常运转。

WTO 争端解决机制的存续既是 WTO 当前面临的最主要和最迫切的危机，也是 WTO 改革的当务之急。如果美国在上诉机构法官的任命上坚持不配合，WTO 争端解决机制将停摆。为此，欧盟认为 WTO 改革方案首先应确保上诉机构维持正常运转；其次，处理 WTO 规则适用方面的实质性问题。具体方案如下：① 缩短上诉机构审限，规定"有关程序不应超过 90 天，除非案件当事方成员同意"。② 限制已卸任成员继续参与上诉机构案件审理，对即将离任的成员规定过渡规则。③ 限制上诉机构对争端解决做出没有必要的裁决。④ 将国内法确认为事实问题，将上诉范围限于专家组报告中涉及的法律问题和作出的法律解释。⑤ 限制上诉机构成员连任以及建立上诉机构和 WTO 成员定期交流制度，以削弱上诉机构报告具有事实上的先例作用。⑥ 建议上诉机构成员只享有一届任期，但可将现有的 4 年任期延长为 6 年或 8 年。

2018 年 11 月 22 日，中国与欧盟等成员一起向 WTO 提交了关于上诉程序改革的两份联合提案。第一份旨在回应相关成员对上诉程序的关注，就离任成员过渡规则等提出方案；第二份旨在加强上诉机构的独立性，提高上诉机构的效率，以及自动启动上诉机构成员遴选程序等。两份提案获得 40 个成员国的联署，涵盖发达国家和发展中国家，具有一定的广泛性和代表性。

第七节　结　　语

中国应对中美贸易战可以在以下五个方面重点着力：第一，充分利用

---

[1]　徐昕：《WTO 改革最新进展及中国应对》，《WTO 经济导刊》2018 年第 10 期。

国内外两个市场、国内外两种资源深化改革开放，进一步挖掘改革开放的红利。第二，深度参与多边贸易体系，但在双方同时撤销贸易战措施和报复措施的基础上，不排除重启中美合作，实现互利共赢。第三，加强金融货币体系改革和监管，克服金融危机风险。第四，加强高科技投入和研发，坚持在 WTO 争端解决机制下协商解决或诉讼解决同发达国家在知识产权保护和高科技研发补贴方面的分歧。第五，继续实行自主减税，作为今后新多边贸易体系谈判的筹码。①

　　从整个双方互动的过程来看，美国最终目的是要迫使中国按照美国所定义的市场经济来做出一种根本性的转变。美国一直声称，政府主导经济的模式是中国加入 WTO 之后形成竞争优势的关键原因，所以每次谈判尽管有一个暂时性的和解，但都无法根本扭转双方的结构性问题。美国希望通过贸易战，全方位对中国施压。美国需要的不仅是中国市场开放的更高水平，而且更重要的是在中国制度层面进行一种美国需要的改革，而这点涉及中国经济制度、社会治理范式和国家治理体系。从中美贸易战到目前进入的胶着和困顿状态表明，美国不会放弃在中美竞争格局中的根本性诉求。此外，中美双方战略的互信水平已经降低，如果中美贸易战久拖不决，中美关系的对抗性有可能全面提升，扩展到经济安全和外交乃至国防层面。美国已经把中美贸易战、经济安全和国家安全联系起来，从国家安全视角甚至是文明冲突的视角建构整个中美经贸、政治和国家关系。显然，中美贸易战结局的不确定性恰好是由中美两国关系定位的不确定性决定的。

---

　　①　李仲周：《WTO 改革，谨防误入歧途》，《WTO 经济导刊》2018 年第 11 期。

第二章

国有企业在国际经济活动中的
身份困境：有没有国际规则

第一节　作为跨境商业活动主体的
国有企业：法律身份之争

中美贸易冲突中的一个核心议题是中国的市场经济地位和国有企业的作用。美国指责中国的国有企业严重扭曲竞争条件，给美国企业在华投资和贸易造成困难，甚至恶化了全球的市场条件。美国以《美墨加协定》（USMCA）为契机，嵌入了针对中国的"毒丸条款"，若三方中任何一方与非市场经济国家签订自由贸易协定，就可能被其他两国排除在协定之外。美国还意图联合欧盟和日本在世界贸易组织规则体系之外，建构关于国有企业参与国际经济活动的规则，并且形成了针对国有企业扰乱市场的行为制定规则并加以执行的共同意图。三方在2019年的会谈中意图重构"公共机构"的概念，并制定规则，对国有企业问题加以有效规制。[①] 可以预见国有企业很有可能在不久的将来面临更为严苛的国际经贸规则和竞争条件。

国有企业是国际经济活动中的重要参与者。根据联合国贸发会议的统计，国有企业在2016年约占全球跨国企业总数1.5%，1 500家跨国国有企

---

① Office of the United States Trade Representative. "Joint Statement of the Trilateral Meeting of the Trade Ministers of the United States，European Union，and Japan", May 23 2019，https：//ustr.gov/about-us/policy-offices/press-office/press-releases/2020/january/joint-statement-trilateral-meeting-trade-ministers-japan-united-states-and-european-union.

业的对外投资占全球总量的 11％，拥有超过 86 000 家外国附属公司。其中，18％的外国附属机构总部设在中国，中国是最大的国有企业海外投资者母国。① 近年来，虽然中国的投资主体趋多元化，但国有企业仍然是中国"走出去"的主力军。② 据统计，2016 年占中国直接对外投资者数量 5.2％ 的国有企业拥有对外非金融类直接投资总存量的 54.3％。③ 2017 年，中国对外直接投资总量为世界第三、发展中经济体第一，④ 其中公有经济控股主体对外投资占 51.3％。⑤

伴随着国有企业海外投资规模日益扩大，海外投资争议不可避免，维护我国国有企业的海外投资利益和安全尤为重要。在国际贸易领域，国有企业补贴问题是中美贸易摩擦的焦点之一。我国国有商业银行在西方国家对中国的反补贴调查中多次被认定为"公共机构"，在"中美双反措施案"（DS379）中被判定为"公共机构"。在与国有商业银行"公共机构"性质认定有关的争端中，美国一贯的实践模式以及 DS379 案中上诉机构确定的"公共机构"认定的"政府职能标准"，都蕴含了竞争中性的政策考量和规则要素。我国的国有商业银行面临着可能在反补贴争端中被认定为"公共机构"的风险。

为解决投资者和东道国政府的投资争端，根据《关于解决国家与其他国家国民之间投资争端公约》（以下简称《华盛顿公约》）的规定，国际投资争端解决中心（International Center for Settlement of Investment Disputes，ICSID）得以成立。我国在 1993 年加入《华盛顿公约》后，在双边投资协定（Bilateral Investment Treaties，BITs）和含有投资条款的条约（Treaties with Investment Provisions，TIPs）中，往往允许投资者选择 ICSID 解决其与东道国政府间的投资争端。由于 ICSID 的设立是为了维护私人国际投资，⑥

---

① UNCTAD. *World Investment Report 2017: Investment and the Digital Economy*. Geneva：United Nations，2017，pp.30 - 31.

② 国家发展和改革委员会：《中国对外投资报告》，人民出版社 2017 年版，第 7 页。

③ 中华人民共和国商务部、中华人民共和国国家统计局、国家外汇管理局：《2016 年度中国对外直接投资统计公报》，中国统计出版社 2017 年版，第 37 页。

④ UNCTAD. "World Investment Report 2018，UNCTAD"，22 December 2018，https：//unctad.org/en/PublicationsLibrary/wir2018 _ overview _ en. pdf.

⑤ National Bureau of Statistics of China. "2017 Statistical Bulletin of China's Outward Foreign Direct Investment，2018". 22 December 2018，http：//img. project. fdi. gov. cn//21/1800000121/File/201810/20181030110223 4656885.pdf.

⑥ Christoph H. Schreuer，Loretta Malintoppi，August Reinisch，Anthony Sinclair. *The ICSID Convention: A Commentary on the Convention on the settlement of investment Disputes between States and Nationals of Other States*. New York：Cambridge University Press，2009，p.4.

当兼具政治和经济特性的国有企业作为投资者在 ICSID 提起仲裁时，首先面临的问题是判断国有企业是否具备私人投资者身份。美国经济安全审查委员会在2016 年报告中专门审查了中国的国有企业问题，并向国会提出建议：依据反倾销和反政府补贴税的法律，中国的国有企业、国家控股企业应该被认定为国家的代表。[1] 如果在国际投资仲裁中也采取这种"一刀切"的判定，将严重损害我国国有企业的海外投资利益，影响我国庞大海外资产的安全。因此，有必要在 ICSID 仲裁中明确国有企业申请人资格的判断标准及具体操作。

国内对这一问题的研究主要围绕《华盛顿公约》和国际投资协定（International Investment Agreements，IIAs）中的规定等具体理论问题展开。[2] 此外，还有从国有企业的控制和管理结构的视角来判断国有企业是否具有申请人资格的研究。[3]

本章主要研究中国签订的 IIAs 中有关"投资者"的规定，并结合中国第一例国有企业在 ICSID 管辖权胜诉案件，[4] 指出仲裁庭在国有企业仲裁申请人资格判断上的发展，并对中国国有企业提出 ICSID 仲裁请求予以建议；从竞争中性原则出发，探讨我国的国有商业银行目前是否属于反补贴下的"公共机构"，并结合铜版纸案、DS379 案之后我国国有商业银行改革近况，分析以国有商业银行为代表的国有企业改革成效，以期类似案件未来解决之道。

第二节　IIAs 和《华盛顿公约》中国有企业的地位和投资仲裁实践

在 IIAs 中约定投资者将投资争端提交 ICSID 管辖是《华盛顿公约》第

---

① USCC. *2016 Report to Congress of the U.S. — China Economic and Security Review Commission* (*One Hundred Fifteenth Congress*). Washington：U.S. Government publishing office，2017，p.126.

② 刘雪红：《论国有私人投资者身份认定及启示——以 ICSID 仲裁申请人资格为视角》，《上海对外经贸大学学报》2017 年第 3 期；梁一新：《论国有企业在 ICSID 的仲裁申请资格》，《法学杂志》2017 年第 10 期。

③ Ji Li. "State-Owned Enterprises in the Current Regime of Investor-State Arbitration", in Shaheeza Lalani and Rodrigo Polancor (eds). *The Role of the State in Investor-State Arbitration*. Boston：Brill Nijhoff，2014，p.380，388.

④ Beijing Urban Construction Group Co. Ltd. v. Republic of Yemen, Case No. ARB/14/30 (ICSID)，Decision on Jurisdiction，31 May 2017.

25 条 "双方书面同意" 的重要形式，国有企业根据 IIAs 在提起 ICSID 仲裁时必须满足 IIAs 中 "投资者" 的定义和《华盛顿公约》中 "另一缔约国国民" 的要求。《华盛顿公约》不排斥国有企业的 "国民" 资格，ICSID 在仲裁实践中以布罗切斯标准对国有企业的 "国民" 资格进行判断。北京城建集团总公司诉也门政府案明确了布罗切斯标准中 "行使政府基本职能" 和 "作为政府代理人" 两个要件的独立性，并提出以《国家责任条款公约草案》（以下简称《草案》）第 5、8 条分别认定上述要件。"行使政府基本职能" 要求国有企业在特定情况下接受并行使政府授权，"作为政府代理人" 要求国家与国有企业存在 "指示" "指挥" 或 "控制" 的事实关系。我国国有企业应该加强对 ICSID 和布罗切斯标准的研究，推动 ICSID 仲裁申请人资格认定标准的统一。

一、绝大部分 IIAs 对国有企业开放

根据 OECD 的调查报告，[①] 从 IIAs 中 "投资者" 的定义出发进行考察发现，大部分 IIAs 不通过所有权区分投资者。在被调查的 1 813 个 IIAs 中，有 1 524 个 IIAs 的 "投资者" 定义中没有涉及 "国有企业" "主权财富基金" 和 "政府" 字样；有 287 个 IIAs 明确规定了国有企业的投资者地位，通常表述为 "政府控制" "政府所有" "公共机构" 等，主要分布在美国、澳大利亚、加拿大等国。而巴拿马在与英国、德国和瑞士签订的 3 个 BITs 中则明确将国有企业排除在投资者之外。我国目前签订了 131 个（除终止外）BITs 和 22 个 TIPs，[②] 如表 2-1 所列，其中仅有 10 个 BITs 和 6 个 TIPs 中明确包含国有企业，在与阿拉伯联合酋长国、沙特阿拉伯、卡塔尔的 BITs 中甚至明确外方政府可以作为投资者。

根据国有企业在 IIAs 中 "投资者" 定义的不同，可将我国签订的 IIAs 分为三类：① 我国缔结的大部分 IIAs 的 "投资者" 定义中，不通过所有权区分投资者，笼统地规定为 "依据一方法律设立的组织或实体"。

---

① Yur Shima. *The Policy Landscape for International Investment by Government-controlled Investors: A Fact Finding Survey*. Paris：OECD Publishing，2015，pp.11-12.

② UNTCAD. "International Investment Agreements Navigator"，21 December 2017，http://investmentpolicyhub.unctad.org/IIA/CountryBits/42#iiaInnerMenu.

表 2 - 1　涉及国有企业的 IIAs

"投资者"定义	IIAs	内　　容
缔约双方均明确包含国有企业	中国—科威特 BIT	公共机构、机关、公司、基金会、会社、发展基金会、企业、合作社、协会、社团和类似实体
	中国—韩国 BIT	公共机构、公司、基金会、社团
	中国—阿曼 BIT	公共机构、公司、机关、基金会
	中国—加拿大 BIT	公共机构、公司、基金会、代理、合作社、信托、社团、协会和类似实体及其分支机构
	中国—坦桑尼亚 BIT	任何实体不论是否私有、是否由政府所有或控制
	中国—日韩 TIA	
	APTA 投资协议	
	中国—澳大利亚 FTA	
	中国—韩国 FTA	
	东盟—中国投资协议	不论是私有或政府所有
	中国—新西兰 FTA	无论是否私有、国有或国有控股
	中国—欧洲综合投资协定	无论是否私人或政府拥有或者控制
仅外方明确包含国有企业	中国—阿联酋 BIT	阿拉伯联合酋长国联邦政府、地方政府及其他地方机构和金融机构
	中国—沙特阿拉伯 BIT	机构和机关，例如沙特阿拉伯货币总署、公共基金、发展署和其他类似的，在沙特阿拉伯设有总部的政府机构
	中国—卡塔尔 BIT	公共和半公共实体、卡塔尔国政府
	中国—加纳 BIT	国家公司和代理机构
	中国—科特迪瓦 BIT	公共机构

根据我国法律，国有企业是依据我国法律设立的经济组织，因此具有投资者资格①。② 缔约双方的定义明确包含国有企业的情况，国有企业当然具备投资者资格。③ 外方"投资者"定义明确规定了国有企业而中方"投资者"定义中不包含的情况。从条约解释的角度来看，尽管这些条约中的中国"投资者"定义并没有明确排除中国国有企业，但是在外方"投资者"的定义中明确包含国有企业，意味着中国的国有企业不在投资者之列。换言之，如果缔约国打算赋予中国国有企业投资者资格，那么应该在中国"投资者"的定义中采取类似的语言。②

二、《华盛顿公约》肯定私人投资者身份的国有企业仲裁申请资格

《华盛顿公约》第 25 条第 1 款规定 ICSID 管辖适用于"缔约国和另一缔约国国民"之间的投资法律争端，③ 明确排除了"国民—国民"和"缔约国—缔约国"之间的争端。在 ICSID 申请仲裁的投资者除满足 IIAs 的要求之外，还必须满足"国民"要求。《华盛顿公约》第 25 条第 2 款有关"另一缔约国国民"的规定为任何具有另一缔约国国籍的自然人和法人，以及经过双方同意的任何具有缔约国国籍但受外国控制的法人。④ 因此，《华盛顿公约》首先不排斥国有企业的"国民"资格，但并不意味着任何时候国有企业都具备"国民"资格。

《华盛顿公约》目的在于维护私人国际投资，而非公共国际投资。序言部分明确公约是考虑到私人国际投资在经济发展的国际合作上的作用而

---

① 梁一新：《论国有企业在 ICSID 的仲裁申请资格》，《法学杂志》2017 年第 10 期。

② Paul Blyschak. State-Owned Enterprises and International Investment Treaties：When Are State-Owned Entities and Their Investments Protected? *Journal of International Law and International Relations*，2011，p.22.

③ 《华盛顿公约》第 25 条第 1 款："中心的管辖适用于缔约国（或缔约国向中心指定的该国的任何组成部分或机构）和另一缔约国国民之间直接因投资而产生并经双方书面同意提交给中心的任何法律争端。当双方表示同意后，任何一方不得单方面撤销其同意。"

④ 《华盛顿公约》第 25 条第 2 款："'另一缔约国国民'系指：（一）在双方同意将争端交付调解或仲裁之日以及根据第二十八条第三款或第三十六条第三款登记请求之日，具有作为争端一方的国家以外的某一缔约国国籍的任何自然人，但不包括在上述任一日期也具有作为争端一方的缔约国国籍的任何人；（二）在争端双方同意将争端交付调解或仲裁之日，具有作为争端一方的国家以外的某一缔约国国籍的任何法人，以及在上述日期具有作为争端一方缔约国国籍的任何法人，而该法人因受外国控制，双方同意为了本公约的目的，应看作是另一缔约国国民。"

设立的。① ICSID 首届秘书长、《华盛顿公约》主要起草人阿朗·布罗切斯在 1972 年详细阐述了私人国际投资与国际发展之间的关系，指出私人国际投资在管理、技术知识、鼓励创造、辅助产业和发展出口市场上有潜在的附带利益。② 在 ICSID 成立前，世界银行的执行总干事指出，《华盛顿公约》旨在刺激私人国际资本进入有意向的国家。③ 这表明在 ICSID 提起仲裁的投资者必须是私人性质的。

在区分公共投资和私人投资的问题上，阿朗·布罗切斯认为以资金来源区分公共投资和私人投资的传统标准已经过时，私人和政府共同出资的情况普遍存在，政府所有的企业与私人企业在法律上并无实质差异。④ 阿朗·布罗切斯从公约的目的出发，提出两个排除国有企业私人投资者身份的标准：一是国有企业作为政府的代理人；二是国有企业行使政府的基本职能。⑤ 上述标准也被称为布罗切斯标准，但是并没有给出"代理人"和"行使政府基本职能"的具体判断要求，ICSID 引用该标准判断国有企业仲裁申请人资格的实践，充实了该标准的具体内涵。

三、CSOB 诉斯洛伐克共和国案裁决及其问题

CSOB 诉斯洛伐克共和国案对国有企业申请人的资格进行了审理。CSOB 是一家根据捷克法律设立的商业银行，1993 年捷克财政部、斯洛伐克财政部、CSOB 签订了整合协议，旨在促进 CSOB 的私有化，由

---

① 《华盛顿公约》序言："考虑到为经济发展进行国际合作的需要和私人国际投资在这方面的作用……。"

② Aron Broches. *Selected Essays*，World Bank，*ICSID and other Subjects of Public and Private International Law*，Dordrecht/Boston/London：Martinus Nijhoff Publishers，1995，p.202；Mark Feldman. Special Focus Issue Note：State-Owned Enterprises as Claimants in International Investment Arbitration. *ICSID Review*，2016，p.31.

③ 刘雪红：《论国有企业私人投资者身份认定及启示——以 ICSID 申请仲裁人资格为视角》，《上海对外经贸大学学报》2017 年第 3 期。

④ Christoph H. Schreuer，Loretta Malintoppi，August Reinisch，Anthony Sinclair. *The ICSID Convention: A Commentary on the Convention on the settlement of investment Disputes between States and Nationals of Other States*. New York：Cambridge University Press，2009，p.161.

⑤ Christoph H. Schreuer，Loretta Malintoppi，August Reinisch，Anthony Sinclair. *The ICSID Convention: A Commentary on the Convention on the settlement of investment Disputes between States and Nationals of Other States*. New York：Cambridge University Press，2009，p.161.

CSOB 将不良资产组合应收账款转让给分别由捷克和斯洛伐克设立的"collection"公司。此后，CSOB 与两个"collection"公司签订了贷款协议，但斯洛伐克"collection"公司未能履行义务，1997 年，CSOB 向 ICSID 提出仲裁申请。① 被申请人斯洛伐克提出管辖权异议，认为 CSOB 不是"另一缔约国国民"，而是捷克政府的代理人。②

仲裁庭首先指出《华盛顿公约》第 25 条中的"国民"包括自然人和法人。法人不仅包括私营公司，而且包括国有公司，所以，CSOB 是国家控制还是国家所有不是关键问题。③ 斯洛伐克政府提出 CSOB 是捷克政府的代理人，履行政府的基本职能，涉案争议是国家间的争议。仲裁庭引入布罗切斯标准对管辖权展开分析，指出在判断国有企业是否行使政府基本职能时，应该关注国有企业行为的性质而不是目的，虽然 CSOB 的大部分工作是代表捷克进行的，包括促进外国商业运作和按照国家的要求执行国际银行交易，而且 CSOB 进行上述活动时也无疑是在推动政府的政策或国家的宗旨，但活动本身基本上是商业性质而非政府性质。④ 此外，虽然 CSOB 的行为是国家推动的私有化进程所驱动的，国有企业利用国家转型政策实现私有化也与政府私有化的职能有关，但起决定作用的仍然是行为的性质，CSOB 重组与私有银行加强财务状况所采取的措施并没有任何区别。⑤ 因此，仲裁庭驳回了斯洛伐克政府关于 CSOB 适格投资者的异议。对于布罗切斯的另一个标准"国有企业是否政府的代理人"，仲裁庭没有做出说明，甚至出现了两个标准分支间的冲突。仲裁庭认为即使 CSOB 作为国家的代理人剥离不良资产，也是按照协议规定改善、巩固财务状况，性质仍然是商业性的。⑥

---

① Ceskoslovenska Obchodni Banka, A. S. v. The Slovak Republic Case No.ARB/97/4 (ICSID), Decision of the Tribunal on Objections to Jurisdiction (24 May 1999), para.1 - 3.

② Ceskoslovenska Obchodni Banka, A. S. v. The Slovak Republic Case No.ARB/97/4 (ICSID), Decision of the Tribunal on Objections to Jurisdiction (24 May 1999), para.15.

③ Ceskoslovenska Obchodni Banka, A. S. v. The Slovak Republic Case No.ARB/97/4 (ICSID), Decision of the Tribunal on Objections to Jurisdiction (24 May 1999), para.17 - 18.

④ Ceskoslovenska Obchodni Banka, A. S. v. The Slovak Republic Case No.ARB/97/4 (ICSID), Decision of the Tribunal on Objections to Jurisdiction (24 May 1999), para.20.

⑤ Ceskoslovenska Obchodni Banka, A. S. v. The Slovak Republic Case No.ARB/97/4 (ICSID), Decision of the Tribunal on Objections to Jurisdiction (24 May 1999), para.23 - 25.

⑥ Ceskoslovenska Obchodni Banka, A. S. v. The Slovak Republic Case No.ARB/97/4 (ICSID), Decision of the Tribunal on Objections to Jurisdiction (24 May 1999), para.21.

本案裁决对布罗切斯标准的适用遭到了学界批评：一是布罗切斯标准"行使政府基本职能"和"作为政府代理人"两个要件之间以"或"相连，应为两个独立的分支标准，国有企业只要符合其中之一就不具有ICSID仲裁申请资格，但仲裁庭只讨论了"行使政府基本职能"这一要件。[①] 二是在对"行使政府基本职能"要件进行分析时，仅考虑国有企业行为的性质，不具有说服力。[②] 事实上，对国有企业投资的担忧不在于其参与投资活动的性质，而在于活动目的是否包含政治因素，因此在判断国有企业是否行使政府基本职能时，应综合考虑行为的性质和目的，这也是目前法院在判断国有企业是否从事商业交易的标准做法。[③] 还有观点提出，在适用布罗切斯标准的两个分支时，应当综合考虑国有企业与政治中心的距离、国家所有权的比例和密度、主要经营部门的竞争力和政治显著性以及一定的领导特征。[④] 但是，考察国有企业活动的目的以及国有企业具体的运作方式，需要对国有企业投资者母国的投资政策、政治运作有深入的把握，对于管辖权判断的要求过高。为了消除对国有企业政治目的的担忧，目前已经有国家通过国内措施对国有企业参与国际投资设置了门槛，包括美国的经济安全审查、加拿大的《联邦投资法案》、澳大利亚的《外国收购法案》等，进入这些国家投资的国有企业本身已经经过了严格的审查，因此，ICSID的管辖权审查不应过多地考虑国有企业行为的目的。

对于布罗切斯标准的适用，2017年5月31日ICSID在北京城建集团总公司诉也门政府案裁决中沿用了CSOB诉斯洛伐克共和国案的标准认定做法，该案也是我国第一例国有企业ICSID管辖权胜诉案件，对我国国有企业在ICSID提起仲裁具有重要的借鉴意义。

---

① 梁一新：《论国有企业在ICSID的仲裁申请资格》，《法学杂志》2017年第10期。

② Paul Blyschak. State-Owned Enterprises and International Investment Treaties：When Are State-Owned Entities and Their Investments Protected? *Journal of International Law and International Relations*，2011，p.30.

③ Paul Blyschak. State-Owned Enterprises and International Investment Treaties：When Are State-Owned Entities and Their Investments Protected? *Journal of International Law and International Relations*，2011，pp.30 - 31.

④ Ji Li. State-Owned Enterprises in the Current Regime of Investor-State Arbitration，in Shaheeza Lalani and Rodrigo Polancor（eds）. *The Role of the State in Investor-State Arbitration*. Boston：Brill Nijhoff，2014，p.380，p.388.

四、北京城建集团总公司诉也门政府案裁决

2006 年 2 月 28 日，北京城建集团总公司（BUCG）与也门民航气象局（CAMA）签订了建设合同，承包也门萨那国际机场二期工程。[1] 2009 年 7 月，也门政府非法剥夺了 BUCG 在也门的投资，也门当局军事和安全机构袭击和扣留了 BUCG 的雇员，并暴力阻止 BUCG 进入施工现场，双方合同终止。[2] 2014 年 11 月 4 日，BUCG 向 ICSID 提起仲裁，也门政府提出了 5 点管辖权异议：BUCG 不是"另一缔约国国民"，也门政府对 ICSID 的仲裁同意仅限于"征收补偿款额"，不能用最惠国待遇条款扩大有限的争端解决条款，BUCG 的投资并非适格投资，以及 BUCG 的主张为合同之诉而非条约之诉。

在有关 BUCG 是否"另一缔约国国民"的问题上，也门政府主张根据布罗切斯标准，BUCG 是国有实体，是中国政府的代理人，履行中国政府的基本职能，因此，也门政府认为争端的当事人是中国和也门两个国家，ICSID 不能管辖国与国的争议。[3] BUCG 主张其以"普通商业实体"的身份进行投资，在机场建设合同中的行为不受中国政府指引和控制，既不是政府的代理人，也不履行政府的职能。[4]

仲裁庭首先表明 ICSID 不受理国与国之间的争议，[5] 且双方同意仲裁庭引入布罗切斯标准对 BUCG 的申请人资格进行判断。与 CSOB 诉斯洛伐克共和国案不同，仲裁庭强调布罗切斯标准的两个分支之间的连词是"或者"，[6] 并在裁决中分别对两个分支进行了论述。仲裁庭认为布罗切斯标准

---

[1] Beijing Urban Construction Group Co. Ltd. v. Republic of Yemen, Case No. ARB/14/30 (ICSID), Decision on Jurisdiction, (31 May 2017), para.23.

[2] Beijing Urban Construction Group Co. Ltd. v. Republic of Yemen, Case No. ARB/14/30 (ICSID), Decision on Jurisdiction, (31 May 2017), para.25.

[3] Beijing Urban Construction Group Co. Ltd. v. Republic of Yemen, Case No. ARB/14/30 (ICSID), Decision on Jurisdiction, (31 May 2017), para.29.

[4] Beijing Urban Construction Group Co. Ltd. v. Republic of Yemen, Case No. ARB/14/30 (ICSID), Decision on Jurisdiction, (31 May 2017), para.30.

[5] Beijing Urban Construction Group Co. Ltd. v. Republic of Yemen, Case No. ARB/14/30 (ICSID), Decision on Jurisdiction, (31 May 2017), para.31.

[6] Beijing Urban Construction Group Co. Ltd. v. Republic of Yemen, Case No. ARB/14/30 (ICSID), Decision on Jurisdiction, (31 May 2017), para.33.

反映了《草案》第 5、8 条的行为归因原则，同时也确定了行为不归因于国家的标准。① 针对也门政府提出的 CSOB v. Slovak Republic 中布罗切斯标准适用错误的问题，仲裁庭没有对上述案件裁决做过多分析，而是指出 CSOB v. Slovak Republic 案中仲裁庭关注在具体情况下分析投资的商业功能的做法值得肯定。②

在 BUCG 是否中国政府的代理人问题上，也门政府认为 BUCG 的目的在于提高中国的利益，理由有三：一是 BUCG 董事会代表国家利益，企业的经营决策机关负有国有资产保值增值的义务。二是 1995 年 5 月 23 日《关于授权北京城建集团总公司经营管理所属单位国有资产的批复》强调，BUCG 应"接受北京市国有资产监督管理局和北京市财政局的监督检查"。③ 三是 BUCG 党委会还负责"监督科学发展观和国家政策的落实，促进企业在履行政治和社会责任方面承担主导地位"。④ 仲裁庭认为，BUCG 的组织机构在中国国有企业中并不鲜见，也不是本案的重点。⑤ 事实上，在机场建设中，BUCG 是以普通承包商的身份进行活动的，在公开的商业竞争中以其商业价值中标，而且合同终止的原因是 BUCG 未能提供相应的商业服务，而不是因为中国的决定和决策。⑥ 因此，BUCG 在该项目中不是中国政府的代理人。

在 BUCG 是否履行中国政府的基本职能问题上，仲裁庭认为没有证据证明在机场建设项目中 BUCG 的职能是政府性质的。⑦ 即使 BUCG 的对外交易应受对外经济贸易部的管理、协调和监督，也与本案的事实无关。⑧

---

① Beijing Urban Construction Group Co. Ltd. v. Republic of Yemen，Case No. ARB/14/30 (ICSID)，Decision on Jurisdiction，(31 May 2017)，para. 34.

② Beijing Urban Construction Group Co. Ltd. v. Republic of Yemen，Case No. ARB/14/30 (ICSID)，Decision on Jurisdiction，(31 May 2017)，para. 35.

③ Beijing Urban Construction Group Co. Ltd. v. Republic of Yemen，Case No. ARB/14/30 (ICSID)，Decision on Jurisdiction，(31 May 2017)，para. 37.

④ Beijing Urban Construction Group Co. Ltd. v. Republic of Yemen，Case No. ARB/14/30 (ICSID)，Decision on Jurisdiction，(31 May 2017)，para. 38.

⑤ Beijing Urban Construction Group Co. Ltd. v. Republic of Yemen，Case No. ARB/14/30 (ICSID)，Decision on Jurisdiction，(31 May 2017)，para. 39.

⑥ Beijing Urban Construction Group Co. Ltd. v. Republic of Yemen，Case No. ARB/14/30 (ICSID)，Decision on Jurisdiction，(31 May 2017)，para. 40.

⑦ Beijing Urban Construction Group Co. Ltd. v. Republic of Yemen，Case No. ARB/14/30 (ICSID)，Decision on Jurisdiction，(31 May 2017)，para. 42.

⑧ Beijing Urban Construction Group Co. Ltd. v. Republic of Yemen，Case No. ARB/14/30 (ICSID)，Decision on Jurisdiction，(31 May 2017)，para. 43.

因此，BUCG 没有行使中国政府的基本职能，仲裁庭最终驳回也门政府关于 BUCG 不是"另一缔约国国民"的异议。

五、布罗切斯标准的具体认定及对我国国有企业在 ICSID 申请仲裁的建议

（一）布罗切斯标准的具体认定

北京城建集团总公司诉也门政府案对布罗切斯标准的适用为判断国有企业的仲裁申请者地位提供了指引。首先，"行使政府的基本职能"和"作为政府的代理人"两个要件处于同一地位，应分别进行认定。其次，布罗切斯标准是国际法委员会《草案》第 5、8 条的"镜像"，[①] 应分别作为认定上述标准的参考依据。但是仲裁庭并没有对第 5、8 条进行详细分析，论述两个要件的理由并不充分。如上所述，机场建设项目非因中国的决定和政策终止，不代表整个项目不受政府决定和政策的影响，军事威胁针对 BUCG 进行不意味着整个机场建设项目中无政府职能的体现。因此，有必要明确如何参考《草案》第 5、8 条认定布罗切斯标准。

1.《草案》第 5 条与"行使政府的基本职能"

考虑到行使政府权力的半国营实体日益普遍和有些私有化后的国有企业仍然保留某些公共或管理职能的情况，[②]《草案》第 5 条明确了将"行使政府权力要素的个人或实体的行为"归属于国家的标准，[③] 与布罗切斯标准的"行使政府的基本职能"相似。该条规定："虽非第 4 条所指的国家机关但经该国法律授权而行使政府权力要素的个人或实体，[④] 其行为应视为国际法所指的国家行为，但以该个人或实体在特定情况下以此种资格行事者为限。"根据该条，国有企业行使政府的基本职能需要满足三个条件：一

---

① Beijing Urban Construction Group Co. Ltd. v. Republic of Yemen，Case No. ARB/14/30 (ICSID)，Decision on Jurisdiction，(31 May 2017)，para. 34.

② 韩立余：《国际法视野下的中国国有企业改革》，《中国法学》2019 年第 6 期。

③ ILC. Volume II Part Two, Report of the Commission to the General Assembly on the work of its fifty-third session. *Yearbook of the International Law Commission*，2007，p. 42.

④ 《草案》第 4 条："(1) 任何国家机关，不论行使立法、行政、司法职能，还是任何其他职能，不论在国家组织中具有何种地位，也不论作为该国中央政府机关或一领土单位机关而具有何种特性，其行为应视为国际法所指的国家行为。(2) 机关包括依该国国内法具有此种地位的任何个人或实体。"

是在特定情况下；二是经国内法律授权行使通常由国家机关行使的权力；三是具体行使了政府权力。

回到北京城建集团总公司诉也门政府案，就需要考察 BUCG 在萨那国际机场二期工程项目中是否接受并行使了中国政府的授权。国有企业不存在政府授予经营权的问题，我国的国有企业所有权与经营权相分离理论是特定历史条件下的产物。在国有企业建立现代企业制度的背景下，经营自主权是国有企业作为营利法人所固有的，不是国家授予的。① 虽然政府及其授权的国有资产监督管理委员会依法代替国家行使出资人职责后所获得权益属于国家，② 但就企业经营权而言，国有企业和私有企业的经营权并没有区别，国有企业的特殊之处只是在于其出资人是国家。③ 本案中，BUCG 是北京市人民政府全额出资的国有独资公司，④ 属于《中华人民共和国企业国有资产法》第 5 条规定的国家出资企业，⑤ 该法第 6 条明确："国务院和地方人民政府应当按照政企分开、社会公共管理职能与国有资产出资人职能分开、不干预企业依法自主经营的原则，依法履行出资人职责。"在机场航站楼建设项目中，中国政府没有将通常由国家机关行使的权力授予 BUCG。因此，BUCG 在整个项目的活动都是商业行为，而非履职行为。

2.《草案》第 8 条与"作为政府的代理人"

通常情况下，私人和实体的行为不属于国家，除非私人和实体的行为与国家之间存在某种事实关系。⑥《草案》第 8 条对此规定了两种情形：⑦一是按照国家的指示进行不法行为，最常见的是按照指示完成特定的任

---

① 王新红：《国有企业所有权与经营权相分离理论批判》，《政治与法律》2019 年第 8 期。

② 根据《企业国有资产监督管理暂行条例》（以下简称《条例》）第 2 条的规定，企业国有资产是指国家对企业各种形式的投资和投资所形成的权益，以及依法认定为国家所有的其他权益。

③ 根据《条例》第 7、10 条的规定，国有资产监督管理机构应当支持企业依法自主经营，除履行出资人职责以外，不行使政府的社会公共管理职能，不得干预企业的生产经营活动。

④ "北京城建集团有限责任公司信息"，2017 年 12 月 21 日，http：//www. gsxt. gov. cn/% 7Bu2akCvuubtKWYITtsKUfOj5tF26vELuFoBvjMppVX7jcNUCL7WpMelaNzn33a8CA2YCxhNrIT8 6KGt_Qpa1rD5tPT0YW4xEtln_2sIKzLryy6qDUHk5CIVa6XmI7AmN55-BNbBtbMS_DOGnc2_ LiaA-1513755458224%7D.

⑤ 《中华人民共和国企业国有资产法》第 5 条："本法所称国家出资企业，是指国家出资的国有独资企业、国有独资公司，以及国有资本控股公司、国有资本参股公司。"

⑥ ILC. Volume II Part Two, Report of the Commission to the General Assembly on the work of its fifty-third session. *Yearbook of the International Law Commission*，2007，p.47.

⑦ 《国家责任条款公约草案》第 8 条："如果一人或一群人实际上是在按照国家的指示或在其指挥或控制下行事，其行为应视为国际法所指的一国的行为。"

务；二是私人和实体在国家指挥或控制下行事的一般情况。此时，个人或实体的行为属于国家需要满足两个条件：一是国家具体行动的组成部分；二是国家必须指挥和控制了该具体行动。① 该条中的"指示""指挥""控制"是相互分离的，只要满足其中之一就可以认定为私人、实体的行为与国家之间存在事实关系。②

在北京城建集团总公司诉也门政府案中，BUCG 是自主经营、自负盈亏的商事主体，其参与也门国际机场二期建设项目是商事主体开展经营活动的表现，不是在中国政府指示下完成特定的任务。此外，根据《条例》第四章的规定，国有资产监督管理机构不干涉企业的经营自主权，只在涉及国有独资企业、国有独资公司的重组、股份制改造方案、分立、合并、破产、解散、增减资本、发行公司债券以及股权转让等重大事项上享有批准权。尽管 BUCG 要接受北京市国资委的监督检查，但该项目中的投资不属于上述重大事项，不必经过北京市国资委的批准，因此，北京市国资委并没有指挥或控制 BUCG 投资萨那国际机场建设。BUCG 在该项目中的行为与中国政府没有事实上的联系，不应认定为中国政府的代理人。

（二）我国国有企业参与 ICSID 仲裁案件的建议

1. 在投资合同中明确"国有企业"的投资者地位

《华盛顿公约》第 25 条规定提交 ICSID 管辖的争端需要"经过双方书面同意"，实践中通常包括基于投资合同的同意、投资东道国立法的同意以及在双边和多边投资协定中同意等形式，③ 目前使用最多的是在 BITs 中做出对 ICSID 管辖权同意的安排。④ 国有企业要想获得 BITs 的投资保护，首先需要满足 BITs 中有关"投资者"定义的规定。目前，我国部分 BITs

---

① ILC. Volume II Part Two, Report of the Commission to the General Assembly on the work of its fifty-third session. *Yearbook of the International Law Commission*, 2007, p.47.

② ILC. Volume II Part Two, Report of the Commission to the General Assembly on the work of its fifty-third session. *Yearbook of the International Law Commission*, 2007, p.48.

③ Christoph H. Schreuer, Loretta Malintoppi, August Reinisch, Anthony Sinclair. *The ICSID Convention: A Commentary on the Convention on the settlement of investment Disputes between States and Nationals of Other States*. New York: Cambridge University Press, 2009, pp.374 – 595.

④ 王海浪：《ICSID 管辖权新问题与中国新对策研究》，厦门大学出版社 2017 年版，第 44 页。

中对中国和外国"投资者"的定义不同，外方投资者明确包含国有企业甚至政府组织，我国关于"投资者"的定义一般规定为按照中国法律设立的经济组织。尽管国有企业满足"根据我国法律设立的经济组织"的要求，但是考虑到双方投资者定义的差别，基于条约解释可能认为中国国有企业不受该部分 BITs 的保护，不利于国有企业的利益维护。

因此，国有企业在进行海外投资时，应该加强对中国包括 BITs 在内的 IIAs 的研究，在上述情况下可在双方投资合同中以书面形式达成对 ICSID 管辖权的同意。国有企业是我国海外投资的主力军，我国在缔结 IIAs 时，应重视国有企业的投资者地位，明确将国有企业包含在"投资者"定义之中，保证国有企业是 IIAs 中的适格投资者，以此获得 IIAs 的保护。

2. 利用 ICSID 仲裁实践形成的规则

在当前"一带一路"倡议的背景之下，我国国有企业应该充分利用以保护投资者利益为导向的 ICSID 争端解决机制。据统计，2016 年年末，中国对"一带一路"沿线国家的直接投资存量为 1 294.1 亿美元，占中国对外直接投资存量的 9.5%。[①] 其中，中国交建、中国石油、国家电网、中国电车等大型国有企业在"一带一路"沿线国家投资中担当主力。目前，与中国签订 BITs 的沿线国家有 57 个，其中，将 ICSID 作为争端解决机制的 BITs 有 17 个，还有 23 个国家规定仲裁庭在制定规则时参照 ICSID 仲裁规则，ICSID 在"一带一路"倡议的建设中对投资争端解决具有重要意义。

尽管 ICSID 的仲裁裁决对新案件没有约束力，但是除非有令人信服的相反理由，否则仲裁庭应该对过去的仲裁裁决予以充分考量，并且有义务在具有一致性的案件中采取相同的处理办法，以实现国家的合法期望和投资者对法治确定性的要求。[②] 国有企业应该积极利用 ICSID 仲裁庭在北京城建集团总公司诉也门政府案中对国有企业"国民"资格的认定方法，加强对 ICSID 仲裁裁决和布罗切斯标准适用的研究，从《草案》第 5、8 条出发，分别排除国有企业在海外投资中"行使政府基本职能"和"作为政

---

① 中华人民共和国商务部、中华人民共和国国家统计局、国家外汇管理局：《2016 年度中国对外直接投资统计公报》，中国统计出版社 2017 年版，第 22 页。

② Burlington Resources Inc. v. Republic of Ecuador，Case No. ARB/08/5 (ICSID)，Decision on Jurisdiction (2 June 2010)，para.100.

府代理人"，以推动国有企业在 ICSID 仲裁申请人资格认定标准的统一，切实维护我国国有企业庞大的海外投资利益。

事实上，其他一些国家也通过司法判决认定，国家控制的实体作为仲裁协议缔约方并不导致该国成为仲裁协议缔约方。瑞士最高法院裁定，受利比亚政府控制的实体是一个独立的法人，作为仲裁协议的签署人不能使得作为控制人和监督人的利比亚政府在没有签署仲裁协议的情况下成为仲裁协议的一方。①

第三节　摆脱"公共机构"身份困境及国有企业改革

竞争中性是一国竞争政策的一部分。竞争政策具有提升市场配置资源效率的作用。② 当政府作为国有企业出资人参与市场竞争时，市场主体的逐利性会产生国有企业垄断的结果。③ 政府利用优势地位制造行政垄断或以其他方式扭曲市场竞争会破坏公平竞争的市场环境，对其他市场主体产生挤占的效果，抑制经济发展。竞争中性直接着眼于政府与国有企业的关系，旨在结束行政垄断和国有企业不正当竞争的竞争环境，从而让市场能更为有效地配置资源、激发市场活力。④

澳大利亚国有企业曾在 20 世纪 90 年代垄断市场，阻碍经济发展。在澳大利亚推行竞争中性政策后，⑤ 提高了市场经济的配置效率，GDP 增速达到 OECD 成员国平均速度的 2 倍，在 OECD 经济排名中从第 15 位升至第 7 位。⑥ 可见，虽然竞争政策的变化不是引发其市场经济发展的唯一原

---

① 4A _ 636/2018，Urteil vom 24 September 2019.

② 时建中：《论竞争政策在经济体系中的地位——兼论反垄断法在管制型产业的适用》，《价格理论与实践》2014 年第 7 期。

③ 孙晋：《新时代确立竞争政策基础性地位的现实意义及其法律实现——兼议〈反垄断法〉的修改》，《政法论坛》2019 年第 2 期。

④ 顾敏康、孟琪：《TPP 国有企业条款对我国国有企业的影响及对策》，《宏观经济管理》2016 年第 9 期。

⑤ 澳大利亚政府就竞争中性原则出台了 Competition Principles Agreement，Competitive Neutrality Policy and Principles，Commonwealth Competitive Neutrality Guidelines for Managers，Competition and Infrastructure Reform Agreement 等政策文件。

⑥ Simon Corden. "Australia's National Competition Policy: Possible Implication for Mexico". 16 April，2019，www.oecd.org/daf/competition/45048033.pdf.

因，但是对激发经济发展起到了一定的作用。[1]

　　央行行长易纲在 2018 年 10 月召开的 G30 国际银行业研讨会上发言时表示，中国考虑以"竞争中性"原则对待国有企业。[2] 2018 年 12 月，《中央经济工作会议公报》指出，要加快国资国有企业改革，坚持政企分开、政资分开和公平竞争原则，做强做优做大国有资本，加快实现从管企业向管资本转变，改组成立一批国有资本投资公司，组建一批国有资本运营公司，积极推进混合所有制改革。贯彻落实上述改革要求有利于确保国有企业符合国际投资仲裁申请人的审查标准，[3] 同时，政府部门也在政府采购领域清理妨碍公平竞争的规定和做法，严格执行公平竞争审查制度，依法保障各类市场主体平等参与政府采购活动的权利。[4] 此外，政府正在引导以国有商业银行为代表的国有企业改革向竞争中性的政策目标靠拢。但是，长期以来，强有力的国家机器和既得利益的国有企业主导了国有经济的政策系统，并且在意识形态上强调对战略经济资产和产业的国家控制，国有经济构成我国社会主义经济的核心。[5] 国有企业的改革经常与社会主义意识形态交织在一起。

一、坚持政府和企业职能分离

　　政企分开是国有企业改革的关键。坚持国有企业政企分开，国有企业真正成为依法自主经营的独立市场主体，使之与政府职能脱钩、与"政府代理人"身份脱钩有利于仲裁庭认可国有企业参与海外投资项目时的独立身份，[6] 从而肯定国有企业仲裁申请人的资格。

---

　　[1]　Simon Corden. "Austrailia's National Competition Policy：Possible Implication for Mexico". 16 April，2019，www.oecd.org/daf/competition/45048033.pdf.

　　[2]　中国人民银行："易纲行长在 2018 年 G30 国际银行业研讨会的发言及答问"，2018 年 10 月 14 日，http：//www.pbc.gov.cn/goutongjiaoliu/113456/113469/3643836/index.html.

　　[3]　王秋雯：《"一带一路"背景下国有企业海外投资的法律挑战与中国因应》，《东南学术》2019 年第 4 期。

　　[4]　财政部：《关于促进政府采购公平竞争优化营商环境的通知》，2019 年 7 月 31 日，http：//www.ccgp.gov.cn/zcfg/mof/201908/t20190805_12605809.htm，最后访问日期：2020 年 5 月 1 日。

　　[5]　Sebastian heilmann. *Red Swan：How Unorthodox Policy Making Facilitated China's Rise*. The Chinese University Press，2018，p.94.

　　[6]　王秋雯：《"一带一路"背景下国有企业海外投资的法律挑战与中国因应》，《东南学术》2019 年第 4 期。

在国有企业治理过程中，作为控股股东的国资往往持有控制性股份，形成"一股独大"的治理范式和以董事长为核心的内部人控制格局。尽管上市公司作为优秀企业的代表已经在现代企业制度的创立和公司治理规范上迈出了至关重要的一步，但散户无法有效参与公司治理和形成股权制衡，使国有控股上市公司长期业绩表现低于上市民企。而对于那些没有通过上市完成资本社会化的国有企业，缺乏权力制衡的治理构架使这些企业的效率更加低下。① 因此，可以通过强化国家股东分红权、弱化表决权等方式②推进国有企业治理能力和治理体系现代化，实现国有企业商业经营模式合理化的目标，符合竞争中性标准。

二、推进国有企业分类改革

对于国有企业分类改革的理论基础与现实措施早有研究和构想，③《意见》提出将国有企业划分为商业类国有企业和公益类国有企业，推进商业类国有企业的市场化运作，将商业类国有企业与保障民生、服务社会、提供公共服务的公益类国有企业进行区分，有利于向仲裁庭证明商业类国有企业的海外投资属于纯粹的商业行为，不应当被归入国家行为。④ 以国有企业的不同功能、性质为基础，按照企业目标、职责推进分类制度改革是区分立法进而实现分类治理、分类监管、分类评价的基础，⑤ 对于强化国有企业监管、实现"监管中立"具有重要意义。

三、引入民资战略投资者

推进国有企业混合所有制改革、引入民营和外资等非国有资本参与国

---

① 郑志刚：《国有企业间的"混"为何没有达到混改真正目的?》，2020 年 1 月 4 日，http://m.ftchinese.com/story/001085613? topnav＝china&archive，最后访问日期：2020 年 7 月 20 日。

② 刘俊海：《全面推进国有企业公司治理体系和治理能力现代化的思考与建议》，《法学论坛》2014 年第 2 期。

③ 王保树：《完善国有企业改革措施的法理念》，《中国法学》2000 年第 2 期；阳东辉：《国有企业改革的法哲学基础及多元模式构想》，《法商研究》2002 年第 1 期。

④ 王秋雯：《"一带一路"背景下国有企业海外投资的法律挑战与中国因应》，《东南学术》2019 年第 4 期。

⑤ 宁金成：《国有企业区分理论与区分立法研究》，《当代法学》2015 年第 1 期。

有企业改革不仅可以放大国有资本功能，实现公私经济的共同发展，而且还可以在国际投资仲裁中减少企业的政府关联、弱化其国有标签，使仲裁庭更多地从保护投资的目的出发对国有企业和私企一视同仁。①

国有企业的改革红利消失后，存在不同程度的效益下滑，有的甚至严重亏损，陷入发展困境。同时普通公众和国际社会对国资垄断经营、高额补贴和不公平竞争现状亦存在不满。通过国有企业混改，民营战略投资者有望从中"分一杯羹"，使国有企业逐步成为符合竞争中性原则的市场主体，最终使市场在资源配置中发挥决定性作用。②

第四节　结　　语

国有企业长期是国际经济治理中的重点和难点议题，正在逐渐成为与跨国企业规制一样重要甚至更具有紧迫性的国际投资法议题。在 TPP 谈判启动之后，竞争中性不仅成为国有企业、竞争政策、投资政策等国际经济规则的指导性原则，并且逐渐多见于国际经贸协定之中，③ 而且是西方主要国家挑战和阻碍我国经济发展模式的政策工具和法理基础。④ 中美贸易战之后，美国修改了外资国家安全审查制度，收紧了对来自中国投资者的兼并项目的国家安全审查，特别是对中国国有企业参与的兼并项目的审查。在国际贸易领域，国有企业经常成为贸易争端的起因和对象，这主要与国有企业的"公"属性有关。中国的商业银行在美国国内法上也因为被视为中国政府的工具而在诉讼中被审查是否享有主权豁免。⑤

---

① 王秋雯：《"一带一路"背景下国有企业海外投资的法律挑战与中国因应》，《东南学术》2019 年第 4 期。

② 郑志刚：《国企间的"混"为何没有达到混改真正目的？》，2020 年 1 月 4 日，http：//m. ftchinese.com/story/001085613? topnav=china&archive，最后访问日期：2020 年 7 月 20 日。

③ 《美国—新加坡自由贸易协定》对新加坡国有企业提出了多项义务，例如商业性考虑义务、禁止政府以直接或间接的方式影响国有企业决策、国有企业的透明度义务、新加坡逐渐减少可能对市场有所影响的政府控制的实体等。美国在《美墨加协定》和与其他国家签订的《自由贸易协定》中都有体现竞争中性原则的国有企业条款。

④ Joshua P. Meltzer，Neena Shenai. "The US-China Economic Relationship：A Comprehensive Approach"，Feb. 2019，https：//ssrn.com/abstract=3357900.

⑤ Universal Consolidated Companies v. Bank of China，35 F. 3d 243 (6th Cir. 1994)；Voest-Alpine Trading USA Corp. v. Bank of China，142 F. 3d 887 (5th Cir. 1998).

以美国为首的西方国家在国际经济活动和规则制定中积极推行竞争中性原则条约化，严格限制国有企业的竞争优势和平等竞争地位，对广泛参与对外经济活动的中国国有企业而言是严重的利差消息。[①] 美国早在 20 世纪 80 年代就在 BIT 示范文本中专设"竞争平等"条款，要求东道国维护竞争平等条件，外国投资者应该得到与本国国有企业所获特殊经济优势对等的待遇。[②] 美式 BIT 的特点就是限制国有企业因所有制产生竞争优势，被授予行使监管、行政或其他行政职权的国有企业和其他法人在一定范围内承担政府义务。[③] CPTPP 和《美墨加协定》基本沿袭了 TPP 将"国有企业和指定垄断"独立成章的模式，对国有企业从事商业活动做了诸多限制。首先，对国有企业进行了严格界定。国有企业是"从事商业活动的企业直接拥有超过 50% 的投票权、有权任命大多数董事会成员或任何其他同等管理机构"。这一定义摆脱了 WTO 确立的"政府权力说"，事实采用"政府控制说"，扩大了国有企业的范围。其次，确立了国有企业从事商业活动应当遵循的原则，包括商业活动出于商业考虑、非歧视待遇、非商业援助、透明度等规则，防止国企的商业和公共职能行为对国际贸易的扭曲。[④] 非商业援助义务条款对货物贸易补贴、服务贸易补贴及投资补贴进行全面规制，采用政府控制论，克服了补贴主体必须是"公共机构"的传统国际经贸规则，扩大了补贴主体的范围。[⑤] 透明度条款要求缔约方公布国有企业名单以及国有企业和指定垄断的广泛信息，例如累计拥有的股份比例以及累计持有的投票权比例、政府官员的政府头衔、最近 3 年的年收入和总资产、年度财务报告和第三方审计报告以及书面请求的事项等。[⑥] 再次，CPTPP 的"国有企业和指定垄断"专章只对个别缔约方的竞争中性例外作出专门约定，不普遍适用发展中成员特殊地位的差别待遇原则。《美墨加协定》也不

[①] 汤婧：《"竞争中性"规则：国有企业的新挑战》，《国际经济合作》2014 年第 3 期；应品广：《竞争中性条款与国企改革》，《WTO 经济导刊》2015 年第 3 期。

[②] 张斌：《国际投资协定中的国有企业条款：美欧模式演变与比较》，《国际商务研究》2021 年第 2 期。

[③] 张斌：《国际投资协定中的国有企业条款：美欧模式演变与比较》，《国际商务研究》2021 年第 2 期。

[④] USMCA, Art. 24.

[⑤] USMCA, Art. 24.

[⑥] USMACA, Art. 22.6.

再采用 WTO 的差别待遇原则，事实上将相同的义务施加于发达国家和发展中国家。《美墨加协定》规定"发展水平的差异性和经济的多样性"不再被视为规避协定义务的依据，国民待遇和最惠国待遇无差别地适用于全部缔约方。最后，扩大禁止补贴的范围。最新生效的《美墨加协定》将中国在国企改革和经济转型过程实施的宏观政策列入禁止型补贴，政府不能向国企发放贷款、向亏损国企注资或者实施债转股等计划。[①]

ICSID 仲裁是投资者与投资东道国争端解决机制之一，以维护国际私人投资为目的。ICSID 仲裁不以所有权区分国际公共投资和国际私人投资，国有企业可以在 ICSID 提起仲裁，除非"行使政府的基本职能"或"作为政府代理人"。我国加入 ICSID 之后，往往在 IIAs 中同意投资者将投资争端提交到 ICSID 仲裁庭，或者允许专设仲裁庭依据 ICSID 仲裁制定仲裁规则。北京城建集团总公司诉也门政府案是我国首例国有企业在 ICSID 管辖权胜诉案件，该案裁决对中国国有企业 ICSID 仲裁申请人资格具有重要参考意义。仲裁庭明确了"行使政府基本职能"和"作为政府代理人"是两个独立的要件，国有企业只要符合其中之一就失去 ICSID 仲裁申请人资格。当前国有企业在 ICSID 的仲裁申请人资格判断标准还在不断变化之中，北京城建集团总公司诉也门政府案中仲裁庭的具体做法符合我国国有企业的利益。我国国有企业应该充分利用该案中仲裁庭的立场，促进国有企业在 ICSID 仲裁申请人资格判断标准的统一，以维护我国国有企业海外投资者的投资安全。最近生效的《美墨加协定》不再坚持不以投资者国有或私有作为区分投资主体待遇的原则，而是规定："如果缔约方企业被其他缔约方在签订之日认定为非市场经济国家的投资者所控制，那么该企业将被排除在美墨投资救济约定之外。"这一规定实际剥夺了来自非市场经济国家的国有企业对东道国发起投资仲裁请求的权利。[②]

此外，虽然我国在国有企业改革过程中试图落实竞争中性原则，但目前的成效和变化并没有真正触及核心问题。我国国有商业银行的贷款实践

---

① USMCA，Art. 22.10.

② UAMCA，Chapter 14，Annex 14-D.

和现状是在国际投资和贸易争端中被认定为"公共机构"的深层原因。我国可以根据竞争中性的政策目标深化国有企业和国有商业银行改革，在今后的反补贴调查和对外投资中争取主动。国有企业的竞争中性化也有利于我国的国有企业更有效地参与国际投资和贸易活动。

第三章
竞争中性原则和竞争中性偏离背景下的国有企业改革之困

与前几次中美贸易战不同，2018年开始的中美贸易战除了巨额贸易逆差之外，美国还就非传统贸易争议对中国提出挑战，其中包括中国的非市场经济地位、国有企业非公平竞争等所谓结构性问题。本章以"竞争中性"原则为背景，具体讨论美国、欧盟和日本提出的国有与非国有企业不公平竞争的现状以及国有企业竞争中性偏离，分析企业竞争中性化面临的困境和路径。强化竞争中性原则不仅有利于不同所有制企业之间的公平竞争，而且有利于市场在资源配置中起决定性作用。

2018年的中美贸易战的爆发、升级和走向成为影响未来全球经济增长前景的关键因素。美国要求中国改变当前补贴新兴产业和国有企业的政策，特别是以不公平竞争为由企图削弱甚至迫使中国放弃《中国制造2025》计划，改善非市场经济的结构性问题。[①]

竞争政策已经逐渐成为国际上约束国有企业、促进公平竞争的普遍性经济规制原则。竞争法限制国有企业不公平竞争行为的规制可归为事后规制的路径，无法事先对反竞争行为施加影响。但是，竞争中性原则作为近年来事前规制研究的重点，倡导构建国企和私企之间公平竞争环境的一系列非执法性制度和措施。[②] 竞争中性原则是指在社会各类型企业间竞争环

---

① 《白宫推出工业计划 称"将主宰未来的产业"》，2019年2月9日，https：//mp. weixin. qq. com/s？_ biz＝MzU4Nzc3MjkwOA＝＝&mid＝2247483797&idx＝1&sn＝b279a7f7 86dcc51121bd258c1ae2c4ce&pass_ticket＝Ns3efhOz1x％2ByVhiwfymI0kAMvwBscJk59OfduSV tJvmbnZWQjjKxF6mmS20vWkjc，最后访问日期：2019年2月20日。

② 徐士英：《竞争政策研究——国际比较与中国选择》，法律出版社2013年版，第198页。

境中，由政府控制的企业不能因其政府背景而获得相较于私营企业或外资企业竞争上的净优势。[1] 竞争中性原则为各国提供了运用整体、系统的监管进路调适竞争规则和政策的实验版本，借鉴者需要全面评估本国竞争环境，选择性地引入竞争中性规则，摒弃将竞争中性偏离、产业政策和监管、国有企业改革简单化处理的短视路径。[2]

第一节　不同版本的竞争中性原则

一、外国法上的竞争中性原则

竞争中性原则自诞生 20 多年来并没有形成统一和完整的定义，在不同的国家和组织的推广中衍生出了不同的版本。虽然同为竞争中性政策，但是不同版本的政策理解对不同国家产生的政策效果也是千差万别，其中尤以"澳版"和"美版"为代表。[3]

（一）"澳版"竞争中性

竞争中性是澳大利亚在 20 世纪 90 年代[4]为促进经济繁荣而设计的竞争原则与政策工具，旨在促进公私企业间的平等竞争，以消除扭曲竞争的机制或政策因素。竞争中性原则推崇政府企业公司化、监管中性、全成本

---

[1]　"Commonwealth Competitive Neutrality — Guidelines for Managers,"，http：//archive. treasury.gov.au/documents/274/PDF/cnguide. pdf.

[2]　宋彪：《竞争中性的渊源、政策目标与公共垄断改革》，《经济法研究》2017 年第 1 期，第 179 页。

[3]　陈果：《"竞争中性"：专题上篇：竞争中性，国际贸易新挑战》，2018 年 11 月 27 日，http：// news.hexun.com/2018-11-27/195336016.html，最后访问日期：2018 年 11 月 28 日。

[4]　澳大利亚政府在 20 世纪 90 年代初组建国家竞争政策调查组，任命新南威尔士大学希尔默教授作为主席，调查澳大利亚《竞争法》（1974 年《贸易活动法》第四部分）的实施情况。1993 年，这个调查组提出了一份调研报告——《国家竞争政策审查》，对澳大利亚竞争政策与立法提出修改建议。该报告建议，由联邦与各州、地区政府联合组成的政府理事会（COAG）召集各成员政府先后签署三个协议：竞争原则协议（Competition Principles Agreement，CPA）、行为准则协议（Conduct Code Agreement，CCA）以及实施国家竞争政策及相关改革的协议（Agreement to Implement the National Competition Policy and Related Reforms）。根据这份调研报告的建议，澳大利亚修改了 1974 年《竞争法》，基本上将所有从事商业性活动的企业和个人都纳入调整范围。竞争中性是竞争原则协议（CPA）的基本内容之一，目的是消除政府企业与私人企业共同竞争时因公有产权导致的不合理竞争优势。

定价等基本政策工具，辅之以公共垄断结构调整、关键设备准入放宽、监管立法回溯审查等措施，并以国家竞争委员会（NCC）为中心重塑竞争实施机制。

理念层面的"澳版"竞争中性是指政府企业与私人企业之间的竞争地位和竞争条件平等。1974 年，澳大利亚颁布了第一部竞争法——《公平贸易法案》。此法在国有经济领域作用不大，大部分公共事业被国有企业垄断，垄断导致经济增长的低效，而当时州际贸易的日渐活跃和消费者需求的提高均要求更加有效率的企业出现。[①] 为此，澳大利亚联邦与各州、地区政府联合签署了《竞争原则协议》（Competition Principles Agreement，CPA），其中第 1（5）条规定："本协议对企业的产权属性和形式是中立的，它不试图促进公有产权或私有产权。"从这个角度看，竞争中性具有确定的内涵。

操作层面的"澳版"竞争中性，主要指政府以立法、执法、司法等行为来贯彻落实和保证政府企业与私有企业之间公平竞争的状态。澳大利亚《竞争原则协议》没有明确规定"竞争中性"的含义，仅规定了这一概念的宗旨和适用对象，即"消除政府企业在重大经济活动中因产权因素造成的资源配置扭曲"，"这些原则仅适用于政府企业的商业活动，而非政府企业的非商业、非营利性活动"。作为联邦制国家的澳大利亚由于没有明确界定何为"政府企业""重大经济活动""非商业"等概念，故各州、地区会差异化地实施竞争中性政策，主要表现在实施对象、目的、方式等有所不同。[②] 1996 年，澳大利亚《联邦竞争中立政策声明》（Commonwealth Competitive Neutrality Policy Statement）第一次界定了"竞争中立"的概念，要求商业活动不应因为政府部门的所有权而享有与其他竞争者不同的竞争优势，同时明确竞争中立适用于政府重大的商业活动，而不适用于政府实体的非商业、非营利的活动。[③]

"澳版"对政府干预市场持正面态度，但是限制政府非中立地干预国

---

① 徐士英：《竞争政策研究——国际比较与中国选择》，法律出版社 2013 年版，第 199 页。

② 《白宫推出工业计划　称"将主宰未来的产业"》，2019 年 2 月 9 日，https：//mp.weixin.qq.com/s？＿biz=MzU4Nzc3MjkwOA==&mid=2247483797&idx=1&sn=b279a7f786dcc51121bd258c1ae2c4ce&pass＿ticket＝Ns3efhOz1x％2ByVhiwfymI0kAMvwBscJk59OfduSVtJvmbnZWQjjKxF6mmS20vWkjc，最后访问日期：2019 年 2 月 20 日。

③ Australia Governments. Commonwealth Competitive neutrality Policy statement.

企与私企的公平竞争。① 澳大利亚政府对某些公用事业进行了管理体制改革，引入竞争，将国有企业私有化，同时注重对国有企业的事前监管。1997 年颁布的《联邦公营企业法》规定：国有企业必须每年向政府提供报告，其中包括经营状况、财务报表、审计报告等。② 作为澳大利亚国内经济改革的重要政策，"澳版"竞争中性主要针对国内市场，关注国企与私企之间的竞争，强调实质公平。竞争中性政策要求公司化、税收中性、借贷中性、回报率要求、监管中性、全成本定价等。这些也成了"竞争中性"政策最初的具体内容。③

(二)"美版"竞争中性

美国崇尚自由竞争的市场经济，国企与私企之间一般都处于公平竞争的状态。2011 年，时任美国副国务卿罗伯特·霍马茨在题为《竞争中立：确保全球竞争的良好基础》报告中指出，政府支持的商业活动不因其与政府的联系而享受私营部门竞争者所不能享受的人为竞争优势，并以此为原则对现有的国际规则进行调整和更新。无论什么样的经济体制，政府都应当确保任何主体在经济活动中所享有的平等竞争地位。④

即使澳版和美版对竞争中立定义不同，但是它们都将弱化国有企业对竞争秩序的影响作为主要目的，主张国企与私企平等竞争。两者在实践与目的方面存在以下区别：前者主要在国内推行竞争中立制度，创造公平的竞争环境；后者则想要将竞争中性强加给其他国家，试图通过竞争中立确立国际竞争新秩序，维护美国在全球的经济霸主地位。美国热衷于将竞争中性政策作为向贸易对手施压的政策或法律工具。美国政府充分利用自由贸易协定、双边投资协定、WTO 准入承诺和跨太平洋伙伴关系协定

---

① 《竞争原则协议》第 3 条第 1 款规定："竞争中立政策的目标是消除参与重要商业活动的相关实体因其公有制属性而对资源配置所造成的扭曲。政府控制实体不能仅因其公有制属性而享受任何净竞争优势。该原则仅适用于公有实体的商业活动，不适用其非商业、非营利活动。"蒋哲人：《澳大利亚国企竞争中立制度的启示》，2015 年 11 月 10 日，http://www.china-esc.org.cn/c/2015-11-10/618167.shtml，最后访问日期：2019 年 1 月 2 日。

② Commonwealth Authorities and Companies Act 1997，https://www.legislation.gov.au/Details/C2004C02838，最后访问日期：2019 年 1 月 3 日。

③ 徐士英：《竞争政策研究——国际比较与中国选择》，法律出版社 2013 年版，第 198 页。

④ Hormats R D. Ensuring a Sound Basis for Global Competition：Competitive Neutrality，2011.

(Trans-Pacific Partnership Agreement, TPP) 等各种谈判场合向贸易和投资伙伴施压。"美版"竞争中性原则反对竞争受到一切外来因素的干扰，即禁止政府干预市场。这一差别反映了美国期望通过全球市场高度甚至完全的竞争帮助美国企业占领并垄断全球主要核心产品、技术和服务市场的企图。

TPP 第 17 章"国有企业与指定垄断"试图全面解决国有企业商业活动问题，既对国有企业在全球经济环境中的经营活动作出详细规定，也对国有企业竞争中性进行了规定。TPP 第 17 章第 5 条第 2 款规定："各方应确保其国企或指定垄断企业不歧视其他缔约方的企业、货物和服务。外国国企在本国境内商业活动的管辖权归属本国法院，各方将确保行政部门在监管国企和私营企业时一视同仁。"TPP 第 17 章第 6 条第 1—3 款规定："各方不以向国企提供非商业性帮助的方式，对其他 TPP 缔约方的利益造成负面影响，也不以向在其他缔约方境内生产并销售产品的国企提供非商业性帮助的方式，对其他缔约方的国内产业造成损害。"[1] TPP 的国企章节已经从竞争中立原则转变为限制国有企业原则。

TPP 规定的国有企业条款规则会对货物贸易、服务贸易、投资、政府采购等议题（条款）产生重要影响。[2] 该章节也属于争端解决机制所涵盖

---

[1] TPP, Article 17.6.1: No Party shall cause adverse effects to the interests of another Party through the use of non-commercial assistance that it provides, either directly or indirectly, to any of its state-owned enterprises with respect to: (a) the production and sale of a good by the state-owned enterprise; (b) the supply of a service by the state-owned enterprise from the territory of the Party into the territory of another Party; or (c) the supply of a service in the territory of another Party through an enterprise that is a covered investment in the territory of that other Party or any other Party.

Article 17.6.2: Each Party shall ensure that its state enterprises and state-owned enterprises do not cause adverse effects to the interests of another Party through the use of noncommercial assistance that the state enterprise or state-owned enterprise provides to any of its state-owned enterprises with respect to: (a) the production and sale of a good by the state-owned enterprise...

Article 17.6.3: No Party shall cause injury to a domestic industry19 of another Party through the use of non-commercial assistance that it provides, either directly or indirectly, to any of its state-owned enterprises that is a covered investment in the territory of that other Party in circumstances where: (a) the non-commercial assistance is provided with respect to the production and sale of a good by the state-owned enterprise in the territory of the other Party; and (b) a like good is produced and sold in the territory of the other Party by the domestic industry of that other Party.

[2] 沈铭辉:《"竞争中立"视角下的 TPP 国有企业条款分析》,《国际经济合作》2015 年第 7 期, 第 19 页。

的内容。《美墨加协定》（USMCA）在第 22 章——国有企业和指定垄断也包含了竞争中立的条款，其中第 22.11 条"技术合作"（b）项要求缔约方分享竞争中立规则的最优信息，确保国有企业和私营企业之间公平竞争。第 22.5 条第 2 款规定："每一缔约方应当确保缔约方设立或维持的监管国有企业的任何行政机构，以公正的方式对由其监管的企业，包括非国有企业行使监管裁量权。"这是典型的监管中立规则。

尽管美国已经宣布退出 TPP 协定，日本在 TPP 基础之上主导推进全面与进步跨太平洋伙伴关系协定（CPTPP）的谈判，美欧就 TTIP 协定的谈判也陷入停滞状态，但以 TPP 和 TTIP 为代表的区域贸易协定中的针对国有企业设立的竞争中立制度仍值得重视。一方面，CPTPP 协定中的国有企业章节继承了 TPP 协定的内容，[①] 作为"21 世纪新一代高标准经贸规则"，其对今后国际经贸规则的制定影响深远。另一方面，美国虽然退出了 TPP 协定的谈判，但这并不意味着其放弃了在国际规则层面追求对国有企业的限制。

二、国际法上的竞争中性原则

（一）OECD 的竞争中性原则

OECD 在 2012 年推出的《竞争中性：维持国企和私企之间的公平竞争环境》密切关注"竞争中性"问题。

OECD 的竞争中性政策有八大"基石"：一是促进政府企业组织合理化，包括对从事竞争性业务的政府企业实行公司化改造，自然垄断中竞争性业务与非竞争业务的脱节。二是确认政府企业发挥功能的成本，并设置合理的成本分摊机制以提高透明度和公开性。三是政府企业在商业化经营中取得合理的投资回报率。四是政府企业在履行公共政策职能时获得充分、透明和可计算的补偿。五是政府企业最大限度地与私人企业保持税收的一致性。六是政府企业最大限度地与私人企业受到相同程度的监管，并处在相同的监管环境中。七是政府企业应当通过债务调整和

---

① Matthew P. Goodman. From TPP to CPTPP，https：//www.csis.org/analysis/tpp-cptpp.

补偿等方式消除因政府支持因素而拥有潜在的融资优势。八是政府采购政策和程序应当具有竞争性、无歧视，并且有合适的透明标准作为保障。① 其中第五、六和七项分别涉及税收中性、监管中性和债务中性。对比第五、六和七项，我国国企在税收、监管和债务方面存在着明显的竞争中性偏离。

尽管 OECD 试图将竞争中性的政策工具类型化并上升为指导性建议，但是 OECD 并没有提出一套具体实施竞争中性政策的系统化方案。由于 OECD 各成员国的市场化水平、市场监管理念以及企业社会责任等诸多因素存在差异，故处理国有企业与私人企业公平竞争的立法与经验也不相同。八大"基石"只是从各个侧面提出具体建议，无法根本矫正政府企业偏离竞争中性的治理规范与竞争政策之间的欠协调性。八大"基石"只是制度要素的提炼，无法形成完整的逻辑体系，也难以成为各国建立竞争中性原则的操作指引。更为有效的方法是建立包括实施机制、执法机制、责任机制相匹配的完整政策体系。

OECD 版本的竞争中性政策的重点也开始由国内市场转向国际市场，更强调形式公平，成为 OECD 国家通行的公平竞争规范，在国际贸易中开始显现影响力。

（二）WTO 下的竞争中性原则

在《中国加入工作组报告书》中，中国表示今后国有企业在购买和销售产品时仅基于"商业考虑"。"商业考虑"这一概念来自 GATT 第 17 条第 1 款："各缔约国建立或维持一个国营企业或对一个企业正式或事实上给予独占权或特权时，这种企业在其有关进口或出口的购买和销售方面的行为，应符合本协定中关于影响私商进出口货物的政府措施所规定的非歧视待遇的一般原则。国营企业在购买或销售时除适当注意本协定的其他规定外，应只以商业上的考虑（包括价格、质量、资源多少、推销难易、运输和其他购销条件）作为根据，并按照商业上的惯例为其他缔约国的国营企

---

① OECD：State Owned Enterprises and the Principle of Competitive Neutrality 2009，20 September 2010，Policy Roundtables DAF/COMP（2009）37.

业参与这种购买或销售提供充分的竞争机会。"①

WTO《补贴与反补贴措施协议》(Agreement on Subsidies and Countervailing Measures，SCM) 规定，补贴是政府或其他公共机构提供的财政资助并由此获得利益。如果只补贴特定企业或行业，会造成一国资源分配的扭曲，但是如果同时补贴所有企业或产业，则不具有扭曲作用。因此 SCM 在第 2 条②为适用该定义而引入"专向性"概念，把"专向性"作为采取反补贴措施的先决条件。具有专项性的补贴为禁止性补贴，例如出口补贴和进口替代补贴具有专向性，应予以禁止。同理，国内生产补贴如具有专向性也会成为可诉补贴。③ SCM 协议第 2 条规定了专向性的确定

---

① General Agreement On Tariffs And Trade - GATT：Article XVII：State Trading Enterprises：1. (a) Each contracting party undertakes that if it establishes or maintains a State enterprise, wherever located, or grants to any enterprise, formally or in effect, exclusive or special privileges,* such enterprise shall, in its purchases or sales involving either imports or exports, act in a manner consistent with the general principles of non-discriminatory treatment prescribed in this Agreement for governmental measures affecting imports or exports by private traders. (b) The provisions of subparagraph (a) of this paragraph shall be understood to require that such enterprises shall, having due regard to the other provisions of this Agreement, make any such purchases or sales solely in accordance with commercial considerations, including price, quality, availability, marketability, transportation and other conditions of purchase or sale, and shall afford the enterprises of the other contracting parties adequate opportunity, in accordance with customary business practice, to compete for participation in such purchases or sales.

② Agreement on Subsidies and Countervailing Measures, Artical 2.1：In order to determine whether a subsidy, as defined in paragraph 1 of Article 1, is specific to an enterprise or industry or group of enterprises or industries (referred to in this Agreement as "certain enterprises") within the jurisdiction of the granting authority, the following principles shall apply：

(a) Where the granting authority, or the legislation pursuant to which the granting authority operates, explicitly limits access to a subsidy to certain enterprises, such subsidy shall be specific.

(b) Where the granting authority, or the legislation pursuant to which the granting authority operates, establishes objective criteria or conditions governing the eligibility for, and the amount of, a subsidy, specificity shall not exist, provided that the eligibility is automatic and that such criteria and conditions are strictly adhered to. The criteria or conditions must be clearly spelled out in law, regulation, or other official document, so as to be capable of verification.

(c) If, notwithstanding any appearance of non-specificity resulting from the application of the principles laid down in subparagraphs (a) and (b), there are reasons to believe that the subsidy may in fact be specific, other factors may be considered. Such factors are：use of a subsidy programme by a limited number of certain enterprises, predominant use by certain enterprises, the granting of disproportionately large amounts of subsidy to certain enterprises, and the manner in which discretion has been exercised by the granting authority in the decision to grant a subsidy. In applying this subparagraph, account shall be taken of the extent of diversification of economic activities within the jurisdiction of the granting authority, as well as of the length of time during which the subsidy programme has been in operation.

③ 余莹：《中国入世议定书关于国企补贴的特殊条款及其影响》，《知识经济》2013 年第 2 期，第 5 页。

原则——立法明确授予补贴、按照列举因素审查某些或某类企业。事实上的专向性补贴在实践中对补贴的专向性判断仍然存在许多疑难问题，分类含糊不清，在判断和认定上具有较大的弹性。

依据《中国加入工作组报告书》第 10 条第 2 款[①]的规定，我国国企补贴的性质直接归于有条件的专向性补贴之列，在国有企业是补贴的主要接受者、国有企业接受补贴数量比例很大的条件下，该项对国企的补贴将被认定为具有专向性。WTO 框架下这种界定专项性的特殊标准——所有制标准仅对中国的国有企业适用。因此在 WTO 体制下，我国国企补贴受到相较于其他国家更为严格的管制，极易受到他国的反补贴措施。

（三）欧盟的竞争中性原则

欧盟框架中的竞争中性原则包含在综合竞争政策与竞争法中。《欧盟运行条约》第 106 条[②]规定："对于公共企业及成员国授予特别或专有权利的企业，成员国不得制定或保留与本条约规则相违背的措施，特别是第 18 条和第 101—109 条中所规定的规则。受托从事具有为普遍经济利益服务意义的活动之企业或具有产生财政权益之垄断性质的企业，只要本条约的规则在法律上或事实上不妨碍这些企业完成指派给它们的任务，这些企业就应遵守本条约的规则，特别是竞争规则。"

此规定表明，欧盟竞争法的调整对象包括公共企业，任何成员国所制

---

① PROTOCOL ON THE ACCESSION OF THE PEOPLES REPUBLIC OF CHINA, Article 10.2: For purposes of applying Articles 1.2 and 2 of the SCM Agreement, subsidies provided to stateowned enterprises will be viewed as specific if, inter alia, stateowned enterprises are the predominant recipients of such subsidies or stateowned enterprises receive disproportionately large amounts of such subsidies.

② Treaty on the Functioning of the European Union, Article 106 (ex Article 86 TEC):

1. In the case of public undertakings and undertakings to which Member States grant special or exclusive rights, Member States shall neither enact nor maintain in force any measure contrary to the rules contained in the Treaties, in particular to those rules provided for in Article 18 and Articles 101 to 109.

2. Undertakings entrusted with the operation of services of general economic interest or having the character of a revenue-producing monopoly shall be subject to the rules contained in the Treaties, in particular to the rules on competition, in so far as the application of such rules does not obstruct the performance, in law or in fact, of the particular tasks assigned to them. The development of trade must not be affected to such an extent as would be contrary to the interests of the Union.

3. The Commission shall ensure the application of the provisions of this Article and shall, where necessary, address appropriate directives or decisions to Member States.

定的法律、法规、规则都不得与此示范性条款相违背。该条以很强的执行力确保公共企业与私营企业之间非歧视性待遇的落实。条约赋予欧盟委员会处理与公共企业的经济活动相关问题的权力，可以要求成员国制定竞争政策适用于公共企业，以此保证竞争政策、竞争中性与竞争法在欧共体国家内的有效实施。[①]

欧盟的竞争中性原则对成员国国内法有一定影响。丹麦修改立法，竞争中性已成为其竞争法中的一部分，并且适用于所有商业活动；2010 年，瑞典修改本国竞争法，同样加入了竞争中性的相关规定，以促进政府企业与私营企业的公平竞争。

三、我国国内法中的竞争中性原则

20 世纪 90 年代初，随着邓小平发表"南方谈话"以及随后党的十四大召开，中国社会主义市场经济改革方向得以确立，尤其是随着建立"产权清晰、权责明确、政企分开、管理科学"的现代企业制度目标的提出，国有企业也启动了内部机制与政府行政管理体制分离的改革试验，与私有企业站在了同一竞争舞台上，为竞争中性政策的实施提供了可能。[②] 1994年《公司法》的颁布启动了国有企业股份制改革。

党的十六大进一步提出建立国有资产"国家所有，中央政府和地方分别代表国家履行出资人职责，享有所有者权益，权利、义务和责任相统一，管资产和管人、管事相结合的国有资产管理体制"要求，国有资产管理体制改革需落实"三分开、三统一、三结合"[③] 原则，明确国家政府的出资人身份和国有企业的独立市场主体地位。国家还通过国资证券化改革，促进国资优化布局，改善企业公司治理结构，使国企在市场上具有独立的竞争力。[④]

---

① 徐士英：《竞争政策研究——国际比较与中国选择》，法律出版社 2013 年版，第 215 页。
② 徐士英：《竞争政策研究——国际比较与中国选择》，法律出版社 2013 年版，第 216 页。
③ "三分开"，即政企分开，政府授权国有资产监督管理机构对企业国有资产履行出资人职责，不直接管理国有企业；政资分开，国有资产监督管理机构不行使政府社会公共管理职能，政府其他机构、部门不履行企业国有资产出资人职责；所有权与经营权分开，国有资产监督管理机构不得直接干预企业的生产经营活动。"三统一"，即国有资产管理的权利、义务和责任相统一。"三结合"，即管资产和管人、管事相结合。
④ 徐士英：《竞争政策研究——国际比较与中国选择》，法律出版社 2013 年版，第 216 页。

20 世纪 90 年代中国在国企改革问题上曾出现诸多争论，其中影响最大的是"产权派"观点。清晰的产权制度可以使企业所有者有强烈动机督促管理者改善管理，提高企业效率。国有企业名义上是全民（最终所有者）所有、国家与政府（直接所有者）所有；但实际上，全民对政府与企业既缺乏监督动机（利益关联不强），也缺乏监督能力（受政治体制制约），导致政府对企业管理层缺乏监督动力。两级所有者表面清晰、实际缺位，对管理者的监督机制弱化，这是导致国企效率低下甚至腐败的制度性根源。解决这一问题的思路是通过国企民营化，实现产权清晰、权责明确、政企分开，最终实现科学管理，提高效率。

虽然"产权派"的路径得到政府的认可，但是基于意识形态的考量，政府并未明确对全部国有企业实行"民营化"战略，而是实行了"抓大放小"的"结构性调整"。国家只保留"关系国计民生与国民经济命脉的行业"的国有企业（抓大），而从"一般竞争性行业"中逐步退出的其他国有企业则将其交由民营经营（放小）。这一战略的实质是"半民营化"或有限民营化，直接形成了中国民营企业的发展格局。

"抓大放小"的"结构性调整"也为日后的"国进民退"埋下了伏笔。国有企业中被保留乃至被强化（抓大）的"关系国计民生与国民经济命脉的行业"一般是上游基础产业，包括矿产、能源、交通、信息产业等，而退出（放小）的"一般竞争性行业"多数是下游行业，即普通制造业行业。当然，"抓大放小"的"结构性调整"并非很彻底。在很多上游与下游行业中，国企、民企并存非常普遍。[①]

中国政府在国企改革上加大力度，积极推动非公经济的发展，以增强市场经济机制的作用。[②] 国务院于 2010 年 5 月 7 日发布《关于鼓励和引导民间投资健康发展的若干意见》[③]（以下简称新 36 条），其第 1 条第 1 款明确提出："要规范设置投资准入门槛，创造公平竞争、平等准入的市场环境。市场准入标准和优惠扶持政策要公开透明，对各类投资主体同等对

---

① 余智：《国企改革大视野：历史、现实与未来》，2018 年 11 月 16 日，http：//www.ftchinese.com/story/001080250? from＝timeline&isappinstalled＝0，最后访问日期：2018 年 11 月 22 日。

② 徐士英：《竞争政策研究——国际比较与中国选择》，法律出版社 2013 年版，第 217 页。

③ 国务院办公厅：《国务院关于鼓励和引导民间投资健康发展的若干意见》，http：//www.gov.cn/zwgk/2010-05/13/content_1605218.htm，最后访问日期：2019 年 1 月 4 日。

待，不得单对民间资本设置附加条件。"此类政策的出台和实施有利于厘清政府和国有企业的关系，确立国有企业的市场地位，为竞争中性政策的具体实施奠定了基础。

依据《中共中央关于全面深化改革若干重大问题的决定》，中央政府减少管理微观事务，充分利用市场机制调节经济活动，取消对可以通过市场机制进行调节的经济活动进行审批；下放地方管理权，更方便经济社会事项。[1]

国企新一轮改革在 2013 年十八届三中全会通过《中共中央关于全面深化改革若干重大问题的决定》后拉开序幕。2014 年，国资委对中央企业开展包括国有资本投资运营公司、混合所有制、公司法人治理结构、公司负责人纪检监察方式在内的"四项改革"试点工作。

2015 年，国务院颁布《关于深化国有企业改革的指导意见》，逐步形成以"1＋N"政策体系为主的改革框架。2016 年，国务院针对职业经理人制度、重要领域混合所有制改革、中央企业兼并重组、员工持股等十项改革进行试点。2018 年，国务院国企改革领导小组启动国企改革"双百行动"，将国企改革从试点拓展到 404 家国有企业。

2019 年国企改革工作重点是推进国资授权经营体制改革，推进国企混改和股权多元化，通过对垄断领域进行改革，优化民营企业发展环境，推动国企和民企的产业链条深度融合。李克强总理在第十三届全国人大二次会议中两提竞争中性原则：在《政府工作报告》中提出，各类企业按照竞争中性原则在要素获取、准入许可、经营运行、政府采购和招投标等方面获得平等对待；在记者会上提到，要按照竞争中性的原则，对所有外资企业一视同仁，对各类所有制企业平等对待。[2]

综上可见，竞争中性原则在我国相当长的时间内受到国有企业所有制属性和全民所有制经济地位的混淆和困扰而得不到有效的落实。竞争中性原则的本质要求是摒弃国有企业在市场竞争中政府主导的优势地位，使不同产权或所有制的企业得到相同的产权保护。从这个意义上看，竞

---

① 宋华琳：《政府规制改革与民营经济的法治保障》，2019 年 2 月 22 日，https：//mp.weixin.qq.com/s/AI_lmk_gIzwFKgzycdR7Tg，最后访问日期：2019 年 3 月 17 日。

② 《李克强两提"竞争中性"有深意：国企要加强市场化步伐》，http：//3g.163.com/news/article/EAB9JFN100018AP1.html，最后访问日期：2019 年 3 月 18 日。

争中性原则的对象是国有企业，在我国的语境中可能更贴近企业的所有制中性。换言之，竞争中性原则的落脚点是企业不以所有制（或产权）为标准获得不同程度的产权保护。但是，这不等同于国有（或全民所有制）经济的非国有化或国民经济所有制中性。企业的所有制中性和国有经济的所有制中性是截然不同的两个概念，内涵和外延都不同。但是，不可否认，两者又有复杂的互为因果的关系。国有经济的所有制（非中性或中性偏离）属性在一定程度上会制约企业竞争中性的程度、走向和实现，这从我国过去 40 年的国有企业改革的曲折历程中可见一斑。

四、外国对中国竞争中性偏离实践的批评

（一）美国、日本和欧洲联盟三方贸易部长会议的联合声明

2018 年 9 月 25 日，美国、日本和欧盟三方贸易部长纽约会议发表了多个联合声明，包括关于第三国不以市场为导向的政策和做法的关切声明、关于工业补贴和国有企业的声明、关于对第三国强制技术转让政策和做法的关切声明、关于世贸组织改革讨论的声明等。

在关于工业补贴和国有企业的声明中，三国强调了确保公平竞争的重要性，表示："在加强工业补贴和国有企业规则的基础上，包括如何制定有效的规则来解决国有企业扭曲市场的行为，面对特别有害的补贴做法，例如国有银行借出不符合公司信用的贷款，包括由于政府的隐性担保；政府或政府控制的投资基金非商业性质的股权投资；非商业性的债转股；优惠的投入价格，包括双重定价；对没有可靠重组计划的陷入困境的企业提供补贴；导致或维持产能过剩的补贴。"

美国、日本和欧盟三方特别提出和讨论了"工业补贴和国有企业对竞争的扭曲"问题，表明西方发达国家正准备将"国有企业"问题作为未来贸易规则的核心议题在全球推广。

（二）B20 提交政策建议文件

2018 年 10 月 5 日在阿根廷布宜诺斯艾利斯落幕的 B20 峰会（二十国集团工商峰会），用专门报告讨论国企对市场竞争的扭曲和不公平问题。

2018 年《B20 贸易与投资报告》(以下简称《报告》)① 开篇就提到目前在全球规模最大的 100 家企业中,22 家是国家控制的,而世界 500 强企业中也有 1/4 是国有企业。《报告》称,在国有企业和私营企业的竞争中,政府可能会创造不公平的市场环境以确保国企获胜。国企并不一定谋求利润和长期价值的最大化,国家层面的激励因素可能在全球市场中产生限制竞争的影响,损害其他国家的利益。特别是考虑到国有企业在一些国际供应链的上游或下游扮演着关键角色,竞争扭曲对贸易伙伴和竞争者的负面损害尤为显著。②

(三)中美贸易战背景下的竞争中性原则

美国在中美贸易战中联手其他国家质疑我国技术转让、产业补贴和国企地位等政策和体制特点具有市场扭曲效果,推动这些争议问题转变为国际化与多边化议题。2018 年 5 月和 9 月,美欧日等国家的贸易部长分别在巴黎和纽约发表共同声明,全面背书美对华"301 调查"报告对中国技术创新政策质疑要点,并试图界定"商业与行业的市场条件"概念在诸边场合重新复活非市场经济地位议题。2018 年 7 月 25 日发表的《美欧就容克主席访问白宫发表的联合声明》也包括类似内容,例如提到,有些国家的经济经营者越来越多地受益于有针对性的、严重扭曲市场的政府支持措施,这些政府支持措施通常通过国有企业来提供。虽然在某些情况下,提供工业补贴可以构成一种合法的政策工具,但它们的使用也可能给全球贸易带来重大风险,因为它们可能扰乱生产过程、影响企业业绩,并扭曲市场竞争。③ 2018 年 10 月初达成的《美墨加协议》(USMCA)强化了 NAFTA 有关竞争政策、国企和垄断等规则条款内容,有关"非商业援助"规范要求以及引入"竞争中性"方针具有针对中国的含义。

另外,美国要求中国改变当前补贴新兴产业的政策,特别是要削弱甚至迫使中国放弃《中国制造 2025》计划,美国担心《中国制造 2025》等产

---

① B20 Policy Paper 2018: Trade and Investment.

② "Statement of B20 China Business Council on the B20 Policy Recommendation Paper",2018 年 10 月 6 日,http://ccoic.cn/cms/content/8962,最后访问日期:2018 年 11 月 30 日。

③ 陈达飞:《欧盟提出拯救 WTO 详细改革方案》,2018 年 9 月 27 日,http://www.creditdf.com/details/hotspot/170,最后访问日期:2018 年 11 月 30 日。

业政策对西方产业造成冲击。以中国华为公司为例，华为在网络设备制造方面已成为世界领先者，正在努力主导被称为"下一代无线技术"的5G网络，其领先的技术和优惠的价格在市场上很难找到替代，被美国政府视作中国的"特洛伊木马"。美国意图削弱其日益增长的销量和影响力。由于美国政府的施压，威瑞森无线通信公司和美国电话电报移动通信公司中止了与华为的合作。

美国认为，在中国现行体制下，中央设定目标后，地方政府和国有企业积极跟进，纷纷出台本地和本单位配套方案，结果导致产能过剩，产能过剩又造成出口倾销，导致全球价格扭曲与国际贸易失衡。政府主导和支持的国有企业治理结构有利于落实和强化产业政策，上下级的行政关系使得以命令或指令为基础的执行机制更为有效。但是，这种执行机制有可能扭曲货币、价格、工资、投资、原材料投入、分配等市场要素，致使市场经济运行的非市场经济化。①

第二节　我国企业的竞争现状及特征

一、国有企业内部治理体系的独特性

（一）国有企业干部管理体制机制正在与市场机制和现代企业制度逐步接轨

除了少数央企和地方重点国有企业的董事长等主要领导外，从中央到地方国有企业领导人已经基本取消了行政级别，绝大多数国有企业领导人已经脱离了党政干部序列，国有企业领导人的工资、养老保险、医疗等待遇也与行政级别脱钩。

我国基本上形成了以产权关系为主线的分层级的国有企业领导人管理体系。随着绝大部分国有企业领导人行政级别的取消，国有企业领导人由原来各级组织人事部门考核、任免转为由产权单位进行推荐、考核、任

---

① Chad P. Bown. Should the United States Recognize China as a Market Economy? *Peterson Institute for International Economics*，2016.

免，从而全国各级国有资产管理部门按照产权关系形成了新的国有企业领导人管理体制。

国有企业职业经理人队伍的建设开始起步，少数领导人已采取市场化选拔和聘任方式。自 2003 年国资委成立以来，从央企到地方，国有企业已经开始利用市场机制，面向社会公开招聘领导人，既吸引了一些优秀人才加入国有企业领导人队伍，又对国有企业领导薪酬体制的市场化改革进行了有益的探索。

（二）国有企业决策机制进行了制度性的转换

在产权改革的基础上，董事会成为国有企业的决策中心。董事会决策机制可以发挥产权主体多元化的优势，平衡各方股东的利益诉求；可以通过建立独立董事、外部董事等机制，设立各种专业委员会，提高董事会决策的科学性和董事会的质量；可以使董事会的决策更加注重企业的经营效率和投资回报，有利于国有企业健康持续发展；可以克服党委领导下厂长负责制的权责不对称的弊病，建立有效的权责相统一的决策责任制度，等等。

（三）企业薪酬机制部分与市场经济逐步接轨

在企业内部薪酬分配机制接轨的过程中，受国有企业内部多种因素的影响，各类人员的实际薪酬水平与市场同类人员的薪酬水平还不完全衔接。一般来讲，国有企业普通员工的薪酬水平高于劳动力市场同类水平，国有企业科技人员的薪酬水平普遍略低于市场同类水平。国有企业领导人的薪酬水平和决定机制还处在与经理人才市场接轨的过程中，受多种因素影响和制约，除少数国有企业薪酬失控，造成个别国企领导人薪酬水平高于同类市场水平外，绝大多数的国有企业领导人实际的薪酬水平比经理人才市场低得多，通常只能达到同类职业经理人的 30%—40% 的薪酬水平，并且缺乏与业绩挂钩的长效激励机制。[①] 上述国有企业人员薪酬水平与不同市场薪酬水平的差别，造成了国有企业领导骨干流失严重、科技人员大

---

① 张思平：《继续深化国有企业经营机制改革的六点建议》，2018 年 11 月 15 日，http：//finance. sina. com. cn/review/jcgc/2018-11-15/doc-ihnvukff1623774. shtml，最后访问日期：2019 年 2 月 23 日。

体稳定、普通员工冗员严重的基本格局。

（四）适应国有资产管理体制和企业产权制度的企业监督机制大体确定

随着国有企业以产权为核心的公司制改造和国有资产管理体制的改革，以及以会计师事务所、律师事务所为主体的社会经济监督服务体系的完善，国有企业的监督机制也发生了根本转变。首先，传统的由政府各部门分头对企业的监督转变为以国有资产管理机构为主体的产权监督。其次，传统的企业职工代表大会对企业重大决策的监督职能被依据《公司法》设置的公司监事会所替代。再次，对企业的财务监督除了产权部门委派财务监督外，主要由以会计师事务所为主的社会经济审计监督体系所承担。

上述三个方面的企业监督机制和监督体系还不平衡。从产权监督来看，不到位和越位的情况并存，在2003年各级国资委成立以前，以产权监督不到位为主要矛盾，随着国资委职能的扩张，产权监督越位情况变为主要倾向，各级国资管理部门对企业监督干扰过度，影响了国有企业的活力，侵犯了企业法人财产权。从企业监事会作用发挥的情况来看，受《公司法》本身制度设计上的缺陷和我国政治、社会、文化等多方面因素的影响，企业监事会的监督作用基本上没有得到发挥，大多数监事会普遍流于形式。

（五）国有企业用工制度和机制基本上与市场经济接轨

经过近年来不断探索，我国在促进国有企业用工机制与市场接轨方面大体上采取了以下改革举措：一是承认员工的国有企业员工身份，对离开国有企业的员工，通过"买断工龄"的方式进行经济补偿，补偿标准由各地区根据情况自行确定。二是对在职和新进入国有企业的员工，按照劳动力市场的统一方式实行劳动合同制，依据有关劳动法律法规，规范企业和员工的聘用关系。三是在国有企业推动包括劳动制度在内的国有企业劳动、人事、工资三项基本制度改革，逐步形成员工能进能出、与劳动力市场接轨的用人机制。

目前国有企业的内部劳动用工制度基本上与市场经济接轨，国企员工已成为劳动力市场的重要组成部分。

二、民营企业的发展现状及问题

国家统计局 2000—2016 年公开数据显示，在工业领域，国有控股企业资产占全部工业企业资产的比重从 67% 单调下降至 38%，国有控股企业主营业务收入占全部工业企业主营业务收入的比重从 50% 单调下降至 21%，国有控股企业利润占全部工业企业利润的比重从 55% 单调下降至 17%。①

依据东方财富网 choice 数据库，截至 2019 年 2 月 20 日，A 股两个市场共有 3 586 家上市公司，其中上海证券交易所 1 454 家，深圳证券交易所 2 132 家。在上市公司这个比较优秀的企业群体中，我国非公有制经济体已经非常突出，占比超过 70%，充分体现了我国改革开放的成果，显示了资本市场对民营经济的支持力度，已经形成了以公有制为主体、非公有制经济为重要组成部分的混合型经济体制结构。②

从各省份来看，广东、江苏、浙江等改革前沿地区民营上市公司数据占比最多，超过 70%，大部分省份的国有企业数据均低于 50%。从所有制结构分布上看，在全国 31 个省份中，绝大部分省份民营上市公司数量占比低于 50%，只有少数省份占比超过 50%。从行业分布来看，采矿业、金融业、交运以及城市公用设施等行业国企上市公司占比明显，均超过 60%，甚至超过 70%，民营企业占比非常少，在这几个行业中，除了金融行业以外，没有外资企业参与。在信息技术服务、制造业、科学研究与商业服务行业中国有企业占比较少，均低于 30%，尤其制造业上市公司占整体上市公司数量最多，同时民营企业占比也是最多的，这体现出民营企业在科技行业与制造业的优势突出，市场化程度高，竞争相对充分。③

美国华盛顿彼得森国际经济研究所资深高级研究员发表于 2014 年的研

①　文一：《中国目前是"国进民退"吗？》，2018 年 11 月 16 日，https：//www.guancha.cn/WenYi2/2018_11_16_479834.shtml，最后访问日期：2019 年 2 月 24 日。

②　《一文看懂 A 股所有制结构：国企民企谁主沉浮？》，https：//mp.weixin.qq.com/s/nBzbg-RfndAkwuA9xgBBnA，最后访问日期：2019 年 3 月 17 日。

③　《一文看懂 A 股所有制结构：国企民企谁主沉浮？》，https：//mp.weixin.qq.com/s/nBzbg-RfndAkwuA9xgBBnA，最后访问日期：2019 年 3 月 17 日。

究显示，1978—2011 年，国企工业产值占全国工业总产值之比从 80％下降至 26％，其中制造业下降至 20％；1995—2014 年，国企出口总额在全国总出口总额中的占比从 67％下降至 11％。与此同时，国有企业所交税金占中国政府税收收入的比重却变化不大，从 2008 年的 31.58％下降至 2017 年的 29.33％。国有经济的发展速度跟不上民营经济发展的速度。然而国有控股工业企业在国家税收中的占比却并没有以同其他指标一样的速度下降，说明国企相对于民企的交税负担较重。①

发展壮大民营企业是中国建设特色社会主义市场经济的重要任务。习近平总书记在 2018 年民营企业座谈会上指出："概括起来说，民营经济具有'五六七八九'的特征，即贡献了 50％以上的税收，60％以上的国内生产总值，70％以上的技术创新成果，80％以上的城镇劳动就业，90％以上的企业数量。"② 这组宏观的数字十分有力地证明了中国民营经济的重要性。但民营企业的发展存在诸多问题，主要体现在以下方面：

一是大部分民营企业股权结构不合理。一股独大的情况很常见，在这种情况下，内部监督机制无法形成、内部控制失效，难以引进外部投资，造成融资难的问题。创始人通常实行家长式管理，内部缺乏有效制衡。还有"一言堂"的决策方式。股东会议、董事会议、经理会议都是大股东决定。企业内部没有科学的决策程序，没有民主讨论的决策方式，不能够集思广益，因此经常出现决策错误。

二是部分民营企业管理制度和组织机构失当。首先，任人唯亲的晋升制度，使得企业难以招揽市场上的优秀人才。民营企业的家族制管理模式和企业内部的血缘亲属关系不受制度的约束。其次，组织机构不健全。很多民营企业没有监事会，没有内部审计部门等部门，从而导致企业管理效率低下。再次，内部控制体系缺乏实效。管理层大多是由与创业者具有血缘关系的人担任，监事会、内部审计负责人没有足够的动力和能力进行监

---

① 文一：《中国目前是"国进民退"吗？》，2018 年 11 月 16 日，https：//mp.weixin.qq.com/s？_biz＝MjM5MjA4MjA4MA＝＝&mid＝2654706174&idx＝4&sn＝0b016b7d44e6f8b5b7d91fc616c5826c&chksm＝bd6488318a13012734d4461a96bc50733c460d3f95d924fe54be287ee8b4d059c99dc8205055&mpshare＝1&scene＝1&srcid＝1119TLLlwRseXT8ZUA6UjjxL&pass_ticket＝heWZn3odkddR9Z1xRal641LHPnhAJInnu28Et％2FrSfhiOBnrYBLz5mhglaKlq8mjz♯rd，最后访问日期：2018 年 11 月 25 日。

② 习近平：《在民营企业座谈会上的讲话》，2018 年 11 月 1 日，http：//paper.people.com.cn/rmrbhwb/html/2018-11/02/content_1890068.htm，最后访问日期：2019 年 1 月 9 日。

督。最后，风险投资人在民营企业中大量不足。风险投资不愿参与，民营企业很难进行资本化运作，扩大企业规模。

三是部分民营企业欠缺现代化经营理念。首先，不注重创新，技术人才缺少。其次，公司治理结构落后，经营理念守旧，较少考虑公司内部管理制度的改良和创新，也不注意借鉴国外先进管理经验。民营企业较少通过技术创新开发产品、提高产品质量，也很少考虑如何更好提高服务质量，满足客户需求。再次，部分民营企业缺少长远的发展规划。企业发展方向和目标不明。

四是民营企业融资困难。民营企业的前述问题使得企业财务管理不规范、财务信息不透明，很难通过资本市场融资。银行对民企放款顾虑重重，融资环境不理想。[1] 大约80%的中国企业融资来自银行信贷，但信贷总量中的80%的资金投给了大企业，大多数中小企业从未向银行贷过款。[2] 中小企业获取专项资金扶助渠道狭窄，迫使企业不得不想尽一切办法去寻找融资，一旦违规操作，还会影响企业的信用评价，使民营企业更难融资。[3] 中小企业在银行信贷收紧时，资金链很容易受到影响，面临停产甚至倒闭的结局。除了融资之外，民营企业还不能享受国有企业可以享有的行政便利、竞争优势和司法保护。[4]

五是我国法律对企业和企业家的规制存在不合理性。我国的刑法观念更注重刑法的道德、政治功能，忽视对经济的保障功能。从立法而言，首先，刑法有越位之虞，过多地干预市场。其次，对犯罪行为缺乏分而治之的观念和措施，基本上沿袭传统的处罚方式，将行为人视为社会的破坏或对立者。随着崇尚自由、实现自我等价值观念日益受到推崇和重视，人们逐步从报应观念向预防观念转变，刑罚越加理性和人道。尤其针对经济生活领域的犯罪，刑罚应保持更多的克制，即使在不得已介入的情况下，也应避免波及行为人正常生活和公司正常经营，以免对社会发展造成不必要

---

[1] 周志华：《我国民营企业的现状、问题及对策》，《经济与社会发展》2018年第3期，第16页。

[2] 章立凡："清末以来中国三次'国进民退'的历史教训"，2014年7月9日，http://wenhua. youth.cn/xwjj/xw/201407/t20140709_5488865.htm，最后访问日期：2019年2月20日。

[3] 章立凡：《清末以来中国三次"国进民退"的历史教训》，2014年7月9日，http://wenhua. youth.cn/xwjj/xw/201407/t20140709_5488865.htm，最后访问日期：2019年2月20日。

[4] Haitian Lu et al. Political Connectedness and Judicial Outcomes: Evidence from Chinese Corporate Lawsuits. *Journal of Law and Economics*, Vol.58, 2015, pp.829-861.

的负担和阻碍。[①]

从具体的刑罚种类而言，我国对公司犯罪实行双罚制，公司处以罚金，不能适用缓刑；个人适用人身刑和经济刑，缓刑亦非普遍。刑罚体系和适用情况注重的是惩罚，这种惩罚往往超出维持社会基本秩序的要求，而上升到道德伦理层面的谴责实则是过度的，走到了刑罚根本目的的反面。[②]

第三节　竞争中性原则对我国
企业竞争环境的挑战

美国认为，我国国有企业的竞争中性偏离和非自由竞争条件下的竞争优势是我国非市场经济最显著的表征。[③]

一、国有企业和民营企业的关系之争

国内存在把国企和民企对立起来的观点，这种观点认为民企与国企之间的关系是零和博弈，要发展壮大民企就必须私有化国企，要发展壮大国企就一定意味着压制民企。改革开放之初，我国由于对西方经济学理论的了解不多，对西方经济发展进程缺乏深入研究，这种错误观点一度非常流行，缺乏对市场经济形成历史和西方工业化进程的正确理解。

欧美和日本在 20 世纪 80 年代中后期掀起的国企私有化浪潮之后，很多发展中国家因此跟随欧美日等发达国家进行国企私有化，经济效果令人

---

① 邹佳铭：《保护产权，就是规范权力——万字雄文论民营企业产权保护》，2019 年 1 月 7 日，https：//mp.weixin.qq.com/s?＿biz＝MjM5NjIyNDAwMA==&mid=2650800056&id x=1&sn＝5161f484e6c3bab620b6782aabc693c5&pass＿ticket＝hSEMYAOK4jI3YvqhRiLBfNV％2BZSqxFP1XPKYz3T01cwAhq2Z9pzRhxK7urZij2Zi8，最后访问日期：2019 年 1 月 10 日。

② 邹佳铭：《保护产权，就是规范权力——万字雄文论民营企业产权保护》，2019 年 1 月 7 日，https：//mp.weixin.qq.com/s?＿biz＝MjM5NjIyNDAwMA==&mid=2650800056&id x=1&sn＝5161f484e6c3bab620b6782aabc693c5&pass＿ticket＝hSEMYAOK4jI3YvqhRiLBfNV％2BZSqxFP1XPKYz3T01cwAhq2Z9pzRhxK7urZij2Zi8，最后访问日期：2019 年 1 月 10 日。

③ Derek Scissors. China's SOE Sector is Bigger Than Some Would Have Us Think. *American Enterprise Institute*，May 17，2016.

失望，加剧了社会贫富分化，减损了国家规制市场经济的能力。

国际上有许多高效的国企存在于成功的工业化国家中，例如韩国浦项钢铁公司（POSCO）、巴西航空航天集团（Embraer S. A.）、法国电力公司（EDF）、日本电信电话株式会社（NTT）、新加坡航空公司、芬兰航空公司、瑞士航空公司、挪威国家石油公司等。法国和奥地利的国有企业在20世纪80年代拥有13%—15%的国内生产总值，即使在2000年后，新加坡国有企业仍占22%的国内生产总值。

发展壮大民营企业是中国特色社会主义市场经济的最大特点之一，但这并不意味着国有企业的作用在减弱。从就业来说，以劳动力密集型为主的民企贡献最大。从A股上市企业数量上看，目前我国国有企业共1 127家，占比为31.34%；民营企业为2 226家，占比62.07%；中外合资企业虽然数量占据5.72%，但是这些企业基本上最终实际控制人都是个人或投资公司，从客观实际上讲，这些企业也可以归入民营企业中。① 国企主要集中在高资金技术门槛高有较大外溢效应的资源型、科技型和资本密集型产业。

二、竞争中性原则的重要性

竞争中性原则有益于不同所有制企业"同台竞技"，充分利好民企缩小竞争劣势。我国的国有企业在世界经济中的作用越来越大，2017年，全球500强企业中，我国占有115席，其中大部分是中国国企。中国国企在世界经济中的强大影响力引起了其他国家竞争者的担心。② 在2018年全球500强企业中，前20名的中国企业中只有平安保险、华为和太平洋建筑集团三家是民企，其他17家都是国企。③ 从政治经济学角度看，竞争中性原

---

① 《一文看懂A股所有制结构：国企民企谁主沉浮?》，2019年2月23日，https：//mp.weixin. qq. com/s? __ biz = MzUzMjkxOTMyMQ = = &mid = 2247483818&idx = 1&sn = 66aa2b19c3d50620bec138eab066a34e&chksm = faaaa4dccddd2dca3458d5300a8c89859e7b4818dd65cd4207252d95bc99b1d6ee44307943f&mpshare = 1&scene = 1&srcid = 0223QD53veOaIx9gu7kSTbxS&pass_ticket = Uc3ZV% 2Beq1qvKTqB% 2B2LnBA92lUk4% 2B06dLkgdWeFlPgQOtBc7pINkz7J28Ng2Mg9Wo♯rd，最后访问日期：2019年2月24日。

② BDI. Partner and Systemic Competitor —— How Do We Deal with China's State-Controlled Economy. *BDI Policy Paper China*, January 2019. European Parliament. EU Framework for FDI Screening. *EPRS Briefing*, February 2019.

③ Congressional Research Service: China-US Trade Issues. July 30，2018.

则符合产权保护平等的基本理论。从法律关系中产权与国民经济体系中所有制经济的匹配关系来看，一国所有制经济若由多种所有制经济并存发展（混合所有制经济），就会出现主体型所有制经济和从属型所有制经济。

但是，社会经济发展的现实是法律关系中的产权与国民经济体系中的所有制经济并不总是绝对匹配的。一国现代产权法律体系是政府秉持主体型和从属型产权原则的法律基础。政府应认识到产权与所有制关系的客观规律且遵循这一规律，制定相应的产权法律体系和政策体系，秉持正确的产权原则。竞争中性原则旨在促进公共企业与私人企业平等竞争，是符合客观经济要求和发展趋势的正确的产权原则，应当得到尊重和落实。

竞争中性原则作为一种市场竞争理念和制度安排，将对中国与全球的经贸和投资往来产生深远的影响。短期看，以美国为代表的西方国家或将以竞争中性为议题向我国发起挑战。但从长远看，竞争中性原则在中国的实施有望强化以规则和市场为基础的公平竞争，[1]缓和国际贸易、投资和经济活动中与别国之间的摩擦，增强国际合作，减少制度分歧。竞争中性偏离本质上是计划经济的产物，[2]市场主体通过计划安排获得了某种身份认同，从而弱化了契约自由和意思自治的市场经济基本内核。因此，竞争中性原则的实施不仅可以创造市场经济发展所依赖的竞争环境，而且还可以从整体上减少基于不充分治理导致的竞争扭曲[3]和"改革赤字"，对深化改革更具有积极意义。

第四节　竞争中性原则在我国实现的竞争中性化进路

一、明确国企与民企在国民经济中的平等地位

竞争中性原则的核心是各种所有制企业的平等，国家应对两类企业采

---

① Orville Schell and Susan L. Shirk. Course Correction: Toward an Effective and Sustainable China Policy, Task Force Report, February 2019.

② James Andrew Lewis (ed). Meeting the China Challenge: Responding to China's Managed Economy, CSIS 2018.

③ Susan Ariel Aaronson. Is China Killing the WTO? *International Economy*, 2010, pp.40 - 67.

取"一视同仁"的平等措施（包括扶持措施与限制措施），让它们在市场上平等竞争、优胜劣汰。

具体而言，权力机关应将竞争中性政策作为各部门政策和职责的纲领，从而实现部门利益和整体利益的平衡。在竞争中性政策实施的过程中，应当在适用主体层面区分国有企业活动的性质，只有属于掌握国家经济命脉或者涉及国计民生的自然垄断业务才可以纳入反垄断法豁免条款的"安全港"。对于其他一般业务，可以从三方面考虑国企的活动是否应当纳入反垄断法等法律规制：[①]① 企业提供商品（服务）时是否必须向公共部门和私营部门用户收费；② 市场是否必须存在（实际或潜在）竞争对象；③ 企业是否独立地生产商品（提供服务），并为商品（服务）自主定价。

二、强化规则和执行机制

要保证竞争中性原则的可操作性，关键是强化相应规则，并确保其能够得到监督执行。国际上，美国曾经主导的 TPP 第 17 章曾对这一原则进行了细化，可能会成为美欧日三方未来在 WTO 框架内提出国企规则的基础。中国应以此为参考，参与国际谈判，共同确立相关规则。规则的核心应该是：国企只有在提供公共产品时才能遵循政府指令，获得政府扶持，而在一般商业行为上则不允许如此。如果违背了这一点，导致民企、外企受到不公平对待或利益受损，民企可在国内相关机构发起诉讼，外企可通过其政府在 WTO 发起诉讼，从而保证规则的可执行性。针对民营企业和国有企业，国家应根据不同情况强化相应规则并监督其执行。

（一）强化民营企业自主运营规则和法制原则

首先，严格立法本身并不存在问题，但不确定立法给司法实践带来了许多的问题。立法是法治建设之根本，也是有法可依的基础和根本。但是立法的模糊性、不确定性为司法实践留下了隐患，例如《刑法》第 175 条骗取贷款罪中"以欺骗的手段"；第 182 条操纵证券期货市场罪中"以其他

---

① 徐士英：《竞争政策研究——国际比较与中国选择》，法律出版社 2013 年版，第 223 页。

方法操纵证券、期货市场的"；第 224 条合同诈骗罪中"以其他方法骗取对方当事人财物的"；第 225 条非法经营罪中"其他严重扰乱市场秩序的非法经营行为"；等等。再如，我国《民法典》第 117 条规定："为了公共利益的需要，依照法律规定的权限和程序征收、征用不动产或者动产的，应当给予公平、合理的补偿。"对于这一规定中何为"公共利益"要严格限定，不宜做扩大解释。应该坚持所有主体一律平等的原则，加强对涉及民营经济物权的保护。对民营企业涉及股权纠纷的，一定要将事实调查清楚，适度加大法院主动调查的力度，严格依据公司法以及相关法律法规处理。谨慎认定民营企业股东的虚假出资、抽逃出资等法律责任，对于追究刑事责任更要慎重考虑。①

其次，选择性执法是民营企业家的最大威胁。选择性执法表现在：① 同样的行为不同的时间阶段做出不同的执法选择；② 招商引资时对引入企业一路"绿灯"，甚至当地政府工作人员承诺"协调公安、政策放宽"，但企业发展过程中被依法查处，企业家被限制人身自由；③ 同样的行为在不同的省、市执法尺度不一，有的追究，有的放纵。如果被侵权的公民或企业能够对公安机关的不当立案、侦查机关的不当强制措施等直接向人民法院提起侵权之诉，公民就有更直接和有效的救济程序，也能及时规范执法行为。当然，这一程序有效的前提是司法独立。②

（二）建立竞争中立审查制度，强化国企监督

首先，在投诉监督层面设立竞争中性政策投诉和监督机制。我国缺少与竞争中性政策直接相关的投诉与监督机制，以《反不正当竞争法》为核心的竞争政策没有平等地适用于国企，特别是央企。建议《反垄断法》赋予制定竞争政策权力的反垄断委员会实施投诉监督权。

其次，在组织结构层面明确各部门的地位和职责，避免非中立监管现象的出现。在行业监管领域，明确行业监管机构对于该行业企业的职责为行业内许可和监管，对于行业内企业的反竞争行为，反垄断执法机构有完

① 徐士英：《竞争政策研究——国际比较与中国选择》，法律出版社 2013 年版，第 223 页。
② 邹佳铭：《保护产权，就是规范权力——万字雄文论民营企业产权保护》，2019 年 1 月 7 日，https://mp.weixin.qq.com/s? __ biz=MjM5NjIyNDAwMA==&mid=2650800056&i dx=1&sn=5161f484e6c3bab620b6782aabc693c5&pass _ ticket=hSEMYAOK4jI3YvqhRiLBfNV％2BZSqxFP1XPKYz3T01cwAhq2Z9pzRhxK7urZij2Zi8，最后访问日期：2019 年 1 月 10 日。

全的监督权。

再次，在监管实施层面落实监管中立措施。各执法部门都应当营造国企和私企相同的监管环境，不得给予国有企业特殊的待遇、豁免或监管便利，而是应当要求国企承担平等的义务，在不履行义务的情况下承担相应的法律责任。

最后，在企业运营层面保障企业自主运营。非经济命脉、国计民生领域的国有企业应享有自主定价权，利用发挥市场机制和价格机制的基础性作用，促进国有企业同私营企业平等竞争。

三、调整企业结构

为了更好实现竞争中性原则，还要进行结构再调整，让民企进入所有领域，与国企公平竞争。核心是要突破"国家应该掌控关系国计民生与国民经济命脉的行业"的"抓大"思维定式。

中国国企改革最终还是要走产权改革的道路，但基于意识形态的限制，现阶段对"关系国计民生与国民经济命脉的行业"的存量国企实行直接民营化的可能性较小。我国应着眼于扩大增量改革的范围，让民企逐步进入这些行业，与国企自由竞争，同时调整产业结构，使国企与民企在该行业根据国情维持一定的比例，保证行业实现效益最大化。只有这样，才能真正实现竞争中性原则。

四、发展军民融合企业

军民融合"隐形冠军"——中小企业发展在我国仍然面临诸多制约因素。首先，是创新难度增大。一些国家极其重视核心技术保护，禁止向他国转移；同时，核心技术作为竞争优势，不应是简单学习或模仿，中小企业不得不向难度更高的自主创新方向发展。由于研发与创新活动本身存在着巨大的不确定性，对原本资源并不充裕的中小企业来说，无疑将面临倒闭风险。其次，是所有制歧视。我国中小型民企在军民融合过程中不仅门槛很高，而且还不能享受相应的优惠政策，这在一定程度上抑制了民企的积极性。最后，是资金短缺。军民融合中小企业受规模因素限制，商业银行惜贷现象严重，导致不少中小型民企面临融资困境。

作为军民融合主体之一，中小企业数量繁多、创新能力强，培育一批军民融合"隐形冠军"企业不仅有利于提升企业核心竞争力、促进中小企业繁荣发展，而且还是推动经济转型升级、贯彻创新驱动发展战略及军民融合深度发展的捷径。军民融合"隐形冠军"企业应以用户需求为导向，结合技术创新、管理创新和市场创新，为推动供给侧结构性改革发挥应有的促进作用。[①]

五、推进混合制改革

第一，发展混合所有制经济需要民营力量的参与。在国有资本、集体资本中参股的民营经济，即使是相对控股，也能扩大民营经济的影响力和发言权。

第二，发展混合所有制经济可以借助市场决定控股权。国有资本可以通过增资、扩股等方式进入面临流动性困难的民营企业，待民营企业经营好转时，国有资本便可退出。民营资本也可以入股面临资金困难的国企，在市场竞争中实现资源的优化配置。

第三，发展混合所有制应符合竞争中性原则。混改后，社会资本可逐步进入电力、石油、天然气、铁路、民航、电信、军工等重点行业，为非公经济发展提供了更大空间。在推进混合所有制改革中，要重视竞争中性原则，国有企业和民营企业在产权保护、行业准入、银行贷款、上市融资、产业政策支持、创新政策支持、政府监管等方面应享有同样待遇，彼此之间公平、公正、公开地占有和使用生产要素，参与市场竞争，受法律保护。

第四，发展混合所有制经济，国企和民企在不同的产业链布局。国有企业在处于产业链上游的基础设施建设、重工业、能源、电力等领域发挥作用，凭借其国有资本整合资源，促进产业发展；民营企业在产业链下游

---

① 汤薪玉、黄朝峰、马浚洋：《军民融合"隐形冠军"企业创新特征研究》，2018年10月14日，http://kreader.cnki.net/Kreader/CatalogViewPage.aspx? dbCode = CJFQ&filename = KJJB2018110800E&tablename=CAPJLAST&compose=&first=1&uid=，最后访问日期：2018年11月25日。

的服务业、制造业领域满足民众日常生活需求。国企和民企应进行分工合作，共同满足市场需求。

第五，混合所有制改革的核心是"改"而不是"混"。"混"只是资本混合，而国有企业改革的核心仍然是强化企业作为市场主体的市场经济地位。混合所有制改革作为手段和载体，重点是完善公司治理结构，优化企业作为市场主体的功能，依靠市场的力量来配置资源，提高国有资本运营效率。

政企分开的策略之一是国资授权经营体制改革。在国有授权经营体制改革中，国有资本作为全民所有的资本并没有明确的个体作为出资人，由政府部门委托国有资产管理部门行使出资人职责。要使国有企业改革推进和融入市场化经营、构建现代企业制度，就必须改变现在由具有股东和行政管理双重职权的国有资产管理部门对国有企业进行具体的经营与决策的状况，在国有资产监督管理部门与国有企业之间构建国有资本投资公司和国有资本运营公司，由专业的国有资本投资公司和国有资本运营公司来代理国有资产监督管理部门对国有企业进行投资与经营。这两种类型公司的设立有益于国有资产监督管理机构从管企业转变为管资本。① 国家需要对投入国企的国有资本总量的增长率有所调控，要求国企提供给国家一个与市场水平相当的回报率。通过硬成本约束机制，强化并且优化国有企业的公司治理机制。

六、推进监管中性和债务中性

近年来出台的一系列文件鼓励民营资本进入电信、交通等原有国有资本垄断性产业，这是鼓励、支持民营企业参与混合所有制改革的重要步骤。在此基础上，可以允许、鼓励与支持民营资本进入那些不涉及国家安全、直接公共利益的产业，例如金融、电力与石化等原有垄断性行业。②

---

① 汤薪玉、黄朝峰、马浚洋：《军民融合"隐形冠军"企业创新特征研究》，《科技进步与对策》2019 年第 5 期。

② 陈甦、赵磊：《完善民营经济法治保障的 5 点建议》，2019 年 1 月 4 日，https：//mp.weixin. qq. com/s? ＿ biz＝MjM5NjMyNDM5Nw＝＝&mid＝2653169329&idx＝2&sn＝ee92b7fa5574b50b9d642d5da1a03fa4&pass＿ticket＝hSEMYAOK4jI3YvqhRiLBfNV½2BZSqxFP1XPKYz3T01cwAhq2Z9pzRhxK7urZij2Zi8，最后访问日期：2019 年 1 月 10 日。

鼓励与引导商业银行、保险公司、证券公司、基金公司与信托公司放宽对民营企业的准入限制，支持民营企业的发展。[①] 2018 年 10 月 22 日，国务院常务会议决定，设立民营企业债券融资支持工具。由人民银行提供初始资金支持，委托相关机构按照市场化运作和防范风险原则，向民营企业发债增信。[②]

竞争中性偏离也被世界经济论坛列为中国经济市场化转型的机制性障碍。由于欠缺竞争中性，金融市场出现了资本的欠优化分配和过高的不良贷款，进而造成金融市场的失效和动荡。[③] 银行业对民企贷款的比率与民营企业在经济社会中的比重并不匹配。一项统计表明，银行业贷款余额中占国民经济份额超过 60％的民营企业贷款仅占 25％。民营企业从银行得到的贷款和它对经济发展的贡献并不相符，银行业对民营企业贷款应该契合民营经济的国民经济占比。[④] 弥补这一差距不能靠"下指标"强迫国有银行给民企贷款，而是应当大力发展民营银行，因为民营银行更能按照市场化原则发放贷款。民营银行发展缓慢的主要原因不是缺乏竞争力，而是受制于制度性障碍。中央从 2015 年开始批准设立民营银行，但实际进展低于社会预期。这些民营银行实际上大多是互联网银行，但不被允许"远程开户"，从而限制了民营银行的发展。[⑤]

银监会对民营企业的贷款提出"一二五"的目标，即在新增公司贷款中，大型银行对民营企业贷款不低于 1/3，中小型银行不低于 2/3，3 年后银行业对民营企业贷款占新增公司类贷款比例不低于 50％。[⑥] 银行要推动对民营企业的"敢贷、能贷、愿贷"。银行要建立尽职免责、纠错容错制

　　① 陈甦、赵磊：《完善民营经济法治保障的 5 点建议》，2019 年 1 月 4 日，https：//mp. weixin. qq. com/s? ＿ biz ＝ MjM5NjMyNDM5Nw ＝ ＝ & mid ＝ 2653169329& idx ＝ 2& sn ＝ ee92 b7fa5574b50b9d642d5da1a03fa4& pass ＿ ticket ＝ hSEMYAOK4jI3YvqhRiLBfNV％2BZSqxFP1XPK Yz3T01cwAhq2Z9pzRhxK7urZij2Zi8，最后访问日期：2019 年 1 月 10 日。

　　② 张安彤、陈浩杰：《民营经济 120 天》，《财经国家周刊》2019 年第 5 期。

　　③ James Andrew Lewis（ed）. Meeting the China Challenge：Responding to China's Managed Economy，CSIS 2018.

　　④ 郭树清：《民企贷款比例不符合民营经济在国民经济中的比重》，2018 年 11 月 8 日，http：//finance. caixin. com/2018-11-08/101344579. html，最后访问日期：2019 年 2 月 19 日。

　　⑤ 刘胜军：《破解民企融资难　需"改革"与"创新"两副药》，2019 年 1 月 14 日，https：//baijiahao. baidu. com/s?id＝1622593566157147856&wfr＝spider&for＝pc，最后访问日期：2019 年 2 月 20 日。

　　⑥ 郭树清：《初步考虑对民营企业的贷款要实现"一二五"的目标》，2018 年 11 月 8 日，http：//finance. sina. com. cn/roll/2018-11-08/doc-ihnprhzw3922088. shtml，最后访问日期：2019 年 2 月 20 日。

度，激励工作人员愿意向民营企业贷款。信贷人员必须对不良贷款追偿负连带责任。与国企具有的"软性预算约束"相比，民企偿贷压力更大，为其放贷风险更高。① 2019年2月14日，中共中央办公厅、国务院办公厅发布《关于加强金融服务民营企业的若干意见》，强调要加大金融政策支持力度，强化融资服务基础设施建设，完善绩效考核和激励机制，并积极支持民营企业融资纾困。②

西方国家在针对中国反补贴调查中往往认定我国国有银行为"公共机构"，③ 具有"政府职能标准"。④ 在中美"铜版纸案"中，美国国际贸易委员会（USITC）认为：① 中国政府对国有商业银行拥有所有权；② 中国国有商业银行根据国家产业政策做出贷款决策；③ 中国国有商业银行缺乏足够的风险管理和分析技能；④ 中国国有商业银行的主管由政府任免。⑤ 根据"所有权和控制权"标准，USITC将中国国有商业银行认定为公共机构。在这一情形下，我国国有商业银行向企业发放的贷款很容易被认定为"财政资助"，企业在产品出口时很可能被采取反补贴调查和加征反补贴税，严重阻碍我国的产品出口和对外贸易。

银行业金融机构信贷资源向民营企业倾斜实际上是纠偏国有银行长期以来对国有企业更为优惠的授信政策和债务中性偏离。这一纠偏需要银行监管部门和银行业制定纠偏式的授信政策，下放审批权限，单列信贷额度（信贷额度和比重目标），引导国有银行等金融机构加强对民营企业的信贷支持。⑥

---

① 郭树清：《大型银行对民营企业的贷款不低于1/3》，2018年11月9日，http://finance.sina.com.cn/money/bank/bank_hydt/2018-11-09/doc-ihnprhzw6323057.shtml，最后访问日期：2019年2月20日。

② 张安彤、陈浩杰：《民营经济120天》，《财经国家周刊》2019年第5期。

③ 美国经常使用"五要素分析法"将外国企业认定为公共机构。"五要素"分别指：① 政府对实体的所有权；② 政府在董事会的席位；③ 政府对实体活动的控制；④ 实体对政府政策的利益或追求；⑤ 实体是否依据法律设立，就是所谓的"所有权和控制权标准"。See United States-Definitive Anti-Dumping and Countervailing Duties on Certain Products from China，WT/DS379/R，para.8.101.

④ 徐程锦、顾宾：《WTO法视野下的国有企业法律定性问题——兼评美国政府相关立场》，《上海对外经贸大学学报》2016年第3期；蒋奋：《反补贴语境下的国有企业定性问题研究》，《上海对外经贸大学学报》2017年第1期。

⑤ See CFS Paper Countervailing Duty I&D Memo，page 55.

⑥ 张安彤、陈浩杰：《民营经济120天》，《财经国家周刊》2019年第5期。

第五节　结　　语

竞争中性原则是为了保障市场主体公平竞争而提出的竞争原则和政策工具，旨在为公共企业、私人企业和外资企业创造公平的竞争环境。① 经过多年发展，竞争中性原则在不同的国家和组织的推动下衍生出不同的版本，但是在维护市场有效竞争方面发挥了一定的作用，成为保证市场有效竞争的法律和政策原则。

我国从 20 世纪 80 年代初开始实行计划与市场调节相结合的经济模式，扩大企业自主经营权。我国在国有经济和非公有制经济之间、国有企业和民营企业、外资企业方面还没有形成竞争中性的格局。从国内市场经济的发展现状看，我国国企与私企确实存在发展不平衡、偏离竞争中性等诸多问题。从政治经济学角度看，竞争中性原则符合产权保护平等的基本理论。中国的"国进民退"与其历史上曾经实行的国企"抓大放小""做大做强"的改革思路有密切联系，但是与竞争中性原则存在内在矛盾。

2018 年开始的中美贸易战与以往数次贸易战不同，涉及非传统的结构性问题，而国有企业的竞争中性偏离就是其中之一。在 2018 年 10 月 G30 国际银行业研讨会上，中国人民银行行长易纲首次表示："为解决中国经济中存在的结构性问题，我们将加快国内改革和对外开放，加强知识产权保护，并考虑以'竞争中性'原则对待国有企业。我们将大力促进服务部门的对外开放，包括金融业对外开放。"② 2018 年 12 月 24 日，国务院常务会议提及"竞争中性"原则，决定在招投标、用地等方面，对各类所有制企业和大中小企业一视同仁。2018 年年底召开的中央经济工作会议提出，2019 年要加快经济体制改革，加快国资国企改革，坚持政企分开、政资分开和公平竞争原则，加快实现从管企业向管资本转变。

---

① 中国美国商会在年度调查中发现，一半以上的受访美资企业认为，创造公平的竞争环境是在华外资企业最需要的制度安排。

② 《易纲行长在 2018 年 G30 国际银行业研讨会的发言及答问》，2018 年 10 月 14 日，http://www.financialnews. com.cn/jg/ld/201810/t20181014_147450.html，最后访问日期：2019 年 4 月 7 日。

我国需要通过明确国企与民企（甚至外企）在国民经济中的平等地位、强化相应的竞争中性规则及其监督执行机制，调整国有企业结构、推进国有企业混合所有制经济改革等一系列措施，进一步落实和实现竞争中性原则，建立更加有序和公平竞争的市场经济环境。

第四章
WTO 规则下的产业政策
——基于 301 报告及《中国制造 2025》的分析

中美贸易战的一个重要议题就是美国对《中国制造 2025》计划以及与之类似的产业政策提出质疑，认为这类产业计划扭曲了市场竞争，体现了中国非市场经济的属性以及政府对市场竞争的干预和资源配置的主导地位。由于政府通过各种方式推行和落实产业政策，《中国制造 2025》计划以及其他类似的产业政策会形成产能过剩，进而扭曲国际市场的产业链，损害美国企业的竞争优势和美国的产业优势，尽管产业政策并非中国独有。

美国出于谋取本国战略利益、强化对中国竞争优势等考虑，批评中国的高新技术产业在产业政策的支持下获得飞速发展，具有强大竞争力，将矛盾焦点落脚于《中国制造 2025》等产业政策。

《中国制造 2025》是中国政府为实现制造业升级、迈入制造强国行列提出的一项计划，以推动中国产业升级，到 2025 年基本实现工业化，进一步巩固制造业大国地位，大幅提升制造业信息化水平；加大力度在核心技术上取得自主的突破，掌握自主知识产权，实现我国制造业自主创新能力的提升；掌握一批重点领域关键核心技术，进一步增强优势领域竞争力，提高产品质量；在制造业数字化、网络化、智能化方面取得明显进展，从"制造大国"成为"制造强国"。此外，实施《中国制造 2025》，对拉动下游产业发展和解决就业有重要作用。

但是，美国认为这一计划是中国为高技术产业发展提供了包括补贴在内的各种支持，具有扭曲市场和贸易的效果，使一些产业领域的美国企业在中美之间市场竞争时处于不利竞争地位，甚至认为这类产业政策所产生的效果可能会威胁美国的国家安全。同时，美国认为中国升级国内技术产业的措施侵犯了美国知识产权，剥夺了美国企业创新收益，并将美国就业岗位转移给了中国工人，这是美中贸易长期处于逆差的重要原因。

本章以世界贸易组织（WTO）基本原则为线索，讨论《中国制造2025》计划的合理性和非合理性，并且对比中国的产业政策和西方主要国家产业政策的异同，以期达到政策优化的目的。

第一节　欧美等国家对《中国制造2025》的主要看法及指责

一、美国的 301 调查与《中国制造 2025》

《中国制造 2025》最早由中国国务院于 2015 年 5 月 8 日发布，是中国政府提出的制造业政策，也是中国政府实施"制造强国"战略的首个十年纲领。

美国不希望中国高新技术产业在产业政策的支持下获得飞速发展并拥有强大竞争力，不愿自己的优势被取代，于是特朗普政府在 2017 年 8 月启动了 301 调查，将矛盾指向《中国制造 2025》。USTR[①] 指出 301 条款调查主要针对中国"不合理或歧视性并对美国商务造成负担或限制的行动、政策或实践"。该调查并非针对中国是否履行 WTO 承诺，而是调查中国的贸易行动、政策和实践是否"合理"、是否属于"歧视性的"、是否对美国商务造成"负担"或"限制"。一旦 USTR 判定贸易对象国的行为、政策和实践对美国商务造成"负担"或"限制"，美国总统有权采取提高关税等报复性措施。[②]

301 调查报告的主要"发现"是中国正在推行政府主导的产业政策。产业政策的目标是"在技术领域，特别是先进技术领域取得领先地位以取

---

　　① USTR 指美国贸易代表办公室，由美国国会根据 1962 年的《贸易扩张法案》创建，主要职责是负责制定和协调美国国际贸易、商品和直接投资政策并引导或指导与其他国家就此类事务的谈判。该机构在其职责的主要领域内提供贸易政策指引和谈判的专家意见。至于什么是不合理和歧视性、是否对美国商务造成负担或限制则完全由 USTR 来判断。

　　② 余永定：《中美贸易战的回顾与展望》，《新经济评论》2018 年第 3 期。

代美国，统治全球市场"；实现产业政策目标的手段包括四大类：不公正的技术转让制度；歧视性的注册限制；高技术产业的海外投资；入侵美国商业计算器系统，通过网络盗窃美国知识产权。301 调查报告认定中国政府在技术转让、知识产权和创新相关的行动、政策和实践是"不合理的或歧视性的"，对美国商务形成"负担或限制"。

　　除了对中国的立法、政策、执法提出批评之外，该报告还指责中国影响甚至主导了一系列对外投资和"盗取"商业秘密等知识产权的行为，以"走出去"战略、促进国际合作与国际工业产能等政策，鼓励中国企业实施海外并购、股权投资、风险投资、建立研发中心，旨在获得尖端技术和知识产权，并通过审批机制和外汇管控对对外投资实施控制。此外，"中国政府长期支持对美国公司进行网络入侵盗取机密信息的行为，获得了大量未经授权但极具商业价值的信息。"

　　301 调查报告还特别对中国的汽车制造与新能源汽车、云计算和航天给予了高度关注。在汽车制造领域，报告指责中国最初向外资开放时，旨在利用外资的技术实现中国国有汽车企业的现代化。彼时政府规定外国汽车制造商只能在中国组建合资公司，且股权不得超过 50%。这种通过合资公司提高自主创新能力的模式被政府称为"长安模式"，是引进、消化、吸收、再创新的典范。随着国内企业逐渐掌握技术，中国对汽车行业的外资开始秉持更加严苛的态度。在新能源汽车领域，受进口关税、国内生产补贴与生产资质等因素的影响，外国新能源汽车制造商同样面临与合资伙伴共同制造汽车而非向中国出口汽车的压力。工信部于 2017 年发布的新市场准入规则要求新能源汽车制造商必须掌握开发和制造新能源汽车整车的技术，外国制造商投资必须通过合资形式，且所有权不超过 50%。这种要求使外国公司事实上必须向合资公司转让高端核心技术和部件，从而使国内企业获得技术。

　　在飞机制造领域，报告提到中国受政府控制的购买力，在商用飞机及飞机零部件销售方面，要求成立合资企业进行本地化生产，从而实现技术转让。中国同样利用其购买力促进本土飞机国内供应链的发展。以 C919 为例，中国商飞明确表示，参与项目的外国供应商必须与中国供应商组建合资公司方可参与关键组件和系统的投标。

　　航天产业属于我国自始至终以自主开发为主的一类产业，而自 1971 年国产大飞机研发工作伊始到 2002 年 ARJ21 机型项目立项，我国民用航空飞机正式开启了自主研发之路。2017 年，C919 客机试飞成功，标志着我国民航进入了新的发展阶段，我国客机相关专利公开数量为 146 个。[①] 反观美国，航空产业一直是发展最活跃的部门之一，无论是先进技术的发展水平、生产规模、产品种类，还是职工数量，美国航空工业都是全世界最强大的航空工业。

汽车尤其是新能源汽车是我国以引进国外先进技术为主而发展的一类产业。美国是全球最大的新能源汽车产销国之一，政府十分重视污染气体排放，近几届政府大力支持新能源汽车推广，鉴于此，美国取得了新能源汽车领域的技术优势。而中国的新能源汽车发展较晚，尚处于起步阶段，关键技术不过硬，很多技术都是从美国引进。

云计算领域，客观来说，中国与美国处于同一起跑线，[②] 但国内云计算产业起步于 2007 年，整体落后于美国 5 年左右，还没有完成完整产业生态链的构建。美国联邦信息委员会于 2009 年发布联邦政府云计算发展计划，引导政府部门利用云计算改善工作效率和降低 IT 投入；2010 年提出"云优先"策略；2011 年发布《美国联邦云计算战略》；2012 年 5 月发布数字政府战略。这些措施使美国在一个完全初始的行业内迅速成为领导者。此外，美国联邦政府每年投入约 200 亿美元用于云计算的采购与研发，几乎占当前美国云计算产值的 40%。相比之下，中国政府对云产业的系统支持始于 2015 年的《中国制造 2025》。[③]

USTR 认为《中国制造 2025》集中体现了中国的产业政策，为中国高技术产业发展提供了包括补贴在内的各种支持，产生了扭曲市场和贸易的效果，使相关产业领域的美国企业在中美市场竞争中处于不利地位，甚至可能会威胁美国的国家安全。301 调查报告提道："中国政府为实现 2025 目标所使用的大部分政策工具是前所未有的（其他 WTO 成员并不使用这些政策工具）。"同时，该报告还认为中国企业海外并购活动在三个方面损害了美国利益。首先，中国企业在政府补贴及千亿美元支持下，试图通过并购和投资实现产业升级，获取不公平优势地位。若美国企业丢失市场份

---

① 关雪凌：《美国 301 调查与中国高新科技产业的发展》，《人民论坛》2018 年第 12 期。
② 关雪凌：《美国 301 调查与中国高新科技产业的发展》，《人民论坛》2018 年第 12 期。
③ 关雪凌：《美国 301 调查与中国高新科技产业的发展》，《人民论坛》2018 年第 12 期。

额，将不得不转向其他利润和发展潜力较低的领域，进而丧失长期竞争力。其次，中国企业比美国并购目标企业技术落后，无法给美国带来技术溢出效益，将破坏美国企业的持续创新能力。最后，中国的海外并购人为提高潜在并购标的物的价格，造成整个知识产权并购市场的价格扭曲。①

为了阻止中国企业为获得先进技术而开展的对美直接投资，美国的外资安全审查制度越发严格。CFIUS② 有权依法审查海外企业以"控制"为目的的企业并购以及由此产生的国家安全风险。如果判定美国的国家安全受到威胁，CFIUS 会要求外国投资人改变投资内容或放弃美国国内资产。2017 年 11 月，美国参众两院联合递交了以增强 CFIUS 监管权限为目的的《外商投资风险评估现代化法案》（Foreign Investment Risk Review Modernization Act of 2017，FIRRMA），不仅对以往的部分习惯做了明文规定，还决定将投资审查范围扩大到部分明显针对中国企业的领域。③

尽管从中国在中美贸易中出现较大贸易顺差时起，两国就已产生过多次贸易摩擦，但是贸易摩擦发展成贸易战还是第一次。中美贸易战的"修昔底德陷阱"之困显而易见，尽管特朗普政府声称，美国的核心诉求是实现所谓的"公平贸易"，目标是减少 1 000 亿美元的贸易逆差，改善美国的出口环境。④ 然而事实上，中美贸易冲突的根源是中美之间的制度冲突，不局限于贸易逆差问题，更不是技术冲突，美国更加担心的不是中国技术的崛起，而是中国技术崛起背后的政策制度，这也得到了 USTR 的印证。USTR 2018 年的新报告更新了依据 301 条款有关中国在技术转让、知识产权和创新方面的行为、政策和做法的调查意见。该报告披露"301 调查"的理由是"《中国制造 2025》的运营机制是非市场模式"，指责中国利用风险投资模式的开放性获取美国高新科技领域技术，帮助中国政府获得美国的尖端技术和相关知识产权。报告建议加征关税的中国进口产品清单涉及

---

① 余永定：《中美贸易战的回顾与展望》，《新经济评论》2018 年第 3 期。

② 根据《外国投资与国家安全法》（Foreign Investment and National Security Act of 2007，FINSA），美国政府下属的美国外资投资委员会（Committee on Foreign Investment in the United States，CFIUS）负责监管对美直接投资。

③ 余永定：《贸易冲突或成常态 中国如何应对？》，http：//www.sohu.com/a/241753117_729263，2018-07-17，最后访问日期：2018 年 11 月 1 日。

④ 《解读中美贸易战的演进脉络》，2018 年 4 月 4 日，http：//finance.eastmoney.com/news/1371，20180404853142249.html，最后访问日期：2018 年 4 月 19 日。

航空航天、信息和通信技术、机器人和机械等行业，包含大约 1 300 个独立关税项目。

报告中关于中美贸易逆差的内容很少，真正讨论的是以《中国制造2025》和《国家中长期科学和技术发展规划纲要（2006—2020 年）》为代表的中国产业政策。该报告认为，中国没有从根本上改变其不公平、不合理和扭曲市场的做法，尽管中国对美投资在 2018 年明显下降，但中国政府延续了指导和不公平地促进中国实体对美国公司和资产的系统性投资和收购，以便获得尖端技术和知识产权，并制定大规模的国有工业的技术转移计划。《中国制造 2025》等产业政策，为中国高技术产业发展提供了包括补贴在内的各种支持，产生了扭曲市场和贸易的效果，使一些美国企业在市场竞争时处于不利地位，甚至可能会威胁美国的国家安全。中国对外资企业市场准入采取逼迫技术转让的前提性要求，使用合资要求、股权比例限制和其他外商投资限制来强制或迫使美国企业转让技术。美国认为，中国这种升级国内技术产业的措施不仅侵犯了美国企业的知识产权，而且还剥夺了美国企业的创新收益权，并将美国就业岗位转移给了中国工人，这是美中贸易长期处于逆差的重要原因。概括而言，从美国的视角来看，中国由国家主导创新会带来以下问题：

首先，是对市场公平的担忧。早在 2016 年，中国政府宣布将投入1 500亿美元，力争在 2025 年之前让中国的集成电路芯片产品在本土市场份额达到 70% 的计划。时任美国商务部长的普利兹克曾猛烈抨击这种做法，认为"这一史无前例的、由国家驱使的干预行为将会扭曲市场、破坏产业内的创新环境，导致该产业出现同钢铁、制铝、绿色产业相似的情况：全球范围内的产能过剩，市场价格被人为压低。不仅是美国，这些行业在全球范围内都将受到重大损害，被迫削减就业岗位。"①

其次，是对知识产权的担忧。美国认为，主导中国行业发展的是政府而不是市场。中资企业近期在西方国家大举收购的浪潮也是由国家在背后推动的结果，目的是动用国家力量获取关键的商业技术，实现大规模强迫性的技术转让。根据美国的说法，这些新工厂往往依靠的是外国公司不得

---

① 黄亚生：《中美贸易冲突的实质是制度冲突》，http：//huangyasheng.blog.caixin.com/archives/181597，最后访问日期：2019 年 3 月 7 日。

不转让的技术，作为其参与中国市场竞争的交换条件。全球贸易规则禁止强制性技术转让，美国认为中方大肆收购外国公司及技术是出于政府的利益，而非实际的商业目标。[①]

再次，在《中国制造 2025》实施过程中，中国通过资质、认证等方式，限制外资企业在华投资领域和发展规模。可预见的是，未来外资企业在华发展空间将被压缩。在某些领域，外国企业以后很难获得机会。在美国看来，中国国有银行将为目标行业的中国企业提供低息贷款，导致全球产能过剩，进而可能压低价格，颠覆市场经济及知识产权的高投入、高回报运作规则和整个工业革命以后形成的创新激励体制，拖累全球创新的有序发展。

二、欧盟商会对《中国制造 2025》的指责

欧盟商会的忧虑在于，尽管中国政府多次表明将大力发展市场，但《中国制造 2025》传达的思路却是维系政府主导经济的主体地位来实现经济发展的目标，具体而言主要有以下三方面：

一是《中国制造 2025》提出通过政府补贴、资金支持、以技术转移换取市场准入、针对外资企业的市场准入和政府采购限制等形式，扶持本国企业在重点领域的发展，这将导致欧洲企业的市场准入空间收窄。以新能源汽车为例，欧洲企业需向中方企业转移核心技术方能获得市场准入。

二是《中国制造 2025》设立大量国内外市场份额目标。中国政策是否会日趋排外转而塑造更利于本土企业的竞争环境令人生疑，欧盟商会认为无论投资来自哪国，在华合法注册的企业都应当根据中国法律受到平等对待。

三是近年来中国与欧盟的双边关系高度不对等。2016 年中国在欧盟投资超过 350 亿欧元，而欧盟在华投资仅为 80 亿欧元，双边投资关系缺乏互惠性应引起中国政府注意并推动市场准入公平化。[②]

---

① 黄亚生：《中美贸易冲突的实质是制度冲突》，http://huangyasheng.blog.caixin.com/archives/181597，2018 年 05 月 29 日 14：08，最后访问日期：2019 年 3 月 7 日。

② 钟伟：《〈中国制造 2025〉不宜视为国家战略》，http://finance.sina.com.cn/zl/china/2018-06-05/zl-ihcqccin4917152.shtml? cre＝zl&r＝user&pos＝5_5，最后访问日期：2019 年 3 月 7 日。

　　从经济发展理念看，欧盟认为，《中国制造 2025》旨在帮助中国技术替代西方国家的技术。中国希望借助发展高科技，用自己的技术取代外国技术，并为中国企业进入国际市场做好准备。"自主创新"和"自主保障"这类词语贯穿在整个行动纲领中，尤其对"自主保障"设立了细化目标。例如，在 2025 年年底前，将基本核心部件和重要基础材料供应商的国内市场份额提高到 70%，实现中国市场 40% 的手机芯片由中国生产，70% 的工业机器人和 80% 的可再生能源设备由中国生产。在欧盟看来，"自主保障"是要把西方的技术产品赶出中国，而中国则可凭借巨大的国内市场，实现高科技的自给自足，这与经济全球化体现的国际分工理念背道而驰。

　　从经济制度上看，中国实施《中国制造 2025》，提供包括大量资金、政府补贴、公共资源等在内的多项支持措施。例如，中国不仅设立了规模为 200 亿元人民币的先进制造业产业投资基金，而且已有的国家集成电路产业投资基金的规模在 2017 年 6 月也达到 1 390 亿元人民币，还有规模为 178.5 亿元人民币的国投创合国家新兴产业创业投资引导基金，这些基金都是中国政府支持的产物。相比而言，德国政府为工业 4.0 仅提供了 2 亿欧元的支持。巴里·诺顿认为，中国政府越来越像风投机构。中央政府的战略又带动了地方政府的热情。2016 年 10 月，中国至少有 70 个省、市和县级政府发布了各自的《中国制造 2025》行动纲要，并确定了具体的优先事项。

　　综上，欧盟认为，一方面，中国各级政府系统地干预国内市场，以促进中国企业的竞争优势，使外国竞争对手处于不利地位；另一方面，中国政府还直接利用行政力量，包括在市场准入前的限制、许可证、法律法规和标准、安全审查、采购和招标等方面，对外国企业采取歧视性政策，使外国企业在中国处于劣势。

第二节　WTO 规则对产业政策的约束

　　WTO 是一个以规则为基础的多边贸易机构，旨在通过国家间的一系列规则来维护的、可预期的多边贸易环境。WTO 框架下的产业政策空间发生了明显变化。产业政策的制定不仅要考虑国内经济社会发展和法治的需要，在涉及国际贸易时，还要考虑与 WTO 规则的关系，[①] 与 WTO 规则相互协调。

一、非歧视原则

非歧视性原则，即平等原则，包括两个方面：一是最惠国待遇；二是国民待遇，这是 WTO 运作的基石。最惠国待遇原则要求一成员方给予另一方的待遇不得低于现在或将来它给予任何第三方的待遇，这一原则可以将给予任何一个成员国的优惠无条件地扩展到其他成员国，保证了成员国之间的优惠待遇，确保了各成员在平等基础上竞争。国民待遇原则要求成员国对其他成员的产品和服务以及产品和服务的提供者，在适用国内法律法规和其他措施方面，不应给予低于本国产品或服务及提供者的待遇，以保证外国产品、服务及企业与成员方国内产品、服务和企业之间的平等竞争。WTO 会对各成员国政府在成员间及成员企业与本国企业间采取的违反歧视性原则的措施形成强制性约束，[②] 使竞争机制在全球贸易中发挥最大效应。

二、取消限制、降低壁垒和市场逐步开放原则

在 WTO 管辖的货物贸易领域，降低并约束关税、减少非关税壁垒、取消数量限制已成为推动世界贸易增长的主要手段。WTO 各成员国均应依照关税减让表中的承诺履行降低关税的义务。《技术贸易壁垒协议》《实施卫生和植物卫生措施协议》是 WTO 专门为消减国际贸易中的非关税壁垒而制定的行为规范，可对成员方政府在国内采取的行政管理措施的内容产生约束和影响，最终使其他成员方进入本国市场的贸易壁垒减少，管制放松，提高市场准入程度。[③]

---

① 贺小勇：《中国产业政策与 WTO 规则协调研究》，北京大学出版社 2014 年版。
② 《什么是 WTO 中的非歧视性原则》，http://www.maxlaw.cn/changshi/wtogz/smswtogzzdfqsyz.html，最后访问日期：2018 年 10 月 31 日。
③ 韩小威：《WTO 规则约束下合理发挥中国产业政策效应的对策》，《经济纵横》2006 年第 3 期。

三、非专向性原则

《WTO 补贴和反补贴协议》要求一国产业政策不能带有"专向性"，不能只针对部分地区、部分产业、部分产品和部分企业，必须按照一定的客观标准统一地、无差别地实施，否则若由此引起对其他国家贸易上的损害，他国可以向 WTO 争端解决机构申诉。一旦被判败诉，该国补贴政策必须予以改变，并给予相关利益方相应的补偿。而即使发展中国家享有差别待遇优惠，优惠的范围并不扩展至对其他贸易伙伴的损害补偿。因此，发展中国家在加入 WTO 以后宏观经济调控的主要手段，包括财政与货币政策和直接行政措施都将受到 WTO 规则的约束。但是，WTO 原则上并不反对各国政府实施产业政策，只要求这些政策是非歧视性的，其鼓励公平竞争，对所有企业一视同仁。在 WTO 规则下，市场保护只限于针对幼稚产业和少数例外产品。随着国家产业政策调控范围的缩小，政府对企业的直接干预也会减少，政府作为投资主体将逐渐让位于企业，虽然市场在资源配置方面的作用增强，但加入 WTO 绝不意味着政府扶持国内企业和产业作用的减弱。①

根据 GATT1994 第 6 条第 1 款（a）项规定，反倾销调查中确定正常价值的一般方法为：① 原则上根据正常贸易过程中出口国国内供消费同类产品的可比价格确定正常价值；② 若没有国内可比价格，可以根据出口至第三国的可比价格或者根据商品在原产国的生产成本加上合理的销售成本和利润确定的价格（也称结构价格）作为正常价值。② 2001 年中国加入WTO 时的《加入议定书》（以下简称《议定书》）中作出了一系列入世承诺，包括中国企业如果不能证明自身具备市场经济条件，则可以运用"替代国"价格对其产品进行价值确定，其中第 15 条还规定，15 年后，这一"替代国标准"的做法将终止。但是在 2016 年 12 月 11 日后美国和欧盟仍坚持否认我国市场经济地位的身份，并以此为理由继续在反倾销调查中对

---

① 韩小威：《WTO 规则约束下合理发挥中国产业政策效应的对策》，《经济纵横》2006 年第3 期。

② 左海聪、林思思：《2016 年后反倾销领域中国（非）市场经济地位问题》，《法学研究》2017 年第 1 期。

中国实行替代国标准。

　　美国《1930 年关税法》及其修正案对非市场经济国家提出了 6 个考量因素：① 该国货币与他国货币的可兑换程度；② 在劳动者与管理层之间自由交涉工资水平的程度；③ 允许合资公司或其他外国投资公司投资的程度；④ 政府所有制或政府控制生产方式的程度；⑤ 政府控制资源分配以及企业价格及生产的程度；⑥ 管理机构认为合理的其他因素。[①] 本来根据WTO 成员国的国内法认定有关国家的市场经济地位就具有很大的随意性，尤其是"管理机构认为合理的其他因素"的规定，进一步赋予了进口国更大的自由裁量权，使我国在反倾销中处于劣势的地位。2017 年 10 月，美国商务部公布对华铝箔产品（Aluminum Foil）反倾销调查初裁结果，分别裁定两家强制应诉企业 96.81％和 162.24％的倾销幅度，裁定 14 家其他中国企业 138.16％的倾销幅度，[②] 并在此案中公布了其在铝箔反倾销调查中开展的"中国市场经济地位"问题调查结论，仍将中国视为"非市场经济国家"，在对华反倾销调查中继续适用"替代国"做法。2017 年 12 月 1日，美国政府向 WTO 正式提交书面文件，反对在反倾销调查中给予中国"市场经济地位"待遇，该文件是其作为第三方参与中国诉欧盟反倾销"替代国"做法而根据程序要求提交的书面陈述意见。该案的争议核心是2016 年 12 月 11 日后，欧盟是否有权再依据《议定书》第 15 条在反倾销调查中对中国继续使用"替代国"做法。[③] 2018 年美国还在新版北美自贸协议——《美墨加协定》（USMCA）中嵌入了剑指中国"非市场经济地位"的"毒丸条款"，[④] 意图锁定盟友，进一步打击中国。

　　原欧盟反倾销法对包括中国在内的非市场经济国家的反倾销调查中计算正常价值的标准规定为 5 项：① 企业关于价格、成本、投入（包括原材料、技术和劳动力成本）、产品、销售和投资的决策系根据反映供求关系

---

　　① 张建：《论 WTO 反倾销法视角下中国的市场经济地位问题——兼论〈中国入世议定书〉第 15 条的解释》，《西安电子科技大学学报（社会科学版）》2016 年第 6 期。

　　② 《美公布对华铝箔产品反倾销调查初裁结果》，http://www.mofcom.gov.cn/article/ztxx/gwyxx/201710/20171002661394.shtml，最后访问日期：2019 年 3 月 17 日。

　　③ 许岩：《中方回应美不承认市场经济地位：已诉诸 WTO》，《证券时报》2017 年 12 月 4 日，第 A02 版。

　　④ 《美墨加贸易协定》第 32 章例外条款的 7 条规定，针对被缔约方认定为非市场经济国家的任何对象，如果与缔约方（美国、墨西哥、加拿大）中的任意一方缔结自由贸易协定，其他两方有权退出现有协定，重新缔结一个双边协定，以排除该方。

的市场信号做出的，在这些方面不受政府重大干预，并且主要投入的成本实质反映了市场价值；② 企业有一套清晰的财务记录，可以按照国际财务标准被审计，并且适用于所有目的；③ 企业的生产成品和财务状况，都按照市场经济的法则进行，未曾因非市场经济体制影响而受到扭曲，尤其是关于资产的折旧、其他核销、易货贸易、偿债支付所列的支出；④ 企业受破产法和财产法的管制，从而确保其运营法律的确定性和稳定性；⑤ 按市场汇率进行外汇兑换。[①] 如果出口企业未能满足上述 5 项标准的要求，那么该企业将被视为不满足市场经济地位，欧委会将使用"替代国"方法计算其商品的正常价值。实际上，欧盟在反倾销调查中对中国的市场经济地位进行审查，究其根源便是《议定书》第 15 条的规定，即一旦中国根据该 WTO 进口成员的国内法证实其是一个市场经济体，则（a）项的规定即应终止。换言之，若中国无法证明已达到 WTO 成员国国内法所规定的市场经济标准，该进口国就可依据（a）项规定对中国实行"替代国"标准。但是，随着议定书第 15 条（a）项（ii）部分于 2016 年 12 月 11 日到期，欧盟的 5 项标准的规定似乎已经丧失了 WTO 法上的合规性。

为此，2017 年 11 月 15 日欧委会表决通过了关于修订欧盟现行反倾销和反补贴法规的提案，取消了"非市场经济国家名单"，在对非欧盟成员国的反倾销调查中引入"市场扭曲"的概念和标准，参考"国际市场价格"计算倾销幅度，不再使用"替代国"方法。其中判断是否存在"市场扭曲"应该考虑以下 6 个因素：① 市场在很大程度上是由出口国当局所有、控制、政策监管或指导下运营的企业组成；② 国家在公司中的存在，允许国家对企业的价格或成本进行干预；③ 公共政策或措施歧视性地有利于国内供应商或者影响自由市场力量；④ 破产、公司及物权相关法律的缺失、歧视性适用或执法不力；⑤ 工资成本被扭曲；⑥ 从执行公共政策目标或非独立于国家的机构获得融资。[②] 事实上，欧盟所提出的"市场扭曲"的概念，弃用出口国的价格而选择使用第三国或国际价格来确定出口产品是否存在倾销的做法，在 WTO 规则下找不到任何的法律依据。同时根据

---

① 张真真：《欧盟对华反倾销的市场经济地位问题——以市场经济地位的"五项标准"为视角》，孙琬钟：《WTO 法与中国论丛（2011 年卷）》，知识产权出版社 2011 年版，第 176 页。

② 《欧盟反倾销新法方法的 WTO 合规性分析》，http://trb.mofcom.gov.cn/article/zuixindt/201711/20171102673492.shtml，最后访问日期：2017 年 12 月 23 日。

修正案，从新法生效之后直至既有反倾销措施日落复审①前，欧盟将对既有反倾销措施和正在调查的案件继续实施"替代国"方法，此类"祖父条款"② 等于变相延长了"替代国"做法。③ 有中国学者认为欧盟此种做法只是由于不想放弃"替代国"做法，名义上在新法案中用"市场扭曲"方案，实为用反倾销法的"新瓶"装贸易保护主义的"旧酒"。

那么当年的《议定书》究竟是如何规定的呢？《议定书》第 15 条由（a）（b）（c）和（d）四项组成，其中（a）项和（d）项涉及反倾销程序，（b）项涉及反补贴程序，（c）项规定了各国依照（a）和（b）项采取措施的通知义务。④ 目前，中国与欧美争议的核心在于对（a）项和（d）项持有不同理解。（a）项由序言、（i）目和（ii）目三部分组成。序言概括性地规定了进口国在确定正常价值时，要么选择"使用接受调查产业的中国价格或成本"，要么选择"使用不依据与中国国内价格或成本进行严格比较的方法"。序言之下的（i）目规定，如果受调查的中国企业能够明确证明其出口的产品是在"市场经济条件"下生产、制造的，则进口国调查机构必须采用中国的国内价格确定正常价值。（ii）目规定如果受调查的中国企业无法明确证明其所出口的产品是在"市场经济条件"下生产、制造的，则进口国调查机构可以采用"替代国"方法确定正常价值。另外，《议定书》第 15 条（d）项第二句规定："无论如何，第（a）项（ii）目段的规定应在中国加入 WTO 15 年后终止"，即第（a）项（ii）目的规定在 2016 年12 月 12 日到期失效。值得注意的是，（d）项没有规定（a）项整体终止，只规定了第（a）项（ii）目终止。基于对 15 条（a）项与（d）项的不同理解，在学界引发了两个问题的争论：一是第 15 条（a）项（ii）目失效后，中国是否因此自动取得了"市场经济地位"？二是第 15 条（a）项（ii）目

---

① 日落复审是行政复审的一种特殊情况，根据 WTO《反倾销协定》的规定，任何最终反倾销税均应自征收之日起或自涉及对反倾销和损害同时复审的最近一次行政复审之日起 5 年内终止。调查机关在 5 年有效期之内可以自行复审或在该日期之前一段合理时间内，由国内产业或国内产业代表提出请求进行复审。在日落复审的结果产生之前，可继续维持原来裁定的征税措施。

② 祖父条款，相对于追溯法令，是一种允许在旧有建制下已存的事物不受新通过条例约束的特例。

③ 《欧盟反倾销调查新方法修正案违反世贸规则》，http://trb.mofcom.gov.cn/article/zuixindt/201711/20171102672748.shtml，最后访问日期：2017 年 12 月 23 日。

④ 《欧盟反倾销"新瓶装旧酒"》，http://trb.mofcom.gov.cn/article/zuixindt/201711/20171102672758.shtml，最后访问日期：2017 年 12 月 23 日。

失效后，WTO成员国在反倾销中是否还能对中国继续适用替代国做法？对于这两个问题，产生了以下四种观点：

观点一认为：第15条（a）项（ii）目失效后，中国自动取得"市场经济地位"，WTO成员在反倾销中不能再对中国适用替代国做法。支持此观点的主要有刘瑛、张璐、朱兆敏等学者，他们的主要理由有以下几点：第一，当初是基于中国的"非市场经济地位"考量，中国才允许他国对其采用替代国做法，并约定了15年的过渡期。第15条a项（i）目和a项（ii）目是一枚硬币的两面，后者的失效意味着前者也无存在的必要，所以15年过渡期后，随着第15条a项（ii）目效力终止，a项（i）目也随之失去效力，因此其他WTO成员不能再对中国适用"替代国"做法，这从侧面说明了中国将自动取得"市场经济地位"。[①] 第二，第15条（d）项第二句虽然只规定15条a项（ii）目的期限届满，但是15条a项（ii）目的期满实际上与第15条a项的全部期满具有同样的影响。进口成员不能再对中国适用"替代国"做法。如果继续这样做，中国可以诉诸WTO争端解决机制，要求进口成员国修改其国内法。从这个意义上说，第15（a）（ii）项的失效实际上赋予中国市场经济地位。[②] 第三，"非市场经济"不是GATT1994和WTO的一般规则和标准，其范围仅限于"国家垄断贸易"和"价格由国家决定"，《议定书》没有宣誓过中国为非市场经济国家，之所以允许其他国家对中国采用替代国方法，仅仅是基于中国单方面承诺的临时安排。"WTO上诉机构关于欧盟—紧固件案的上诉报告对于2016年中国入世过渡期终止的结论是对《议定书》第15条（a）款和（d）款的有权解释，宣告中国从2016年12月12日起将取得市场经济地位"。[③]

观点二认为：第15（a）项（ii）目失效后，中国没有自动取得"市场经济地位"，但WTO成员在反倾销中不能再对中国适用"替代国"做法。

[①] 刘瑛、张璐：《论〈中国入世议定书〉非市场经济方法条款到期的效力及应对》，《国际经贸探索》2017年第7期；刘瑛：《论WTO争端解决中中国入世法律文件的解释》，《山西大学学报》（哲学社会科学版）2016年第3期。

[②] See Rao Weijia. China's Market Economy Status under WTO Antidumping Law after 2016. *Tsinghua China L. Rev.* No.5, 2013.

[③] 朱兆敏：《论世界贸易组织与中国的市场经济地位》，《法学》2015年第9期。笔者不同意这种观点，WTO争端解决中的法律解释并非一般意义上的有权解释，无"遵循先例"的效力，但对于以后的争端解决具有重要的参考意义。相关论文参见冯兵、黄涧秋：《论WTO争端解决活动中的法律解释》，《法学评论》2002年第1期。

支持此观点的主要有以李思奇、姚远、屠新泉、张丽英、左海聪、林思思、俞燕宁[①]为代表的学者，主要理由为，首先，第 15 条的（a）项（ii）目文并没有直接涉及中国"市场经济地位"的承认问题；其次，从体系解释的视角出发，WTO 有关文本也未明确界定"市场经济地位"概念，没有明确哪一个成员属于哪一类经济模式。"市场经济"的标准是成员国内法的规定，WTO 成员没有义务自动承认中国的"市场经济地位"。[②] 张丽英认为市场经济地位与"替代国"做法应当是两个层面的问题，2016 年 12 月 11 日之后，无论中国市场经济地位认定与否，《议定书》第 15 条（a）项都不能再视为适用替代国做法的法律依据。[③] 左海聪、林思思认为中国非市场经济地位与替代方法是两个既相互区别又有联系的问题，所谓"中国非市场经济地位的最后期限"的核心不是非市场经济地位而是替代方法的终止使用。

观点三认为：第 15 条（a）项（ii）目失效后，中国没有自动取得市场经济地位，WTO 成员在反倾销中有仍可能对中国适用替代国做法，但是证明"自己所处的行业符合市场经济标准"的证明责任由中国企业转移到进口国。该观点也称"举证责任转移说"，支持此观点的主要有胡加祥等。胡加祥认为 2016 年 12 月 11 日之后，《议定书》第 15 条（a）项（ii）目的终止并不导致（i）目失效，只是产生的法律后果不同。在（ii）目终止之前，它是（i）目无法实现的必然后果，在（ii）目终止后，若中国企业无法清晰地证明其所处行业的产品是"在市场经济条件下制造、生产、销售"时，则呈现出一种"待定"的状态，因此由 WTO 进口成员来承担举证责任。[④] 根据条约有效解释原则，（a）项（ii）目终止与（a）项整体终止是有区别的，（ii）目是对中国企业举证责任的专门规定，在中国企业证明其生产的产品是在市场经济条件下生产之前，（ii）目中暗含了一个假设，即"中国企业生产的产品是在非市场经济条件下生产的"，当这一目失效后，相应的假设与中国企业的举证责任也都不存在了，举证责任转移

---

①　Yu Yanning. Rethinking China's Market Economy Status in Trade Remedy Disputes after 2016: Concerns and Challenges. *Asian Journal of WTO and International Health Law and Policy*，Vol.8，No.1，2013.

②　李思奇、姚远、屠新泉：《2016 年中国获得"市场经济地位"的前景：美国因素与中国策略》，《国际贸易问题》2016 年第 3 期。

③　张丽英：《〈中国入世议定书〉第 15 条到期的问题及解读》，《中国政法大学学报》2017 年第 1 期。

④　胡加祥：《〈中国入世议定书〉第 15 条之解构》，《法学》2017 年第 12 期。

到进口国。[①]

观点四认为：第 15 条（a）项（ii）目失效后，中国并没有自动取得市场经济地位，WTO 成员在反倾销中能继续对中国适用替代国做法。[②] 奥康纳主要从法律条文和事实两个方面进行论证。首先，从法律条文的角度分析，条约有效解释的原则要求剩余的条款得到解释和适用，第 15 条 a 项（ii）目款终止后，（a）款的序言以及 a 项（i）目依然有效，如果仅依照其中某一目终止就宣称"非市场经济地位"自动到期，这不符合国际法的解释原则。其次，在现实方面，中国也没有达到欧美的市场经济标准。[③]

学者们对《入世议定书》第 15 条存在不同解释，中国除了维护自身权利，从法律解释角度论证"替代国"方法终止使用和中国主动取得市场经济地位之外，也应看到，产业政策会影响美国和欧盟对中国市场经济主体地位的认定，非市场经济国家的市场主体无法依据公平价格来确定反倾销标准，从而在 WTO 争端解决中处于劣势。因此，中国应依据 WTO 规则对产业政策的实施进行调整。

四、透明度原则

WTO 要求成员方所实施的与国家贸易有关的法令、条例、司法判决、行政决定都必须公布，使各成员国及贸易商熟悉。一成员方政府与另一成员方政府所缔结的影响国家贸易的协定也必须公布，以防止成员方之间的不公平贸易，从而造成对其他成员方的歧视。WTO 成员要履行 WTO 的义务，遵守 WTO 的基本规则，履行承诺的减让义务，确保贸易政策法规的统一性和透明度。[④]

[①] Ritwik Bhattacharya. Three Viewpoints on China's Non-Market Economy Status. *Trade L. & Dev.* No.9, 2017.

[②] See Bernard O'Connor. Market-Economy Status for China Is Not Automatic, Vox Article, November 2011, https：//voxeu.org/article/china-market-economy，最后访问日期：2018 年 11 月 20 日；James J. Nedumpara & Archana Subramanian. China and the Non-Market Economy Treatment in Anti-Dumping Cases: Can the Surrogate Price Methodology Continue Post-2016. *J. Int'l & Comp. L.* No.4, 2017.

[③] Bernard O'Connor. Much Ado about Nothing：2016，China and Market Economy Status. *Global Trade and Customs Journal*，Vol.10，2015.

[④] 陈德照：《WTO 的透明度原则》，https：//www.xzbu.com/1/view-146311.htm，最后访问日期：2018 年 10 月 30 日。

五、WTO 规则下的中国产业政策审视

在中国加入 WTO 的谈判过程中，中国的产业政策也曾是 WTO 其他成员国关注的议题之一。1995 年，美国贸易副代表德沃斯金专门就中国产业政策问题与中国国家计划委员会进行磋商。美方认为中国产业政策所采取的主要手段，可能对贸易产生扭曲效应，使中国接受产业政策支持的企业，特别是国有企业在国际竞争中处于不公平的有利地位。由于 WTO 没有专门针对产业政策的协定，只有《补贴和反补贴协定》和《贸易有关的投资措施协定》等与产业政策手段相关的协定。因此，在中国加入 WTO 的谈判中，产业政策问题最终被化解为工业补贴和与贸易有关的投资措施问题。①

依据 WTO 规则，任何政府财政对特定产业和企业的直接或间接财政支持都属于专项补贴。其中，直接以促进出口和进口替代为目标的补贴措施属于禁止性补贴，一旦实施，WTO 成员有权提出并实施反补贴措施；其他不以出口和进口替代为目标的各类专项补贴则属于可诉性补贴，可以在有限的规模内实施，但也被 WTO 成员拿来作为反补贴和反倾销的借口。此外，政府对竞争性领域投入过多的财政支持和补贴，也会影响对该国是否属于市场经济国家的判断。

因此，作为 WTO 成员，我国国内产业政策的制定必然会受到 WTO 有关规则的制约，遭受其他国家的指摘。WTO 其他成员出于谋取本国利益考虑，忌惮中国的产业在产业政策支持下获得更快成长和更强的竞争力，不愿丧失自己的优势地位或技术垄断地位，便在 WTO 规则基础之上提出异议。② 我国因产业政策问题而被诉至 WTO 争端解决机制的案例已不鲜见，其中美国诉中国的案件就多达 13 起，涉及增值税、出口补贴税、知识产权保护等方面的产业政策。

---

① 受制于当时中国政府财力，彼时工业补贴规模并不大，很多补贴也并不用于对特定产业的支持和发展激励，而是用于弥补国有企业的亏损和下岗人员安置，即符合非专向性公平原则要求，所以该问题未引起西方国家的特别关注，也没有成为中国加入 WTO 的障碍。

② 徐林：《国际贸易规则下中国产业政策如何优化？》，http://www.sohu.com/a/231320144_499083，最后访问日期：2018 年 11 月 9 日。

第三节　《中国制造 2025》是否
违反国际法规则

一、《中国制造 2025》的合理性

国家发展改革委规划司原司长徐林认为，产业政策需具有几个基本要素：一是政府选定少数目标产业；二是目标产业被普遍认为具有重要发展潜力，将成为未来经济发展的重要动力；三是政府对这些产业的发展提供政策支持；四是对目标产业的支持应该是持续的，但必须有时限；五是在各个目标产业之间，以及在目标产业和经济中的其他部分之间，各种产业支持政策相互协调，统筹实施。徐林更倾向于将产业政策表达为：针对特定产业实施的可能改变市场发展轨迹的产业支持或限制措施，这些措施要么基于行政权力的干预，要么基于公共资源的选择性或歧视性配置。[①] 因此，中国施行产业政策的主要政策手段包括税收减免、技改贴息、加速折旧、关税减免、研发补贴、特殊收费、行业准入、直接注资、产业基金、价格补贴、特定进出口补贴。[②]

中国的产业政策确实存在政府补贴与贸易保护，当这种补贴与保护政策指向幼稚产业的时候，本身也是国际惯例，无可指责。目前《中国制造 2025》主要是基于以下方面的考量：

第一，《中国制造 2025》的提出是基于开放发展、合作共赢的理念，目的是为中国制造业的升级提供战略指引和指导，是透明、开放、非歧视的，不仅中国企业可以参加，外国企业也可以参加；不只国有企业可以参加，民营企业也可以参加。虽然其中有一些指标，但这些指标是预测性的、指导性的，并非强制性的。

第二，根据国际贸易理论，经济体的贸易结构依赖于具有比较优势的要素和产业，当不同经济体生产具有比较优势的产品时，自由贸易可以提高参与贸易各国的整体福利。贸易绝对优势和比较优势理论揭示了贸易依

---

① 徐林：《国际贸易规则下中国产业政策如何优化?》，http://www.sohu.com/a/231320144_499083，最后访问日期：2018 年 11 月 1 日。
② 徐林：《国际贸易规则下中国产业政策如何优化?》，http://www.sohu.com/a/231320144_499083，最后访问日期：2018 年 11 月 1 日。

赖于不均衡要素和产业的集聚。由于各国要素充裕程度不同，商品生产要素密集程度也不同，遵循比较优势理论，每个国家都可以选取自身具有比较优势的产业。具有制造优势的国家提供商品参与贸易，具有知识技术水平优势的国家提供服务贸易，在没有要素跨国流通的条件下，自由贸易可以实现世界范围内生产能力的有效配置，当要素跨国流通时，会通过自由贸易带动世界范围内要素的均衡分配，并进一步提高参与贸易国的福利。[①]中国在产业升级转型阶段时，比较优势产业会随之发生变化，从劳动密集型产业逐渐过渡到以技术密集型产业为主，高新技术、信息化水平不断提高。中国在国际贸易中选择提供较为优势产业的商品，通过自由贸易，依然可以为参与贸易国带来福利。

第三，中国已深度参与到全球生产网络的贸易价值链中，如果脱离价值链，中国经济增长将遭受巨大冲击。当然，美国破坏价值链的举动对其自身的经济发展也是重创。中国企业应该和别国的企业一起，使全球生产网络、价值链免遭破坏。同时，中国必须依靠自己的力量掌握核心技术。[②]在中美经济竞争中，美国的优势在高新技术领域。出于国家安全考虑，美国将尽一切可能保持对中国的领先优势，以防止中国的技术反超。过去中国利用"市场换技术""走出去"（并购高技术公司）来加快自身的发展。现在，中国想要缩小同发达国家的技术差距，只能依靠提高创新和研发水平。而企业和科研部门的研发缺乏政府的投入及大学提供的基础研究支撑也无法实现，这意味着中国必须有自己的产业政策，《中国制造 2025》符合中国的发展需要。

综上，从 WTO 规则框架来看，《中国制造 2025》是透明的、开放的、非歧视的，目标也是为产业发展提供信息和政策引导，这一做法曾被包括美国在内的很多国家采取过。同时，中国选择适应自己产业发展阶段的比较优势产品贸易并不违反国际贸易理论。在中美贸易战的背景之下，我们应将中国政府在财税补贴、国家主导型产业基金、国产化率和国产市场占有率、强制技术转让、外资对华投资的准入、行业和程序限制等领域的做法重新进行梳理，避免中国制造业在转型升级阶段所提出的新的产业政策

---

① 邓仲良：《从中美贸易结构看中美贸易摩擦》，《中国流通经济》2018 年第 10 期，第 80—92 页。

② 王书会：《中兴事件对产业强国战略推进的影响因素研究》，《中国商论》2018 年第 28 期。

被过度关注，甚至曲解。

二、《中国制造 2025》的非合理性?

　　USTR 用中国侵犯美国的知识产权指责《中国制造 2025》，301 调查报告花费很长篇幅讨论了中国的"技术转让制度"，并认定中国政府强迫外国来华企业转让技术。这种指责缺乏法律依据，并且不符合事实发展状况。

　　第一，中国企业有权对合资企业提出技术转让要求。事实上，当前关于技术转让的国际规则存在严重失衡：一是没有促进技术转让的规则，只有对知识产权的高标准保护；二是对发达国家的优势知识产权保护标准极高，而对发展中国家的优势知识产权，例如基因资源、传统知识和传统文化表现形式的保护标准极低；三是只有约束政府政策的国际经济法规则，但缺乏约束跨国公司技术垄断行为的国际竞争规则。在此背景下，发展中国家的一些政策是在面临跨国公司技术垄断情况下的应对性措施，例如以技术转移为目的的外国所有权限制。[①]

　　中国在《议定书》中的第 7 条第 3 款中承诺，对外商投资的批准不以当地成分、进出口平衡、进口用汇等一系列履行要求为前提。政府还承诺在对投资进行审批或备案时，不以外资转让技术为前提。中国企业在与外国贸易商或者投资商谈判中提出的技术转让要求，本质上属于商业行为，企业的这种议价谈判权利应该受到尊重和保护。如果外方认为中方企业具有滥用市场支配地位的行为，应该通过反垄断申诉和诉讼加以解决。[②]

　　第二，所谓的中国政府对外企施压，要求转让技术的情况并不普遍，也不是法律规定。USTR 称对美国在华企业进行了问卷调查，但是所有宣称受到过技术转移压力的企业均是匿名的，此外 USTR 没有提供任何其他证据。USTR 特别指责中国通过《外商投资产业指导目录》强迫外资转让技术。事实上，中国在 2017 年颁布的《外商投资准入特别管理措施（负面清单）》中进一步开放了外商投资产业，并将其分为鼓励、允许、限制和禁止四类。首

[①]　崔凡：《对强制技术转让应有明确界定》，《国际商报》2017 年 8 月 29 日，第 A3 版。
[②]　崔凡：《对强制技术转让应有明确界定》，《国际商报》2017 年 8 月 29 日，第 A3 版。

先，某些产业禁止外资进入或限制外资持股比例是出于经济、军事安全的考虑，符合 WTO 规则。其次，限制性行业投资也完全基于自由、自愿原则，不存在强迫转让技术的情形，这是中企与外企之间的利益交换。外商以技术换取进入中国的某个限制性行业，是符合"成本—效益"原则的。[①]

三、西方国家产业政策的特点比较

2012 年 2 月，美国国家科学技术委员会发布了《国家先进制造战略规划》，指导联邦政府支持先进制造研发的各项计划和行动，提出了促进中小企业投资、增强劳动力技能、建立创造性的合作关系、协调联邦投资以及加大研发投资力度等五个战略目标，并给出了支持该战略规划的具体财政预算，以及接受和列支预算的政府部门。

2013 年 4 月，德国政府提出《工业 4.0 战略》，预计投资 2 亿欧元，目的是为德国在新一轮工业革命中占领先机。所谓的工业四代（Industry4.0）是指利用物联信息系统（Cyber—Physical System，CPS）将生产中的供应制造和销售信息数据化、智慧化，最后达到快速、有效、个人化的产品供应。[②] 欧盟的产业政策突破了传统产业政策理论的思维模式，[③] 表现出一些新的内涵，从而成为推行新式产业政策体系的典范。[④] 首先，欧盟产业政

---

① 余永定：《如何应对这场不可避免的贸易战？》，https：//www.sohu.com/a/239520069_729263，最后访问日期：2018 年 11 月 1 日。

② 钟伟：《〈中国制造 2025〉不宜视为国家战略》，http：//finance.sina.com.cn/zl/china/2018-06-05/zl-ihcqccin4917152.shtml?cre=zl&r=user&pos=5_5，最后访问日期：2018 年 12 月 19 日。

③ 20 世纪 70 年代以前，产业政策往往被经济落后国家用于干预市场运行机制、保护本国市场、促进本国幼稚产业发展，因其选择赢家的特点，造成了一定的市场扭曲，引发了效率低下和腐败问题，饱受发达国家主流经济理论的批评。20 世纪末，推行传统产业政策的拉美经济相继陷入困境，似乎也证实了上述批判。然而，伴随主流经济理论"华盛顿共识"的失败，更多西方学者与政策制定者将目光再度投向产业政策。20 世纪 90 年代以后，不仅限于东亚与拉美国家，以欧美为首的发达国家通过引入国家创新体系，也参与到发展现代产业政策的道路上来。

④ 依其作用对象，欧盟的产业政策体系大致包括不针对产业的政策与针对产业的政策。其中，前者包括宏观经济、再分配、工资税收政策等对于产业具有间接影响作用的政策；而后者则既包括我们通常所谓的广义上的产业政策，也包括直接影响产业发展的不属于产业政策的一些措施。所谓的广义的产业政策大致与拉尔的产业政策三分法一致，包括框架性政策、水平产业政策与部门产业政策。框架性政策指建立欧盟内部市场的政策、竞争政策、区域政策。水平产业政策包括研究战略、创新刺激、企业家精神与风险资本等。部门产业政策则涵盖部门干预、部门政策、集群政策等。而直接影响产业发展的不属于产业政策的措施则包括购买本国产品活动、区域发展规划、价格控制、出口提升策略和特殊环境政策等。

策的基本目标是促进欧盟国际竞争力的提升，基础在于2002年提出的"里斯本战略"①，主要以创新政策为核心，在欧盟各国推进以教育和培训为中心的国家创新体系的建设。其次，其核心内容是功能性产业政策。从《马斯特里赫特条约》到"里斯本战略"，欧盟始终把教育和培训视为成员国间合作的重要内容，注重人力资本投资是欧盟主要的政策着力点。这种功能性产业政策而非传统意义上挑选赢家的选择性产业政策是欧盟产业政策的核心。再次，从供需两个角度对产业活动实施干预。"旧式"产业政策往往只着眼于通过选择性政策对特定产业或企业的行为实施影响，鼓励或者限制它们从事某些活动，主要作用于供给，较少涉足需求。欧盟各成员国通过公共采购行为，为一些创新产品创造引导性市场，从需求角度对产业活动施加影响。公共采购目前已经占欧盟国民生产总值的16%，是政策制定者推动"里斯本战略"最重要的政策工具之一。作为世界经济第三极，欧盟通过推行现代产业政策体系增强了活力，推动了欧盟的创新，为下一阶段欧盟各国的发展奠定了良好的基础。②

第四节　以 WTO 规则审视 《中国制造 2025》

当今世界面临经济危机与贸易保护主义，中国面对的挑战不仅是保持经济增长率，而且必须进行产业升级，摆脱依赖低成本劳动力的竞争，从"中国制造"提升到"中国设计"和"中国创新"。《中国制造 2025》提出了目标和实施路线，包括通过投资研发推进前沿的新技术、增加知识产权的积累、创造独立自主的技术标准、利用进入中国市场的机会吸引外国投资者、加强工业互联网的研发、促进制造业和工业发展。

《中国制造 2025》提出后，国际上针对中国企业对外投资行为的敌意似乎在加剧。2016 年 9 月，TCL 欲以 5 000 万美元收购美国 Novatel

---

① "里斯本战略"，即在 2010 年实现"使欧盟成为世界上最富竞争力的、以知识经济为基础的最具有活力的经济体，在提供更多就业机会和增强社会凝聚力的基础上实现可持续的经济增长"的远大目标。

② 姜达洋：《国外产业政策研究的新进展》，《天津商业大学学报》2009 年第 5 期。

Wireless（诺华达无线通信）旗下的 MIFI（智能移动热点设备及移动宽带）业务，申报两次后均未通过。2016 年，美的对 KUKA（库卡）机器人的收购，引发德国民意反弹。

WTO 对成员的根本性要求是政府须在 WTO 法律框架下运作，政府行为要符合 WTO 规则要求，政策法规要与 WTO 规则接轨，特别是根据 WTO 的统一和透明度原则，要求成员方的贸易政策、法规、措施和程序等统一、公开、透明，成员方有义务接受 WTO 贸易评审机构的评审，并将自己的贸易政策及变动情况通告各成员方；WTO 还要求其成员将已承诺的内容作为已有约束的一部分。这要求各成员国政府行为必须符合 WTO 规范，有较高的透明度和可预见性。《中国制造 2025》也应符合 WTO 规则与原则，我国需要沿着这一思路完善产业政策，以便被国际社会接受。

一、解决中国现行产业政策中存在的主要问题

产业政策除补贴之外，还包括各种优惠和鼓励措施，例如贴息贷款、政策性银行贷款、优先审批、优先获得，与投资、融资、保险有关的服务，以及协调各政府部门提供信息和海外保护、支持等变种形式。国有企业的资本构成和运行机制也被认为包含了隐性补贴，因为其对成本、收益、亏损问题一般来说达不到私人企业的关注程度。产业政策本质上是计划体制的延续，有计划体制的固有缺陷，容易导致投资过度、产能过剩、垄断资源（包括政府资源、金融资源等）、市场扭曲、资源和资本的低效率，甚至腐败等问题。

国有企业和产业政策的问题不仅涉及知识产权和技术转移，而且还构成中国与其他经济体包括美国、欧盟、日本等进行双边投资协定谈判和承认中国市场经济地位谈判的重大障碍。为确保产业政策切实发挥提振本国产业经济、促进贸易增长的良性作用，我国需要在 WTO 规则下进一步规范本国的产业政策。

第一，中国制定产业政策的指导原则应更符合 WTO 规则。我国在制定产业政策时，规定了鼓励、限制发展的产业，这种做法并不完全符合 WTO 基本原则。WTO 和关贸总协定有条件地容许发展中国家对幼稚产业

进行一定的保护，但不等于允许一国在相关产业领域进行特殊对待与保护。[①]

第二，我国产业政策不应对产业领域进行过度和过宽的干预。目前的政策对不同所有制企业设定不同的市场准入壁垒，并且延伸到了生产领域，与《与贸易有关的投资措施协议》（以下简称 TRIMS 协议）和《服务贸易总协定》（GATS）等 WTO 规则产生冲突。TRIMS 协议认为不适当的投资措施主要包括：当地成分要求、出口与进口挂钩、外汇平衡要求。以制造业领域的关税、配额、许可证为代表的数量限制继续作为产业发展的保护伞不仅起不到保护作用，而且还可能阻碍产业的发展。[②] 中国的产业政策需要剔除这些数量限制措施。[③] 可能的改进路径包括：一是由针对特定企业、产品和技术的纵向选择性产业政策转向重点扶持中小企业、产品和技术中性的横向功能性产业政策。二是由以面向物质产品生产环节的离散式"点政策"为主的体系，向以面向全寿命周期的、产业链各环节的集成化平台化为主的"面政策"转变。三是由以面向企业研发活动为主的技术创新政策，向产学研用结合、商业模式创新、管理创新、集群创新、人才机制创新等深度融合的多元创新政策体系转变。四是由以侧重培育和扶持新兴产业发展壮大的"做大增量式"政策，向兼顾传统产业转型升级的"做优做强存量式"政策转变。五是由以政策制定实施为主要内容的单向开环式政策体系，向制定、实施、评估和反馈调整相统一的双向闭环式政策体系转变。

第三，区分不同类型的产业政策，并辅之以不同的保障措施。产业政策理论有所发展，现代产业政策体系的基本内涵也有更新。早期的产业政策理论往往针对政府的不同职能，将产业政策划分为贸易、投资、科学技术政策等。20 世纪末，产业政策体系流行的划分方法是，根据其作用范围划分为水平性产业政策与选择性产业政策。拉尔根据亚洲高经济增长国家产业政策的成功经验，把原有的二分法改为三分法，即在水平性产业政策

---

① 韩小威：《WTO 规则约束下合理发挥中国产业政策效应的对策》，《经济纵横》2006 年第 3 期。

② 韩小威：《WTO 规则约束下合理发挥中国产业政策效应的对策》，《经济纵横》2006 年第 3 期。

③ 石耀东：《关于构建〈中国制造 2025〉产业政策体系的顶层思考》，http://www.sohu.com/a/227078897_391739，最后访问日期：2018 年 12 月 19 日。

和选择性产业政策之外增加功能性产业政策。[①]

这种新划分标准更加突出了产业政策提升一国国际竞争力的功能，亦得到广泛认可。功能性产业政策被用于提升市场竞争力，通过采取新的竞争政策，提高激励系统的透明度，从而达到宏观经济稳定的目标。它建立在市场缺陷的理论基础上，通过提供人力资源培训和研发补贴提高特定产业部门的国际竞争力，通常没有特定的产业指向。水平性产业政策指跨部门的政策，例如用于促进研发投资或培训的一般性刺激政策，包括：通过研发补贴提升企业的技术能力；与世界领先的制造业接轨；对企业进行补贴以获得集体效率；采用新的工作方法；鼓励企业培训计划。每项水平性政策都包含旨在弥补私人部门投资的财政补助。选择性产业政策指通过提供奖励和补贴，提升特定部门或特定企业优势的政策，主动扶持战略产业和新兴产业，缩短产业结构的演进过程，以实现经济赶超目标。与功能性产业政策注重市场在资源配置中的基础性作用不同，选择性产业政策更加强调政府在资源配置中的作用。[②]

二、改善知识产权保护

《301 调查报告》称，中国政府通过两方面的措施"强迫"美国公司进行技术转让：一是限制"外资所有权"；二是通过行政许可、审批程序强迫在华美国公司转让技术。外资所有权限制是指根据《外商投资产业指导目录》以及相关的法律法规，外国公司想要投资某些特定领域，需要与中国公司合作，并要求中方必须是控股股东或持有大部分股份。报告中列举了外国投资可能需要获得的行政许可和审批，包括商务部与地方政府商务部门的投资审批、国务院及国家发改委与地方政府发改委的项目审批、商务部的国家安全审批、商务部的反垄断审批以及地方政府与场地使用相关的审批等。

《301 调查报告》指责中国政府审批规定模糊、流程不透明，行政部门具有高度自由裁量权，强制要求美国企业披露敏感的技术信息，并以此实

---

① 姜达洋：《国外产业政策研究的新进展》，《天津商业大学学报》2009 年第 5 期。
② 姜达洋：《国外产业政策研究的新进展》，《天津商业大学学报》2009 年第 5 期。

现技术转让。报告特别强调，中国政府的官员通常以口头或非正式"行政指导意见"的方式提出要求，而非通过正式法规的形式。301 报告声称的"歧视性技术许可限制"为，中国对进口技术许可和转让的合同条款规定了限制性的强制规定，并与国内企业间规则不同，造成了歧视性的限制。这些歧视性的强制性条款主要规定在《技术进出口管理条例》和《中外合资经营企业法实施条例》中，导致在中国开展业务的外国实体（包括美国实体）与中国实体相比处于劣势地位。主要体现在三个方面：一是规定了发生侵权纠纷时技术转让方的强制性赔偿责任；二是规定进口技术改进成果属于改进方，且转让方不得在合同中对受让人改进技术或使用改进技术进行限制；三是规定合同到期后技术引进方有权继续使用相关技术。

侵权损害赔偿指国内受让方在技术实施中涉嫌侵犯他人合法权益而承担赔偿责任，《合同法》规定可由技术受让方和转让方约定责任的承担方，而《技术进出口管理条例》则规定必须由技术转让方（主要是外国公司）承担责任。报告认为这剥夺了美国公司就责任承担进行谈判的权利，相对于中国的技术转让方存在劣势。

关于改进技术的成果，报告认为，中国通过《技术进出口管理条例》第 27 条使改进技术的成果属于中国受让人，而非当事双方通过协商约定所有权的归属。同时，该条例第 29 条规定技术进口合同不得限制受让人改进转让方提供的技术或者限制受让人使用改进技术，导致外国转让方无法限制中国受让人对技术进行改进，并在市场上使用此类改进成果，损害美国公司从改进成果中获益的权利。

关于合同到期后继续使用技术，报告指出，《中外合资经营企业法实施条例》第 43 条 3 款规定：合资企业的技术转让协议期限一般不超过 10 年。在协议结束后，该条 4 款规定："技术引进方有权继续使用该技术。"这意味着"在技术合同到期后，中国受让人有权永久使用外国转让方的技术而不需要支付赔偿金或受其他条款的约束"。

经过持续的结构调整和产业升级，中国生产的高新技术产品已经成为出口美国的重要商品，竞争优势开始显现，美国为保住其知识产权优势和霸主地位，扭转对中国的巨额贸易逆差，频繁发起知识产权调查。这使中国政府认识到产业升级、质量立国的重要性。近年来，我国企业在应诉知识产权摩擦方面已经积累了很多经验，但整体败诉率较高。中国企业应该重视技术创新和研发，投资知识产权，成为知识产权权利人，更好促进企业的创新改革和产业升级。[①]

三、竞争中性原则

歧视性的产业政策在中国体制下容易产生较多负面影响：一是政府确定的产业发展和技术发展重点，不见得是符合市场需求结构变动趋势的，容易产生误导；二是即使鼓励导向正确，可能很快就改变市场格局，容易导致一哄而起、重复建设、过度竞争和产能过剩；三是政府确定产业和技术重点并据此分配激励性资源的做法，会导致寻租行为和腐败。减少歧视性（选择性）产业政策的制定，以功能性产业政策逐步取代前者的改革是值得推进的方向，即针对未来产业升级和提升竞争力的普遍性薄弱环节，在市场主体不愿意配置资源或难以形成合力解决的情况下，由政府发挥组织协调作用并投入资源进行扶持，在市场主体愿意配置资源去解决的领域，政府尽可能营造好的激励政策和环境，以便更好发挥竞争性政策的作用，鼓励市场公平竞争。[②]

事实上，中国政府的产业补贴政策并不有效。如果政府减少干预，允许国内私营企业与国有企业和外商投资企业在平等的基础上竞争，创新会加速。原则上，精心设计的产业政策可以纠正某些市场失灵，帮助各国实现更高的效率和更公平的社会结果，但世贸组织规定禁止区别对待国内和外资企业。如果《中国制造 2025》不考虑参与企业的国籍，只支持某些行业，就可以符合 WTO 规则。若中国出于担忧其他国家正在采取的遏制战略以阻碍其技术发展，在《中国制造 2025》下倾向于那些拥有更大影响力的公司，例如国有企业，其结果将是减少创新。中国结构性改革的核心是建立公平的竞争体系，关键是落实竞争中性原则的具体要求。

（一）税收中立

大多数国家的公共事业与私营企业的税收待遇相同或类似。而一些例

---

① 孙艳：《中美贸易知识产权摩擦及应对研究》，《经济研究》2018 年第 9 期。

② 徐林：《国际贸易规则下中国产业政策如何优化？》，http://www.sohu.com/a/231320144_499083，最后访问日期：2018 年 11 月 1 日。

外情况则适用于实施非商业目标的特定国有企业，例如公共服务部门（邮政部门）。这些企业可能免于缴纳所得税、增值税。另外，公共机构可以获得部分或完全减税（直接税或间接税，或者两者组合）的税收优惠。少数国家则认为国有企业因公司税率较高或无法从税收优惠中受益而处于劣势。在存在税收待遇差异的情况下，代替税收的补偿性支付并不常见，实际上只有两个国家曾为了弥补公共和私人商业税收待遇之间的差异进行了某种形式的税收中性调整。在欧盟（欧洲经济区），任何与欧盟国家援助规则不相符的税收优惠都要受制于欧共体的执法。

（二）监管中立

政府在按照竞争中性原则监管企业的同时，不能对不同所有制的企业进行歧视。在大多数国家，已经注册的政府企业受到与私营企业相同的监管待遇。如果适用豁免制度，则会在市场监管（例如涉及自然垄断）或法定的法律中进行规定。如果商业活动与政府相结合，则可能会出现关于适用或免除适用私营企业法规的一些争议。有时国有企业或者国家可能获得监管上的优惠政策，例如降低合规成本（免除或降低注册许可证的成本）；免除分区规定。而在其他情况下，公共企业可能会比私营公司受到更严格的监管要求，例如报告义务和履行公共服务的义务。

（三）债务中立和直接补贴

在针对我国的反补贴调查中，西方国家频繁将我国的国企、国有商业银行界定为"公共机构"，进而对下游企业出口的产品加征大量的反补贴税。中国的国企、国有商业银行是否"公共机构"，目前尚无定论，但是已成为困扰我国的大问题。作为国有企业的一种，我国国有商业银行在美国、加拿大、欧盟等国家对中国的反补贴调查中频繁被认定为"公共机构"，且在中美 DS379 案中被上诉机构判定为"公共机构"。我国的国有商业银行是指中国工商银行、中国建设银行、中国农业银行、中国银行、交通银行等，在整个金融业乃至国民经济的发展中占据重要地位。大量企业从国有商业银行获得贷款，若我国的国有商业银行被认定为公共机构，则其向企业发放的贷款很容易被认定为"财政资助"，在产品出口时很可能被采取反补贴调查和加征反补贴税，这将严重阻碍我国的产品出口和对外贸易。

　　竞争中立的实体内容或核心原则至今还没有在国际经济或贸易协定中形成一个对国有企业具有约束力的国际规则。《竞争中性——确保国营企业和私营企业间的公平贸易》是 OECD 有关竞争中性原则的集大成之作，其总结了竞争中性的 8 个政策目标，被称为"最佳实践"（best practices），在一定程度上起到了"软法"的作用：① 合理化国有企业的商业经营模式；② 识别直接成本；③ 合理确定国有企业从事商业活动的回报率；④ 合理考量国有企业的公共服务义务；⑤ 税收中立；⑥ 监管中立；⑦ 债务中立和补贴中立；⑧ 公共采购中立。[1] 因此，如果国企、国有商业银行在税收、贷款（主要针对国企）、监管、补贴等领域能获得不公平的竞争优势，且不能贯彻落实对企业进行公司化改造、区分企业公共服务职能和商业职能、实现企业必要的商业回报率等措施，即有违竞争中性的宗旨和目标，就很可能被判定为"公共机构"。相比美国和 DS379 案上诉机构确立的"公共机构"判断标准，这 8 个政策目标内容更加科学具体，更具普适性，更适合用来判断一个实体是否反补贴下的"公共机构"。

　　根据我国国有商业银行的现状，可以发现其背离竞争中性 8 个政策目标的表现有以下几个方面：

　　第一，商业化改革效果不彰，企业经营形式不规范。"合理化国有企业的商业经营模式"这一目标要求国有企业、国有商业银行与政府保持较疏远的关系，避免政府背景带来过度竞争优势，推进公司化、私有化改革，采取更为规范的经营模式。[2] 我国国有商业银行虽经历着如火如荼的商业化改革，但仍达不到该目标，主要表现在：首先，股权仍高度集中在国家手里。2018 年四大银行国家持股比例分别为 64.02%、82.04%、69.31%、57.11%。其次，"银行机关化，干部官僚化"，[3] 未建立市场化的法人治理结构。四大银行均建立了股东会、董事会、监事会、高级管理层的公司治理架构，但其职责很大程度上受国家、政府和党委的操纵。

　　第二，信息披露不全，欠缺透明度。"提高企业透明度"是"识别直接成本"的间接要求。当一个企业既参与商业活动，又参与非商业活动

---

　　① OECD. Competitive Neutrality—Maintaining a Level Playing Field Between Public and Private Business. 2012，pp. 29 – 80.

　　② 唐宜红、姚曦：《竞争中立：国际市场新规则》，《国际贸易》2013 年第 3 期。

　　③ 吴敬琏：《银行改革：当前中国金融改革的重中之重》，《世界经济文汇》2002 年第 4 期。

时，应确定一套成本分配机制，为确保非商业活动不会对商业活动进行交叉补贴，需进一步提高企业透明度和会计要求。目前，我国国有商业银行信息披露还存在若干问题。一方面，只有上市的国有商业银行按规例行上报年度报表。另一方面，上市国有商业银行在信息披露方面也存在不足：一是选择性披露严重。以工商银行为例，其近 3 年都对所获荣誉和奖项进行大肆披露，而对面临的风险、内部控制缺陷等则轻描淡写。① 二是披露形式主义现象严重。例如工商银行年度报告中的"监事会报告""内部审计报告"等存在不同年份披露内容类似的情况。② 三是部分会计信息披露的真实性较低。

第三，政府对国有商业银行的补贴偏离竞争中性。"补贴中立"要求政府在干预市场过程中须在补贴上保持中立，避免国有企业、国有商业银行从政府补贴中获取竞争优势。③ 中国政府采取多种措施对国有商业银行进行了直接或间接的补贴：一是财政注资，提高资本充足率；二是外汇储备注资，例如，政府动用 450 亿美元的外汇储备支持中国建设银行和中国银行上市；三是不良资产剥离；四是地方政府的额外补贴。④ 此外，下文中的税收倾斜、宽松的监管环境等都是变相的间接补贴行为。⑤ 鉴于国有商业银行在国民经济中的重要地位，适当的政府补贴可以提高整个社会的福利水平，但我国对国有商业银行的补贴原则性不强、随意性较大、缺乏全局意识，难以体现竞争中性，直接后果是加剧道德风险和扭曲市场竞争。

第四，政府对国有商业银行进行税收倾斜。"税收中立"目标要求对国企和私企施行平等的税收待遇，但相较一些民营金融机构和私营企业，国有商业银行能获得一定的税收优势。而被认定为"特殊重组"⑥ 的国有

① 王晓燕：《上市银行信息披露超载问题研究——以工商银行为例》，《财会通讯》2018 年第 26 期。

② 栾甫贵、田丽媛：《国有商业银行内部控制实质性漏洞披露问题研究》，《财会通讯》2015 年第 2 期。

③ 唐宜红、姚曦：《竞争中立：国际市场新规则》，《国际贸易》2013 年第 3 期。

④ 《"最赚钱"国企仍获政府补贴 银行靠补贴闷声发财》，http://money.163.com/14/1119/11/ABDKF9S500254TI5.html，最后访问日期：2018 年 10 月 28 日。

⑤ 樊富强：《澳大利亚关于国有企业竞争中立政策的实施与评析》，《对外经贸实务》2016 年第 10 期。

⑥ 2009 年财政部和国家税务总局发布了《关于企业重组业务企业所得税处理若干问题的通知》，将企业重组分为"普通重组"和"特殊重组"。

企业就可获得"超特殊"税务处理的优惠，中国银行、交通银行、工商银行等国有商业银行都曾享受过这一优待。[①]

第五，国有商业银行的监管环境更宽松。"监管中立"目标要求最大限度地保持国企的商业活动和私人企业享有同样的管制环境，不能不当地加强或放松对不同所有制企业的监管。但目前我国商业银行金融监管体制不健全，国有商业银行具有雄厚的国资背景，监管机构往往倾向于对其豁免监管，而非国有银行和其他私营企业却要花费成本去应付诸多的政府检查，[②] 这种不合理的对待易导致市场的不公平竞争，有违竞争中性。

第六，国有商业银行履行公共服务义务不透明、规范。"合理考量国有企业的公共服务义务"目标本身不禁止国有企业提供公共服务，而是要求政府对国企提供的公共服务应进行补偿，但补偿不能超过其提供公共服务时付出的成本。我国的国有商业银行承担着提供公共服务的职能，政府固然希望国有商业银行提高自身效益，但作为社会的管理者和改革的推动者，其更注重国有商业银行的效益以及是否能帮政府解决一些全局性的问题。[③] 我国缺乏对国有商业银行公共服务职能的监管机制，其提供公共服务时可能存在不规范、不透明的现象，国家给予的"补偿"也难以透明、公开。

国有企业主要以与私营企业相同的条件在金融市场进行融资。尽管融资市场广大，国有企业的优势仍显而易见。超过一半的受访者表示，由于隐性担保或政府支持，国有企业可获得更优惠的融资渠道。在国有企业获得不正当利益时，有时政府会实施债务中立的调整，包括竞争中立性调整的补偿性支付、根据基准利率调整贷款利率，和（或）政府所支持的贷款文件的免责声明。

为阻止中国企业寻求获得先进技术而展开对美直接投资，美国外资安全审查制度越发严格。FINSA 不仅对以往的习惯做了明文规定，还将投资审查范围扩大到一些明显针对中国企业的领域。在这种情况下，中国以资金为基础的海外并购战略必然受阻，并且代价越来越高。中国应该重新思

[①] 崔威：《国有企业重组的"超特殊"税务处理：法律背景及评议》，《中外法学》2010 年第 6 期。

[②] 卜令强：《竞争中立规则视野下的中国国有企业改革》，《法大研究生》2017 年第 2 期。

[③] 李健：《论国有银行的双重功能与不良资产的双重成因》，《财贸经济》2005 年第 1 期。

考"走出去"战略，企业"走出去"应该建立在商业考虑基础上，依靠商业手段实施，[①] 注重竞争中性原则。我国要真正实现国企的竞争中性，一方面应在电信、电力、铁路、能源等领域，采取明确行动，向民企和外企开放，允许各类企业获得公平的准入资格；另一方面应淡化国企的行政色彩，真正实现"政企分开"，推动国企管理层的"职业化、市场化"。[②] 按照透明度原则，中国应明确各级政府不得进行与《中国制造 2025》相关的特定企业补贴，确保"市场发挥决定性作用"，提高政策透明度，确保内外资企业的平等地位。同时可以请求 WTO 对《中国制造 2025》实施中的公平性进行监督。

四、WTO 框架下高新科技产业的发展空间

产业政策是中国宏观经济政策的重要组成部分，这是具有中国特色的宏观经济政策架构，但产业政策模式及其政策工具的选择、政策机制的设计，会受制于特定时期的内外部环境、体制制度基础和技术支撑。[③] 在高新技术迅速发展的时代，如何使产业政策更好地与市场相匹配、如何能适应时代的发展与选择便成为我们需要思考的问题。

首先，我国的云计算产业和新能源产业等都具备幼稚产业的特点。关于幼稚产业的规定，在 WTO 的法律框架中，幼稚产业是合理合法的保护对象。关贸总协定（以下简称为 GATT）第 18 条规定，发展中国家可为某一特定工业的建立提供需要的关税保护等保护措施。对于幼稚产业，GATT 的解释是：① 建立新的工业；② 现有的工业中建设一项新分支生产部门；③ 对现有工业的重大改造；④ 因战争或自然灾害而遭到破坏或重大损坏的工业重建。许多学者根据 WTO 法律文件的界定，将幼稚产业定义为新建、改建和重建的工业。对于这一性质的产业，中国可以在 WTO 规则的相关规定与保护下推动产业发展。[④]

---

　　① 余永定：《贸易冲突或成常态　中国如何应对？》，http：//www.sohu.com/a/241753117_729263，最后访问日期：2018 年 11 月 1 日。

　　② 刘胜军：《国企与民企关系之争一锤定音：竞争中性》，http：//finance.sina.com.cn/china/2018-10-16/doc-ifxeuwws4906080.shtml，最后访问日期：2018 年 10 月 17 日。

　　③ 徐林：《国际贸易规则下的产业政策转型》，《比较》2018 年第 3 期。

　　④ 关雪凌：《美国 301 调查与中国高新科技产业的发展》，《人民论坛》2018 年第 12 期。

其次，关于补贴问题。出口补贴和进口替代补贴是 WTO 的禁止性补贴。加入 WTO 以来，我国出口补贴已经基本被清理。目前，复杂且不易把握的是可能构成可诉性补贴的各种产业补贴政策。当前，我国扶持科技产业的政策应尽量避免构成可诉性补贴。WTO 允许各国使用一定的不可诉补贴，例如研发补贴。一般来说，我国对研发实施补贴的金额不应超过工业研究成本的 75% 或竞争前期开发活动费用的 50%，并且在成本开支的项目上也要注意符合 WTO 关于研发补贴运用的具体规定。[1]

最后，关于产学研合作体制。必须要承认，中国因为过度竞争导致产能过剩。在知识时代，高新技术产业的发展不仅靠劳动力或基础的生产要素，而且更需要创新和竞争力。我们发展到一个新的阶段，最好的补贴方式是支持上游的产学研的结合，而不是补贴下游。当下，美国的产业政策更多的是支持科研机构的基础研究，美国国家自然科学基金等对基础研究的支持力度非常大，同时也支持美国的大学与产业之间的结合。[2] 所以在避免其他国家指责中国补贴手段时，更加有效的做法是建立产学研合作的产业支持方式，用这种方式推动国内经济及产业的稳步发展，增强我国产业在国际社会的创新力及竞争力。

五、厘清企业行为与政府行为

德国"工业 4.0"项目同《中国制造 2025》最显著的区别之一就是，前者的主体是企业界，即使有政府的介入，也有明确的披露；而后者的主体是国家计划。让美国担忧的正是这种国家计划背后的制度安排。德国"工业 4.0"的技术和产业变革在监管上采用"二元结构"，由政府和标准化协会等一系列非政府组织组成，两者分工明确。德国政府的主要职责是：促进科研创新与企业社会责任体系的建立，保证行业可持续发展，不插手企业具体经营，提倡竞争的市场经济。"工业 4.0"基本上是德国工业界自发的行为。[3]

美德两国对未来制造业的规划，更多限于战略引领和研发环节，较少

---

[1] 关雪凌：《美国 301 调查与中国高新科技产业的发展》，《人民论坛》2018 年第 12 期。

[2] 张军：《产业政策到底是利大于弊还是弊大于利》，http://m.hexun.com/opinion/2018-11-10/195166412.html，最后访问日期：2018 年 12 月 2 日。

[3] 黄亚生：《同为国家战略，为何中国制造 2025 遭围攻，德国工业 4.0 却无恙？》，https://www.sohu.com/a/234159188_460421，最后访问日期：2018 年 12 月 18 日。

通过大规模国家财政投入直接支持相关产业和产品的产销。此外，美德制造业已基本走过自动化和信息化阶段，走到了智能化阶段。《中国制造2025》的提出比美国和德国等都略晚，国内制造业也处于参差不齐的状况，许多产业尚未完成基本的行业集中和信息化进程。[①]

《中国制造2025》则是一项国家计划。这项计划包含的范围更广，内容更复杂。其目标不仅是实现制造业的现代化，而且是提升中国在包括机器人、新材料等10个关键领域的全球地位。中国政府斥资3 000亿元对《中国制造2025》高科技企业实施补贴不是典型意义上的市场经济的模式，而是一个政府有所参与的市场运作。市场经济下的政府作用一般覆盖在基础研究、产权保护和宏观引导，与国家具体安排和操纵的模式是截然不同的。

从纯经济意义上说，美国不担心华为、中兴等中国私营企业的崛起，担心的是其背后的制度。不仅在美国，华为在欧洲、澳大利亚和印度也面临这个问题。中国企业现在已具备世界级企业的规模，但是它们的披露制度非常原始。市场经济法治的基本原则就是披露。由于美国社会不知道这些企业与政府的界限和关系，故对中国企业不透明的背景产生深刻担忧。中美的创新模式和制度基础相去甚远，这种制度差异也导致了中美两国在市场竞争中的巨大分歧。[②]

解决中美之间制度冲突的办法之一，就是中国要加速市场化的改革，在此过程中应更加明晰企业与政府之间关系，减少政府对国内企业的补贴与优惠政策，坚持竞争中性原则，鼓励企业公平竞争与发展，厘清政府行为与企业行为，打消外资企业来华投资、经营的担忧与疑虑，从而在外观上更加符合WTO的规则。

第五节　结　　语

尽管面对美国对华301报告的指责，实现技术创新，坚持《中国制造

---

①　钟伟：《〈中国制造2025〉不宜视为国家战略》，http://finance.sina.com.cn/zl/china/2018-06-05/zl-ihcqccin4917152.shtml? cre=zl&r=user&pos=5_5，最后访问日期：2018年12月19日。

②　黄亚生：《同为国家战略，为何〈中国制造2025〉遭围攻，德国工业4.0却无恙?》，https://www.sohu.com/a/234159188_460421，最后访问日期：2018年12月18日。

2025》，于我国而言还是必要的。与此同时，应在实施过程中调整不符合 WTO 规则的部分。对于产业政策而言，应防止政府过度干预，并将国内产业政策分类，依照不同功能和目标采取不同的实施措施。在大力进行自主创新的同时，中国应按照加入 WTO 时的承诺继续完善对知识产权的保护，树立产权意识与尊重知识产权保护。在税收、监管以及债务等方面坚持竞争中性的原则，减少政府的过度干预和歧视性措施，保证国有企业与民营企业、外资企业拥有公平的竞争环境。

中美的创新模式和制度基础相去甚远。美国侧重自下而上，基于对科研和大学的投入来推动国家的创新；中国是自上而下，通过国家政策主导和推进产业和科技的发展。近 40 年来，中国一直在动用财政资金自上而下地刺激创新，并表露出强烈的政策意志和公权力色彩，《中国制造 2025》更是突出了政府的主导地位。这种制度差异导致中美两国在经济发展、政府角色定位、市场竞争等方面的巨大差异。解决中美之间的制度和路线分歧的办法就是中国要加速市场化的改革和法治化的建设。

第五章

中国"技术转让政策"的
强制性及其法理分析

——从 2018 年美国对华《301 调查报告》切入

南北国家科技发展水平的严重不平衡使得技术转让政策的南北差异必然存在，从而导致知识产权争端。虽然中美之间某些领域技术水平对比的反转使中美技术转让政策立场发生某些调整，但总体而言，其仍然符合技术转让政策南北差异的一般规律。因此，中美技术转让政策争议乃至中美知识产权争端的发生是必然的；且在两国整体技术水平存在差距的现状下，对于争议的解决也只能是阶段性的，不可能一蹴而就。就当前阶段的中美知识产权争端而言，中国技术转让政策所具有的促进技术转让的附带效果不应当被认定为具有"强制性"。但是随着国家以及本国企业经济实力与创新能力的提升，以及发达国家对平等待遇的追求，中国技术转让政策背后蕴含的依赖外国技术转让以提升本国技术水平的理念应当会有所改变。

知识产权保护是国际贸易关系当中一个长期重要的议题，也是 2018 年上半年开始的中美贸易摩擦的重要议题之一。美国政府特别强调经济安全是国家安全，而技术是国家经济安全中重要且不可缺少的组成部分之一。[①]从 2017 年 8 月 18 日起，经过 7 个月的调查，美国贸易代表办公室（Office of the United States Trade Representative，USTR）、美国总统行政办公室

---

① 沈伟：《"修昔底德"逻辑和规则遏制与反遏制——中美贸易摩擦背后的深层次动因》，《人民论坛·学术前沿》2019 年第 1 期，第 42—61 页。

于 2018 年 3 月 22 日联合发布《根据〈1974 年贸易法〉第 301 条对中国关于技术转让、知识产权和创新的法规、政策和实践进行调查的结果的报告》（以下简称《301 调查报告》），[①] 指责中国强迫技术转让、实施限制性技术许可、以对外投资牟取技术以及入侵网络盗取商业秘密和知识产权。美国总统特朗普据此指示有关部门采取对中国进口商品征收关税、限制中国企业在美投资并购等措施，并通过世界贸易组织（WTO）争端解决程序就中国四项技术转让法律条款提出磋商请求（DS542）。[②]

2019 年 4 月 25 日，美国贸易代表办公室发布《特别 301 报告》，[③] 依然将中国列入"优先观察国"名单，并依据美国《1974 年贸易法》第 306 条持续观察。报告正文分为两部分：第一部分概述 USTR 在督促各国保护知识产权方面取得的进展；第二部分则针对 36 个"优先观察国"和"观察国"进行国别分析。中国一章作为第二部分的开篇被重点叙述，重点关注商业秘密、假冒产品、电子商务市场盗版等新议题。[④]

在美国 2017 年对中国发起 301 调查并于 2018 年发布《301 调查报告》后，我国法学界已经对该问题有了一些研究成果，出发点和所持意见各有不同。一种观点认为美国对中国技术转让政策违反国民待遇的主张能够部分成立；[⑤] 另一种观点认为中国技术转让政策并不具有强制性和歧视性，美国在《301 调查报告》中的主张不能够成立。[⑥]

鉴于中美知识产权争端的不断发展，本章主要讨论和分析技术转让政

[①] USTR. Findings of the Investigation into China's Acts, Policies, and Practices Related to Technology Transfer, Intellectual Property and Innovation Under Section 301 of the Trade Act of 1974, March 22, 2018, https://ustr.gov/sites/default/files/Section%20301%20FINAL. PDF, 最后访问日期：2019 年 2 月 28 日。

[②] China-Certain Measures Concerning the Protection of Intellectual Property Rights (DS542), https://www.wto.org/english/tratop_e/dispu_e/cases_e/ds542_e.htm, 最后访问日期：2019 年 3 月 5 日。

[③] See USTR, 2019 Special 301 Report, April 25, 2019, https://ustr.gov/sites/default/files/2019_Special_301_Report.pdf, 最后访问日期：2019 年 3 月 8 日。

[④] 大成反垄断团队：《美国发布〈2019 特别 301 报告〉，密切关注中国知产领域反垄断执法》，https://mp.weixin.qq.com/s/nCcediG1PDIXaVRMR1kmOQ，最后访问日期：2019 年 5 月 6 日。

[⑤] 易继明：《构建集中统一的知识产权行政管理体制》，《清华法学》2015 年第 6 期，第 137—155 页；张乃根：《试析美欧诉中国技术转让案》，《法治研究》2019 年第 1 期，第 128—140 页。

[⑥] 彭德雷：《中美技术转让争端的国际法解决路径》，《环球法律评论》2018 年第 6 期，第 176—188 页；马忠法、彭亚媛、谢迪扬：《中国"强制技术转让"的法律辨析》，《国际经济合作》2018 年第 12 期，第 86—91 页。

策南北差异的必然性，以及由技术发达国家主导知识产权争端阶段性发展的特征，并在论述过程中就美国指控中国"强制性技术转让"（forced technology transfer）等相关议题加以法理分析。

第一节 技术转让政策的南北差异

在全球知识经济时代，各国政府为促进本国技术进步，保护本国技术和科技地位，都会结合本国技术、经济、社会等诸多方面的因素建立技术进出口准则，即"技术转让政策"。[①] 技术转让政策的宗旨既可能包含针对国际技术转让活动、为促进外国投资者技术转让而制定的"技术转让要求"、为保护本国技术受让人利益而实施的"技术许可要求"的内容，也可能包含限制本国技术对外转让、保护本国技术优势地位的政策措施等。

由于能够对技术转让活动产生影响的来源是多样的，因此技术转让政策的载体也是多样的。这些载体可以被分为两大类：一是由立法机关制定的、具有强行性的国际技术转让相关法律法规，例如专利法、合同法，以及专门的技术转让管制法规等。这些法律法规构成了一国有关国际技术转让的基础性法律规范，即有关专利、专有技术、商标等知识产权的确权、保护和转让等方面的基本内容，成为技术转让的前提或重要组成部分。二是直接或间接对技术转让活动产生作用的政府政策，例如直接发生作用的技术发展政策和间接发生作用的投资政策、环保政策等。

一、南北国家技术转让政策差异的必然性

从历史维度来讲，技术转让政策的南北差异是必然存在的。造成这一现象的根本原因在于南北国家之间科学技术发展水平的严重不平衡。知识产权制度与一国的经济发展水平和创新研发能力密切相关，知识产权的法

[①] 韩静雅：《技术转让要求规制新趋势下的中国因应》，《广东社会科学》2017 年第 3 期，第 221—229 页。

律保护标准是一国科技水平的体现，也是科技发展对知识产权保护需求的体现。如果一国的生产、科研主要靠利用其他国家技术，那么高标准的知识产权保护和赔偿责任会增加企业的交易成本，伤害本国企业的发展。当政府逐步提高侵权成本、鼓励知识产权保护、实施知识产权强国战略时，即使该国在科技创新领域没有达到引领世界科技前沿的水平，至少显示出该国家的科技创新已经接近或达到了需要知识产权保护的水平。

因此，知识产权制度一定程度上可以看作是国家对本国科研创新水平保护需求的评价指标。科技发展水平的差异决定了南北国家技术保护需求、保护水平和技术保护方式的不同，从而导致南北国家技术转让政策和知识产权保护制度的差异。作为南北国家技术转让政策差异源头的科技水平差异并非一朝一夕能够弥补。北方国家出于维护本国技术竞争优势的考虑，不会乐见南方国家技术进步，甚至知识产权争端本身就是以美国为首的发达国家维护本国技术优势及经济利益、遏制中国等发展中国家技术进步的工具之一，因此南北技术转让政策差异具有必然性。

（一）北方国家技术转让政策特征

北方国家致力于确保本国技术优势，尤其是其技术优势转化为经济利益的可能性，因而力主对知识产权进行高水平的保护，并通过针对性的政策限制本国技术的对外转让，有意拉开或保持与发展中国家的技术差距。从法经济学的角度分析，运用知识产权创造的价值，即许可使用费在很大程度上依赖于一国的知识产权保护标准。为持续获得本国领先技术带来的许可费，以及维护本国国家安全利益，美国、欧盟、日本等均通过国内法对高新技术出口进行严格的控制，[①] 其重点在于控制高尖精技术或敏感技术及其相关产品的出口，控制具有重大经济意义尤其是军事价值的先进技术外流，以保证本国对先进技术的垄断地位及其带来的经济和军事上的优势。

美国政府提出其通过控制敏感设备、软件和技术的出口，可以为国家安全提供保障、促进地区稳定，防止大规模杀伤性武器向国际恐怖主义支

[①] 马忠法：《国际技术转让合同实务研究：法律制度和关键条款》，法律出版社 2016 年版，第 41 页。

持者扩散，加强相关领域技术转让的管制，[①] 以及遵守国际承诺。[②] 其在"9.11"事件后的首个《国家安全战略》中提到"技术"对国家安全的重要性。[③] 由国会颁布并经总统签署的《出口管理法》（The Export Administration Act，EAA）、[④]《武器出口管制法》（The Arms Export Control Act，AECA）等构成了美国出口管制制度的法律基础，授权总统以维护国家经济利益、安全利益和推动国家对外政策为理由，对美国的商品和技术数据（technical data）出口享有巨大管制权。管制手段主要包括出口《美国商业管制清单》（又称"禁运清单"）（The Commerce Control List，CCL）、[⑤] 国别归类制度（Country groups）、[⑥] 许可证制度以及设立不同层次的出口管理机构及制订相应的出口计划审批程序。[⑦] 其中，航空器、战舰、导弹、枪支等用于军事或防务目的的装备、专用物资、技术的出口管制由美国国务院负责，其颁布了《武器国际运输条例》（International Traffic in Arms Regulations，ITAR）规定具体操作规范，其中《美国防务目录》（United States Munitions List，USML）规定了具体受管制的产品类别。[⑧] 商业部的工业和安全局（Bureau of Industry and Security，BIS）制定《出口管理条例》（Export Administration Regulations，EAR）以管制商业和军事"双用途

[①] Overview of U. S. Export Control System，https：//www. state. gov/strategictrade/overview/，最后访问日期：2019 年 3 月 28 日。

[②] Nonproliferation regimes and UN Security Council sanctions and UNSC resolution 1540，Overview of U.S. Export Control System，https：//www.state.gov/strategictrade/overview，最后访问日期：2019 年 3 月 28 日。

[③] The National Security Strategy of the United States of America，2002，https：//www.state.gov/documents/organization/63562.pdf，最后访问日期：2019 年 3 月 28 日。

[④] 《出口管理法》已经失效，但其中关于商业出口管制的基本制度得以保留。参见方建伟、乔亦眉："美国出口管制制度与企业合规建设"，http：//www.zhonglun.com/content/2017/03-16/1109532901.html，最后访问日期：2019 年 3 月 28 日。

[⑤] BIS 通过 CCL 对出口产品进行分类管制，主要包含十大行业：① 核及核相关；② 材料、化学、微生物及毒素；③ 材料加工；④ 电子；⑤ 计算机；⑥ 通信；⑦ 传感器与激光；⑧ 导航与航空电子设备；⑨ 潜艇；⑩ 航空航天与推进产品。这十大行业的产品和技术又细分为五类：Ⓐ 系统、装备和组件；Ⓑ 测试、检测及生产设备；Ⓒ 料；Ⓓ 软件；Ⓔ 科技。其中，BIS 对中国的禁运清单包含有超过 200 个商品项目。See https：//www. bis. doc.gov/index. php/regulations/commerce-control-list-ccl，最后访问日期：2019 年 3 月 28 日。

[⑥] BIS 通过"国家清单"（Commerce Country Chart）与"实体清单"（Entity List）对特定对象进行出口限制，针对不同的国家采取不同的禁运产品及许可标准，并针对特定的国家、社团组织、公司或个人签发限制令。

[⑦] 郭寿康：《国际技术转让》，法律出版社 1989 年版，第 144 页。

[⑧] See International Traffic in Arms Regulations：U.S. Munitions List Categories I，II，and III，https：//www. federalregister. gov/documents/2018/05/24/2018-10366/international-traffic-in-arms-regulations-us-munitions-list-categories-i-ii-and-iii，最后访问日期：2019 年 3 月 28 日。

技术",主要包括核、生化、电子设备等敏感物项和技术的出口和转口。[①] 2018 年美国制裁中兴事件中,BIS 就是根据 EAR 签发了出口限制令。在国别归类制度当中,美国也对中国予以特别关注,BIS 对中国部分大学(例如北京航空航天大学)签发了出口限制令;[②] 2015 年对中国 4 个超级计算机中心禁运所有超算相关产品。[③] 2018 年 8 月 1 日,BIS 又将中国 8 个实体和 36 个附属机构加入 EAR 的实体清单,原因是这 44 家企业不利于美国国家安全或不符合美国外交政策利益。[④]

欧盟、日本等在控制技术出口方面采取与美国相同的态度,例如日本于 1981 年出台了《关于修改外汇管制与外贸管制的法律》,规定企业向外国转让专利或专有技术,特别是具有重要战略意义的尖端技术时必须经大藏省或通产省批准。

(二)南方国家技术转让政策特征

南方国家经济发展水平、科学技术水平以及创新研发能力均较为落后,知识产权保护需求和保护水平较低,因此知识产权制度也较为落后。南方国家为了降低知识产权的使用成本、增加本国技术发展空间、扩大科技后发优势,而倾向于维持本国知识产权制度的"欠保护"水平。对于北方国家的知识产权保护标准,南方国家往往是被迫接受,甚至是持抗拒态度的。

在国际技术转让领域,南方国家意图通过种种倾向性的技术转让政策,吸引和鼓励技术进口,提升本国技术发展水平,重视技术引进政策的设计;而作为技术主要输出国的发达国家则对技术出口行为加强管理,格外重视对本国核心技术的出口行为的管理。这种发达国家对本国技术出口的国家安全管制与发展中国家的技术引进需求形成了对立。基于不同发展

[①] 徐红菊:《国际技术转让法学》,知识产权出版社 2012 年版,第 199 页。

[②] 参见方建伟、乔亦眉:《美国出口管制制度与企业合规建设》,http://www.zhonglun.com/content/2017/03-16/1109532901.html,最后访问时间:2019 年 3 月 28 日。

[③] 包括国防科大超算中心、长沙超算中心、天津超算中心及广州超算中心。参见方建伟、乔亦眉:《美国出口管制制度与企业合规建设》,http://www.zhonglun.com/content/2017/03-16/1109532901.html,最后访问时间:2019 年 3 月 28 日。

[④] Sandler, Travis & Rosenberg Trade Report, Exports of EAR-Regulated Goods to Chinese Entities Restricted, Aug. 1, 2018, https://www.strtrade.com/news-publications-entity-list-BIS-export-EAR-goods-080118.html. 最后访问日期:2019 年 3 月 28 日。

理念的技术转让政策之间势必会发生冲突。

　　在实施有利于促进技术转让的政策的同时，南方国家出于保护本国弱势企业议价谈判权的考量，也会对技术转让活动作出某些规制，尤其是大型跨国公司具有技术优势，十分容易借技术优势实施垄断行为，操控、扭曲或限制国际贸易。为对抗跨国公司的此类限制性商业惯例，发展中国家包括中国必须为本国弱势企业的议价谈判权提供一定的外部支持，例如制定法规以防止本国弱势企业受欺骗或胁迫而接受不合理条款。此类政策是南方国家技术转让政策与北方国家技术转让政策的又一差异，不可避免地会对发达国家投资者利益产生不利影响，导致发达国家投资者乃至政府的不满，成为知识产权争端发生的重要原因之一。

二、技术发达国家主导知识产权争端阶段性发展

　　南北国家在技术转让政策方面的差别难以调和，势必导致南北国家之间产生知识产权保护制度方面的争端。从历史发展的角度考察，技术转让政策的南北差异具有必然性，知识产权争端的发生也具有必然性、持续性和长期性。然而，知识产权争端的具体议题并非一成不变。随着国际经济形势的变化和各国科技的发展，南北国家的利益和政策冲突的重点也会发生改变，北方国家对南方国家的知识产权制度，包括技术转让政策的不满与要求也在不断更新。因此，往往由发达国家主导知识产权争端议题的走向，发展中国家不断被动回应，总体呈现阶段性发展的规律。

　　典型例证即在中美之间知识产权争端的发展进程中，基本由美国掌握主导话语权，不断转移、更新具体争议议题，而中国只能就美国的要求做出被动性、回应型的应对。在中美建交初期，中美知识产权互动客观上迫使中国的知识产权制度建设和执法改进。[①] 在当前中美贸易摩擦中，美国政府又通过 2018 年《301 调查报告》指责中国的"强制技术转让"政策、歧视性技术转让规则、网络盗窃技术、中国制造 2025 计划、产业政策等新

---

　　① 易继明、李春晖：《美对华启动 301 调查与我国的应对措施》，《西北大学学报（哲学社会科学版）》2018 年第 1 期，第 65—81 页。

问题，[①]与以前的知识产权争议不尽相同。中国对美国的要求或关切做出应对后，美国又在 2019 年发布的《特别 301 报告》中将关注的重点转向了假冒商品和电商售假问题、中国《著作权法》修订、"安全可控"政策等新议题，对中国的知识产权制度提出新要求。[②]

南北国家之间的知识产权争端基本遵循上述规律。由于美国的经济实力与科技水平总体而言仍然领先中国——2019 年 4 月全球市值前十大公司中的 8 家都是美国公司，美国科技企业更是包揽前五，[③]因此在未来相当长一段时期，美国仍将主导中美知识产权争端议题的走向。

三、中美技术转让政策差异的特殊性

作为南北方的代表国家之一，中美间的技术转让政策差异一直以来同样符合技术转让政策南北差异论的一般规律。然而，近年来中国在某些科技领域的领先发展为这一差异规律添加了一定的特殊性。在 5G 网络技术、金融科技以及某些独角兽产业等领域，中美之间的科技实力对比发生反转，在技术转让政策方面的立场也随之调整。此时中国更能够占主导地位，美国反而以国家安全为由"闭关锁国"，设置市场壁垒并采取各种手

---

①　《301 调查报告》有六个部分的内容，除第一部分"概述"之外，第二—第五部分分别论述了一项对中国技术转让政策或实践的指责。其中，报告第二部分"中国对在华美国公司实施不公平的技术转让制度"中指责中国的"强制技术转让要求"，即政府采取外资所有权限制以及各种行政审批程序和许可要求以迫使美国公司进行技术转让，或通过政策目标向产业领域施加压力从而导致中国企业向外国投资者提出技术转让的要求。第三部分"中国的歧视性许可限制"指责中国的"歧视性技术许可限制"，即中国《技术进出口管理条例》和《合资企业法实施条例》的一些技术转让规则具有歧视性，受到了中国政府的干预和扭曲。See USTR. Findings of the Investigation into China's Acts, Policies, and Practices Related to Technology Transfer, Intellectual Property and Innovation under Section 301 of the Trade Act of 1974, March 22, 2018.

②　2019 年《特别 301 报告》第二部分将中国一章作为开篇，共分十节叙述。其中，第八节继续关切中国在技术转让、知识产权和创新方面的相关行为、政策和做法。除此之外，第一、二节主要简述中国知识产权保护的问题与发展，第三—五节依次探讨对商业秘密保护、假冒商品和电商售假问题的规制，第六节指出中国应当通过健全的专利和相关政策促进创新，第七、九、十节分别就中国《著作权法》修订、技术转让与知识产权创新、"安全可控"政策以及包含地理标志保护、正版软件使用在内的其他议题表达看法。See USTR, 2019 Special 301 Report, April 25, 2019, https://ustr.gov/sites/default/files/2019_Special_301_Report.pdf. 最后访问日期：2019 年 3 月 28 日；大成反垄断团队：《美国发布〈2019 特别 301 报告〉，密切关注中国知产领域反垄断执法》，https://mp.weixin.qq.com/s/nCcediG1PDIXaVRMR1kmOQ，最后访问日期：2019 年 5 月 6 日。

③　《中美经济数据大对比，结论令人大跌眼镜》，https://mp.weixin.qq.com/s/FrV-m3pxpp8ep7wnjT47jg，最后访问日期：2019 年 5 月 7 日。

段压制中国相关技术的发展。

美国近来在 5G 网络技术领域的一系列政策清晰地体现了其立场及政策。随着 5G 商用不断加速，美国产生了争夺 5G 领先地位的焦虑感和紧迫感。无线网络技术先行国家将能够制定标准和规范，获得先发优势，产生巨大的商业价值、市场竞争和安全影响。其他国家则将不得不采用领先国家的标准、技术和架构，从而丧失新一代无线技术的开发能力和技术潜力。由于中国在 5G 技术领域的领先地位，曾经由美国主导的 4G 无线生态系统将被打破，不仅将影响美国相关的工业产业，甚至可能危及美国的通信安全，美国商业部对于无线技术的部署工作和国防部的运作环境也将改变。在这一背景下，对内，特朗普签署《关于制定美国未来可持续频谱战略的总统备忘录》，开始强调政府对 5G 技术发展的领导；[①] 对外，美国对 5G 支持设备和装置大型制造商和销售商——中兴和华为进行制裁，设置市场壁垒。美国商务部于 2019 年 5 月 15 日在官方网站上发布信息，工业和安全局把华为公司加入实体清单。这将阻止外国实体以可能破坏美国国家安全或外交政策利益的方式使用美国技术。该行政当局自成立以来，根据 1962 年《贸易法》第 232 条针对进口对国家安全的影响进行了五次调查。此类措施比中国的相关国家安全措施有过之而无不及，还有美国学者提出美国国防部应倡导积极保护美国技术知识产权以减缓中国电信生态系统的扩张，利用出口管制来减缓西方供应商的市场损失率，以及继续鼓励伙伴国家保护自己的供应链，拒绝接触销售 5G 产品的中国国有企业（SOEs）。[②]

中美之间在 5G 领域立场和态度的变化反面论证了技术水平对技术转让政策甚至是知识产权制度的深刻影响。然而，中国的技术发展水平仅在少数几个领域领先美国。总体而言，中美之间的技术转让政策对立仍然符合南北差异的一般规律。只要南北国家之间的技术水平差异依然存在，两者的技术转让政策乃至知识产权制度侧重点的差异就会存在，知识产权争

---

① Whitehouse. Presidential Memorandum on Developing a Sustainable Spectrum Strategy for America's Future, October 25, 2018, https：//www. whitehouse. gov/presidential-actions/presidential-memorandum-developing-sustainable-spectrum-strategy-americas-future.

② See Milo Medin and Gilman Louie. The 5G Ecosystem：Risks & Opportunities for DoD, Defense Innovation Board, April 3, 2019, https：//media. defense. gov/2019/Apr/03/2002109302/-1/-1/0/DIB _ 5G _ STUDY _ 04.03.19.PDF.

端就会呈现阶段性发展规律。

第二节 中美"强制技术转让"争议

知识产权保护是当前中美贸易争端的重要议题之一，中美之间正处于最新阶段的知识产权争端当中。如前所述，从 2018 年《301 调查报告》到 2019 年《特别 301 报告》，当前中美知识产权争端正在美国的主导下阶段性地发展。"强制技术转让"是美国在 2018 年《301 调查报告》阶段对中国的一项主要指责。

一、美国对"强制技术转让"指责

《301 调查报告》声称中国政府主要通过两方面措施"强迫"对中国投资的美国企业转让技术：一是针对"外资所有权"进行限制；二是通过行政审批程序以及行政许可向美国企业施加技术转让压力。

首先，《301 调查报告》指责中国通过对外资所有权的限制强迫外资企业进行技术转让。外资所有权限制主要包括两个方面的内容：合资要求和外资股权比例限制。根据《外商投资产业指导目录》以及相关的法律法规，美国企业在某些特定产业进行的投资必须与中国公司合作，且在其中的某些行业被要求将投资比例限制在特定水平，或中方必须是控股股东。《301 调查报告》称，由于中国企业必须参与合资企业的组建或在限制外商投资产业中控股，因此中国企业处于更强势的地位。尤其在中方合作伙伴是国有或国营企业的情况下，外国投资者在谈判中的杠杆作用有限。由于这种谈判力量的不平衡，外国投资者面临着要么将技术转让给在中国设立的新合资企业，要么将世界上增长最快的市场让给其他竞争对手的困境。因此，外国投资者有理由将中方合资者在商务谈判中提出的技术转让要求解释为达成交易的必要条件。正是外资所有权限制设置了事实上的技术转让要求。①

---

① USTR. Findings of the investigation into China's Acts, Policies, and Practices Related to Technology Transfer, Intellectual Property and Innovation under Section 301 of the Trade Act of 1974, March 22, 2018.

其次，《301调查报告》认为中国利用行政审查和许可程序强制外国投资者披露敏感技术信息，从而实现强制技术转让目标。[①]《301调查报告》指出，中国的行政审批程序规定模糊、流程不透明，行政部门和政府官员具有高度的自由裁量权，其以歧视外国投资者的方式适用措辞含糊或未公布的规则、要求，强加超出书面法律要求的特定交易条件，要求外国投资者转让技术以换取在中国经营所需的许可证。另外，一些行政审批要求披露敏感或关键技术信息或商业信息，在专家组审查过程中，上述信息存在被泄露的危险，并且没有确保信息不被滥用的保障措施。[②]

《301调查报告》也承认，自2001年加入WTO以后，中国承诺不再将技术转让作为批准投资或进口的条件，但其认为从那时起，中国的技术转让政策和实践变得更为隐蔽，不再书面提出技术转让要求，往往以口头指示和非正式"行政指导"的方式进行。

在2019年《特别301报告》阶段，美国承认中国在知识产权机构改革和法律修订方面存在进展，但并未根本改变中国知识产权格局，其认为国家经济发展的阶段不能作为中国知识产权制度缺陷的借口，中国提出的对法律和监管措施的修订未能采纳美国的改革建议，政府官员高调的支持知识产权和创新的言论无法替代真正解决中国知识产权制度的结构性变革。[③]

二、中国"技术转让要求"辨析

回应美国的"强制技术转让"指责，首先应当明确美国所谓"强制技术转让要求"所指为何。我国目前关于国际技术转让的法规较为凌乱，除专门的技术转让管制法规，例如《技术进出口管理条例》外，还散见于知识产权法、对外贸易法、外商投资企业法以及民法、民事诉讼法和仲裁法

---

① 刘晓春、付扬：《详解美国301调查报告中的知识产权问题》，《中国对外贸易》2018年第5期。

② USTR. Findings of the investigation into China's Acts, Policies, and Practices Related to Technology Transfer, Intellectual Property and Innovation under Section 301 of the Trade Act of 1974, March 22, 2018.

③ USTR. 2019 Special 301 Report, April 25, 2019, https://ustr.gov/sites/default/files/2019_Special_301_Report.pdf；大成反垄断团队：《美国发布〈2019特别301报告〉，密切关注中国知产领域反垄断执法》，https://mp.weixin.qq.com/s/nCcediG1PDIXaVRMR1kmOQ，最后访问日期：2019年5月6日。

中的涉外部分（见表5-1）。然而综观国际技术转让相关条文，并不存在任何强制外国投资者转让技术的规定。在改革开放初期，中国曾为引进先进技术管理经验，而通过立法的方式在"三资企业法"中鼓励外方以先进技术出资。但由于中国技术转让的强制性规定频繁受到他国指责，因此在加入WTO之初，中国便已依据WTO规则和中国加入WTO的承诺对涉外经济法律法规进行了全面的清理和修订，删除了涉及技术转让等方面的强制性要求。[1] 中国反复强调坚决不允许强制转让技术，并在保护知识产权的问题上对内外资企业一视同仁。[2]

表5-1　中国国际技术转让相关法律法规

法规类型	法 规 名 称	涉 及 内 容
国际技术转让及合同专门规则	《技术进出口管理条例》	实体和程序上对技术进出口合同的范围、审查、登记、合同管理以及具体的审批登记程序和审查标准等进行规定
	《技术进出口合同登记管理办法》	
	《禁止进口限制进口技术管理办法》	
	《禁止出口限制出口技术管理办法》	
	《合同法》（技术合同章）	涉外技术合同之成立要件、合同条款、合同履行与法律适用等
	《反不正当竞争法》	商业秘密保护、限制性商业行为
知识产权基础性法律	《专利法》及《专利法实施细则》	商标、[3] 专利、计算机软件等知识产权的转让、许可相关规定[4]

---

① 《陈德铭就所谓"强制性技术转让"等问题接受采访》，http://www.gov.cn/gzdt/2012-02/09/content_2062548.htm，最后访问日期：2019年3月1日。

② 李克强：《进一步加大知识产权保护力度　决不允许强制转让技术》，http://ip.people.com.cn/n1/2018/1108/c179663-30388278.html，最后访问日期：2019年3月1日；李克强：《中国将采取更严格的知识产权保护制度》，http://www.gov.cn/guowuyuan/2018-08/29/content_5317372.htm，最后访问日期：2019年3月1日。

③ "商标往往与专利以及专有技术一起成为使用许可合同的内容，从而与国际技术转让具有不同程度的关系。"参见郭寿康：《国际技术转让》，法律出版社1989年版，第13页。

④ 我国立法上的技术之"转让"是狭义的，仅指技术所有权的转移，与"许可"，即技术使用权的转移相分离。

续　表

法规类型	法规名称	涉及内容
知识产权基础性法律	《商标法》及《商标法实施条例》	商标、专利、计算机软件等知识产权的转让、许可相关规定
	《著作权法》及《著作权法实施条例》	
	《计算机软件保护条例》	
	《知识产权海关保护条例》	
涉外贸易及投资基础性法律	《对外贸易法》	确立技术进出口基本原则；限制、禁止进出口技术、互惠待遇等
	《中外合资经营企业法》	企业设立条件、出资方式、引进技术等技术转让相关规定
	《中外合资经营企业法实施条例》	
	《中外合作经营企业法》	
	《中外合作经营企业法实施细则》	
	《外资企业法》	
	《外资企业法实施细则》	
法律适用及争议解决规则	《民法通则》	涉外民事法律关系法律适用、涉外民事诉讼的特别程序
	《民事诉讼法》	
	《仲裁法》	
已失效规则	《涉外经济合同法》（1999 年失效）；《改进技术进步工作的若干暂行规定》（2001 年失效）；《技术引进合同管理条例》（2002 年失效）；《技术引进合同管理条例施行细则》（2002 年失效）[①]	

　　《301 调查报告》指责的所谓"隐蔽"的"技术转让要求"实际是指外资准入或经营阶段对技术转让产生促进影响的相关政策或行政程序等所

---

　　① 郭寿康：《国际技术转让》，法律出版社 1989 年版，第 13—14 页。

带来的附加影响。相关国家政策诸如：① 外资准入政策，例如《外商投资产业指导目录》；② 技术发展政策，例如《中共中央、国务院关于加强技术创新发展高科技实现产业化的决定》，此后财政部、国家税务总局、教育部、环境保护总局、建设部、工业和信息化部先后印发相关决定或通知；③ 投资政策，例如《国务院关于鼓励外商投资的规定》《关于加强和利用外资工作的指示》等；④ 产业政策，例如《中国制造 2025》，以及针对具体行业的《岩页气发展规划（2011—2015）》等；⑤ 税收政策，例如《财政部、国家税务总局关于贯彻落实〈中共中央、国务院关于加强技术创新，发展高科技，实现产业化的决定〉有关税收问题的通知》，针对技术引进规定了税收优惠政策；⑥ 环保政策，例如《可再生能源中长期发展规划》等。

行政程序包括行政审批和许可要求，前者涉及：① 商务部与地方政府商务部门的外商投资审批；② 国家发展和改革委员会与地方政府发展和改革委员会的项目审批；③ 商务部的外商投资国家安全审查；④ 商务部的反垄断审查；⑤ 地方政府场地审批等。后者则指企业获得从事特定行业的许可证才能开展经营，具体许可要求和批准时限因所涉行业的不同而差异很大。[1]

上述国家政策和行政程序可能会在实践中产生技术转让促进作用，但大多数情形下，这种促进作用并非政府在政策设计时所刻意追求或事先预料的，例如行政审批和许可要求的目的在于保护本国经济安全，只是由于某些官员的不当操作而使其非正常地具有了技术转让促进作用。当然，也存在政府专门设计的技术转让促进政策，或保留了某些政策的技术转让促进作用。

对于可能存在的行政人员不当行使权力、利用行政手段强制外国投资者转让技术的问题，2019 年 4 月 23 日，全国人大常务委员会修订《行政许可法》，明确规定行政机关及其工作人员不得以转让技术作为取得行政许可的条件；不得在实施行政许可的过程中，直接或者间接地要求转让技术。[2] 而"外资所有权"限制以及《中国制造 2025》等产业政策的技术转

---

[1]　刘晓春、付扬：《详解美国 301 调查报告中的知识产权问题》，《中国对外贸易》2018 年第 5 期，第 48—50 页。

[2]　参见《全国人民代表大会常务委员会关于修改〈中华人民共和国建筑法〉等八部法律的决定》（中华人民共和国主席令第 29 号），http://www.gov.cn/xinwen/2019-04/23/content_5385561.htm，最后访问日期：2019 年 5 月 8 日。

让促进作用之强制与否则处于争议之中。

第三节　中国技术转让政策强制性分析

对于"强制性"技术转让要求的禁止源于技术转让履行要求禁止规则。被该规则所禁止的技术转让要求为"强制性",[1] 因此对于美国的强制技术转让指责,关键在于判断中国的相关政策是否具有"强制性"。有学者分析强制技术转让要求应旨在增加国内外技术转让的政府政策,且削弱了外国技术的专有性,[2] 将技术转让安排中的议价能力从外国公司转移到中国公司。[3] 中国技术转让政策所隐含的技术转让促进能力,或者说所具有的促使外国投资者转让技术的附带效果是否构成技术转让履行要求禁止规则中的"强制技术转让要求"尚存在疑问,但整体来看,中国技术转让政策的强制性处于一种"灰色地带"。

一、技术转让政策的技术转让促进能力

外国投资者在华投资不仅需要符合法律规定的实质要件,还应当遵守《外商投资产业指导目录》的相关规定,并通过审查机关的批准。在此过程中,实际上是隐含技术转让压力的。例如,《外商投资产业指导目录》(2017 年修订)规定,汽车整车、专用汽车制造中方股比不低于 50%,[4] 使得希望进入中国市场的外国汽车企业必须与中国企业合作设立合资企业,为国内合作方提出技术转让要求提供了谈判筹码,因此《外商投资产

① 韩静雅:《技术转让要求规制新趋势下的中国因应》,《广东社会科学》2017 年第 3 期,第 221—229 页。

② Dan Prud'hommea, Max von Zedtwitzc, Joachim Jan Thraenc and Martin Bade. "Forced Technology Transfer" Policies: Workings in China and Strategic Implications. *Technological Forecasting & Social Change*, Vol.134, 2018, pp.150 - 168.

③ Thomas J. Holmes, Ellen R. McGrattan, Edward C. Prescott. Quid Pro Quo: Technology Capital Transfers for Market Access in China. *Review of Economic Studies*, Vol.82, No.3, 2015, pp.1154 - 1193.

④ 参见《外商投资产业指导目录(2017 年修订)》(中华人民共和国国家发展和改革委员会、中华人民共和国商务部令第 4 号),http://www.ndrc.gov.cn/zcfb/zcfbl/201706/t20170628_852857.html,最后访问日期:2019 年 3 月 9 日。

业指导目录》实际上向外国投资者就技术转让施加了市场准入的压力和股权比例的压力。另外，在行政审批过程中，外国投资者向审批机关提交投资准入申请时必须同时报送合同信息，包含有技术转让条款的合同更能获得审批机关的重视而易于被批准通过。因此，外国投资者可能会为获得市场准入机会而主动或被动选择技术转让，中国的技术转让政策的确会产生促进技术转让的效果。

除市场准入的压力、股权比例的压力、行政审批实践中的压力以及产权保护的压力之外，技术转让政策的技术转让促进能力还会受到其他因素的影响而被强化。首先，国家的产业支持将会使中国大型市场的吸引力进一步增强。政府采购、基础设施投资、专项扶持资金、税收和其他优惠政策等刺激了对相关产业产品和服务的强劲需求；某些不以促进技术转让为目的、非技术转让领域的政策也可能与技术转让政策一同产生综合作用，间接促进技术转让。例如，根据工业和信息化部于 2017 年发布的《新能源汽车生产企业及产品准入管理规定》附件一"新能源汽车生产企业准入审查要求"，在涉及开发能力方面，要求申请准入的新能源汽车生产企业理解和掌握所生产的新能源汽车的开发和制造方面的技术，且该项属于否决项，即为准入条件中所必需的。[①] 有调查表明，为满足上述要求，一些外国企业选择向合资企业分配一些核心知识产权并将相应的专有技术转让给中国伙伴，然而也有一些外国公司认为这些要求严重削弱了它们对于技术的专有性，因此没有遵守这些条件，这意味着它们在中国的合资企业将不会获得新能源汽车产品制造许可证、政府采购和生产补贴。由于上述政策所发挥的巨大的杠杆作用，它们考虑在未来遵守这些要求。[②] 为保护环境、应对气候变化、建设资源节约型社会等，2007 年，中国国家发展和改革委员会制定了《可再生能源中长期发展规划》，对非水电可再生能源发电规定了到 2020 年的强制性市场份额目标，从而建立了持续的市场需求；设立可再生能源发展专项资金，并运用税收政策对风能、太阳能、地热能等可再生能源的开发利用予以支持，对可再生能源技术研发、设备制造等给予

---

① 工业和信息化部：《中华人民共和国工业和信息化部令第 39 号》http：//www.miit.gov.cn/n1146295/n1652858/n1652930/n3757018/c5466114/content.html，最后访问日期：2019 年 3 月 10 日。

② Dan Prud'hommea，Max von Zedtwitzc，Joachim Jan Thraenc and Martin Bade."Forced technology transfer" Policies，pp.150 - 168.

适当的企业所得税优惠，这将提升大型风电项目领域技术转让需求。[①]

此外，还存在其他市场固有因素产生的强化力量。例如在强大的市场吸引之下，企业之间的竞争，特别是外国企业之间的竞争，是促使外国企业向中国转让技术的重要因素之一。如果外国投资者不向合资企业转让技术，其合资企业将会在该行业失去竞争力，尤其当有其他外国公司向中国转让该项技术；外国中小企业和大型跨国公司就前沿技术进行竞争时，可能会促使中小企业为取得胜利而率先转移先进技术等。由于中国技术转让政策隐含促进技术转让的能力，且这一能力经其他因素的影响而被强化，因此确实最终对外国投资者造成了技术转让压力，甚至极有可能产生强制转让的负面影响。

《301 调查报告》对中国技术转让政策的强制性举出了两个实例进行论证。一是在汽车制造和新能源汽车领域，根据《中国制造 2025》的要求，到 2025 年中国自主新能源汽车的市场份额应达到 80％以上，使希望获得中国市场的外国汽车制造商不得不选择在中国建立公司而非向中国出口成品汽车。然而若要建立合资公司，根据工信部 2017 年发布的市场准入规则，外国制造商必须选择合资形式且所有权不超过 50％，事实上造成了强迫外国公司向合资公司转让核心技术的效果。二是在飞机制造业，中国通过强大的政府购买力，要求外国飞机制造商成立合资企业，进行本地化生产，以换取向中国国有航空公司销售商用飞机和向中国飞机制造商销售飞机零部件的机会。该报告以 C919 中国首个本土大型商用飞机为例，指出中国商用飞机公司明确表示，参与 C919 关键组件和系统的投标必须与中国供应商合资。

据统计，在中国汽车产业经审批通过的合资经营合同一般都包括有关技术转让要求的条款。[②] 虽然中国设置外资股比限制以及行政审批程序的目的是保护国家安全和本国经济的正常发展，技术转让压力只是其附带、

---

① 国家发展和改革委员会：《国家发展改革委关于印发可再生能源中长期发展规划的通知》，http://www.ndrc.gov.cn/zcfb/zcfbghwb/200709/t20070904_579685.html，最后访问日期：2019 年 3 月 10 日。

② Terence P. Stewart. *China's Support Programs for Automobiles and Auto Parts under 12th Five-year Plan*. Washington：Law Office of Stewart and Stewart (2012)，http://www.stewartlaw.com/ConTent/Documents/S％20and％20S％20China％20Auto％20Parts％20Subsidies％20Report.pdf.

间接带来的负面效果，但如果参照美孚诉加拿大案的仲裁结果，[①] 认为中国技术转让政策的执行实践最终导致了迫使技术转让的后果，似乎就可以认定中国的技术转让政策具有强制性。而若参照"Merrill & Ring 林业公司诉加拿大案"，[②] 中国技术转让政策并非自动强制外国投资者进行技术转让，外国投资者实际上对于转让技术与否具有灵活、自主的选择权，技术转让政策与其附带的技术转让压力负面影响之间的联系是间接的。因此，不能认为中国存在强制技术转让行为。因此，参照不同的判断标准，仲裁实践中中国技术转让政策的强制性认定存在不确定性。从该意义上讲，中国技术转让政策的强制性认定处于一种"灰色地带"。

二、美国"强制性"指责的非合理性

虽然中国技术转让政策具有促使外国投资者转让技术的附带效果，但是美国简单地依据技术转让政策实施的"附带负面影响"来认定其强制性是缺乏合理性的。首先，《301调查报告》第二部分的主张均建立在是否"对己方造成不利影响"的价值判断之上，缺乏依据国际技术转让规则进行的"合法性"分析。投资准入政策和政府审批权限并非中国所独有的政府措施，也并不必然违反国际规则。中国技术转让政策鼓励技术转让、保护本国企业之目的是完全正当的。若其符合国际规则的要求，没有造成扭曲市场影响，就应当属于本国自主决策的范围，不能因为其背离了美国政府和企业完全不受限制的利益最大化愿望，而对其横加指责，甚至进行制裁。

其次，《301报告》对于中国"强迫技术转让"行为的认定，尤其是将"外资所有权限制"带来的技术转让压力归责于中国政府，基本是建立在企业与政府之间存在紧密联系，甚至直接受政府操控的基础之上的。报告提出，美国投资者面临的一个特殊挑战是中国私营部门与政府之间的复杂关系，这种关系为政府向外国投资者施加压力提供了间接机制，即认为来

---

① 2012年美孚投资加拿大股份有限公司和墨菲石油公司诉加拿大仲裁案。See Mobil Investments Canada Inc. and Murphy Oil Corporation v. Government of Canada, ICSID Case No. ARB (AF) /07/4, Decision on Liability and on Principles of Quantum (redacted), 22 May, 2012.

② See Merrill & Ring Forestry LP v. Government of Canada, ICSID Case No. UNCT/07/1, Award, 31 March 2010.

自中国合作伙伴的技术转让要求实际上是由中国政府主导的。[①] 实际上，企业具有独立的法人资格，为自己的行为独立承担责任。中国遵守在《议定书》和相关投资条约中的承诺，不对外商投资施加技术转让履行要求，但这些承诺仅规制政府行为。对于与外国投资者合作的中国企业自主提出的技术转让要求，中国政府无权进行干预，更不应当为此承担责任。"中国没有任何一部法律强制外国投资者转让技术。具体的企业合作过程中可能会出现类似的情况，那属于企业之间的市场行为，完全没有政府的干预。"[②] 若中方企业滥用市场支配地位限制、扭曲或拒绝正常交易行为，外国投资者可以寻求以《反垄断法》为依据的诉讼解决。

《301调查报告》将对中国政府指责的重要部分置于外国投资者的感受和美国政府的揣测基础之上，已不仅仅是论证的不严谨，而是对企业行为和政府行为故意混淆，展露出了美国意欲遏制中国技术升级的真实目的。然而，在外国投资者的中国合作伙伴是国有大型企业之时，这一抗辩或难以被采纳。例如上述《301调查报告》所举飞机制造业实例当中的中国商用飞机公司。一方面，国有大型企业往往具有更强的企业实力和更优的市场地位，在与外国投资者的谈判中更可能处于优势地位。相较于一般中国企业作为技术受让方在谈判中面临外国大型跨国企业的强势力量压迫，大型国企作为技术受让方时的双方力量对比很有可能被逆转。另一方面，如今政企分离改革目标尚未完全实现，在他国政府及企业眼中，中国国企很大程度上受到中国政府的控制，至少会受到中国政府鼓励技术转让政策的驱动。面对国企的技术转让要求，外国投资者受到的技术转让压力将强于来自一般企业的技术转让压力，且这种情况下难以将国企行为与政府行为完全分割开来。

最后，技术转让本质上是一项交易，需通过合同来完成，这一交易标的是无形的，是一种待实现的价值，要实现其最终利益还需要与诸多条件相结合。[③] 技术转让往往经历一系列技术研发、技术试验、技术改进的过

---

① USTR. Findings of the Investigation into China's Acts, Policies, and Practices Related to Technology Transfer, Intellectual Property and Innovation under Section 301 of the Trade Act of 1974, March 22, 2018.

② 《商务部回应美贸易代表指责：中国无任何一法律强制外商转让技术》，http://www.xinhuanet.com//world/2017-09/21/c_1121703362.htm，最后访问日期：2019年3月11日。

③ 马忠法、彭亚媛、谢迪扬：《中国"强制技术转让"的法律辨析》，《国际经济合作》2018年第12期，第86—91页。

程，而非一次性交易。由于技术转让的当事双方的信息不对称，技术受让方对技术转让方的信息并不能完全掌握，即使外国投资者受强迫而必须做出转移技术的行为，技术受让方也很难判定被提供的技术信息是否充分、技术核心是否得到了分享，因此若非技术转让双方达成合意，技术的强迫转让是难以实现的。此外，在合资企业中，以先进技术创造价值需要中外合资双方长期的合作，没有外国企业的合作，即使获得了技术转让，也不可能收到预期的效果。所以，从技术转让的特性而言，强制转让技术并不具有可行性。

第四节　中国技术转让政策落入
"灰色地带"释因

如上所述，仲裁实践中中国技术转让政策的强制性认定处于一种"灰色地带"。中国在制定技术转让政策之时，基于种种理论基础和现实需要，而倾向于鼓励、引导外国投资者技术转让以及保护本国弱势企业。鼓励技术转让是发展中国家技术转让政策的重要特征，也是南北国家的冲突所在。这种鼓励、引导倾向与中国的强市场吸引力相结合，对外国投资者的作用力度加大。在国际技术转让多边规则缺失的背景下，随着国内外形势变迁，尤其是中国经济和科技水平的提升，中美技术转让政策冲突被进一步强化，从而引发了现阶段的中美知识产权争端。

一、国际技术转让多边规则缺失

国际社会对于技术贸易规则有着迫切的现实需求，但当前正式、统一的国际技术转让多边规则还未形成。联合国相关机构就该问题主持起草了一系列技术转让指南、示范法、准则，[①] 但缺乏实际约束力；历经十年谈

---

① 例如联合国世界知识产权组织主持起草的《发展中国家许可证贸易指南》《技术转让合同管理示范法》、联合国贸易和发展大会主持起草的《对发展中国家开展技术转让的研究准则》、联合国工业发展组织拟定的《发展中国家以技术许可证合同形式引进外国技术指南》和《技术转让合同评价指南》等。参见张晓都：《郑成思知识产权文集》（专利和技术转让卷），知识产权出版社 2017 年版，第 642—674 页。

判形成的《国际技术转让行动守则（草案）》，却最终因发达国家与发展中国家分歧太大而没有获得通过。① 当前国际技术转让在国际层面的法律规则是由世界知识产权组织（WIPO）、② 联合国（UN）中 WIPO 之外的其他机构，③ 以及 WTO 三方管辖下的各种技术转让相关法律文件共同构建的。④ 此次中美知识产权法律争端发生于 WTO 框架之下，WTO 框架下的《与贸易有关的知识产权协议》（TRIPs）与《与贸易有关的投资措施协议》（TRIMs）中均存在相关规则。

然而，技术转让履行要求禁止规则尚未被明确确立。"强制技术转让政策"属于东道国设置的"技术转让履行要求"——为尽快弥补自身的技术劣势，发展中国家往往将技术转让作为外资准入的条件之一，即"技术转让履行要求"。但是 TRIPs 与 TRIMs 对于技术转让履行要求禁止的规定均较为模糊：① TRIPs 中技术转让相关规定多以原则的形式或间接的方式设置，制度设计更加灵活，与公共利益这个不确定且具有限制性的语境相联系，扩大了各成员国在该问题上的自由裁量权，削减了制度的功能性，增加了援引技术转让履行要求禁止的例外的难度，针对具体案件的解决仍有赖于争端解决机构的解释。⑤ ② 对于 TRIMs 而言，由于其适用范围限于与货物贸易有关的投资措施，且除第 2 条一般性规定与当地成分要求、数量限制要求间接涉及技术转让，其似乎并未明确禁止强制性技术转让履行要求。因此，技术转让要求是否包含在 TRIMs 禁止的投资措施范围之内尚有争议。

由于 WTO 规则中的技术转让履行要求禁止存在与否尚存疑问，因此迫切希望提高知识产权保护水平的美国，首先在本国签订的贸易及投资协定中设置明确的技术转让履行要求禁止规则，以强化其基于技术而确立的

---

① 古祖雪：《论国际技术贸易中的知识产权限制》，《当代法学》2005 年第 2 期。

② WIPO 管辖下的技术转让法规包括：《保护工业产权巴黎公约》《专利合作条约》《专利法条约》《实体专利法条约（草案）》《保护文学及艺术作品伯尔尼公约》。

③ 联合国及其他机构制定的技术转让相关法律文包括：《国际技术转让行动守则（草案）》《跨国公司行动守则（草案）》《联合国海洋法公约》等一系列多边环境保护条约等。

④ WTO 管辖下的技术转让相关法规包括：《与贸易有关的知识产权协议》《与贸易有关的投资措施协议》《实施动植物卫生检疫措施协议》《贸易技术壁垒协议》《贸易服务总协定》《TRIPs 与公共健康的宣言》《关于 TRIPs 第 66.2 款的执行决定》与《执行多哈宣言关于协议与公共健康第六段决定》等。

⑤ 何艳：《技术转让履行要求禁止研究——由中美技术转让法律争端引发的思考》，《法律科学》2019 年第 1 期，第 146—155 页。

市场竞争优势地位，制约发展中国家"以市场换技术"的做法，为本国投资者提供一条 TRIPs 框架之外的救济途径。美国 1994 年即在《北美自由贸易协定》（NAFTA）中采用了技术转让履行要求禁止规则。2012 年《美国范本》以相当高的标准对转让履行要求禁止规则进行了强化和细化。总体来说，东道国在外资准入阶段以技术转让作为市场准入的前提条件以及在经营阶段的其他强制性技术转让要求均被禁止。① 由此可见，由美国率先确立的技术转让履行要求禁止规则的主要内容就是禁止强制性的技术转让要求。

与当地成分、数量限制等传统的履行要求不同，大多数传统双边投资协定并未对技术转让履行要求做出规制。② 在 2000 年之前，除美国和加拿大外，很少会有国家在双边投资协定中添加履行要求禁止条款。③ 随着技术转让活动的增多，越来越多的国家开始重视对技术转让活动的规制以及对本国投资者或技术让与人的保护，尤其发达国家更加希望避免本国先进技术向发展中国家扩散。美国之后，加拿大、日本等国也在其双边投资协定中确立了与《美国范本》类似的技术转让履行要求禁止规则。此外，21世纪以来，一些主要经贸国家之间缔结的贸易协定的投资章节也多包含技术转让履行要求禁止规则，例如 2012 年《美国—韩国自由贸易协定》、2014 年《加拿大—欧盟自由贸易协定》等。④ 技术转让履行要求禁止规则的确立已经成为国际技术转让规则发展的新趋势，但其具体内容尚没有得到国际公认。

同时，中国加入 WTO 承诺是否应当包括对鼓励性技术转让措施的限制也在一定程度上存在疑问。如前所述，中国并无任何"强制性"的技术转让措施。但"鼓励性"的技术转让措施是否也具有"强制性"或者是否符合中国加入 WTO 承诺，是此次中美贸易摩擦的争议重点。技术转让是中国加入 WTO 之时受到 WTO 各成员尤其是美国极大关注的议题之一。⑤

---

① 刘笋：《投资条约中的"履行要求禁止规则"》，《武汉大学学报（哲学社会科学版）》2001 年第 6 期。

② See Suzy H. Nikièma. Performance Requirements in Investment Treaties，https：//www.iisd.org/sites/default/files/publications/best-practices-performance-requirements-investment-treaties-en. pdf.

③ Lukas Vanhonnaeker. *Intellectual Property Rights As Foreign Direct Investment: From Collision to Collaboration.* Cheltenham：Edward Elgar Publishing，2015，p.129.

④ 韩静雅：《技术转让要求规制新趋势下的中国因应》，《广东社会科学》2017 年第 3 期，第221—229 页。

⑤ 参见《中国加入世贸组织工作组报告》第 48 段。

根据中国在《中国加入 WTO 议定书》（以下简称《议定书》）以及《中国加入世贸组织工作组报告》（以下简称《工作报告》）中的承诺，中国将不以技术转让作为外资审批的前提。① 在技术转让要求是否为 TRIMs 所禁止尚存在争议的情形下，中国入世承诺"不对外资的审批施加技术转让要求"实际已经超出了 TRIMs 的标准，不宜再通过解释将中国的义务扩大化。虽然 TRIMs 附件解释清单中禁止的投资措施同时包括强制性措施和鼓励性措施，但是严格遵照条文的表述，将中国加入 WTO 承诺解释为"不对外资的审批施加强制性技术转让要求"为宜，不宜将其扩张至"鼓励性"的技术转让政策。但这一解释并未被正式确认，因此对中国"鼓励性"技术转让政策合法性的质疑也使得中国技术转让政策落入"灰色地带"。

二、中国技术转让政策设计意图

（一）利用高"技术不确定性"的战略机遇期实现跨越式追赶

在某一领域的技术尚未完全成熟，或者存在更新可能之时，技术的领先地位存在高度的不确定性。② 此时进入壁垒较低，但一些在职者或者企业仍然倾向于保持其主导的技术。换言之，"技术不确定性"广义上是指某个行业中缺乏关于未来具体技术的共识。这为开发新技术提供了很大的空间，这些新技术可以引导行业的发展轨迹走向各种方向。③ 在技术不确定的行业中，未来基于技术的竞争境况比更成熟或更不先进的技术已经饱和的行业更难预测。技术不确定性越高，企业越容易创造新的技术路径，甚至可以跳过现有领先技术持有者的技术发展阶段，有利于实现跨越式追赶。④

当前最前沿、最具有竞争力的高技术含量行业正处于这样的高"技术

---

① 参见《议定书》第 2 条"贸易制度的实施"（A）款"统一实施"；第 7 条"非关税措施"《工作报告》第 48、49、203 段。

② Dan Prud'hommea, Max von Zedtwitzc, Joachim Jan Thraenc and Martin Bade. "Forced Technology Transfer" Policies. pp.150 - 168.

③ Giovanni Dosi. Technological Paradigms and Technological Trajectories: A Suggested Interpretation of the Determinants and Directions of Technological Change. *Res. Policy*, Vol. 11, No. 3, 1982, pp.147 - 162.

④ Keun Lee & Chaisung Lim. Technological Regimes, Catching-up and Leapfrogging: Findings from the Korean Industries. *Res. Policy*, Vol.30, No.3, 2001, pp.459 - 483.

不确定性。"因此，根据国际、国内形势判断，当前对中国而言是重要的战略机遇期。重要战略机遇期在党的十六大被正式提出，21 世纪前 20 年是影响整个国家或社会全局和长远发展的重大机会和时机。现阶段国际环境的新变化的三大趋势之一是科技进步日新月异。世界经济史的发展经验表明，很多国家都是通过把握生产力革命性突破时期实现了后来居上，占据新一轮发展的制高点。当代生产力正处于这样一个革命性的历史关头，中国必须抓住新的历史机遇，加速以新的生产力代替落后生产力的进程，实现跨越式发展。

基于对未来需求变化和技术发展趋势的科学判断，自 2010 年起，中国开始大力培育战略性新兴产业（Strategic Emerging Industries，SEIs），将有重大技术突破和重大发展需求的 SEIs 摆在经济社会发展更加突出的位置，其发展目标之一是"一批关键核心技术达到国际先进水平"。[①] 党的十九大再次确认中国发展仍处于并将长期处于重要战略机遇期。国务院发展研究中心副主任隆国强在 2019 年国研智库论坛的演讲中提到，战略机遇期的内涵之一即为加速推进的新一轮技术革命和产业变革，发展中国家若想实现跨越式增长必须把握这一机遇。[②] 国务院于 2015 年发布的实施制造强国战略第一个十年的行动纲领——《中国制造 2025》即为国家在"新一轮科技革命和产业变革与我国加快转变经济发展方式形成历史性交汇，国际产业分工格局正在重塑"的重大历史机遇之下实施的一项重要政策。[③]

一方面，这些重要政策是中国利用高"技术不确定性"的重要战略机遇期实现跨越式追赶理念的直接反映；另一方面，其作为该理念的书面载体也直接为其他国家提供了研究中国技术转让政策理论基础的文本依据。最直观的表现即为美国在《301 调查报告》中通过对《中国制造 2025》等产业政策之基本原则、战略目标、重点发展领域进行分析，认为其要求中国政府对技术转让活动进行大量的干预、提供金融及其他支持，以实现中

---

① 《国务院关于印发"十二五"国家战略新兴产业发展规划的通知》（国发〔2012〕28 号），http://www.gov.cn/zwgk/2012-07/20/content_2187770.htm，最后访问日期：2019 年 2 月 27 日。

② 《把握战略机遇期，开辟高质量发展新局面——国研智论坛·第五届新年论坛综述》，http://theory.people.com.cn/n1/2019/0202/c40531-30608086.html，最后访问日期：2019 年 2 月 27 日。

③ 《国务院关于印发〈中国制造 2025〉的通知》（国发〔2015〕28 号），http://www.gov.cn/zhengce/content/2015-05/19/content_9784.htm，最后访问日期：2019 年 3 月 19 日。

国在技术领域的世界领先地位。而此类导致不公平的产业政策与中国庞大的、由政府指导的投资监管政策相结合，使外国投资者处于极为不利的地位。同时美国通过寻找中国技术发展领域来自政府的驱动力来论证政府政策对强制技术转让行为的深度影响，以此将企业的强制技术转让行为与政府行为联系起来，成为其指责中国政府强制技术转让行为的重要依据。

（二）"以市场换技术"的政策取向

发展中国家要想实现跨越式追赶，提升本国技术后发优势，需要大量先进技术的支撑。在自主创新门槛高且耗时长的现实情形下，技术转让成为发展中国家的迫切需求。经济全球化趋势也使得技术转让成为发展中国家经济追赶的重要方式之一，但受限于本国经济实力，其难以通过交易的形式获取大量前沿的技术。因此，发展中国家往往以本国市场的吸引力提出技术转让要求。

中国采取同样模式，即以向外国产品出让国内市场份额以换取国外先进技术来提高国内技术水平——"以市场换技术"。[1] "以市场换技术"理念最初在中国的汽车行业开始进入实践。在改革开放初期，面临汽车行业严重缺乏自主开发技术与资金的局面，国务院经过慎重选择推出了"以市场换技术"的产业政策，开放中国市场允许外国汽车企业来华经营，外国汽车企业需要向中方转移一定的技术以协助中国汽车企业独立发展。[2]

经过汽车行业的试点，中共中央、国务院1983年下发《关于加强和利用外资工作的指示》，指出利用外资、引进先进技术，对加快中国社会主义现代化建设具有重要的战略意义。[3] 实践证明，对外开放有力促进吸收先进技术和管理经验。[4] 在这种实践背景下，中国技术转让政策展现出一种以国内市场吸引力促进外国投资者技术转让的倾向。

但需要明确的一点是，虽然中国的"以市场换技术"模式最初是由政

---

① 李晓华：《对加入WTO后"以市场换技术"的思考》，《中国工业经济》2004年第4期，第21—26页。

② 《"以市场换技术"的得与失》，http://opinion.caixin.com/2014-07-25/100709184.html，最后访问日期：2019年2月28日。

③ 《1983年9月3日中央指示要加强引进外资工作》，http://www.people.com.cn/GB/historic/0903/2878.html，最后访问日期：2019年2月28日。

④ 《温家宝在第十二届全国人大第一次会议上的政府工作报告》，http://cpc.people.com.cn/n/2013/0318/c64094-20827343.html，最后访问日期：2019年2月27日。

府同意并检验的，但并未就此作出强制性规定。在其后的投资实践中，中外合作伙伴的合作关系是由双方当事企业自主选择决定的，外方当事人在获取中国庞大市场带来的利益与进入中国市场所需的代价之间进行衡量，根据成本收益分析的结果理性、自愿地选择了中国市场。因此"以市场换技术"理念虽然对中国技术转让政策产生一定影响，但并不具有法律强制性。

三、中国经济及科技水平提升

中国的技术转让政策是逐渐确立并持续存在的。虽然这些政策也受到过质疑，但并未像此次中美贸易争端般被如此强力地抵制。大概因为彼时中国经济实力较弱、技术发展落后，更多的是被动接受投资，不仅不会构成对西方国家经济发展的挑战，而且反而能够提供一个巨大的市场。因此在某种程度上，当时中国的"以市场换技术"是被接受的。当前中国市场经济日益占据主导地位，同时技术转让在国际投资中的重要性不断提升，[①]"以市场换技术"对投资者的吸引力已远远不及改革开放初期，越来越受到外国投资者的诟病，也逐渐受到外国政府的抵制。面对中国经济实力和创新能力的增强，西方国家开始追求贸易与投资方面的平等待遇，反对继续对中国实施优惠和宽容政策，力图为本国在华投资争取更加宽松自由的环境，进一步巩固和扩大本国投资者在海外投资市场的技术和知识产权优势。

一方面，随着改革开放的日益深入，中国经济实力不断上升，一跃成为美国在国际贸易和投资活动中的重要对手。另一方面，随着中国科技的迅猛发展，已一改过去技术完全落后的输入国角色。在引进他国技术的同时，中国先进技术也正走出国门，在某些领域成为技术输出方，例如高铁行业、5G 技术等。中国技术转让政策在制定之时并未面临这样的情状，很多规定或措施的确具有贸易保护的影子，这也是在此次中美知识产权争端中受到美国指责的原因之一。此外，中国的五年规划、战略性新兴产

---

① See Keith E. Maskus. The Role of Intellectual Property Rights in Encouraging Foreign Direct Investment and Transfer. *Duke Journal of Comparative and International Law*，Vol. 9，1998，pp.109 - 161.

业、《国家中长期科学和技术发展规划纲要》《中国制造 2025》等发展政策对中国的技术发展给予了高度重视，使得外国企业产生受威胁感，[1] 美国政府对此十分警惕。[2] 因此美国更为迫切地希望遏制中国技术创新的发展，以维护自己的既得利益。

中国的发展中国家地位并没有发生变化，但在很多方面，包括在技术创新方面开始形成与西方国家的竞争态势。而相较于中国的对外投资能够更好利用国际规则和外国法律环境，在外国投资希望进入中国之时，中国的技术转让政策在巨大的经济体量和市场吸引力的强化下，对外国投资者在华投资活动的影响不断增强。例如像《301 调查报告》所提到的那样，美国认为："虽然这些政策和实践不一定是新的，但它们对外国公司及其技术的实际和潜在影响已变得更加严重"；[3] "在较小的发展中经济体中可以容忍的不公平的贸易、安全和产业政策，现在正与中国庞大的、政府主导的投资和监管政策相结合，使外国公司处于劣势。"[4] 尽管这一认识不尽正确，但能够清晰地反映出以美国为首的发达国家的警惕态度。近年来，美国从倡导"自由贸易"转向强调以"绝对对等的开放"为核心的"公平贸易"，即各国在每个具体行业的市场准入与每个具体产品的关税水平方面都与美国完全一致。[5] 美国总统特朗普也多次强调其追求贸易条件的完全"对等"（Reciprocal）。

WTO 考虑各国发展阶段的差别，提倡互惠互利原则，使得发展中成员得以在 WTO 框架下享有差别和更优惠的待遇，从而有利于适度保护发展中国家产业、促进其产业良性发展并推动其市场扩大，反过来又会为发达国家提高更多商业机会。这是一种实质的"国际公平"。相较于美国所主张的"公平贸易"，WTO 的互惠互利原则与差别优惠待遇原则无疑更有利于真正意义上公平的实现。

---

[1]　See Dan Prud'homme. Forecasting Threats and Opportunities for Foreign Innovators in China's Strategic Emerging Industries: a Policy-based Analysis. *Thunderbird Int. Bus. Rev.*, Vol.58, 2016, pp.103 - 115.

[2]　See Section 301 Report, pp.10 - 18.

[3]　See Section 301 Report, p.17.

[4]　See James Lewis. CSIS, Submission, Section 301 Hearing 1, Sept. 27, 2017, See Section 301 Report, p.17.

[5]　国务院新闻办公室：《〈关于中美经贸摩擦的事实与中方立场〉白皮书》，http://www.scio.gov.cn/zfbps/32832/Document/1638292/1638292.htm，最后访问日期：2019 年 3 月 7 日。

第五节 结 语

南北国家技术水平决定技术转让政策差异的必然性，因此中美贸易摩擦及知识产权争端是必然的，也将是持续的、长期的。另外，中美两国知识产权争端具有"阶段性"特征——争议议题将不断转移。虽然中美正在进行经贸磋商并取得了一定成果，但只有在双方科技水平持平之时才真正具备达成完善的、长久的知识产权协议的条件。在中美技术水平存在差异之时，现阶段的知识产权协议只能更多满足美国提出的具体要求，中美之间仍然会因为美国新的要求而产生争端；在协议的履行过程中，也可能会产生新的争端。本次中美贸易摩擦的初因是美国政府意图降低巨额贸易逆差，但是解决中美贸易逆差也可以通过放宽美国高新技术出口的方式解决，但是这一方案并没有被美国接受，也没有作为双方谈判内容而出现在谈判清单上。因此，即使中美就当前争端达成协议，也并非代表着两国就知识产权保护制度的分歧和矛盾被完全化解，亦不能表示中国在知识产权方面的诉求得到了尊重和解决。总体而言，中美之间的知识产权争端的解决不可能一蹴而就。

就当前阶段的中美知识产权争端而言，虽然中国并未强制外国投资者技术转让，但技术转让政策的背后存在着依赖外国技术转让以及保护本国企业的思想基础，其实施与执行不可避免地会导致技术转让压力。而随着国家以及本国企业经济实力与创新能力的提升，实施类似强行性规定已无太大的必要。中国的技术转让政策面临着现实转型和更新。很多改革初期制定的法律规则以及倾向于依赖技术转让的行政政策已经不适应我国当前的发展现状，对吸引投资、鼓励技术转让以及真正提升我国的技术创新水平不再产生积极作用。由于发达国家对平等待遇的追求，中国也将越来越难以援引差别优惠待遇等保护性原则来为自己抗辩。2020 年 1 月 1 日起实施的《中华人民共和国外商投资法》加强了对外商投资合法权益的保护，明确禁止强制技术转让，体现出中国的外国投资保护以及知识产权保护水平不断提升。

进入 21 世纪以来，随着世界经济发展模式的转变，科技实力逐渐成为经济发展的主导。中美贸易摩擦无异于最好的清醒剂，暴露了中国在科技创新、高端制造、关键核心技术、法治建设等领域与美国的巨大差距。[①]
更重要的是，中国正面临全球新一轮科技革命与产业变革的重大机遇与挑
战。经济发展的趋势要求国家强化科技同经济对接、创新成果同产业对
接、创新项目同现实生产力对接、研发人员创新劳动同其利益收入对接。
不发达的知识产权资本化市场，导致中国在科技研发领先的领域并没有实
现应有的盈利。在知识产权资本化、证券化趋势下，被动等待提升知识产
权保护水平、推动知识产权的运营，等待形成知识产权资本化市场，已经
难以契合科技发展对金融资本的需求。

在国际力量与本国发展需求的共同推动下，创造更加友好的创新型营
商环境已刻不容缓，法律的构建也应当重视增强科技进步对经济发展的贡
献度与资本市场对技术创新的支持。因此，中国必须进一步完善知识产权
保护与技术转让制度，加快实施创新驱动发展战略，以尽快建成知识产权
强国。

---

① 任泽平：《中美贸易摩擦背后更深层次的是"改革战"》，https://mp.weixin.qq.com/s/
Ny Qyc KJe F4jc JTpdr Y1J-w，最后访问日期：2019 年 4 月 4 日。

第六章

美国外资国家安全审查制度的
最新修改及政策影响

与以往数次中美贸易摩擦不同，近期中美贸易战从传统的贸易摩擦向投资政策、产业政策、非市场经济地位等领域扩散。本章以 2018 年 8 月美国总统特朗普签署的《外国投资风险审查现代化草案》为背景，探讨美国外资国家安全审查制度的历史渊源、修改背景、内容及影响。本次修改有其特定的经济、政治和法律背景，内容涉及实体规则和程序规则等诸多内容，对中美双边经贸关系造成负面影响。对美方而言，外国和跨国公司对美净投资下降，全球商业中心地位削弱；对中方而言，安全审查成为美国对中国企业的施压工具，中方赴美投资难度加大，美方行为引起他国效仿等。针对修改内容，笔者就如何应对变化提供以下对策：继续扩大开放；加强法案解读并寻求应对策略；借鉴他国应对经验；加强企业公司治理；推动双边投资协定谈判。

第一节　美国外资安全审查制度的渊源

在美国早期经济建设并逐渐走向繁荣的过程中，外国资本在解决就业、增加税收、技术研发、扩大出口等方面均发挥了积极作用，[1] 尤其是

---

[1]　Franklin L. Lavin, *Role of Foreign Investment in U. S. Economic Growth*, Peterson Institute for International Economics, Washington, D. C., March 7, 2007；孙哲、石岩：《美国外资监管政治：机制变革及特点分析（1973—2013）》，《美国研究》2014 年第 3 期，第 39—40 页。

在 19 世纪下半叶，欧洲国家曾是美国推动第二次工业革命的重要资本和技术来源。然而，随着美国经济崛起，外资准入政策逐渐发生变化。外国投资既可能导致美国技术及知识产权的外泄，也可能使美国国内关键行业受到外国限制，进而对美国国家安全造成威胁。从 20 世纪早期开始，美国在积极吸引外资的同时，为防止外资垄断美国经济和高新技术外溢，开始构建外资并购安全审查制度，通过动用外资监管程序来消除国家安全风险，试图在自由开放的投资环境与美国国家安全之间寻求一种适当的平衡。[①]

伴随着美国对国家安全威胁和经济发展需要的综合评估，美国整体的外资政策始终在吸引外资与监管外资之间徘徊。一方面，历届政府都采取各种措施吸引外资，例如发布积极友好的外资政策声明、优化营商环境、提供优惠补贴、为投资者提供政策指导、加强与潜在投资者的联系；[②] 另一方面，美国又逐步形成了一套以美国外资投资委员会（The Committee on Foreign Investment in the United States，CFIUS）为核心的外资监管体制，以应对潜在的安全风险。[③] 因此，美国外资政策的历史演进主要体现在对外资的监管部分，尤其是美国外资审查制度的建立和强化。这一制度的变迁过程大致可划分为以下三个阶段。

一、美国外资安全审查制度的萌芽阶段（1917—1973 年）

第一次世界大战期间，德国公司在美国进行大量直接投资，特别是在化学和制药产业的投资。鉴于这些产业在作战方面的重要性，美国国内开始担忧外资引发的国家安全风险，怀疑德国企业在美国投资有非经济因素的企图，对国家安全存在潜在威胁。在此背景下，国会于 1917 年通过了

[①] Ji Li. Investing Near the National Security Black Hole. *Berkeley Business Law Journal*，Vol.14，No.1，2017，pp.1 - 44.

[②] 除克林顿政府外，美国自里根执政以来的国家元首均在任期内发表了积极友好的政策声明，而克林顿政府即便未发表此类声明，也在任期内试图推进多边投资协议以促进外资自由流动。有关里根至奥巴马执政期间历届政府的外资促进措施，参见葛顺奇、王璐瑶：《美国对 FDI 监管政策的变化与措施》，《国际经济合作》2013 年第 4 期，第 8—10 页。

[③] 美国的外资监管体制包括三个部分：一是针对特定行业的外资准入限制；二是对外资进入作出特殊规定的联邦和地方法案，例如联邦能源法案（1965 年）和琼斯法案（1936 年）等；三是以 CFIUS 为首的外资监管部门对特定交易进行的安全审查。参见林乐、胡婷：《从 FIRRMA 看美国外资安全审查的新趋势》，《国际经济合作》2018 年第 8 期，第 12 页。

《与敌贸易法》（Trading with the Enemy Act，TWEA），该法第 5 条规定：
"必要时可以对任何涉及国家安全的交易行为进行调查，并有权采取管制、
阻止等措施"，授予总统在战争期间或国际紧急状态下处理与敌国的贸易
关系以及没收和征用外商在美资产的权力。[①]

第一次世界大战后，美国采取产业部门专门立法的方式，对无线电广
播、通信、航运、海运、石油等特殊产业设置了外资准入限制。1920 年美
国颁布《海运法》和《破产土地租赁法》，前者规定："外资不得进入美国
海运领域、商事海运领域限制外国船舶注册"；后者规定："美国土地矿产
仅向美国公民及有意愿成为美国公民的人开放，并限制外资进入煤炭、磷
酸盐等资源行业，除非美国企业享有对等待遇"。1926 年美国颁布《商业
航空法》和《航空公司法》，限制外资进入美国航空领域；1934 年颁布
《通信法》，限制外资进入美国广播领域；1940 年颁布《投资公司法》，规
定："在美国从事商务的投资公司均需在美国证券交易委员会登记"；1950
年颁布《国防产品法》，以此强化国防安全层面的外资安全审查力度。

第二次世界大战结束后，美国企业依靠资金及技术优势在世界范围
内进行并购，而当时很少有外国企业有实力在美国进行大规模投资，因
此在这一时期，美国国内绝大多数产业领域均对外资开放，监管也相对
宽松。[②]

二、美国外资安全审查制度的确立（1973—2001 年）

美国外资监管制度的确立始于 20 世纪 70 年代。彼时欧佩克（OPEC）
国家将通过提高油价赚得的美元大量投资于美国，在美国公众和媒体中引
发了强烈不满，美国国内舆论纷纷将这些投资渲染为由外国政府操纵的、
旨在攻击美国经济的政治行动。美国在国际投资中的地位发生巨大变化，
在巨大外资压力之下，美国政府与国会对国家安全担忧日益增加。选民的
抵触情绪和政界的回应通过国会立法体现在政策层面，国会议员纷纷提出

---

① 李魏、赵莉：《美国外资审查制度的变迁及其对中国的影响》，《国际展望》2019 年第 1
期，第 46 页。
② 李魏、赵莉：《美国外资审查制度的变迁及其对中国的影响》，《国际展望》2019 年第 1
期，第 46 页。

议案，例如 1974 年的《外国投资研究法》（Foreign Investment Study Act）和 1976 年的《国际投资调查法》（International Investment Survey Act），① 要求对外资进行严格监管。② 行政部门对此也予以回应，例如 1975 年福特总统通过 11858 号行政令，设立了作为外资安全审查核心机构的 CFIUS 这一跨部门委员会，由财政部长领衔，专门负责外资监管及协调相关政策的执行。《埃克森—弗洛里奥修正案》出台之前，CFIUS 职权有限，仅仅是一个政策咨询和信息收集机构。初期的 CFIUS 并不活跃，在 1975—1980 年仅召开了 10 次会议，③ 审查和批准功能并不明显，实际由财政部主导，其他部门参与并不深入，在实践中也较少严格执行审查法案。④

20 世纪八九十年代，美国国会相继出台《埃克森—弗洛里奥修正案》《伯德修正案》等，对 CFIUS 的运作机制进行完善，标志着美国外资审查制度的逐步成型。20 世纪 80 年代的美国仍处于经济滞胀期，而当时的日本正经历制造业的强势崛起，国际贸易和对外投资迅速增长，成为美国重要的经济竞争对手。⑤ 1985 年《广场协议》签订后，伴随着日本投资的大量涌入，日本掀起"投资美国"的热潮，美国国内的排日情绪和对 CFIUS 进行改革的呼声甚器尘上。1985—1989 年，日本最大的 20 宗海外收购中有 17 件发生在美国，并购美国高新技术企业超过 200 家。1986 年日本富士通计划收购美国军用电脑芯片供应商仙通半导体一案，被视为日本对美国国防工业独立性的重大威胁。1988 年，美国出台《埃克森—弗洛里奥修正案》（The Exon—Florio Provision），⑥ 授权美国总统中止或禁止任何威胁美国国家安全的外国收购、并购或接管从事州际贸易的美国公司的行

① 这两部法案的主要内容是要求总统以及商务部、财政部等行政部门搜集关于外国在美投资的信息并向国会汇报，一方面，旨在加强对外资活动的监测与追踪；另一方面，也意在深化国会在外资议题上的参与。这一法案为 CFIUS 对外国投资的审查提供了信息基础。

② 吴其胜：《美国外资安全审查的政治化及其应对》，《美国问题研究》2013 年第 2 期，第 132 页。

③ 李巍、赵莉：《美国外资审查制度的变迁及其对中国的影响》，《国际展望》2019 年第 1 期，第 47 页。

④ 翟东升、夏青：《美国投资保护主义的国际政治经济学分析——以 CFIUS 改革为案例》，《教学与研究》2009 年第 11 期，第 59 页。

⑤ 关于 80 年代日本对美投资，可参见林进成：《略论 80 年代日本对美国的直接投资》，《亚太经济》1991 年第 2 期，第 21—25 页；陈继勇：《论 80 年代以来日本对美国直接投资的发展及特点》，《日本学刊》1992 年第 2 期，第 19—32 页。

⑥ 李巍、赵莉：《美国外资审查制度的变迁及其对中国的影响》，《国际展望》2019 年第 1 期，第 48 页。

为。里根总统随即通过 12661 号行政令将此权授予 CFIUS。至此，CFIUS 不再只是一个调研机构，而是开始掌握执行审查的实权。[①] 这是美国外资审查制度的一次重大强化，标志着美国外资并购安全审查制度的确立。这一修正案确立外资并购安全审查本位制后，在 1992 年法国汤姆逊——CSV 公司与凯雷集团联合并购美国钢铁公司 LTV 的导弹及航空部门案中，CFIUS 指责具有法国政府背景的"汤姆逊——CSV 公司在收购中涉及导弹工业关键技术转移，如果收购成功将会对美国国家安全产生潜在威胁。"该案促使美国于 1993 年出台《伯德修正案》，增强对"外国政府控制"或"代表外国政府"的企业收购美国资产，或者收购会导致对在美国从事州际商业的人被外国控制，并进而影响美国国家安全的审查力度，将具有外国政府背景的投资者纳入 CFIUS 审查范围；同时还对"外国政府控制的并购"与"外国私人投资者并购"进行区别监管，增加了主权财富基金和国有企业为主要投资主体的国家赴美投资的政治风险。

三、美国外资安全审查制度的成熟（2001—2017 年）

在《伯德修正案》之后，随着"泡沫经济"的破灭，日本经济陷入长期低迷，对美投资大幅减少。与此同时，美国在信息革命中抢占先机，重拾大国自信，美国外资监管经历了一个相对松缓期。《美国外资与国家安全法》明确规定审查原则、标准、范围及程序，外资安全审查制度走向成熟。该法从法律上确立了美国外资投资委员会的地位；增加能源部长、国家情报局局长和劳动部部长为当然成员，并提供情报分析；授权总统根据具体案件增加成员；指定一个机构牵头负责审查；增加总统作出裁决时考虑的因素。

2001 年后，美国进一步加强对国有公司、关键技术、重要基础设施及能源产业收购的监管和审查力度，而港口、电信等基础设施及石油产业更成为外资并购的敏感行业。2006 年之后，来自中国和海湾国家的大额并购更是在美国激起了新一轮强化外资监管的呼声。[②] 例如，2006 年迪拜港口

---

① 李巍、赵莉：《美国外资审查制度的变迁及其对中国的影响》，《国际展望》2019 年第 1 期，第 48 页。

② 争议最大的两个案件分别是：2005 年中海油收购美国石油公司优尼科（UNOCAL）和 2006 年阿联酋迪拜港口世界（DPW）收购英国航运公司（P&O）在美国六个港口的运营权。

世界公司并购英国伦敦半岛东方航运公司案经 CFIUS 审查批准后，美国部分议员以"港口属于美国重要基础设施，将上述港口交给阿拉伯政府所属的企业经营，将会潜在威胁美国国家安全和同盟关系"为由要求启动重审。美国公众和国会纷纷批评 CFIUS 在保障美国利益方面的失职，尽管当时布什政府希望维持开放友好的外资政策，但在舆论压力下还是做了妥协。① 2007 年美国颁布《外国投资与国家安全法》（Foreign Investment and National Security Act，FINSA），次年又出台《外国人合并、收购和接管规定》，细化了美国外资国家安全审查的原则、范围、标准和程序。FINSA 及其细则拓展了国家安全在政治、经济和国防等领域的含义，对外资审查规则、范围和程序进行了更细致的修订，扩展了国家安全的范畴，强化了国会对该委员会的监督，② 明确了参与审查的政府机构及其职责。在立法上赋予 CFIUS 审查外资并购案件并做出决定的权力，标志着美国外资安全审查制度走向成熟。

近年来，随着中国经济的快速增长，中美经贸关系逐渐从过去的合作互补走向更加明显的竞争状态，甚至成为双边关系的问题来源。从奥巴马政府推出"重返亚太"和"亚太再平衡"战略组合，并推动将中国排除在外的《跨太平洋伙伴关系协定》（TPP）谈判开始，美国对华经济战略已经走在了从"接触"向"防范"再到"遏制"转变的道路上。特朗普上任后，美国官方文件已多次指称中国为"战略竞争对手"，在保护主义、保守主义和本土主义思想指导下，美国对华经贸政策完成了重大转变。2017年 11 月，美国明确否定中国的市场经济地位，中美经贸关系陷入紧张。③从 2018 年 3 月 22 日美国发布针对中国知识产权问题的"301 调查"报告，到 4 月 17 日美国宣布对中兴通讯实施出口管制，再到 7 月 6 日打响中美"关税战"的第一枪，④ 中美经贸摩擦愈演愈烈。2018 年 8 月 13 日，美国

---

① 李巍、赵莉：《美国外资审查制度的变迁及其对中国的影响》，《国际展望》2019 年第 1 期，第 49 页。
② 李巍、赵莉：《美国外资审查制度的变迁及其对中国的影响》，《国际展望》2019 年第 1 期，第 50 页。
③ 沈伟：《"竞争中性"原则下的国有企业竞争中性偏离和竞争中性化之困》，《上海经济研究》2019 年第 5 期。
④ 美国时间 2018 年 7 月 6 日 0 点 01 分（北京时间 2018 年 7 月 6 日 12 点 01 分）起，美国开始对第一批清单上价值 340 亿美元中国产品加征 25% 的关税。作为反击，中国也于同日 12 点 01 分开始，对同等规模的美国商品加征关税。李巍、赵莉：《美国外资审查制度的变迁及其对中国的影响》，《国际展望》2019 年第 1 期，第 45 页。

完成了针对外国投资委员会CFIUS的立法改革程序，强化了对中国对美投资的安全审查。[①]

第二节 美国外资审查制度的新近修改背景

随着中国在美国科技投资的日益增多，美国迫切需要保护自身的知识产权和尖端技术不被他国借助投资美国业务而轻易获取。于是，美国在2018年加速完成了旨在加强外资监管的新立法。[②]

2018年8月，《外国投资风险评估现代化法案》（Foreign Investment Risk Review Modernization Act，FIRRMA）经国会通过，[③] 由美国总统特朗普签署生效，该法案对美国外资安全审查制度中的实体和程序规则进行了多方位改革。[④] 作为中美贸易战背景下生效并且重点针对中国投资者的新法案，[⑤] 其修改背景值得分析。

一、经济背景

国际贸易理论认为，各国劳动生产率、要素禀赋和比较优势差异决定了国际分工，分工提升了专业化生产、规模经济效应和生产率，因此，国家可以从贸易中受益。但是，国际贸易对国家进口部分和出口部门会产生

---

① 李魏、赵莉：《美国外资审查制度的变迁及其对中国的影响》，《国际展望》2019年第1期，第45页。

② 2018年8月23日，特朗普在白宫就新法案举行圆桌讨论时，与会议员及官员就曾多次点名中国，直接称该法案是为了应对来自中国的威胁。除了对中国对美投资的担忧，此次立法改革还由于CFIUS审查效率的长期低下，尤其在特朗普上台后，以及重要岗位空缺、预算缩减等问题导致许多日常工作滞后。李魏、赵莉：《美国外资审查制度的变迁及其对中国的影响》，《国际展望》2019年第1期，第55页。

③ 该议案由约翰·科宁和加利福尼亚州民主党参议员黛安·费恩斯坦于2017年11月8日共同提出。在草案提出后，参众两院就法案文本进行了多次磋商与修订，其间，特朗普曾于2018年6月26日在白宫发表声明，对FIRRMA表示支持。FIRRMA被列入《2019财年国防授权法案》（NDAA）的第17章（从第1701—1733条）。李魏、赵莉：《美国外资审查制度的变迁及其对中国的影响》，《国际展望》2019年第1期，第55页。

④ 《参众两院联合出击助力美国投资审查改革》，http://www.risk-info.com/article-3395-1.html，最后访问日期：2019年1月24日。

⑤ Martin Chorzempa. Confronting China through CFIUS Reform: Improved, But Still Problems. Peterson Institute for International Economics，June 13，2018.

收入分配效应，具体而言，即使出口额上升，而进口额下降。[①] 在国际贸易中美国的收入分配效应十分明显，美国的科技和金融业在全球化中具有比较优势并因此受益，而不具备比较优势的制造业受损。

伴随外国投资的快速增长，美国政府对外国投资的态度日趋复杂：一方面，外国投资可以促进美国经济增长、增加政府税收和维持就业；另一方面，外资并购美国优质资产造成高新技术转移、民族品牌消亡和高端制造业流失，有着潜在的战略和经济安全风险。因此，美国经贸政策充斥"经济民族主义"[②] 色彩，秉承本国国家利益至上的保护主义立场。在2018年1月由美国国防部发布的《国防战略报告》中，中国的发展被视为"对美国当今的繁荣和安全危害巨大"，与中国的"长期战略战争"是美国的首要优先事项。这一报告再次强调了经济安全的重要性，并且被提升至国家安全的高度。[③]

2018年中美贸易摩擦体现出明显的全面性、战略性和持续性特征。此次中美贸易摩擦具有强烈的时代背景，其中固然有中国快速崛起时美国因其冷战思维而对中国进行抑制的因素，更重要的是，美国在全球战略收缩的情况下自身的利益诉求。美国在中美贸易摩擦中的主要经济诉求表现在以下方面。

一是削减贸易逆差。美国的核心诉求是实现所谓的"公平贸易"。贸易逆差按照中美统计结果，美方统计为3 000亿美元，中方统计为2 000亿美元，[④] 相差1 000亿美元左右。在美国对外贸易逆差中，中国贸易逆差占

---

① 《中美贸易摩擦现状、趋势、对商业影响的影响及应对策略》，https：//www.xianjichina.com/news/details_84447.html，最后访问日期：2019年2月1日。

② 经济民族主义认为，现代民族国家仍是各种资源和财富分配的基本单位，在资源有限并且紧缺的世界体系中，全球竞争主要是国与国之间的经济竞争，个人和团体最大的现实福利单元在一定时期内是仍然是民族国家。基于这样的认识，经济民族主义主张国家把追求更多的超额利润当作最重要的政治目标之一。一般而言，它对激进的全球化观念持怀疑甚至否定的态度，认为不应该为抽象的世界福利而牺牲本国利益；相反，它往往认同一个民族国家经济地位的上升要以牺牲另一个民族国家经济为代价这样的残酷现实。

③ 《理性认识当前的中美贸易摩擦》，http：//cn.chinadaily.com.cn/2018-08/29/content_36841186.htm，最后访问日期：2019年7月1日。

④ 据中国海关总署统计，2017年中美贸易顺差为创纪录的2 758亿美元，而美国商务部的统计为3 759亿美元。差异的原因包括统计方法、转口贸易、服务贸易。中国专家认为，现行的统计方法不适用于全球化生产时代。此外，贸易差额也与美方高技术对华出口管制有关。参见赵广彬：《中美贸易摩擦对中国经济和企业的影响》，https：//www.pwccn.com/zh/research-and-insights/publications/china-us-trade.pdf，最后访问日期：2018年9月5日。

美国总体贸易逆差的 46%。历史上，西欧、日本在不同时期均达到这一比例，这一逆差成为美国产生不满、挑起事端、企图转移国内矛盾的借口。美方认为中美贸易失衡和美国制造业衰落的主要责任在于中方的重商主义，希望系统性地解决造成中美贸易逆差的深层次体制机制和结构性问题。[1] 特朗普也提出目标，希望减少 1 000 亿美元的贸易逆差，以改善美国的出口环境。[2]

二是希望在高端制造和高科技领域和服务贸易领域获得更多竞争优势，借此压制中国的发展。对美国而言，高科技服务贸易领域、高端制造业是未来发展的重点领域。中国在这些领域的快速发展给美国造成了压力和挑战。美国希望通过中美贸易战打压中国，保持对中国的经济优势和创新优势。[3]

三是重新振兴制造业。在美国经济高度金融化和垄断化的同时，制造业不断衰退。金融业是美国第一大产业，美国的金融垄断程度较高。经济金融化是美国金融危机和"去工业化"的重要原因。美国制造业在境内仅保留核心技术生产环节和高附加值生产环节，大量的低价值生产环节早已转移至发展中国家，这样的"去工业化"过程在一定程度上导致美国制造业衰弱，传统制造业工人转移至金融、零售业等行业。这一变化加剧了商品货物贸易逆差的持续扩大。

二、政治背景

国家利益至上是美国内外政策的根本出发点。作为现有国际体系的主导国家，维护霸权地位不动摇是美国的根本国家利益。对中国崛起的担忧、中美实力对比的变化和对自身安全的高度关切是影响美国重大经贸政

---

① 任泽平：《中美贸易战再度升级：本质、应对和未来沙盘推演》，https：//mp.weixin.qq.com/s？__biz=MjM5MjMxODAzMQ==&mid=2652677688&idx=1&sn=fa0674173e5d8f5c7071f2f73700ff38&chksm=bd4011188a37980ea3da3c03fd0b39b7bff687f5422c85fdf5270693dab32ad15c619440cd03&mpshare=1&scene=1&srcid=0918IlLV2DxC17cKK94xDkkt&pass_ticket=McdPOie8KGZrtUQBpg5r3c7Eu%2F%2BG0VSJtsOzPEbMUaWTTeOFL0QBtBXun3Lq3HYi♯rd，最后访问日期：2018 年 10 月 1 日。

② 《社科院专家：解读中美贸易战的演进脉络》，http：//finance.eastmoney.com/news/137120180404853142249.html，最后访问日期：2018 年 4 月 19 日。

③ 《社科院专家：解读中美贸易战的演进脉络》，http：//finance.eastmoney.com/news/137120180404853142249.html，最后访问日期：2018 年 4 月 19 日。

策制定走向的重要因素，是美国对以中国为首的外国投资频繁启动国家安全审查的主要原因。①

特朗普当选美国总统后，积极推行"美国优先"的经贸政策，主要表现在以下几个方面：一是推行经济保护主义、本土主义。特朗普无视客观事实，认为美国利益在全球化过程受到损害，在演讲中宣称跨太平洋伙伴关系协定由一群"掠夺美国的特殊利益者"所推动，②而北美自由贸易协定是对美国的一场"盗窃"。③特朗普强硬要求各大跨国公司将生产活动迁回美国，决定退出 TPP，甚至扬言要退出 WTO，重新商谈全球贸易规则。二是信奉政治孤立主义和保守主义。以"购买美国货、雇用美国人"为执政准则，减少对盟国的长期军事义务和对外援助，退出多个国际组织和国际条约。三是采取排外主义和民粹主义的社会政策，把美国的国内问题归因于外部因素，认为移民与美国本土居民争抢社会资源，要将 1 100 万非法移民驱逐出境，修建高墙以阻挡墨西哥移民等。④

中美贸易在近年的冲突中，意识形态化是重要特征。⑤美欧等发达国家以自身标准对各国进行评估和衡量，不承认中国的"市场经济地位"，企图继续使用反倾销等贸易保护措施，遏制中国与他国的贸易活动。2018年10月签订的《美墨加协定》（USMCA）规定的非市场经济条款，又称"毒丸条款"，禁止与美国有自贸协定的贸易伙伴与非市场经济国家签订自贸协定，对中美经贸谈判和中国与其他贸易伙伴之间的自由贸易协定谈判形成围堵和遏制的态势。⑥

意识形态化同样体现在美国外资国家安全审查制度。理论上，美国外资国家安全审查对象是"投资项目"而非"投资者本身"，但在实践中，

①　吕贤：《透视美国外资安全审查制度》，《中国领导科学》2018 年第 2 期，第 125 页。

②　《特朗普强烈反对自由贸易　美国经济恐开倒车》，http：//finance. ifeng. com/a/20160705/14561674＿0.shtml，最后访问日期：2018 年 10 月 29 日。

③　《特朗普强烈反对自由贸易　美国经济恐开倒车》，http：//finance. ifeng. com/a/20160705/14561674＿0.shtml，最后访问日期：2018 年 10 月 29 日。

④　李丹：《"去全球化"：表现、原因与中国应对之策》，《中国人民大学学报》2017 年第 3 期。

⑤　《美国外国投资委员会刻意歧视中国企业？》，http：//business. sohu. com/a/258133706＿788107，最后访问日期：2018 年 10 月 23 日。

⑥　沈伟：《"修昔底德"逻辑和规则遏制与反遏制——中美贸易摩擦背后的深层次动因》，《人民论坛·学术前沿》2019 年第 1 期，第 40 页。

投资者的背景，尤其是国籍、企业所有权归属与股权构成、与母国政府的关系、高层管理人员背景等都是重要的审查因素。[①] 在 CFIUS 历史上，中国投资遭遇了罕见的数次"总统否决"，包括中国技术航空进出口总公司对 MAMCO 公司的收购、三一重工并购四个风能发电厂、[②] 福建宏芯投资基金德国子公司并购德国爱思强公司、[③] 具有中资背景的峡谷桥资本公司并购美国莱迪思半导体公司[④]等。[⑤] 这些案例体现出美国外资安全审查存在浓厚的意识形态歧视色彩。[⑥]

此外，中国威胁论升温也是此次美国修改外资国家安全审查制度的重要原因。"中国威胁论"源于 19 世纪的西方帝国主义文化，并逐渐在美国和西方世界生根泛滥。"中国威胁论"在这次中美贸易战中的主要表现是以 5G 技术为代表的技术和信息安全威胁。[⑦] 2015 年 3 月，中国提出制造业升级的《中国制造 2025》计划，引发了以美方为代表的西方诸国的敌视和忌惮。美国对《中国制造 2025》计划中所确定的十大重点高科技产业忧心忡忡，担心中国在高科技产业上取得优先位置，因此采取加强投资监管

① 张天行：《美国〈外国投资风险评估现代化法案〉下的监管变革：立法与应对》，《国际经济法学刊》2019 年第 2 期，第 111 页。

② 2012 年 9 月，美国总统奥巴马根据海外投资委员会 CFIUS 的建议，以威胁国家安全为由，签发行政命令阻止三一集团关联企业——罗尔斯公司收购靠近美海军军事基地的四个风电场。2012 年，罗尔斯公司在美国哥伦比亚特区地区法院起诉 CFIUS 及总统令时，提出五项诉求，其中包括要求判定该总统令超越法定职权范围、违反法定正当程序及违宪剥夺其受法律平等保护的权利。但 2013 年 2 月，地方法院作出裁定，根据美国《1950 年国防生产法》721 节，法院无权对"越权"和"违反平等保护"的诉求进行司法审查。即便上诉之后，上诉法院也同样重申，总统所作的禁止威胁或损害国家安全的交易的决定不受司法审查。

③ 德国联邦经济部于 2016 年 9 月 8 日批准福建宏芯基金收购德国半导体制造商爱思强。2016 年 10 月 24 日德国联邦经济部迫于美国方面的压力撤销了该批准，理由是美国情报部门认为，爱思强的技术也可用于卫星、雷达等军工产业。随后，CFIUS 对此案发起调查，并于 2016 年 11 月 17 日宣布调查结果。调查结果认为，此收购案威胁美国国家安全，建议美国总统出面阻止。奥巴马于 2016 年 12 月 2 日宣发行政命令，采纳 CFIUS 的建议，禁止福建宏芯基金收购爱思强的美国业务。

④ 私募基金峡谷桥资本是一家专注于技术投资的中资私募股权公司，该公司于 2017 年计划斥资 13 亿美元收购美国芯片制造商莱迪思半导体。美国政府认为，峡谷桥公司有来自中国政府的资金支持，并且与中国的空间项目有间接联系，并且表达了对中国公司拥有美国本土关键技术的担忧。峡谷桥公司一直试图让 CFIUS 相信会在不受中国政府影响的情况下经营莱迪思半导体，但双方仍然无法消除 CFIUS 的担忧，该委员会将这笔 13 亿美元的交易交由特朗普决定。最终，特朗普以反对涉及潜在军事应用技术否决了这一交易。

⑤ 《美国外国投资委员会刻意歧视中国企业？》，http://business. sohu. com/a/258133706_788107，最后访问日期：2018 年 10 月 23 日。

⑥ 吕贤：《透视美国外资安全审查制度》，《中国领导科学》2018 年第 2 期，第 125 页。

⑦ 沈伟、厉潇然：《中美贸易摩擦中的"强制技术转让"争议及其法理分析——以技术转让政策南北差异论为分析框架》，《国际法研究》2019 年第 6 期。

等措施，全方位阻挠中国高科技产业发展。[①] 中国在美国的直接投资近年来上升显著，从 2011—2015 年平均每年增长 30%，年度投资额从 2011 年的不足 50 亿美元增长到 2015 年的 150 亿美元，首次超过当年美国对中国的直接投资额。中国对美直接投资中的将近 90% 是通过收购方式进行的。中国在美直接投资大多寻求战略资产，包括技术、品牌和人才，也有接近消费者和巩固市场份额的动因。[②] 2009—2013 年，中国流入美国的资本主要来自国有投资者，如 2011 年国有企业占了自 1990 年以来中国对美直接投资总额的 50% 以上。[③] 中国对美直接投资的增多引发了美国的忧虑，而加强投资管制正是为了防止技术外流和打压中国企业。

三、法律制度背景

（一）法律发展的内在要求

此次制度修改是美国国内法政策化的内在要求，主要体现在三个方面。

一是试图解决法律规定模糊带来的不确定性。《2007 年外国投资与国家安全法》中关于外资并购安全审查范围的规定相对模糊，回避诸如国家安全等重要概念的具体规定，以便确保 CFIUS 得以在外资并购安全审查中保留较大的自由裁量空间。

二是响应"美国优先"的政策导向。从 1988 年《埃克森—弗洛里奥修正案》到《伯德修正案》《国家安全战略报告》《2007 年外国投资与国家安全法》，美国外资并购安全审查制度完成从开始仅注重国防安全到注重国防安全和经济安全的全方位发展。[④]"美国优先"政策导向是保护美国经济利益。在全球经济增速放缓、美国霸主地位遭受挑战之时，外资安全审查制度的修改更加迫切地反映了对经济发展的促进和对经济安全的保障作用。

---

① 沈伟：《WTO 框架下的产业政策：规则约束和政策优化——基于"301 报告"及"中国制造 2025"的分析》，《上海对外经贸大学学报》2019 年第 4 期。

② Thilo Hanemann, Daniel H. Rosen and Cassie Gao. "双行道：中美双边直接投资 25 年全景图"，www.us-china-fdi.com，最后访问日期：2018 年 11 月 5 日。

③ Thilo Hanemann, Daniel H. Rosen and Cassie Gao. "双行道：中美双边直接投资 25 年全景图"，www.us-china-fdi.com，最后访问日期：2018 年 11 月 5 日。

④ 孙效敏：《论美国外资并购安全审查制度变迁》，《国际观察》2009 年第 3 期，第 65 页。

三是试图解决法律协调性问题。《2007 年外国投资与国家安全法》中体现的平衡原则遭到挑战。在平衡原则下，吸引外资和国家安全之间的关系要得到正确处理。在不危害美国国家安全利益的前提下，让外国投资者持续对美国进行投资。继《2007 年外国投资与国家安全法》后，美国财政部于 2008 年公布《关于外国法人收购、兼并、接管的条例建议稿》，进一步规定了具体实施细则，以达到平衡吸引外资与国家安全的关系、解决国家安全与吸引外资观念上的冲突等目的。[①] 特朗普上任后的政策进一步凸显了外资并购审查法律制度的滞后性和不协调性，修法也是对外资安全审查制度的重新审视。

（二）制度改革的现实要求

近年来，随着外商对美国标的投资并购数量的不断上升，以及国家安全形势日益复杂，国家安全审查在机构设置和人员数量上对 CFIUS 提出了更高的要求。CFIUS 缺少重要岗位和预算缩减，造成 CFIUS 审查效率低下、流程拖沓，FIRRMA 的出台是对改革 CFIUS、要求进一步扩大 CFIUS 审查职能和监管权力的直接回应。[②] 在实际操作中，CFIUS 呈现以下特点。

1. 未通过审查的案件数量上升

美国财政部统计，因 CFIUS 审查并由于国家安全原因导致交易未能完成的数量不超过 10 起，其中 2015 年为 3 起，2016 年为 6 起（1 项交易被总统否决，5 项被交易方主动放弃）。2017 年因涉及美国国家安全原因导致交易未能完成的数量约为 20 起，较以往有显著增长。[③]

2. 撤回并重新申报案件增多

2015 年 CFIUS 年度报告数据显示，当年有 13 项申报由于涉及美国国家安全被交易双方主动撤回，其中有 9 项进行了再申报。2016 年撤回申报的有 27 起，进行再申报的有 15 起。[④]

---

① 孙效敏：《论美国外资并购安全审查制度变迁》，《国际观察》2009 年第 3 期，第 65 页。

② 桂畅旎：《美外国投资国家安全审查制度的改革动向及对我国的影响》，https://www.sohu.com/a/213619522_731643，最后访问日期：2018 年 10 月 24 日。

③ 杜江、刘义婧：《美国国家安全审查制度 2017 年发展趋势及其对中国企业赴美投资的影响》，http://www.junhe.com/law-reviews/735，最后访问日期：2018 年 11 月 5 日。

④ 杜江、刘义婧：《美国国家安全审查制度 2017 年发展趋势及其对中国企业赴美投资的影响》，http://www.junhe.com/law-reviews/735，最后访问日期：2018 年 11 月 5 日。

2017 年主动撤回并再申报的交易数量较前两年继续增加，交易方撤回并再申报的动因也与往年有所不同。2017 年以前，由于审查程序最长 75 日的法定期限限制，一些案件在到达 75 日期限时 CFIUS 仍在与交易方谈判缓解协议。为了规避审查期限的限制，给缓解协议谈判争取时间，CFIUS 通常允许交易方通过撤回申报并重新向 CFIUS 提交申报的方式重新计算审查程序期限，而且此类案件通常最后会得到有条件的批准。2017 年，CFIUS 允许申请撤回并重新申报多是因为在审查接近 75 日期限时，仍然没有进入协商缓解协议的阶段，交易方担心审限到期后 CFIUS 不经缓解协议谈判直接不予批准交易，或者建议美国总统阻止交易，因此主动向 CFIUS 提出撤回并重新申报的请求。不仅如此，2017 年多数此类提出撤回并重新申报的案件最终没有获得 CFIUS 的批准。

3. 总体案件数量上升，未通过审查的案件仍占极少数

2017 年外国赴美投资的总体申报案件数量也在大幅上升，CFIUS 否决的交易较往年有显著增长。CFIUS 在 2016 年审查 173 件交易，创历史新高，2017 年全年 CFIUS 审查了约 250 件申报，比 2016 年增长 30%。[1] 大多数交易申报，包括来自中国的投资交易仍然被批准进行或者附条件进行。因 CFIUS 审查而未能完成的交易仍然占极少数，在 CFIUS 审查的全部项目中，近 1/10 会引发所谓国家安全顾虑。2016 年 173 件审查项目，约有 17 件会受到委员会质疑，其中大多数都是可以通过采取一些补救措施来解决的，最终将有不多于 8 件的项目因 CFIUS 审查而被放弃。[2]

4. CFIUS 审查程序有所变化

2017 年 CFIUS 审查周期普遍延长，主要表现为经历多轮审查的案件数量增多，以及单轮审查时间加长。审查周期的延长很大程度上可归于 CFIUS 的审查资源跟不上快速增长的审查工作量。

CFIUS 的审查资源短缺的直接后果除了审查周期延长以外，还导致需要 CFIUS 后续监管投入较大的缓解协议和附条件通过的交易在 2017 年有

---

[1] 《CFIUS 审查：中资企业赴美投资首先得过这一关》，https：//www.myzaker.com/article/596634611bc8e06d0b000011/，最后访问日期：2018 年 10 月 30 日。

[2] 《CFIUS 审查：中资企业赴美投资首先得过这一关》，https：//www.myzaker.com/article/596634611bc8e06d0b000011/，最后访问日期：2018 年 10 月 30 日。

了明显减少，特别是针对中国投资审查，出现了较多未经过缓解协议协商而直接不予批准的审查案例。[①]

第三节　美国外资安全审查制度的新近修改内容

一、实体规则

（一）扩大管辖权

CFIUS 旨在弥合 CFIUS 目前能够审查的交易与目前无法审查存在潜在国家安全担忧的交易之间的差距。FIRRMA 条款特别针对中国某些投资利用的缺口，担心中国交易通过交易结构绕过 CFIUS。FIRRMA 扩大了 CFIUS 的管辖范围，[②] 具体体现在以下方面。

第一，控制权。修改前，CFIUS 的管辖权局限在收购控制权的投资项目。"公司控制权变更"的定义十分模糊，尤其对并购后外国投资者成为持股比例大于 10% 但仍是公司的小股东的情况。修改后，对来自国外涉及"关键技术"及"关键基础设施"的美国企业的非被动投资也受到 CFIUS 的管辖。在涉及上述领域的企业时，外国投资人在董事会上占有席位或者有董事会观察员权利、参与美国企业重大决策、有机会接触到机密技术信息，或除投资外与美国业务建立战略合作伙伴或其他重大财务关系的投资行为，都会被认定为非被动投资，可能受到 CFIUS 的审查。

第二，基金投资交易。FIRRMA 法案明确了 CFIUS 对美国控制的投资基金投资的管辖权。FIRRMA 法案规定外国人通过投资基金间接投资美国关键基础设施、关键技术或个人数据业务，外国人（或外国人的指定

[①]　杜江、刘义婧：《美国国家安全审查制度 2017 年发展趋势及其对中国企业赴美投资的影响》，https://baijiahao.baidu.com/s?id=1596140714871523418&wfr=spider&for=p，最后访问日期：2018 年 10 月 23 日。

[②]　Farhad Jalinous, Karalyn Mildorf, Keith Schomig, Stacia J. Sowerby. "National security reviews 2018: United States". https://www.whitecase.com/publications/insight/national-security-reviews-2018-united-states.

人）投资基金后作为有限合伙人，只要符合以下条件不受 CFIUS 的审查：
① 基金的管理人为美国人或美国实体；② 外国有限合伙人对基金的投资
和基金本身没有直接或间接的决策权和控制权（包括投资决策和管理合伙
人的收入及回报）；③ 外国有限合伙人无权接触保密的技术信息。
FIRRMA 进一步规定，根据管理投资基金的协议条款，对适用于交易的潜
在利益冲突，放弃分配限制或类似活动的放弃不构成"对投资决策的控
制""基金或与基金投资实体有关的决定"，但须遵守委员会在法规中可能
提供的例外情况。

第三，房地产交易。修改前，并未明确 CFIUS 对房地产交易的管辖
权；修改后，CFIUS 对房产买卖有明确的管辖权，管辖范围扩展到特定的
房产租赁、赠与和许可使用，以及空置土地的买卖。由在美国拥有私人或
公共房地产的外国人购买或租赁位于或将作为航空或海运港口的一部分；
接近美国军事设施或美国政府的另一设施或财产，而该设施或财产因与国
家安全有关的原因而敏感；能够合理地向外国人提供收集有关在该设施或
财产内进行活动情报的能力；可能将国家安全活动暴露在外国监视的风险
之下都属于 CFIUS 的管辖范围。① 特定城市区域的单一家庭住宅的交易不
在管辖范围内。

第四，涉及"关键基础设施""关键技术"和敏感个人信息的交易。
修改前，未明确 CFIUS 对"关键基础设施""关键技术"和敏感个人信息
相关交易有管辖权；修改后，CFIUS 对涉及外国人拥有、经营、制造、供
应或服务"关键基础设施"的任何非附属美国企业的任何"其他投资"；
生产、设计、试验、制造或者开发一项或者多项"关键技术"；维护或者
收集美国公民的敏感个人资料，这些资料可能被利用威胁国家安全的交易
有明确的管辖权。②

第五，破产交易。修改前，美国外资国家安全审查制度无明确的法律
规定。修改后，FIRRMA 法案赋予 CFIUS 审查破产交易权，CFIUS 对破

———————

　　① Farhad Jalinous, Karalyn Mildorf, Keith Schomig, Stacia J. Sowerby. "National security reviews 2018: United States". https://www.whitecase.com/publications/insight/national-security-reviews-2018-united-states.

　　② Farhad Jalinous, Karalyn Mildorf, Keith Schomig, Stacia J. Sowerby. "National security reviews 2018: United States". https://www.whitecase.com/publications/insight/national-security-reviews-2018-united-states.

产程序中衍生的交易有明确的管辖权。FIRRMA 法案还规定，CFIUS "应订立法规以澄清'涵盖交易'一词包括任何交易"，而该类交易符合"根据破产程序或其他形式的无力偿债所产生"的定义。[①]

第六，试图规避 CFIUS 审查的交易。修改前，CFIUS 对目的为规避 CFIUS 审查的交易有审查权；修改后，CFIUS 对任何旨在规避美国外国投资委员会程序的任何其他交易、转让、协议或安排有明确管辖权。[②]

第七，外国投资人的权益变更。修改前，有关外国投资人的权益变更无明确法律法规；修改后，明确规定以下两种权益变更的情况也属于 CFIUS 有权管辖的涵盖交易：权益变更后导致美国企业收到外国投资人控制的；涉及"关键技术""关键基础设施"以及"美国公民的敏感个人数据"的美国企业投资时，权益变更后达到 CFIUS 管辖标准的。

（二）扩展向国会报告的范围

FIRRMA 体现了国会想继续积极参与外国投资审查的明显意图。例如，FIRRMA 要求委员会向国会就其评估交易的当事方、业务性质、委员会的审查与调查结果，做出更深入广泛的报告；FIRRMA 要求 CFIUS 持续分析其经济与机构资源状况，以及委员会对其他资源的持续需求，并将结果向国会报告；FIRRMA 要求 CFIUS 每两年向国会提交一份有关中国对美投资的详细报告，报告需按照类型、经济部门、政府投资情况以及"投资模式"对所有中国投资进行分析。

（三）扩大机构和总统授权

首先，FIRRMA 新增规定，CFIUS 可利用额外工具来缓解国家安全风险，从有效性、遵从性和可验证性等方面监督执行风险缓解协定的实施与合规；其次，要求 CFIUS 建立一项机制，审查未通知或未申报事项，进一步强化执法措施；再次，总统除享有中止交易权外，可采取"任何适当

---

① 《美国国会通过里程碑式的 CFIUS 改革法案》，http：//www.sohu.com/a/246597252_822816，最后访问日期：2018 年 10 月 29 日。

② Farhad Jalinous, Karalyn Mildorf, Keith Schomig, Stacia J. Sowerby. "National security reviews 2018: United States", https://www.whitecase.com/publications/insight/national-security-reviews-2018-united-states.

的额外行动应对国家安全威胁",即可审查与交易无关的行为,[1] 保持CFIUS和其他行政机构的自由裁量权;最后,FIRRMA限制司法审查对CFIUS和总统授权的影响。FIRRMA对完善CFIUS本身的机构设置提出了改革要求,例如授权CFIUS对审查征收申请费、设立CFIUS基金、完善招聘机制、尽快填补CFIUS人才缺口等。

(四) 增强 CFIUS 的审查权

CFIUS审查权的增强和审查范围的扩大体现在以下方面。

第一,授权CFIUS识别权。CFIUS可识别在其管辖范围内但未提交简短通知或正式通知的交易行为。

第二,中止交易和司法审查豁免。在审查期或调查期内,CFIUS无须以总统指令为前提,可自行暂停交易,还可自行决定免除对某些交易的审查。在保留美国总统就CFIUS做出的决定具有司法审查豁免权的基础上,进一步确定CFIUS本身做出的决定和裁决享有司法审查豁免。投资者行使申诉权的空间变小。

第三,"缓和协议"的减缓要求提高。在与国外投资者协商签订"缓和协议"或附加条件时,CFIUS必须将有效性、可遵守性及可监督性置于签订"缓和协议"或附加条件的过程中,对于已经自愿放弃的交易,CFIUS同样有权对交易方实施缓解协议,以确保放弃交易的行为实质有效。[2]

第四,延续国有资本的严格审查。自《外商投资与国家安全法案》(Foreign Investment and National Security Act,FINSA) 公布以来,美国一直严格审查国有企业和国有资本,而 FIRRMA 第 16 节第 4 条第 2 款提高了风险减缓标准,具体表现在:① 衡量外国国有企业收购的具体要素,包括但不限于外国政府在外交、反恐、核问题、出口限制等问题上是否与

---

[1]　即只有美国总统才能正式阻止一项交易,这在美国外国投资委员会的历史上发生了五次,在特朗普政府期间发生了两次。如果美国外国投资委员会认定存在无法解决的国家安全问题,它会建议各方放弃交易,或者建议设立一个总统集团,届时各方通常会同意退出交易。Farhad Jalinous, Karalyn Mildorf, Keith Schomig, Stacia J. Sowerby. "National security reviews 2018: United States". https://www.whitecase.com/publications/insight/national-security-reviews-2018-united-states.

[2]　李魏、赵莉:《美国外资审查制度的变迁及其对中国的影响》,《国际展望》2019 年第 1 期,第 56 页。

美国保持一致；② 在美国敏感资产上强制投资者申报其是否服务于本国军队及政府部门的相关信息；③ 即使安全审查获得批准，外资交易行为也会遭到后续跟踪，例如对外国企业是否执行安全协议进行年度检查。一旦美国认定该交易威胁国家安全，将会对相关企业实施巨额罚款。

第五，新增网络安全审查。为了应对新兴网络安全威胁，FIRRMA 第 3 节第 1 条第 14 款新增"恶意网络活动"概念，主要审查外国投资交易对美国网络信息安全的影响，包括但不限于是否会形成网络漏洞、是否会泄露美国公民个人隐私、是否会方便外国政府发动网络攻击等。这些修订一方面是应对网络安全威胁，预防其他国家或政治组织利用网络手段危害美国的政治、经济和国防安全；另一方面，也是响应特朗普政府所推行的强势网络安全政策。

（五）明确界定"特别关注国家"

FIRRMA 第 3 节第 1 条第 4 款对"特别关注国家"的含义进行了明确界定，即只要外国投资明显威胁美国国家安全，CFIUS 就有权对该类投资加强审查；在第 3 节第 1 条第 5 款中，FIRRMA 规定了安全审查豁免的几大标准，例如投资者本国的外国投资安全审查制度、是否与投资者来源国签订共同防御条约、是否签订有关投资安全的多边协定等。不仅是中国、俄罗斯等被美国政府认定对美国国家安全构成威胁，而且在经济、国防等与美国密切合作的国家，例如欧盟、日本等也以法律形式被美国政府排除。

（六）信息共享

FIRRMA 授权 CFIUS 在"以国家安全为目的并遵守适当保密及机密要求"的范围内，与国内政府机构及作为美国盟友或合伙人的外国政府机构共享信息及国家安全分析，这体现了通过就已知威胁进行国际协商、以解决各方共同关心问题的这一趋势。FIRRMA 还指示 CFIUS 设立正式程序，以便美国与其盟友和合伙人进行"情报交流"。

二、程序规则

FIRRMA 的大多数实质性规定在新的执行条例制定之前不会生效。

（一）新增简化程序

CFIUS 推出一项试点计划，要求对涉及特定行业关键技术的美国公司的某些交易发出简短通知，要求对某些涉及行业关键技术公司的外国投资（包括非控股投资）提交"申报"文件。[①]

收到申报单后，CFIUS 可以要求交易各方提交书面通知，对交易进行单方面审查，书面通知当事人委员会已完成有关交易的所有审查，或通知当事人委员会无法仅根据申报单完成审查，并要求交易各方提交书面通知。委员会必须在收到申报单后 30 天内就申报单做出回应。

（二）强制申报

任何需申报交易的一方或多方可以通过向委员会主席提交交易的书面通知来启动 CFIUS 对交易的审查。申报采取"自愿为主，强制为辅"的原则，其中，外国投资者计划收购美国企业 25％以上的股份，且外国投资者 25％以上的股份由国家持有时，该外国投资者会被要求强制申报。在多数情况下，CFIUS 的审查表面上是一个自愿过程，但即使在一些"自愿"情况下，它实际上也是强制性的。[②]

FIRRMA 要求在特定交易中应向 CFIUS 提交强制申报，这些交易包括涉及外国政府持有"实质利益"的外国人收购某些"关键基础设施""关键技术"或个人信息等相关类别的美国企业，并可能对国家安全造成威胁。FIRRMA 还授权 CFIUS 识别需要强制通知的额外交易，例如涉及关键技术公司的交易。该试点计划规定，对涉及特定行业关键技术的企业进行控制和符合条件的非控制性外国投资必须进行申报。当事人如果不提交强制性声明，将受到最高金额的罚款。[③]

出于强制性申报的目的，"实质利益"由 CFIUS 法规定义。在制定这

① Farhad Jalinous, Karalyn Mildorf, Keith Schomig, Stacia J. Sowerby. "National security reviews 2018: United States". https://www.whitecase.com/publications/insight/national-security-reviews-2018-united-states.

② Farhad Jalinous, Karalyn Mildorf, Keith Schomig, Stacia J. Sowerby. "National security reviews 2018: United States". https://www.whitecase.com/publications/insight/national-security-reviews-2018-united-states.

③ Farhad Jalinous, Karalyn Mildorf, Keith Schomig, Stacia J. Sowerby. "National security reviews 2018: United States". https://www.whitecase.com/publications/insight/national-security-reviews-2018-united-states.

些规定时，CFIUS 必须考虑外国政府影响外国人行为的方式，包括通过董事会成员、所有者权益或股东权利。但是，FIRRMA 规定，不包括在"其他投资"类别的投资或低于 10％投票权益的持股将不被视为"实质利益"。此外，通过私募股权基金进行的被动投资，即没有对基金重大事项决定权的财务投资也不需要申报。①

如果 CFIUS 确定外国人证明其投资不是由外国政府领导，且外国人有与 CFIUS 合作的历史，则法案授权 CFIUS 豁免投资人提交申报。此外，法案授权 CFIUS 建立一个流程，以识别需申报交易中合理可用但尚未提交通知或申报的信息。

根据 FIRRMA，不要求 CFIUS 在交易完成前 45 天提交强制申报，FIRRMA 向 CFIUS 授权对未遵守强制申报要求的任何一方实施民事处罚。除非允许当事人更正重大错误或遗漏，否则 CFIUS 不得要求或建议撤销和重新提交强制性申报。

（三）生效日

鉴于 FIRRMA 较多规定的变化，许多规定并未立即生效。有关扩大的需申报交易范围、申报程序以及 CFIUS 就通知发表意见的截止日期的规定，在以下方面生效：① 2020 年 2 月 13 日（FIRRMA 颁布之日起 18 个月的日期）；② CFIUS 在联邦公报中公布管理新条款所需的法规、组织结构、人员和其他资源到位后 30 日。

尽管如此，对于 2018 年 8 月 13 日或之后启动的任何审查或调查，审查需申报交易的新期限立即生效。对于目前正在审查的交易，新的第二步调查时间表适用于目前开始调查的任何交易。

本法律修订中提及的其他立即生效的条款包括：① 在向 CFIUS 发出的通知中应包含附带协议；② 单方面审查和重新开始已完成审查；③ CFIUS在审查需申报的交易时可以采取的临时行动；④ DC 巡回上诉法院②的司法审查。

---

① Kirkland & Ellis. CFIUS Reform Gathers Strength，with Private Equity and China Looming Large. *Kirkland Alert*，May 21，2018.

② 指美国哥伦比亚特区联邦巡回上诉法院（引用时缩写为 D. C. Cir.），是美国的 13 个联邦上诉法院之一。

只有在 CFIUS 制定和提供一般指导的规定时，申请费的规定才能生效。该法令还授权 CFIUS 在 2018 年 8 月 13 日以及此后 570 天（2020 年 3 月 5 日）之间执行一项或多项试点计划，以实施截至 2018 年 8 月 13 日尚未生效的任何权力机构。试点项目可能不会开始，除非 CFIUS 在联邦纪事上公布试点计划范围和程序 30 日后。

（四）其他程序

FIRRMA 同样修改了其他审查程序，包括申请材料、申请时间安排、申请费用、审查时间等。

第一，申请材料。CFIUS 有权要求交易双方递交与交易相关的所有重要材料，包括股权购买协议、合伙协议和其他补充协议，例如关于知识产权转让的相关协议。FIRRMA 授权 CFIUS 要求递交的书面通知中，包括委员会制定法规中规定的任何合伙协议、完整协议或与交易相关的其他协议副本。

第二，申请和接受申请的时间安排。FIRRMA 要求 CFIUS 在正式提交之前的 10 个工作日内，就交易各方提交的通知草案提出意见，并要求 CFIUS 接受正式备案，从而在"起始时间"提交后 10 个工作日内开始审查。如果 CFIUS 确定提交的内容不完整，则必须向各方解释提交文件不完整的原因。为了适用 10 天的截止日期，各方必须约定交易是受 CFIUS 管辖的"需申报交易"。

第三，审查时间。FIRRMA 延长了审查时间限制，将初审审限从原来的 30 日修改为 45 日，保留了特定情况下的 45 日调查期，并授予 CFIUS 延长 30 日审限的权力，且在这一期间，CIFUS 或批准投资申请，或建议撤回投资申请，或将投资申请推入调查阶段。[①] 因此，在 FIRRMA 体系下，交易审查期限将从现有规则下的 75 日延长到最多 120 日。

第四，申请费用。目前，与 CFIUS 的任何通知都没有相关的申请费。FIRRMA 授权 CFIUS 收取不超过交易价值 1% 的费用或 30 万美元（根据委员会规定的通货膨胀每年调整一次），以较少者为准。此外，FIRRMA

---

① 卢进勇、李小永、李思静：《欧美国家外资安全审查：趋势、内容与应对策略》，《国际经济合作》2018 年第 12 期，第 6 页。

还设立了"美国基金外国投资委员会"的基金，由 CFIUS 主席管理，并授权在 2019—2023 年的每个财政年度向该基金拨款 2 000 万美元，使委员会能够履行其职能。

由上述内容可知，美国对于外资审查机制的修改会缩小外资开放空间，增加外国投资者赴美投资的难度和不确定性。

第四节 美国外资国家安全审查 制度修改评价及影响

一、美国外资国家安全审查制度修改的评价

（一）外资准入国民待遇原则的例外

美国外资并购国家安全审查制度的实质是外资准入国民待遇原则的例外。尽管美国一直以实行自由开放的国际投资政策自居，但也是最早就外资并购国家安全审查规则进行专门立法的国家。自 20 世纪 70 年代以来，美国联邦和各州法律就开始对外资进行约束。

在 1976 年《国际投资调查法》与 1977 年《改善国内外投资申报法》中，外国投资者被要求有义务向政府部门主动申报其经济活动。1988 年《埃克森—费罗里奥修正案》（Exon—Florio Amendment）是在对《1950 年国防产品法》第 721 节基础上修订颁布的，授权总统行使国家安全审查权，有权阻止任何威胁美国国家安全的并购交易。2007 年 FINSA 及 2008 年《关于外国人收购、兼并和接管的条例》修改了之前以《埃克森—费罗里奥修正案》为核心的外资并购国家安全审查规范，对外资进入美国某些行业进行了全面限制，并对外资并购美国企业所涉及的国家安全问题提出了新的定义。

美国外资并购国家安全审查将审查对象定义为："1988 年 8 月 23 日后拟进行或未完成的，外国人的任何兼并、收购或接管将致使在美国从事的跨州商业的任何实体被外国人控制的情形。"[①] 此处"外国人"外延很广，

---

① 孟雁北：《美国外资并购国家安全审查制度内含悖论》，http：//www.sohu.com/a/227362078_114731，最后访问日期：2018 年 10 月 31 日。

包括外国公民、外国政府和外国实体，其中"由外国政府控制的交易"指任何导致美国企业被外国政府或受外国政府控制或代表外国政府的个人所控制的交易；"外国实体"可以是任何组织形式，无论依法成立还是实际存在，无论是中央或地方政府还是私人企业，均属于"实体"的范畴。

尽管美国外资并购国家安全审查制度的主旨在于排除外国人通过收购而控制美国企业可能造成的威胁国家安全的风险，但是审查对象仅限于"外国人"，说明构建该制度的理论基础是外资准入国民待遇原则的例外。

（二）保留审查标准的模糊性以便扩张审查范围

FIRRMA 通过职权延伸和程序修订等方式显著扩大现有的安全审查工具箱来巩固行政审查的强势地位，其中适用更灵活的法律规定和措辞以实现模糊化立法是其重要特点和策略，为 CFIUS 行使宽泛的自由裁量权提供了立法依据和保障。

FIRRMA 保留原有定义的模糊性。虽然外国投资与国家安全法列出了外国投资委员会在审查外国投资时可能考虑的 10 个国家安全因素，但FIRRMA 对于"国家安全"这一审查核心要素保持了其一贯模糊的态度，以此赋予 CFIUS 判断一项交易是否会对美国国家安全产生负面影响时拥有较大的自由裁量权。[①]

美国关于"国家安全"的定义是不断发展的。在 2007 年《外商投资与国家安全法案》中，"国家安全"除了包括传统意义上的"国防安全"外，还规定了"遭破坏或受外国人控制对美国国家安全造成威胁的系统和财产"，涉及银行、关键技术、基础设施等领域。外资并购交易若威胁美国在关键技术上的世界领先地位或降低美国本土就业率，都将纳入"国家安全"所涵盖的范围。

美国对于"国家安全"概念的不确定性决定了国家安全审查标准的模糊性。从美国外资并购国家安全审查机制建立之初的《埃克森—弗罗里奥修正案》至最新的《审查指南》对"国家安全"都没有给出明确的定义，

---

① 张天行：《美国〈外国投资风险评估现代化法案〉下的监管变革：立法与应对》，《国际经济法学刊》2019 年第 2 期，第 111 页。

CFIUS曾多次公开拒绝界定"国家安全"含义的请求，显然是为了维护经济政策的灵活性和审查机关享有广泛的自由裁量权，而且其对"国家安全"的考量因素从传统国防安全的解释逐步扩大到关键技术、关键基础设施，特别是能源等领域，这种扩大外延的解释容易使更多的交易纳入CFIUS审查和调查的范围。根据CFIUS公布的信息，其主要从两方面对国家安全进行评判：一是威胁性（threat）分析，即从外国投资方的角度入手，分析外国投资方是否有能力或意图损害美国国家安全；二是脆弱性（vulnerability）分析，即从被并购方的角度出发，分析被并购业务的特质是否会导致美国国家安全遭受损害。[①]

尽管国家安全审查标准的模糊性可以保证外国投资委员会对所有可能造成国家安全威胁的交易有审查的权力，但也会使如何实现"美国绝对的开放外资政策与保护国家安全原则的统一"成为国家安全审查制度所需面临的挑战。

二、美国外资国家安全审查制度修改的影响

（一）对美国的影响

彼得森国际经济研究所主席保森从2018年美国的投资数据得出"特朗普的经济民族主义正自食其果"的结论：无论是外国还是美国本土的跨国公司对美国的净投资基本下降至零。长此以往，美国收入增长、工作机会将受负面影响，并将削弱美国作为全球商业中心的地位。美国经济分析局数据显示，对比2016—2018年第一季度，外商投资数额由1 465亿美元下降至897亿美元，这一数字的下降主要原因并不在中国，来自中国的投资始终只占很小的一部分，2016年来自中国的净投资为45亿美元，而在2018年同一时期美国对中国的投资超过了中国对美投资，但投资净外流的数量也只有3亿美元。因此，中国的投资对美国的影响实际并不大。

目前美国国会通过削减企业税、实行免税代码等安排刺激美国经济增

[①] 张天行：《美国〈外国投资风险评估现代化法案〉下的监管变革：立法与应对》，《国际经济法学刊》2019年第2期，第111页。

长，然而这些举措并没有挽救美国的外商投资。鉴于美国发起的投资审查，外商投资的减少情有可原。[①]

（二）对中国的影响

1. 微观影响

2017 年 9 月 CFIUS 公布的 2015 年年度审议报告显示，2015 年，CIFUS 共审查 143 件交易，与中国企业相关的交易共 29 件，占比 20.2%，而同期中国占美国 FDI 总量比重不足0.2%。[②]历史上美国总统曾 5 次下令否决外商投资交易，而 5 次否决均与中国相关，其中 4 次否决涉及交易的对象为中国企业，而另 1 次阻止新加坡博通公司对高通的收购，但背后深层原因却是担心该收购使得高通丧失在 5G 无线技术上的领导地位，从而使得华为在该技术上获得主导地位提供便利。

事实上，更多的中国企业在安全审查初期直接受到 CFIUS 劝退，或出于舆论影响无法接受 CFIUS 的缓解条件，为了避免审查导致的潜在损失不得不主动撤回并购要约。[③] 此次美国外资国家安全审查制度的修改对中国的具体影响主要体现在 CFIUS 管辖权的扩张及审查流程的变化方面。

首先，审查标准的模糊性为 CFIUS 行使管辖权及其扩张提供了立法保障。目前 FIRRMA 对于 CFIUS 管辖权的扩展只是提供了大致的框架，需要 CFIUS 通过法规加以明确。如果不加限制地将所有这些交易都纳入审查范围，每年 CFIUS 审查的交易可能数以万计。由于 CFIUS 在 2017 年已经出现不堪重负的情况，CFIUS 将通过法规将审查限定在特定的交易内，所以，CFIUS 后续对这几类交易的具体审查范围如何界定值得重点关注。中国对涉及"关键技术、关键基础设施"以及"美国公民的敏感个人数据领域"等方面的投资势必会受到影响，尤其是政府推动或资助的投资行为可

---

① 《美国改革外商投资制度，目标直指中国》，http：//wemedia. ifeng. com/73467482/wemedia. shtml，最后访问日期：2018 年 10 月 31 日。

② 王碧珺：《美国改革国家安全审查机制，中国投资遭遇特殊对待》，https：//baijiahao. baidu.com/s?id=1611947885293916305&wfr=spider&for=pc，最后访问日期：2018 年 10 月 31 日。

③ 王碧珺：《美国改革国家安全审查机制，中国投资遭遇特殊对待》，https：//baijiahao. baidu.com/s?id=1611947885293916305&wfr=spider&for=pc，最后访问日期：2018 年 10 月 31 日。

能受到 CFIUS 的严格审查。另外，考虑到初创公司对于快速融资的要求，额外的审批程序可能会使中国投资人的投资失去吸引力。

在审查投资类型方面，美国将"少数股权投资""非主动投资"、涉及技术转让与知识产权的合资行为均纳入对外安全审查范围之中。[①] 目前，CFIUS 审查中国投资的案件数量已位居首位。美国外资安全审查制度的修订将导致外资并购审查的门槛降低，同时投资类型审查范围的扩大势必将影响更多中国企业对美投资交易，尤其是中国的国有企业对美的投资活动将遭遇更多的审查和限制。[②]

其次，针对 CFUIS 审查流程的变化主要体现在以下方面：

一是审查时间与申请材料。大部分即刻生效的条款只是将 CFIUS 目前已经正在执行的内部实践通过立法的方式明文确定下来，因此，在短期内不会对投资人有太多实质性的影响。同时，审查时间的延长和对申请材料的进一步要求，使得投资交易面临更加冗长的审批流程。一方面，增加交易成本；另一方面，降低了中国投资人的投资对美国企业尤其是初创公司的投资欲望。

二是简易申报制和强制申报制。强制审批制推翻了目前 CFIUS 以自愿通知为原则的审查机制，CFIUS 在行使职权上将由被动转为主动。除去有政府背景的投资需强制申报外，CFIUS 还可出台法规要求更多的交易进行强制申报。考虑到强制申报对投资人在商业上的潜在不利影响，例外规定和豁免的标准就显得尤为重要。一些特定交易可能不得不针对这些标准，对交易的结构进行调整。

三是对通知的回复时间。虽然 FIRRMA 的本意是加快案件的审理速度，但在实践中可能会出现多轮回复，影响审理进度。

四是申请费用。投资人交易成本（包括时间成本和潜在利益）将会上升。

五是向国会提交的年度报告。CFIUS 审查透明度的增加可能导致审核标准的上升和审批难度的加大。[③]

---

① 邢勃：《欧美外资安全审查趋严对我国企业海外投资的警示》，《对外经贸实务》2019 年第5 期，第 45 页。

② 刘栩畅：《美英外资安全审查趋势及对我国影响分析》，《中国经贸导刊》2018 年第 33 期，第 32 页。

③ 《中国投资人们，川普新签署的美国国家安全审查法案将产生这些重大影响》，http：//www.vccoo.com/v/ie75h8，最后访问日期：2019 年 6 月 24 日。

考虑到外资威胁国家安全的可能性，以及进行相关审查是东道国的正当权利，审查一般极不透明，容易沦为投资保护主义的工具。即使在国家安全审查法律体系已臻完整的美国，由于在实际操作过程中并未对 CFIUS 的审查标准和实际审查内容有细节公开的透明度要求，故外界无从得知 CFIUS 是否真实地考虑对美国国家安全的影响，且从何种因素或指标对交易进行选择和甄别。同时，"一案一议"意味着不排除 CFIUS 对于每次交易有不同的评判因素和标准。[①]

2. 宏观影响

FIRRMA 新增了"涉及有战略目的的特别关注国家"的表述，直指中国，新法案特别针对中国投资报告的部分要求从法案生效起至 2026 年，CFIUS 应当每两年提交一份关于中国在美投资情况的报告。报告需根据投资价值、行业、是否来自中国政府投资等因素，对所有交易进行分类；汇报由中国政府投资购买的企业名单，中国在美直接投资企业及附属机构的数量、员工总数和估值等信息；考察投资是否符合《中国制造 2025》计划目标，以及中国在美直接投资与其他国家之间的对比。[②] FIRRMA 对中美经贸关系的影响是深远的。

一是外资安全审查将对中国企业进一步施压。CFIUS 的代表来自包括美国国防部、国务院、司法部以及国土安全部等 11 个部门，由各部门组成人员对外商投资交易进行审查。[③] CFIUS 的组成人员以及美国国会对中国存在根深蒂固的偏见，对中国赴美的投资行为格外忌惮。二是赴美投资将更加困难。此次 FIRRMA 修订使外资审查程序更为复杂，使中国对美投资行为的"流产"可能加大。三是引发其他国家效仿。随着中国企业全球化的发展，以美国为先导，包括英国、德国、法国等欧洲国家同样加强了对中国企业投资的审查和监管力度。

---

① 王碧珺、张明、衷子雅：《美国改革国家安全审查机制，中国投资遭遇特殊对待》，https：//baijiahao.baidu.com/s?id=1611947885293916305&wfr=spider&for=pc，最后访问日期：2018 年 10 月 31 日。

② 王碧珺、张明、衷子雅：《美国改革国家安全审查机制，中国投资遭遇特殊对待》，https：//baijiahao.baidu.com/s?id=1611947885293916305&wfr=spider&for=pc，最后访问日期：2018 年 10 月 31 日。

③ 国家情报局局长和劳工部部长是当然成员，不参与投票。以下机构以观察员身份参与：管理和预算办公室、经济指导委员会、国家安全委员会、国家经济委员会、国土安全委员会，总统有权根据具体案件增加成员。

第五节　应对美国外资国家安全
审查制度修改的建议

一、继续扩大开放

外资国家安全审查制度本质上是一把双刃剑，"缺位"可能威胁国家安全，"越位"则可能影响国际资本流动和投资贸易便利化的大趋势。因此，寻找"对外开放"和"国家安全"的平衡点，是外资国家安全审查制度设计的出发点和落脚点。

无论是美国对华贸易战还是对华投资限制，均与 20 世纪 80 年代美日经贸摩擦的情形类似，本质上都是美国应对他国经济崛起的战略回应，具有历史必然性、长期性与复杂性。目前美国已经先后通过关税壁垒、投资壁垒及出口管制对中美之间的商品、资本及技术的流动施加了诸多限制，[1]而且可能未来在金融领域对中国"采取措施"。[2]

二、加强法案解读并寻求应对策略

此次 FIRRMA 的修订将投资审查范围扩大到针对中国企业的领域，例如对"关键技术""关键基础设施"等明确管辖权，对政府投资持续加强审查。如果以过往眼光衡量现下形势，不及时更换应对策略，中国对外投资交易必将遭遇困境。在法案修改背景下，我国企业应及时"刹车换道"。一方面，企业自身应该加深对法案的学习和了解，对法案内容进全面评估，根据美国安全审查制度内容的变化及时做出调整；另一方面，确定 CFIUS 审查范围内的敏感投资主体和产业清单，尽量避开监管内的敏感地带。与此同时，国家有关部门可以出台相应的指导性政策，以投资主体和并购对象所在行业进行分类，对不同主体给予不同程度和级别的敏感预

---

[1]　李巍、赵莉：《美国外资审查制度的变迁及其对中国的影响》，《国际展望》2019 年第 1 期，第 69 页。

[2]　《2018 贸易战最新消息：美国开辟第二战场中国如何应对》，http://www.zhicheng.com/n/20180828/221063.html，最后访问日期：2018 年 10 月 31 日。

警，与企业相互配合，提高企业赴美投资的可能。

（一）针对管辖权范围的变化

在项目筛选时，应对收购公司及相关资产进行尽职调查。例如，目标公司的项目是否关系美国的重大基础设施建设；目标公司是否与美国安全部门或美国政府有业务来往；目标公司持有的资产附近是否有美国军事设施等。若发现目标公司有上述可能面临CFIUS审查的情形，意味着不能对其进行收购；若买方不看重技术或资产，可与卖方沟通剥离相关技术与资产，使其独立于目标公司；若签订协议后被CFIUS审查，也可考虑积极与CFIUS达成和解措施（mitigation measures），签订协议后收购。和解措施包括但不限于确保CFIUS指定的人能够使用相关的核心技术；成立公司安全委员会、独立会计，确保任命的人员、相关的技术或设施的使用合法合规；对公司未来涉及敏感技术或信息的合同与业务进行指导；等等。与CFIUS达成协议后，该收购可以继续进行，但后续的运营会受到协议的限制。

（二）针对审查流程的变化

FIRRMA只是为CFIUS的改革提供了大致框架，大多数重要条款有待CFIUS通过出台后续的法规加以明确。

通过聘请经验丰富的美国专业律师，帮助投资人在各方面更好地应对FIRRMA带来的合规风险，包括预测可能受限的投资交易，以及时调整投资方向和投资战略。对目前潜在的投资交易（尤其是一些之前被认定为被动投资的交易）从CFIUS合规的角度进行评估，及时调整特定交易的投资结构以避免CFIUS的申报风险，以更好满足CFIUS的审查要求。

（三）充分利用CFIUS审查的例外条款以规避审查

CFIUS和FIRRMA规定了不少例外条款，例如航空承运投资、一般居民住房投资等。考虑到国家安全，CFIUS着重审查投资是否有外国政府控股的因素。如果该外国实体投资美国且该实体是由外国政府实质控制的，则CFIUS要求强制申报审查；如果投资主体并非外国政府控制，或投资主体仅为财务投资人，即投资主体在投资目标公司或项目公司中仅是财务投资者的角色，而没有决定性的股权投票权或者重大决策权的，则美国政府可能不认为该企业是外国人控制，即使审查也有通过的法律依据。根据 FIRRMA 对于"实质利益"的定义，如果投资主体的股东是政府性质的主体，且超过 10％的股权，则可被美国政府视为外国政府控制，需要强制申报。此外，该投资为"其他投资"类别的，则需要被强制申报。因此，如果需要规避 CFIUS 强制申报审查，政府相关主体对投资主体的控股可设计为小于 10％的股权。同时，也要关注未来 CFIUS 出台的行政法规中对"其他投资"的定义，在投资前尽量避开定义中的相关交易。如果投资主体不是由外国政府领导，且与 CFIUS 有合作的历史，则法案授权 CFIUS 豁免投资人提交申报。

三、借鉴别国应对经验

20 世纪 80 年代，日本对美投资迅速上升，美日贸易逆差扩大，引起了美国政府的警惕，CFIUS 着手对日本企业赴美并购投资的严格审查，降低日本企业的产业竞争力以及日本企业对美国经济安全的威胁，当下历史重演，我国面临着类似压力。我们应当积极借鉴日本赴美投资经验，[①] 例如日本企业与美国当地经济深度融合，带动了美国原材料、中间产品、服务的出口，不失为一条宝贵经验。我国企业可以围绕非敏感领域进行战略投资，利用中国资本为美国增加就业；通过扩大对外开放、建立双向机制等措施深化两国产业融合，缓和经贸摩擦。

四、加强企业公司治理

中国赴美投资企业应认真研究安全审查规则和 FIRRMA 条款修订内容，通过个案总结经验教训，为投资审查通过增加筹码。在本次法案修订中，对政府投资者的关注一如既往，同时增加了严格的背景调查。中国企

---

① 沈伟：《历史维度中的日美贸易摩擦：背景、历程和因应——兼谈中美贸易战之困的特质》，《广西财经学院学报》2019 年第 5 期。

业投资美国应当尽量避开这些关键性行业。同时，企业在进入战略新兴产业时要注意主动剥离与美国政府有关的敏感技术和敏感产品，[1] 同时政府应减少对企业的行政干预，以减少投资的监管阻力，[2] 获得美国政府的信任。

企业在与卖方签订投资协议时应当明确 CFIUS 审查的风险承担。由于 CFIUS 审查时间较长，能否通过审查具有较大的不确定性。考虑到企业的法律成本、时间成本，中国企业在投资美国目标公司或项目前应充分做好 CFIUS 的调查，在与卖方的投资意向书或投资协议中明确 CFIUS 审查的风险，充分考虑双方同意放弃审查撤销合同或交易的情形，设置合同撤销订金返还或风险共担等条款，以保护中国投资者。

投资企业应加强业务风险管理，完善公司内控与风险管理系统，强化信息披露，保存投资者信用记录，增加交易透明度，增强资本运作的效率。同时可通过吸收外资、民间资本等降低国有资本在投资企业中的股权比重，淡化政府背景。[3] 同时，中国企业在海外投资时需保持审慎态度并做好预案，合规经营，利用法律武器依法保护企业正当的经营行为，提高公司治理水平。[4] 增加 CFIUS 审查的通过率，企业可以灵活选择投资策略，例如在投资方式上优先选择绿地投资而非并购，综合考虑被动投资、少数股权投资或逐步进行的小规模投资，在投资时机上尽量避开选举等政治敏感期，在没有把握时考虑事先剥离敏感业务或资产。

中国企业应加强与美国社会的接触，积极开展与美国地方政府、研究机构、大众媒体等交流和沟通，通过介绍企业的投资目的、投资战略和宣传给地方带来发展潜力优势、争取地方政府与议员对中国投资活动的支持等方式，表达合理诉求，树立企业正面形象，提升知名度和美誉度。相对于联邦政府对美国国家安全与全球科技竞争优势的优先考量，各州政府更关注外资对当地税收与就业的贡献，因此普遍欢迎外来投资，我国可以有

---

① 杜雨潇：《美收紧外资安全审查给我国企业对美投资带来挑战》，《中国外资》2018 年第 19 期，第 40 页。

② 林乐、胡婷：《从 FIRRMA 看美国外资安全审查的新趋势》，《国际经济合作》2018 年第 8 期，第 15 页。

③ 卢进勇、李小永、李思静：《欧美国家外资安全审查：趋势、内容与应对策略》，《国际经济合作》2018 年第 12 期，第 4 页。

④ 李先腾：《后危机时代中企海外收购面临的安全审查困局及治理路径——以美国 CFIUS 监管机制为切入点》，《交大法学》2014 年第 2 期，第 96—111 页。

针对性地巩固与这些选区国会议员的关系，合法利用美国国内的游说制度，缓解中企赴美投资的阻力。

五、推动双边投资协定谈判

推动重启中美双边投资协定谈判（BIT），在国际法层面为双边投资关系的良性发展开拓新的渠道。自特朗普上任以来，中美 BIT 谈判再次被搁置。在美国外资审查日益严格的形势下，中国政府可以向美方要求重启 BIT 谈判，在谈判中要求美国明确"国家安全"概念，致力于在 BIT 框架下减缓美国外资审查制度对中国企业的钳制，并解决其他利益分歧。

由于全球多边投资规则的缺失，除了依靠双边投资协定外，许多多边和区域自贸协定中包含了投资条款，例如美日欧韩越等经济体都在积极推进双边、多边自贸协定或经济伙伴关系协定的谈判，这些贸易协定均包括大量投资条款。在这一背景下，中国需要采取双管齐下的措施，一方面，以 2018 年 11 月签署的《中国—新加坡自由贸易协定升级议定书》为样板，加速构建中国的高水平自贸区网络，以弱化对美国出口市场和投资市场的依赖，并增强制定经贸规则的能力，提高制度性话语权。另一方面，积极参与 WTO 改革进程，为改革方案建言献策，团结欧盟，调动其他发展中国家积极性，共同推动 WTO 改革，使 WTO 能够在跨国投资中发挥更大的作用。

面对愈演愈烈的中美经贸纷争，在适当采取反制措施的同时，我国应当尽量避免冲突升级乃至经济脱钩的局面，致力于通过协商谈判解决分歧，将分歧和摩擦管控在一定范围之内。[1]

---

① 李巍、赵莉：《美国外资审查制度的变迁及其对中国的影响》，《国际展望》2019 年第 1 期，第 68—70 页。

第七章

"脱钩论"背景下的中美金融断裂

——以《外国公司问责法案》切入

与历次中美贸易冲突不同,此次中美贸易战已从贸易领域延伸到投资和金融领域。中美贸易冲突不仅没有随着《中美经贸协定》(第一阶段)的签署而得到缓和,反而在新冠疫情之后继续加剧,并且向金融领域蔓延。美国加紧在金融领域通过法律战的方式推进中美"脱钩",对中资企业在美上市融资和人民币国际化构成现实威胁。本章对中美在金融领域的法律冲突加以分析,并提出应对措施。

2018年上半年开始的中美贸易冲突以双方签署《中美经贸协定》(第一阶段)告一段落。但是,随着新冠疫情的暴发,中美之间的关系并没有因为《中美经贸协定》的签署而稍有缓和,相反,冲突从贸易、投资、技术向金融和教育领域延伸。

在中美贸易冲突中,美方一度将中国列为货币操纵国。由于《中美经贸协定》的签署,美方随后将中国移出货币操纵国名单。但是,美国针对中国收紧的外国投资国家安全审查却没有放缓的迹象。在2018年美国修改《外国投资国家安全现代化法案》之后,中国企业对美兼并收购交易呈悬崖式下降趋势。美国政府也积极鼓励美国投资回流。根据英国路透社和美国福克斯新闻报道,特朗普施压美国联邦退休储蓄投资委员会,停止投资中国股市,并且撤出45亿美元。

2020年4月9日,白宫国家经济委员会主任库德洛提出让美国企业撤出中国、回流美国的建议,并承诺为这些从中国迁回美国的企业提供100%直接报销,包括厂房、设备、知识产权、基建、装修等所有费用。

美国副国务卿克拉奇表示要减少对中国制造业供应链的依赖。日本政府也宣布支付 22 亿美元支持日资企业迁出中国，其中 20 亿美元贷款用于支持企业回到日本，2 亿美元直接贷款支持企业迁往东南亚。后疫情时代的中美"脱钩论"甚嚣尘上。①

第一节 "脱钩论"下的《外国公司问责法案》

美国总统特朗普于 2020 年 12 月 18 日正式签署《外国公司问责法案》（以下简称《问责法案》）。此前，《问责法案》分别于 2020 年 5 月 21 日和 2020 年 12 月 2 日由美国参议院和众议院通过。

一、《问责法案》是中美长期以来在证券监管方面分歧扩大化的结果

美国参议院于 2020 年 5 月 21 日通过了由路易斯安那州共和党参议院约翰·肯尼迪（John Kennedy）、北卡罗来纳州共和党参议员凯文·卡拉莫（Kevin Cramer）和马里兰州民主党议员克里斯·范·霍伦（Chris Van Hollen）提出的《问责法案》。肯尼迪在参议院主页上表示："SEC 致力于保护美国投资者免受美国公司的欺诈，但荒谬的是，因为我们不坚持查账，让一些中国公司有机可乘"。② 霍伦称："长期以来，中国公司无视美国的报告标准，误导了我们的投资者。"③

---

① Yan Liang. "The US，China，and the Perils of Post-COVID Pandemic"，https：//thediplomat.com/2020/05/the-us-china-and-the-perils-of-post-covid-decoupling/.

② "Senate passes Kennedy and Van Houen's bill to kick deceitful Chinese Companies off U.S. exchanges". https：//www.kennedy.senate.gov/public/2020/5/senate-passes-kennedy-and-van-hollen-s-bill-to-kick-deceitful-Chinese-companies-off-u-s-exchanges；徐立凡：《快审〈外国公司问责法案〉，美国"手伸得太长了"》，《新京报》2020 年 11 月 30 日，第 A02 版；沈伟：《"脱钩论"背景下的中美金融断裂——以〈外国公司问责法案〉为切入》，《浙江工商大学学报》2021 年第 2 期。

③ "Senate Passes Kennedy and Van Hollen's bill to kick deceitful Chinese Companies off U.S. exchanges"，https：//www.kennedy.senate.gov/public/2020/5/senate-passes-kennedy-and-van-hollen-s-bill-to-kick-deceitful-Chinese-companies-off-U-S-exchanges；张平真：《在美国上市的中国和其他新兴市场将面临国会和纳斯达克更加严格的审查》，https：//www.dlapiper.com/zh-Hans-/China/insights/publications/2020/05/China-and-emerging-market-companies-listed-in-the-us-face-increased-scruting-from-congress，最后访问日期：2020 年 5 月 27 日。

　　该法案要求上市公司证明没有受到外国政府的控制或操纵。如果公司会计监督委员会（PCAOB）连续三年无法检查①上市公司的财务审计资料，并无法认定一个上市公司不受外国政府控制，则发行人的证券将被证监会禁止在美国交易所进行交易。②同时，被禁交易的上市公司如果重新聘请可以被 PCAOB 检查的会计机构，禁令则予以解除。

　　受到跨境监管方面的障碍，PCAOB 作为负责监督在美国公开市场筹资的公司审计工作的非营利机构，可以审查在美国上市公司的原始审计资料，但长期以来不能获得中概股的审计工作底稿。截至 2020 年 4 月 1 日，全球共有 4 个司法管辖区的会计机构不在其全面监督检查能力范围之内，包括中国内地、中国香港地区、法国和比利时。根据中国法律，如果会计师事务所审计一家中国公司的财务信息，被审计的信息属于国家机密，不得在海外披露。因此，美国证监会和监管机构只能看到在美国上市的中国公司的最终审计报告，但是无法看到原始的审计资料。

　　如果法案被实施，中概股企业可能大幅度主动退市或被退市，中国企业在美国的融资渠道就会被切断。此外，这一法案还会影响所有私募、风投、对冲基金以及涉及股权投资的资产收益，拆除很多复杂的可变利益实体（VIE）结构和相关合同。当然，总市值超过 1.8 万亿美元的 224 个中概股全面退出美国资本市场，对美国金融市场也是一个巨大的挑战。

　　2020 年 6 月 4 日，特朗普签署《保护美国投资者免受中国公司重大风险影响的备忘录》（以下简称《备忘录》），呼吁在美国上市的中国公司应该采取坚定有序行动，叫停中国无视美国透明度要求的行为，同时又不给美国投资者和金融市场带来负面影响。特朗普在《备忘录》中指控中国企业从美国金融市场获益，但是中国政府阻止中国企业遵守适用在美上市公司的投资者保护措施。为了充分执行"为美国金融市场的投资者提供保护的法律"，特朗普要求总统金融市场工作小组在《备忘录》发布的 60 天内，就如何"打击某些在美国上市中国企业"提出建议，并向总统报告。《备

---

　　①　"无法检查"包含一项认定条件，即证券发行人聘请的审计机构如果在美国国外，并且因为国外当局的立场，导致美国无法对其进行"完整的检查或者调查"。

　　②　Daniel Flatley & Ben Bain. "Senate Passes Bill to Delist Chinese Companies from Exchanges", https://www.bostonglobe.com/business/2020/05/20/senate-passes-bill-delist-chinese-companies-from-exchanges/YTQHe6E9ohJz0D4I9dfUDI/story.html.

忘录》要求在向总统的报告中包括以下内容：① 在中国政府未允许（在 PCAOB 注册的）审计机构遵守美国证券法和投资者保护要求的情况下，行政机关可能采取的行动建议。② 对美国证监会或 PCAOB 应采取的行动建议，包括针对在 PCAOB 注册的审计机构未能提供审计工作底稿或不遵守美国证券法的情况下，采取的审查和强制行动。③ 对美国证监会或其他联邦机构应该采取的额外行动建议，包括启动立法、设定新的上市规则或其他治理措施。

就填补监管漏洞和建立审计监管合作而言，中国也进行了积极的尝试。2015 年公布的《中华人民共和国外国投资法（草案征求意见稿）》曾尝试将 VIE 结构中的协议控制规定为一种外商投资形式，待《外国投资法》生效后将这类投资纳入该法的适用范围，但由于业内对于既有协议控制应当如何处理等复杂情况存在分歧，最终正式通过的《中华人民共和国外商投资法》未就协议控制专门规定，① 只是以第 2 条第 2 款第 4 项"法律、行政法规或者国务院规定的其他方式的投资"这样的兜底条款为将来的规制设置了法律基础。2021 年 7 月 6 日，中共中央办公厅、国务院办公厅印发《关于依法从严打击证券违法活动的意见》（以下简称《意见》），既明确了中方开展审计监管合作的意愿，也表明了强化针对中概股监管和风险应对的意愿；2021 年 12 月 17 日，中国证监会表示正在就审计监管合作与美方进行磋商，且"取得了积极进展"。②

有学者就《问责法案》进行评论时将 PCAOB 和 SEC 审计监管受限的结果归因为对在美上市中国公司与美国公司的监管存在"事实上的双重标准"，而这一僵局催生了针对中国公司的系统性强硬战略，允许 SEC 对位于法律限制 PCAOB 获取信息的司法管辖区的公司实施更严格的上市标准；《问责法案》也可能给在美上市的中国公司带来合规困境，导致其上市既不符合美国法披露规则，也不符合中国法律；③ 同时还认为美国和中国经济正在进行更广泛的"脱钩"，而《问责法案》则代表两国资本市场紧张

---

① 廖凡：《跨境证券监管合作砥砺前行》，《中国外汇》2021 年第 16 期。

② 《中国证监会相关部门负责人就美国监管机构有关动向答记者问》，http：//www.csrc.gov.cn/csrc/c100028/c1657004/content.shtml，最后访问日期：2021 年 12 月 19 日。

③ Qingxiu Bu. The Anatomy of Holding Foreign Companies Accountable Act（HFCAA）：a panacea or a double-edge sword? *Capital Markets Law Journal*，Vol.16，Issue 4，2021，pp.503 - 527.

局势的显著升级和摩擦加剧。

2021 年 3 月 24 日，美国证监会发布公告，就相关公司认定、信息提交要求、信息公开等程序制定细则，并在 30 天后生效；只要连续 3 年成为"委员会认定的上市公司"，该公司的证券将被禁止交易。"委员会认定的上市公司"的确认程序分两步：第一，如果一家在美国上市的公司在海外雇用了会计师事务所，PCAOB 将确定根据该会计师事务所所在国家监督机构的立场，PCAOB 是否将无法"彻底检查或调查"此会计师事务所。第二，如果 PCAOB 确认无法"彻底检查或调查"该会计师事务所，SEC 将依据相关信息，确定该公司是否为"委员会认定的上市公司"。如果被确定，这个公司需要向证监会提交年报，说明该公司并非外国政府所有或控股。美国证监会经过初步调查，预估有 273 家公司为"委员会认定的上市公司"，其中 22% 在美国设立，78% 在美国之外设立。

二、《问责法案》是中美金融市场脱钩论升级的现实化结果

自从 2018 年上半年中美贸易战开始之后，关于金融市场的"脱钩论"就逐渐升级。

2018 年 12 月 7 日，SEC 和 PCAOB 发表《联合声明》表示，"资本市场体系的基石是高质量、可靠的财务报表"，[①] 并指出，最重要的问题之一是 PCAOB 是否有能力检查在 PCAOB 注册的会计师事务所的审计工作和实际情况。PCAOB 公布了一份公司名单，这些公司雇用的会计师事务所处于 PCAOB 检查工作"存在障碍的司法管辖地区"，其中 213 家公司的审计工作由中国内地会计师事务所或协助审计中国内地业务的香港会计师事务所负责。[②]

2019 年 5 月，美国白宫前首席战略师班农在接受媒体采访时表示，美

---

① "SEC Chairman Jay Clayton, SEC Chief Accountant Wes Bricker and PCAOB Chairman William D. Duhnke III, Statement on the Vital Role of Audit Quality and Regulatory Access to Audit and Other Information Internationally — Discussion of Current Information Access Challenges with Respect to U. S. -listed Companies with Significant Operations in China", https: //www. sec. gov/ news/public-statement/statement-vital-role-audit-quality-and-regulatory-access-audit-and-other.

② 冷静：《超越审计纠纷：中概股危机和解？》，《中国法律评论》2021 年第 1 期，第 179—193 页。

国应停止所有中国企业在美 IPO，同时限制华尔街对中国企业的投融资，"直到中方做出符合美方意愿的根本性的改革"。[①]

2019 年 9 月，白宫基于投资者保护的考虑，准备限制美国金融资本对中国的投资，主要措施包括迫使一部分中国企业在美国退市、限制美国政府退休基金投资中国股票、要求美国的指数服务商限制旗下指数产品中中国股票的权重等。[②] 当时，中国政府正在考虑更大规模地开放金融市场。消息报道后，阿里巴巴、京东和百度的股价下跌。[③] 同时，纳斯达克考虑限制中国大陆小型公司 IPO，[④] 收紧限制并放慢对中国小型公司 IPO 申请的审批速度。[⑤]

2019 年 11 月，马尔科·卢比奥（Marco Rubio）等议员在美国参议院提出《公平法案》（Equitable Act），认为在美国证券交易所上市的中国公司缺乏财务透明度，通过逆向收购等方式损害了投资者利益，要求这些公司提供审计底稿和接受更严格的监管，并遵守美国会计标准，否则将会被除牌。[⑥] 另一项草案《纳税人及储蓄者保护法案》（Taxpayers and Savers Protection Act）要求阻止美国主要的联邦退休储蓄投资委员会投资任何未得到 PCAOB 支持的会计师事务所审计的公司，或因种种原因受到美国政府制裁的公司。[⑦]

2020 年 4 月 21 日，SEC 与 PCAOB 发表联合声明，提醒美国投资者在投资总部位于新兴市场或在新兴市场有重大业务的公司时，注意财务报

[①] "Bannon Turns Against China IPOs on U.S. Stock Markets", https：//www.capitalwatch. com/article-3899-1.html.

[②] Eamon Javers & Yun Li. "White House Deliberates Block on All U.S. Investments in China", CNBC, September 27，2019, https：//www.cnbc.com/2019/09/27/white-house-deliberates-block-on-all-us-investments-in-china.html.

[③] Jenny Leonard and Shawn Donnan, "White House Weighs Limits on U.S. Portfolio Flows into China", https：//www.bloomberg.com/news/articles/2019-09-27/white-house-weighs-limits-on-u-s-portfolio-flows-into-china-k12ahk4g.

[④] Echo Wang & Joshua Franklin. "Exclusive：Nasdaq Cracks Down on IPOs of Small Chinese Companies", https：//www.reuters.com/article/us-usa-china-ipos-nasdaq-exclusive/exclusive-nasdaq-cracks-down-on-ipos-of-small-chinese-companies-idUSKBN1WE0P5.

[⑤] Reuters. "NASDAQ Moves to Limit Chinese SMB IPOs", https：//www.pymnts.com/news/ipo/2019/nasdaq-moves-limit-chinese-smb-ipos/.

[⑥] https：//www.congress.gov/bill/116th-congress/senate-bill/1731.

[⑦] "Taxpayers and Savers Protection Act Would Ban a Multi-Million Member Federal Retirement Program from Investing in Chinese-owned Companies", https：//govtrackinsider.com/taxpayers-and-savers-protection-act-would-ban-a-multi-million-member-federal-retirement-program-b9fc22e419a5.

告及信息披露质量的风险。① 声明指出，考虑到信息披露方面的缺陷，美国投资者在调整投资组合时不要投资在美上市的中国公司。

2020 年 5 月，白宫要求在美国股票市场上交易的中国公司遵守美国会计标准，而非国际会计准则（IAS）、国际财务报告准则（IFRS）或中国会计准则（CN GAAP）。②

美国联邦退休节俭储蓄投资委员会（FRTIB）表示，推迟其国际基金调整投资组合的计划，不对包含与中国政府有关系的企业的指数进行投资。③ FRTIB 管理的节俭储蓄计划（TSP）是在职和退休联邦雇员以及军人的退休储蓄基金，类似于 401（K）企业退休储蓄基金。原本的资金组合调整计划把一部分资金投入一些中国公司。据报道，两名白宫官员于 2020 年 5 月 11 日写信给美国劳工部部长，要求立即终止 FRTIB 向相关指数（MSCI All Country World Ex-US Investable Market Index）进行投资。

纳斯达克于 2020 年 5 月 19 日证实，修订后的上市规则已经提交给 SEC 并等待审批。规则修订主要是调整部分国家公司的上市透明度标准：① 基于公司的审计质量、审计机构资格提出新的上市要求；② 对特定区域公司提出新的上市要求；③ 对特定公司管理层提出新的特定要求。④

2020 年 11 月 12 日，特朗普政府发布行政命令，禁止美国投资者对中国军方拥有或控制的企业进行投资，以此阻止美国投资公司、养老基金和其他机构买卖中国电信、中国移动、海康威视等 31 家中国企业的股票。

标普道琼斯指数在 2020 年 12 月 10 日表示，自 12 月 21 日起，从其股

---

① SEC Chairman Jay Clayton，PCAOB Chairman William D. Duhnke III，SEC Chief Accountant Sagar Teotia，SEC Division of Corporation Finance Director William Hinman，SEC Division of Investment Management Director Dalia Blass．"Emerging Market Investments Entail Significant Disclosure，Financial Reporting and Other Risks；Remedies are Limited"，https：//www. sec. gov/news/public-statement/emerging-market-investments-disclosure-reporting；Sagar Teotia．"Statement on the Importance of High-Quality Financial Reporting in Light of the Significant Impacts of COVID-19"，April 3，2020，available at https：//www.sec.gov/news/public-statement/statement-teotia-financial-reporting-covid-19-2020-04-03.

② "Demanding Accounting Standards Could Push Chinese Companies out of U.S. Exchanges：Trump"，https：//www. reuters. com/article/us-trump-china-stocks/demanding-accounting-standards-could-push-chinese-companies-out-of-u-s-exchanges-trump-idUSKBN22Q2OG.

③ Lia Russell．"FRTIB Backtracks on Investing in Chinese-linked Index Fund"，https：//fcw. com/articles/2020/05/13/russell-frtib-china-change.aspx.

④ "NASDAQ to Tighten Listing Rules，Restricting Chinese IPOs，Sources Say"，https：//www.cnbc.com/2020/05/19/nasdaq-to-tighten-listing-rules-restricting-chinese-ipos-sources-say.html.

票和债券指数中剔除 21 家中国企业,包括海康威视、中芯国际、中国中车股份有限公司、中国交通建设股份有限公司、中国化学工程集团有限公司、中国核工业建设股份有限公司等。这些公司被美国国防部认定为有中国军方支持的背景。指数提供商富时罗素(FTSE Global Equity Index)也从 12 月 21 日起,从指数中剔除海康威视、中国核工业建设、中国卫星等8 家中国公司的股票。从这些指数中被剔除意味着主权基金和各种养老基金不会配置这些上市公司的股票。

纽约证券交易所在 2020 年 12 月 30 日宣布,将对中国联通(香港)、中国移动和中国电信三家公司进行退市处理,以遵守政府于 2020 年 11 月12 日发布的禁止投资"有军方背景的中国企业"的行政命令。2021 年 1 月5 日,纽约证券交易所又宣称:"在与外国资产控制办公室有关监管机构进一步磋商"之后,决定不再对这三家公司进行退市处理。

2021 年 2 月 26 日,美国纽约证券交易所决定正式启动中国海洋石油有限公司(以下简称中海油)美国存托凭证的正式摘牌程序。美国前总统特朗普于 2020 年 11 月 12 日签署了一项旨在禁止美国人投资"有军方背景的中国企业"的《第 13959 号行政命令》,而中海油被列入与该行政令相关的投资"黑名单"。[①]中海油就此决定向纽约证券交易所申请复议,但 2021年 10 月 10 日中海油发布公告说明,纽约证券交易所维持退市决定。[②]

2021 年 5 月 6 日,纽交所坚持退市决定。2021 年 5 月 7 日,中国三大电信运营商公告,纽约证交所维持了监管部门重启它们美国存托证券ADR 下市程序的决定,之后,纽约证交所向美国证券交易委员会提交 25号(FORM25)表格以撤销这些公司美国存托证券的上市及注册(退市)。当时中国电信已经递交了 A 股上市,中国联通已经有 A 股上市平台,中国移动也可能在 A 股上市。

2021 年 5 月 13 日,PCAOB 对外发布第 6100 号规则《委员会据〈追

---

① 安曼:《突发!中海油遭美国纽交所摘牌,强制退市》,https://news.stcn.com/sd/202103/t20210301_2865858.html,最后访问日期:2021 年 12 月 19 日。

② 《纽交所维持将中海油退市决定》,https://std.stheadline.com/sc/overseas/article/2404013/%E6%B5%B7%E5%A4%96%E7%B6%9C%E5%90%88-%E4%B8%89%E8%97%A9%E5%B8%82-%E7%B4%90%E4%BA%A4%E6%89%80%E7%B6%AD%E6%8C%81%E5%87%87%E4%B8%AD%E6%B5%B7%E6%B2%B9%E9%80%80%E5%B8%82%E6%B1%BA%E5%AE%9A,最后访问日期:2021 年 12 月 19 日。

究外国公司责任法〉的决定》。该规则旨在回应《问责法案》，建立框架以确定 PCAOB 是否"因为位于外国管辖区的一个或多个当局机关采取的立场而无法检查或调查位于该管辖区的完全注册的公共会计师事务所"，可据以确认特定外国管辖区、外国公司、外国会计师事务所是否存在 PCAOB 无法审查的情况。该规则包含以下三个判断要素：① PCAOB 选择要审查或调查的业务、审计领域和潜在违规行为的能力；② PCAOB 获取、保留和使用（包括通过访谈和作证）相关公司或其相关人员拥有、保管或控制的，PCAOB 认为与检查或调查有关的任何文件或信息的能力；③ 以符合法案规定和 PCAOB 规则的方式进行检查和调查的能力。① 该规则于 2021 年 11 月 4 日正式生效。② 2021 年 12 月 16 日，PCAOB 发布《〈外国公司问责法案〉认定报告》对规则进行说明，并回顾了双方自 2007 年以来就监管合作进行的接触，包括 2013 年签订的《执行谅解备忘录》和 2014 年的先行检查等，认为中国的立场与 PCAOB 进行检查和调查冲突，双方未能就合作机制达成共识。③

2021 年 5 月 27 日，美国参议院议员马尔科·卢比奥提出《不为无法审计的行为者进行 IPO 法案》（No IPOs for Unaccountable Actors Act），旨在禁止不符合监管机构（PCAOB）要求的中国公司在美进行首次公开募股。具体而言，该法案指示 SEC 禁止任何总部位于 PCAOB 缺乏全面审计权的司法管辖区或聘请 PCAOB 无法检查的审计者的公司在美注册证券并进行 IPO。④

2021 年 6 月 3 日，美国总统拜登签署行政令，将 59 家中国企业列入禁止美国个人与机构投资的"非 SDN 中国军工复合体企业名单"（Non-SDN Chinese Military-Industrial Complex Companies List）。这份名单的前身为特朗普政府制定的《第 13959 号行政命令》，新清单将被限制的中企数量从 31 家增加至 59 家，并留出继续扩大的空间。一旦实体被列入该制裁

---

① "Fact Sheet: Proposing Release for PCAOB Rule to Establish HFCAA Framework", https: //pcaobus. org/news-events/news-releases/fact-sheet-proposing-release-for-pcaob-rule-to-establish-hfcaa-framework.

② "Board Determinations Under the Holding Foreign Companies Accountable Act", https: //pcaobus. org/oversight/international/board-determinations-holding-foreign-companies-accountable-act- hfcaa.

③ "HCFAA Determination Report", https: //pcaob-assets. azureedge. net/pcaob-dev/docs/default-source/international/documents/104-hfcaa-2021-001.pdf? sfvrsn=acc3b380 _ 4.

④ "No IPOs for Unaccountable Actors Act". https: //www. congress. gov/bill/117th-congress/senate-bill/1914/titles?r=1&s=1.

清单，美国政府将禁止投资者购买或出售这些公司的任何公开交易证券及衍生品；[①] 在公司被列入名单后，既有投资者有一年的时间进行撤资。[②] 从法律层面看，"非 SDN 中国军工复合体企业名单"的影响集中在上市公司的美国投资者持股，直接干预及影响其向美国实体募资。这一行政命令的生效又为中美金融实质脱钩增加了新的法律基础。有境外媒体指出这类行为"是地缘政治权力斗争的一部分""过火且低劣"。[③]

2021 年 6 月 22 日，美国参议院通过《加速外国公司问责法案》（Accelerating Holding Foreign Companies Accountable Act），该法案同样由《问责法案》的主导者、参议院议员约翰·肯尼迪推动，旨在修订《问责法案》，加强对拒绝接受美国政府审计的中国公司的问责，并堵塞中国公司用以逃避相关监督的漏洞。该法案较《问责法案》更为严苛，若外国公司在连续两年内而不是《问责法案》所规定的三年内无法遵守 PCAOB 的审计要求，其证券就可能被禁止交易。同时把《问责法案》的适用范围扩大至聘用来自中国台湾地区或者新加坡的会计师事务所开展审计、因中国法律而不遵守 PCAOB 检查要求的中国在美上市公司。

2021 年 7 月 30 日，SEC 主席发表《关于与中国近期发展相关的投资者保护的声明》（Statement on Investor Protection related to Recent Developments in China），声明并非完全暂停中国赴美上市公司的申请和注册，而是 SEC 针对中国赴美上市公司提出了更高的披露要求，这些要求包括披露 VIE 结构详情、中国政府行为不确定性、包括量化指标的详细财务信息、是否获得中国监管当局对其在美上市的许可及撤销的可能性等信息的要求。此外，SEC 主席还指出 SEC 将对有大量中国业务的公司的文件进行有针对性的额外审查。[④]

2021 年 12 月 2 日，SEC 发布针对《关于〈问责法案〉之最终规则》

---

① 何书静：《商汤之后，美国再将旷视等 8 家中国科技公司列入投资黑名单》，https：//www.caixin.com/2021-12-17/101818887.html? originReferrer = gh _ caixinwang，最后访问日期：2021 年 12 月 17 日。

② Mary Ma. "SenseTime sanction too far and too low"，13 Dec，2021，https：//www.thestandard.com.hk/section-news/section/17/236931/SenseTime-sanction-too-far-and-too-low.

③ Mary Ma. "SenseTime sanction too far and too low"，13 Dec，2021，https：//www.thestandard.com.hk/section-news/section/17/236931/SenseTime-sanction-too-far-and-too-low.

④ Gary Gensler. "Statement on Investor Protection Related to Recent Developments in China"，https：//www.sec.gov/news/public-statement/gensler-2021-07-30.

的修正案，最终落实了这项起源于特朗普政府时期的规则，为执行《问责法案》的提交和披露信息要求建立框架。该规则要求 SEC 认定的发行人向 SEC 提交文件，证明自身不被公共会计师事务所所在的外国管辖区政府实体所拥有或控制，同时还要求 SEC 认定的"外国发行人"在年报中为其自身及合并的实体提供额外的披露。① 媒体评论此规定"推动了一个可能导致 200 多家公司被踢出美国交易所的进程"，并可能降低中国公司对于美国投资者的吸引力。② 中国学者曾就规则内容致信 SEC 并提出以下建议：第一，《问责法案》内容明显针对中国在美上市公司，对于这些公司的待遇是歧视性与不公平的，具有证券监管政治化的不当倾向；第二，SEC 和（或）PCAOB 应当披露更多的中美审计监管合作信息，例如其为落实 PCAOB 对位于中国的审计机构进行检查所做的工作、对中方合作提案的态度以及是否存在具体的推进合作时间表；第三，摘牌在美上市中国公司将损害美国乃至全球投资者的利益，并有损美国资本市场作为世界金融中心的地位，政治因素正在影响美国资本市场中包括市场化融资、资本开放性与流动性在内的基本原则。③ SEC 针对评论进行了部分回应，强调《问责法案》对 SEC 权力的授予以及交易禁令程序明晰化等措施将减少其对投资者的干扰，有助于维护市场公平。④ 前述 PCAOB《〈问责法案〉认定报告》中对中美双方接触的描述在一定程度上也回复了学者建议的第二点。⑤

2021 年 12 月 3 日，滴滴出行宣布将启动从纽约证券交易所退市的工作，并转赴香港证券交易所上市。⑥ 2021 年 6 月 30 日，滴滴出行于纽约证券交易所"静默上市"；2021 年 7 月，滴滴出行被七部委联合进行网络安全审查，后其开发的手机应用被悉数从各大应用市场下架。网络安全审查

① "SEC Adopts Amendments to Finalize Rules Relating to the Holding Foreign Companies Accountable Act"，https：//www.sec.gov/news/press-release/2021-250.

② 黄斌：《焦点：滴滴出行"退美赴港"搅动市场　中美监管角力下中概股退市潮起》，https：//www.reuters.com/article/didi-nyse-delist-us-regulation-1204-idCNKBS2IJ01T，最后访问日期：2021 年 12 月 18 日。

③ "Comments on Holding Foreign Companies Accountable Act Disclosure"，https：//www.sec.gov/comments/s7-03-21/s70321.htm.

④ "Holding Foreign Companies Accountable Act Disclosure"，https：//www.sec.gov/rules/final.htm.

⑤ "HCFAA Determination Report"，https：//pcaob-assets.azureedge.net/pcaob-dev/docs/default-source/international/documents/104-hfcaa-2021-001.pdf?sfvrsn=acc3b380_4.

⑥ 孟建国：《滴滴启动纽交所退市，转赴香港》，https：//cn.nytimes.com/business/20211203/china-didi-delisting/，最后访问日期：2021 年 12 月 18 日。

的消息传出后，美国律所 Labaton Sucharow 宣布将代表股东向滴滴发起集体诉讼索赔。[①] 有媒体认为，这一举措是滴滴出行在中国勒紧"网络安全"缰绳而美国政府高举《问责法案》的双重压力下做出的举措。[②] 这是中美证券监管角力的直接反映和必然结果。

2021 年 12 月 10 日，美国财政部宣布将中国人工智能领域独角兽公司商汤集团列入前述非 SDN 中国军事综合体清单，对其实施投资限制，禁止美国投资者入股商汤集团。[③] 12 月 16 日，美国财政部再次更新这一清单，将旷视科技、依图科技、云从科技、大疆、曙光信息、东方网力、立昂技术、美亚柏科 8 家中国公司列入其中，同时声称这 8 家公司涉及用于监视宗教或少数族裔群体的技术，美国投资者将被禁止购买或出售与这些实体有关的公开交易证券及其金融衍生品。[④]

2021 年 12 月 20 日，SEC 在官方网站更新了致位于中国之公司信函的样本，该类监管信函旨在"要求更具体、更突出地披露与中国公司相关的法律和运营风险"。[⑤] 信函样本中包括以下事项：① 在招股说明书的封面，要求采用 VIE 架构的上市公司注明自身所在位置并非中国，以及 VIE 架构将造成风险，突出披露上市公司位于中国或大部分业务位于中国的相关法律和运营风险、上市公司是否受到《问责法案》的影响，明确说明招股说明书中用于指向上市公司、子公司和 VIE 的表述，以及 VIE 架构下的简明现金流向。② 在招股说明书的摘要中，明确披露上市公司使用基于中国的 VIE 结构及 VIE 结构含义，并在摘要的前部提供公司结构图表及所涉主体拥有股权等权利安排和有关协议，明确说明 VIE 架构下控股公司的受益人身份及其与中国实体无实际关联，披露 VIE 架构与在华业务所致重大的监管风险、流动性风险和执法风险，披露上市公司及其子公司或 VIE

---

① 《滴滴严重违法违规收集使用个人信息遭下架，在美遭集体诉讼》，https://www.caixin.com/2021-07-04/101735802.html，最后访问日期：2021 年 12 月 18 日。

② 黄斌：《焦点：滴滴出行"退美赴港"搅动市场 中美监管角力下中概股退市潮起》，https://www.reuters.com/article/didi-nyse-delist-us-regulation-1204-idCNKBS2IJ01T，最后访问日期：2021 年 12 月 18 日。

③ "Treasury Sanctions Perpetrators of Serious Human Rights Abuse on International Human Rights Day", https://home.treasury.gov/news/press-releases/jy0526.

④ "Treasury Identifies Eight Chinese Tech Firms as Part of The Chinese Military-Industrial Complex", https://home.treasury.gov/news/press-releases/jy0538.

⑤ "Sample Letter to China-Based Companies", https://www.sec.gov/corpfin/sample-letter-china-based-companies?utm_medium=email&utm_source=govdelivery.

架构中就经营业务或发行证券需要从中国当局获得的许可或批准，披露架构中的具体现金流向及具体的合并财务报表，以及上市公司对《问责法案》的遵守或违反情况及其后果。③ 在风险提示中，说明 VIE 架构存在不合法情况导致证券价值减损的风险，提示《加速追究外国公司责任法案》已获得参议院通过，单独强调中国政府随时可能影响上市公司运营风险并导致证券价值减损，以及国家网信办收紧监管尺度对上市公司的影响。

中海油、三大运营商、滴滴出行等公司退市案例的发生均是《问责法案》的直接结果，但是导致这些结果的是法案中不同的要求，分别为：限制相关企业的国有控制权的要求和对审计内容披露的要求。这两项不同的要求实际上反映的是法案出台的三个背景条件：① 中美双方虽有展开合作的意愿，也进行了磋商，甚至已经有了合作监管的案例，但并未建立长期有效的审计监管合作机制。② 在现有法律制度下，美国投资者通过美国 SEC、美国法院等美国公权力机关提供的救济手段向中概股公司索赔艰难，[①] 中国在国家安全、数据安全以及证券监管本身的法律对公司审计内容披露进行了限制，以及这些公司的壳公司实际处于两国监管的灰色地带。③ 在中美全面脱钩、全面竞争的语境下，美方对中国公司的无端指责和苛求。

三、《问责法案》是美国对于中国意识形态防范和国家安全泛化的结果

该法案在 2020 年 12 月美国众议院通过的版本中增加了第三节"补充披露"，即要求上市公司披露担任公司董事会成员的中国共产党官员的姓名以及公司章程中是否包含中国共产党党章的内容。中国证监会就《问责法案》事宜答记者问时表示："该法案对外国发行人提出的额外披露要求，包括证明自身不被外国政府所有或控制，披露董事会里共产党官员姓名、共产党党章是否写入公司章程等，具有明显的歧视性，均非基于证券监管的专业考虑，坚决反对这种将证券监管政治化的做法。"[②]

---

① Jesse M. Fried, Ehud Kamar. "China and the Rise of Law-Proof Insiders", ECGA Working Paper, No.557/2020, December 2020, http://ssrn.com/abstract_id=3740223.

② 《中国证监会有关部门负责人就美国国会众议院通过〈外国公司责任法案〉事宜答记者问》，http://www.csrc.gov.cn/pub/newsite/zjhxwfb/xwdd/202012/t20201204_387411.html，最后访问日期：2020 年 12 月 11 日。

2020 年 12 月 18 日，中国外交部部长王毅在同美国亚洲协会进行视频交流时谈到，美方一些官员无端指责、谩骂中国，甚至是情绪化宣泄，其根源在于美方一些政客在涉华问题上做出了一系列战略误判：一是美方无视中美存在广泛共同利益和巨大合作空间，从战略认知上执意将中国列为主要威胁，扣歪了第一颗纽扣，以致不惜发动"全政府战略"，集中几乎所有资源来打压中国，实际上犯了方向性错误。二是从意识形态偏见出发，攻击和抹黑中国共产党。三是期待通过极限施压迫使中方屈服。[①]

2020 年 12 月—2021 年 1 月，纽交所一度考虑要求三家中国主要电信公司，即中国移动有限公司、中国电信公司和中国联通香港有限公司退市，理由是这三家上市企业对美国国家安全构成威胁。这个决定是呼应特朗普在 2020 年 11 月 12 日发布的行政令，要求"解决对中国军事企业进行证券投资所带来的威胁"，防止美国的机构投资人及散户投资这些中国企业，防止资金流入中国军方，最终对美国构成安全威胁。美国国防部根据 1999 年财政年度《国防授权法》的条款界定中国军事企业。在此基础上，美国国防部罗列了 35 家中国企业为军事企业。2020 年 12 月 28 日，白宫对此行政令作了进一步的解释，禁止所有美国机构和个人通过直接或间接形式（指数基金）购买这 35 家企业及其持股 50％以上子公司的证券。这个行政令在 2021 年 1 月 11 日生效，给予美国投资机构 10 个月的时间清空其持有的股票。

第二节　中美之间的跨境证券监管争执

《问责法案》的核心是中美两国在证券监管跨境合作方面的争执和分歧，究其实质是技术和法律层面的分歧。当前中美跨境证券监管方面存在两个不同的法律问题，分别是监管漏洞和制度冲突。除了监管范围上的法律漏洞，另一个问题是中美两国证券监管方面的法律冲突。中美之间就审计监管合作存在着观念上的分歧，而且这种分歧在根本上是两国法律的分

---

① 《王毅谈美一些政客在涉华问题上的四个战略误判》，http://new.fmprc.gov.cn/web/wjbzhd/t1841316.shtml，最后访问日期：2020 年 12 月 11 日。

歧。美国 SEC 被美国国内法赋予了巨大的监管权力，国际证监会组织和相关合作机制的存在，以及美国与其他国家订立的审计监管双边合作条约也允许 SEC 与其他国家证券监管部门在法律允许的前提下互助。总之，SEC认为法律赋予了其审查在美上市公司审计内容和审计底稿的权力。而在我国，因为存在我国数据安全法律、网络安全法律，以及《证券法》本身等法律的一些限制，我国审计机构向境外监管机构提供审计材料和审计底稿的行为受限。中美双方在审计监管上的冲突实际源于两国法律针对审计监管安排的不同。

证券市场的跨国审计监管问题起始于 2002 年的《公众公司会计改革和投资者保护法案》（《萨班斯—奥克斯利法案》）。这一法案是安然财务造假事件曝光后，美国证监会为了恢复投资者信心、抵御公司财务造假丑闻给市场带来的冲击而作出的规制应对。这一法案对美国 1933 年的《证券法》和 1934 年的《证券交易法》进行了大幅度修改，改善和强化了公众公司的信息披露和对公众公司的会计信息质量的监督。

根据《萨班斯—奥克斯利法案》，所有在美国公开交易证券的公司必须雇用在 PCAOB 注册的审计机构进行审计，这些审计机构必须定期向PCAOB 报送年审数据，并接受日常检查审查或特别调查。

《萨班斯—奥克斯利法案》的首要内容是设立 PCAOB，通过注册、检查、制定准则和执法等四大功能实现对注册会计师行业的独立监管。注册是指审计美国上市公司的会计师事务所必须在 PCAOB 进行注册。2010 年《多德—弗兰克法案》要求所有审计证券经纪商的会计师事务所必须到PCABO 注册。注册不设门槛，但是注册的会计师事务所必须遵守规则并接受检查；检查是指完成注册的会计师事务所需要定期接受 PCAOB 检查，审计 100 家以上上市公司的会计师事务所需要每年接受 PCAOB 的检查，其他会计师事务所需要每三年接受检查。制定准则是指完成注册的会计师事务所必须按照 PCAOB 制定的审计准则和质量控制准则开展审计业务，构建事务所的质量控制体系。执法是指 PCAOB 有权对所有注册的会计师事务所的违规行为实施罚款、暂停人员执业、暂停或取消注册等执法程序，将有关检查报告和整改事项在网页上公布。PCAOB 从注册、检查、制定准则到执法已经形成了有效的运行机制。此后，美国没有发生类似安然事件的重大财务造假丑闻。

PCAOB 是世界上第一个独立于注册会计师行业的监管机构，[①] 实行委员会制，每个委员由 SEC 任命，任期 5 年，5 个委员交替到期，经费来自向注册会计师事务所收取的注册费、年费以及向上市公司和证券经纪商收取的监管服务费。PCAOB 的设立改变了美国资本市场的审计监管格局，掌握了美国注册会计师协会的准则制定权和行业管理权。PCAOB 还主导国家间的交流合作，例如主要国家的审计监督机构在巴黎发起独立审计监管机构国际论坛（IFIAR），该论坛截至目前有 55 个成员。该论坛逐渐从交流平台转变为具有监管性质、类似于巴塞尔委员会和国际证监会组织的机构。中国没有单独设立上市公司审计监管机构，也没有申请加入 IFIAR。

PCAOB 还在国际市场上通过长臂管辖进行跨境检查。根据《萨班斯—奥克斯利法案》，非美国会计师事务所如果要继续出具对美国上市公司的审计报告，需要在 PCAOB 注册、遵从其制定的准则并定期接受检查。上市公司披露或发布任何不是基于会计准则（GAAP）计算的财务信息时，必须说明最直接可比的通用会计准则财务方法，并且对 GAAP 和国际财务报告准则（IFRS）进行协调。[②] 如果会计师事务所不能定期接受 PCAOB 的检查，注册将被取消，上市公司也必须更换会计师事务所或者面临退市。

由于 PCAOB 的长臂管辖和域外检查职能，日本和欧盟等国家和地区还制定了审计监管等效认定的规定，避免 PCAOB 单方面的域外执法，通过互相认可审计监管等效，实现相互监督依赖。但是，《萨班斯—奥克斯利法案》并没有授权 PCAOB 认可审计监管等效模式。由于各个国家资本市场开放程度和融资能力存在差别，其他国家的监管机构几乎没有入境美国进行检查的需求。相反，其他国家由于存在促进本国企业在美国进行跨境融资的需求，反而遵守美国的跨境执法，以便实现自我利益。因此，审计监管等效模式只在美国之外的其他国家之间成为监管合作模式。PCAOB 根据《萨班斯—奥克斯利法案》的赋权，以相关公司退市为手段，在进入其他国家检查注册会计师事务所的问题上保持压倒性的态势。德国、日本等都与 PCAOB 签订了合作协议，允许 PCAOB 以联合检查的方式入境检查。

---

① 作为全球资本市场规则的引领者，其他主要资本市场成立独立于注册会计师行业的监管机构。法国成立了审计师高级理事会、日本成立了公认会计师监督机构、中国香港地区成立了财务汇报局。

② 美国一直采用 GAAP，世界上大多数国家采用由国际会计准则理事会制定和发布的 IFRS。两者之间存在实质性的差异。

　　《问责法案》旨在对 2002 年《萨班斯法案》进行补充和修订，以达成如下目标：如果由于域外立法导致 PCAOB 不能对股票发行企业进行检查，有关上市公司需要向美国证券与交易委员会披露相关信息。

　　涉及中概股和美国会计师事务所的中国监管部门为中国证监会、中国财政部。目前中美两国并未签署双边证券执法信息分享备忘录，但在 1994 年签署的《中美证券合作、磋商及技术援助的谅解备忘录》[①] 和 2006 年签署的《中国证券监督管理委员会与美国证券交易委员会合作条款》[②] 中，双方表达了在这一领域的合作意愿，但没有具体的实施程序。

　　各国证券监管机构在调查跨境市场滥用的案件时，通常采取双边或多边合作机制以得到境外监管机构的配合和协助。双边合作机制是指两国监管机构通过签订谅解备忘录的方式相互交流信息或者开展执法合作，其约束力较弱。多边合作机制涉及交易所和监管机构两大层面。在交易所层面，跨市场监管集团（ISG）为其成员进行信息交流与共享提供合作途径。在监管机构层面，国际证监会组织（International Organization of Securities Commissions，IOSCO）《关于磋商、合作和信息交流多边备忘录》（Multilateral Memorandum of Understanding Concerning Consultation and Cooperation and the Exchange of Information）是当前最重要的国际证券监管合作机制，并且取得了一定的合作成效，见表 7 - 1。

表 7 - 1 　《备忘录》信息互换次数统计

年　　份	信息交换次数
2003	56
2004	307
2005	384
2006	526

---

　　① "Memorandum of Understanding Regarding Cooperation，Consultation and the Provision of Technical Assistance". April 28，1994，https：//www.sec.gov/about/offices/oia/oia _ bilateral/china. pdf.

　　② "Terms of Reference for Cooperation and Collaboration between the China Securities Regulatory Commission and the US Securities and Exchange Commission". May 2，2006，https：//www.sec.gov/about/offices/oia/oia _ bilateral/chinator. pdf.

续　表

年　　份	信息交换次数
2007	726
2008	868
2009	1 262
2010	1 624
2011	2 088
2012	2 377
2013	2 658
2014	3 080
2015	3 203
2016	3 330
2017	4 803
2018	4 064
2019	4 319
2020	4 674

该《备忘录》规定了签署方相互协助和信息交换的原则、协助方位、协助请求及执行的要件、允许提供的信息、保密性和可以拒绝协助的情形。依据该《备忘录》第7条的规定，一国监管机构可向境外监管机构请求获得涉及交易记录和行为人的广泛信息。该机制下提供的信息不受"双重犯罪原则"的拘束，且任何国内的保密法规都不能成为拒绝信息收集或提供的理由；一旦信息被移交，就可用于广泛用途，包括民事、行政或刑事诉讼，无须与提供的监管机构协商。这一机制的缺陷在于没有联合调查机制和成本分担机制。

IOSCO 于 2017 年又发布了《增强版多边备忘录》(Enhanced Multilateral Memorandum of Understanding Concerning Consultation and Cooperation and the Exchange of Information),① 不仅有效包含了之前《备忘录》的所有条款,而且在审计、强制、冻结资产、互联网和电话记录等方面加强了信息交流合作的力度,强化了保护投资者和针对不当行为和欺诈的执法权力,并试图解决信息提供的迟延问题。加入《增强版多边备忘录》的国家和地区还不多,目前仅为14个,② 我国还没有签署《增强版多边备忘录》。

对国际证监会组织文件、备忘录的效果,中美监管机构在理解上存在分歧。《备忘录》是美国证监会跨境证券监管合作的主要形式,也是要求中方进行执法配合的主要根据。SEC认为《备忘录》构成了两国证券调查与执行方面的国际合作与信息共享框架。我国证监会于2007年加入该《备忘录》。中国认为,这一备忘录中的条款并无法律约束力,不能凌驾于签署国法律之上,且提供的信息和文件不得违反协助提供国的法律。

中国的国内法是两国证券监管部门跨境监管合作的法律壁垒。中国证监会、国家保密局、国家档案局联合发布并于2009年11月13日起实施的《关于加强在境外发行证券与上市相关保密和档案管理工作的规定》(以下简称《规定》),确认中国证监会负责就在境外发行证券与上市保密和档案管理工作涉及的跨境证券监管事宜,与境外证券监管机构和其他相关机构开展交流与合作。对于境外监管机构对境内机构进行现场检查的,"应当事先向证监会和有关主管部门报告",涉及需要取得批准的事项,"应当事先取得有关部门的批准"。现场检查应以中国监管机构为主进行,或依赖中国监管机构的检查结果。《规定》要求会计师事务所在向境外监管机构交送工作底稿时必须经中方监管机构批准。《规定》第6条称,在境外发行证券与上市过程中,提供相关证券服务的证券公司、证券服务机构在境内形成的工作底稿等档案应当存放在境内。③ 前款所称工作底稿涉及国家秘密、国家安全或者重大利益的,不得在非涉密计算机信息系统中存储、

---

① "Enhanced Multilateral Memorandum of Understanding Concering Consultation and the Exchange of Information (EMMoU)", https://www.iosco.org/about/?subsection=emmou.

② "Signatories to EMMoU", https://www.iosco.org/about/? subSection = emmou&subSection1 = signatories.

③ 《关于加强在境外发行证券与上市相关保密和档案管理工作的规定》第6条:"在境外发行证券与上市过程中,提供相关证券服务的证券公司、证券服务机构在境内形成的工作底稿等档案应当存放在境内。"

处理和传输；未经有关主管部门批准，也不得将其携带、寄运至境外或者通过信息技术等任何手段传递给境外机构或者个人。根据《规定》第8条，只有涉及国家秘密、档案管理或其他需要事先经有关部门批准的事项，才要报保密部门、国家档案局或有关部门的批准后才能提供相关资料。①

2023年2月24日，中国证监会、财政部、国家保密局和国家档案局联合发布《关于加强境内企业境外发行证券和上市相关保密和档案管理工作的规定》（以下简称《保密新规》），该新规自2023年3月31日其生效。《保密新规》针对近年来我国企业境外发行上市的相关情况与问题，对2009年施行的原规定中包括审计底稿检查在内的跨境审计监管相关内容进行了实质性修改，②中方为中美证券审计监管合作在奠定制度基础方面的努力可见一斑。

《保密新规》较原《规定》的主要调整如下③。

第一，《保密新规》完善了该规则的法律依据，增加《中华人民共和国会计法》《中华人民共和国注册会计师法》等有关法律和《管理试行办法》等规范作为其依据，并修改规定中的表述。④

第二，《保密新规》调整了适用范围，将其与《管理试行办法》相衔

---

① 《关于加强在境外发行证券与上市相关保密与档案管理工作的规定》第8条："证监会负责就在境外发行证券与上市保密和档案管理工作涉及的跨境证券监管事宜，与境外证券监管机构和其他相关机构开展交流与合作。

境外证券监管机构和其他相关机构提出对境外上市公司以及为境外发行证券与上市提供证券服务的证券公司、证券服务机构（包括境外证券公司和证券服务机构在境内设立的成员机构、代表机构、联营机构、合作机构等关联机构）在境内进行现场检查的，有关境外上市公司、证券公司和证券服务机构应当事先向证监会和有关主管部门报告，涉及需要事先经有关部门批准的事项，应当事先取得有关部门的批准。现场检查应以我国监管机构为主进行，或者依赖我国监管机构的检查结果。

境外证券监管机构和其他相关机构提出对境外上市公司以及为境外发行证券与上市提供证券服务的证券公司、证券服务机构（包括境外证券公司和证券服务机构在境内设立的成员机构、代表机构、联营机构、合作机构等关联机构）进行非现场检查的，涉及国家秘密的事项，有关境外上市公司、证券公司和证券服务机构应当依法报有审批权限的主管部门批准，并报同级保密行政管理部门备案；涉及档案管理的事项，有关境外上市公司、证券公司和证券服务机构应当依法报国家档案局批准。涉及需要事先经其他有关部门批准的事项，有关境外上市公司、证券公司和证券服务机构应当事先取得其他有关部门的批准。"

② 廖凡、崔心童：《从境外上市保密新规看中美跨境审计监管破局》，《中国外汇》2022年第12期，第2—25页。

③ 《关于〈关于加强境内企业境外发行证券和上市相关保密和档案管理工作的规定〉的修订说明》，http://www.gov.cn/zhengce/zhengceku/2023-02/25/5743312/files/7f58090c9f8e456883f8ea6bde1dea15.pdf，最后访问日期：2023年2月24日。

④ 《保密新规》第1条。

接，明确《保密新规》同时适用于企业的境外直接上市和间接上市，《保密新规》所定义的"境内企业"既包括直接境外发行上市的境内股份有限公司，也涵盖间接境外发行上市主体的境内运营实体（典型者例如 VIE 架构下的境内公司）。[1]

第三，明确企业信息安全责任，为在境外发行证券和上市的境内企业、有关证券公司、证券服务机构提供更明确的指引，要求境内企业或者其境外上市主体在前述过程中向证券服务机构以及境外监管机构提供、披露文件资料时，遵守保密等相关法律法规，并就提供的涉密敏感信息具体情况提供书面说明，证券服务机构应保存该说明以备查。[2]

第四，完善了跨境监管合作安排。一方面，《保密新规》明确会计档案管理要求，境内企业需依规定程序向有关证券服务机构、境外监管机构等单位和个人提供会计档案或其复制件；[3] 另一方面，《保密新规》修改有关境外检查的规定，删除了原有规定中关于"现场检查应以我国监管机构为主进行，或者依赖我国监管机构的检查结果"的表述，[4] 为安全高效开展跨境监管合作提供制度保障。[5]

《保密新规》对审计监管合作的可能产生了积极效果。完善跨境监管合作安排、提供相关制度保障是《保密新规》的修订重点之一。在跨境审计监管方面，根据原《规定》，在境外发行与上市过程中，提供相关证券服务的证券公司、证券服务机构在境内形成的工作底稿等档案应当存放在我国境内；[6] 境外证券监管机构等提出对境外上市公司以及为其提供证券服务的证券公司、证券服务机构在境内进行现场检查的，现场检查应以我国监管机构为主进行，或者依赖我国监管机构的检查结果。[7] 现行规定部分相关要求被美方认为与 PCAOB 在跨境监管合作方面的主张存在冲突。事实上，我国法律从未禁止向境外监管机构提供审计底稿，而是强调针对

---

① 《保密新规》第2条。
② 《保密新规》第3、4、5条。
③ 《保密新规》第8条。
④ 《关于加强在境外发行证券与上市相关保密和档案管理工作的规定（2009年）》第8条；《保密新规》第11条。
⑤ 证监会：《证监会就修订〈关于加强在境外发行证券与上市相关保密和档案管理工作的规定〉公开征求意见》，http://www.csrc.gov.cn/csrc/c100028/c5572328/content.shtml，最后访问日期：2022年4月2日。
⑥ 《关于加强在境外发行证券与上市相关保密和档案管理工作的规定（2009年）》第6条。
⑦ 《关于加强在境外发行证券与上市相关保密和档案管理工作的规定（2009年）》第8条。

审计底稿等资料的检查和调查需符合安全保密的相关要求，这类涉及重要、敏感信息的资料应经有关部门同意后，通过监管合作渠道跨境传递。[①] 由此可见，涉密、敏感信息和档案的安全是我国在跨境监管合作方面的基本立场和关注重点，因此，《保密新规》对于审计底稿存放、传递问题的态度也与原规则一致，审计底稿"应当存放在境内。未经有关主管部门批准，不得通过携带、寄运等任何方式将其转移至境外或者通过信息技术等任何手段传递给境外机构或者个人……需要出境的，按照国家有关规定办理审批手续"，[②] 可见跨境数据流动安全在跨境审计监管中的基本原则地位。但是，在前述基本立场不变的前提下，《保密新规》也对原规定的内容进行了修订，改为"应当通过跨境监管合作机制进行，证监会或有关主管部门依据双多边合作机制提供必要的协助"，[③] 为中美就审计监管合作方式达成共识奠定了制度基础。

美国证监会认为，签署备忘录代表在法律允许的前提下提供互助，且备忘录列出协助内容包括但不限于提供所需的信息和文件，签字国的国内保密法不应成为提供协议所覆盖信息的障碍。具体而言，美国证监会认为进行审计合作属于协议规定的内容，协议只是为国际合作列出了最低标准，合作应不仅限于此。但中国证监会则提出一系列理由，包括有必要单独另外签署一份双边协议以提供审计底稿，备忘录并不保证 SEC 能获得审计底稿。

中美证券监管部门之间的合作是通过签订备忘录或者合作文件的方式进行的，1994—2013 年共签订了六个合作文件。根据双方于 2012 年签署的《美方来华观察中方检查的协议》，PCAOB 派员以观察员身份来华视察中方的相关检查工作，而非 PCAOB 对中国会计师事务所进行检查。根据 2013 年我国证监会、财政部和美国 PCAOB 签订的《执法合作备忘录》，中方在一定范围内向美方提供在美国上市的中国公司的会计底稿。中国证监会有关负责人在 2020 年 4 月 27 日答记者问时表示：在国际证监会组织（IOSCO）多边备忘录等合作框架下，中国证监会已向多家境外监管机构

[①] 廖凡、崔心童：《从境外上市保密新规看中美跨境审计监管破局》，《中国外汇》2022 年第 12 期，第 2—25 页。
[②] 《保密新规》第 9 条。
[③] 《保密新规》第 11 条。

提供 23 家境外上市公司相关审计工作底稿,其中向美国证监会和 PCAOB 提供的共计 14 家。

早在 2012 年 5 月,中美两国证券监管部门负责人在北京 IOSCO 会议期间达成协议,双方主席将就执法合作进行对话。但是,美方不愿承诺需征得中方的同意才采取法律行动,因此中国证监会予以拒绝。①

根据财政部 2015 年制定并实施的《会计师事务所从事中国内地企业境外上市审计业务暂行规定》,境外会计师事务所受托开展中国内地企业境外上市审计业务的,应当与中国内地会计师事务所开展业务合作,并应当严格遵守中国证券监督管理委员会、国家保密局、国家档案局等部门制定的《关于加强在境外发行证券与上市相关保密和档案管理工作的规定》。中国内地企业境外上市涉及法律诉讼等事项需由境外司法部门或监管机构调阅审计工作底稿,或境外监管机构履行监管职能需调阅审计工作底稿的,按照境内外监管机构达成的监管协议执行。

SEC 和 PCAOB 在 2018 年 12 月 7 日联合发布了《关于审计质量和国际监管机构对审计和其他信息的重要作用》的声明,表示 SEC 和 PCAOB 在监督和检查在美国上市的中国公司的会计师事务所时遇到一定阻碍,"无法直接接触和在中国境内发生的交易与事项相关的账簿、交易记录和审计工作底稿,无法在范围和时间上做到与其他司法管辖区一致";PCAOB 一直在努力获得在美国上市的中国公司的审计工作底稿,但进展缓慢,且已发生多起因会计信息披露引发的诉讼。

2019 年年底修订的《证券法》新增第 177 条第 2 款规定:"境外证券监督管理机构不得在中华人民共和国境内直接进行调查取证等活动;未经国务院证券监督管理机构和国务院有关主管部门同意,任何单位和个人不得擅自向境外提供与证券业务活动有关的文件和资料。"该条说明,任何一家审计机构或者上市公司提供数据给 PCAOB,都需要证监会或其他部门的同意,而不能自行决定。这与 PCAOB 方面希望与中国达成的协议存在巨大差距。《证券法》第 177 条只是原则性、授权性的规定,具体操作要

① 证监会拒绝监管合作的另外一个理由是监管资源稀缺。中国证监会对一起案件的调查平均需要花费 8 个月甚至 1 年或者更长的时间,因为中国证监会必须得出调查结果,而不是像美国证监会那样,可以依靠去法院起诉,进入司法程序后就可宣布美国证监会调查终结。一般来说,对案件的非正式调查要花费 3—4 个月的时间,对案件的正式调查将花费 4 个月甚至更长时间。

求还要从其他规定中找到依据。目前大部分的证券监管不是基于管辖权，而是基于合作协议。《证券法》第 177 条第 2 款可以解读为，与证券业务有关的文字、资料属于法律限制跨境传输的数据。在全球范围内形成治理框架之前，我国还是会通过合作的方式来完成数据共享和交换的问题。因为基于证券合作备忘录的形式不涉及主权问题，故更容易被各国接受。其他规定中也有类似的表述，例如财政部 2015 年发布的《会计师事务所从事中国内地企业境外上市审计业务暂行规定》第 12 条。①

中国证监会一直以来利用双边和多边合作机制进行证券跨境监管。外国监管机构希望直接在中国境内调查，或者直接要求境内机构提供文件，这与我国《证券法》第 177 条第 2 款相悖。从中美监管当局互动过程可见，美国向我国监管部门提出监管合作请求显然无法满足监管的实际需要。我国监管部门可以考虑在个案中采取中外联合调查的方式。但是，《证券法》第 177 条还有两个问题悬而未决，即中国是否能够签署《增强版多边备忘录》以及中外监管部门调查成本的分担机制问题。

2021 年 12 月 24 日，中国证监会通过官方网站发布《国务院关于境内企业境外发行证券和上市的管理规定（草案征求意见稿）》（以下简称《管理规定》）；2023 年 2 月 17 日，证监会正式发布《境内企业境外发行证券和上市管理试行办法》（以下简称《管理试行办法》），该规定自 2023 年 3 月 31 日起生效。新规生效后，包括 VIE 等典型境外上市架构在内的上市模式将被正式纳入我国的证券监管体系，我国企业境外上市迎来了"备案制"管制的新时代。②

第一，相关规范对境外上市监管的范围与对象进行了明确。根据新规，企业的直接或间接境外上市活动都将被纳入监管机构的备案管理范围，境外上市主体界定标准得到了明确。③ 相关规范明确了对境内企业的

---

① 《会计师事务所从事中国内地企业境外上市审计业务暂行规定》第 12 条："中国内地企业与为其提供境外上市审计服务的会计师事务所应当严格遵守《关于加强在境外发行证券与上市相关保密和档案管理工作的规定》（中国证券监督管理委员会 国家保密局 国家档案局公告〔2009〕29 号）。中国内地企业境外上市涉及法律诉讼等事项需由境外司法部门或监管机构调阅审计工作底稿的，或境外监管机构履行监管职能需调阅审计工作底稿的，按照境内外监管机构达成的监管协议执行。"

② 张国光、刘洋：《境内企业境外发行上市监管：全面备案制时代》，浩天法律评论公众号，最后访问日期：2021 年 12 月 27 日。

③ 刘向东：《企业境外上市监管与中概股回归》，《中国金融》2022 年第 4 期，第 49—51 页。

间接上市的明确且有指向性的界定，消除了原先对于"境外上市是否构成境内企业间接上市"界定模糊的套利空间，给中国证监会在行使对于境内企业境外上市行为的监管权方面进行了法律授权。①

首先，根据《管理规定》第 2 条第 2 款，境内企业直接在境外发行证券或者将其证券在境外上市交易，即境外直接上市，被界定为"注册在境内的股份有限公司在境外发行证券或者将其证券在境外上市交易"；《管理规定》第 2 条第 3 款把主流的 VIE 模式纳入监管范围，将境外间接上市界定为"主要业务经营活动在境内的企业，以境外企业的名义，基于境内企业的股权、资产、收益或其他类似权益在境外发行证券或者将证券在境外上市交易"，但具体的境外间接上市认定标准由中国证监会规定。②

其次，根据前述规定，《管理试行办法》第 15 条对境外间接上市进行了更为明确、清晰的界定，提出"实质重于形式"的认定原则以及具体的认定标准：① 境内企业最近一个会计年度的营业收入、利润总额、总资产或净资产，占发行人同期经审计合并财务报表相关数据的比例超过 50%；② 负责业务经营管理的高级管理人员多数为中国公民或经常居住地位于境内，业务经营活动的主要场所位于境内或主要在境内开展。

第二，相关规范对境外上市监管的要求与模式进行了明确。相关规范还对境外上市中的备案程序、遵循原则、上位法规等进行了明确。在境外上市监管方式上，结合国家发改委的《外商投资准入特别管理措施（负面清单）（2021 年版）》，未来的境内企业境外上市监管在形式上将采取"行业审查"＋"证监会备案"的平行审查模式，且在证券监管方面没有采用额外的审批或者核准的行政许可手续，可以看出监管部门试图以"备案制"给予市场主体明确预期的立法意图。③ 证监会明确表示其"将与境内有关行业和领域主管部门建立监管协作机制……不会要求企业到多个部门拿'路条'、跑审批，尽可能减轻企业监管负担"。④ 有观点指出，《管理规

---

① 郑彧：《中概股跨境监管的"症结"与"活结"》，法金社公众号，最后访问日期：2022 年 1 月 14 日。
② 《管理规定》第 2 条。
③ 郑彧：《中概股跨境监管的"症结"与"活结"》，法金社公众号，最后访问日期：2022 年 1 月 14 日。
④ 证监会：《证监会有关负责人答记者问》，http://www.csrc.gov.cn/csrc/c100028/c1662240/content.shtml，最后访问日期：2021 年 12 月 24 日。

定》和其配套规则细化了境外发行上市备案管理的主要流程，增强了境外上市监管的透明度、包容性和协调性，表明备案管理将在现有境外上市监管实践的基础上"放管服"，就是否符合境外上市地上市条件等不对上市企业进行审查或变相审批。[①]

在备案主体方面，境内企业境外直接发行上市的，备案程序的履行及报告有关信息的报备由发行人完成；境外间接发行上市的，发行人也应当指定一家主要的境内运营实体履行备案程序，报告有关信息。[②] 在备案制度方面，《管理试行办法》规定了首次公开发行与二次上市，[③] 通过收购、换股、划转等交易安排实现资产境外直接或间接上市的（例如借壳上市、SPAC 及其他不涉及在境外提交申请文件的上市方式），[④] 境外上市公司再融资[⑤]等相关的细化备案规则；此外还有针对重大事项报告制度[⑥]及备案时间与有效期[⑦]等与境外上市备案相关的程序性规定。

第三，相关规范对境外上市标准的红线进行了明确。《管理规定》第 7 条规定境内企业不得在境外发行上市的情形，具体包括经审查认定境外发行上市将威胁或危害国家安全、存在股权等方面的重大权属纠纷、境内企业及其股东或实际控制人存在特定犯罪情形等，但相关的界定标准（例如何谓"重大权属纠纷"？何谓"威胁或危害国家安全"？"报告有关信息"的范围是什么？）亟待明确。[⑧] 值得注意的是，在就相关规定草案答记者问时，证监会明确了 VIE 架构作为典型境外上市架构的合法性，明确指出在遵守境内法律法规的前提下，满足合规要求的 VIE 架构企业可于备案后赴境外上市。[⑨]

总之，尽管存在待明确的具体规定，新规仍可被认为完善了境内企业

---

① 刘向东：《企业境外上市监管与中概股回归》，《中国金融》2022 年第 4 期，第 49—51 页；张国光、刘洋：《境内企业境外发行上市监管：全面备案制时代》，浩天法律评论公众号，最后访问日期：2021 年 12 月 27 日。

② 《管理试行办法》第 14 条。

③ 《管理试行办法》第 16 条。

④ 《管理试行办法》第 17 条。

⑤ 《管理试行办法》第 16 条。

⑥ 《管理试行办法》第 22 条。

⑦ 《管理试行办法》第 19 条。

⑧ 张国光、刘洋：《境内企业境外发行上市监管：全面备案制时代》，浩天法律评论公众号，最后访问日期：2021 年 12 月 27 日。

⑨ 证监会：《证监会有关负责人答记者问》，http://www.csrc.gov.cn/csrc/c100028/c1662240/content.shtml，最后访问日期：2021 年 12 月 24 日。

境外上市的监管制度，将境外直接和间接发行上市统一纳入我国的证券监管框架，在明确境内企业境外发行上市应履行备案及信息公开义务的同时，并未收紧监管政策，而是为境内企业的境外上市活动提供更透明、更稳定、更可预测性和可操作性的监管规则，构建更加稳定、可预期的制度环境，在规范监管制度的同时给予市场主体明确预期，提振市场信心，帮助境内企业利用境外资本市场融资发展；同时，相关规范也为在美上市中概股公司的监管提供了制度基础，在美上市的中概股公司几乎不受任何法域法律有效规制的情况将因此被改变。

第三节　中美资本市场脱钩的应对

针对前述两个法律问题的应对，在监管层面，中国可以借鉴法国、德国和日本的跨境监管合作模式，争取建立中方主导的联合检查模式，解决法律冲突，填补法律漏洞，可以同时维护双方的利益；对于企业本身，可以通过一些替代选择，进行境外上市发行。香港交易所已经就二次上市、上市门槛、上市主体股权结构、豁免事项等安排进行调整，中概股公司赴港上市越发便利；在国家行为层面，除了通过立法在对抗中采取相应的反制手段和制裁阻断之外，可能还需要通过一些像人民币国际化这样的"釜底抽薪"式应对，通过减少美元体系整体影响的方式来防范相关风险。

首先，触发《问责法案》及可能的中美资本市场脱钩的是中美证券监管当局在跨境监管合作机制和方式上的分歧和争执，应该通过法律的方式在技术方面寻求共识，达成合作机制，以此弱化和降低金融断裂的可能性。美国期望通过限制中资企业进入美国资本市场进行融资，达到减缓中国经济增长的目的无以实现，这是因为中资企业在下市后，仍然可以通过美国的私募股权公司获得美国资本。许多中资企业转移到香港联合交易所上市，仍然可以获得美国投资者的投资。资本市场是全球性的，将中国企业排除在美国资本市场之外，并不能剥夺这些企业获得美国资本。

美国政府动议的将中国股票排除在 TSP 旗下 I 基金投资之外的政策意图也难以实现。这是因为 TSP 基金在 2019 年年末有 5 600 亿美元的资产，对中国的投资仅为 45 亿美元。同时，与美国居民持有的 2 600 亿美元的中国证券相比，45 亿美元也只是非常有限的规模。

中概股多为境外注册的公司上市，但运营资产处于中国境内。这些公司不需要向中国证监会报送材料获得审批，所以中概股是一个中方监管部门的监管盲点，不过这一情况随着前述《管理规定》的落地有所缓解。另外，PCAOB 提出的入境检查涉及主权和保密问题。中国证监会等国内监管部门也应该认识到中概股公司审计盲点的严重性。中国可以借鉴法国、德国和日本的合作模式，争取中方主导的联合检查模式，维护双方的利益。

中美双方证券市场监管的合作模式还取决于双方资本市场在融资能力和资源配置效率上的差距。目前中国资本市场审计监管体制与其他国家成立的资本市场独立审计监管机构格格不入，仍然由证监会、财政部、中注协等多头管理，无法有效提高审计质量和监管质量。

尽管中美双方在审计监管认知上存在差异、金融脱钩论甚嚣尘上，但是消除差异、开展合作的尝试并非不存在。根据中国证监会的公开信息，中方自 2013 年签订双边执法合作备忘录后，于 2017 年协助 PCAOB 对一家中国会计师事务所开展了检查，2019 年后又多次就开展联合检查向 PCAOB 提出具体方案。中国监管部门认为自身尊重 PCAOB 履行监管审计质量的职责，中国证监会和财政部多次主动向美方提出联合检查合作方案和针对执法合作现存问题的解决建议，而 PCAOB《〈外国公司问责法〉认定报告》中关于中美审计监管合作历程和现状的描述存在失实情况。中国证监会期待能够得到美国监管机构的积极回应，并呼吁双方通过协商、按照跨境审计监管合作的国际惯例，加快推动建立联合检查机制；针对个别跨境上市公司出现的监管问题，中方认为加强跨境合作才是解决问题的正途。[1] 前述《意见》中也明言中方深化审计监管合作机制的意向。

在这一阶段美方对这些提议并无反馈，并指责中方缺乏推进实质性监管准入措施的诚意、在现有协作案例中提供资料速度拖沓或者信息过度脱敏，造成对于 PCAOB 监管目标的实现于事无补的后果。PCAOB 声称其长期以来花费了大量的时间和资源就谅解备忘录（MOU）与中国监管部门进行谈判以进行合作，但自签署备忘录以来，中方的合作不足以使其不

---

[1] 李菁、刘彩萍、凌华薇：《专访易会满》，《财新周刊》2020 年第 24 期。

能及时获取相关文件和证词以跨境监管审计，PCAOB也无法通过谅解备忘录进行磋商改进。① 总而言之，双方就消除监管认知分歧进行了接触，但是没有取得具有建设性的共识和发展。

2022年8月26日，中国证监会、财政部与美国SEC、PCAOB同时宣布了中美签署关于审计监管合作协议（Statement of Protocol，SOP）的信息。② SOP是PCAOB与非美国监管者进行监管合作的主要方式，其与比利时、法国、英国、德国等二十多个国家或地区的监管者都签订过SOP。③

在公开审计监管合作规则方面，中美各有侧重。

中方公开的合作规则方面，根据中国证监会网站，双方签署的监管合作协议重点关注的内容包括：第一，确立对等原则，协议条款对双方具有同等约束力，双方均可依据法定职责对另一方辖区内相关事务所开展检查和调查，被请求方应在法律允许范围内尽力提供充分协助。第二，明确合作范围，双方的合作范围包括协助对方开展对相关事务所的检查和调查，其中中方提供协助的范围还包括部分为中概股提供审计服务，且审计底稿存放在内地的我国香港地区事务所。第三，明确协作方式，双方将提前就检查和调查活动计划进行沟通协调，美方须通过中方监管部门获取审计底稿等文件，在中方参与和协助下对会计师事务所相关人员开展访谈和问询。④ 此外，信息安全问题在双方的审计监管合作中得到了特别关注，如前所述，中国证监会等部门已经完善了境外上市相关保密和档案管理规定，审计底稿信息安全管理提出明确要求，落实了上市公司信息安全的主体责任，为上市企业和会计师事务所保管和处理涉密敏感信息提供了指

---

① "China-Related Access Challenges"，https：//pcaobus. org/oversight/international/china-related-access-challenges.

② 证监会：《中国证监会、财政部与美国监管机构签署审计监管合作协议》，http：//www. csrc.gov.cn/csrc/c100028/c5572328/content.shtml，2022年8月26日；*PCAOB Signs Agreement with Chinese Authorities，Taking First Step Toward Complete Access for PCAOB to Select，Inspect and Investigate in China*，Aug 26，2022，https：//pcaobus. org/news-events/news-releases/news-release-detail/pcaob-signs-agreement-with-chinese-authorities-taking-first-step-toward-complete-access-for-pcaob-to-select-inspect-and-investigate-in-chin；Gary Gensler，*Statement on Agreement Governing Inspections and Investigations of Audit Firms Based in China and Hong Kong*，Aug 26，2022，https：//www. sec. gov/news/statement/gensler-audit-firms-china-hong-kong-20220826.

③ 崔凡、符英华：《中美刚达成的审计监管合作SOP是个什么样的协议？》，国际经贸在线公众号，最后访问日期：2022年8月28日。

④ 证监会：《中国证监会有关负责人就签署中美审计监管合作协议答记者问》，http：//www. csrc.gov.cn/csrc/c100028/c5572328/content.shtml，最后访问日期：2022年8月26日。

引，有助于在满足会计、审计要求的前提下编制底稿，并依法保护相关信息安全；合作协议还就监管合作中可能涉及之敏感信息的处理和使用作出明确约定，针对个人信息等特定数据设置了专门的处理程序。[①]

而美方公开的监管合作规则侧重略有不同。首先，PCAOB 新闻稿提及的监管合作安排包括以下三点内容：第一，PCAOB 拥有唯一自由裁量权（sole discretion），以选择其所检查和调查的公司、审计业务和潜在的违规行为而无需与中国协商或听取中国的意见。第二，设定了特定程序以供 PCAOB 的检查员和调查员查看包含所有信息的完整审计工作文件，并且 PCAOB 可以根据需要保留信息。第三，PCAOB 可以直接与所有与 PCAOB 检查或调查的审计相关的人员进行问询并取证。[②]

根据 SEC 主席詹斯勒（Chris Gensler）就双方监管合作发表的声明，双方就以下具体的监管合作安排达成了共识：第一，根据《萨班斯-奥克斯利法案》，PCAOB 有独立的自由裁量权（independent discretion）来挑选任何证券发行人的审计结果进行检查或调查。第二，PCAOB 可以直接向审计机构的任何人员进行问询或取证，如果该审计机构所负责的发行人业务受到检查或调查。第三，根据《萨班斯-奥克斯利法案》，PCAOB 可以不受约束地将信息传递给 SEC。第四，PCAOB 的检查员可以查看完整的、未经删节的审计工作文件，同时 PCAOB 将为目标信息（例如个人身份信息）建立"仅限查看的程序"（view only procedures）。[③]

从双方各自发布的信息看，中美都强调了合作协议符合本国的法律法规和监管要求，双方公布的信息不存在本质冲突。[④] 双方就监管合作规则的公开信息体现了共识，但显然并不完全契合，双方的公告内容上必然都存在对信息的截取和选择性公开。基于对双方信息的整理，我们

[①]　证监会：《中国证监会有关负责人就签署中美审计监管合作协议答记者问》，http://www.csrc.gov.cn/csrc/c100028/c5572328/content.shtml，最后访问日期：2022 年 8 月 26 日。

[②]　*PCAOB Signs Agreement with Chinese Authorities*，*Taking First Step Toward Complete Access for PCAOB to Select*，*Inspect and Investigate in China*，Aug 26，2022，https://pcaobus.org/news-events/news-releases/news-release-detail/pcaob-signs-agreement-with-chinese-authorities-taking-first-step-toward-complete-access-for-pcaob-to-select-inspect-and-investigate-in-china.

[③]　Gary Gensler，*Statement on Agreement Governing Inspections and Investigations of Audit Firms Based in China and Hong Kong*，Aug 26，2022，https://www.sec.gov/news/statement/gensler-audit-firms-china-hong-kong-20220826.

[④]　崔凡、符英华：《中美刚达成的审计监管合作 SOP 是个什么样的协议？》，国际经贸在线公众号，最后访问日期：2022 年 8 月 28 日。

可以大体勾勒出双方就审计监管合作程序达成的共识：第一，美方对检查或调查的内容具有自由裁量权（sole discretion/independent discretion）而无需与中方沟通或听取中方建议，但双方也会在监管合作中提前就检查和调查活动计划进行沟通协调，中方监管机构会在监管活动中发挥作用。第二，美方将被允许查看未经删节的完整审计底稿（complete audit work papers without any redactions），但其同时有义务对可能涉及的敏感信息进行保护、保障信息安全，方式包括建立"仅限查看的程序"（view only procedures）以查看这些信息，但 PCAOB 可以不受约束地将信息传递给 SEC。第三，美方可对相关的审计机构人员进行直接问询或取证（direct access to interview or take testimony），但相关监管活动的开展需要在中方参与和协助下进行。第四，在美方决定所检查和调查的具体内容后，美方仍需通过中方监管部门获取审计底稿等文件，以使监管合作不违反中方的相关法律规定。[①]

中方期待双方的监管合作"解决中概股审计监管问题，从而避免自美被动退市"。[②] 合作协议的达成解决了中美跨境审计监管方面存在的障碍，或许能解除在美上市中国企业因审计监管合作无法达成而被动退市的不确定性。[③] 可以看到，在过往的中美跨境证券审计监管争执中，美方所提出的对调查和检查项目的单方决定权、查阅未经编辑的完整审计底稿，以及对相关人员的直接问询取证都得到了满足，但中方将在这些监管活动中都有不同程度的参与和介入，例如审计底稿的提供需经中方监管机构同意。与此同时，数据和信息保护是中美双方在审计监管合作方面共同的重点：中方出台了前述《保密新规》，对于境外上市的信息保密工作既提供了标准和方向，也为境内外监管机构就境内企业的信息披露要求、会计监管等方面的跨境监管合作进行了制度层面的铺垫；[④] 反

① 例如《证券法》第 177 条、《数据安全保护法》第 36 条、《个人信息保护法》第 41 条等。李寿双：《寻找共识：中美签署审计监管协议观察》，公司与证券法点评公众号，最后访问日期：2022 年 8 月 27 日。

② 证监会：《中国证监会有关负责人就签署中美审计监管合作协议答记者问》，http：//www.csrc.gov.cn/csrc/c100028/c5572328/content.shtml，最后访问日期：2022 年 8 月 26 日。

③ 梁银妍：《中美审计监管合作协议落地，有望避免中概股自美被动退市，信息安全责任将更加明确》，上海证券报公众号，最后访问日期：2022 年 8 月 27 日。

④ 姜志会、虞磊珉、李向瑜：《境外上市保密与档案管理新规的解读》，https：//www.kwm.com/cn/zh/insights/latest-thinking/interpretation-of-new-regulations-on-confidentiality-and-file-management-in-overseas-listing.html，最后访问日期：2022 年 4 月 5 日。

观美方，PCAOB 近 10 年来在签署 SOP 时也常常同时签署数据保护协议，例如 2018 年其与奥地利监管当局签署的 SOP 有 10 页，同时签署的数据保护协议有 37 页，而该数据保护协议的第 2 条 "协议目的与范围"第 1 款表示该协议旨在补充双方之间的 SOP。① 由此可见，求同存异、共同监管的审计监管合作开展存在现实上的可能性。保留中概股在美上市、维护中国企业境外上市渠道畅通是对投资者、上市公司乃至中美双方资本市场都有利的多赢安排。

但是合作协议达成并不意味着中美跨境证券监管争执的解决。首先，相关合作细节尚未披露，特别是中、美和我国香港地区三地监管机构在协议下如何开展审计监管合作仍有待观察。中美在各自表态中对检查和调查合作的主导权、充分性以及相应程序等议题上存在差异，未来双方或就具体的合作细节博弈。其次，尽管中美已经开展审计监管合作，但在美上市的中国企业（尤其以业务性质敏感或具有国资背景的企业）仍可能因不能提供敏感信息等原因无法满足 PCAOB 的检查要求，面临被强制摘牌的风险，2022 年 8 月便有 5 家国有企业宣布主动在美退市，2023 年 1 月最后两家在美国上市的央企东航、南航也宣布从纽交所退市，② 2022 年 11 月亚朵集团的成功上市也释放了一定的积极信号。

2022 年 9 月 19 日，中美审计监管合作在我国香港地区启动，PCAOB 的检查员在我国香港地区开展对在美上市中概股的审计底稿的检查。③ 2022 年 12 月 15 日，PCAOB 主席发布声明，称其于 9 月的检查中 "历史上首次获得检查和调查中国公司的完全权限"。PCAOB 称其在这次检查中行使了自由裁量权以选择其检查和调查的对象，在此过程中未与中国协商或征求中国的意见，并查看了完整的、未经编辑的审计工作底稿，同时 PCAOB 的检查员还直接与检查或调查相关的人员进行面谈并取证。但是 "PCAOB 工作人员已经发现了许多潜在的缺陷"，具体结果仍待最终确定

① 崔凡、符英华：《中美刚达成的审计监管合作 SOP 是个什么样的协议？》，国际经贸在线公众号，最后访问日期：2022 年 8 月 28 日。

② Bloomberg News. *China State-Owned Airlines to Delist in New York，Joining Exodus*，Jan 13，2023，https：//www.bloomberg.com/news/articles/2023-01-13/china-state-owned-airlines-to-delist-in-new-york-joining-exodus♯xj4y7vzkg.

③ Enoch Yiu. *US Inspectors Arrive in PwC，KPMG Offices in Hong Kong to Review Chinese Companies' Audit Records*，Sources Say，Sep 19，2022，https：//www.scmp.com/business/article/3192982/us-inspectors-arrive-pwc-kpmg-offices-hong-kong-review-chinese-companies.

的检查报告呈现。① PCAOB 将继续要求在内地和我国香港地区的完全准入，并且已计划在 2023 年年初及以后恢复定期检查，以及继续进行正在进行的调查并根据需要启动新的调查。②

其次，中概股如果因为中美证券监管部门合作效果不佳达成妥协，在美国证券市场下市就成为可能，这也为我国香港地区证券市场提供了机遇。阿里巴巴、网易和京东在 2019 年陆续回归港股，为中概股上市公司提供了经验。根据港交所 2018 年的上市新规，满足以下条件的中概股，可以申请在我国香港地区寻求第二上市：① 已经在纽约、纳斯达克或伦敦证券交易所的主要市场上市；② 公司成立超过两年，且在其第一上市市场中具有良好的合规记录；③ 属于新经济板块；④ 市值不小于 400 亿港币，或市值不小于 100 亿港币且年度收入不小于 10 亿港币。③ 在 2017 年 12 月 15 日之前在美国上市的中概股公司，在申请第二次上市时，属于获得豁免的大中华发行人。这类公司可以自动享受豁免部分《香港上市规则》的规定。④ 2020 年 5 月 18 日，恒生指数公司宣布，对恒生指数系列进行优化调整，将纳入同股不同权公司以及第二上市公司。

2021 年 11 月 19 日，港交所网站刊发了简化海外发行人上市制度的新规，不仅进一步放宽了二次上市的市值门槛，而且首次允许了同股不同权（WVR）、可变利益实体（VIE）等特殊股权结构企业直接申请双重上市，并就监管方面的豁免事项进行说明，简化上市门槛。⑤ 这一改革表明港交所对于在美上市中概股公司赴港二次上市的期望较高，这也是在《外国公

---

① *PCAOB Secures Complete Access to Inspect，Investigate Chinese Firms for First Time in History*，Dec 15，2022，https：//pcaobus.org/news-events/news-releases/news-release-detail/pcaob-secures-complete-access-to-inspect-investigate-chinese-firms-for-first-time-in-history.

② *FACT SHEET: PCAOB Secures Complete Access to Inspect，Investigate Chinese Firms for First Time in History*，Dec 15，2022，https：//pcaobus.org/news-events/news-releases/news-release-detail/fact-sheet-pcaob-secures-complete-access-to-inspect-investigate-chinese-firms-for-first-time-in-history.

③ 《第二上市新规有利"中概股"回港上市，京东、百度、bilibili 等约 30 家满足回归条件》，https：//finance.sina.com.cn/stock/hkstock/hkstocknews/2020-01-02/doc-iihnzahk1512235.shtml. 最后访问日期：2021 年 12 月 19 日。

④ 黄逸宇：《香港二次上市的吸引力之———豁免遵守〈香港上市规则〉》，https：//www.kwm.com/zh/cn/knowledge/insights/one-of-the-attractions-of-hong-kong-secondary-listing-20200603. 最后访问日期：2021 年 12 月 19 日。

⑤ 《咨询总结：海外发行人上市制度》，https：//www.hkex.com.hk/News/Market-Consultations/2016-to-Present/March-2021-Listing-Regime?sc_lang＝zh-HK. 最后访问日期：2021 年 12 月 19 日。

司问责法案》出台、SEC 收紧对中概股公司监管尺度背景下为中概股公司提供的"救命稻草"。但是美国学者指出，这一举措仍然不会缓解境外上市中概股公司不受法律规制的情况，① 即使回港上市，对这些公司的监管工作如何开展仍然是中国监管部门需要解决的问题，这有待 2023 年 3 月 31 日多部新规生效后考察其具体情况。

中国内地在短期内还可以依托香港资本市场作为对美国上市的替代方案。考虑到中国经济的巨大体量及境外环境变化的不确定性，加快国内资本市场的建设是更加紧迫的任务。但是，中国证券市场的制度化改革还没有达到预期效果，例如注册制并未完全实现、上市公司质量不高，特别是监管和法治水平仍需改善。一些在美国上市的中国公司已经开始"脱钩"进程。美股上市公司新浪在上市 21 年之后，宣布完成私有化，退出资本市场，成为一家私企，有可能今后回归港股或 A 股。

吸引优质公司上市是全球主要金融中心的核心任务之一。纽约证交所和纳斯达克的境外上市公司分别达到 524 家和 299 家，伦敦证交所有 593 家境外上市公司。② 对优质上市公司的争夺，始终是纽约、香港、新加坡、伦敦等金融中心博弈的重要环节。国际板的建设对于应对贸易战和金融战更显重要。通过吸引优秀的外资企业 A 股上市，可以促进上市公司质量的提升；提升内地市场的吸引力，缓解外企撤离压力；提振外商投资的流入，以实际行动开放中国大陆的金融市场。证监会于 2020 年 4 月 30 日发布《关于创新试点红筹企业在境内上市相关安排的公告》，下调了上市后红筹企业回归 A 股门槛。根据《公告》第 1 条的规定："已境外上市红筹企业的市值要求调整为符合下列标准之一：（一）市值不低于 2 000 亿元人民币；（二）市值 200 亿元人民币以上，且拥有自主研发、国际领先技术，科技创新能力较强，同行业竞争中处于相对优势地位。"

2019 年修订的《证券法》虽然包含了长臂管辖条款，但其实用性和实际效果需要观望。《证券法》第 2 条第 4 款规定："在中华人民共和国

---

① Jesse M. Fried, Ehud Kamar. "China and the Rise of Law-Proof Insiders". ECGA Working Paper, No.557/2020, http://ssrn.com/abstract_id=3740223.

② 蒋琰、张苑柯：《全球证券交易所竞争力报告（上）》，https://www.yicai.com/news/100332823.html，最后访问日期：2021 年 12 月 19 日。

境外的证券发行和交易活动，扰乱中华人民共和国境内市场秩序，损害境内投资者合法权益的，依照本法有关规定处理并追究法律责任。"此长臂管辖条款确立了《证券法》的域外适用效力，设立的初衷主要是为了保护"沪港通""沪伦通"等模式下的投资者。"瑞幸咖啡案"中的受损失投资者适用新《证券法》长臂管辖条款的可能性较小，也有国内投资者向厦门市中级人民法院起诉瑞幸咖啡，起诉的依据是该长臂管辖条款以及《证券法》第85条。① 在2019年11月13日—2020年4月2日期间购买或持有瑞幸咖啡股票的投资者均可成为瑞幸咖啡虚假陈述案件的原告。但是，国内法院或不受理，或受理后依法驳回的可能性比较大，且根据国内关于虚假陈述的司法解释，该案也不满足诉讼的前置程序，投资者反而面临违反外汇管制的风险。中国投资者在美国提起诉讼也会面临许多困难，包括对美国法律和司法体系缺乏了解、律师费用较高、执行难等诸多问题。

最后，就中美金融脱钩，除了在证券领域进行应对，推动人民币国际化亦是从整体减少美元体系对中国金融行业影响、釜底抽薪式的应对之策。根据中国人民银行发布的《2021年人民币国际化报告》，人民币的支付货币功能正在进一步增强，其作为投融资货币、储备货币、计价货币等功能均有新的突破，跨境收付尤其是经常项目和直接投资等与实体经济相关的跨境收付金额增长迅速，2021年6月人民币已在主要国际支付货币中排名第5，人民币国际化取得了积极进展。值得注意的是，在报告期间内，境外投资者积极配置人民币资产，而证券投资等资本项下使用人民币成为人民币跨境收支增长的主要推动力量，② 这也是国际货币体系动荡为中美金融脱钩提供解决方案的新思路，即从根本上减少美元体系影响，推动人民币国际化进程和中国自身资本市场的建设，从而减少该体系下金融脱钩"硬着陆"的危害。

---

① 《证券法》第85条规定："信息披露义务人未按照规定披露信息，或者公告的证券发行文件、定期报告、临时报告及其他信息披露资料存在虚假记载、误导性陈述或者重大遗漏，致使投资者在证券交易中遭受损失的，信息披露义务人应当承担赔偿责任；发行人的控股股东、实际控制人、董事、监事、高级管理人员和其他直接责任人员以及保荐人、承销的证券公司及其直接责任人员，应当与发行人承担连带赔偿责任，但是能够证明自己没有过错的除外。"

② 中国人民银行：《2021年人民币国际化报告》，中华人民共和国中央人民政府网站 http://www.gov.cn/shuju/2021-09/19/content_5638362.htm，最后访问日期：2021年12月19日。

第四节 美国抗疫经济刺激计划和
国际货币体系动荡

美联储从 2020 年 3 月选择采取无限量宽松的货币政策计划。美联储除了将联邦基金基准利率降到接近零的水平之外，还降低长期利率，[①] 通过直升机撒钱政策（Helicopter Money）购买大量国债和抵押贷款支付证券增加基础供应，扩大自身的资产负债表规模，其资产负债表从 4.1 万亿美元迅速扩张到 6.5 万亿美元，接近美国国民生产总值的 40%，[②] 占国债余额的 30%，[③] 2020 年年底达到 9 万亿美元。[④] 这相当于在 1 年之内，美国从全球的储蓄中征收了 4 万亿—5 万亿美元的广义铸币税。这 4 万亿美元用来购买美国国债、企业债和企业股票。未来美国将长期保持零利率下限，使得货币政策空间更小。在新冠疫情带来的金融经济双危机下，美联储大力印钞，[⑤] 向全球储蓄者征收隐形通胀税。美联储将新增联邦债务货币化后纳入信贷分配，尽管扩大了在经济运行中的功能，但是损害了货币控制权和独立性。[⑥] 美国政府的高负债率会引发美元贬值，影响美元在中长期内作为储备货币的地位。

2008 年全球金融危机之后，量化宽松、政府杠杆率、广义货币、央行资产负债表和政府债券达到空前的规模。在这些额外支出中，除了 5 000

---

① Jonnelle Marte. "What the Federal Reserve Has Done in the Coronavirus Crisis". Reuters，March 31，2020，https：//www. reuters. com/article/us-health-coronavirus-fed-programs-expla/explainer-what-the-federal-reserve-has-done-in-the-coronavirus-crisis-idUSKBN21I1BK.

② Christopher Leonard. "How Jay Powell's Coronavirus Response Is Changing the Feb Forever". Time，June 11，2020，https：//time.com/5851870/federal-reserve-coronavirus/.

③ Bagehot Walter. *Lombard Street: A Description of the Money Market*. Scribner，Armstrong & Co. 2017.

④ Trevor Jackson. "Terminal Deflation Is Coming". https：//foreignpolicy.com/2020/04/29/federal-reserve-global-economy-coronavirus-pandemic-inflation-terminal-deflation-is-coming/.

⑤ 美联储 1913 年的《联邦储备法案》确立了"真实票据理论"和金本位原则。美联储购买政府债券仅限于持有的黄金储蓄与短期商业票据，限制了美联储可以货币化的债务规模。美联储偏离"实际票据原则"的情况不多，一次是在第一次世界大战期间，另一次是在 20 世纪 20 年代。大萧条时期，美国放松了金本位，政府债务货币化，货币通胀倾向明显。1933 年终止了国际金本位，信用货币不再与黄金挂钩。秦勇：《财政、货币、央行独立性与救疫》，http://opinion. caixin.com/2020-06-10/101565311.html，最后访问日期：2020 年 6 月 19 日。

⑥ Yair Listokin. *Law and Macroeconomics: Legal Remedies to Recessions*. Harvard University Press 2019，p.81.

亿—6 000 亿美元用来救助居民，剩下的都用来给企业、行业减税。截至目前，美国的国债规模到达了 26 万亿美元，中国是美国国债的最大持有国之一。中美之间的失衡更加明显，进一步刺激了美国政府的"美国第一"和"中国占了美国便宜"的神经。美联储以债务货币化（购买 2 万亿美元的国债）和量化宽松政策为核心的救援措施[①]增加了美元的流动性，但破坏了美国国债的可持续性，引发市场对美元汇率和通胀的担心，进而动摇国际金融市场和以美元为基础的国际货币本位体系。美国应该考虑与主要国债购买国之间加强合作，而不是一味地通过美联储无限量购买美国国债。

为了抵御新冠疫情之后的"美元荒"，美国与澳大利亚、巴西、韩国、墨西哥、新加坡、瑞典、丹麦、挪威和新西兰等 14 个国家或地区签订了总额为 4 500 亿美元的货币互换安排，[②] 形成"经济北约"，[③] 以缓解全球美元市场紧张局面，减少对国内外家庭和企业信贷供应的影响。货币互换协定是在必要时将本国货币交给对方国家中央银行，允许借用对方国家货币。经济危机时期，美国通过签订货币互换协定可以确保以美元为基础的世界金融体系的运行。在 2008 年的金融危机中，美联储与加拿大、英国、日本、瑞士的中央银行和欧洲中央银行也签订过类似的货币互换协定，允许这些国家用本国货币换取美元，缓解流动性压力。[④] 2010 年大部分的协定已经终止，美国只维持了与加拿大、英国、欧洲中央银行、瑞士和日本的货币互换协定。中国在过去 10 年间签订的人民币互换协定形成了"货币互换圈"，规模为 4 860.04 亿美元（见表 7 - 2）。根据 SWIFT 的数据，在主要货币的支付价值排名中，前三位是美元、欧元和英镑，分别是40.88%、32.91%和5.75%，人民币排名第九；在国际支付份额中，人民币

---

① Jeffrey Cheng, David Skidmore and David Wessel. "What's the Fed Doing in Response to the COVID-19 Crisis? What More Could It Do"? https://www.brookings.edu/research/fed-response-to-covid19/.

② 美国与韩国、澳大利亚、巴西、墨西哥、新加坡、瑞典等央行签订的规模为 300 亿美元，与丹麦、挪威和新西兰央行的规模是 300 亿美元，期限为 6 个月。

③ Chloe Taylor. "Coronavirus Is Accelerating a 'Capital War' between China and the US, Investor Warns". CNBC, May 27, 2020, https://www.cnbc.com/2020/05/27/coronavirus-is-accelerating-a-us-china-capital-war-investor-says.html.

④ Howard Schneider & Lindsay Dunsmuir. "Fed Opens Dollar Swap Lines for Nine Additional Foreign Central Banks". Reuters, March 19, 2019, https://www.reuters.com/article/us-health-coronavirus-fed-swaps/fed-opens-dollar-swap-lines-for-nine-additional-foreign-central-banks-idUSKBN2162AX.

排名维持在全球第六；人民币支付金额排在全球第八。可见，中美两国的货币在履行国际货币职能方面还有差距。[①]

表 7-2 中国签署的货币互换协议

国家（地区）	互换协议规模 （人民币 单位：亿元）	签署日期 （年/月/日）
阿尔巴尼亚	20	2013.9.12
	20	2018.4.3（续签）
阿根廷	700	2009.4.2
	700	2014.7.18（续签）
	700	2017.7.18（续签）
亚美尼亚	10	2015.3.25
澳大利亚	2 000	2012.3.22
	2 000	2015.3.30（续签）
	2 000	2018.3.30（续签）
白俄罗斯	200	2009.3.11
	70	2015.5.10（续签）
	70	2018.5.10（续签）
巴 西	1 900	2013.3.26
加拿大	2 000	2014.11.8
	2 000	2017.11.8（续签）

[①] 据 IMF 数据，截至 2019 年第三季度，已分配的外汇储备份额中，美元占 61.55%、欧元占 20.07%、英镑占 4.5%、日元占 5.62%，而人民币占 2.01%。根据 SWIFT 数据，截至 2020 年 3 月，人民币是全球第五大支付货币，占全球所有货币支付金额比重的 1.85%，离岸市场 75% 的收付发生在我国香港地区。

国家（地区）	互换协议规模 （人民币　单位：亿元）	签署日期 （年/月/日）
智　利	220	2015.5.25
	220	2018.5.25（续签）
埃　及	180	2016.12.6
	180	2020.2.10（续签）
欧　盟	3 500	2013.10.8
	3 500	2016.9.27（续签）
	3 500	2019.10.8（续签）
格鲁吉亚	仅签署框架协议 无具体规模	2015.9.27
中国香港地区	2 000	2009.1.20
	4 000	2011.11.22（续签）
	4 000	2014.11.22（续签）
	4 000	2017.11.22（续签）
匈牙利	100	2013.9.9
	100	2016.9.12（续签）
	200	2019.12.10（续签）
冰　岛	35	2010.6.9
	35	2013.9.11（续签）
	35	2016.12.21（续签）
印度尼西亚	1 000	2009.3.23
	1 000	2013.10.1（续签）
	2 000	2018.11.16（续签）

续 表

国家（地区）	互换协议规模 （人民币 单位：亿元）	签署日期 （年/月/日）
日 本	2 000	2018.10.26
卡塔尔	350	2014.11.3
	350	2017.11.2（续签）
哈萨克斯坦	70	2011.6.13
	70	2014.12.14（续签）
	70	2018.5.28（续签）
韩 国	1 800	2009.4.20
	3 600	2011.10.26（续签）
	3 600	2014.10.11（续签）
	3 600	2017.10.11（续签）
中国澳门地区	300	2019.12.5
马来西亚	800	2009.2.8
	1 800	2012.2.8（续签）
	1 800	2015.4.17（续签）
	1 800	2018.8.20（续签）
蒙 古	50	2011.5.6
	100	2012.3.20（补充协议）
	150	2014.8.21（续签）
	150	2017.7.6（续签）
摩洛哥	100	2016.5.11
新西兰	250	2011.4.18

续　表

国家（地区）	互换协议规模 （人民币　单位：亿元）	签署日期 （年/月/日）
新西兰	250	2014.4.25（续签）
	250	2017.5.19（续签）
尼日利亚	150	2018.4.27
巴基斯坦	100	2011.12.23
	100	2014.12.23（续签）
	200	2018.5.23（续签）
俄罗斯	1 500	2014.10.13
	1 500	2017.11.22（续签）
塞尔维亚	180	2016.12.6
新加坡	1 500	2010.7.23
	3 000	2013.3.7（续签）
	3 000	2016.3.7（续签）
	3 000	2019.5.10（续签）
南　非	300	2015.4.10
	300	2018.4.11（续签）
斯里兰卡	100	2014.9.16
苏里南	10	2015.3.25
	10	2019.2.11（续签）
瑞　士	1 500	2014.7.21
	1 500	2017.7.21（续签）
塔吉克斯坦	30	2015.9.3

续　表

国家（地区）	互换协议规模 （人民币　单位：亿元）	签署日期 （年/月/日）
泰　国	700	2011.12.22
	700	2014.12.22（续签）
	700	2017.12.22（续签）
土耳其	100	2012.2.21
	120	2015.9.26（续签）
	120	2019.5.30（续签）
乌克兰	150	2012.6.26
	150	2015.5.15（续签）
	150	2018.12.10（续签）
英　国	2 000	2013.6.22
	3 500	2015.10.20（续签）
	3 500	2018.10.13（续签）
阿联酋	350	2012.1.17
	350	2015.12.14（续签）
乌兹别克斯坦	7	2011.4.19
总　计	34 290 （＝4 860.04 亿美元）	

　　① 本表所载货币互换协议的有效期均为 3 年，此金额指目前有效（2017 年 6 月 27 日后签署）的货币互换协议的规模总和。亚美尼亚、巴西、冰岛、摩洛哥、新西兰、塞尔维亚、斯里兰卡、塔吉克斯坦、阿联酋和乌兹别克斯坦均曾与中国签署过货币互换协议，但根据中国人民银行官方网站的数据，中国与上述国家的最新货币互换协议均已到期，且无续签的消息。因此，货币互换协议规模总和的计算不包含中国签订的货币互换协议总额内。② 汇率：1 美元＝7.055 5 元人民币。

　　资料来源：中国人民银行，http：//www.pbc.qov.cn. 最后访问日期：2020 年 6 月 27 日。

　　目前的国际金融体系以美元为中心，美元是国际交易中报价、支付和清算的主要货币。美国事实上控制了以美元为核心的国际支付清算基础设施，即环球银行间金融电信协会（SWIFT）和纽约清算所银行同业支付系统（CHIPS）。SWIFT 为全球金融机构提供支付结算信息传输服务。[①] 美元在全球外汇储备中的占比达 60％以上，在全球资金交易中的占比达到 90％。许多国家的货币都与美元挂钩，利率政策和利率产品市场随美联储的利率政策波动而波动。中国在国际交易体系中高度依赖以美元为中心的支付运转系统。因此，我们需要推动更大范围和规模的人民币跨境支付和清算安排，与更多国家建立本币结算机制，并且与全球产业链和供应链相互连接。

第五节　金融领域之外的中美脱钩：从产业竞争到教育拦堵

中美脱钩至少已经开始了中美心理脱钩，美国的民粹主义和治理主义紧密结合。中美两国在过去 40 年里不仅在产业链，而且在产业结构、经济结构、社会结构上都形成了互补。美国的金融与中国的市场、美国的技术与中国的制造都形成了紧密的网络。美国 GDP 的 85％集中在服务业，工业占 13.5％；中国现在制造世界 30％的工业品，创造世界 30％的贸易量。两者脱钩，美国无力以自己的工业制造能力和技术劳动力作为替代。撤资论成本很高，美国需要有承接的工厂和设施、劳动力和基础设施。[②] 脱钩论也会使美国缺乏竞争力和更加孤立。[③]

中美代表了世界两大集团，中国代表了新兴市场和发展中国家，美国代表了高收入的工业化国家。中美两国也代表了全球贸易和金融失衡的两

①　欧盟在美国单方面退出伊朗核协议之后，为了继续与伊朗保持贸易往来，避免美国制裁，打造了 INSTEX 支付系统，以此绕开美国主导的 SWIFT 系统。中国也开发了以人民币为主要支付手段的 CIPS 跨境支付系统，但是在规模上小于 SWIFT 系统。

②　David P. Goldman. "US-China Decoupling: A Reality Check". Asia Times, April 14, 2020, https://asiatimes.com/2020/04/us-china-decoupling-a-reality-check/.

③　Lindsey Ford. "Refocusing the China Debate: American Allies and the Question of US-China 'Decoupling'". Brookings, February 7, 2020, https://www.brookings.edu/blog/order-from-chaos/2020/02/07/refocusing-the-china-debate-american-allies-and-the-question-of-us-china-decoupling/.

端：美国是世界最大的赤字国和债务国，中国是世界最大的贸易顺差国和美元储备最多的国家。中美贸易战后，美国对华投资相对稳定，投资额在130亿美元。2020年新冠疫情暴发后，发达国家对全球供应链产生担忧，特别是医疗产品设备上的过度依赖中国，中国也依赖事关国计民生的美国农产品。在高科技领域，两国依存明显，对华为的封锁也打击了美国的高科技领域。华为每年从美国供应商进口110亿美元的部件和材料，美国政府的封杀令使得美国供应商遭到损失。

全球化进入下行周期，全球市场体系面临被撕裂的风险。在传统产业和贸易领域，国际合作会有所回落，一些产业可能会回迁资本输出国本国。从政治和经济安全角度看，考虑到供应链的韧性和抗风险性，有些外包、外部投资和并购在国家安全泛化的背景下不会继续被接受。然而，国家主义和自我供应（self-sufficiency）的体系不会使得全球更加富有和安全。

美国对华政策已经发生转向，目前以"竞争性政策"应对中国的挑战。[①] 这种转向具有全面性，其还体现在科技和人文领域，美国对中国采取竞争态势。基于国家安全，美国司法部出台了"应对中国经济掠夺方案"，[②] 通过法律和政策手段，限制中国获取美国技术和知识产权以保持美国的技术优势，具体内容包括：① 限制或禁止一些外国投资和商业交易；② 对新兴技术采取出口管制；③ 启动供应链排他性方案；④ 限制参与学术和研究活动；⑤ 打击网络入侵和产业及"学术间谍"活动。

特朗普于2020年3月12日签署《2019年安全可靠通信网络法》，禁止使用联邦电信补贴资金购买、租赁或维护联邦通信委员会指定的"覆盖通信设备或服务"。2020年5月1日，特朗普发布行政命令，如果这些设备或服务由外国对手控制或受其管辖的公司制造，并且这项交易对美国的电力系统、经济或国家安全构成不应有的风险，则禁止购买、进口、转让或安装任何国外的电力系统设备，这表明美国试图在电信网络中消除中国

① White House. "United States Strategic Approach to the People's Republic of China". May 20, 2020，https：//www.whitehouse.gov/wp-content/uploads/2020/05/U. S. -Strategic-Approach-to-The-Peoples-Republic-of-China-Report-5.20.20.pdf.

② "DOJ Initiative to Combat 'Chinese Economic Espionage' ". December 10，2018，www.masspointpllc. com.

制造设备的参与。2017 和 2018 财政年度的《国防授权法案》禁止国防部在某些关键项目中使用华为或中兴生产或提供的电信设备或服务。2019 年美国《国家发展援助法》禁止所有联邦机构采购任何中国设备、系统或服务。从 2020 年 8 月 13 日起，该条款禁止联邦机构与使用华为或中兴设备或服务的任何设备、系统或服务的实体签订、延长或续签合同，从而将禁令扩大到所有政府承包商。① 2019 年 5 月，特朗普将禁令范围扩大到华为和中兴之外，禁止任何收购、安装或使用任何信息和通信技术或服务，如果交易涉及任何外国或外国国民有任何利益的财产，经商务部长认定，该交易对美国的信息和通信技术或服务形成不正当的破坏风险、对美国关键基础设施或数字经济的安全或恢复能力造成灾难性的影响，或构成其他危害美国国家安全或美国人民安全的行为。

美国商务部于 2019 年以所谓国家安全为由将华为列入"实体名单"，限制向华为出售美国商品和技术。但是，将华为列入"实体名单"，使得华为在 5G 专利上处于优势，美国在 5G 标准制定方面处于劣势。美国公司由于不确定共享哪些技术或信息，从而减少了对 5G 产业的参与。美国商务部于 2020 年 6 月 15 日公告称，"美国必须参与通信领域的标准制定，参与并引领 5G、自动驾驶、人工智能和其他未来尖端技术在全球的发展"。美国商务部 2020 年 6 月 18 日发布临时最终规则，允许为了标准制定或修订的目的向华为释放受美国《出口管理条例》管辖的某些技术。这样，美国企业可以在 5G 标准制定方面与华为合作，无须申请临时许可证。②

在反学术和科技掠夺措施方面，美国司法部对非传统的学术和科技掠夺者，包括实验室、大学和国防工业基地的研究者采取强制执行战略，防止他们被拉拢进行违反美国利益的技术转让。"被拉拢"的研究者不必是在知情的情况下参与违反美国利益的技术转让或"间谍活动"。特朗普政府于 2017 年 12 月发布的《国家安全战略》将打击学术间谍活动列为优先事项。美国政府采取间接措施限制留学生参与学术研究，例如限制外国学

---

① https://creativecommons.org/publicdomain/mark/1,0/.

② US Department of Commerce, "Commerce Clears Way for U.S. Companies to More Fully Engage in Tech Standards-Development Bodies". https://www.newsbreak.com/news/0PMafzFk/commerce-clears-way-for-us-companies-to-more-fully-engage-in-tech-standards-development-bodies.

生（尤其是中国学生）的签证。由中国政府资助学习的中国学生、与中国政府或政府附属实体合作或代表中国政府或政府附属实体从事有偿或无偿工作的非中国公民，例如"千人计划"参与者也属于调查限制之类。

此外，美国政府认为中国的影响对美国的学术自由和公开言论产生了威胁。中国公司对大学研究的企业赞助（一些人认为这些赞助是代表中国政府的，即使不是政府所有的）已被视为国家安全威胁，与中国政府有联系的非营利和教育机构也是如此。

美国政府还将《外国代理人登记法》推广用于"寻求推进中国政治议程的未登记代理人"。《外国代理人登记法》要求，以政治或"准政治"身份代表或声称代表外国主要国家政府和私人行事的自然人和法人向司法部登记为外国代理人。《外国代理人登记法》非常宽泛，足以适用于不属于或可能不属于"政治"或"准政治"的活动（包括潜在的某些商业和宣传活动）。《外国代理人登记法》努力将法律适用于广泛的行为体，例如从事国际环境宣传的非营利组织，以及中国政府和相关方，例如孔子学院。学术机构、研究机构和其他各方，若在校园主办或参与孔子学院、聘请与中国政府或被视为中国国家武装的实体接触或合作的教员或人员从事研究和技术开发（例如孵化器和加速器）、教育和培训其领导层和相关人员，应使其了解《外国代理人登记法》以及有可能违法的行为。

美国政府还建议学术和研究机构采取措施，在当前环境下理解"应对中国经济掠夺方案"，并制定合规和其他应对计划、采取更积极主动的措施，例如制定宣传战略，以宣传和影响法律和政策措施的内容和执行情况，使得这些措施更适合一些实体企业和机构。这些实体企业和机构包括在机构或人员层面与中国和中国各方有接触、雇用涉及产生中国影响实体的中国公民或非中国公民、主办孔子学院或与孔子学院合作、接受中国公司的合作或支持、招收或接待中国学生或研究人员的实体。

美国知识产权委员会提出了以下三项措施：一是终止使用中国授予的"小专利"。中国专利中，实用新型专利或者说"小"专利占比较多，这类专利质量较低，不利于创新。二是在中国的区域基础上发展知识产权"卓越中心"，这项政策旨在向地方和省级领导人表明，保护知识产权可以增加外来投资，既加强了对知识产权的保护，又有利于通过吸引外资实现经济目标。三是从中国开始，在私营、非营利部门建立知识产权法律保护水平评估或评级体系。发展"卓越中心"所必需的工具之一就是一个显示保护知识产权的最佳和最差地理区域的评级系统。① 美国贸易代表办公室发布的"特别301调查报告"重申落实《中美经贸协定》（第一阶段）中关于知识产权立法和执法的条款，包括修改司法程序、建立阻却惩罚机制、保证有效执行判决；美国将对中国去除不公平贸易措施和执行协定有关义务进行强有力的监督。②

美国共和党在2020年5月7日宣布成立共和党"中国特别工作组"（China Task Force），以应对"中国对美国各个层面的挑战"；5月19日又成立小组下的五个支柱小组，分别为国家安全、科技、经济与能源、竞争力和意识形态竞争，就中国构成的威胁提出各自的政策建议。在人文领域，小组认为中国对美国社会、校园和国际组织的影响活动给美国政府和盟友造成经济威胁，妨碍了美国获得技术优势的努力等。③

第六节　人民币国际化的新机遇

人民币国际化在中美博弈的背景下具有突破美国对华金融、投资脱钩和封锁的作用。在以美元信用和美国消费市场为基础的美式全球支付体系中，其他经济体的经济发展让美元的购买力更加强大，基础是美国的信用体系。国际贸易大多以美元计价结算，美元获得国际储备货币地位的基础在于美国国家信用。美国如果对中国（包括国有企业）在美资产进行征收，将会严重影响美国的国家信用和形象，严重危害全球金融和货币体系的稳定。如果美国动摇美元结算体系，也就动摇了全球金融体系。新冠肺炎疫情之后，世界经济增长面临矛盾和陷阱，发达国家和发展中国家的矛盾会上升，凯恩

---

① The Commission on the Theft of American Intellectual Property by the National Bureau of Asian Research, The IP Commission Report: The Report of the Commission on the Theft of American Intellectual Property, 2013.

② Office of the United States Trade Representative, 2020 Special 301 Report, April 2020, p.40.

③ Foreign Affairs Committee. "McCaul Announces China Task Force Pillars and Co-chairs". May 19, 2020, https://gop-foreignaffairs.house.gov/press-release/mccaul-announces-china-task-force-pillars-and-co-chairs/.

斯体系面临崩溃，但是新的体系又无法建立，全球货币和金融体系进入新的博弈。

但是以美元为基础的布雷顿森林体系的松动为中国提供了战略机遇窗口。特朗普时期美国持续推行单边主义、实施金融霸权获得国际经济利益，对他国实施各种单边制裁，使得世界进入"G0 时代"，国际合作机制持续失灵。

加强人民币国际化可以为形成全球储蓄和资本循环系统提供新的机制和公共产品。全球储蓄者会在美元和欧元利率低位的时候，把钱放在资金池和流动性好的人民币上，人民币债券可以吸收资金，这是提供全球公共产品的过程。

人民币国际化正在积极推进。2020 年 5 月 11 日，中国最大的钢铁集团中国宝武宣布，与澳大利亚力拓集团完成首单利用区块链技术实现的人民币跨境结算，总金额 1 亿元。此前的 1 月和 4 月已分别与巴西淡水河谷、澳大利亚必和必拓完成首单人民币跨境结算。至此，宝武与全球三大铁矿石供应商之间实现了铁矿石交易的人民币跨境结算。这种交易货币安排的背后是中国巨大的实体经济能力、人民币大宗商品期货建设的结果，是后新冠疫情时期全球市场走向决定的。早在美国对伊朗石油交易进行制裁前，伊朗就宣布将人民币列为主要的外汇货币，以替代美元地位。2020 年 5 月，伊朗宣布将货币与人民币汇率锚定。俄罗斯也在向中国出口石油过程中创立了部分无美元化的交易环境。同年 6 月 18 日，土耳其通过本国银行支付从中国进口商品时以人民币进行结算，推动双边国际贸易中的本币结算。我国可以在中国香港地区、自贸区或海南自由港发行人民币标价的国债，这既可扩大融资渠道，又降低了公共开支对国内私人部门的挤占效应。

布雷顿森林体系的瓦解标志着货币不需要金属储备作为发行基础。银行账户上的存款是广义货币的主体，记账货币职能（money of account）被认为是货币的本质属性，[1] 货币的形态开始发生变化。现阶段全球的政治、经济和技术变革推动了货币之间的新竞争，尤其是在私人的数字货

---

[1] ［美］L. 兰德尔·雷：《现代货币理论：主权货币体系的宏观经济学》，张慧玉、王佳楠、马爽译，中信出版社 2017 年版。

币，例如天秤币（Libra）和中国的公共数字人民币之间。前者代表了奥地利学派基础上的货币"去国家化"；[1] 后者代表了央行的负债。银行存款是商业银行负债，央行数字货币和现金比商业银行的存款信誉更高。去中心化货币的不可稀释属性将加速减少人们对法定政治货币的依赖，[2] 去中心化金融会成为传统金融的全球替代品，对边缘性货币和中小国家的货币产生侵蚀性的影响。央行数字货币本质上是现金的数字化和代币化，银行存款本身也是数字化形式的货币。[3] 数字化的银行存款和银行账户绑定，数字化的货币继承了现金的特性，不与银行账户相关，只和区块链上的一个地址相关，对银行存款有天然的替代性。在主权信用货币时代，人民币难以与美元竞争。在数字货币时代，央行数字货币使得央行可以通过全新方式管理流动性，目前可以参照 Libra 锚定一揽子储备货币的方式和 SDR 的定值方式，以人民币和美元作为货币篮，确定价值锚。这样中国人民银行就可以成为第二个提供美元支付手段的央行，美元储备的规模就成为央行数字货币的发行上限。这一安排既可以避免与美元市场"脱钩"，又可以为央行数字货币提供兑付保证，提供信用基础。在数字货币时代，主要经济体之间通过区块链或者加密货币等金融科技手段完成交易支付会是一种新的选项。

在抗击全球金融危机和新冠肺炎疫情中，中国积极与美国、国际货币基金组织和世界银行的积极合作表明，中国是一个守成国家。考虑到美国的巨额债务，中美之间在金融领域的合作不是安全困境，因此中美两国即使不能构建新型大国关系，[4] 也应该在佐利克提议的"利益攸关者"框架中相处。美国应该在国际组织和规则体系中构建伙伴关系，并在此基础上

---

① ［德］诺伯特·海林：《新货币战争：数字货币与电子支付如何塑造我们的世界》，寇瑛译，中信出版社 2020 年版。"中文版推荐序。"

② 法定货币受政治控制，例如美联储可以随时印钞、选择救援的金融机构等。去中心化稳定币不依赖银行系统，可以建立一个平行的金融生态系统。Luke Fitzpatrick. "DeFi Is Reinventing Global Finance Faster Than the Fed Can Print Money". Forbes，May 20，2020，https：//www.forbes.com/sites/lukefitzpatrick/2020/05/20/defi-is-reinventing-global-finance-faster-than-the-fed-can-print-money/#59f3183953f3.

③ Jonathan Cheng, "China Rolls Out Pilot Test of Digital Currency", Wall Street Journal, April 20，2020，https：//www.wsj.com/articles/china-rolls-out-pilot-test-of-digital-currency-11587 385339.

④ 习近平：《为构建中美新型大国关系而不懈努力——在第八轮中美战略与经济对话和第七轮中美人文交流高层磋商联合开幕式上的讲话》，http：//cpc.people.com.cn/n1/2016/0607/c64094-28416143.html，最后访问日期：2020 年 9 月 30 日。

同中国竞争。[①]

第七节　结　语

美国在新冠疫情中对中国肆无忌惮的对抗表明，美国在安全、经济、科技和全球治理方面与中国展开竞争甚至遏制中国发展的政策取向没有改变，甚至向不可逆的方向发展。美国更多的单边主义行动如果在"软实力"的框架中可能会被解读为一种美国衰弱的表现，但是，美国全球霸权的地位和在国际经济（特别是金融）治理体系中的垄断地位并没有实质性的动摇。美国对华经济政策的"脱钩论"是国内经济议题优先于外交议题的一种表现，也是美国消除中国潜在挑战的一种方案。[②] 这种通过对外关系改善国内施政的策略是国内社会议题国际化的体现，是一种有别以往依赖国际自由主义和全球化的路径，既表明了国际、国内两个循环市场的复杂性，也说明从国内和国际两个维度认知（逆）全球化的必要性。

新冠肺炎疫情凸显了产业链和低端产品制造的重要性。全球价值链和产业链会向（战略性行业产业链）本地化、近岸化、（非战略性行业产业链）多样化和区域化翻卷，效率和利润让位于稳定和安全，风险最小化原则取代成本最低化原则，产业安全导致产业链重构。中国需要通过布局数字化供应链提升产业链的水平，同时，今后的经济发展可能更需要国内和国际两个市场，形成以"国内循环为主、国际国内互促的双循环发展"的格局。

为了增加境外美元资产的安全性，中国应当适当减少美国国债的持有量。为了抵消脱钩论和撤出论的消极影响，中国应该向国企、民企和外企提供更加开放和公平的市场，鼓励自下而上的创新和改革，通过市场化的努力增强中国和外部经济互动的韧性。中国应当增强人民币在全球市场的吸引力，增加人民币计价和定价的产品和服务，扩大人民币市场，例如，推动对"一带一路"沿线国家的投资和贷款从美元计价向人民币计价转

---

① Robert B. Zoellick. "The China Challenge". The National Interest，Feb 14，2020，https：//nationalinterest.org/feature/china-challenge-123271?page＝0％2C3.

② 孙璐璐：《佩里·安德森论霸权与21世纪的国际体系》，《国外理论动态》2019年第12期。

变。同时，中国也需要为被迫从美元支付体系中被剔除的风险做好心理、技术和系统上的准备。

只要美国维持美元霸权体系并继续实行资本主义，中国继续改革开放，中美之间的投资和金融脱钩就很难成功，这是因为美国必须维持全球货币市场上的美元流动性，确保美元的世界储备货币地位。美联储需要在无上限量化宽松下保持美元币值稳定，这对维持美元霸权信用体系和国际货币地位至关重要。美国需要中国企业参与经济金融合作和国际分工，中美两国的市场经济发展也互有需求，难以割裂。美国的"脱钩论"和脱钩政策会遭遇两国贸易投资和经济交往现实的挑战。① "脱钩论"的讽刺剧不仅冒险，而且不可能实现。②

---

① David Lawder. "Trump Threat to 'Decouple' U. S. and China Hits Trade, Investment Reality". Reuters, June 23, 2020, https: //www. reuters. com/article/us-usa-trade-china-analysis/trump-threat-to-decouple-us-and-china-hits-trade-investment-reality-idUSKBN23U2WU.

② Henry Farrell and Abraham Newman. "The Folly of Decoupling From China — It Isn't Just Perilous — It's Impossible". Foreign Affairs, June, 2020, https: //www. foreignaffairs. com/articles/china/2020-06-03/folly-decoupling-china.

第八章

网络空间博弈中的网络安全
悖论和网络公私矛盾

——基于抖音事件的分析

2017 年 5 月，作为我国字节跳动科技有限公司旗下短视频社交平台，抖音海外版改名为 TikTok。TikTok 致力于打造一个全球化公司，和抖音分开运营。[①] TikTok 自成立至今，已在 30 多个国家迅速普及，利用其特有的算法和体验，领跑国际短视频应用市场。Sensor Tower 2020 年第三季度的数据显示，TikTok 在所有非游戏类手机应用程序（App）的下载量中位居榜首。2021 年 1 月全球热门移动应用收入榜中，抖音及其海外版 TikTok 在全球 App Store 和 Google Play 收入近 1.28 亿美元，再次蝉联全球移动应用（非游戏）收入榜冠军。[②] 为了在国外拓展市场的过程中尽可能降低政治风险和法律风险，TikTok 针对不同市场采取符合当地需求的本土化运营策略，不断地去中国化、聘用大量外籍高管和员工、在新加坡建立数据备份系统等措施，但它依然"树大招风"。[③]

随着新冠疫情的暴发，TikTok 的国际化战略更是遭受重创，其海外监管、本土化、隐私等问题频出。2020 年 7 月，TikTok 因未经家长同意

---

① 江珊：《TikTok 全球总部：法兰克福、都柏林、伦敦、新加坡……你看好谁?》，https：//www.jiemian.com/article/4841516.html，最后访问日期：2021 年 1 月 13 日。本章讨论的 App 在国内是"抖音"，在国外是"TikTok"。App 是字节跳动公司的产品。由于本章主要讨论海外版 App 的问题和应对，所以本章统一用"TikTok"。

② 《今年 1 月全球热门 App 榜：抖音 & TikTok 吸金第一》，https：//game.zol.com.cn/762/7625356.html，最后访问日期：2021 年 2 月 28 日。

③ 《TikTok 海外版 TikTok 不妙！特朗普发出信号：准备明抢了》，https：//xueqiu.com/4467173154/155516227，最后访问日期：2020 年 9 月 30 日。

收集 14 岁以下儿童数据，并将其转移至海外被处以罚款 1.86 亿韩元；7 月下旬，巴基斯坦要求 TikTok 整肃平台不良内容；日本议员联盟提出对包括 TikTok 在内的中国 App 设定限制。可预见的是，随着 TikTok 影响力的增加，全球范围内高频的监管和处罚也将随之而来。美国前总统特朗普在其执政期间对 TikTok 采取一系列封禁和打压行动，正是网络空间博弈背景下大国之间关于网络安全战略、网络话语权、公私矛盾等问题的博弈。尽管拜登上任后中止了对 TikTok 的法律诉讼，但从网络安全悖论和公私矛盾的视角看，以 TikTok 事件为切入研究网络空间博弈背景下的国际关系，既具有较强的现实意义，又具有一定的理论价值。

关于 TikTok 事件的现有研究主要集中在两个方面：一是分析 TikTok 事件发生的原因；二是探究此类事件的应对策略。关于 TikTok 事件发生的原因，特朗普政府提出封禁 TikTok 的直接原因是其有可能泄露美国用户的信息，侵犯美国公民隐私，威胁美国国家安全。从数据利用的角度看，TikTok 事件是跨国企业数据利用与东道国国家安全和公民隐私保护之间根本冲突的体现；[1] 从政治行为的角度看，有观点认为 TikTok 遭封禁的原因是其用户在特朗普竞选集会时预订门票后集体"放鸽子"事件而引发特朗普不满。[2] 从更深层次的原因来看，有观点认为打压 TikTok 是中美大国博弈背景下美国对华战略竞争的手段，目的是遏制中国的发展和崛起，[3] 反映美国在参与全球数据博弈中为维护数据控制权的担忧，[4] 也体现出美方试图推动对华"文化脱钩"的态势。[5] 现有研究针对 TikTok 事件的应对建议集中在以下方面：一是从 WTO 规则中国家安全例外条款的解释入手，论证 TikTok 禁令不具有美国国内法和国际层面的合法性；[6] 二是从企业发展的角度入手，认为 TikTok 等 App 在数据挖掘、算法主导等方面

---

① 丁婧文：《"TikTok"事件的法律分析——兼谈数据利用国际经贸规则的完善》，《法治社会》2020 年第 5 期，第 56 页。

② 《特朗普要彻底封禁 TikTok，美媒推测这两原因》，https://www.guancha.cn/internation/2020_08_02_559801.shtml，最后访问日期：2021 年 3 月 10 日。

③ 潘星容：《国际关系与法学双重视角下 TikTok 及微信等如何突破在美困境》，《法治社会》2020 年第 5 期，第 65 页。

④ 冯硕：《TikTok 被禁中的数据博弈与法律回应》，《东方法学》2021 年第 1 期，第 74 页。

⑤ 赵明昊：《从 TikTok 事件看美国对华战略竞争》，《对外传播》2020 年第 11 期，第 7 页。

⑥ 何明鑫：《TikTok 禁令的合法性问题探析——以国家安全为视角》，《上海法学研究》2020 年第 22 卷，第 251 页。

都存在不同程度的风险，^①跨国企业应当坚持多元的文化及价值观，提升自身治理能力等；^②三是从政府应对层面入手，认为中国应加强与美国对话，淡化美国政府行政命令对中资企业的不利影响，提升在国际经贸规则制定中的话语权，推动安全例外条款的改革等。^③然而，现有研究大多缺乏国际关系和网络安全视角，未对 TikTok 事件中的网络空间博弈形态和矛盾进行剖析。随着拜登政府上台，现有研究的应对建议也存在一定的滞后性。

网络安全悖论是指网络对经济和社会发展产生积极影响的同时，也在悄然改变各国的政治、经济、文化等方面，催生一系列新的游戏规则和运作机制，对政府监管和国家安全构成新的威胁和挑战，引起国际关系范式和国际规则的变化。不同国际关系主体在网络空间的博弈中呈现不同的形态，形成复杂的关系（见图 8-1）。国家之间的博弈体现在网络先发国家和网络后发国家在全球网络话语权方面的竞争，以美国为代表的网络先发国家主要通过调整国家安全战略和网络安全审查制度等方式维护网络霸权，掌控网络话语权。各国数字经济发展参差不齐，存在明显的"数字鸿沟"，在对待数据跨境流动上的利益和立场存在着巨大差异。^④美国基于强大的技术与经济实力，始终倡导数据自由流动。而发展中国家、欠发达国家更关注数字基础设施、数字化技能等电子商务基础设施的发展，并希望通过数据本地化存储来促进本国数字产业的发展；^⑤国家与非国家主体（包括跨国企业等私主体）的博弈体现在技术竞争时代背景下，国家以维护国家安全为由、以行政令等公权力形式遏制他国优势科技企业在本土的发展，维护本国企业的产业优势，进而产生公私矛盾，被遏制的私主体需要通过诉讼、诉诸争端解决机制等方式予以化解。无论网络空间博弈以何种形态呈现，其核心都是围绕网络安全悖论，力求在维护国家安全和自身发展的基础上，充分利用网络和科技优势，实现利益最大化。

---

① 冯硕：《TikTok 被禁中的数据博弈与法律回应》，《东方法学》2021 年第 1 期，第 74 页。
② 赵明昊：《从 TikTok 事件看美国对华战略竞争》，《对外传播》2020 年第 11 期，第 7 页。
③ 王燕：《中资数据处理企业在美国投资面临的安全审查及法律应对》，《法治社会》2020 年第 5 期，第 45 页。
④ 马其家、李晓楠：《论我国数据跨境流动监管规则的构建》，《法治研究》2021 年第 1 期，第 94 页。
⑤ Committee of Experts under the Chairmanship of Justice B. N. Srikrishna. A Free and Fair Digital Economy：Protecting Privacy，Empowering Indians，http：//meity. gov. in/writereaddata/files/Data _ Protection _ Committee _ Report. pdf.

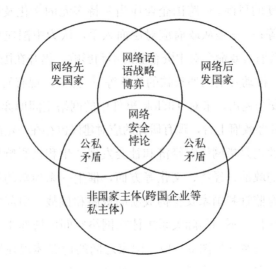

图 8-1　不同国际主体之间的网络空间博弈形态

本章以 TikTok 事件为切入，在梳理美国打压 TikTok 系列行动的基础上，探讨以网络安全悖论为核心的不同国际主体之间的网络空间博弈形态，分析 TikTok 遭驱逐或封杀背后的原因，并试图为跨国网络公司提出应对美国等其他国家打压的法律策略。

第一节　美国政府打压 TikTok 的缘起和发展

一、美国政府对 TikTok 的打压行动

特朗普执政期间倡导的"美国优先"和在经贸领域对他国展开的霸凌主义严重影响了国际贸易多边体系。在网络安全重要性日益提升的背景下，美国对崛起的中国科技企业采取全面打压的战略。如今拜登政府上台，在中美关系尚不明朗的情况下，TikTok 已成为全球两个最大经济体之间争端的一个新摩擦点。通过对美国打压 TikTok 事件进行梳理后不难发现，其采取的一系列行动表面上都是以危害国家安全为由，对具有技术性优势和市场优势的 TikTok 等企业进行限制和封禁，实质上是在中美博弈的大背景下美国极力维护数据控制权做出的政治反应。

2019 年，美国国会联邦参议员卢比奥等人以 TikTok 涉嫌对特殊新闻实施审查并将用户私人信息发送至中国为由，推动美国政府展开对 TikTok 的调查。2019 年 4 月，在被印度尼西亚、孟加拉国下架且被美国罚款后，TikTok 又被印度法院判处从应用商店下架。自 2020 年 6 月 3 日 TikTok 在印度遭封禁后，美国、日本舆论和政府人士纷纷提出要封禁 TikTok。[①] 美国政府近期以危害国家安全为由采取一系列措施对 TikTok 进行有针对性的打压（见表 8-1），具体过程如下。

表 8-1　美国政府对 TikTok 打压时间线梳理
（2020 年 7 月以后）

时　间	发展过程
2020 年 7 月 17 日	特朗普在其社交媒体警告美国用户，称 "TikTok 正在监视你的隐私"，并号召用户签署封禁 TikTok 的请愿书[②]
2020 年 7 月 20 日	美国众议院通过一项针对 TikTok 的法案，该法案禁止联邦雇员在政府的设备上使用 TikTok，受影响人群包括美国政府官员、国会议员、国会雇员，以及政府公司的官员或雇员[③]
2020 年 8 月 5 日	美国国务卿蓬佩奥宣布旨在"遏制潜在的国家安全风险"的"清洁网络计划"，进一步采取关于运营商及其设备、应用商店、App、云基础设施、海底电缆等五项措施，以扩充、完善"清洁网络行动"。同时点名中国众多网络科技公司，将进一步限制中国云服务提供商在美国收集、存储和处理数据的能力[④]
2020 年 8 月 6 日	特朗普引用《国际紧急经济权力法》针对 TikTok 和微信分别签发第 13942 号行政令[⑤]和第 13943 号行政令[⑥]

①　吕倩：《强势监管下的 TikTok：被多次封禁后于印度建立数据中心》，https：//www.yicai.com/news/100273735.html，最后访问日期：2020 年 10 月 5 日。

②　《特朗普在 Facebook 投放政治广告，号召用户签署封禁 TikTok 请愿书》，https：//www.sohu.com/a/408415475_115479？_f＝index_betapagehotnews_1&_trans_＝000014_bdss_dkgyxqs，最后访问日期：2020 年 10 月 3 日。

③　《美国众议院通过法案：禁止联邦雇员在政府设备上使用 TikTok》，https：//www.guancha.cn/internation/2020_07_21_558463.shtml，最后访问日期：2020 年 10 月 3 日。

④　参见美国政府官网：https：//www.state.gov/announcing-the-expansion-of-the-clean-network-to-safeguard-americas-assets/，最后访问日期：2020 年 10 月 3 日。

⑤　第 13942 号行政令（Executive Order onAddressing the Threat Posed by TikTok）规定，自签发日后 45 天起，禁止美国管辖范围内的任何人士，或者就美国管辖范围内的任何财产，与中国北京字节跳动或其子公司进行的任何该等公司拥有利益且由商务部长根据本行政令认定的任何交易。

⑥　第 13943 号行政令（Executive Order onAddressing the Threat Posed by WeChat）规定，自签发日后 45 天起，美国管辖范围内的任何人士，或者就美国管辖范围内的任何财产，与中国深圳腾讯控股有限公司或该实体的任何子公司进行的由商务部长根据本行政令认定的任何与 WeChat 有关的交易。

续 表

时 间	发展过程
2020 年 8 月 14 日	特朗普发布第二道行政令，要求字节跳动 90 天内必须完成 TikTok 美国业务出售交易的交割。行政令充分授权总检察长强制剥离 TikTok 美国业务，"有权采取任何必要措施以执行此命令"①
2020 年 8 月 24 日	字节跳动声称将于 8 月 24 日正式起诉当时特朗普政府。② TikTok 申请向加州联邦地区法院作出临时禁止令
2020 年 9 月 18 日	美国商务部发布行政命令，要求苹果和谷歌的手机应用商店，从 9 月 20 日开始停止提供 TikTok 的下载和更新服务；由于当时特朗普初步同意了 TikTok 的交易，美国商务部将该行政命令推迟至 9 月 27 日生效③
2020 年 9 月 20 日	美国北加州地区法院地方法官雷尔·比勒（Laurel Beeler）发布禁令，暂时阻止了特朗普的微信禁令，理由是违反宪法第一修正案
2020 年 9 月 23 日	TikTok 向美国哥伦比亚地方法院申请初步禁令，要求阻止美国政府对 TikTok 的行政命令，以保护 TikTok 在美国服务免遭禁止④
2020 年 9 月 26 日	美国司法部要求雷尔·比勒法官暂停执行其在 9 月 20 日作出的初步裁决，并认为她的裁决"允许微信继续不受限制的使用。而美国政府认定这款移动应用对美国的国家安全和外交政策构成了威胁"⑤
2020 年 9 月 27 日	美国哥伦比亚特区联邦地区法院法官卡尔·尼科尔斯临时阻止了特朗普的 TikTok 下架禁令，准许 TikTok 继续下载和使用。但尼科尔斯法官拒绝暂缓实施另一禁令，即要么将 TikTok 在美国业务分拆给一家美国公司，要么在 11 月 12 日后将 TikTok 赶出美国
2020 年 10 月 30 日	美国联邦地方法院法官温迪·贝特斯顿（Wendy Beetlestone）叫停特朗普政府试图在美国境内禁用 TikTok 的举措，认为特朗普政府对 TikTok 施加的限制落入"IEEPA 豁免区"，该豁免区旨在保护"个人通信"和"信息材料"贸易免受美国制裁和其他贸易限制⑥

① 《特朗普新签署总统令 要求 90 天内剥离 TikTok 美国业务》，https：//baijiahao.baidu. com/s?id=1675090953710810469&wfr=spider&for=pc，最后访问日期：2020 年 10 月 3 日。

② 《正式起诉特朗普政府！刚刚，张一鸣出手了》，https：//xw.qq.com/cmsid/ 20200823A08AXY00，最后访问日期：2020 年 10 月 3 日。

③ 《TikTok 向法院申请叫停美政府下架禁令》，https：//new.qq.com/omn/20200924/ 20200924A0HYQS00.html，最后访问日期：2020 年 10 月 3 日。

④ 《TikTok 向法院申请叫停美政府下架禁令》，https：//new.qq.com/omn/20200924/ 20200924A0HYQS00.html，最后访问日期：2020 年 10 月 3 日。

⑤ 《不依不饶！美司法部要求上诉期间恢复 WeChat 禁令，反对延缓 TikTok 禁令》，https：//baijiahao.baidu.com/s?id=1678860574985221400&wfr=spider&for=pc，最后访问日期：2020 年 10 月 7 日。

⑥ Marland v. Trump. No.CV 20‑4597，2020 WL 6381397 at * 12，E. D. Pa. Oct. 30，2020.

续　表

时　间	发展过程
2020 年 11 月 10 日	TikTok 母公司字节跳动向美国哥伦比亚特区的上诉法院申请法院叫停时任美国总统特朗普于 8 月 14 日颁发的总统令，该命令强制要求字节跳动在 11 月 12 日之前剥离 TikTok 美国业务。① 字节跳动表示，CFIUS 针对 TikTok 提出的全面数据隐私与安全框架尚未提供任何实质性反馈。由于临近总统令生效期限且没有获得延期执行，字节跳动不得不向法院上诉②
2021 年 2 月 11 日	美国拜登政府要求联邦法院暂停 TikTok 禁令，无限期搁置要求 TikTok 将旗下美国业务出售给甲骨文和沃尔玛等公司的计划。目前美国总统拜登正对前总统特朗普应对中国科技公司潜在安全风险的举措进行全面评估③
2021 年 6 月 9 日	美国总统拜登签署行政令，撤销前总统特朗普在任期间有关在美国境内禁止下载和使用 TikTok 的禁令。同时，拜登将指示商务部长调查与外国"对手"有联系的应用程序，美国政府认为这些应用程序可能对美国的数据隐私及国家安全构成风险④

二、中国政府对美国打压 TikTok 的回应

中国政府对美国打压 TikTok 进行了有力回应。2020 年 7 月 30 日，关于美国政府将完成针对 TikTok 的国家安全审查，我国外交部发言人回应："中国政府一贯要求中国企业在依法合规的基础上开展对外经济合作。美方在拿不出任何证据的情况下对中国企业做'有罪推定'并发出威胁，暴露了美方所谓维护公平、自由的虚伪性，违反了世贸组织开放、透明、非歧视原则。"⑤ 就

---

　　① 《TikTok 再诉美国政府，字节跳动要求美国法院干预 TikTok 强制出售事宜》，https：//m．sohu．com/a/431040091＿115565?scm＝1002.510048.3420347.10164-0，最后访问日期：2020 年 12 月 2 日。

　　② 《TikTok 再诉美国政府，字节跳动要求美国法院干预 TikTok 强制出售事宜》，https：//m．sohu．com/a/431040091＿115565?scm＝1002.510048.3420347.10164-0，最后访问日期：2020 年 12 月 2 日。

　　③ John D. McKinnon，Alex Leary．"TikTok Sale to Oracle，Walmart Is Shelved as Biden Reviews Security"．https：//www．wsj．com/articles/tiktok-sale-to-oracle-walmart-is-shelved-as-biden-reviews-security-11612958401?mod＝hp＿lead＿pos1．

　　④ 《美国"解封"TikTok 及微信 省广集团大单一字涨停　概念股集体走强》，https：//baijiahao．baidu．com/s?id＝1702145896085268312&wfr＝spider&for＝pc，最后访问日期：2021 年 12 月 21 日。

　　⑤ 《美方将完成针对 TikTok 的国安审查，汪文斌：不应在社交媒体领域搞"双重标准"》，http：//world．qianlong．com/2020/0730/4505847.shtml，最后访问日期：2020 年 10 月 6 日。

透明度义务而言,《服务贸易总协定》(GATS)第 3 条规定:"除非在紧急情况下,各成员应迅速并最迟于其生效之时,宣布所有普遍适用的有关或影响本协定实施的措施。"① 同时,成员国应将任何实质性地对服务贸易有影响的相关法律变动及时通知服务贸易理事会,也不得要求其他成员国提供"可能阻碍法律的实施或违背公众利益、损害合法商业利益"的机密资料。

但是,GATS 第 14 条之安全例外条款规定:"本协定不得解释为:要求任何成员提供其认为公开后会违背其基本安全利益的任何资料;阻止任何成员为保护其基本安全利益直接或间接地为建立军事设施而提供服务、提供有关裂变材料的原料以及在战时或国际关系中其他紧急情况期间采取必要的行动。"② 一直以来,美国作为国际贸易规则的主导者,对国际规则具有很强的话语权和解释权,可以灵活利用规则赋予的空间维护本国利益,甚至在贸易摩擦等极端情形下直接藐视规则。③ 例如,灵活运用"安全例外"和"一般例外"原则,对跨境数据流动以国家安全为由行使相关管理措施。④ 不难看出,当时美国政府之所以在封杀 TikTok 时引用紧急状态和国家安全等相关内容,主要是为了在 GATS 等国际贸易规则中引用安全例外条款以寻求其行动合法性。

面对美国的频繁制裁,中国近期在技术和企业保护等方面出台了一系列文件,彰显依法维护国家利益的基本立场。2020 年 8 月 28 日,最新版《中国禁止出口限制出口技术目录》(以下简称《目录》)发布,新《目录》增加了限制"基于数据分析的个性化推送技术"出口的条款;第 18 条关于"人工智能交互界面技术"等控制要点,规定限制类技术出口必须到省级主管部门获得技术出口许可后才能进入实质性谈判,签订技术出口合同。⑤ 因此,字节跳动公司在向美国企业出售 TikTok 关键资产、进行实质

---

① 参见《服务贸易总协定》,http://www.caac.gov.cn/XXGK/XXGK/DWZC/201703/P020170330492046115617.pdf,最后访问日期:2021 年 1 月 18 日。

② 参见《服务贸易总协定》,http://www.caac.gov.cn/XXGK/XXGK/DWZC/201703/P020170330492046115617.pdf,最后访问日期:2021 年 1 月 18 日。

③ 高程:《从规则视角看美国重构国际秩序的战略调整》,《世界经济与政治》2013 年第 12 期,第 89—90 页。

④ 马其家、李晓楠:《论我国数据跨境流动监管规则的构建》,《法治研究》2021 年第 1 期,第 95 页。

⑤ 《中国限制 AI 算法出口:TikTok 需经国家批准,才可出售?》,https://m.sohu.com/a/415751095_120346043,最后访问日期:2020 年 10 月 3 日。

性谈判前，需要通过申请并获得批准才能继续进行，一定程度上增加字节跳动在这场谈判中的筹码。2020 年 9 月 19 日，商务部发布《不可靠实体清单规定》，反映了地缘政治变化下我国在相关立法层面完善的紧迫性，警示美方如果过度侵蚀中方利益将使本国企业面临反噬。12 月 19 日，国家发展改革委、商务部发布《外商投资安全审查办法》，在积极促进和保护外商投资、为更高水平对外开放保驾护航的同时，更是我国在国家安全方面的一种制度回应和反制。2021 年 1 月 9 日，被称为中国版阻断法的《阻断外国法律与措施不当域外适用办法》（以下简称《阻断办法》）发布，[①] 标志着中国应对和反制外国对华经济制裁的法律进程全面启动，与《不可靠实体清单》构成了中国攻防兼备的反制美国滥用域外管辖权的法律体系。

在数据安全问题上，2021 年出台的《数据安全法》第 36 条在 2017 年《网络安全法》第 3 章的基础上，对境外司法机构或者执法机构跨境调取数据进行专门规定，确立了与普通数据不同的跨境流动规则。[②] 该条限制境外直接向中国境内主体调取数据的做法，更强调数据应当存储于中国境内，且赋予行政机关基于相关法定理由予以审核和批准的权力。同时，该条明确处理调取数据司法协助或执法合作请求时，应当依据条约、协定或平等互惠原则进行。[③] 中国企业在赴美上市过程中除了需要根据美国法进行数据合规外，也要遵守我国在数据跨境领域的基本规范，充分保障中国用户的数据隐私安全。

第二节　TikTok 事件彰显的"网络安全悖论"

互联网所代表的工具革命的普及对世界造成的冲击具有两面性，即互

---

① 《阻断外国法律与措施不当域外适用办法》，http://www.mofcom.gov.cn/article/i/jyjl/l/202101/20210103029715.shtml，最后访问日期：2021 年 1 月 10 日。

② 高通：《数据安全法中的数据跨境流动规则》，http://www.fxcxw.org.cn/dyna/content.php? id=23768，最后访问日期：2021 年 12 月 21 日。

③ 《数据安全法》第 36 条："中华人民共和国主管机关根据有关法律和中华人民共和国缔结或者参加的国际条约、协定，或者按照平等互惠原则，处理外国司法或者执法机构关于提供数据的请求。非经中华人民共和国主管机关批准，境内的组织、个人不得向外国司法或者执法机构提供存储于中华人民共和国境内的数据。"

联网具有天然的安全悖论属性。在互联网科技造福人类的同时，网络赋权功能也给国家政治生态带来一定的冲击和影响。TikTok 作为应用程序平台属于典型的信息中介，代表了互联网时代的技术创新和先锋科技。美国以 TikTok 危害国家安全为由对其进行打压和封禁，正是网络空间博弈背景下网络安全悖论的体现。

一、网络带来的技术性优势及影响

信息中介商在不同市场和社会力量的交互中处于中间协调者的地位。它们通过提升信息交换的效率以及为人际往来提供社会资源，产生重要的网络的外部效应，创造经济或文化价值。[①] TikTok 作为典型的信息中介商，相较于以腾讯、百度为代表的传统互联网平台而言具有更高的技术含量，代表了互联网时代的技术创新。传统互联网给予用户海量选择，但随着信息时代的发展，人们往往会面临信息超载不知所措。TikTok 的最大特点是"推送"——个性化推荐，即系统利用搜索引擎和大数据技术从大量信息中筛选出热门资讯；同时，推荐引擎会根据用户之前获取信息的情况（包括用户注册时的地址、互联网地址、使用设备，用户的浏览和搜索历史记录，用户喜欢的、共享的视频，等等）建立的个人用户模型，智能地为用户推荐个性化的信息，相比传统互联网"选择"模式更加便捷。[②] 未来所有的商品都将隐藏在各种信息流里，而这种信息流通过 TikTok 的高级算法自动呈现在用户面前，潜移默化地影响着用户的思考方式、信息传播途径、娱乐社交方式，甚至是用户所在国家的商业逻辑。这既是 TikTok 对传统社交 App "降维打击"的资本，也是以美国为首的霸权主义势力以"危害国家安全"为由打压 TikTok 背后的原因之一。

此外，在对外国企业的民族主义情绪背后，往往还有市场竞争者在借题发挥、推波助澜。美国科技企业巨头往往将"中国威胁论"作为摆脱严格监管或者打压中国竞争对手的手段。TikTok 的前任首席执行官凯文·梅耶尔

---

① ［美］劳拉·德拉迪斯：《互联网治理全球博弈》，覃庆玲、陈慧慧等译，中国人民大学出版社 2017 年版，第 150 页。

② 张一鸣：《机器替代编辑》，《传媒评论》2014 年第 3 期，第 38 页。

（Kevin Mayer）在美国时间 2020 年 7 月 28 日抨击脸书（Facebook）把爱国主义作为不公平的手段来攻击中国的消费者 App。Facebook 创始人马克·扎尔伯格在美国众议院反垄断调查委员会做证前，把 Facebook 描述为"一家自豪的美国公司"，并对中国公司进行指责，警告损害美国科技巨头等于将未来交到中国手上，因为中国支持它的科技企业，从而在全球竞争中领先。[1] 扎尔伯格强调"我们信仰的价值——民主、竞争、包容和言论自由，是美国经济的根基"，"很多其他公司也持有这些价值，但这没法保证我们的这些价值会胜出。比如说，中国正在以非常不同的主意建立自己互联网版本，他们正在把他们的价值观输出到别的国家"。梅耶尔随后回应："我们不涉及政治，我们也不接受政治广告，也没有这样的安排，我们唯一的目的是为它（TikTok）的用户保持一个生机勃勃和充满活力的平台。"[2]

Facebook 和 Twitter 等其他社交媒体平台也大量收集用户信息。美国公民自由联盟（American Civil Liberties Union）的高级技术研究员乔恩·卡拉斯（Jon Callas）表示，TikTok 之所以正在面临审查，是因为中国的应用尤其有获取超出提供服务所需的更多数据的名声，经常把信息发送给广告网络。[3] 字节跳动为自己辩解："TikTok 的最大投资者来自美国，我们致力于保护用户的隐私和安全，因为我们将继续努力为家庭和有意义的职业带来欢乐。那些都是在我们平台上创建内容的人。"[4] TikTok 对国家安全的潜在风险在一定程度是理论上的，目前并且没有证据表明 TikTok 的用户数据已被中国情报部门获取。[5]

2001 年美国安然公司造假案件后，美国国会于 2002 年通过了《萨班

---

[1] 《保护 Facebook 就是保护未来不属于中国?》，https：//www.lukeji.com.cn/news/zx/7461.html，最后访问日期：2021 年 12 月 21 日。

[2] 《TikTok CEO 指责 FB：以爱国为幌子，想把我们赶出市场》，https：//tech.sina.com.cn/i/2020-07-29/doc-iivhvpwx8143380.shtml?cre=tianyi&mod=pcpager_news&loc=14&r=9&rfunc=100&tj=none&tr=9，最后访问日期：2020 年 9 月 30 日。

[3] 《微软洽购 TikTok，TikTok 将退出美国，详解美国公民隐私如何与国家安全挂钩》，https：//mp.weixin.qq.com/s?__biz=MzAxNjE5NDQ3Ng==&mid=2652933121&idx=1&sn=93f8ad7d2d4ca8d4653de6e386855d88&chksm=802ca2c2b75b2bd488758246f528e4911872cc3e495648，最后访问日期：2020 年 9 月 29 日。

[4] 《禁止 TikTok 在美运营，美媒：不相信"国家安全威胁"的说辞》，http：//news.sina.com.cn/c/2020-08-02/doc-iivhuipn6419924.shtml，最后访问日期：2020 年 10 月 6 日。

[5] 《微软洽购 TikTok，TikTok 将退出美国，详解美国公民隐私如何与国家安全挂钩》，https：//mp.weixin.qq.com/s?__biz=MzAxNjE5NDQ3Ng==&mid=2652933121&idx=1&sn=93f8ad7d2d4ca8d4653de6e386855d88&chksm=802ca2c2b75b2bd488758246f528e4911872cc3e495648，最后访问日期：2020 年 9 月 29 日。

斯—奥克斯利法案》（以下简称《SOX法案》），成立了PCAOB机构对美股上市公司审计师进行监督，包括1年1次（或3次）常规型检查和发现上市公司有违规行为之后的执法型检查。2010年通过的《多德—弗兰克华尔街改革和消费者保护法》（以下简称《多德—弗兰克法案》）修改了第106条，并规定："故意拒绝遵守SEC或PCAOB根据第106条提出的任何要求"——当然包括对审计工作文件的要求，应被视为违反《SOX法案》的行为。同时，美国SEC《实务规则》第102（e）条允许SEC可以"暂时或永久"地"剥夺任何人在美国证券交易委员会出现或执业的特权，如果发现该人故意违反……联邦证券法"。根据第106（e）条的规定，并通过第102（e）条的程序，SEC可以永久地切断一家外国会计师事务所的生命线，从而迫使它对美国证券交易委员会的文件要求做出让步。美方可以据此进行"常规检查"，以"保护投资者利益"为借口要求TikTok交出各种敏感的用户数据。[①] 根据CNN等美国媒体报道，如果在美国政府的压力下美方企业和字节跳动一旦就TikTok达成收购协议，美方将可能以所谓审查"源代码"的形式，直接或间接地获取与TikTok分开运营的抖音数据资源，"包括中国用户海量数据训练的人工智能推送算法、模型以及代码等，也将暴露在某种风险之中。"[②]

二、网络带来的挑战和安全威胁

互联网的诞生之所以被看作是印刷术发明以来最伟大的媒体革命，不仅在于其信息传播的高效率和低成本，还在于其赋权功能，即获取、控制信息的能力从少数人的特权变为公众共享的基本权利。[③] 公众出于自己的利益考虑，可以通过网络跨越地理国界交流和传递信息，在思想观念传播多元化的同时，一些热点问题引发的公众参与有可能成为现实冲突的导火索。在美国政府看来，TikTok有滥用信息数据之嫌，可能监视和影响民众思想，甚至重新解构社会、危害国家安全。

---

① 《赴美上市网络数据安全：美国SEC针对会计师事务所从域外调取信息的权力和实践》，https://www.secrss.com/articles/32437，最后访问日期：2021年12月22日。

② 《人民网三评"TikTok交易"之二：浑水摸鱼，想都别想!》，https://baijiahao.baidu.com/s?id=1678709564930829536&wfr=spider&for=pc，最后访问日期：2020年12月24日。

③ 张新华：《网络悖论与国家安全》，《毛泽东邓小平理论研究》2005年第6期，第71页。

（一）网络赋权引发网络空间领域的"公私矛盾"

在知识经济时代，互联网的发展意味着财富和权力的传播，普通民众掌握互联网技术就可以获取、传播信息和知识，新的权力阶层便应运而生。政府面临的挑战是来自人民和互联网技术带来的政治、经济、思想、文化等多方面社会综合效应。

互联网是民粹主义运动的温床，民粹主义和对全球化的质疑是过去十年的显著特征。[①] 民粹主义被视为民众与精英之间的斗争，也是对全球化影响下的文化、经济和法律的强烈反弹。[②] 反全球化情绪和民粹主义运动的加剧，产生了政府监管上的不确定性，给政府带来了极大的挑战。互联网正是民粹主义运动的主阵地，其巨大的扩散威力和即时效应在社会运动和政治动员中表现得极为明显。例如，2021 年 1 月发生的"韭菜大战华尔街"事件[③]正是民粹主义在金融领域的体现。在此次金融事件中，美国网络论坛 Reddit 中股票讨论版面 Wallstreetbets 是民粹主义者鼓励集结散户买入游戏驿站的股票和期权、促成轧空现象的主要阵地。股票交易应用程序"Robinhood"对散户投资人的限制行为更是激化了"民众"和"精英"之间的矛盾和冲突。

2021 年 2 月 1 日，美国金融业监管局发布报告，将加强对应用程序的关注作为其年度审查重点，密切关注券商对潜在的风险的披露，并监督其客户对互联网交易工具的使用。[④] 早在 2018 年 2 月，SEC 发布的《关于网络安全披露的声明和指南》（以下简称《解释性指南》）[⑤] 中就体现了 SEC 对网络安全披露的高度重视。时任美国 SEC 主席杰伊·克莱顿（Jay

---

① 沈伟：《民粹国际法和中美疫情法律之困》，《中国法律评论》2020 年第 4 期，第 22 页。
② 沈伟：《民粹国际法和中美疫情法律之困》，《中国法律评论》2020 年第 4 期，第 22 页。
③ 线下游戏连锁店"游戏驿站"（GME）是纽交所上市公司，在电商和游戏线上发行、疫情等因素的冲击下濒临破产。华尔街对冲基金等机构投资人大幅做空 GME 股票，押注公司股价继续下跌。美国千禧一代的年轻人对 GME 有着怀旧情感。美国网络论坛股票讨论版面 Wallstreetbets（WSB）的年轻网友们看到了这些华尔街空头机构的恶劣操作，开始鼓励集结散户买入 GME 的股票和期权，促成轧空现象。在百万散户的联合行动下，GME 股价两周内上涨 1 500%，对冲基金在这次轧空中损失惨重。在这些对冲基金遭遇失败后，散户们经常用的股票交易应用软件"Robinhood"将 GME 等股票从交易平台上移除，导致 GME 连续跌停熔断。"Robinhood"对散户投资人的限制行为进一步改变了 GME 轧空事件的性质，把其影响从金融圈扩大到了政界和更广泛的社会，投资人对 Robinhood 发起了集体诉讼。
④ 《散户逼空热潮后，Robinhood 将面临监管机构重点审查》，https://baijiahao.baidu.com/s?id=1690929495929640712&wfr=spider&for=pc，最后访问日期：2021 年 2 月 7 日。
⑤ See Commission Statement and Guidance on Public Company Cybersecurity Disclosures，Release No.33 - 10459（Feb.21，2018）[83 FR 8166].

Clayton）在 2018 年年底的演讲中提道："从发行人披露的角度来看，重要的是让投资者充分了解影响他们所投资的公司的重大网络安全风险和事件。从市场监督的角度来看，我们在对市场参与者，包括经纪商、投资顾问和关键市场基础设施公用事业的审查中继续优先考虑网络安全。"① 即使如此，在当时仍有两位 SEC 委员表达了对该《解释性指南》的不满，他们认为该《解释性指南》远远不够，SEC 应当要求更多。② 美国金融监管机构没有及时更新规则，以保护普通投资者免遭对冲基金收割，在互联网社交媒体时代保护投资者免受做空操纵之害，GME 股票轧空便是监管机构不作为的后果。2021 年 4 月 14 日，参议院确认盖瑞·杰斯勒（Gary Gensler）为美国 SEC 主席。此后不久，他宣布了一个积极的春季议程，证监会的摘要指出，"其正在考虑建议委员会提出规则修正案，以加强发行人对网络安全风险治理的披露"。届时，赴美上市的中国公司将面临更为严格的网络安全披露要求。③

TikTok 作为当下最热的信息中介和交流平台，难免也会给国家带来政治、思想、文化等多方面的影响，其中一些不利影响正是 TikTok 遭封禁的重要原因。例如，2020 年 6 月 20 日，美国前总统特朗普在俄克拉荷马州塔尔萨市中心举行的竞选集会上，由于出席集会的人数低于预期，特朗普不得不取消场外露天讲话活动。④ 特朗普的竞选经理布拉德·帕斯卡尔（Brad Parscale）称，活动开始之前已有近百万人预约参加这一集会，但最后到场的仅有近 6 200 人。据路透社报道，这很大可能是由于 TikTok 用户和 K-pop（韩国流行音乐）粉丝故意集体预约后，又集体缺席以示抗议。最初这个"放鸽子计划"在特朗普竞选团队发布门票免费预订信息

① Jay Clayton. "SEC Rulemaking Over the Past Year, the Road Ahead and Challenges Posed by Brexit, LIBOR Transition and Cybersecurity Risks". https：//www. sec. gov/news/speech/speech-clayton-120618.

② See Robert J. Jackson Jr.. "Statement on Commission Statement and Guidance on Public Company Cybersecurity Disclosures". https：//www. sec. gov/news/public-statement/statement-jackson-2018-02-21; Kara M. Stein. "Statement on Commission Statement and Guidance on Public Company Cybersecurity Disclosures". https：//www. sec. gov/news/public-statement/statement-stein-2018-02-21.

③ 《赴美上市网络数据安全：美国 SEC 针对会计师事务所从域外调取信息的权力和实践》，https：//www.secrss.com/articles/32437，最后访问日期：2021 年 12 月 22 日。

④ 《特朗普集会冷清的原因找到了：被 TikTok 用户和"韩粉"放鸽子》，https：//www.jiemian.com/article/4562759 _ qq.html，最后访问日期：2021 年 2 月 25 日。

后，就通过短视频方式在 TikTok 上传播，大多数参与者在向周围人发起该倡议的 24 小时内就删掉原内容，以防特朗普团队察觉出异样。由此可见，网络赋权使个人能即时将其思想观念迅速传播至全球的同时，对国家政治等方面也会产生或大或小的影响，这些潜在的威胁可能会上升为严重的国家安全问题，也为美国打压 TikTok 提供了一定的理由和契机。

互联网在给政府控制公民权力带来挑战的同时，也在悄然影响着国际关系范式的变化。传统国际法被认为是作为公法人的主权国家创设并适用于彼此之间关系的法律体系，公—公关系是国际法的基本认识范式。① 国际关系现实主义流派的核心观点认为，国际政治的核心是国家利益和权力，国家是国际政治最主要的行为体。② 然而，跨国公司、非政府组织等非国家主体在国际贸易、协调和维护国际关系等方面的作用日益突出，③ 国际法的公—私关系得以形成，即包括国家和国际组织在内的国际公法主体与私人进行多维度、多层次、多形式以及多主体间的互动过程。④

在网络空间领域，跨国企业私人部门由于在技术研发等方面具有绝对优势，私人意志往往会借助于国家的外衣对他国竞争企业施加压力，甚至会影响国际规则的制定。例如，2012 年 10 月 9 日，美国众议院情报委员会明确指控华为技术有限公司和中兴通讯对美国国家安全构成威胁，建议国内用户慎用该产品。⑤ 种种证据表明，华为、中兴在美被封杀的背后推手是美国本土企业思科，这和 Facebook 控诉 TikTok 如出一辙。⑥ 再如，2021 年 1 月初美国国会骚乱事件发生后，Facebook 决定"无限期"封禁美国前总统特朗普的社交账号，并提交给其独立监督委员会进行审查。⑦

①　蔡从燕：《公私关系的认识论重建与国际法发展》，《中国法学》2015 年第 1 期，第 187 页。
②　马忠法：《私人部门在国际法规范形成和发展中的作用》，《厦门大学学报（哲学社会科学版）》2016 年第 5 期，第 59 页。
③　马忠法：《私人部门在国际法规范形成和发展中的作用》，《厦门大学学报（哲学社会科学版）》2016 年第 5 期，第 59 页。
④　蔡从燕：《公私关系的认识论重建与国际法发展》，《中国法学》2015 年第 1 期，第 187 页。
⑤　黄晋：《中国企业在美遭不公对待，华为中兴成大选牺牲品》，https：//opinion. huanqiu. com/article/9CaKrnJxmkg，最后访问日期：2021 年 1 月 5 日。
⑥　宋爽劲、王艺驰等：《绊脚石思科》，《新经济》2012 年第 15 期，第 72 页。
⑦　独立监督委员会由 Facebook CEO 马克·扎克伯格在 2018 年公开提出，并于 2020 年 5 月宣布了首批 20 名成员，其中包括一位前总理、一位诺贝尔和平奖得主以及几位法律专家和维权人士。全球用户均可在 Facebook 就最终内容决定与之取得联系后 15 天内，通过该委员会的网站提交申诉。该部门有权推翻 Facebook 的删帖决策，并对其提出政策调整建议。参见《Facebook 独立监督委员会开始运作，申诉通道将逐步开放》，https：//baijiahao. baidu. com/s?id＝16813029500 75965836&wfr＝spider&for＝pc，最后访问日期：2021 年 2 月 19 日。

此外，澳大利亚政府拟议的新媒体法要求 Google 和 Facebook 等在线平台向新闻媒体支付其显示和链接其新闻内容的费用。Facebook 于 2021 年 2 月 17 日宣布，将不再允许澳大利亚的新闻出版商和用户分享或查看新闻报道，并立即封禁澳洲 Facebook 用户阅读和分享新闻。①

在数字经济时代，平台经济下产生的互联网巨头是跨国企业的典型代表。一方面，由于经营不受地域、时间、空间、自然资源等条件限制，其存在巨大的规模经济效应。头部平台利用其所积累的大数据优势迅速形成先发优势，形成进入壁垒，抑制后发企业进入发展。另一方面，由于具备规模效应、网络效应、财富效应、指数增长效应，平台经济拥有大量的数据资产，累积巨量用户，易形成赢者通吃和大到不能倒的现象，头部平台企业形成垄断。② 这种独立于国家之外的跨国公司形成全球政治权力的另一极，在国家与国家、国家与国民之外，形成了私营大公司与国家实体之间博弈的第三极势力。这种势力的崛起既会引发民众对科技巨头信息垄断的担忧，也会面临全球网络监管机构的审视，甚至会激化"公私矛盾"，刺激政府对互联网平台进行反垄断等措施的出台。

（二）网络环境下国家安全的概念扩张

互联网科技的发展构建了一个与物质世界平行的网络空间，使得国家安全的概念在发生着潜移默化的扩张和变迁。在网络空间下，一些不稳定因素和安全威胁可能会通过互联网传播和扩大，成为更难控制和防范的安全威胁源，甚至引发社会文化和政治安全等问题，网络安全逐渐成为影响国家安全的重要方面。

国家安全是"一个国家相对稳定、完整，没有威胁、恐惧的状态，以及维持这种状态的能力"，③ 具有历史性、综合性、主客观二元性等诸多特征。④

---

① 刘沐轩：《公开"叫板"政府！Facebook 禁止澳大利亚用户查看或分享新闻》，https://baijiahao.baidu.com/s?id=1692018990432385554&wfr=spider&for=pc，最后访问日期：2021 年 2 月 19 日。

② 《坚持平台经济反垄断》，https://m.gmw.cn/baijia/2021-03/11/34677286.html，最后访问日期：2021 年 12 月 1 日。

③ 王东光：《国家安全审查：政治法律化与法律政治化》，《中外法学》2016 年第 5 期，第 1289 页。

④ 王东光：《国家安全审查：政治法律化与法律政治化》，《中外法学》2016 年第 5 期，第 1289 页。

在实践中，国家安全范畴从传统安全扩展到非传统安全，造成国家安全概念泛化和考量因素愈加模糊。[①] 国家安全概念泛化的特征有二：一是诸如经济安全、网络数据安全和气候变化等安全问题上升到国家安全层面，国家安全不再局限于传统的军事安全和战争威胁；[②] 二是国家安全的自我判断性，即如何构成威胁国家安全的条件完全由一个主权国家自己决定。换言之，国家安全是国内法概念，没有国际法标准。国家安全审查制度等国内法上的规则和制度不断外溢，成为一种国际通行的做法和监管工具，有可能成为一种普遍性的国际经贸规则或工具。在国家安全审查的过程中并非仅基于事实进行理性的推演和判断，而是综合信息之下的包含主体感受在内的主客观综合判断。[③] 如果任一国家在任何情况下都假以"国家安全"的理由对跨国公司或者外国投资者的投资进行否决，则国际规则体系的稳定性就会动摇，世界很可能会陷入动荡，国际投资体系将会被瓦解。[④]

美国所定义的国家利益覆盖全球，从冷战时期起就具有广泛性的特点，通过将美国国家利益与国际经济和世界秩序关联，从而营造有利于美国发展的国际环境。[⑤] 在美国国际利益的确定和优先排序等问题上，美国各界存在广泛争论，最终体现在《美国国家安全战略报告》中的国家利益和目标是一个复杂的政治过程结果，体现出不同社会思潮、党派和利益集团的影响。

首先，美国国家利益界定从美国社会思潮变化的视角来看，主要是在孤立主义和国际（自由）主义之间摇摆。孤立主义者强调国内事务优先且相对独立，而国际主义者主张在全球背景下考察美国国家利益，两者在国际事务的介入程度上具有较大分歧。[⑥] 前者主张将美国主要资源放在国内发展上，不必插手国外事务，否则会因国际事务的复杂性对自身发展产生不利；后者主张建立以美国利益及其国际地位为考量标准的全球秩序，对美国

---

① 梁咏：《论国际贸易体制中的安全例外再平衡》，《法学》2020 年第 2 期，第 142 页。
② 刘卫东、刘毅等：《论国家安全的概念及其特点》，《世界地理研究》2002 年第 2 期，第 2 页。
③ 王东光：《国家安全审查：政治法律化与法律政治化》，《中外法学》2016 年第 5 期，第 1289 页。
④ 马吉：《纯理论分析，TikTok 能否以及如何采取法律手段与"纸老虎"斗争》，http://finance.sina.com.cn/roll/2020-08-06/doc-iivhvpwx9563353.shtml，最后访问日期：2020 年 10 月 6 日。
⑤ 王荣：《〈美国国家安全战略报告〉研究》，时事出版社 2014 年版，第 145 页。
⑥ 王荣：《美国国家利益与目标确立的特点和原因探析》，《亚非纵横》2015 年第 1 期，第 36 页。

国际地位产生威胁的大国不惜采用单边主义霸权战略加以遏制，特朗普执政期间倡导的"美国优先"理念是典型的国际主义。根据美国学者弗兰克·L.克林伯格（Frank L. Klingberg）提出的社会思潮与利益的相互关系理论，美国外交政策每隔二三十年就会出现孤立主义与国际主义的交替变迁。[①]

其次，美国由民主、共和两党轮流执政，其执政理念分别受孤立主义和国际主义的影响。民主党注重保护中下阶层利益，支持采取社会福利措施来改善国内穷人状况，主张对大企业进行政府管制，赞成限制贸易以保护就业。[②] 共和党内保守派较多，倾向于中上层利益，更注重维护大公司经济利益，主张限制政府对大企业的约束，在对外政策方面倾向于采取强硬路线。[③] 这就使得两党在国家利益的界定和排序上存在差异。一个鲜明的例证是奥巴马政府和特朗普政府对于"网络中立性"原则的不同态度。在奥巴马政府时期，联邦通信委员会（FCC）将网络中立性确定为基本原则，根据该原则，互联网服务提供商（ISP）应当被视为公用设施，必须平等对待所有的互联网通信，不差别对待或依不同用户、内容、网站、平台、应用、接取设备类型或通信模式而差别收费，防止运营商从商业利益出发控制传输数据的优先级，以保证网络数据传输的"中立性"。[④] 但是，特朗普政府推翻了这一规则。[⑤]

最后，利益集团在美国三权分立的政权架构和多元化的社会背景下，更容易通过游说等方式对国家政策的制定施加影响，以追求有利于自身的目标利益。所以，从某种程度上来讲，美国国家战略就是各方利益集团博弈和妥协的结果，私主体在国家政治和国际政治中的影响越来越大。[⑥]

---

① 武桂馥：《战略环境与安全战略研究》，解放军出版社 2008 年版，第 60 页。
② 王荣：《美国国家利益与目标确立的特点和原因探析》，《亚非纵横》2015 年第 1 期，第 36 页。
③ 熊志勇：《美国政治与外交决策》，北京大学出版社 2007 年版，第 8 页。
④ 白起：《"网络中立"与互联网平台监管：拜登政府的新动向》，https://fddi.fudan.edu.cn/51/e0/c21253a283104/page.htm，最后访问日期：2021 年 12 月 23 日。
⑤ 《特朗普政府推翻"网络中立"规定》，http://www.xinhuanet.com/world/2017-12/15/c_1122115810.htm，最后访问日期：2021 年 12 月 23 日。
⑥ 例如，1994 年克林顿在任期间，白宫起草《国家安全战略报告》时准备将"经济安全"列为报告的重要内容引发了美国国防部和国务院就冷战结束后美国国家安全利益重心何在的激烈辩论。时任美国国务卿克里斯托弗认为，冷战后时代，经济问题必须成为美国内外政策的重心。而五角大楼官员则争辩，国务院将经济的"软实力"纳入国家安全层面的考虑"幼稚且天真"，国家安全应"集中在传统的军事安全领域且不能过分扩展"。在反复的平衡和妥协后，克林顿将军事安全、经济安全和全球民主化并列为美国新国家安全战略的三大支柱。参见王荣：《美国国家利益与目标确立的特点和原因探析》，《亚非纵横》2015 年第 1 期，第 36 页。

　　自 2012 年中美两国元首在安纳伯格庄园首次探讨网络安全问题以来，网络安全就成为影响中美关系的重要领域。[①] 从奥巴马政府到特朗普政府，网络安全问题的内涵不断扩张，网络安全的影响已上升到国家安全层面。奥巴马时期，中美围绕网络安全问题建立了多个对话渠道，在一定程度上对于双边关系的稳定起到了重要作用。特朗普政府执政初期，双方围绕网络安全与执法问题开展首轮对话。中美贸易战使得双方官方层面的对话机制陷入暂停状态，美方不断通过单边方式，在网络安全领域对华开展打压，对华为、字节跳动等企业开展了多轮制裁举措。这严重影响了双方在网络安全领域建立的互信，引起了网络安全的泛国家安全化，加剧了双方在网络安全、数字经济等多个领域的对抗。[②]

　　有观点认为，美国对中国科技发展进行打压，相当程度上来自美国国家安全、情报和执法界专业团队对所谓"中国长期威胁"的共识，两党意见较为统一，拜登政府短期内大幅调整相关政策的可能性较小。[③] 2021 年 2 月 24 日，拜登签署行政令，要求美国联邦政府部门和机构在一年内完成对包括国防、公共卫生、信息和通信技术、能源等美国六大关键行业的供应链风险进行全面评估，以解决美国供应链的脆弱性和面临的风险。[④] 2021 年 3 月 3 日，美国白宫国家安全委员会公布拜登政府的《国家安全战略中期指导方针》（Interim National Security Strategic Guidance）提出，美国将提升网络安全性作为整个政府的当务之急，增强其网络空间中的能力、准备和应变能力，鼓励私营部门和各级政府进行合作，扩大对基础设施和人员的投资，以有效保护国家免受恶意网络活动的侵害。美国将重申其参与网络问题的国际承诺，与盟友和合作伙伴一道努力维护现有的网络空间国际规则并塑造新的全球规范。[⑤] 据彭博社报道，拜登政府表示，目前计划推行特朗普政府提出的《确保信息通信技术与服务供应链安全》，此举

---

　　① 上海国际问题研究院课题组：《竞争但不失控：拜登政府的网络政策与中美关系》，https：//www.thepaper.cn/newsDetail _ forward _ 11269994，最后访问日期：2021 年 3 月 6 日。
　　② 上海国际问题研究院课题组：《竞争但不失控：拜登政府的网络政策与中美关系》，https：//www.thepaper.cn/newsDetail _ forward _ 11269994，最后访问日期：2021 年 3 月 6 日。
　　③ 《拜登不会放松对华科技打压，"技术是竞争核心"成为主流战略》，https：//user.guancha.cn/main/content？id=465571&s=fwzwyzzwzbt，最后访问日期：2021 年 2 月 27 日。
　　④ 《拜登下令评估美国供应链风险》，https：//m.gmw.cn/baijia/2021-02/26/1302134377.html，最后访问日期：2021 年 3 月 7 日。
　　⑤ 《美国发布国家安全战略指导方针，将网络安全作为优先事项》，https：//baijiahao.baidu.com/s?id=16932988040358222666&wfr=spider&for=pc，最后访问日期：2021 年 3 月 9 日。

赋予商务部广泛的权力，可禁止涉及"外国对手"的交易。根据规则草案，新的政府监管将适用于涉及美国关键基础设施、网络和卫星运营、大数据托管运营以及用于先进计算、无人机、先进机器人技术等相关的技术交易。[①]

此外，拜登上任后首次将总统科技顾问提升至内阁级。2021年3月5日，白宫宣布国家经济委员会（National Economic Council）组成，49岁的华裔学者吴修铭（Tim Wu）被任命为"总统科技与竞争政策特别助理"（Special Assistant to the President for Technology and Competition Policy），帮助推进总统的工作计划，包括解决科技平台影响力不断增大带来的经济和社会挑战，促进竞争并解决垄断和市场影响力问题。[②] 吴修铭也是主张对华采取强硬措施的鹰派，曾公开赞赏特朗普对 TikTok 发布的禁令。[③] 加之，拜登政府尤其重视规制互联网巨头，遏制大型科技和互联网公司及其高管不断增长的经济与社会影响力。[④] 未来，中国大型科技企业在美投资及经营很大程度上会受到美国收紧科技监管的政策影响。同时，拜登政府倡导"技术是竞争核心"理念等举措在一定程度上证明了拜登执政并不会改变中美战略竞争事实，以维护国家安全和网络安全为由对华科技企业实施遏制政策几乎不会改变。

第三节　美国的网络话语霸权和网络安全审查

跨国公司在一定程度上推动了母国和东道国在存在共同利益的领域展开合作。在跨国公司与东道国的关系中，跨国公司遵循利润理性，即追逐利润是首要原则；而国家遵循战略理性，即国家在内外活动中理性追求关系包括国家安全在内的涉及国家安全的全局利益和长远利益。[⑤] 跨国公司与国家之间基于不同理性的互动产生了彼此间既合作又摩擦的关系。就东

---

① 《美商务部称拜登政府仍计划允许一项打压中企的规定生效，外媒：有美企反对！》，https://www.sohu.com/na/452971776_162522，最后访问日期：2021年3月5日。
② 刘胜军：《当巨头 Jack Ma 遇到"杀手"Tim Wu》，https://www.q578.com/s-9-1553073-0/，最后访问日期：2021年12月23日。
③ 《吴修铭认为 TikTok 禁令来得太迟了》，https://www.solidot.org/story?sid=65306，最后访问日期：2021年12月23日。
④ The Editorial Board. "Joe Biden". The New York Times, Jan. 17. 2020.
⑤ 孙哲：《后危机世界与中美战略竞逐》，时事出版社2011年版，第191页。

道国而言，合作是希望拥有先进技术的跨国公司在本国经营投资能够促进本国的就业和经济增长，但东道国又希望对跨国公司加以必要管理和约束，以抵消其本土化经营带来的诸如社会观念、意识形态冲击等消极影响，进而维护国家安全。因此，跨国公司与东道国之间会产生摩擦和冲突。但是，跨国公司的跨国投资本身就是两国经济合作的重要组成部分，对东道国的投资促进了国家之间经济的互相依存，使得相对强势一方的国家在与另一国贸易摩擦争端中投鼠忌器，一定程度上避免了两国之间的贸易战。一旦两国之间发生贸易冲突，跨国公司就很有可能被当作"人质"，成为两国博弈的"棋子"。因此，跨国公司与国家之间"公私矛盾"的背后往往离不开国家之间的博弈。

　　网络空间下的大国博弈主要体现在全球网络话语权的争夺，TikTok事件正是美国维护其网络霸权和话语权的体现，美国投资安全审查制度的升级是其对跨国科技企业进行限制的重要手段。

一、美国的网络霸权和网络话语战略

　　TikTok之所以被打压不仅在于其技术优势对美国互联网市场竞争者造成巨大压力，而且在于其推广可能对美国的网络安全霸权造成威胁，甚至成为美国推行软实力的绊脚石。移动互联网是美国实现霸权主义的主要工具之一，是美国推行软实力的载体。奥巴马执政时期，执掌国务院的希拉里国务卿表现出对运用互联网进行价值观传播、以"巧实力"综合推动美国国家利益的浓厚兴趣。在面对以中国崛起为代表的国际体系相对实力对比快速变化这一结构性挑战时，社交网络又恰逢其时地进入了高速发展时期，美国政府看到了这种成本低但可以充分强化和巩固美国在话语权和意识形态领域优势，并有效放大美国实力的外交新工具。[1] 在"9·11"事件之后重新抬头的美国公共外交努力的方向之一就是在网络空间通过重建体现美国价值观和意识形态的叙事框架，来抵消极端主义思想的各种负面影响。[2]奥巴马政府通过塑造有利于美国的国际网络空间的战略来维护、实现以及

---

　　① 沈逸：《美国国家网络安全战略》，时事出版社2013年版，第210页。
　　② Ellen Hallams. Digital Diplomacy: The Internet, The Battle for Ideas & US Foreign Policy. *CEU political Science Journal*, Vol.5, No.4, 2010, pp.538-542.

扩展美国国家利益的战略思路的回归。[①] 这种主导性"塑造"战略的本质是美国主权的对外扩张,是美国凭借自身实力将国内形成的对网络空间的认知、行为规范和规则体系进行推广并迫使其他行为体接受。全球网络空间的价值、政治中立性等方面日趋受到挑战,这种矛盾是强势一方秉持的"先占者主权"原则和弱势一方偏好的"人类共同财产"原则之间的碰撞。[②]

　　美国的国家网络安全战略是一个复杂的战略体系,由技术、制度、话语共同支撑。技术是基础和前提,即美国政府和科技公司在网络基础设施和关键技术方面相对其他国家具有绝对优势。从产业分布上看,2019 年全球市值最高的 100 家企业中美国占了 54 家,在互联网领域,美国企业具有巨大的先发和主导优势,在社交媒体、搜索引擎、电子商务、云计算等领域都处于全球主导地位。[③] 麦肯锡报告称,美国在信息和通信技术、媒体和金融行业的数字化程度远超其他国家,互联网企业先发优势带来的天然的数据本地化存储,赋予美国对全球数据的巨大控制权或管理权。[④]

　　制度是支撑美国国家网络安全的关键,美国国家安全战略框架从 20 世纪 40 年代起就持续关注全球信息情报的获取和控制问题。[⑤] 在全球信息情报的获取上,"棱镜门"已经证实美国通过侵入他国网络系统,非法获取他国境内的数据并进行跨境转移。[⑥] 微软等跨国公司也被质疑参与了美国的监视项目。[⑦] 微软公司副总裁曾表示,过去五年内美国执法机关每年向微软公司签发 2 400—3 500 份保密命令,以获取其用户数据,这些行政命令并没有受到美国法院有效监管。[⑧] 丹麦新闻媒体也曾报道,美国情报机

　　① 沈逸:《美国国家网络安全战略》,时事出版社 2013 年版,第 212 页。
　　② 沈逸:《美国国家网络安全战略》,时事出版社 2013 年版,第 237 页。
　　③ PwC. Global Top 100 companies by market capitalization, https://www.pwc.com/gx/en/audit-services/publications/assets/global-top-100-companies-2019.pdf.
　　④ 参见麦肯锡全球研究院:《数字时代的中国:打造具有全球竞争力的新经济》, https://www.mckinsey.com.cn/wp-content/uploads/2018/03/20180314-MGI-Digital-China CN Full-Report Digital-View small.pdf.
　　⑤ 例如,1943 年美国、英国、澳大利亚、新西兰、加拿大签订《五国情报交换协议》,建立面向全球的电子监控系统"梯队"。
　　⑥ 马其家、李晓楠:《论我国数据跨境流动监管规则的构建》,《法治研究》2021 年第 1 期,第 95 页。
　　⑦ Martin A. Weiss, Kristin Archick. U.S. —EU Data Privacy: From Safe Harbor to Privacy Shield, https://epic.org/crs/R44257.pdf.
　　⑧ 《最令人震惊的是,美政府密查用户数据成了日常》, https://www.guancha.cn/internation/2021_07_02_596725.shtml,最后访问日期:2021 年 12 月 1 日。

关与丹麦情报机关合作，利用跨大西洋电缆的关键枢纽，长期窃听德国、法国、挪威、瑞典等国家领导人的信息。① 在全球信息情报的控制上，美国政府对关键部门、行业和领域的数据跨境流动实施了分散、隐蔽但有效的管控，部分要求内化为国家安全审查的一部分，部分要求通过公共采购合同、网络安全协议等方式得以体现。②

话语的主要体现是美国对全球舆论空间所具有的议程设置能力以及以战略沟通为主要特色的舆论塑造能力。③ 宽松的数据跨境流动规则有助于美国维持其在数字经济上的领先地位，满足美国数据驱动的技术型企业的发展需要，符合其经济利益。④ 因此，美国在淡化其网络安全战略主权属性的同时强化全球信息自由流动的属性，试图隐藏美国事实上具有的影响和塑造信息流动的能力，将"信息自由流动"和"其他国家无权管制信息流动"等观念以舆论战、心理战的方式植入受众的潜意识流之中，促成其接受和认可美国网络安全战略的内嵌解释框架。⑤ 这一框架解释了以欧盟为代表的其他国际主体在网络安全问题上基本是亲美的态度。⑥ 在应对"棱镜门"带来的国际压力时，欧美主流舆论媒体没有对美国政府构成显著的压力，部分原因就是有效的话语体系分担并化解了相当部分的舆论压力。⑦

近年来民粹主义抬头，为发达国家经济、社会、外交政策的施政失败提供了归罪于全球化、寻找替罪羊和推行国家安全的理由。⑧ 美国是

---

① 乔新生：《中国数字经济领域的标志性事件》，https：//www.kunlunce.com/llyj/fl1/2021-07-09/153447.html，最后访问日期：2021 年 12 月 10 日。

② United States Communication Assistance for Law Enforcement Act，Chapter 1，§103 (1994).

③ 沈逸：《美国网络空间霸权的三大支柱》，http：//net.blogchina.com/blog/article/2198333，最后访问日期：2021 年 1 月 22 日。

④ 马其家、李晓楠：《论我国数据跨境流动监管规则的构建》，《法治研究》2021 年第 1 期，第 94 页。

⑤ 沈逸：《美国网络空间霸权的三大支柱》，http：//net.blogchina.com/blog/article/2198333，最后访问日期：2021 年 1 月 22 日。

⑥ 2020 年 12 月 2 日欧盟委员会（European Commission）与欧盟外交事务与安全政策高级代表（HR）发布了《对欧洲议会、理事会和欧洲理事会的联合通讯：全球变局下的欧美新议程》。此份议程提出以欧美关系为中心，重建紧密、开放的跨大西洋伙伴关系，针对疫情防控、绿色与环境、技术、贸易与标准、安全与防务等方面提出了原则和一系列工作步骤。其中，对于中国问题，欧盟委员会提出应当搁置欧盟和美国间的争议，采取一致的立场并展开新一轮针对中国问题的欧美对话。参见"欧盟发布欧美关系新议程"，https：//www.sohu.com/a/436575885_828358，最后访问日期：2021 年 1 月 6 日。

⑦ 沈逸：《美国国家网络安全战略》，时事出版社 2013 年版，第 290 页。

⑧ 沈伟：《民粹国际法与中美疫情法律之困》，《中国法律评论》2020 年第 4 期，第 22 页。

互联网的发源地，其在互联网科技领域具有显著的先发优势。对美国政府而言，在全球网络空间维持压倒性的优势地位贯彻民粹主义，以信息优势篡改事实，尤其在新冠疫情的背景下混淆黑白、颠倒是非。而以中国为代表的、在互联网科技领域具有后发优势的国家，凭借成功的产业实践，实现了某种程度的超越，实质性地缩小了与美国在经济总体体量、商业应用模式、标志性先进产业领域等方面的差距。[①] 这种差距的缩小使得美国在网络空间战略制定的过程中，更倾向于一种复制和护持美国既有优势的霸权战略和内卷战术，而非选择一种体现信息技术内生需求的开放性的合作战略。[②] 由此观之，TikTok 触碰了美国全球话语权的核心领域，在一定程度上打破了欧美对网络社交平台的垄断，所以要遭到美国的压制。美国压制 TikTok 的主要目的是继续控制全球主要舆论平台，通过技术压制和政策实施等手段，进而继续把握全球话语权，维护软实力。

二、网络安全背景下的美国投资安全审查制度

国家安全作为美国国内法上的监管工具和手段，受到较少的国际法限制，为国家安全泛化提供了制度空间和合理性。美国此次对 TikTok 发难的理由是 TikTok 对用户数据的处理可能威胁美国国家安全。美国的国家安全审查机制通过公共采购合同、网络安全协议等方面对数据流动形成管制效果。在逆全球化和保守主义回潮的时代背景之下，美国国家安全概念泛化及强化网络安全审查的倾向为美国力图维持对全球数据的控制权提供了一定的理论支撑。

美国对外资的审查主要是出于国家安全考虑，并逐步形成了一套以美国海外投资委员会（CFIUS）为核心的外资监管体制，通过外资监管程序消除国家安全风险并且应对其他潜在的安全风险，特别是对美国经济有战略敏感性的外国投资加以有效限制。[③] 其中最重要的一项立法是 1988 年为

---

① 沈逸：《美国网络霸权战略持续面临自我溃败的困境》，《中国信息安全》2020 年第 7 期，第 64 页。

② 沈逸：《美国网络霸权战略持续面临自我溃败的困境》，《中国信息安全》2020 年第 7 期，第 64 页。

③ 沈伟：《美国外资安全审查制度的变迁、修改及影响》，《武汉科技大学学报（社会科学版）》2019 年第 6 期，第 654 页。

了补充《国防生产法》（Defence Production Act）第 721 节而通过的《爱克森—佛罗里奥修正案》（Exon-Florio provision），该法案授权总统可根据"国家安全"方面的理由，禁止任何外国人对从事州际商务的美国企业实行吞并、收购或接管。① CFIUS 是一个由美国财政部、国务院、商务部等十余个政府部门的代表组成的跨部门机构，有权对外国投资者在美国的投资，以及外国公民在美国的不动产交易做出审查，以确定这些交易对美国国家安全的影响。只要委员会的任何一个成员对涉外交易提出质疑，CFIUS 都可以进行审查和调查。CFIUS 的管辖范围既包括投资在美国注册设立的公司，也包括投资未在美国注册设立但在美国境内有实质性商业行为的他国公司。另外，CFIUS 也可以对已经完成的交易进行审查，对于其认为存在威胁的交易，可以经由总统下令，以危害国家安全为由，否决已经完成的交易，并强令相关公司剥离此前收购的资产。CFIUS 也可以对没有上报的投资交易主动发起审查。

2018 年以前，"关键技术"仅是美国外国投资委员会（CFIUS）进行外资安全审查需要考量的因素之一。例如，FINSA 仅笼统地规定："关键技术是指关键技术、关键构件或关键技术项目，它们对国防至关重要。"② 2018 年，美国颁布的《外国投资风险评估现代化法案》（FIRRMA）进一步拓宽了美国外资安全审查的范围，将网络安全纳入外国投资审查的重要考虑因素。③ 在实体规则上，FIRRMA 扩大了 CFIUS 的管辖范围，CFIUS 对涉及外国人拥有、经营、制造、供应或服务"关键基础设施"的任何非附属美国企业的任何"其他投资"（包括非控制性投资）；生产、设计、试验、制造或开发"关键技术"、维护（收集）可能被利用的美国公民的"敏感个人信息"等威胁国家安全的交易有明确的管辖权，④ 以防止外国企业涉足处理美国公民敏感个人数据的美国企业。

FIRRMA 在国家安全审查需要考虑的构成要素上对 FINSA 的规定进

---

① 何颖、吴晓明：《国际经济法学（下册）》，东北大学出版社 2007 年版，第 170 页。
② Foreign Investment and National Security Act，Section 2（a）（7）.
③ 《TikTok 被"封禁"有哪些救济路径维护自身利益》，http://www.ytcutv.com/folder355/folder356/folder435/2020-08-17/1392183.html，最后访问日期：2020 年 10 月 1 日。
④ Farhad Jalinous，Karalyn Mildorf，Keith Schomig，Stacia J. Sowerby. National security reviews 2018：United States. https://www.whitecase.com/publications/insight/national-security-reviews-2018-united-states.

行了修订，对"关键技术"的定义进行了穷尽性列举，同时增加了十余项新的国家安全审查构成要素。CFIUS 审查后会暂停对国家安全形成潜在风险的并购交易，并可以在完成对并购交易的调查、分析后，将所涉及的并购项目提交总统进行最后裁决。[①] 被暂停的并购交易仍然需要消除 CFIUS 对国家安全风险的担忧，同时能够采取有效地、可检验的方式遵守协定，并且结合有效的监管模式，继续并购交易。[②] 从这些审查因素的内容来看，美国在 FIRRMA 中把对美国关键技术和网络安全的威胁作为重要的国家安全审查因素。FIRRMA 第 3 节第 1 条第 14 款新增"恶意网络活动"（Malicious Cyber-enabled Activities）概念，主要审查外国投资交易对美国网络信息安全的影响，包括但不限于是否形成网络漏洞、是否泄露美国公民个人隐私以及是否方便外国政府发动网络攻击等。这些修订一方面是应对网络安全威胁，预防其他国家或政府组织利用网络手段危害美国的政治、经济和国防安全；另一方面，也响应当时特朗普政府所推行的强势网络安全政策，说明了网络信息安全在当下处于至关重要的战略地位。[③]

美国对"国家安全"的定义是不断发展和扩张的。FIRRMA 对于"国家安全"概念维持了之前模糊的态度，保留了 CFIUS 在判断一项交易是否对美国国家安全产生负面影响时具备的自由裁量权。[④] 无论在国际贸易还是投资领域，近年来美国都表现出一种对国家安全概念泛化的趋向。[⑤] 美国通过行政手段使"技术"问题超脱出常规政治的范畴，进而上升为超脱于司法审查和行政监督的安全问题，这一"技术安全化"的核心在于维护美国技术实力不受任何国家挑战。[⑥] 技术发展是一个动态的过程，先发技术优势国很可能被后发国家所挑战和超越，TikTok 在美国的迅速发展就

---

① 董静然：《美国外资并购安全审查制度的新发展及其启示》，《国际经贸探索》2019 年第 3 期，第 99 页。

② 董静然：《美国外资并购安全审查制度的新发展及其启示》，《国际经贸探索》2019 年第 3 期，第 99 页。

③ 沈伟：《美国外资安全审查制度的变迁、修改及影响》，《武汉科技大学学报（社会科学版）》2019 年第 6 期，第 654 页。

④ 张天行：《美国〈外国投资风险评估现代化法案〉下的监管变革：立法与应对》，《国际经济法学刊》2019 年第 2 期，第 104 页。

⑤ 张天行：《美国〈外国投资风险评估现代化法案〉下的监管变革：立法与应对》，《国际经济法学刊》2019 年第 2 期，第 104 页。

⑥ 赵海乐：《安全化视角下美国外资审查中的"关键技术"研究》，《经济法学评论》2019 年第 1 期，第 239 页。

是典型例子。"技术"一旦被"安全化"，美国国内 CFIUS 会对相应类别的并购享有管辖权和裁量权，国际上美国以国家安全为由采取相关措施会突破多边和双边规则，使得美国政府关于此方面的行动"合法化"。[①] 但这种以安全为名的保守主义并不理所应当地被其他国家所认可，其本质是以"逆全球化"手段单边谋求对当前自由贸易体系规则的改革。[②]

第四节　针对"网络安全悖论"的"公私应对"

在美国存在国家安全概念泛化及强化网络安全审查的倾向、意图巩固其技术霸权进而维护在网络空间中的优势地位的背景之下，TikTok 母公司字节跳动作为跨国私企在美国政府面前的任何应对都是一场力量悬殊的较量。因此，TikTok 事件也应当从公私关系视角下考虑如何应对"网络安全悖论"。于公而言，立法部门应当进一步完善我国对外经济制裁法律制度，尽量减小东道国滥用国家安全限制依赖于网络环境下的信息交流、跨国投资等活动对我国科技公司"出海之路"造成的不利影响；于私而言，跨国科技公司应当结合其在国际关系中的私主体权利和义务，积极探寻应对打压的法律策略，以保护自己的合法权益。

一、我国应对外国经济制裁法律制度的构建和完善

（一）完善我国国家安全审查机制及相关法律制度

"国家安全根植于国家主权，而国家主权本身就是一种至高无上的权力。"[③] 国家安全审查制度尤其应以法治原则的特权来解释，应是反映特定法律规范而不是不受约束的事实权力的法律制度。在应对国际贸易活动中的国家安全概念扩张、建立国家安全审查制度的过程中，我们也应优先考虑并遵循法治原则，促进制定和实施专门针对国家安全审查机制的法律规

---

① 赵海乐：《安全化视角下美国外资审查中的"关键技术"研究》，《经济法学评论》2019 年第 1 期，第 239 页。
② 张玉环：《特朗普政府的对外经贸政策与中美经贸博弈》，《外交评论（外交学院学报）》2018 年第 3 期，第 12 页。
③ 梁咏：《论国际贸易体制中的安全例外再平衡》，《法学》2020 年第 2 期，第 142 页。

范和原则。

2014 年 4 月 15 日，国家主席习近平首次提出坚持总体国家安全观，走出一条中国特色国家安全道路，并首次系统提出"11 种安全"。① 2015 年我国《国家安全法》首次把"总体国家安全观"写入我国法律，明确经济安全是国家安全的基础。② 2020 年 10 月 17 日，《中华人民共和国出口管制法》颁布并实施，作为我国在出口管制领域方面纲领性、系统性的法律规范，其为商务部公布的《不可靠实体清单规定》奠定了法律基础，更好地促进和保障我国出口管制工作。③ 其中"国家安全和利益"为首要立法目的，并贯彻于出口管制法条文中，主要体现在：该法第 3 条将"总体国家安全观"列为首要工作原则；第 13 条"国家安全和利益"是对出口管制物项的申请进行审查时的首要考虑因素；第 44、48 条分别规定了域外适用效力和对等反制措施；④ 此外，该法第 2 条第 2 款将管制物项相关的技术资料等数据纳入管制范围，也体现了对网络数据安全的重视。⑤

2019 年我国出台《外商投资法》及其实施条例明确建立外商投资安全审查制度，对可能影响国家安全的外商投资进行安全审查。⑥ 虽然《外商

---

① "11 种安全"包括"构建集政治安全、国土安全、军事安全、经济安全、文化安全、社会安全、科技安全、信息安全、生态安全、资源安全、核安全等于一体的国家安全体系"。习近平主席同时提出"贯彻落实总体国家安全观，必须既重视外部安全，又重视内部安全；既重视国土安全，又重视国民安全，既重视传统安全，又重视非传统安全"。参见"中央国家安全委员会第一次会议召开，习近平发表重要讲话"，http：//www.gov.cn/xinwen/2014-04/15/content_2659641. htm，最后访问日期：2020 年 12 月 23 日。

② 《中华人民共和国国家安全法》第 3 条规定："国家安全工作应当坚持总体国家安全观，以人民安全为宗旨，以政治安全为根本，以经济安全为基础，以军事、文化、社会安全为保障，以促进国际安全为依托，维护各领域国家安全，构建国家安全体系，走中国特色国家安全道路。"

③ 《十三届全国人大常委会第二十二次会议在京闭幕》，http：//www.npc.gov.cn/npc/d13j22c004/202010/c63a983d5d93439db6a49e1d53695d6d.shtml，最后访问日期：2021 年 1 月 4 日。

④ 《中华人民共和国出口管制法》第 48 条规定："任何国家或者地区滥用出口管制措施危害中华人民共和国国家安全和利益的，中华人民共和国可以根据实际情况对该国家或者地区对等采取措施"；第 44 条规定："中华人民共和国境外的组织和个人，违反本法有关出口管制管理规定，危害中华人民共和国国家安全和利益，妨碍履行防扩散等国际义务的，依法处理并追究其法律责任。"

⑤ 《中华人民共和国出口管制法》第 2 条规定："国家对两用物项、军品、核以及其他与维护国家安全和利益、履行防扩散等国际义务相关的货物、技术、服务等物项（以下统称管制物项）的出口管制，适用本法。前款所称管制物项，包括物项相关的技术资料等数据。"

⑥ 《中华人民共和国外商投资法》第 35 条规定："国家建立外商投资安全审查制度，对影响或者可能影响国家安全的外商投资进行安全审查。依法作出的安全审查决定为最终决定。"《中华人民共和国外商投资法实施条例》第 40 条规定："国家建立外商投资安全审查制度，对影响或者可能影响国家安全的外商投资进行安全审查。"

投资法》把我国外商投资国家安全审查制度提升到了法律层面，但仅仅是原则性的规定。2020 年 12 月 19 日，国家发展改革委、商务部发布《外商投资安全审查办法》（以下简称《安全审查办法》）对外商投资安全审查制度作出较为全面系统的规定，进一步提高了审查工作的规范性、精准性和透明度。① 根据《安全审查办法》规定，国家建立外商投资安全审查工作机制（以下简称工作机制），负责组织、协调、指导外商投资安全审查工作，由国家发展改革委、商务部牵头，承担外商投资安全审查的日常工作。我国国家安全审查标准始于 2011 年国务院办公厅发布的《国务院办公厅关于建立外国投资者并购境内企业安全审查的通知》第 2 条，分别涉及国防安全、国家经济发展、社会秩序和关键技术等方面。② 在适用审查的外商投资类型上，《安全审查办法》将军事设施和军工设施周边地域投资、重要信息技术和互联网产品与服务、重要金融服务、重要文化产品与服务等四个领域新纳入了审查范围，TikTok 的收购恰好属于重要信息技术和互联网产品与服务领域。可见，《安全审查办法》的制定既吸收了其他国家立法和实践经验，例如参考美国 CFIUS 等监管新规，也立足于我国具体行业的发展情况，使得外国投资者对境内互联网巨头的收购行为受到更加严格的审视，为其提供实体和程序方面的法律基础。

《安全审查办法》在贯彻落实方面，相关部门在现有的投资法律体系框架下，对冲突和空白内容有待进一步修正和补充。例如，《外商投资产业指导目录》（2017 年版）对于限制和禁止外商投资的领域有非常明确的规定。有些可能不属于禁止或限制类的投资项目，按照《安全审查办法》可能需要进行前置安全审查，例如公路运输服务。按照《外商投资产业指导目录》，公路运输服务不属于禁止或限制投资领域，但安全审查办法却可能因为其关系"重要运输服务"而需要进行安全审查，增加了外商投资该领域的不确定性。另外，《外商投资产业指导目录》只是禁止外商投资"互联网新闻信息服务、互联网文化经营（音乐除外）、互联网发布信息服

---

① 《〈外商投资安全审查办法〉发布：建立外商投资安全审查工作机制》，http：//news.timedg.com/2020-12/19/21167276.shtml，最后访问日期：2020 年 12 月 23 日。

② 《安全审查通知》第 2 条规定："并购安全审查内容：（一）并购交易对国防安全，包括对国防需要的国内产品生产能力、国内服务提供能力和有关设备设施的影响。（二）并购交易对国家经济稳定运行的影响。（三）并购交易对社会基本生活秩序的影响。（四）并购交易对涉及国家安全关键技术研发能力的影响。"

务"，《安全审查办法》规定重要的"互联网产品和服务"均需要安全前置审查。这无形中可能扩大了外商投资互联网领域的禁止或限制的范围，增加了相关领域投资的不确定性。因此，相关规定之间内部冲突的问题需要相关部门尽快明确实务中的具体操作细则。

（二）构建有针对性的中国"阻断法"

当前，外国法律与措施的不当域外适用时有发生，以美国为首的霸权主义国家频繁实施"长臂管辖"，将其国内法的管辖权延伸至其他国家主体，并对不遵守其国内法的他国主体实施制裁。例如，美国2018年出台的《澄清境外数据的合法使用法案》（以下简称《云法案》）明确赋予美国执法机构跨境调取数据的权力。该法案包括两个部分：第一部分，根据美国《电子通信隐私法案》（ECPA）向科技公司发出的法律程序可以取得该公司所拥有、保管或控制的数据，无论数据存储于何处；第二部分，《云法案》为美国及外国政府创设了一个新的有关数据跨境请求的双边协议框架。《云法案》并未改变美国法院只能对其有一般管辖权或者特别管辖权的公司执行法律程序的管辖规定，但对于一个不受一般管辖约束的公司，如果它和美国之间有足够的合同关系，特别管辖权可能会适用。[1] 因此，美国可以基于国家安全和打击严重犯罪需要调取境外存储的数据，并且可调取数据的范围并不限于美国人的数据，可调取数据的企业范围也不限于美国企业或总部在美国的外国企业，外国企业只要在美国提供业务并且与美国发生了充分的联系，就可能被要求提供数据。[2]

2021年1月9日，商务部公布《阻断外国法律与措施不当域外适用办法》（以下简称《阻断办法》）。《阻断办法》阻断禁止或限制中国企业与第三国企业正常经贸活动的不当域外适用，为拒绝承认、执行和遵守有关外国法律与措施提供了法律依据，这为正处于制裁和收购旋涡之中的TikTok提供了一定的参考。

《阻断办法》共计16条，分别从立法目的、适用范围、工作机制、法

---

① 吴沈括：《美国能否根据〈云法案〉强制获取滴滴们的数据？》，https：//new. qq. com/omn/20210713/20210713A09F9Z00.html，最后访问日期：2021年11月27日。

② U.S. Department of Justice. Promoting Public Safety, Privacy, and the Rule of Law Around the World：The Purpose and Impact of the CLOUD Act，https：//www. justice. gov/opa/press-release/file/1153446/download.

律责任等方面，为我国应对外国法律与措施的不当域外适用提供了基本的制度设计。该办法基本定位是否认和抵消外国相关法律和措施的域外适用效力，适用于外国法律与措施不当禁止或限制中国公民、法人或者其他组织与第三国（地区）及其公民、法人或者其他组织进行正常的经贸及相关活动的情形。其并非"一刀切"地反对"长臂管辖"原则，而是反对境外法律及措施的不当域外适用，第6条也列举了"不当"的判断因素，[①] 但这些判断因素尚有细化的空间。与《不可靠实体清单规定》相同，《阻断办法》的主管部门同样是由中央国家机关有关部门参加的工作机制，外交部、海关总署、国安部、公安部、国家市场监督管理总局也会基于各自的主管事权参与，配合开展相关工作。

《阻断办法》通过报告、禁令、豁免及司法救济等几个步骤来构建阻断外国法律与措施不当域外适用的基本机制。适格主体向国务院商务主管部门及时报告情况后，工作机制经评估确认后，可以决定由国务院商务主管部门发布不得承认、不得执行、不得遵守有关外国法律与措施的禁令。另外，适格主体也可以申请豁免遵守禁令，豁免机制给企业提供了一个根据企业自身现实情况，尽可能降低企业损失及风险的机会。

《阻断办法》第9条关于司法救济的规定是最大的亮点和争议点。一方面，第9条规定了中国主体的求偿权，且出现了前文中未提及的概念——"当事人"（"当事人"是否包括非中国企业有待明确）；另一方面，《阻断办法》属于冲突法的范畴，其适用和外国法律的适用天然地会构成冲突，相关企业（尤其是字节跳动等跨国企业）容易陷入两难的境地，其本质上是让有关主体在外国法与中国法之间进行选择。[②] 一旦企业选择中国法，那么外国政府是否会基于国家主权强制原则豁免中国企业遵守该外国法的义务则取决于该国政府自身的决定。如果没有豁免，企业仍然可能需要受

---

① 《阻断办法》第6条规定："有关外国法律与措施是否存在不当域外适用情形，由工作机制综合考虑下列因素评估确认：（一）是否违反国际法和国际关系基本准则；（二）对中国国家主权、安全、发展利益可能产生的影响；（三）对中国公民、法人或者其他组织合法权益可能产生的影响；（四）其他应当考虑的因素。"

② 《阻断办法》第9条规定："当事人遵守禁令范围内的外国法律与措施，侵害中国公民、法人或者其他组织合法权益的，中国公民、法人或者其他组织可以依法向人民法院提起诉讼，要求该当事人赔偿损失；但是，当事人依照本办法第八条规定获得豁免的除外。根据禁令范围内的外国法律作出的判决、裁定致使中国公民、法人或者其他组织遭受损失的，中国公民、法人或者其他组织可以依法向人民法院提起诉讼，要求在该判决、裁定中获益的当事人赔偿损失。"

到外国政府的相应制裁，企业利益实质上仍有可能损失。不过，根据《云法案》的规定，如果基于《云法案》的执法要求与没有签署《云法案》第二部分列出的双边协议的国家的法律规定有冲突，服务提供者可以基于普通法权利提出司法协助互惠的抗辩。另外，《云法案》还创立了一套新的法定机制，科技公司可以基于搜查令可能造成与签署双边协议国家的法律相冲突的实质风险，而对搜查令进行抗辩。①《阻断办法》为赴美上市的中国科技公司进行抗辩提供了法律依据。

《阻断办法》的宗旨就是要表明中国反对外国法律与措施不当域外适用的严正立场，虽然其阻吓作用可能在一定程度上可以缓解受到不当禁止或限制的中国企业、个人遭受的外国制裁困境，②但实质上可能会对企业利益保护造成何种影响，仍有待观察和考量。

总之，《阻断办法》是中国政府在当前的国际政治经济背景下，对美国的有理反击和有利尝试，其为反制长臂管辖供了一个原则性的制度框架，具有里程碑意义，但在立法技术上仍然存在一定的完善空间。例如，《阻断办法》属于部门规章，根据《中华人民共和国立法法》第 80 条第 2 款规定，部门规章不得设定减损公民、法人和其他组织权利或增加其义务的规范。部门规章在缺乏上位法的情况下，不宜作为减损相关主体权利或增加其义务的直接法律依据，只能作为裁判说理的依据，因此效力层级过低。此外，条文本身也有许多值得思考的问题，有待后续具体细则以及实践逐一落实。

二、TikTok 应对"网络安全悖论"的法律策略

尽管现任美国总统拜登上台后已暂时停止了对 TikTok 的法律诉讼，但这不能代表 TikTok 已经完全解除了被美国政府封禁或拆解的威胁。2021 年 1 月 16 日，美国总统经济顾问委员会发布 2020 年《美国总统经济报告》（以下简称《报告》），为应对新冠疫情、"让美国再次伟大"以及

---

① 吴沈括：《美国能否根据〈云法案〉强制获取滴滴们的数据？》，https://new.qq.com/omn/20210713/20210713A09F9Z00.html，最后访问日期：2021 年 11 月 27 日。

② 周勇、王进等：《应对他国域外管辖——中国的阻断立法》，http://www.junhe.com/law-reviews/1374，最后访问日期：2021 年 1 月 14 日。

重建美国竞争力采取的系列措施进行总结。《报告》称，在未来的中美第二阶段经贸协议谈判中，美国将着重解决中国的政府补贴、国有企业优惠待遇、歧视外国企业等结构性问题以及网络窃密和网络安全监管等问题。①拜登正在对前总统特朗普应对中国科技公司潜在安全风险的举措进行全面评估，在国家安全泛化和公私矛盾日渐凸显的背景下，探讨类似事件的救济途径仍然具有一定的意义。在新冠疫情背景下，中美关系处于相对紧张且敏感的状态，如何管控分歧、化解冲突显得尤为重要。对于 TikTok 而言，既要利用诉讼中断的间隙弥补应用程序本身的安全漏洞，降低其在东道国的法律风险，同时也要做好应对东道国重启诉讼和国家安全审查的准备。

（一）加强企业内部审查，降低安全风险

随着互联网领域数据争夺的日益激烈化，在大国博弈的现实背景下，中国企业在各国监管体系中面临着越来越严格的审查。TikTok 因涉及未成年人隐私和国家安全等事由在他国频繁遭到政府调查、司法审查和巨额罚款。2021 年 2 月 16 日，欧洲消费者组织向欧盟委员会提交了一份针对 TikTok 的投诉，称其涉嫌违反欧盟的消费者法律，以及未能保护儿童免受隐藏广告和不当内容影响。②欧洲消费者组织指责 TikTok 服务条款不明晰，赋予 TikTok 不可撤销的权利去使用、分发和复制用户所发布的视频，且无报酬。TikTok 的部分虚拟物品政策还包含了不公平条款和误导性做法，例如该应用程序未能保护儿童和青少年，免受其平台上隐藏广告和潜在有害内容的影响。③类似地，2021 年 2 月 25 日，TikTok 在美国的一起集团诉讼中同意支付 9 200 万美元的赔偿款、披露企业合法经营的信息，以及重新制定针对所有 TikTok 员工与承包商的数据隐私合规培训计划，以便和解涉嫌侵犯隐私的集体诉讼（原告控诉 TikTok 收集"高度敏感的

---

① 2020 年《美国总统经济报告》，https：//www.govinfo.gov/content/pkg/ERP-2021/pdf/ERP-2021.pdf.
② 《欧洲消费者组织投诉 TikTok，指其未过滤不当内容以保护儿童》，https：//baijiahao.baidu.com/s? id=1691944341702264466&wfr=spider&for=pc，最后访问日期：2021 年 2 月 27 日。
③ 《欧洲消费者组织投诉 TikTok，指其未过滤不当内容以保护儿童》，https：//baijiahao.baidu.com/s? id=1691944341702264466&wfr=spider&for=pc，最后访问日期：2021 年 2 月 27 日。

个人数据"以跟踪用户，并针对他们定向推送广告）。[①]

TikTok 关于隐私安全、未成年人保护等问题屡次成为舆论的焦点。美国法律在数据隐私和国家安全等敏感领域对境外企业的管控愈发受到美国核心政策的影响。因此，境外企业应该有针对性地思考如何预见并提前解决可能引起监管审查的问题。一方面，企业应当积极研究当地政策并采取风险防控相关措施。TikTok 为应对 CFIUS 审查，可以考虑聘请美国当地的专家顾问以敏锐察觉运营过程中的法律漏洞，这样有利于企业应对监管审查，降低法律风险。另一方面，企业可以考虑实行更加透明的数据隐私及内容审查政策。TikTok 针对其数据安全和内容审核政策发表了声明以应对审查，并打算将其所有美国用户的数据都存储在美国，并在新加坡备份。但其因隐私问题屡遭诉讼也说明了其在客户授权、数据管理等方面仍有缺陷，针对未成年人用户没有及时开发并推广相应的保护模式，企业应及时弥补调整应用程序的相关内容，对所在国的法律、禁忌提前有清晰认知，提高监管效率以降低法律风险。

（二）探寻多元化法律救济途径

对 TikTok 而言，一旦诉讼重启，利用投资者诉东道国争端解决机制（例如国际仲裁机制）进行救济是一种选择路径。中美两国没有签订双边投资协定，不能直接启动该机制，因此可考虑借助中间力量，例如与美国签订双边投资协定所在国的子公司提起仲裁。[②] 在具体问题认定上，也可以诉诸第三方机构，例如国际互联网协会对 TikTok 是否存在危害国家安全性质的认定问题等。[③] 另外，TikTok 可以根据《服务贸易总协定》（GATS）市场准入规定及《与贸易有关的投资措施协议》（TRIMs）向 WTO 争端解决机构寻求解决路径。但由于美国干预等因素，目前 WTO 上诉机构被迫停摆，使得争端解决机制难以发挥作用。

《国际经济紧急权力法》是美国制裁法律体系的直接的法律依据，其

---

① 《TikTok：同意支付 9 200 万美元与美国隐私诉讼和解》，https：//new.qq.com/omn/20210226/20210226A08B1K00.html，最后访问日期：2021 年 2 月 28 日。

② 彭德雷、阎海峰：《TikTok 被"封禁"有哪些救济路径维护自身利益》，https：//m.yicai.com/news/100736339.html，最后访问日期：2021 年 1 月 18 日。

③ 潘星容：《国际关系与法学双重视角下 TikTok 及微信等如何突破在美困境》，《法治社会》2020 年第 5 期，第 65 页。

授权总统在紧急状态下可以禁止交易、冻结资产以及其他措施。基于该法，美国对朝鲜、古巴、利比亚、伊朗、俄罗斯的个人进行了制裁。以往美国对外制裁的特点之一是，被制裁对象一般在美国领土之外，而且与美国经济、社会的联系有限。《国际经济紧急权力法》针对的是外国实体，它所授权的初级制裁不针对本国企业和个人。所以，一旦 TikTok 被出售给美国企业，成为美国公司，那么行政命令就不再适用了。TikTok 母公司字节跳动利用双层股权的结构安排，仍保持了对拟新成立的 TikTok Global 的实际控制权。以中国政府的支持为谈判筹码，避免了对企业核心竞争力算法的出售。

另外，从企业长远发展的角度来看，在《阻断外国法律与措施不当域外适用办法》出台的背景下，对于涉及外国制裁和中国禁令的业务，在跨国母子公司之间有必要设立风险防火墙。跨国公司的母公司对于其子公司的运作通常都会保持一定程度的控制力。在《云法案》颁布之前，在什么程度上美国执法活动可以强制技术公司披露美国境外存储的数据尚不确定。而根据《云法案》，虽然美国政府对美国上市公司在美国境外注册的子公司一般没有属人管辖权，但如果一个受美国法管辖的提供者拥有、保管或控制存储在美国境外的数据，它可以被强制提供数据，常见的是母公司被认定为拥有、保管或者控制其子公司持有的数据。[①] 对于同时涉及外国制裁和中国禁令的业务，母子公司的这种控制关系可能同时将母子公司双方置于重大的合规风险之中。在充分考虑外国制裁和中国禁令的具体规定、企业的业务性质和特点的基础上，可以探讨是否存在分离母公司和子公司在相关业务决策方面的联系，构筑风险防火墙，从而在一定程度上减轻母子公司合规风险的可能性。[②]

第五节　结　语

中美作为网络空间博弈的世界大国，尽管存在一定的利益分歧，但在

[①]　吴沈括：《美国能否根据〈云法案〉强制获取滴滴们的数据？》，https://new.qq.com/omn/20210713/20210713A09F9Z00.html，最后访问日期：2021 年 11 月 27 日。

[②]　周勇、王进等：《应对他国域外管辖——中国的阻断立法》，http://www.junhe.com/law-reviews/1374，最后访问日期：2021 年 1 月 14 日。

很大程度上面临共同的网络安全挑战。2020年以来受技术竞争、地缘政治以及新冠疫情等多重影响，网络空间全球治理的碎片化、意识形态化不断加剧。拜登政府提出将利用民主党与科技企业亲近的天然优势，扭转特朗普政府时期私营企业对于政府的回避和远离，拉拢科技巨头，加强公私网络安全合作，包括强化关键基础设施保护，加强威胁情报共享，投资高新技术，甚至是制衡对手，重塑美国公私联盟。[①] TikTok事件既反映了美国在网络安全战略的泛国家安全化趋势，也显现出互联网时代新科技对现行法律规则的挑战。

任何企业或产品在开拓海外市场的过程中，越在技术等方面相对同类企业具有领先优势，在国家安全概念泛化和"公私关系"日益复杂的背景下，越有可能面临国内市场不曾有的风险和挑战。因此，从企业角度来看，企业在国际化过程中应当强化安全意识，深谙东道国重要法律制度及其改革变化，提前预估其可能带来的法律风险并探寻应对策略。[②]从我国产业发展来看，我国跨境电商以及经济全球化的蓬勃发展，使得跨境数据流动成为我国企业与其他国家开展贸易的重要一环。阿里巴巴、腾讯、平安、华为等科技公司已经在跨境电商、跨境支付、金融普惠、信息服务等领域形成了领先优势，但与庞大的数据经济体量相比，我国数据流动规模过小，跨境数据流动已经成为全球主要经济体之间商业贸易和通信不可或缺的重要环节。

在我国不断加大对外开放的背景下，数据跨境流动成为继续推动我国数字经济发展的必然选择。我国应加快数据跨境流动的法律建设，一方面，强调数据应当存储于中国境内，通过本地化存储的方式防止境外主体任意获取中国公民及组织的数据；另一方面，在数据跨境中相关行政机关有权介入并予以审核，以期在尊重国际法的前提下保护本国国家和公民的数据利益，防范相关国家肆意窃取中国数据的风险，并在有效管控风险的基础上，为形成数据跨境流动的有序格局提供制度保障。[③]

---

① Joe Biden. "Statement by President-elect Joe Biden on Cybersecurity". https：//buildbackbetter.gov/press-releases/statement-by-president-elect-joe-biden-on-cybersecurity/.

② 《TikTok 被"封禁"有哪些救济路径维护自身利益》，http：//www.ytcutv.com/folder355/folder356/folder435/2020-08-17/1392183.html，最后访问日期：2020年10月1日。

③ 马其家、李晓楠：《论我国数据跨境流动监管规则的构建》，《法治研究》2021年第1期，第94页。

此外，我国政府要旗帜鲜明地反对单边主义和霸权主义思想，完善应对外国经济制裁的法律制度，同时在《全球数据安全倡议》的基础上，结合"一带一路"倡议倡导的构建公平公正的网络空间国际规则体系和新型国际投资争端解决机制，为跨国科技企业实施国际化战略"保驾护航"。

第九章

贸易摩擦中的法律之牙

——从不可靠实体清单制度到阻断办法

    法律战（lawfare, legal warfare）是国家之间制度竞争的一种形态，国家利用法律手段和机制，将目标主体的行为定性为违法，利用法律强制力和制裁力迫使其服从，以达到外交、政治或经济等目的。[①] 随着国际经济形势和势力的不断变化，主权国家之间的制度鸿沟不断扩大，贸易壁垒、税收差异、市场准入、监管体系、司法制度、法律规则的差异使得全球化不进反退。各国着手广泛使用法律手段作为武器，利用国内法，拓展域外效力，以保证对本国更为有利的国际政治经济秩序，达到维护自身政治、经济利益的目的。中美贸易摩擦的本质是遏制和反遏制，其中法律和制度是重要工具、载体和表现。[②] 在中美贸易摩擦中，美国对华战略由"接触＋竞争遏制"转为"全面遏制"，而推行这一战略的重要手段就是单边法律手段，或者说是法律战。

    法律战的依据和原初价值取向是法治（rule of law）。但是，法治除了代表抽象正义兼具政治和经济目标外，还具备与军事手段相同的破坏性作用，且取决于谁利用、如何使用、为何使用。[③] 国际法治是国家维护自身权益特别是国家安全的重要工具和手段。以国内法为依据的报复或威胁具

---

    ① U.S. Department of Defense. National Defense Strategy of the United States of America, http://www.defense.gov/news/Mar2005/d20050318nds1.pdf.

    ② 沈伟：《修昔底德逻辑和规则遏制与反遏制——中美贸易摩擦背后的深层次动因》，《人民论坛·学术前沿》2019 年第 1 期。

    ③ Charles J. Dunlap. *Lawfare Today: A Perspective*. Yale Journal of International Affairs, Vol.3, 2008, p.148.

有主动性、进攻性和针对性强、管辖范围广泛的特点，弥补了国际法处理国家之间经贸摩擦的多边性约束和规则软法化的不足。以法律手段作为武器进行制裁和打击，推行政策目标，因其制度安排和程序理性而具备形式理性。同时，法律战与传统军事手段相比，成本较低，占据道德制高点，具有长效性的特征。

美国善于运用法律作为推行美国政策和强化美国实力的手段。[①] 美国将中国企业列入实体清单，以此制裁、打击中国的高科技产业，究其实质是以美国法为依据扩展其国内法域外效力，以长臂管辖和次级制裁为主要工具对中国的制度进行遏制。美国援引其国内法，针对中国公私主体发起诉讼、裁判并直接制裁，或者在制裁俄罗斯、朝鲜、伊朗、缅甸、苏丹等国家的同时，对中国公民或单位进行间接制裁，体现了美国利用法律作为传统军事手段的辅助或替代工具，激进地利用法律工具实施单边主义和霸权主义。从宏观上看，美国对外贸易政策与法律制度的适用已经转变为通过法律战为核心和武器的规则和制度竞争。对此，我国在过去主要是依赖双边谈判、临时应对和政治妥协的方式加以解决，缺少国内法律支撑下的法律反击和反制，反映我国缺少有效的以法律为基础和以制度安排为特征的反制措施、法律域外效力和海外司法能力，处于被动地位。以建立不可靠实体清单制度和出台《阻断外国法律与措施不当域外适用办法》（以下简称《阻断办法》）为契机，我国应当加速整合、完善和发展反制以及对外贸易管理法律制度，实现对外贸易法律制度具有一定域外效力的战略性转变。

第一节　不可靠实体清单制度的出台背景

不可靠实体清单制度的出台背景有两个层面：一是不可靠实体清单制度是对中美贸易摩擦中，美国将多家中国企业列入实体清单并进行限制或打压的制度性回应；二是不可靠实体清单制度是中国对外贸易管制以及贸易制裁制度的组成部分。后者作为一套法制化、系统化的规制体系，其对

---

① David B. Rivkin, Jr. & Lee A. Casey. *The Rocky Shoals of International Law*. National Interest, Vol. 35, Winter 2000/2001, p. 35.

标对象显然不只是美国实体清单制度，还有近年来美国对其他国家贸易活动频繁实施极限施压的政策与法律制度。

一、中国企业和机构被列入美国实体清单

2018 年 8 月 1 日，美国商务部将 44 家中国机构列入实体清单，[①] 包括大型国有企业及其子公司、半导体行业的高科技研究机构等。[②] 美国商务部产业和安全局（Bureau of Industry and Security，BIS）认为，中国的上述机构非法采购商品和技术，未经授权用于中国的军事领域，危害美国国家安全和外交政策利益。[③] 2018 年 10 月，因涉嫌窃取商业秘密并构成国家安全威胁，美国商务部禁止福建晋华集成电路有限公司购买美国公司零部件、软件和技术产品。[④] 2019 年 5 月，BIS 宣称华为技术有限公司（以下简称华为）参与"危害"美国国家安全和外交政策利益的活动，[⑤] 随后将华为及其 68 家非美国子公司列入 2019 年 5 月 16 日生效的实体清单（Entity List）。[⑥] 根据美国《出口管理条例》（Export Administration Regulations，EAR）的要求，企业向华为及其 68 家子公司出口、再出口和转运物品必须获得出口许可证。2019 年 6 月 21 日，美国商务部又将中科曙光和江南计算技术研究所等 5 家中国实体列入实体清单，禁止其从美国供应商采购零部件。[⑦]

在上述政策下，美国境外物品如果包含超过最低限度控制的美国原产

---

① The US Department of Justice. Attorney General Jeff Sessions Announces New Initiative to Combat Chinese Economic Espionage. https：//www.justice.gov/opa/speech/attorney-general-jeff-sessions-announces-new-initiative-combat-chinese-economic-espionage.

② Department of Commerce，Bureau of Industry and Security，Addition of Certain Entities；Modification of Entry on the Entity List，15 CFR Part 744，Docket No.170714666 - 7666 - 01，RIN 0694 - AH42.

③ Anthony Capobianco，Brian Curran，Aleksandar Dukic & Robert Kyle. *BIS Expands Entity List with Addition of 44 Chinese Parties*，August 3，2018.

④ Alan Rappeport，U.S. to Block Sales to Chinese Tech Company over Security Concerns. The New York Times，Oct. 29，2018，https：//www. nytimes. com/2018/10/29/us/politics/fujian-jinhua-china-sales.html？_ ga＝2.227812312.434544764.1565705773-705725609.156570577.

⑤ BIS. Final Rule，Addition of Entities to the Entity List，84 FR 22961.

⑥ John P. Carlin，Nicholas J. Spiliotes，Joseph A. Benkert，Panagiotis C. Bayz，Charles L. Capito III & Amy S. Josselyn. *Chinese Telecom Companies under Fire：Commerce Moves to Cut Off Huawei from U.S. Technology*，With More Restrictions Morrison Foerster，05/16/2019.

⑦ "美国出手　剑指中国超算"，http：//mil.news.sina.com.cn/2019-06-22/doc-ihytcerk8648 173.shtml，最后访问日期：2021 年 1 月 15 日。

地内容,[①] 或是美国原产技术的"直接产品"也受到限制。[②] 依据临时通用许可证出口、再出口和转运物品必须提交声明,解释其出口、再出口的许可证依据。许可证申请的审查是拒绝推定,未被列入实体清单的子公司不受管制。[③] 如果不遵守商务部的行政命令,企业将承担刑事或民事责任,失去出口的权利和采购美国货物的权利。[④]

作为应对,2019 年 5 月 31 日,商务部宣布中国将建立不可靠实体清单制度,将严重损害中国企业正当权益的外国企业、组织或个人列入不可靠实体清单;同年 9 月,商务部正式公布了《不可靠实体清单规定》。《不可靠实体清单规定》对不可靠实体清单制度的目的、列入标准和移出条件及程序,以及对被列入的外国实体可以采取的措施等作出了专门规定。

二、完备、复杂的美国对外贸易政策与法律制度

实体清单制度是美国维护国家安全、管制出口的重要手段。该制度通过对出口进行管制,阻止导弹技术、核武器、化学武器和生物武器扩散,是实施扩散控制倡议(Enhanced Proliferation Control Initiative,EPCI)的一部分。出口商在未得到许可证时,不得向清单中的实体出口任何物项。实体清单的增加由最终用户审查委员会(End-User Review Committee,ERC)决定,委员会成员由商务部、国防部、国务院和能源部的官员组成。作为美国庞大的对外贸易法律体系的一部分,实体清单制度展现了美国外贸管制体系的完备性和综合性。

(一)实体清单制度的上位法体系

列入和移出实体清单的依据是《出口管理条例》。BIS 依据该条例负责实体清单的实施和执行。该条例的上位法为《2018 年出口管制改革法案》

---

① 如果是美国境外生产的产品,其是否受美国 EAR 约束,要考虑"直接来源"原则或者"混同比例"原则。例如,国外生产的产品是否混同了美国管控物项且满足 EAR 规定的最低混同比例。

② David Jessop. *Commentary: The View from Europe: Huawei Sanctions Raise Complex Questions*,May 31,2019,https://www.caribbeannewsnow.com/2019/05/31/commentary-the-view-from-europe-huawei-sanctions-raise-complex-questions/.

③ BIS. Temporary General License Final Rule,effective May 20,2019,84 FR 23468.

④ OMM. China Creates An "Unreliable Entities List",June 14,2019,https://www.omm.com/resources/alerts-and-publications/alerts/china-creates-an-unreliable-entities-list/.

(Export Control Reform Act of 2018，ECRA)。①《出口管理条例》第 744 部分第 11 项列举了 5 种可以列入实体清单的情况，参与可能违反该规定的行为会引起最终用户审查委员会对涉及该主体的出口、再出口审查及颁发许可证的关注，从而导致商务部拒绝颁发许可证。②

清单中实体的移除程序比列入更为复杂。根据《出口管理条例》第 744 条附件 5 规定的最终用户审查委员会议事规则：增加实体清单中的主体，委员会多数通过即可，但移除其中的主体，需要全体一致通过，并且最终用户审查委员会的决定具有终局性，不得申诉。③ 移除的条件也比较主观和苛刻，例如能够对被列入的实体开展最终用途核查并验证其"善意"，或者实体在中国不再参与从美国进口物项的经营活动。

最终用户审查委员会认为华为违反了联邦《国际紧急经济权力法》（International Emergency Economic Powers Act，IEEPA)，④ 该法案授权总统在不宣布国家紧急状态的情况下，对贸易（名单企业）进行管制，包括施加民事或刑事处罚、经济或金融制裁。2019 年 5 月 15 日，美国总统特朗普依据该法案签署《确保信息通信技术与服务供应链安全行政令》（Executive Order on Securing the Information and Communications Technology and Services Supply Chain)，以外国对手威胁美国信息和通信技术及服务为由，宣布国家紧急状态，并授权商务部长禁止对国家安全或居民安全构成威胁的交易。这份行政令本质上是美国依据国内法采取的单边制裁行为，不符合 WTO 国际贸易规则下的例外情形，即以国家经济安全为由采取制裁措施，难以构成危害国际基本利益的安全例外标准，且制裁对象不是全行业，而是美国商务部自由裁量确定的特定企业，违背了国际贸易法的非歧视原则。

---

① US Bureau of Industry and Security，Commerce，Addition of Entities to the Entity List，A Rule by the Industry and Security Bureau on 05/21/2019，Docket No.190513445 - 9445 - 01．

② 5 种情况包括：① 支持参加恐怖活动的人；② 对于美国国务院认定支持国际恐怖主义的政府起到了帮助作用；③ 以提供零部件、技术或资金等方式运送、开发、维修、生产常规性武器；④ 阻挠美国工业和安全局或国防贸易控制委员会进行最终用途审查，例如防止访问、拒绝提供相关信息、提供虚假或误导性信息等；⑤ 从事可能违反 EAR 的行为，该行为是以导致最终用户审查委员会认为，对涉及该主体的出口、再出口或国内转让进行预先审查、增加许可条件，或拒绝许可能增强 BIS 阻止违反 EAR 的能力。Export Administration Regulations (EAR)，15 CFR，subchapter C，part 744 (Control Policy：End-User and End-Use Based)．

③ EAR §744.11 (b) (Criteria for revising the Entity List)．

④ BIS，Final Rule，Addition of Entities to the Entity List，84 FR 22961．

（二）自愿限制协定

自愿限制协定（Voluntary Restraint Agreement，VRAs）① 是出口国或其生产商对进口国具体货物的出口进行限制的措施，即实行配额。自愿限制协议的自愿性在于它不具有法律约束力，② 如果出口国违反协议，没有国内或国际法庭审理其提出的申诉。在实际谈判中，往往是艰难谈判和进口限制威胁后，一国才会实施自愿出口限制，这实际上是一种强加的隐性贸易壁垒。③

美国经常利用《关税与贸易总协定》之外的双边安排解决与其他国家的贸易争端。在涉及美国进口的案件中，如果对方国家不建立主动出口限制，美国将实行进口限制，对方国家往往同意限制其对美国出口，达成自愿限制协定。

（三）出口管制

美国在和平时期的全面出口管制始于《1949 年出口管制法》（Export Control Act of 1949），限制出口有三个目的：一是防止国内重要物资的短缺；二是增强美国的对外政策，以便履行国际责任；三是保护美国的国家安全。这三个目的分别对应短缺供应管制、对外政策管制、国家安全管制。④ 出口管制也延展到次级出口和转口限制。《1979 年出口管制法》赋予总统出于国家安全、对外政策和紧缺供应的原因而行使出口管制的权力，三种形式的管制均通过许可证制度实行。总统通过授权商务部长管理下属的出口管理局执行法律，并颁布了详细的行政法规。⑤ 美国近年来针对中国的出口管制措施如表 9 - 1 所示。

---

① 《1974 年贸易法》第 203 条规定，国会赋予总统在第 201 条例外条款规定的肯定裁定后，与一个国家谈判有秩序的市场协议的授权。尽管其与自愿限制协定的经济后果相同，在第 203 条下谈判的有秩序的市场协议不受关于潜在的《关税与贸易总协定》的批评和执行权力的限制。〔美〕布鲁斯·E. 克拉伯：《美国对外贸易法和海关法》，蒋兆康等译，法律出版社 2000 年版，第 197 页。

② Ischemia Savage & Christopher W. Horlick. United States Voluntary Restraint Agreements: Practical Considerations and Policy Recommendations, *Stanford Journal of International Law*, Vol. 21, 1985, p.281.

③ Malcolm D. H. Smith. Voluntary Export Quotas and US Trade Policy — A New Nontariff Barrier. *International Business Law and Policy*, Vol.5, 1973, p.10.

④ 《1949 年出口管制法》第 2 条。

⑤ 《美国联邦制度法规汇编》，第 770—799 部分（1994 年）。

表 9 - 1　美国针对华为等中国企业的出口管制措施清单

时　间	发布机构	主　要　内　容
2020 年 4 月 28 日	BIS	对《出口管制条例》作出修改，扩展了对中国的军事最终用途和军事最终用户在出口、再出口和（国内）转移上的管制，加强对中国出口两用物项的管制，取消民事最终用途许可例外，因国家安全原因受到管制的物项在被出口或再出口到中国所在的国家分组时，需要向 BIS 申请出口许可证，进行逐案审查
2020 年 5 月 15 日	BIS	对美国《出口管制条例》进行重大修改。[1] 针对华为的适用情形，进一步扩大限制华为获得源于美国境外的利用美国 16 项特定技术和软件生产的特定产品（以下简称"515 规则"）
2020 年 5 月 19 日	BIS	在联邦公报（Federal Register）官网上发布《出口管制条例：修改总体禁令三（外国制造直接产品）及实体清单》[2]
2020 年 5 月 22 日	美国国务院	发布《美国国家安全、出口管制与华为：三个框架下的战略背景》，声称美方对华为出口管制的最新变化是宣布修订外国制造直接产品规则，以限制华为通过设计半导体和使用美国基于软件设计的工具或设备在海外生产半导体以规避美国出口管制的能力
2020 年 8 月 1 日	BIS	华为等 38 家分支机构因违反美国国家安全和外交政策利益而被列入实体清单
2020 年 8 月 17 日	BIS	美国商务部：① 进一步限制华为进入美国技术领域；② 将华为另外的 38 家非美国关联公司加入实体清单；③ 华为的临时性通用许可证（temporary general license）到期。③ 本次新限制是对"515 规则"修订的补充，不仅进一步限制华为获得半导体产品、技术和相关软件（不得再以购买者、中间收货人、最终收货人或最终用户的身份获得涉及 16 个特定 ECCN 编码的外国直接产品），而且将更大范围地限制华为供应链上游企业与其的合作，再次收紧对华为的出口管制

---

①　https：//www. commerce. gov/news/press-releases/2020/05/commerce-addresses-huaweis-efforts-undermine-entity-list-restricts，最后访问日期：2021 年 1 月 15 日。

②　https：//www. federalregister. gov/documents/2020/05/19/2020-10856/export-administrati on-regulations-amendments-to-general-prohibition-three-foreign-produced-direct，最后访问日期：2021 年 1 月 15 日。

③　https：//www. commerce. gov/news/press-releases/2020/08/commerce-department-further-restricts-huawei-access-us-technology-and，最后访问日期：2021 年 1 月 15 日。

续　表

时　间	发布机构	主　要　内　容
2020 年 8 月 26 日	商务部	美国商务部将 24 家中国国有企业加入实体清单，理由是这些企业"帮助中国军方在南海修建人造岛"。被加入实体清单后，向这些企业出口、再出口或转让（境内）受美国《出口管理条例》管辖的物项需经美国商务部许可①
2020 年 12 月 18 日	BIS	60 个中国实体和个人因各种理由被列入实体清单，这些理由包括与《马格尼茨基法案》问题有关、违背美国在南海的外交政策和美国国家安全或外交利益等
2020 年 12 月 21 日	BIS	58 家中国实体被列入第一批"军事最终用户"清单，多数为航空航天产业方面的中国企业或公司，避免中国运用美国技术和物项增强自身的军事实力
2020 年 11 月 12 日	美国总统	发布第 13959 号行政令，限制美国投资者对"中国军方控制企业"名单上的企业进行各种形式的证券投资
2021 年 1 月 5 日	美国总统	发布行政令，禁止与中国相关的构成国家安全威胁的八个应用程序进行交易，包括支付宝、微信支付，以防止美国用户数据被转移给外国政府②
2021 年 1 月 14 日	商务部	将中海油加入实体清单（理由是其参与南海相关活动）；将北京天骄加入军事最终用户清单（理由是其获取外国军事技术包括军用飞机发动机技术）；宣布收紧针对中国等国的军事—情报组织的出口管制；将中国等六国政府认定为"通信供应链安全行政令"下的"外国对手"，商务部可以禁止某些与中国企业有关的通信技术和服务交易

　　截至 2021 年 1 月 14 日，被 BIS 列入实体清单的中国实体共有 381 个，被列入未经证实名单的中国实体共 28 个，被列入被拒绝人名单的中国实体共 14 个。③ 美国发起"中国行动计划"，在贸易摩擦中通过政策或法律限制对华高技术产品出口，加大出口管制力度，扩大出口管制范

---

　　① 《美商务部制裁 24 家中企，这些上市公司被涉及，原因竟然是……》，https：//xw.qq.com/cmsid/20200827A03I6D00?ADTAG＝baidutw，最后访问日期：2021 年 1 月 15 日。

　　② https：//www.whitehouse.gov/presidential-actions/executive-order-addressing-threat-posed-applications-software-developed-controlled-chinese-companies/.

　　③ https：//www.trade.gov/data-visualization/csl-search.

围，例如将"用于自动分析地理空间图像的软件"列入管控范围，在一定程度上反映了对中国通过《中国制造 2025》发展高科技的防范和遏制心理。

三、美式法律霸权主义的工具及其特征

美国干涉别国事务可能动用包括政治、外交、经济、军事等手段，法律手段则经常作为辅助措施出现。美国通常宣称事先获得美国立法和行政机构的批准和授权，因此具有"合法性"和"正当性"。在中美贸易摩擦中，美国针对中国展开更大规模的、以战略竞争对手为核心目标的全面打击计划，"法律战"就是打击计划的重要维度，体现在美国政府更积极地援引其国内法律，将众多中国企业列入"实体清单"进行限制和制裁，这一制裁方式兼具"工具型法律战"（instrumental lawfare）和"合规杠杆差异法律战"（compliance-leverage disparity lawfare）[①] 的双重特征。换言之，"实体清单"制度既是美国推行政治目的的法律工具，也是美国利用合规差异形成遏制优势的执法方式，究其实质是国内法凌驾于国际法之上、扩大国内法域外效力的一种制度竞争和制度遏制形态。

美国发动的"法律战"主要是通过宣布制裁对象违法的方式来降低制裁措施的认同风险和声誉风险。认同风险关系国家和其他行为主体对本国在国际社会中行为方式和身份的认同，而声誉风险是国家在世界上采取行动所积累的信用成本，承受不被认同而带来的名誉成本损失的风险。非法律的利益表达方式会遭遇认同风险和声誉风险。"法律战"的高明之处在于建立在法律和规则基础之上的制裁相比其他手段而言是一种更成熟、更具道德性和认同性的利益表达方式。形式上具备合法要件的制裁行为实则服务于本国狭隘的利益诉求，并不当然具有正义性。

（一）法律战的表现形式——"美国陷阱"瓦解他国优势企业

2013—2018 年，美国司法部指控阿尔斯通公司国际销售副总裁弗雷德

---

① Orde F. Kittrie. *Lawfare: Law As A Weapon of War*. Oxford University Press, 2016, pp.20 - 28.

里克·皮耶鲁齐（Frédéric Pierucci）涉嫌商业贿赂，对阿尔斯通公司处以7.72 亿美元罚金。① 皮耶鲁齐在其所著的《美国陷阱》一书中对美国政府如何运用法律作为美国经济战的武器，进而瓦解他国有竞争力企业的这一过程进行了详细阐释。除了针对以阿尔斯通公司为代表的欧洲优势企业（national champion）的攻击，美国在过去 10 年间对欧洲银行下达了巨额罚款清单。② 此类案件并非个例，因违反美国《海外反腐败法》而向美国政府支付罚款大于 1 亿美元的众多公司中，美国本土企业数量以及被罚金额远少于欧洲公司。美国法已经异化为美国进行和主导全球治理的法律工具，成为打击他国竞争企业和产业的"法律陷阱"。

随着中国科技实力的提升，中国也正面临严峻的"美国陷阱"。中兴通讯于 2016 年因涉嫌违反美国对伊朗的经济制裁令而受到处罚。几乎在同一时期，美国启动了对华为公司严厉的技术封锁。2019 年 3 月 15 日，美国总统特朗普签发"保护信息和通信技术与服务供应链"行政令，专门针对所谓外国对手（foreign adversary）通过信息和通信技术或服务针对美国进行的经济和工业间谍活动，以及其他恶意网络行动所构成的国家安全问题。在此基础上，特朗普以威胁美国国家安全为由，于 2020 年 6 月针对TikTok 和 WeChat 分别签发两项行政令，在为期 45 天的时间里禁止美国公司与 TikTok 及 WeChat 移动应用程序相关的交易，并着力推动美国企业通过并购获得对 TikTok 的控制权。与此同时，美国发布《网络空间日光浴委员会报告》，强调要调动"全政府"能力与中国展开竞争，加强公私合作以调动"全社会"的积极性与资源。从 Facebook 最早提出指控开始，到微软的随后跟进谈判，再到甲骨文的最终获益，美国外资投资委员会（the Committee on Foreign Investment in the United States，CFIUS）、商务部、国务院等职能部门密切配合，表明美国政府并非出于保护所谓的国家安全，而是精准打压他国发展。美国打着国家安全的旗帜正在构筑"全政府—全社会"模式，与他国展开竞争。

通过"美国陷阱"对他国企业进行制裁和起诉，已经成为美国干涉他

---

① ［法］弗雷德里克·皮耶鲁齐、马修·阿伦：《美国陷阱》，法意译，中信出版社 2019 年版，第 3 页。

② 自 2009 年以来，欧洲各银行已经向美国政府缴纳了 160 亿美元的各类罚款。［法］弗雷德里克·皮耶鲁齐、马修·阿伦：《美国陷阱》，法意译，中信出版社 2019 年版，第 343 页。

国内政、破坏他国企业发展的主要手段。这种政府对市场的介入有违市场原则和法治精神，阻碍市场的自由竞争，破坏供应链的稳定，降低了商业环境的可预期性，对他国的跨国企业经营构成实质威胁。

（二）法律战的核心工具——长臂管辖与次级制裁

美国的长臂管辖和次级制裁制度所建构的司法陷阱保护了美国企业的商业优势地位和以美国为核心的全球产业链和价值链，是美国维护全球经济霸权地位的法律基础和制度支撑。[①]

在以国家主权和不干涉原则为基础的传统管辖权原则中，国家在域外合法行使管辖权需要持克制态度。[②] 美国饱受诟病的长臂管辖所采用的效果原则（effect doctrine）使美国法具有"域外立法"或"治外法权"的性质，即国家对本国领域内产生直接、可预见和产生实质性后果的违法行为行使管辖权，而不论该行为发生在何处。并且，美国不断扩大长臂管辖的范围涵盖了民事侵权、金融投资、反垄断、出口管制、网络安全等众多领域，在国际事务中要求其他国家的实体或个人服从美国国内法，否则随时可能遭到美国的民事、刑事、贸易等制裁。[③]

根据与制裁对象的关系，国际制裁可分为直接制裁和次级制裁。直接制裁禁止美国国内经济组织和个人与制裁对象之间的经贸来往，制裁对象是美国法律管辖的个人或实体。次级制裁禁止第三国主体与美国制裁对象之间的经贸来往，范围更广，性质也更加恶劣。[④] "9·11"事件后，欧美实施的一系列金融制裁措施，对国际商业活动及第三方责任制度提出了挑战。[⑤] 尤其是20世纪90年代中期以来，美国在世界范围内扩张国内惩罚性立法的域外效果，并打着惩罚践踏人权或支持恐怖主义国家或组织的幌子，行保护美国经济利益之实。该类立法以1996年通过的《达马托—肯尼迪法》（D'Amato - Kennedy Act）和《赫尔姆斯—伯顿法》（Helms -

---

① 强世功：《帝国的司法长臂：美国经济霸权的法律支撑》，《文化纵横》2019年第4期。

② ［英］依恩·布朗利：《国际公法原理》（第5版），曾令良、余敏友等译，法律出版社2003年版，第336页。

③ 国务院新闻办公室：《关于中美经贸摩擦的事实与中方立场》（白皮书），2018年9月24日。

④ 杨永红：《次级制裁及其反制——由美国次级制裁的立法与实践展开》，《法商研究》2019年第3期。

⑤ Kern Alexander. *Economic Sanctions: Law and Public Policy*. Palgrave Macmillan, 2009.

Burton Act）为代表，① 目的是禁止企业与美国的敌对国，包括古巴、利比亚、苏丹、伊朗、伊拉克、朝鲜等国家进行任何贸易往来。在这种典型的单边主义强权政策下，若企业不遵守法令，就会遭到美国政府的追捕。不服从这些法律的企业面临着很大的风险：可能遭受高达数亿甚至数十亿美元的罚款。企业服从这种经济制裁是为了避免更坏的结果——被完全驱逐出美国市场，② 甚至是全球支付体系。③ 例如美国于 2019 年 7 月宣布对中国珠海振戎公司及其高管进行制裁，禁止其在美国管辖范围内进行外汇兑换、银行和资产交易，理由是该公司违反了美国对伊朗的石油禁令，与伊朗进行交易。④

（三）长臂管辖与次级制裁的特征

长臂管辖是美国通过司法途径实现美国利益最大化的法律手段，主要特点在于：一是在空间上超越了国家或州的地域界限；二是突破了属人管辖与属地管辖两大原则；三是定义模糊，以逐案审查的方式确立扩张性的管辖权；四是适用范围广泛，包括民商事、经济和刑事案件。

以《海外反腐败法》为例，该法管辖范围包括在美国上市的公司、美国公民或居民、受美国联邦或州法律管辖的企业实体以及主要营业地点在美国的公司，明确禁止美国公司向外国的公职人员行贿。在冷战时期，美国制定该法的首要目的是树立美国在国际上的道德形象。但在 1977—2001 年，美国司法部只惩罚了 21 家美国公司，而且通常都是不重要的二线企业。同时，美国加大了长臂管辖的力度。一方面，美国运用其对盟国的政治影响力，将《海外反腐败法》加以国际化，获得国内法域外效力的正当性，泛化美国法律标准和准则，对他国企业形成合规要求；另一方面，美国修改法律，将"长臂管辖"原则伸向外国公司和个人，借此打击竞争对手。任何一家外国公司，只要用美元计价交易，或者仅通过设在美国的服

---

① 沈伟：《赫尔姆斯—伯顿法案及其非法性》，《国际观察》1997 年第 1 期。

② 《隐秘战争：揭秘美国对欧经济战中的"秘密武器"》，https://www.thepaper.cn/newsDetail_forward_4216406，最后访问日期：2021 年 1 月 15 日。

③ 沈伟：《论金融制裁的非对称性和对称性——中美金融"脱钩"的法律冲突和特质》，《上海对外经贸大学学报》2020 年第 5 期。

④ Courtney McBride & Ian Talley. U.S. Imposes New Sanctions on Chinese Company for Transporting Iranian Oil. *The Wall Street Journal*，July 22, 2019.

务器（例如谷歌或微软邮箱）收发、存储（甚至只是过境）邮件，都被纳入"长臂管辖"范围。美国通过"长臂管辖"直接将国内法凌驾于他国管辖权之上，将《反海外腐败法》从约束美国公司发展为对竞争对手发动经济战的法律工具，成为设置"司法陷阱"的工具。[①]

美国的次级制裁得益于其制裁法体系所具有的灵活性：总统可决定是否履行特别制裁法案，并根据适用效果进行调整；在局势发生重大变化时，其中的日落条款就会发挥作用，废止法案。美国财政部外国资产监控办公室根据总统授权和特定立法拟定和调整被制裁个人与实体清单，管理和执行经济和贸易制裁，调查并处罚违反制裁法的个人和实体等职能。对管辖权进行扩张解释所产生的美国法域外效力使得美国的制裁能够扩大到第三国国民与实体，包括对利用美国金融机构和美元交易的外国公司也有管辖权。

（四）长臂管辖与次级制裁的违法性

美国的长臂管辖与次级制裁对与美国有竞争关系的企业和实体形成围堵态势，同时也侵害了他国的司法和规制主权。

长臂管辖与次级制裁利用国内法上的公权力对跨国商业交易进行干涉，[②] 以行政罚款等手段改变私人主体之间的契约安排和利益平衡。通过单边贸易制裁迫使他国企业或个人遵守美国法律，既侵害了他国司法主权，也违背了国际法上主权平等原则。过度监管不仅增加监管对象的合规成本，而且导致监管对象在冲突的法律规则之间无所适从。次级制裁作为规制和外交政策工具，不仅违反美国宪法和法律，[③] 而且在国际法上也缺乏合理性和合法性。

首先，长臂管辖与次级制裁明显违反了《联合国宪章》第 2 条规定的

---

① 强世功：《〈美国陷阱〉揭露了一个骇人听闻的霸凌主义案例》，https://news.sina.com.cn/c/2019-06-22/doc-ihytcerk8624484.shtml，最后访问日期：2021 年 1 月 15 日。

② 廖诗评：《国内法域外适用及其应对——以美国法域外适用措施为例》，《环球法律评论》2019 年第 3 期，第 166—178 页。

③ 美国联邦快递于 2019 年 6 月 24 日向美国巡回法庭起诉美国商务部，理由是美国的《出口管制条例》违反了承运人在美国《宪法（第五修正案）》下的程序正义权利。"Commentary: Attempt to Protect Chinese Market Share Is Basis of FedEx Lawsuit Against U.S.，Department of Commerce"，https://www.freightwaves.com/news/commentary-attempt-to-protect-chinese-market-share-is-basis-of-fedex-lawsuit-against-us-department-of-commerce.

主权平等和不干涉内政原则，严重威胁以主权平等为基础的国际秩序。美国利用次级制裁将本国意志强加给其他国家以实现其自身目的，本质上是治外法权。鉴于美元在国际贸易中的主要硬通货地位，国际交易中的代理账户开户于美国银行，美国据此连接点对全球绝大部分国际贸易行使管辖权，事实上具有了超越他国主权的管辖权。次级制裁迫使第三国对目标国采取制裁措施，将单边制裁转化为多边行为，实质上是一国挑起的多边制裁，直接威胁以主权独立平等为基础的国际秩序和国际贸易自由。对不服从的第三国及其个人和实体采取强制性惩罚措施，也侵害了他国经济主权并干涉他国国内政策的制定。

其次，次级制裁违反了关于对抗措施（counter measures）的国际习惯法。无论初级制裁还是次级制裁本质上是针对一国的国际不法行为所采取的对抗措施。2001年《国家对国际不法行为的国际责任草案》（以下简称《国际责任草案》）被国际法院视为国际习惯法的编纂，在其审理中多次被援引，其中关于对抗措施的规定亦被认为是国际习惯法。《国际责任草案》第41、49、52和53条规定，对抗措施只能针对国际不法行为的责任国，目的只限于促使目标国停止不法行为和承担国际责任，不能扩大到行为国之外的其他国家，次级制裁显然突破了该限制。

此外，次级制裁还阻碍了全球自由市场经济的发展，导致与中美经济关系密切的国家也被迫选择站队。[①] 加利福尼亚的芯片制造商超微（Supermicro）要求供应商将生产转移出中国，以确保网络安全；日本的打印机和扫描机制造商理光（Ricoh）也宣布将生产线从中国转移到泰国。

（五）各国的应对和反制措施

在遭遇美国长臂管辖之后，各国都不同程度地吸取教训，完善自身的司法体系，采取不同措施以对抗美国国内法的长臂效力，包括国内立法反制以及强制适用本国法、不承认或拒绝执行外国判决。

国内立法是应对长臂管辖的主要方式，根据其采用的方式不同可以大

---

① David Jessop. "Commentary: The View from Europe: Huawei Sanctions Raise Complex Questions", https://www.caribbeannewsnow.com/2019/05/31/commentary-the-view-from-europe-huawei-sanctions-raise-complex-questions/.

致分为阻断法令以及与补偿措施有关的法律。英国 1980 年《贸易利益法案》、加拿大 1996 年《外国域外措施法案》和澳大利亚 1979 年《外国反托拉斯判决（限制执行）法案》的目的都是防止本国国民受到外国法律和命令的约束。

欧盟的阻断法令是一种应对性的法律反制措施，阻断法令发展出四种反制性的法律安排：补偿性立法、否认性立法、抵制性立法和制裁性立法，从一定程度上抵消美国长臂管辖的消极后果。1996 年，欧盟针对美国域外制裁法规制定了反制裁条例，规定欧盟居民和公司在获得欧委会特别批准之前，不得遵守条例列出的美国域外制裁法规，[①] 外国法院基于域外制裁法规的裁决在欧盟境内无效，[②] 允许欧盟居民和公司向造成损害的个人或实体追偿相关法律费用。[③] 2018 年 8 月 6 日，美国重启《赫尔姆斯—伯顿法案》和对伊朗全面制裁，欧盟则启用《免受第三国立法及由此产生行动之域外适用影响的保护法案》（以下简称《阻断法令》），允许欧盟运营商对自己的经济状况作出评估，决定是否开始、继续或者停止与伊朗有关的商业行为。如果遵循阻断法令但不遵守美国制裁规定将严重损害其自身利益时，可以依据法令第 5 条获得豁免。[④] 针对违反美国制裁规定将严重损害其自身利益的情况，该法令也列明了域外法的授权程序，允许欧盟运营者或者拥有同类利益的多家运营者共同申请。

阻断第三国法律域外适用法案的初衷是抵制美国法在欧盟的域外适用效果，为欧盟企业提供不遵守美国长臂管辖和制裁规定的法律依据，保护受管辖企业。但是，一旦本国企业选择依据长臂管辖实施国的法律依据而退出受制裁的目标市场，反而要面临本国政府的处罚，从而陷入进退两难的境地。

国内立法应对长臂管辖的另一种方式是制定与补偿措施有关的法律。[⑤]

---

① 《关注美国重启对伊制裁—针锋相对—欧盟出台反制裁条例》，https://www.sohu.com/a/273333203_100191055，最后访问日期：2021 年 1 月 15 日。

② 《欧盟最新反制裁条例今日生效》，http://mini.eastday.com/a/180807153118580.html，最后访问时间：2021 年 1 月 15 日。

③ 《应对美国对伊朗制裁 欧盟将建立特殊支付通道》，http://finance.eastmoney.com/news/1365，20180926952384434.html，最后访问日期：2021 年 1 月 15 日。

④ 《应对美国对伊朗制裁 欧盟将建立特殊支付通道》，http://finance.eastmoney.com/news/1365，20180926952384434.html，最后访问日期：2021 年 1 月 15 日。

⑤ 朱志玲：《"涉外刑事管辖权"与"域外刑事管辖权"概念辨析》，《湖北警官学院学报》2009 年第 6 期，第 29—32 页。

本国个人或企业因外国判决造成利益损失时，可申请法院处理原告在本法域的资产以补偿自己的损失。例如，英国1980年《贸易利益保护法》授权英国公民寻求并追回因外国司法机关长臂管辖而造成的诉讼利益损失。再如，根据欧盟法令的补偿条款，因美国经济制裁而受损的欧盟成员国公民或公司，有权在欧盟成员国法院提起反诉，并通过查封在欧美等国的公司资产以获得相应补偿。①

除了上述典型的补偿性立法之外，另一种对抗长臂管辖的路径是强制适用本国法。即使申诉人和被告在合同中选择了另一个法院或管辖法律，依据该法当事人仍可向法律规定的有管辖权的法院提起诉讼并适用相关法律。《加拿大海事责任法》规定，加拿大托运人（出口商）和海上货物进口商（收货人）可以选择加拿大法院或在加拿大仲裁，不管选择法庭条款如何约定、是否签订法律选择条款都应适用加拿大法律。对抗域外管辖权的程序性规则是限制证据交换。例如《加拿大外国域外措施法》禁止或限制有关执行《赫尔姆斯—伯顿禁运法案》②诉讼程序的记录并提供信息。③如果某项行为可能违反加拿大司法部长的阻止令，并且这些记录可能被移交给外国当局，则法院有权发布命令暂时扣押记录。前者是否定性立法，后者是抵制性立法和制裁性立法。

司法层面的应对措施主要是不承认或拒绝执行外国立法、裁决和行政决定，属于抵制性立法的一种。欧盟《阻断法令》第1条规定，禁止外国具有域外管辖权的法律法规在欧盟境内发生效力。加拿大《外国域外措施法案》也授权加拿大司法部长决定对加拿大利益有"不利影响"的对外贸易法，并下令不承认和不执行外国法庭根据这些法律作出的判决。④荷兰和瑞典虽然承认外国法令，但是，如果有条约或国内法存在相反规定，则可以拒绝执行。基于《赫尔姆斯—伯顿禁运法案》制裁美国在荷兰的子公

---

① 杜涛：《欧盟对待域外经济制裁的政策转变及其背景分析》，《德国研究》2012年第3期，第18—31页。

② 《赫尔姆斯—伯顿禁运法案》，即《古巴自由与民主声援法》（Cuban Liberty and Democratic Solidarity Act of 1996），该法案的主要目的是加强对卡斯特罗政府的国际制裁，对同古巴有经贸关系的外国人和外国公司实行惩罚与制裁。

③ 徐伟功、王育琪：《美国的域外证据开示制度评析》，《河南省政法管理干部学院学报》2005年第6期，第139—147页。

④ 石佳友、刘连炻：《美国扩大美元交易域外管辖对中国的挑战及其应对》，《上海大学学报（社会科学版）》2018年第4期，第17—33页。

司，由荷兰法院裁决排除美国法律适用于在该国成立的子公司，迫使美国撤回相关的制裁禁令。[①] 德国、瑞士、荷兰和美国都没有执行过他国作出的破产法令。

第五种方案是基于管辖领域的立法、司法决定或行政命令进行报复。1982 年美国对苏联实行能源禁运时，英国、法国和意大利对影响其国民合同的治外法权采取了报复措施，英国迫使美国公司在英国的几家子公司尊重其在亚马尔管道项目的合同。

各种形式的应对措施虽然在一定程度上起到了对抗作用，但美国设置司法陷阱的能力在于其控制全球经济产业链和价值链的能力。由于美国的经济实力和强大的市场，其他国家的企业既无法选择替代性交易制度体系，也无法彻底退出美国市场或绕开以美元为基础的货币支付体系。这种能力和地位使得美国对他国发动的政治战、军事战和舆论战更有优势，而其他国家对此缺乏有效的破解或制衡机制。

第二节　不可靠实体清单制度的规则设计

反制措施同制裁类似，除了具有工具性和政治性之外，还带有一定的道德性，能够展示对他国行为的不满、抗议、惩戒等。[②] 虽然我国针对美国进行的反制措施很难完全消弭美国发动制裁和进行遏制所带来的消极影响，但是反制措施能够表达我国推进公平合理国际秩序的态度，争取国际支持；同时，也迫使被反制的美国本土企业增加游说，为我国企业争取缓冲空间。

我国选择以不可靠实体清单制度和阻断办法作为反制措施的载体，有助于建立良好的社会信用体系，监控、评估和控制外商投资的日常运营，解决公共和私营部门的欺诈和腐败问题，是一种有益的制度尝试。[③] 不可靠实体清单制度具有多重目的：一是对美国针对中国企业采取选择性歧视

[①] Andreas F. Lowenfeld. *International Economic Law*. Oxford University Press，2008，p.913.

[②] 贺平：《贸易与国际关系》，上海人民出版社 2018 年版，第 426 页。

[③] Zhu Zheng. Unreliable Entities List Says More Than Retaliation，June 1，2019，https：//news.cgtn.com/news/3d3d414d794d444d35457a6333566d54/index.html.

措施的报复反制,[①] 引导本国企业避免与不可靠实体进行交易,同时阻止不可靠实体对中国企业采取歧视性措施;二是防范中国实体在国际经贸活动中遭遇断供、封锁等重大风险,维护我国企业的正当权益,保障社会公共利益;三是维护中国经济、科技等国家安全;四是维护公平合理的国际经贸规则,维护全球产业链的安全和稳定,以制度方式抑制国际贸易中的单边主义和保护主义。[②]

2020 年 9 月 19 日,我国商务部公布了《不可靠实体清单规定》,将不遵守市场规则,背离契约精神,出于非商业目的对中国企业实施封锁或断供,严重损害中国企业正当权益的外国企业、组织或个人列入不可靠实体清单。这一制度和调整的技术进出口管理制度以及《出口管制法》《数据安全法》等共同反映了地缘政治变化下我国在国家主权、公共利益以及投资者保护等立法完善的紧迫性。

一、不可靠实体清单制度的主要内容

我国的"不可靠实体清单"制度与欧美等国的类似制度存在一定的差异。美国早在 1990 年便提出"实体清单"概念,最初目的是防止核扩散。美国商务部在 1997 年 2 月首次发布"实体清单"至今已经具有较完善的审查标准和配套措施,成为美国维护其国家安全利益的重要手段。中国的不可靠实体清单虽然借鉴美国经验,但两者存在一定的差异(见表 9-2)。

表 9-2 不可靠实体清单规定与实体清单制度比较

主要方面	中 国	美 国
名称	不可靠实体清单规定	实体清单
公布机构	中国商务部	美国商务部产业和安全局(BIS)

---

① Zhu Zheng. Unreliable Entities List Says More Than Retaliation,June 1,2019,https://news.cgtn.com/news/3d3d414d794d444d35457a6333566d54/index.html.

② Charlotte Gao. Eye for an Eye:China to Establish "Unreliable Entity List",June 1,2019,https://thediplomat.com/2019/06/eye-for-an-eye-china-to-establish-unreliable-entity-list/.

续　表

主要方面	中　国	美　国
法律依据	《中华人民共和国对外贸易法》《中华人民共和国国家安全法》等法律	《出口管理条例》（EAR）
管制条件	任何外国实体实施以下行为都可能被列入不可靠实体清单：① 危害中国国家主权、安全、发展利益；② 违反正常的市场交易原则，中断与中国企业、其他组织或者个人的正常交易，或者对中国企业、其他组织或者个人采取歧视性措施，严重损害中国企业、其他组织或者个人合法权益	依据《出口管理条例》第744部分以及第746部分，凡被合理怀疑为涉及或有非常高的风险会涉及从事危害美国国家安全或者美国对外利益的事务的自然人、法人、其他机构将会被列入实体清单
监管部门	国家建立中央国家机关有关部门参加的工作机制（以下简称工作机制），负责不可靠实体清单制度的组织实施。工作机制办公室设在国务院商务主管部门	美国商务部工业和安全局；美国最终用户审查委员会，由商务部（主席）、各州政府、国防部、能源部和财政部适当的代表组成
被列入清单的后果	被列入清单的实体会被限制或禁止与中国有关的进出口活动或在中国境内的投资活动；还会被限制或禁止入境或停留，并视情节轻重给予罚款处罚	被列入清单的实体在获取 EAR 管制物项时面临更严格的限制。向受管制实体出口、转出口、国内转移受 EAR 管制的物项都需要向 BIS 申请许可证。许可审查政策多数为"推定拒绝"（presumption of denial），少数情况下会根据个案（case by case）决定，且 EAR 中的绝大多数许可豁免情形都不能适用于实体清单中的所列实体
是否可移出清单	被列入不可靠实体清单后，工作机制根据实际情况，可以决定将有关外国实体移出不可靠实体清单；有关实体在公告明确的改正期限内改正其行为并采取措施消除行为后果的，工作机制应当做出决定，将其移出不可靠实体清单	被列入实体清单后，可以向 ERC 提出书面上诉，要求将其从实体清单上修改或移除，但通常难度很大

二、不可靠实体清单规定的法律依据

根据商务部提供的信息，不可靠实体清单的立法依据为《中华人民共和国对外贸易法》（以下简称《对外贸易法》）、《中华人民共和国反垄断法》（以下简称《反垄断法》）、《中华人民共和国国家安全法》（以下简称《国家安全法》）等法律法规。商务部发布《不可靠实体清单规定》的时间早于全国人大常委会审议通过的《中华人民共和国出口管制法》（以下简称《出口管制法》），从规定内容看，不可靠实体清单制度也属于《出口管制法》的下位规范。

《对外贸易法》第7条规定，任何国家或地区在贸易方面对我国采取歧视性的禁止、限制或者其他类似措施的，我国将根据实际情况对该国或者地区采取相应的措施。基于平等互利的贸易关系基本原则，不可靠实体清单制度维护平等原则基础上的互利，维护贸易安全，公平确定商品价格、信守合同。[①]《国家安全法》第19、59条分别规定了国家保障重要经济安全的职责以及国家安全审查和监管的制度和机制。《出口管制法》第48条规定，任何国家或者地区滥用出口管制措施危害中华人民共和国国家安全和利益的，中华人民共和国可以根据实际情况对该国或者地区采取对等措施。

《出口管制法》第18条规定的"管控名单"机制与不可靠实体清单制度有所区别。管控名单与不可靠实体清单存在交叉。一方面，被列入管控名单和不可靠实体清单的原因都包括"可能危害国家安全和利益"。另一方面，两者存在诸多不同，其中核心的区别在于管控名单是服务于《出口管制法》中基于物项的管控，被列入管控名单，主要影响管制物项的出口；而不可靠实体清单则是基于实体（包括外国企业、其他组织或者个人）的管控，被列入不可靠实体清单将面临的处理措施包括：限制或者禁止其从事与中国有关的进出口活动；限制或者禁止其在中国境内投资；限制或者禁止其相关人员、交通运输工具等入境；等等，在管制措施上更为多样，对相关实体的影响也更大。

---

① 沈四宝、王秉乾：《中国对外贸易法》，法律出版社2006年版，第31—32页。

三、不可靠实体清单制度存在的问题

不可靠实体清单制度的适用范围广泛，政治打击面大，但规定细节相对模糊，透明度的缺失可能会加大措施适用的不确定性。

在反制措施实施过程中，外国企业采取的救济措施还会带来国内法之间的冲突。首先，根据《不可靠实体清单规定》所做出的决定属于具体行政行为，外国人或组织有权根据《行政复议法》和《行政诉讼法》的规定就此行为提起行政救济措施。而《行政诉讼法》第13条和《最高人民法院关于适用〈中华人民共和国行政诉讼法〉的解释》第2条则将国防、外交等国家行为以及经宪法和法律授权的国家机关宣布紧急状态等行为排除在行政救济范围之外。如果外国实体将基于《不可靠实体清单规定》做出的决定诉诸法院，法院是否受理、哪些行为应当被认定为"国防、外交等国家行为以及经宪法和法律授权的国家机关宣布紧急状态等行为"，以及不可靠实体清单实施部门，即"工作机制"是否适格被告等问题仍亟待明确。

反制立法的实现面临诸多困境。第一，在进出口管制领域，美国公司必须遵守禁运立法，并依靠美国技术、设备或许可协议生产的合作伙伴不转出口至受制裁国家，许多外国公司为保住美国市场，免受美国的报复、制裁，自愿遵从美国的限制。对这些实体的反制可能实现的效果主要限于警示信号。第二，反制措施实施范围越广对中国企业的负面影响也越大。美国法院不承认外国阻断立法的效力，并命令当事人违反外国阻断立法，主要理由是外国阻断立法过于宽泛，难以执行，[①]且外国阻断立法缺少执行历史，当事人违反阻断立法被追诉的风险"轻微且是推测性的"（slight and speculative）。只在极少数案件中，由于外国积极执行阻断立法，美国法院出于礼让，不强制在美诉讼的外国当事人违反外国阻断立法。[②]另外，经济制裁措施在被制裁国更可能产生利益集团，

① International Law Association. Committee of Extraterritorial Jurisdiction Second Interim Report. *International Law Association Report of Conferences*，Vol. 66，1994，p. 677.

② M. J. Hoda. The Aérospatiale Dilemma: Why US Courts Ignore Blocking Statues and What Foreign States Can Do about It. *California Law Review*，Vol. 106，2018，pp. 231 - 251.

滋生腐败和权力寻租。

四、不可靠实体清单制度的完善

反制效力是由反制发动国与被反制国的政治经济实力决定的。在判定反制措施的作用时，反制发动国必须根据被反制国的经济和政治形势，评估抵抗制裁的损失、制裁实施造成的直接损失、被反制国公司和员工的损失、无辜民众与邻国的损失，以决定各方力量对政策的支持。[①] 不可靠实体清单作为反制措施，需要考量列入清单的标准、管制措施与范围、权利救济以及是否符合国际法等因素，以实现反制效能。

（一）列入不可靠实体清单标准

对于列入不可靠实体清单标准，我国商务部需综合考虑以下四方面因素：一是该实体是否存在针对中国实体实施封锁、断供等歧视性措施的行为；二是该实体行为是否基于非商业目的，违背市场规则和契约精神；三是该实体行为是否对中国企业或相关产业造成实质损害；四是该实体行为是否对国家安全构成威胁或潜在威胁。

这些因素从相关实体行为的表现、性质、后果等方面就不可靠实体清单设定了明确的范围。四项因素中前两项针对的是对相关实体所实施的行为表现和行为性质的判断，其中最突出的表现是"针对中国实体实施封锁、断供或其他歧视性措施"。对行为性质的判断要点在于，是否基于非商业目的，违背市场规则和契约精神。后两项针对的是有关行为所产生的实际危害后果的判断，两者在危害程度的构成上存在差异，对企业和产业的危害必须是造成实质损害，对国家安全则只要构成威胁或潜在威胁即可。

相较而言，《不可靠实体清单规定》更凸显维护"国家利益"及"中国企业、其他组织或者个人利益"，认定标准强调客观因素，弱化主观因素。其第 7 条在不可靠实体清单的认定上提出了结果要件，即相关部门在

---

① ［美］加利·克莱德·霍夫鲍尔等：《反思经济制裁》，杜涛译，上海人民出版社 2019 年版，第 188 页。

判断是否将有关外国实体列入不可靠实体清单时，需要考虑有关行为对中国国家主权、安全、发展利益的危害程度；有关行为对中国企业、其他组织或者个人合法权益的损害程度。在具体适用上，《不可靠实体清单规定》的适用范围严格限定，仅针对极少数违法的外国实体，不会任意扩大范围。《不可靠实体清单规定》不再强调针对"非商业目的"的行为，而主要针对"违反市场交易原则"的行为，淡化了政治目的，反映了"维护国际经贸规则"的制度出发点。此外，删除"非商业目的"等主观要件，强调实际影响等客观因素有利于增加制度实施的可预期性。《不可靠实体清单规定》将"国家主权、安全、发展利益"单列一款，意在强调和宣示我国维护国家利益的决心，这一点也与《数据安全法（草案）》《全球数据安全倡议》等关于国家安全、数据主权的制度目的相呼应。

（二）符合国际法规则

不可靠实体清单制度的执行不应违反世贸组织的基本规则。美国实体清单制度以国家安全为由，实际上是采取行政手段削弱市场经济的作用，削弱了中美供应链和贸易联系。[1]《关税与贸易总协定》和《服务贸易总协定》虽然将保护国家安全利益作为例外规则，但法理上对国家安全利益作限缩解释，避免国家安全例外规则泛化。我国应当避免在对外制裁制度上与美国出现竞次（逐底竞争，race to the bottom）。在反制规则的制定和随后的执法过程中需要对不同国籍的企业一视同仁，避免违反非歧视原则。

（三）具体管制措施

不可靠实体清单在规则层面对与该实体打交道的中国企业也可能构成限制。首先，对于列入清单的实体，有关管制措施可能不仅针对母公司，而且可能影响关联性企业。其次，列入清单的实体，须对其在中国的销售、投资、业务许可等，在进出口领域实施直接的限制性措施。具体受限范围和程度主要取决于有关实体行为被最终认定对中国企业、产业乃至国

---

[1]　Darren Lim & Victor Ferguson, Huawei and the US-China Supply Chain Wars: The Contradictions of a Decoupling Strategy, May 30, 2019, https://warontherocks.com/2019/05/huawei-and-the-u-s-china-supply-chain-wars-the-contradictions-of-a-decoupling-strategy/.

家安全所产生的危害和影响程度。

（四）被反制实体的权利救济与清单退出机制

除了实体规定之外，《不可靠实体清单规定》还在启动条件、调查方式、调查结果等实施流程方面作出规定。[①] 列入不可靠实体清单后企业的救济机制既包括申辩、异议、行政复议等行政机关内部救济机制，理论上也包括外部的司法救济机制。目前，行政救济机制的具体规则仍然模糊，行政救济与司法救济的衔接机制有待厘清，整体的制度透明度亟待提高。此外，实体清单还应当建立合理的退出通道，包括一般性的渠道，即有关实体纠正违法行为并达到标准后的退出。外国实体在后续调查或反制过程中配合中国政府行政执法的行为，有关部门视情况在裁量权范围内对清单进行调整。

第三节　不可靠实体清单制度的落地

法律既是公平正义的象征，[②] 也是政治、外交和政策的治理工具，具有维护国际正常关系和和平安全的一般功能。[③] 因此，处于"中心—边缘"国际格局中的"边缘"国家需要走向中心，运用法律手段和机制，应对逆全球化的消极影响。

中美贸易摩擦乃至中美对抗的深层原因，不仅因为中美之间巨额贸易赤字引发的贸易失衡，以及由此引发的两国在经济增长方式、经济治理模式、市场经济范式、意识形态差异的模式之争，而且中国近年来通过"一带一路"倡议、亚投行、金砖国家新开发银行等倡议或国际组织，对外扩大影响力，使美方认为中方与其争夺世界领导权，故采取措施对中国进行遏制。积极制裁理论认为制裁既是施压的工具，中止或解除制裁又可当作

---

① 参见《不可靠实体清单规定》第5、6、7条。

② Martti Koskenniemi. *What Is International Law For?*. Oxford University Press，2010，p.52.

③ Christian Tomuschat. International Law: Ensuring the Survival of Mankind on the Eve of New Century, *Recueil des Cours*，Vol.281，1999，p.23.

谈判筹码;[①] 制裁也是制裁国与被制裁国之间的动态博弈过程。[②] 从这些角度看,美国对中国的制裁将是长期的、全面的,中国的反制也必然是应对性和选择性的。

不可靠实体清单制度的建立作为应对法律战和实现法律反制以及保证我国产业供应链稳定性的重要工具,最重要的是明确政策目标,向对方传递清晰的信号,展现实现目标的能力,向对方明确红线,平衡奖惩,提升反制效果。因此,我国需要在制裁对策的法治化、有效性以及其他配套措施的辅助上提升质量,以期达到反制效果。

一、反制政策的法治化

(一)健全对外贸易法律体系

在完成国家安全、进出口管制、产业保护、知识产权保护、市场竞争等领域配套立法的前提下,理性的反制措施针对对象需有所限缩,形成合理有效的规则体系和执行机制。法律预警机制的作用主要是威慑他国的不公平贸易行为。不可靠实体清单制度依靠与其相关的一整套对外贸易法律体系发挥作用,才能对他国政府和企业的行为起到警示、威慑作用。反制裁规定可以为阻却其他国家扩张域外管辖权和国内法不当域外适用提供法理依据,为我国企业和个人提供反制裁的救济路径。[③]

(二)建立对外贸易调查制度

对外贸易调查制度是针对对外贸易活动中的垄断、不正当竞争和其他扰乱对外贸易秩序的行为和与之相关事项所进行的调查。对外贸易调查制度已经成为主要贸易国家保护本国产业和市场秩序、服务本国对外贸易发

① David A. Baldwin. The Power of Positive Sanctions, *World Politics*, Vol.24, No.1, 1971, pp.19 - 38; Fred H. Lawson. Using Positive Sanctions to End International Conflicts, *Journal of Peace Research*, Vol.20, No.4, 1983, pp.311 - 328.

② Kim Richard Nossal. International Sanctions as International Punishment, *International Organization*, Vol.43, No.2, 1989, pp.301 - 322; Euclid A. Rose. From a Punitive to a Bargaining Model of Sanctions: Lessons from Iraq, *International Studies Quarterly*, Vol. 49, No. 3, 2005, pp.459 - 479.

③ 王淑敏:《国际投资中的次级制裁问题研究——以乌克兰危机引发的对俄制裁为切入点》,《法商研究》2015 年第 1 期, 第 171 页。

展、开拓国外市场的法律手段。我国的对外贸易调查制度已经在《对外贸易法》第七章具备雏形，但是实际适用仍然缺乏经验。

美国 301 条款调查制度和欧盟的《贸易壁垒条例》（Trade Barriers Regulation，TBR）值得借鉴。美国《1988 年综合贸易和竞争法》规定，301 条款分为一般 301 条款、特殊 301 条款和超级 301 条款。一般 301 条款涵盖了贸易中可能出现的各种损害美国贸易利益的外国立法、政策和其他行为。特殊 301 条款和超级 301 条款分别针对重点监督国家的知识产权贸易和贸易自由化问题。根据 301 条款，美国可根据具体情况对外国采取强制性报复措施，例如中止或撤回贸易减让、限制进口货物或服务、通过谈判要求外国政府改正其做法或提供赔偿等。欧盟于 1995 年开始实施《贸易壁垒条例》，以应对美国的 301 条款，维护自身的对外贸易利益。《贸易壁垒条例》包括货物贸易、服务贸易、知识产权保护三大内容，并规定了完备的程序。相比 301 条款，欧盟的条例更注重进行贸易调查的国际法依据，主张通过双边谈判、磋商解决问题，报复手段也比较缓和。

二、提高反制的有效性

反制是应对制裁的对抗性和报复性制裁措施，在政策目的、实现方式上与制裁在本质上是一致的。惩罚是国际制裁或反制的直接目的，而促使目标国遵守特定规范是制裁的最终目的。衡量制裁的有效性必须以制裁目标（通常是对外政策目标）的实现为标准，制裁目标通常有惩罚、促使遵守和信号传递等。[①]

经济制裁通常"杀敌一百，自损八千"，未必能够改变目标国政策，实施国也可能付出极大的经济代价，例如减少外资获取途径和外贸机会等。制裁措施也需追求精准、合理、适度和多样化，才能达到制裁目的，提高制裁的有效性，并最大限度地消除制裁给本国带来的消极作用。

[①]　Sofia Heine-Ellison. The Impact and Effectiveness of Multilateral Economic Sanctions: A Comparative Study, *The International Journal of Human Rights*, Vol.5, No.1, 2001, pp.81 - 112; Johan Galtung. On the Effects of International Economic Sanctions: With Examples from the Case of Rhodesia, *World Politics*, Vol.19, No.3, 1967, pp.378 - 416.

（一）精准制裁

传统制裁通常以目标国为惩罚对象，不仅实施制裁成本高，而且容易引发人道主义危机和第三国乃至国际社会的反对。精准制裁意味着将惩罚目标瞄向实施或支持为国际社会所谴责的政策或行为的主体，[①] 有助于达到有效性和伦理性。[②]

制裁对象的选择与一国政体和利益集团有关。[③] 如果目标国是民主政体，普通民众或利益集团有影响政府决策的合法途径（例如选举等），政府对外部制裁就必须考虑选举人的意见。对于集权政体，普通民众或利益集团难以通过正常渠道影响政府决策，政治精英反而可能在制裁中寻租。因此，根据以利益集团为分析基础的形式理论，制裁的理想对象是那些"无辜旁观者"，他们对目标国政策具有最大的边际影响，制裁效果更明显。[④]

国际制裁有四大利益攸关者：目标国、国内选民、盟国以及其他国家。[⑤] 国际制裁传递不同的信号，并有不同的交易成本。制裁意味着对目标国行为的反对、抗议和警告，并向国内选民展示了政府对目标国违规行为的关切，显示政府的责任心、领导力和维护国家利益的决心。通过制裁，一国也向同盟国宣示其领导力、团结力和维护国际规范和国际秩序的决心，对其他国家也是一种威慑。信号传递功能也是制裁，虽难以奏效却常被采用。例如，贸易制裁目标可分为促使遵守、颠覆政权、威慑、国际象征和国内象征五类，前三种目标通常难以实现，后两种则成效明显。[⑥] 后两个目标足以促使制裁国发动经济上非理性的贸易制裁。

① Arne Tostensen & Beate Bull. Are Smart Sanctions Feasible? *World Politics*, Vol. 54, No. 3, 2002, p. 373.

② 石斌：《有效制裁与"正义制裁"：论国际经济制裁的政治动因与伦理维度》，《世界经济与政治》2010 年第 8 期，第 24—47 页。

③ Susan Hannah Allen. *Rallying Cry? Economic Sanctions and the Domestic Politics of the Targeted State*. PhD. Dissertation, Emory University, 1998.

④ Solomon Major & Anthony J. McGann. Caught in the Crossfire: Innocent Bystanders as Optimal Targets of Economic Sanctions, *The Journal of Conflict Resolution*, Vol. 49, No. 3, 2005, pp. 337 - 359.

⑤ Margaret P. Doxey. *International Sanctions in Contemporary Perspective*. N. Y.: ST. Martin's Press, 1996, p. 58.

⑥ James M. Lindsay. Trade Sanctions as Policy Instruments: A Re-examination, *International Studies Quarterly*, Vol. 30, No. 2, 1986, pp. 153 - 173.

（二）程序规范

经济制裁背后的威慑力在于制裁国的市场体量，限制市场准入成为外交策略中的有力工具。但是，市场力量的使用不当将对本国经济造成消极影响，因此，需要设置有效的控制性程序。程序是连接法律决定从幕后走向前台的纽带，"决定了法治与恣意的人治之间的基本区别"。[①] 不可靠实体清单制度是以一定的程序安排将四个阶段行为（拟列入行为、列入行为、公布行为和惩戒行为）连为一体的复合型行政行为。政府在实施该等行政行为时，需要依法行政，明确程序的透明度和救济措施。

（三）适当和有效的制裁措施

常用的制裁措施包括财产罚、经营管制和机构治理监督。[②]

首先，是财产罚，包括罚款和没收。罚款是惩治经济类违法行为的有效方法，既能剥夺违法主体的违法所得，又能使违法主体得不偿失，实现预防其再犯的惩罚效果。罚款还具有经济性，可以增加国库收入。罚款具有灵活性，可以赋予行政机关自由裁量权，罚款的可附加性也使其与其他惩罚措施并用。

罚款的依据可以是专门的制裁法（例如不可靠实体清单制度），也可以是出入境管理法、进出口管理法、税法、环境法、反垄断法、证券法、消费者保护法、劳动法等。罚款对象包括自然人、法人和其他组织，罚款金额及限度由法律规定。行政机关可以依法根据物价指数的上升修改罚款额度的上限。

其次，是经营管制，包括以禁止或限制进出口、剥夺与中国企业交易、技术转让等资格的方式进行。针对个别企业的进出口管制具有矫正性、伸缩性、可分性、个别性和隔离性。进出口管制在时间和范围上具有伸缩性；在较长的管制期限幅度内，对于不同的企业能够根据惩罚与违法行为个别性地采用相适应的措施，不仅符合比例原则，而且能达到目标打

---

① Justice William O. Douglas's Comment in Joint Anti-Fascist Refugee Comm v. Mcgrath, *see* United States Supreme Court Reports（95 Law Ed. Oct. 1950 Term），The Lawyers Cooperative Publishing Company，1951，p.858.

② Margaret P. Doxey. *International Sanctions in Contemporary Perspective*，Macmillan，1987，pp. 11－12；Makio Miyagawa. *Do Economic Sanctions Work?* St. Martin's Press，1992，pp.16－23.

击和矫正的效果；区分不同产业、企业和行为性质，选择不同的制裁措施也具有隔离负面影响的作用。

经营管制的弊端在于剥夺企业进出口自由，影响跨境交易，不利于我国对外贸易活动。因此，这些弊端需要通过惩罚合理化、技术化和个别化进行改善。惩罚合理化以实现矫正违法主体的功能。① 惩罚技术化是指管制的执行应当用科学方法和技术手段矫正、管理和监督违法企业。惩罚个别化是指注重惩罚的个别预防职能，从违法企业的具体情况出发，实行个别化和差别化处理。此外，经营管制还具有社会功能，维护良好的市场秩序，保护外资企业在我国的合法权益，营造公平、透明、可预期的营商环境。

再次，是派驻监督员进行机构治理监督。派驻监督员重点检查交易对象、交易内容的合法性，对特殊物品还应检查生产计划、购销数量及使用者目的等。派驻监督员应定期向派出部门报送监督检查工作情况，发现问题时应及时报告。

三、其他辅助措施

（一）企业合规

全球贸易保护主义和各类"司法陷阱"对参与跨境商业活动的跨国企业和其他主体提出了更高的合规要求。② 美国在小多边基础上提出了新的竞争规则，给中国企业合规带来了新的挑战。③ 在价值链上游，美国加大对高新技术的管控，抵制技术转让，限制中国公司并购美国企业。在价值链中游，美国要求在华美国企业回归美国，利用关税战迫使在华外资企业转出中国，以实现经济脱钩。在价值链下游，美国抵制中国企业在海外发展，制定"防范中国方案"，严查中国企业违反《海外反腐败法》的商业贿赂案件，加强贸易管制和反洗钱。对此，中国企业应强调企业合规，适应全球竞争的新方式和新规则。

---

① 陈兴良：《刑法哲学》，中国政法大学出版社 2004 年版，第 496 页。
② 邹松霖：《任正非的案头书：中国企业如何规避"美国陷阱"》，《中国经济周刊》2019 年第 15 期，第 108 页。
③ 沈伟、徐驰：《逆全球化背景下的"小多边主义"的端倪和成型——理解〈中美经贸协议〉（第一阶段）的变局背景》，《海峡法学》2020 年第 5 期。

（二）信息预警机制

制裁预警机制包括两个层次的预警：一是对立案调查的预警；二是对制裁决定的预警。相比而言，前者由于时间的前置，可以给予足够的缓冲时间，因此也是最重要的预警。因为针对企业违规贸易行为的立案调查一旦开始，就会给企业带来成本和风险。预警机制能为企业争取宝贵的时间，做好应对的准备，或者采取措施使制裁程序在申请或立案调查阶段就终止，而不进入对企业更为不利的裁决阶段。

制裁预警机制的建立要求政府建立数据库，搜集、分析并发布预警信息。对贸易伙伴的贸易政策变化和救济措施进行监控，发布年度评估报告，通过各种层次沟通，向贸易伙伴施加压力。我国《对外贸易法》第56条明确规定了行业组织的法律地位和功能，与市场、企业、政府以及企业间非正式组织相比，行业协会具有降低交易成本、减少政府管制成本、降低单个企业游说政府成本等优点。[①] 行业协会要协助政府搜集、获取外贸情报和信息，进行贸易摩擦预警，充分发挥沟通政府与企业的中介作用。

（三）《阻断办法》

商务部发布的《阻断办法》借鉴了欧盟等国家和地区的阻断立法，旨在阻断外国法律与措施不当域外适用对中国和中国企业的消极影响。

《阻断办法》的阻断对象是满足三个条件的"外国法律和措施的域外适用"：① 适用违反国际法和国际关系基本原则；② 适用禁止或限制中国当事人与第三国（地区）当事人之间的正常经贸活动；③ 前述禁止或限制是不适当的。[②]《阻断办法》还设立了专门的工作机制，负责外国法律与措施不当域外适用的应对工作。[③] 工作机制评估确认"不当"的因素包括：① 是否违反国际法和国际关系基本准则；② 对中国国家主权、安全、发展利益可能产生的影响；③ 对中国公民、法人或其他组织合法权益可能产生的影响；④ 其他应当考虑的因素。在确认"不当"之后，商务部发布不承认、不执行和不遵守外国法律与措施的禁令。工作机制可以决定中止或

---

① 余晖：《WTO 体制下行业协会的应对策略——以反倾销为例》，《中国工业经济》2002 年第 3 期。

② 《阻断办法》第 2 条。

③ 《阻断办法》第 4—7 条。

者撤销禁令。禁令一旦公布，中国当事人就有遵守义务，除非获得豁免。

《阻断办法》的目的是通过法规的形式，选择对禁止或者限制中国实体与第三国进行交易的特定法规进行阻断。从欧盟经验看，欧盟实施《阻断法令》相对比较克制，长期以来仅限于美国的《赫尔姆斯—伯顿法》《达马托法》，只有在美国2018年单方面退出《伊朗核问题全面协议》之后，才将《伊朗交易制裁条例》纳入《阻断法令》禁止遵守法规附录之中。这从一个侧面说明，《阻断办法》的目的主要是宣示立场，是应对型的反制裁措施。与欧盟的《阻断法令》不同，《阻断办法》需要针对的还包括因美国制裁而被切断与第三国（甚至是本国）正常业务的中国实体，而美国鲜有对欧盟实体的直接制裁。换言之，《阻断办法》会对第三国或地区的实体产生类似于美国制裁的效果。

中国企业在《阻断办法》下的义务主要包括：① 不遵守境外法律的义务，即阻断义务；② 遇到限制规定主动进行阻断汇报的报告披露义务，[①]这就客观上形成了中国企业在《阻断办法》下的合规义务。如果主管部门严格执法，就会加重中国企业的合规成本，反而恶化中国的营商环境。因此，《阻断办法》应该主要被用以作为向美国施压进行对话以便明确制裁法下合规的边界，保护中国企业免受美国制裁之困，而非加重中国企业经营负担。

中国当事人根据《阻断办法》获得的救济手段包括申请豁免和司法救济。如果当事人遵守禁令范围内的外国法律与措施，侵害中国公民、法人或者其他组织，可以向法院提起诉讼，要求该当事人赔偿损失，[②] 除非获得豁免。[③] 此外，根据禁令范围内的外国法律作出的判决、裁定致使中国公民、法人或者其他组织遭受损失的，中国公民、法人或者其他组织可以依法向法院起诉，要求在该判决、裁定中获益的当事人赔偿损失。[④] 中国公民、法人或者其他组织可以要求法院强制执行生效的判决或裁定。欧盟的《阻断法令》第6条的诉讼救济补偿在实践中并未实施，因此对我国当事人根据《阻断办法》行使诉权没有直接的参考意义。此外，《阻断办法》

---

① 《阻断办法》第5、13条。
② 《阻断办法》第9条第1款。
③ 《阻断办法》第8条。
④ 《阻断办法》第9条第2款。

仅支持侵权之诉，当事人是否可以以违约之诉诉请继续履行合同也不得而知。赔偿金的计算是否考虑预期利益损失以及当事人在境外执行判决等问题都有待澄清。

《阻断办法》（以及之后的阻断禁令）和不可靠实体清单制度一起构成中国版的阻断法，[①] 标志着我国反制裁和反长臂管辖法律体系的初步建构。《阻断办法》条文简略，用语模糊，一方面，是为立法者和执法者保持一定的解释和适用弹性；另一方面，也会给中国企业遵守办法带来困扰。《阻断办法》可能给美国行政当局产生一定的压力，美国企业也有可能向行政当局施压，要求放松对中国企业的限制。

第四节　结　语

马克思曾言："资产阶级，由于开拓了世界市场，使一切国家的生产和消费都成为世界性的了。"[②] 维护世界性的生产和消费，显然还需要"世界性"的法律秩序。

我国既是贸易大国，也是主要的资本输入国和输出国，在国际经贸活动中难免经常受到政治性的干扰，尤其在中美贸易摩擦的背景下，美国在全球范围内建立了一种以经济（乃至军事和科技）霸权为物质基础的法律霸权和司法垄断，建构了一种独特的国内法和国际法二元合一的全球霸权主义法律秩序。特别是美国的国内法和规制体系的成熟度为其追求和落实国内法的（不当）域外效力提供了依据、经验和工具。

大国博弈不是被动跟进和临时应对他国制裁，而是应以主动和理性的法律手段和制度设计进行有效反制，把握国家在经济、政治等博弈中的大局和变局。党的十九届四中全会审议通过的《中共中央关于坚持和完善中国特色社会主义制度　推进国家治理体系和治理能力现代化若干重大问题的决定》，特别将"加快我国法域外适用的法律体系建设"和"健全不可

---

① 《阻断办法》的相关义务是由境内实体承担的，司法救济针对的是境外实体履行赔偿责任；不可靠实体清单制度的责任主体是境外实体，保护的是境内实体。两者结合起来构成了保护境内实体在国际经贸活动中的供应链系统。

② 《马克思恩格斯选集》（第一卷），人民出版社 1995 年版，第 275—276 页。

靠实体清单等制度"作为重点紧迫的任务。然而，法律战具有专业性、技术性和复杂性等特征，需要熟悉法律机制和机理，逐步建立体现中国实践和价值观的国际法法理。以不可靠实体清单制度的建立为契机，我国应当进一步完备国内法，以应对国际贸易、投资、金融和经济摩擦，以主动的姿态通过各种法律制度应对各种不利情况，防止和制约其他国家的贸易保护主义、单边主义行为。这样，不仅对贸易保护主义势力起到威慑作用，而且可以增强我国对外贸易、投资、金融和经济谈判的实力和效果，有效提升我国在国际经济治理体系中的参与度和话语权，引导国际经济秩序向有利于我国国家利益和价值诉求的方向发展。

第十章

金融制裁的对称性和非对称性

——美国对中国金融制裁法理剖析

2018 年上半年开始的中美贸易战以双方签署《中美经贸协定》（第一阶段）告一段落。中美之间的贸易冲突和投资冲突现在向金融领域延伸。美国对中国的金融"脱钩"正在铺开，中国面临美国施加金融制裁的可能。美国对他国实施金融制裁的多种法律手段和非对称性是被制裁国需要深入研究的议题。在这种非对称性之外，被制裁国需要找到对称性，以便对美国的金融制裁采取有效反制和遏制。中美之间的金融裂缝需要通过对称性加以"反脱钩"。

金融制裁不及贸易制裁那样普遍。贸易制裁一般具有对称性，被制裁国可以通过征收相同的关税对制裁国采取报复性措施。与贸易制裁不同，金融制裁一般具有非对称性，被制裁国一般无法采取有效措施加以报复。美国对他国进行的金融制裁具有明显的不对称性，被制裁国一般无力还手，缺乏应对的反制措施，也无法通过国际法、国际组织或者国际争端解决机制得以解决，获得救济手段。笔者认为，中国反制美国可能发动的金融制裁或者金融脱钩，除了非对称性之外，还具有一定的对称性，这是由中国的经济体量、金融市场规模以及中美两国之间错综复杂和紧密相连的经济活动决定的。这种对称性是中国克服美国金融制裁或脱钩的最大反制措施，同时也对加快市场化的对外开放和人民币国际化提出了更为紧迫的要求。

第一节　"脱钩论"和中美金融断裂

与中美之间历次贸易冲突不同，2018 年开始的中美贸易冲突不只局限于贸易领域。在中美贸易谈判过程中，美方一度将中国列为货币操作国。由于《中美经贸协定》的达成，美方随后将中国移出货币操纵国名单。[①] 2018 年美国修改《外国投资国家安全现代化法案》，直接针对中国企业对美兼并收购交易。2020 年 2 月，美国修改国内法，以便对别国汇率进行反补贴调查，美国商务部随后决定对原产于中国的扎带产品发起反倾销、反补贴调查，并且在反补贴程序中对所谓的"人民币汇率低估"项目发起调查。后疫情时代的中美"脱钩论"甚嚣尘上，[②] 金融裂缝逐渐扩大。

一、《外国公司问责法案》

美国参议院于 2020 年 5 月 21 日通过了由路易斯安那州共和党参议院约翰·肯尼迪（John Kennedy）、北卡罗来纳州共和党参议员凯文·卡拉莫（Kevin Cramer）和马里兰州民主党议员克里斯·范·霍伦（Chris Van Hollen）提出的《外国公司问责法案》（Holding Foreign Companies Accountable Act）。

法案要求上市公司证明没有受到外国政府的控制或操纵。如果作为独立的公众公司会计监督委员会（PCAOB）连续三年无法检查[③]上市公司的财务审计资料，认定一个上市公司不受外国政府控制，发行人的证券将被证监会禁止在美国交易所进行交易。[④] 如果法案被众议院通过并实施，中

[①] Alexa Lardieri. "U.S. Removes China From Currency Manipulator List Before Signing of Trade Deal", US News, January 13, 2020, https：//www. usnews. com/news/economy/articles/2020-01-13/us-removes-china-from-list-of-currency-manipulators-before-countries-sign-trade-deal.

[②] Yan Liang. "The US, China, and the Perils of Post-COVID Pandemic", The Diplomat, May 8, 2020, https：//thediplomat.com/2020/05/the-us-china-and-the-perils-of-post-covid-decoupling/.

[③] PCAOB 要求对签约会计师事务所能够做到实时检查，以保证对上市公司财务数据的审计质量。与 SEC 针对个案的调查不同，PCAOB 是日常监管。

[④] Daniel Flatley & Ben Bain. "Senate Passes Bill to Delist Chinese Companies from Exchanges", Boston Globe, May 20, 2020, https：//www.bostonglobe.com/business/2020/05/20/senate-passes-bill-delist-chinese-companies-from-exchanges/YTQHe6E9ohJz0D4I9dfUDI/story.html. 法案同时规定，被禁交易的上市公司如果重新聘请可以被"上市公司会计监督委员会"检查的会计机构，禁令可以解除。

概股企业将可能大幅度主动退市或被令退市，中国企业在美国的融资渠道就会被切断。2020 年 6 月 4 日，特朗普签署《保护美国投资者免受中国公司重大风险影响的备忘录》，①呼吁在美国上市的中国公司"应该采取坚定有序行动，叫停中国无视美国透明度要求的行为，同时又不给美国投资者和金融市场带来负面影响"。特朗普在《备忘录》中指控中国企业从美国金融市场获益，但是"中国政府阻止中国企业遵守适用在美上市公司的投资者保护措施"。

早在 2019 年 11 月，马克·卢比奥（Marco Rubio）等议员在美国参议院提出《公平法案》（Equitable Act），原因是其认为在美国证券交易所上市的中国公司缺乏财务透明度，并通过逆向收购等方式损害了投资者利益。该法案要求这些公司提供审计底稿和接受更严格的监管，遵守美国会计标准，否则将会被除牌。②另一项草案《纳税人及储蓄者保护法案》（Taxpayers and Savers Protection Act）要求阻止美国主要的联邦退休储蓄投资委员会参与任何未得到美国 PCAOB 支持的会计师事务所审计的公司，或因各种原因受到美国政府制裁的公司，以间接禁止投资中国公司。③

2020 年 4 月 21 日，SEC 与 PCAOB 发表联合声明，提醒美国投资者在投资总部位于新兴市场或在新兴市场有重大业务的公司时，注意财务报告及信息披露质量的风险。④声明指出，考虑到信息披露方面的缺陷，美国投资者在调整投资组合时不要投资在美上市的中国公司。

2020 年 5 月，美国互联网券商盈透证券（Interactive Brokers）要求客户于 5 月 12 日前补足中概股小盘股的账户保证金。此类保证金要求的调整

---

① https：//www. whitehouse. gov/presidential-actions/memorandum-protecting-united-states-investors-significant-risks-chinese-companies/.

② https：//www.congress.gov/bill/116th-congress/senate-bill/1731.

③ "Taxpayers and Savers Protection Act Would Ban a Multi-Million Member Federal Retirement Program from Investing in Chinese-owned Companies"，May 13，2019，https：//govtrackinsider. com/taxpayers-and-savers-protection-act-would-ban-a-multi-million-member-federal-retirement-program-b9fc22e419a5.

④ SEC Chairman Jay Clayton，PCAOB Chairman William D. Duhnke III，SEC Chief Accountant Sagar Teotia，SEC Division of Corporation Finance Director William Hinman，SEC Division of Investment Management Director Dalia Blass，"Emerging Market Investments Entail Significant Disclosure，Financial Reporting and Other Risks；Remedies are Limited"，April 21，2020，https：//www. sec. gov/news/public-statement/emerging-market-investments-disclosure-reporting；Sagar Teotia，"Statement on the Importance of High-Quality Financial Reporting in Light of the Significant Impacts of COVID-19"，April 3，2020，https：//www.sec.gov/news/public-statement/statement-teotia-financial-reporting-covid-19-2020-04-03.

是根据具体股票的波动和体量而定，并且及时调整变化。纳斯达克于 2020
年 5 月 19 日证实，已经提交给 SEC 并等待审批修订的上市规则。规则修
订主要是调整部分国家公司的上市透明度标准：① 基于公司的审计质量、
审计机构资格提出新的上市要求；② 对特定区域公司提出新的上市要求；
③ 对特定公司管理层提出新的特定要求。[①]

二、"撤资论"

美国政府也在积极鼓励美国投资的回流。2019 年 9 月，白宫基于投资
者保护的考虑，准备限制美国金融资本对中国的投资，主要措施包括迫使
一部分中国企业在美国退市、限制美国政府退休基金投资中国股票、要求
美国的指数服务商限制旗下指数产品中的中国股票权重等。[②] 当时，中国
政府正在考虑更大规模地开放金融市场。消息报道后，阿里巴巴、京东和
百度的股价下跌。[③] 同时，纳斯达克考虑限制中国大陆小型公司 IPO，[④] 收
紧限制和放慢对中国小型公司 IPO 申请的审批速度。[⑤]

随着新冠疫情的暴发，2020 年 4 月 9 日，白宫国家经济委员会主任库
德洛提出让美国企业撤出中国、回流美国的建议，为这些从中国迁回美国
的企业给予全部费用报销，包括厂房、设备、知识产权、基建、装修等费
用。[⑥] 美国副国务卿克拉奇（Keith Krach）表示美国政府应努力减少对中

---

① "NASDAQ to Tighten Listing Rules, Restricting Chinese IPOs, Sources Say", CNBC, May
18, 2020, https：//www.cnbc.com/2020/05/19/nasdaq-to-tighten-listing-rules-restricting-chinese-
ipos-sources-say.html.

② Eamon Javers & Yun Li. "White House Deliberates Block on All US Investments in
China", CNBC, September 27, 2019, https：//www.cnbc.com/2019/09/27/white-house-deliber
ates-block-on-all-us-investments-in-china.html.

③ Jenny Leonard and Shawn Donnan. "White House Weighs Limits on U.S. Portfolio Flows
into China", Bloomberg, September 27, 2019, https：//www.bloomberg.com/news/articles/2019-
09-27/white-house-weighs-limits-on-u-s-portfolio-flows-into-china-k12ahk4g.

④ Echo Wang & Joshua Franklin. "Exclusive: Nasdaq Cracks Down on IPOs of Small Chinese
Companies", Reuters, September 30, 2019, https：//www.reuters.com/article/us-usa-china-ipos-
nasdaq-exclusive/exclusive-nasdaq-cracks-down-on-ipos-of-small-chinese-companies-idUSKBN1WE0P5.

⑤ Reuters. "NASDAQ Moves to Limit Chinese SMB IPOs", September 29, 2019, https：//
www.pymnts.com/news/ipo/2019/nasdaq-moves-limit-chinese-smb-ipos/.

⑥ Kenneth Rapoza. "Kudlow: 'Pay the Moving Costs' of American Companies Leaving China",
Forbes, April 10, 2020, https：//www.forbes.com/sites/kenrapoza/2020/04/10/kudlow-pay-the-
moving-costs-of-american-companies-leaving-china/#283b15913c6d.

国制造业供应链的依赖。

根据英国路透社和美国福克斯新闻报道，特朗普施压美国联邦退休储蓄投资委员会，停止投资中国股市，并且撤出中国股市的 45 亿美元投资。[①] 2020 年 5 月中，美国联邦退休节俭储蓄投资委员会（FRTIB）表示，推迟其国际基金调整投资组合的计划，不对包含与中国政府有关系的企业的指数进行投资。[②] FRTIB 管理的节俭储蓄计划（TSP，即所谓的 I 基金）系在职和退休联邦雇员以及军人的退休储蓄基金，类似于 401（K）企业退休储蓄基金。原本的资金组合调整计划把一部分资金从来自摩根史丹利资本国际公司欧洲、大洋洲和远东指数（MSCI EAFE）投入一些中国公司，目的是纠正 I 基金缺乏新兴市场敞口的问题。TSP 的国际投资中大约有500 亿美元的国际股票。从 2020 年开始，基金计划向更广泛的指数转移，将 8％的资金投入中国股市。据报道，两名白宫官员于 2020 年 5 月 11 日写信给劳工部部长，要求立即终止 FRTIB 向相关指数（MSCI All Country World Ex-US Investable Market Index）进行投资。[③]

第二节 美国金融制裁及其非对称性

美国对他国采取金融制裁包括：冻结或没收被制裁国在美国的资产；限制被制裁国在美国金融市场投融资；切断被制裁国获取和使用美元的渠道；禁止其他金融机构与被制裁对象进行交易。美国行政当局一般根据制裁的需要采取不同的制裁手段。例如，2014 年俄罗斯吞并克里米亚后，美国及其盟国对俄罗斯发动金融制裁，包括冻结和罚没俄罗斯金融机构在美国的资产、限制俄罗斯的部分特殊贸易和金融交易、切断被制裁对象美元使用渠道、限制其他国家的金融机构和被制裁对象进行金融交易等。违反

---

① 《白宫建议美退休基金退出中国股市 中方：损害美投资者自身利益》，https：//baijiahao.baidu.com/s?id=1666565674640329441&wfr=spider&for=pc，最后访问日期：2020 年 5月 31 日。

② Lia Russell. "FRTIB Backtracks on Investing in Chinese-linked Index Fund"，FCW，May 13，2020，https：//fcw.com/articles/2020/05/13/russell-frtib-china-change.aspx.

③ Nicole Ogrysko. "Trump Administration Directs TSP Board to 'Immediately Halt' Planned I Fund Changes"，May 12，2020，https：//federalnewsnetwork.com/tsp/2020/05/trump-administration-directs-tsp-board-to-immediately-halt-planned-i-fund-changes/.

这些禁令的金融机构会受到包括巨额罚款、吊销执照、被纳入制裁名单的处罚，甚至还会被追究刑事责任。[①]

美国也利用金融优势，迫使他国的金融机构切断与被制裁国之间的金融业务联系，停止融资、贷款等业务往来，切断被制裁国的资金供应。第三国的金融机构碍于美国吊销信用证、巨额罚款或吊销美国业务牌照的惩罚压力而遵守美国的制裁措施。早在2005年9月，美国财政部根据《爱国者法案》将澳门汇业银行列入黑名单，指控该银行为朝鲜非法金融交易提供帮助。美国财政部宣称，声明生效30天后，美国可以在任何时间切断汇业银行和美国金融体系的联系。汇业银行迫于压力，冻结了朝鲜2 400万美元资产，多家银行也削减或者终止与汇业银行的业务往来。

美国行政当局可以依靠的国内法如表10-1所示。

表 10-1　美国施加金融制裁的国内法依据

重要性阶位	法律、法令	规 定 内 容
与金融制裁紧密相关的核心法律	《国际紧急经济权力法》《国家紧急状态法》	明确总统和财政部分别行使金融制裁的决定权和执行权
其他引发金融制裁的辅助性法律	《国防授权法》《爱国者法》	对金融制裁的发起和实施进行补充性说明和规定，总统可以发布行政命令等手段[②]
总统行政命令和财政部公布的专门条例	政府行政命令、条例	对实施金融制裁具有决定性影响
针对具体国家或时间的特定制裁法律	美国在制裁古巴时出台的《古巴自由与民主声援法》（《赫尔姆斯—伯顿法》）；制裁叙利亚的《叙利亚责任与黎巴嫩主权法》等	有特殊规定。例如，《赫尔姆斯—伯顿法》第302节规定，对古巴自1959年以来没收充公的财产享有请求权的美国国民可以在法院起诉，向与该财产进行"交易"的任何人索赔。美国国务院于2019年5月2日激活该条款，法国兴业银行、亚马逊公司等企业遭遇索赔

---

① 《克里米亚危机后，美国对俄罗斯的全方位制裁，导致俄罗斯经济困难》，https：//m.sohu.com/a/320813186_100128296，最后访问日期：2020年5月31日。

② 陈宇疃、成戈威：《美国金融制裁的法律分析与风险防范》，《金融监管研究》2017年第1期。

美国对他国实施金融制裁的国内法体系完整，制裁工具多样，法律化水平高。由于美元具有世界储备货币的金融霸权地位，美国金融市场的巨大体量，使其处于产业链、科技链和资金链的顶端。根据中心—边缘理论，[①] 美国（全球金融体系的中心）对他国（全球金融体系的边缘）的金融制裁就显示出明显的非对称性。他国一般也无法对金融制裁采取有效的反制措施或制衡手段。即使美国采取的金融制裁对欧盟的企业或金融机构造成影响，欧盟也无法回击。更为重要的是，被制裁国和受二级制裁影响的国家或金融机构无法通过国际组织或者国际争端解决机制获得有效救济。这种非对称性主要表现在两个方面：一是美国根据本国法对他国的企业和金融机构实施长臂管辖；二是美国截断被制裁国及其金融机构或企业通过 SWIFT 进行国际结算清付，使得被制裁国及其金融机构成为"金融孤岛"。

一、金融制裁中的长臂管辖和非对称性

"长臂管辖"是美国法院在第二次世界大战后扩大法院涉外案件管辖权的司法实践，是通过司法途径实现美国利益最大化的司法能动主义的体现。该原则实质上被用于扩张美国国内法的"域外管辖权"，以维护美国本国国家利益和海外利益。

根据"长臂管辖"原则，当被告的住所不在法院地州但和该州有某种最低限度的联系，且所提权利要求的产生和这种联系有关时，该州可对非本州被告进行州外送达并获得对其的属人管辖权，[②] 从而突破民事诉讼法上属人管辖权适用的效果原则和自愿服从原则。为了进一步明确长臂管辖权的适用范围，美国多州推出《长臂管辖权法》。[③] 这类法案大致包括两大类：一是列举式，即明确列举出适用该原则的争议，例如纽约州长臂法案列举的"商业交易""侵权行为"等。在这种情况下，法院若要确定具体

---

① 张康之、张桐：《论世界的"中心—边缘"结构——读加尔通的〈帝国主义的结构化理论〉》，《吉林大学社会科学学报》2013 年第 9 期，第 92—96 页。

② 吴允辉：《美国"长臂司法管辖"频击外资金融机构》，《环球财经》2014 年第 11 期，第 54—56 页。

③ 覃斌武、高颖：《美国民事诉讼管辖权祖父案件——彭诺耶案的勘误与阐微》，《西部法学评论》2015 年第 6 期，第 110—118 页。

案件是否适用长臂法案，首先，要检验涉诉争议是否属于法案调整范畴，其次，要检验是否符合正当程序条款。二是概括式，即不明确列举"长臂管辖"适用的范围，而是概括规定凡是符合《美国宪法（第十四修正案）》正当程序原则和效果原则的争议即可适用。例如1997年美国司法部颁布的《反托拉斯法国际实施指南》规定："如果外国的交易对美国商业发生了重大的和可预见的后果，不论它发生在什么地方，均受美国法院管辖。"[①]

"长臂管辖"的特点在于：① 在空间上超越了国家或州的地域界限；[②] ② 突破了属人管辖与属地管辖两大原则，只要案件与美国存在最低限度的联系法院即可管辖；③ 没有确切定义，坚持逐案审查的方式予以确立；④ 适用范围广泛，涉及反垄断、侵权、证券等各领域。

长臂管辖既包括域外民商事管辖权，也包括域外刑事管辖权。[③] 长臂管辖在民商事领域的适用集中在侵权、合同、商业案件等领域，在刑事领域的应用突出表现在网络犯罪、证券欺诈犯罪及反腐败犯罪中。在刑事案件中，由于检察功能由司法部门执行，政府在长臂管辖的启动和适用上起到了重要作用。长臂管辖的行使与相关行政禁令、法案之违反相伴而生。这类禁令主要涉及三类规范，即《出口管理法》《反海外腐败法》以及《萨班斯—奥克斯利法案》。

《出口管理法》对出口管制的基本原则、管制范围以及惩处措施进行了规定。[④] 美国商务部基于此制定了《出口管理条例》，强调任何企业不得将美国生产的管制设备出口到美国禁运的国家。对于违反出口管制法的机构采取剥夺出口权、禁止从事相关行业、罚款甚至追究企业及其负责人的刑事责任等一种或几种惩罚措施。除了最近因涉嫌违反美国对伊朗出口管制而受到商务部制裁的中兴案外，最有代表性的案件为2011年的深圳驰创案。2008年，驰创公司董事长吴振洲应邀出席美国耶鲁CEO峰会，在芝加哥被美国FBI以"违反出口管制"等罪名拘捕；2011年，吴振洲在美国被法院以非法对华出口美国国防物资的罪名，判处8年监禁，同时驰创公

---

① 武艺、杨艳：《防控国际金融制裁风险》，《中国金融》2017年第24期，第103—104页。
② 谢望原：《域外刑事管辖权及其实现》，《法学论坛》2000年第1期，第65—69页。
③ 谢望原：《域外刑事管辖权及其实现》，《法学论坛》2000年第1期，第65—69页。
④ 何婧：《出口管制理论研究》，《长安大学学报（社会科学版）》2017年第6期，第79—85页。

司也被禁止从事出口交易。①

《反海外腐败法》目的是杜绝和减少商业贿赂、建立全球性的良性市场秩序。② 该法管辖范围包括在美国上市的公司、任何美国公民或居民、任何受美国联邦或州法律管辖的企业实体以及主要营业地点在美国的公司。

安然财务造假事件曝光后，美国证监会为了恢复投资者信心、抗御公司财务造假丑闻给市场带来的冲击，于 2002 年发布的《公众公司会计改革和投资者保护法案》（《萨班斯—奥克斯利法案》）。根据《萨班斯—奥克斯利法案》，所有在美国公开交易证券的公司必须雇用在 PCAOB 注册的审计机构进行审计，这些审计机构必须定期向 PCAOB 报送年审数据，以及接受日常检查审查或特别调查。《萨班斯—奥克斯利法案》的首要内容是设立 PCAOB，通过注册、检查、制定准则和执法等四大功能实现对注册会计师行业的独立监管。PCAOB 在国际市场上通过长臂管辖进行跨境检查。根据《萨班斯—奥克斯利法案》，非美国会计师事务所如果要继续出具美国上市公司的审计报告，需要在 PCAOB 注册，并遵从其制定的准则且定期接受检查。上市公司披露或发布任何不是基于会计准则（GAAP）计算的财务信息时，必须说明最直接可比的通用会计准则财务方法，并且对 GAAP 和国际财务报告准则（IFRS）进行协调。如果事务所不能定期接受 PCAOB 的检查，注册将被取消，上市公司也必须更换会计师事务所或者面临退市。

由于 PCAOB 的长臂管辖和域外检查职能，日本和欧盟等国家和地区还制定了审计监管等效力认定的规定，避免 PCAOB 单方面的域外执法，通过互相认可审计监管，实现相互监督依赖。由于各国资本市场开放程度和融资能力存在差别，其他国家的监管机构几乎没有入境美国进行检查的需求。相反，其他国家由于存在促进本国企业在美国进行跨境融资的需求，反而需要遵守美国的跨境执法，以便实现自我利益。因此，审计监管等效模式只是美国之外的其他国家之间成为监管合作模式。

---

① 《美国制裁其他国家利益实体案例盘点》，http://istock.jrj.com.cn/article，yanbao，30611546.html，最后访问日期：2019 年 3 月 1 日。

② 云翙《廉政实力建设与法律规制问题：J 国企反腐的视角》，《廉政文化研究》2016 年第 1 期，第 17—25 页。

PCAOB 根据《萨班斯—奥克斯利法案》的赋权，以相关公司退市为手段，在进入其他国家检查注册会计师事务所的问题上保持压倒性的态势。德国、日本等国家都与 PCAOB 签订了合作协议，允许 PCAOB 以联合检查方式入境检查。

　　美国的长臂管辖对德国、英国、日本等国的企业跨境交易产生了重大影响。这些国家采取了不同的应对，其中国内立法是主要的应对之策。例如英国 1980 年《贸易利益法案》、加拿大 1996 年《外国域外措施法案》和澳大利亚 1979 年《外国反托拉斯判决（限制执行）法案》都试图防止本国国民受到外国法律和命令的约束。1996 年，欧盟也针对美国域外制裁法规制定了反制裁条例，以减轻欧盟居民和公司在美国对第三方实施制裁时所受到的损害。① 根据这一条例，除非获得欧委会特别批准，欧盟居民和公司不得遵守条例列出的美国域外制裁法规，任何外国法院基于这些域外制裁法规所做出的裁决在欧盟境内也无效。② 同时，条例允许欧盟居民和公司向造成损害的个人或实体追索包括法律费用在内的赔偿。③

　　2018 年 5 月 8 日，美国退出伊核协议后恢复了之前根据协议停止实施的与核有关的制裁法律，并于 8 月 6 日重启对伊制裁。④ 欧盟于 8 月 6 日启用"阻断法令"，即《反对第三国立法域外适用的条例》，以对抗美国次级制裁的域外效力并保护在伊朗境内运营的欧盟企业免受美国制裁，确保欧盟与伊朗之间存在有效的金融和贸易渠道，以保证伊朗油气的持续出口。另外，欧盟委员会还建立了一个特殊的支付通道，以确保欧盟企业在美国制裁下仍能继续和伊朗进行贸易。这一支付通道将针对与伊朗出口（尤其是石油）以及部分进口的支付。根据法令，当欧盟成员国公民或者法人因另一欧盟成员国法人遵循美国制裁措施而遭受损害时，可以向后者寻求损害赔偿。阻断法令也允许欧盟运营商在符合规定的前提下对自己的经济状况作出评估，并决定是否开始、继续或者停止与伊朗的商业行为。如果自

---

　　① 《关注美国重启对伊制裁—针锋相对—欧盟出台反制裁条例》，https：//www.sohu.com/a/273333203_100191055，最后访问日期：2019 年 3 月 1 日。

　　② 《欧盟最新反制裁条例今日生效》，http：//mini.eastday.com/a/180807153118580.html，最后访问日期：2019 年 3 月 1 日。

　　③ 《应对美国对伊朗制裁　欧盟将建立特殊支付通道》，http：//finance.eastmoney.com/news/1365，20180926952384434.html，最后访问日期：2019 年 3 月 1 日。

　　④ 《伊朗制裁，欧盟 2271/96 号规则（阻断法令）更新》，https：//www.sohu.com/a/248935457_726565，最后访问日期：2019 年 3 月 1 日。

然人或者法人能够证明在遵循阻断法令但不遵守美国重启的制裁措施规定将严重损害其自身利益时，可以依据法令第 5 条获得豁免。[①] 针对违反美国制裁规定将严重损害其自身利益的情况，阻断法令指导文件也列明了域外法的授权程序，允许欧盟运营者进行申请，或者拥有同类利益的多家运营者共同申请。

应对他国非法域外管辖权的另一种方法是制定与补偿措施有关的立法，[②] 其立法目的是允许本法域个人及企业在因外国判决而造成利益损失时，可申请法院对海外判决中原告在本法域的资产进行处理以补偿自己的损失。例如，英国《贸易利益保护法》授权英国公民寻求并追回因外国司法机关长臂管辖而造成的诉讼利益损失。再如，欧盟法令包括一项补偿条款，授权因美国经济制裁而受损的欧盟成员国公民或公司在欧盟成员国的法院提起反诉，并通过查封在欧美国公司的资产以获得相应补偿。[③]

立法机关对抗域外管辖权的方法之一是强制适用本国法，即使申诉人和被告在合同中选择了另一个法院或管辖法律，依据该法，当事人仍可向法律规定的有管辖权的法院提起诉讼并适用相关法律。例如《加拿大海事责任法》规定，加拿大托运人（出口商）和海上货物进口商（收货人）可以实施以下行为：① 选择加拿大法院或在加拿大仲裁且不管选择法庭条款如何约定；② 无论是否签订法律选择条款，都应适用加拿大法律。另外，对抗域外管辖权的程序性规则是限制证据交换。例如，《加拿大外国域外措施法》禁止或限制有关执行《赫尔姆斯—伯顿禁运法案》诉讼程序的记录和提供信息。[④] 如果有理由相信某项行为将违反加拿大司法部长的阻止令，并且这些记录很可能被移交给外国当局，该法案授权法院有权发布命令，以暂时扣押记录。

在司法层面的应对措施主要是不承认外国的相关裁判。欧盟《反对第

① 《伊朗制裁，欧盟 2271/96 号规则（阻断法令）更新》，https：//www.sohu.com/a/248935457_726565，最后访问日期：2019 年 3 月 1 日。
② 朱志玲：《"涉外刑事管辖权"与"域外刑事管辖权"概念辨析》，《湖北警官学院学报》2009 年第 6 期，第 29—32 页。
③ 杜涛：《欧盟对待域外经济制裁的政策转变及其背景分析》，《德国研究》2012 年第 3 期，第 18—31 页。
④ 徐伟功、王育琪：《美国的域外证据开示制度评析》，《河南省政法管理干部学院学报》2005 年第 6 期，第 139—147 页。

三国立法域外适用的条例》第 1 条明确规定，禁止外国具有域外管辖权的法律法规在欧盟境内发生效力。[①] 加拿大《外国域外措施法案》也授权加拿大司法部长决定对加拿大利益有"不利影响"的对外贸易法，并下令不承认和不执行外国法庭根据这些法律作出的判决。[②]

有些报复性措施不同于其他形式的管辖对策。虽然这些措施是基于管辖领域的立法或司法决定，但报复性措施可以基于行政命令，并以非管辖形式实施。例如，1982 年美国对苏联实行能源禁运时，英国、法国和意大利就对这种影响其国民合同的治外法权制裁采取了报复性措施。通过报复，英国迫使美国公司在英国的几家子公司尊重它们在亚马尔管道项目中的合同。

我国企业已经在跨境交易和诉讼中频繁成为长臂管辖的受害者。2006年 4 月 17 日和 2007 年 1 月 29 日，有 100 多名以色列居民伤亡。自 2008 年起，数十位事件受害者或其家属在美国发动了一场针对中国银行的诉讼行动，这些诉讼行动包括以下案件："扎哈维等诉中国银行案""艾尔马力奇诉中国银行案""伍茨诉中国银行案"。[③] 原告均为该次恐怖袭击事件中的受害者及其家属，被告为中国银行。中国银行总部位于中国，是依照中国法律成立的法人，其纽约分行位于纽约市，是依据纽约法律成立的独立法人。在这几起案件中，中国银行都要求美国法院将案件移送给中国法院管辖，但均被美国法院驳回，尤其是在"伍茨诉中国银行案"中，因中国银行与该地区缺乏最低限度联系，而且该法院对中国银行的送达也不适当，导致哥伦比亚特区地方法院对中国银行没有属人管辖权。在这种情况下，哥伦比亚特区地方法院在明知其没有属人管辖权的情况下，还是强行将案件移送到美国纽约南区地方法院审理。

虽然我国也开始构建自己的长臂管辖法律体系，但是整体效果并不理想。2019 年修订的《证券法》虽然包含了长臂管辖条款，但其实用性和实际效果尚需观望。《证券法》第 2 条第 4 款的长臂管辖条款规定："在中华

---

① 杜涛：《欧盟对待域外经济制裁的政策转变及其背景分析》，《德国研究》2012 年第 3 期，第 18—31 页。
② 石佳友、刘连炻：《美国扩大美元交易域外管辖对中国的挑战及其应对》，《上海大学学报（社会科学版）》2018 年第 4 期，第 17—33 页。
③ 马方涵：《涉外民事诉讼中被告财产管辖权适用问题研究》，《郑州轻工业学院学报（社会科学版）》2017 年第 3 期，第 50—56 页。

人民共和国境外的证券发行和交易活动，扰乱中华人民共和国境内市场秩序，损害境内投资者合法权益的，依照本法有关规定处理并追究法律责任"。此长臂管辖条款确立了《证券法》的域外适用效力，设立的初衷主要是保护"沪港通""深港通"等模式下的投资者。"瑞幸咖啡案"中的受损失投资者适用新《证券法》长臂管辖条款的可能性较小，也有国内投资者向厦门市中级人民法院起诉瑞幸咖啡，起诉的依据是该长臂管辖条款以及《证券法》第 85 条。① 2019 年 11 月 13 日—2020 年 4 月 2 日购买或持有瑞星咖啡股票的投资者均可成为瑞幸咖啡虚假陈述案件的原告主体，但是国内法院或不受理，或受理后依法驳回可能性比较大，且根据国内虚假陈述司法解释，该案也不满足诉讼的前置程序，投资者反而面临违反外汇管制的风险。中国投资者在美国提起诉讼也会面临许多困难，包括对美国法律和司法体系缺乏了解、律师费用较高、执行难等诸多问题。

中美双方证券市场监管的合作模式还取决于双方资本市场在融资能力和资源配置效率上的差距。中国目前的资本市场审计监管体制与其他国家资本市场独立审计监管机构格格不入，也无法有效进行跨境监管合作。

二、金融制裁措施的非对称性

由于美国的金融霸权地位，美国对他国采取金融制裁具有不对称性。被制裁国出口业务对美元结算有严重依赖，需要进行美元融资和进入美元担保系统交易，美国对其他国家的金融制裁会取得直接效果。例如，自 1979 年以后，伊朗的银行受到美国制裁的严重打击。这种不对称性是美国通过作为世界主要储备货币美元的垄断地位而获得的不对称权力，而后通过法律途径和法律机制转化为对他国的竞争优势和权力手段。在中心—边缘理论的框架中，美元的中心地位形成了对他国经济和金融能力和势力的话语权和竞争力优势。美元在国际货币体系中的霸权地位决

---

① 《证券法》第 85 条规定："信息披露义务人未按照规定披露信息，或者公告的证券发行文件、定期报告、临时报告及其他信息披露资料存在虚假记载、误导性陈述或者重大遗漏，致使投资者在证券交易中遭受损失的，信息披露义务人应当承担赔偿责任；发行人的控股股东、实际控制人、董事、监事、高级管理人员和其他直接责任人员以及保荐人、承销的证券公司及其直接责任人员，应当与发行人承担连带赔偿责任，但是能够证明自己没有过错的除外。"

定了对其他国家进行政治胁迫的特权和能力,[①] 而对他国的金融制裁就是
这种政治特权[②]和胁迫能力的具体表现。在金融领域,这一政治特权和胁
迫能力表现为对信用货币和法定货币的独占权。[③]

　　"9·11"事件之后,小布什根据《国际紧急经济权力法案》启动"恐
怖分子资金追踪计划"(Terrorist Finance Tracking Program),授权财政
部海外资产控制办公室从 SWIFT 调取"与恐怖活动有关"的金融交易和
资金流通信息,以此了解恐怖组织的资金往来。相较于其他制裁方式,通
过 SWIFT 制裁可以限制被制裁对象通过国际清算通道进行国际支付,更
加直接和快速地切断目标对象的国际资金通道。2008 年美国以伊朗核扩散
为由,直接通过 CHIPS 系统切断了伊朗使用美元参与美国金融交易系统
的联系。[④]

　　美国为了迫使伊朗放弃核计划,2012 年 3 月美国升级了对伊制裁并向
SWIFT 施压,禁止伊朗的金融机构通过 SWIFT 进行汇兑交易。日本、希
腊等 11 个国家被迫减少从伊朗进口石油。美国还禁止与伊朗金融机构进行
重大金融交易的外国金融机构在美国开立或维持账户。美国在 2018 年加大
对伊朗的金融制裁,要求 SWIFT 剔除伊朗,切断伊朗的资金来源,导致
伊朗银行和国际金融界的隔绝,成为"金融孤岛"。由于伊朗经济结构单
一,高度依赖石油出口,美国的金融制裁起到了效果。朝鲜也被 SWIFT
除名,国家代码被删除,朝鲜无法与国外银行进行支付往来,不能继续同
他国进行贸易。美国对伊朗和朝鲜的金融制裁直接让 SWIFT 把伊朗和朝
鲜封号,切断了伊朝的支付结算通道。由于被制裁对象被排斥在国际金融
体系之外,使其面临巨大的经济压力。2019 年的伊朗欧盟双边贸易规模下
降了 85%,伊朗和美国的双边贸易规模仅 0.75 亿美元。

　　目前国际货币结算网络和支付货币系统以美元为中心,美元是国际交

---

　　① 李巍:《制衡美元的政治基础:经济崛起国应对美国货币霸权》,《世界经济与政治》2012
年第 5 期,第 97 页。
　　② [美]巴里·埃森格林:《嚣张的特权:美元的兴衰和货币的未来》,陈召强译,中信出版社
2011 年版,第 218 页。
　　③ 徐以升、马鑫:《金融制裁:美国新型全球不对称权力》,中国经济出版社 2015 年版,第
71 页。
　　④ 《美国想将香港完全踢出 SWIFT,这几乎不可能!》,https://www.sohu.com/a/
408646966_352307?_f=index_betapagehotnews_5&_trans_=000014_bdss_dklzxbpcgP3p:
CP=,最后访问日期:2020 年 7 月 23 日。

易中报价、支付和清算的主要货币。美国事实上控制了以美元为核心的国际支付清算基础设施，即环球银行间金融电信协会（SWIFT）和纽约清算所银行同业支付系统（CHIPS）。两者承担了 95％以上的银行同业美元支付清算与 90％以上的外汇交易结算。

SWIFT 于 1973 年 5 月成立，总部设在布鲁塞尔，是国际中立组织，覆盖全世界 200 多个国家和地区，连接超过 1.1 万家金融机构的银行间跨境相互通信与结算系统。SWIFT 是国际银行间收付信息电文标准制定及其传递与转换的会员制专业合作组织。美元是 SWIFT 中的主要支付结算货币，参与结算的还有加元、英镑、人民币、港币、日元等 18 种主要世界货币。[1] SWIFT 在全球主要银行和金融机构之间负责传递交易支付信息，覆盖了绝大部分跨境交易，是目前全球最重要的国际收付电信传送与交换处理体系，是国际收付清算体系的基础设施。各国和地区在国际贸易中的交易都要通过 SWIFT 进行结算。由于 SWIFT 为银行结算提供了安全、可靠、快捷、标准化、自动化的通信业务，提高了银行的结算速度。

虽然 SWIFT 名义上是一个国际银行间非营利性和非官方的国际协会组织，但是实质上是世界各国会员金融机构共同拥有的私营股份公司，按照比利时的法律登记注册。最高权力机构是 25 名董事组成的董事会，其中美国、比利时、法国、德国、英国和瑞士作为初始成员国有 2 个董事会席位，其他国家一个席位，主要按照各国 SWIFT 报文使用量（业务规模）进行分配，每个国家不超过 2 个席位。欧洲国家占 17 个席位，美国占 2 个席位，中国占 1 个席位。由于美元在 SWIFT 中占据重要的地位，有最重要的影响力，欧盟国家也有一定的主导权，因此，董事长一般由美国会员单位的代表担任，总裁由欧洲人担任。[2]

SWIFT 设立之初是想成立一个不受政治影响和政府干预的中立组织，以保护会员单位的商业秘密。2001 年之后，由于 SWIFT 在国际收付清算体系中的信息通道作用和国际金融体系强监管的趋势，其先后对朝鲜、伊

---

[1]　《全球有 1 700 家金融机构使用 SWIFT 开展人民币交易》，https：//finance.sina.com.cn/stock/usstock/c/2016-03-26/us-ifxqswxk9669288.shtml，最后访问日期：2019 年 3 月 31 日。

[2]　徐奇渊：《为什么中国不可能被整体踢出 SWIFT？》，https：//new.qq.com/rain/a/20200721A0T3D200，最后访问日期：2020 年 7 月 22 日。

拉克、伊朗、利比亚、俄罗斯等国及其金融机构进行制裁。

中国银行于 1983 年加入 SWIFT，1985 年 5 月正式开通使用，之后我国的其他商业银行和上海、深圳证交所也先后加入 SWIFT。SWIFT 为全球金融机构提供支付结算信息传输服务，切断 SWIFT 系统意味着中断所有外汇交易业务。

CHIPS 是美元大额清算系统，在国际支付清算体系中占优势地位，[①] 是 SWIFT 的最重要的组成部分。SWIFT 不能脱离 CHIPS 而独立存在。CHIPS 由 21 家美国银行持股的清算支付公司运营，日处理交易为 28.5 万笔，金额 1.5 万亿美元，平均每笔金额 500 万美元。

由于美元在全球外汇储备中的占比在 60% 以上，且在全球资金交易中的占比达到 90%，故许多国家的货币都与美元挂钩，利率政策和利率产品市场随美联储的利率政策波动而波动，这使得美国可以有效地发动金融制裁，同时又可以绕开主要国际组织和国际法的约束。尽管瓦解美元霸权地位的多边努力正在酝酿，但是效果并不显著。欧盟在美国单方面退出伊朗核协议之后，为了继续与伊朗保持贸易往来，并避免美国制裁，打造了 INSTEX 支付系统，以此绕开美国主导的 SWIFT 系统。[②] 为了从根本上解决 SWIFT 系统对俄罗斯的威胁，俄罗斯央行从 2014 年开始启动本国的金融信息交换系统。中国也开发了以人民币为主要支付手段的 CIPS 跨境支付系统，但在规模上小于 SWIFT 系统。[③]

第三节　中美金融角力的对称性

中国在国际交易体系中高度依赖以美元为中心的支付运转系统，如果中国的金融机构或企业受到美国金融制裁则影响巨大。仅中国银行一家到

---

① "About CHIPS"，https：//www.theclearinghouse.org/payment-systems/chips，最后访问日期：2020 年 7 月 20 日。

② Alexandra Brzozowski. "EU's INSTEX Mechanism Facilitates First Transaction with Pandemic-hit Iran"，https：//www.euractiv.com/section/global-europe/news/eus-instex-mechanism-facilitates-first-transaction-with-pandemic-hit-iran/.

③ 《中国跨境银行间支付系统（CIPS）—中国混合网结算系统》，www.treasury-management.com，最后访问日期：2020 年 7 月 20 日。

2019 年年底就有 4 330 亿美元的敞口。① 中国初步建立的人民币跨境支付系统仍然无法绕开 SWIFT，而是依赖于 SWIFT 进行跨境支付的报文传送服务，凡是与美元进行交易的最终清算环节仍在美国，美国也可以对全球其他交易信息系统进行监控。

同理，如果美国限制中国的银行和企业进行美元交易，中国通过贸易获得美元外汇的通道就会被堵死，而且无法在国际上借美元债或使用国际储备货币。中国的国有银行需要制定紧急应急方案，在美国通过国内立法制裁中国的银行时，能够及时有效的应对美元被切断或无法进行美元清算的可能性。

《中华人民共和国香港特别行政区维护国家安全法》（以下简称《香港国安法》）通过后，美国开始酝酿金融制裁措施，以实现港币和美元汇率的脱钩，限制港币兑换美元。我国香港地区目前实施的联系汇率制度是将港币兑美元的汇价定在 1 美元兑换 7.8 港币，但是汇价在 7.75—7.85 港币之间浮动。汇丰银行、渣打银行和中国银行每发行 7.8 港币时，就要向香港金管局缴纳 1 美元作为保证。② 因此，港币本质上是美元代金券，是美元的影子货币，而不是主权货币。如果美国禁止美国银行提供对港币的兑换业务，外国投资者就无法自由兑换港币，将对港币的信用乃至我国香港地区的经济造成致命打击。

美国的长臂管辖可以触及许多中国金融机构的活动。例如任何在美国设有分行并营业的外国银行，美国法院都有管辖权。根据最低限度联系原则，只要被告在某中资银行开户，作为协助执行的第三方，中资银行也会卷入诉讼。任何一家外国公司，只要用美元计价并签订合同，或者通过设在美国的服务器收发、存储邮件，也会落入美国长臂管辖的范围。

根据美国财政部海外资产控制办公室（The Office of Foreign Assets Control，OFAC）发布的制裁信息，③ 截至 2019 年 6 月 30 日，已经有 152

---

① 《中国银行正在筹备措施应对美元来源被切断的可能！》，https：//www.sohu.com/a/406885923_100278486?_f=index_pagefocus_2&_trans_=000014_bdss_dkbjxgyq，最后访问日期：2020 年 7 月 20 日。

② 《美国将打出制裁香港的最后一张牌？或破坏港币美元的联系汇率制度》，https：//baijiahao.baidu.com/s?id=1672151282865859394&wfr=spider&for=pc，最后访问日期：2020 年 7 月 20 日。

③ Office of Foreign Assets Control — Sanctions Programs and Information，https：//www.treasury.gov/resource-center/sanctions/Pages/default.aspx.

个中国个人和实体先后被纳入制裁名单，包括 68 名中国人、83 个中国企业和 1 个军事部门，其中有 150 个被纳入"特殊指定国民"（Specially Designated Nationals，SDN）名单，① 1 个被纳入 561 名单，还有 1 个被纳入涉伊朗制裁法案名单。2012 年，美国就以涉及伊朗业务为由，对中国昆仑银行进行制裁，切断其与美国金融系统的联系。② 2017 年，美国又指责丹东银行为朝鲜的非法金融活动提供渠道，最终切断了其与美国金融系统的联系。③ 2019 年 3 月，美国指责中国交通银行、招商银行和上海浦东发展银行涉嫌不合规行为，要切断其与美国金融系统的联系，后因缺乏证据而不了了之。④

美国对主要竞争对手可以以国家安全受到威胁为由，对中国的某些企业或者个人进行制裁，采取包括罚款、冻结资产以及切断其与美国金融系统的交易等手段，以较低的成本实现战略目标。

国内学者在研究反制美国对华金融制裁时所持的基本观点认为，中国可以采取的反制措施比较有限，应对美国的金融制裁可以在四个层次展开。首先，中国企业和金融机构应当加强对美国金融制裁法律和法规的合规，避免遭遇次级制裁；⑤ 其次，中国应该通过立法建立和加强中国法的域外适用制度；⑥ 再次，中国应当采取多边措施，利用联合国和其他国际合作机制，制约美国的单边金融制裁；⑦ 最后，在金融领域，中国可以通过完善 CIPS 等制度采取反制措施。⑧

但是，美国对中国进行的金融制裁存在着相应的非对称性。换言之，

---

① "Specially Designated Nationals List — Data Formats & Data Schemas", https://www.treasury.gov/resource-center/sanctions/sdn-list/pages/sdn_data.aspx.

② 《美国制裁伊朗"昆仑银行"中枪》，https://www.yicai.com/news/1949748.html，最后访问日期：2020 年 7 月 20 日。

③ 《丹东银行被禁止与美国金融系统往来》，https://finance.jrj.com.cn/2017/11/04064223335375.shtml，最后访问日期：2020 年 7 月 20 日。

④ 《交行、招行及浦发均澄清未受到因涉嫌违反制裁法律的调查》，https://www.reuters.com/article/china-three-banks-us-kp-sanction-0625-idCNKCS1TQ0NU，最后访问日期：2020 年 7 月 20 日。

⑤ 黄风：《金融制裁法律制度研究》，中国法制出版社 2014 年版，第 99—101 页。

⑥ 肖永平：《"长臂管辖权"的法理分析与对策研究》，《中国法学》2019 年第 6 期，第 59—64 页。

⑦ 黄风：《金融制裁法律制度研究》，中国法制出版社 2014 年版，第 99—101 页；肖永平：《"长臂管辖权"的法理分析与对策研究》，《中国法学》2019 年第 6 期，第 59—64 页。

⑧ 石佳友、刘连炻：《美国扩大美元交易域外管辖对中国的挑战及其应对》，《上海大学学报》2018 年第 4 期，第 26—31 页。

中国应对美国发起的金融制裁和金融脱钩也存在着对称性，这是因为美国维持美元霸权地位需要中国、中国金融机构、中国企业和中国市场的参与，排除中国会导致以美元为核心的国际货币体系松动甚至瓦解。

第一，国际贸易多以美元计价结算，美元获得国际储备货币地位的基础在于美国国家信用。如果美国对中国（包括国有企业）进行制裁，并且对其在美资产进行征收，将会严重影响美国的国家信用和形象，严重危害全球金融和货币体系的稳定。在以美元信用和美国消费市场为基础的美式全球支付体系中，由于美元信用体系的基础性地位，其他经济体的经济发展让美元的购买力更加强大。如果美国动摇美元结算体系，也就动摇了全球金融体系。

中美两国事实上存在着金融核恐怖均衡，中国在美国的资产规模过大，容易受到美国金融制裁和金融讹诈政策的绑架。中国的储备资产占对外金融资产的 40%，其中储备资产中美元资产占比为 51%，美元资产债占比为 38%。中国持有的美元资产价值约为 1.8 万亿美元。中国银行业对外金融资产中的美元资产占比达到 70% 左右。[①] 由于美元占主导地位，中国对美元资产的高度依赖造成了非常大的风险敞口。同样，美国需要中国的资金和投资。在美国上市的中资企业总市值超过 1.8 万亿美元，224 个中概股[②]全面退出美国资本市场对美国金融市场也是一个巨大的挑战。

第二，美联储量化宽松，输出美元通胀，避免美国经济下行。他国更少地使用美元，意味着美国无法输出通胀，其需要承担量化宽松的通胀后果。

美联储从 2020 年 3 月选择采取无限量宽松的货币政策计划。美联储除了将联邦基金基准利率降到接近零的水平之外，还降低长期利率，[③] 通过直升机撒钱政策（Helicopter Money），即购买大量国债和抵押贷款支付证

---

① 《我国储备资产占比为 5 年来最低》，http：//finance.sina.com.cn/china/20130423/042015241162.shtml?from=wap，最后访问日期：2019 年 3 月 31 日。

② 2018 年美国证监会《关于审计质量和监管获取审计和其他国际信息的重要作用声明——关于在中国有大量业务的美国上市公司当前信息获取的挑战讨论》。

③ Jonnelle Marte. "What the Federal Reserve Has Done in the Coronavirus Crisis"，https：//www.reuters.com/article/us-health-coronavirus-fed-programs-expla/explainer-what-the-federal-reserve-has-done-in-the-coronavirus-crisis-idUSKBN21I1BK.

券，增加基础供应，扩大自身的资产负债规模。美国资产负债从 4.1 万亿美元迅速扩张至 6.5 万亿美元，接近美国国民生产总值的 40％，[1] 占国债余额的 30％，[2] 2020 年年底达到 9 万亿美元。[3] 这相当于在 1 年之内，美国从全球的储蓄中征收了 4 万亿—5 万亿美元的广义铸币税。这 4 万亿美元用来购买美国国债、企业债和企业股票。未来美国将长期保持零利率下限，使得货币政策空间更小。新冠疫情带来的金融、经济双危机下，美联储大力印钞，[4] 到 2020 年 5 月，美国广义货币 M2 增速已经上升到 23.1％，创 1944 年以来的新高，相当于向全球储蓄者征收隐形通胀税。美联储新增联邦债务货币化后纳入信贷分配，尽管扩大了在经济运行中的功能，但是损害了货币控制权和独立性。[5] 美国政府的高负债率将引发美元贬值，影响美元在中长期内作为储备货币的地位。

2008 年全球金融危机之后，量化宽松、政府杠杆率、广义货币、央行资产负债和政府债券达到空前的规模。美国政府大发债券，经济刺激法案规模达到 2.7 万亿美元。在这些额外支出中，除了 5 000 亿—6 000 亿美元用来救助居民外，剩下的都用来给企业、行业减税，给地方政府财政。截至目前，美国的国债规模已达到了 26 万亿美元。中国是美国国债的最大持有国之一，中美之间的失衡更加明显，这进一步刺激了美国政府的"美国第一"和"中国占了美国便宜"的神经。虽然美联储以债务货币化（购买 2 万亿美元的国债）和量化宽松政策为核心的救援措施[6]增加了美元的流动

---

[1]　Christopher Leonard. "How Jay Powell's Coronavirus Response Is Changing the Feb Forever", https：//time.com/5851870/federal-reserve-coronavirus/.

[2]　Bagehot Walter. *Lombard Street: A Description of the Money Market*. Scribner, Armstrong & Co., 2017.

[3]　Trevor Jackson. "Terminal Deflation Is Coming", https：//foreignpolicy.com/2020/04/29/federal-reserve-global-economy-coronavirus-pandemic-inflation-terminal-deflation-is-coming/.

[4]　美联储 1913 年的《联邦储备法案》确立了"真实票据理论"和金本位原则。美联储购买政府债券仅限于持有的黄金储备与短期商业票据，限制了美联储可以货币化的债务规模。美联储偏离"实际票据原则"的情况不多，一次是在第一次世界大战期间，另一次是 20 世纪 20 年代大萧条时期，美国放松了金本位，政府债务货币化，货币通胀倾向明显。1933 年美国终止了国际金本位，信用货币不再与黄金挂钩。参见秦勇：《财政、货币、央行独立性与救疫》，http：//opinion.caixin.com/2020-06-10/101565311.html，最后访问日期：2020 年 6 月 19 日。

[5]　Yair Listokin. *Law and Macroeconomics: Legal Remedies to Recessions*. Harvard University Press, 2019, p.81.

[6]　Jeffrey Cheng, David Skidmore and David Wessel. "What's the Fed Doing in Response to the COVID-19 Crisis? What More Could It Do?", https：//www.brookings.edu/research/fed-response-to-covid19/.

性，但会破坏美国国债的可持续性，引发市场对美元汇率和通胀的担心，进而动摇国际金融市场和以美元为基础的国际货币本位体系。美国应该考虑与主要国债购买国之间加强合作，而不是一味地通过美联储无限量购买美国国债。

为了抵御"美元荒"，美国与澳大利亚、巴西、韩国、墨西哥、新加坡、瑞典、丹麦、挪威和新西兰等14个国家或地区签订了总额为4 500亿美元的货币互换安排，① 形成"经济北约"，② 以缓解全球美元市场紧张局面，减少对国内外家庭和企业信贷供应的影响。货币互换协定是在必要时将本国货币交给对方国家中央银行，允许借用对方国家货币。2020年3月31日，美联储宣布设立海外央行回购工具，在美元互换工具基础上，继续加大向全球提供美元流动性。经济危机时期，美国通过签订货币互换协定可以确保以美元为基础的世界金融体系的运行。在2008年的全球金融危机中，美联储与加拿大、英国、日本、瑞士的中央银行和欧洲中央银行也签订过类似的货币互换协定，允许这些国家用本国货币即期兑换美元，以缓解流动性压力。③ 2010年大部分的协定已经终止，美国只维持了与加拿大、英国、欧洲中央银行、瑞士和日本的货币互换协定。

中国在过去10年间签订的人民币互换协定形成了"货币互换圈"，④ 规模为4 860.04亿美元。根据SWIFT的数据，在主要货币的支付价值排名中，前三位的是美元、欧元和英镑，人民币排名第九；在国际支付份额中，人民币排名维持在全球第六；人民币支付金额排在全球第八。可见，中美两国的货币在履行国际货币职能方面还有差距。⑤

---

①　美国与韩国、澳大利亚、巴西、墨西哥、新加坡、瑞典等央行签订的规模为300亿美元，与丹麦、挪威和新西兰央行的规模是300亿美元，期限为6个月。

②　Chloe Taylor. "Coronavirus Is Accelerating a 'Capital War' between China and the US, Investor Warns", https://www.cnbc.com/2020/05/27/coronavirus-is-accelerating-a-us-china-capital-war-investor-says.html.

③　Howard Schneider & Lindsay Dunsmuir. "Fed Opens Dollar Swap Lines for Nine Additional Foreign Central Banks", https://www.reuters.com/article/us-health-coronavirus-fed-swaps/fed-opens-dollar-swap-lines-for-nine-additional-foreign-central-banks-idUSKBN2162AX.

④　俄罗斯也与其他国家签订货币互换协议，减少美国对其进行金融制裁的影响，积极推动"去美元化"。俄罗斯在2015年4月启用新的国家支付系统，将通过VISA和万事达卡交易的银行全部过渡到国家支付系统。

⑤　根据IMF数据，截至2019年第三季度，已分配的外汇储备份额中，美元占61.55％、欧元占20.07％、英镑占4.5％、日元占5.62％，人民币占2.01％。根据SWIFT数据，截至2020年3月底，人民币是全球第五大支付货币，占全球所有货币支付金额比重的1.85％，离岸市场75％的收付发生在我国香港地区。

　　第三，更多国家退出 SWIFT 系统，使用其他的支付系统，会弱化美国使用 SWIFT 系统对部分国家进行制裁的效果，失去 SWIFT 对金融交易的监控作用。中国的经济体量，特别是在国际贸易中的体量，决定了美国切断中国使用 SWIFT 会对美国的银行和企业的资金流通造成实质的不便。中美之间的经济往来规模远大于美国和伊朗之间的贸易或投资规模，是后者的 1 200 多倍。从全球产业链的角度看，中国是全球最大的商品和资源集散地，积累了大量的美元，在产业链的上下游与全球各国发生密切关系，将中国排除在全球支付体系之外，对其他国家是灾难，可大幅降低全球经济运行的效率。中国是 120 个国家的第一大贸易伙伴，与美国、欧盟和其他国家存在紧密和广泛的经贸联系。我国香港地区是远东重要的国际金融中心，汇聚了大量的金融机构，这就构筑了"连接不倒"安全网，增强了抗制裁的弹性和能力。

　　排除中国使用 SWIFT 系统，会直接刺激形成 SWIFT 之外的跨境美元结算，打击美元的市场地位，各国会竞相减少美元资产、支付、汇兑和计价结算的使用而改用其他兑换货币，弱化美元的全球储备货币地位和金融霸权地位，这也变相加速更加多元化的国际货币体系的形成，为去美元化推波助澜，推动人民币国际化。中国需要推动更大范围和规模的人民币跨境支付和清算安排，与更多国家建立本币结算机制，并且与全球产业链和供应链相互连接。中国应进一步加强使用 CIPS 和 CNAPS 系统，建立新的跨境美元结算体系。例如，伊朗已经开始使用人民币结算。因此，美国对中国进行全方位的金融制裁不仅不可行，而且对美国不利。事实上，尽管美国对作为国际组织的 SWIFT 系统有巨大影响力，但是 SWIFT 也不会同意美国切断中国使用 SWIFT 系统，这是因为作为公共产品的 SWIFT 如果切断中国，会严重损害其自身的利益。SWIFT 不会因为支持美国的制裁计划，而卷入与银行、客户之间的法律纠纷。

　　第四，期望通过限制中资企业进入美国资本市场进行融资，达到减缓中国经济增长的目的无法实现。这是因为中资企业在下市后，仍然可以通过美国的私募股权公司获得美国资本。许多中资企业转移到香港联合交易所上市，仍然可以获得美国投资者的投资。资本市场是全球性的，将中国企业排除在美国资本市场之外，并不剥夺这些企业获得美国资本。美国政府动议的将中国股票排除在 TSP 旗下 I 基金投资之外的政策意图也难以实现，这是因为 TSP 基金在 2019 年年末有 5 600 亿美元的资产，对中国的投资仅为 45 亿美元。同时，与美国居民持有的 2 600 亿美元的中国证券相比，45 亿美元也只是非常有限的规模。中概股如果因为中美证券监管部门无法就监管合作达成妥协，在美国证券市场退市就成为可能，这也为香港证券市场提供了机遇。阿里巴巴、网易和京东在 2019 年陆续回归港股，为中概股上市公司提供了经验。根据港交所 2018 年的上市新规，满足条件的中概股，可以申请在我国香港地区寻求第二上市。[①] 2017 年 12 月 15 日之前在美国上市的中概股公司，申请在我国香港地区第二次上市时，属于获得豁免的大中华发行人。京东、携程、百度和网易四家在美国上市的中国互联网领军企业，都向港交所递交了在港第二上市的申请书。这类公司可以自动享受豁免部分《香港上市规则》的规定。[②] 2020 年 5 月 18 日，恒生指数公司宣布，对恒生指数系列进行优化调整，将纳入同股不同权公司以及第二上市公司。

考虑到中国经济的巨大体量及境外环境变化的不确定性，加快国内资本市场的建设将是更加紧迫的任务。我国应该加速沪深港通建设，使港股成为吸引中概股回归的重要筹码。

第四节 结 语

人民币国际化在中美博弈和中美金融"脱钩"的背景下具有突破美国对华金融和投资脱钩和封锁的作用。新冠疫情之后，世界经济增长面临矛盾和陷阱，发达国家和发展中国家的矛盾上升。虽然以美元为基础的布雷顿森林体系面临崩溃，但是新的体系又无法建立，全球货币和金融体系进入新的博弈，为中国提供了战略机遇窗口。美国持续推行单边主义、实施

---

① 《第二上市新规有利"中概股"回港上市，京东、百度、bilibili 等约 30 家满足回归条件》，https://finance.sina.com.cn/stock/hkstock/hkstocknews/2020-01-02/doc-iihnzahk1512235.shtml，最后访问日期：2020 年 6 月 27 日。

② 黄逸宇：《香港二次上市的吸引力之———豁免遵守〈香港上市规则〉》，https://www.kwm.com/zh/cn/knowledge/insights/one-of-the-attractions-of-hong-kong-secondary-listing-20200603，最后访问日期：2020 年 6 月 27 日。

金融霸权获得国际经济利益，对他国实施各种单边制裁，使得疫情之后的世界进入"G0 时代"，国际合作机制继续失灵。

加强人民币国际化可以为形成全球储蓄和资本循环系统提供新的机制和公共产品。全球储蓄者会在美元和欧元利率低位的时候，把钱放在资金池和流动性好的人民币上，人民币债券可以吸收资金，加速形成主权债务市场。这说明人民币国际化也是提供全球公共产品的过程。

人民币国际化积极推进。2020 年 5 月 11 日，中国最大的钢铁集团中国宝武宣布，与澳大利亚力拓集团完成首单利用区块链技术实现的人民币跨境结算，总金额 1 亿元。2020 年 1 月和 4 月，宝武又分别与巴西淡水河谷、澳大利亚必和必拓完成首单人民币跨境结算。至此，宝武与全球三大铁矿石供应商之间实现了铁矿石交易的人民币跨境结算。① 这种交易货币安排的背后是中国巨大的实体经济能力、人民币大宗商品期货建设的结果，是由后疫情时期全球市场走向决定的。早在美国对伊朗石油交易进行制裁前，伊朗就宣布将人民币列为主要的外汇货币，以替代美元地位。2020 年 5 月，伊朗宣布将货币与人民币汇率锚定。② 俄罗斯也在向中国出口石油过程中创立了部分无美元化的交易环境。2020 年 6 月 18 日，土耳其通过本国银行支付从中国进口商品以人民币进行结算，推动双边国际贸易中的本币结算。③ 中国可以在自贸区或海南自由港发行人民币标价的国债，既扩大了融资渠道，又降低了公共开支对国内私人部门的挤占。

布雷顿森林体系的瓦解标志着货币不再需要金属储备作为发行基础。银行账户上的存款是广义货币的主体，记账货币职能（money of account）被认为是货币的本质属性，④ 货币的形态开始发生变化。现阶段全球的政治、经济和技术变革，推动了货币之间的新形态竞争，尤其是私人的数字美元天秤币（Libra）和中国的公共数字人民币之间。前者代表了奥地利学

① 雪球：《中国宝武与全球三大铁矿石供应商均实现以人民币结算》，https：//xueqiu.com/S/FEFmain/149168809，最后访问日期：2020 年 5 月 31 日。

② 《40 国开始去美元化，伊朗用人民币替代美元后，或由穷变富，意外发生》，https：//xw.qq.com/cmsid/20200709A0RGWA00，最后访问日期：2020 年 7 月 20 日。

③ 《土耳其宣布进口中国商品用人民币结算》，https：//www.sohu.com/a/403919276_280643，最后访问日期：2020 年 7 月 20 日。

④ ［美］L. 兰德尔·雷：《现代货币理论》，张慧玉、王佳楠、马爽译，中信出版社 2017 年版。

派基础上的货币"去国家化";[①] 后者代表了央行的负债,银行存款是商业银行负债,央行数字货币和现金比商业银行的存款信誉更高。由于去中心化金融会成为取代传统金融的全球替代品,去中心化货币的不可稀释属性会加速减少人们对法定政治货币的依赖,[②] 对边缘性货币和中小国家的货币产生侵蚀性的影响。央行数字货币本质上是现金的数字化和代币化,银行存款本身也是数字化形式的货币。[③] 数字化的银行存款和银行账户绑定,数字化的货币继承了现金的特性,不与银行账户相关,只和区块链上的一个地址相关,和银行存款有天然的替代性。在主权信用货币时代,人民币难以与美元竞争;在数字货币时代,主要经济体之间通过区块链或者加密货币等金融科技手段完成交易支付会是一种新的选项。央行数字货币使得央行可以通过全新方式管理流动性。我国可以参照 Libra 锚定一揽子储备货币的方式和 SDR 的定值方式,以人民币和美元作为货币篮,确定价值锚。这样央行就可以成为第二个提供美元支付手段的央行,美元储备的规模就成为央行数字货币的发行上限。这一安排既可以避免与美元市场"脱钩",又可以为央行数字货币提供兑付保证,提供信用基础。

2019 年 PayPal 收购了国付宝 GoPay70％的股份,成为首家在中国提供在线支付服务的外国公司。[④] 高盛在 2020 年 3 月获批将其在合资证券公司高盛高华证券有限公司(Goldman Sachs Gao Hua Securities Co.)中 33％的股份增加到 51％,[⑤] 摩根史丹利也被批准将其在摩根史丹利华鑫证券有限公司(Morgan Stanley Huaxin Securities Co.)中的股份从 49％增

---

① 〔德〕诺伯特·海林:《新货币战争:数字货币与电子支付如何塑造我们的世界》,寇瑛译,中信出版社 2020 年版,推荐序。

② 法定货币受政治控制,例如,美联储可以随时印钞、选择救援的金融机构等。去中心化稳定币不依赖银行系统,可以建立一个平行的金融生态系统。Luke Fitzpatrick. "DeFi Is Reinventing Global Finance Faster Than the Fed Can Print Money", https：//www. forbes. com/sites/lukefitzpatrick/2020/05/20/defi-is-reinventing-global-finance-faster-than-the-fed-can-print-money/#59f3183953f3.

③ Jonathan Cheng. "China Rolls Out Pilot Test of Digital Currency", https：//www.wsj. com/articles/china-rolls-out-pilot-test-of-digital-currency-11587385339.

④ 《PayPal 完成收购国付宝,进军中国市场》, https：//new. qq. com/omn/20191222/20191222A07KJK00.html,最后访问日期:2020 年 7 月 20 日。

⑤ "Goldman Sachs Receives Approval to Increase Ownership of China JV to 51%", https：//www. goldmansachs. com/media-relations/press-releases/current/27-march-2020-china-jv-ownership. html.

加到 51%。① 摩根大通在 2020 年 6 月获准经营一家外商独资期货公司。美国运通获准通过设立合资企业，成为首家在中国境内开展境内业务的外国信用卡公司，主要业务为网络清算。② 标普全球于 2019 年成立了一家外商独资公司，③ 成为在中国境内债券市场开展信用评级服务的公司。2020 年 5 月，惠普的独资企业获准对中国境内发行人（包括银行、非银行金融机构和保险公司）及其债券进行评级。④ 尽管美国政府有脱钩企图，但是中美金融市场的深度融合增加了脱钩的难度。扩大中国金融市场对外开放的程度，加深与国际金融市场的融合，达到"大而不倒""连接不倒"的目的。

为了增加境外美元资产的安全性，中国应当适当减少美国国债的持有量。为了抵消"脱钩论"和"撤出论"的消极影响，中国应该向各类企业提供更加开放和公平的市场，鼓励自下而上的创新和改革，通过市场化的努力增强中国和外部经济互动的韧性和黏性。中国应当增强人民币在全球市场的吸引力，增加人民币计价和定价的产品和服务，以扩大人民币市场，例如，"一带一路"沿线地区的投资和贷款可以从美元计价向人民币计价转变。推动境外和多边机构在华发行人民币债券。同时，中国也需要为被迫切断美元支付体系的风险做好心理、技术和系统上的准备。

---

① "Morgan Stanley Secures Approval to Take Majority Stake in China Securities JV"，https：//financefeeds.com/morgan-stanley-secures-approval-take-majority-stake-china-securities-jv/.

② 美国彼得森智库：《金融脱钩只能是纸上谈兵》，https：//baijiahao.baidu.com/s?id=1671806306064431059&wfr=spider&for=pc，最后访问日期：2020 年 7 月 20 日。

③ "S&P Wins Beijing's Approval to Offer Credit Rating Services in China"，https：//www.wsj.com/articles/s-p-wins-beijings-approval-to-offer-credit-rating-services-in-china-11548685592.

④ 《首家外商独资公司进入中国信用评级市场》，https：//www.sohu.com/a/292050399_379935，最后访问日期：2019 年 3 月 31 日。

中美经贸摩擦和
国际经济秩序转型

下卷

沈 伟 ◎ 著

US-CHINA TRADE CONFRONTATION AND
INTERNATIONAL ECONOMIC ORDER TRANSFORMATION

上海交通大学出版社
SHANGHAI JIAO TONG UNIVERSITY PRESS

目　录
Contents

1　　第一章　中美贸易摩擦的镜鉴

　　　　　　　——日美贸易摩擦之回顾、走向与启示

2　　第一节　日美贸易摩擦的历史进程

4　　第二节　美国的多重施压手段

15　　第三节　日本的回应性应对策略

19　　第四节　日美《广场协议》和日美贸易冲突趋缓

24　　第五节　国有企业在反倾销诉讼中的挑战

33　　第六节　日美贸易冲突对中美贸易战的启示

37　　第七节　结语

39　　第二章　国有企业在国际经济活动中的身份困境：
　　　　　　　有没有国际规则

39　　第一节　作为跨境商业活动主体的国有企业：法
　　　　　　　律身份之争

41　　第二节　IIAs和《华盛顿公约》中国有企业的地
　　　　　　　位和投资仲裁实践

54　　第三节　摆脱"公共机构"身份困境及国有企业改革

57　第四节　结语

61　**第三章　竞争中性原则和竞争中性偏离背景下的国有企业改革之困**

62　第一节　不同版本的竞争中性原则

75　第二节　我国企业的竞争现状及特征

81　第三节　竞争中性原则对我国企业竞争环境的挑战

83　第四节　竞争中性原则在我国实现的竞争中性化进路

91　第五节　结语

93　**第四章　WTO 规则下的产业政策**

　　　　　　——基于 301 报告及《中国制造 2025》的分析

94　第一节　欧美等国家对《中国制造 2025》的主要看法及指责

100　第二节　WTO 规则对产业政策的约束

110　第三节　《中国制造 2025》是否违反国际法规则

114　第四节　以 WTO 规则审视《中国制造 2025》

126　第五节　结语

128　**第五章　中国"技术转让政策"的强制性及其法理分析**

　　　　　　——从 2018 年美国对华《301 调查报告》切入

130　第一节　技术转让政策的南北差异

137　第二节　中美"强制技术转让"争议

142　第三节　中国技术转让政策强制性分析

147　第四节　中国技术转让政策落入"灰色地带"释因

155　第五节　结语

157　**第六章　美国外资国家安全审查制度的最新修改
　　　　　　及政策影响**

157　第一节　美国外资安全审查制度的渊源

163　第二节　美国外资审查制度的新近修改背景

171　第三节　美国外资安全审查制度的新近修改内容

179　第四节　美国外资国家安全审查制度修改评价
　　　　　　及影响

185　第五节　应对美国外资国家安全审查制度修改的建议

190　**第七章　"脱钩论"背景下的中美金融断裂**
　　　　　　——以《外国公司问责法案》切入

191　第一节　"脱钩论"下的《外国公司问责法案》

203　第二节　中美之间的跨境证券监管争执

216　第三节　中美资本市场脱钩的应对

225　第四节　美国抗疫经济刺激计划和国际货币体系
　　　　　　动荡

232　第五节　金融领域之外的中美脱钩：从产业竞争
　　　　　　到教育拦堵

236　第六节　人民币国际化的新机遇

239　第七节　结语

241　**第八章　网络空间博弈中的网络安全悖论和网络
　　　　　　公私矛盾**
　　　　　　——基于抖音事件的分析

244　第一节　美国政府打压 TikTok 的缘起和发展

249　第二节　TikTok 事件彰显的"网络安全悖论"

260　第三节　美国的网络话语霸权和网络安全审查

267　第四节　针对"网络安全悖论"的"公私应对"

275　第五节　结语

278　**第九章　贸易摩擦中的法律之牙**
　　　　　　——从不可靠实体清单制度到阻断办法

279　第一节　不可靠实体清单制度的出台背景

294　第二节　不可靠实体清单制度的规则设计

301　第三节　不可靠实体清单制度的落地

309　第四节　结语

311　**第十章　金融制裁的对称性和非对称性**
　　　　　　——美国对中国金融制裁法理剖析

312　第一节　"脱钩论"和中美金融断裂

315　第二节　美国金融制裁及其非对称性

326　第三节　中美金融角力的对称性

333　第四节　结语

337　**第十一章　民粹国际法和国际法的去法化：透视**
　　　　　　　贸易摩擦中的疫情插曲

337　第一节　民粹主义和民粹法理学

339　第二节　民粹国际法：逻辑和形式

351　第三节　民粹主义视域下的跨国公法诉讼、"索赔
　　　　　　论"与信息战

366　第四节　结语

368　第十二章　WTO 的困境与多边贸易体系的改革

370　第一节　WTO 的困境和失灵

374　第二节　WTO 困境的成因和改革的必要性

375　第三节　WTO 困境的解决

381　第四节　中美方案的分歧

395　第五节　结语

396　第十三章　美式"小多边主义"贸易体制的端倪
　　　　　　　和雏形
　　　　　　　　　——《中美经贸协定》（第一阶段）的
　　　　　　　　　　变局背景

396　第一节　问题的提出：逆全球化背景下国际治理
　　　　　　　体系的演变

399　第二节　美式"小多边主义"的端倪

406　第三节　现阶段美式"小多边主义"的规则内容

413　第四节　美式"小多边主义"体系对国际贸易
　　　　　　　体系的影响

415　第五节　中国的应对

421　第六节　结语

422　第十四章　"价值观同盟"视角下的国际经贸秩序

422　第一节　"价值观同盟"战略：概念初探

425　第二节　"价值观同盟"战略的历史发展与实践现状

431　第三节　"价值观同盟"下的经贸秩序：理论
　　　　　　　分析与现实批判

441　第四节　结语：价值观同盟战略的中国因应

445　**第十五章　国际经济规则的安全化和安全泛化**

446　第一节　国家安全、国际经济规则和安全规则

452　第二节　安全困境中的国家安全泛化主义

460　第三节　国家安全泛化主义的成因

467　第四节　安全困境和博弈论分析

472　第五节　启示：代结语

475　**第十六章　逆全球化和全球治理赤字**

　　　　　　　——如何驯服逆全球化？

476　第一节　逆全球化的摇摆

483　第二节　全球治理赤字的变化特征

489　第三节　全球治理赤字加剧的原因

494　第四节　驯服全球化的美版药方

500　第五节　治理赤字的中国解法

506　第六节　结语

508　**第十七章　国际经济秩序与中国参与理论**

　　　　　　　——基于代际变迁的考察

508　第一节　"国际经济秩序"溯源

510　第二节　"国际经济秩序"话语的代际考察

517　第三节　"国际经济秩序"代际史引发的难题

528　第四节　"国际经济秩序"难题的中国解法

535　第五节　结语

537　**第十八章　百年未有之大变局中的国际法演变**

　　　　　　　和人类命运共同体理念

537　第一节　全球化和逆全球化过程中的主权

542　第二节　全球化和逆全球化过程中的国际法话语

　　　　　　　体系转变

548　第三节　多边主义和国际组织重要性的演变

551　第四节　百年未有之大变局中的人类命运共同体

563　**第十九章　中美贸易摩擦对国际经济秩序的现实
　　　　　　　主义形塑**

563　第一节　中美贸易战的修昔底德逻辑

565　第二节　中美博弈的现实逻辑和内在因素

570　第三节　拜登政府时期中美关系的发展和走向

600　第四节　拜登政府加强美国世界领导地位的态度
　　　　　　和措施

611　第五节　摆脱"修昔底德陷阱"的对策：理念共
　　　　　　识、规则机制、全球议题

618　**附录**

618　一、中美贸易摩擦大事记（2017.1—2022.2）

663　二、拜登政府《2021 年贸易议程》

664　三、2021 年美国国家贸易评估报告摘要（中国部分）

673　**参考文献**

694　**索引**

706　**后记**

第十一章

民粹国际法和国际法的去法化：
透视贸易摩擦中的疫情插曲

第一节 民粹主义和民粹法理学

民粹主义作为一种社会现象、社会运动、意识形态和政策逻辑，很难得到准确和全面的定义。但是很明显，民粹主义的上升预示着和导致了国际政治、经济、社会甚至法律秩序的动荡。民粹主义是当代全球政治的基本特征。鉴于当前的社会、政治、经济动荡以及不断变化的法律环境，对民粹主义的法律研究不足。反全球化情绪和民粹主义运动的加剧产生了监管上的不确定性，以及具有民族主义、单边主义和保护主义性质的政府内政外交政策。

作为一种政治话语形式，学界对民粹主义的内涵是有共识的，尽管形式上民粹主义有左翼和右翼之分，但本质上，民粹主义是一种高度道德化的政治表述。作为一种意识形态和政策基础，民粹主义在"真正的民众"（因全球化和技术进步而落伍的人）和"腐败的精英"（由政府或政治机构代表）之间进行有意识的隔离，[①] 以此作为建构基础，扰乱着国内和世界的政治秩序。尽管民粹主义可以在"民众"的旗帜下联合不同诉求的群体，但没有更加清晰和更有生命力的政治主张。在经济领域，民粹主义打

---

① Cas Mudde & Rovira Kaltwasser. *Populism: A Very Short Introduction*，Oxford University Press，2017，p.6.

着"我们是 99％"的旗帜，对付 1％的利益既得者。[①] 在法律领域，"真正的民众"更加关心移民和公民权利，而不是重新分配社会财富以纠正经济不平等和贫富差距。他们对"其他人"比对"我们"更不满意，并将"其他人"视为经济不平等和其他社会问题的根源。

在国内，民粹主义孕育了这样一种意识形态，它与既定的主流政治和法律思想背道而驰，阻碍了以技术官僚统治为核心的国家治理实践。国民经济受到监管机构功能失调的影响，本土主义目标和专制主义措施催生和促成了民粹主义和自由民主之间的格格不入，受到非市场机制的威胁和侵蚀。当下的民粹主义反对的是新自由主义这一特定的资本主义类型，而不是作为制度的资本主义。[②] 与自由民主意识形态不同，民粹主义是一元的而不是多元的；是排他的而非包容的；属于纵向权力安排而非横向视角。因此，民粹主义的危险在于寄生于民主[③]但分割民主，与自由民主有着不可调和的矛盾和张力。[④] 国家安全审查、司法专断、立法和监管改革在民粹主义的驱动下正在将国家转变为监管国家甚至是警察国家。民粹主义政治通过议程设定、政策影响、自由裁量和碾压政治传统等方式对抗深层国家，[⑤] 实现对法治原则的摧残和重构。民粹主义建构了鄙视法庭的话语风格（court-disrespecting rhetoric），挑战了已经处于常态的权力分配和制衡。[⑥] 民粹主义政治常规化的法律后果是监管的不稳定性和政策的不确定性，最终损害法治原则和权力平衡，诸如环境保护、贸易、移民、税收、投资甚至医疗保健之类的法律问题都可以被高度政治化。国内选民被高度政治化的议题撕裂，国内政治势力、立场和议题高度极化和扭曲。

民粹政治家在反建制和反精英平台上运动。民粹主义对经济不安全以

①　孙璐璐：《佩里·安德森论霸权与 21 世纪的国际体系》，《国外理论动态》2019 年第 12 期。
②　孙璐璐：《佩里·安德森论霸权与 21 世纪的国际体系》，《国外理论动态》2019 年第 12 期。
③　Norberto Bobbio. *The Future of Democracy: A Defence of the Rues of the Game*. Oxford: Polity Press，1987.
④　Jen-Werner Müller. *What is Populism?* Philadelphia: University of Pennsylvania Press，2016，p.34.
⑤　George Packer. "The President Is Winning His War on American Institutions". The Atlantic，March 2，2020.
⑥　Jason Zengerie. "How the Trump Administration is Remaking the Courts"，New York Times Magazine，August 26，2018，https://www.nytimes.com/2018/08/22/magazine/trump-remaking-courts-judiciary.html；Shira A Scheindlin. "Trump's Hard-right Judges Will Do Lasting Damage to America". The Guardian，July 5，2018，https://www.theguardian.com/commentisfree/2018/may/30/trump-judge-appointments-roe-v-wade-courts.

及经济冲击（例如贸易失衡、来自低劳动成本国家的进口竞争）[1] 的反应，是对社会和法律体系的系统性反弹。知识界普遍认为这样的反弹是过于激进和本地主义的。[2] 民粹政治家利用非传统的信息散播渠道，牵引和制造舆论议题。反智主义盛行，虚假信息主导社情舆论，成为民粹主义不断蔓延的主要工具和载体。

经济民粹主义呈现出矛盾的画面。它拒绝政策限制，在某些情况下，提倡自治管理机构和独立的中央银行。此外，经济民粹主义不满足包括全球贸易、投资和金融规则在内的外部制约因素，这些制约因素如今在很大程度上为跨国公司、金融机构、制药和高科技公司的特殊利益服务，[3] 并以牺牲劳动力为代价使资本受益不成比例。然而，由于缺乏时间上的一致性、可持续性和可预测性，[4] 拉丁美洲的宏观经济民粹主义常常以激进的经济政策和专制技术官僚主义的形式出现，因此受到广泛的抵触。本质上，任何形式的经济民粹主义都会导致再分配而不是提高效率的效果。政策外延是制定适当的重新分配政策，以减轻经济困难，进而减少民粹主义。[5]

第二节 民粹国际法：逻辑和形式

自 2008 年全球金融危机以来见证了不断恶化的贫富差距和激进的政党政策，民粹主义和对全球化的质疑是显著特征。普遍共识是，民粹主义被视为人民与精英之间的斗争，也是对全球化影响下的文化、经济和法律的

---

[1] Italo Colantone and Piero Stanig. Global competition and Brexit. *American Political Science Review*，Vol.112，No.2，2018，pp.201－218.

[2] Pippa Norris and Ronald Inglehart. *Cultural Backlash: Trump，Brexit and the Rise of Authoritarian Populism*. Cambridge University Press，2018；Francis Fukuyama. *Identity —— The Demand for Dignity and the Politics of Resentment*. New York：Farra，Straus and Giroux，2018；David Goodhart. *The Road to Somewhere — The New Tribes Shaping British Politics*. Penguin Books，2017.

[3] Dani Rodrik. Is Populism Necessarily Bad Economics? *AEA Papers & Proceedings*，2018，p.108.

[4] Dani Rodrik. Is Populism Necessarily Bad Economics? *AEA Papers & Proceedings*，2018，p.108.

[5] IGM Forum. Inequality，Populism and Redistribution. 20 September；Pippa Norris and Ronald Inglehart. *Cultural Backlash: Trump，Brexit and the Rise of Authoritarian Populism*. Cambridge University Press，2019.

强烈反弹。鉴于当前的社会、政治和经济动荡，法治在国家和国际两个层面上受到民粹主义的影响和戕害。国家政治和国际政治都面临民粹主义运动的挑战，这些运动重新关注民族主义并严重挑战全球合作框架。[①] 人民主权作为一种政治类别的崛起，挑战了人们对全球化和国际合作的理解。结果是，由于政府高度关注国家利益而不是跨国解决方案，[②] 一种新的世界秩序观正在形成。这种秩序在新自由主义和民粹主义的两股势力中摇摆，尽管民粹主义处于上升的趋势，并且冲击了新自由主义秩序，新自由主义仍然处于支配的地位。民粹主义的模糊性和运动本质也无法提供替代性的秩序方案。[③]

一、民粹国际法的去全球化"叙事"

主要国家民粹主义政府的兴起和作为引起了国际法学者的极大关注。国际法领域的一系列研究，分析了近年来的民粹主义运动及其对国际法的影响，特别集中在贸易、[④] 环境、[⑤] 人权[⑥]和移民[⑦]等诸多领域。国际法经常以二元（对立）方式被加以研究和处理。国际法既是禁止民粹主义政策的工具，又是使此类政策蓬勃发展的原因。这种二元研究趋向于简化民粹主义运动，并且遗漏了国内政权合法性（或非法性）和国际秩序之间相互作用和共同互动的更为细微的叙述，形成了"非此即彼"的叙事结构。现有的研究通常集中在美国和经济上更强大的欧洲国家。这些国家由于过去几年日益加剧的两极分化而经历了民粹主义运动，特别是因为在经济政策

---

① Viatcheslav Avioutskii and Mouloud Tensaout. Does Politics Matter? Partisan FDI in Central and Eastern Europe. *Multinational Business Review*，Vol.24，2016，pp.375 - 398.

② Steven Globerman. A New Era for Foreign Direct Investment? Multinational Business Review，Vol.25，2017，pp.5 - 10.

③ 孙璐璐：《佩里·安德森论霸权与21世纪的国际体系》，《国外理论动态》2019年第12期。

④ Italo Colantone and Piero Stanig. The Trade Origins of Economic Nationalism: Import Competition and Voting Behavior in Western Europe. *American Journal of Political Science*，Vol. 62，No.4，2018，pp.936 - 952.

⑤ Mark Beeson. *Environmental Populism: The Politics of Survival in the Anthropocene*. Palgrave MacMillan, 2019.

⑥ Philip Alston. The Populist Challenge to Human Rights. *Journal of Human Rights Practice*，Vol.9，No.1，2017，pp.1 - 15.

⑦ Alexander Rossell Hayes & Carolyn Marie Dudek. How Radical Right-Wing Populism Has Shaped Recent Migration Policy in Austria and Germany. *Journal of Immigrant & Refugee Studies*，Vol.18，No.2，2020，pp.133 - 150.

和对外政策上的转向而引起广泛关注。[①] 围绕全球南方国家民粹运动和国际法后果的文献很少，但是，由于民粹主义本质上与本土主义、[②] 沙文主义[③]和威权主义[④]联系在一起，鉴于南方国家与民族主义和地方主义的密切联系，特别是当它们参加国际法治和国际治理时需要对其进行考察和研究。

民粹主义和全球化项目的失败导致去全球化、单边主义、破碎化和两极分化，具体体现在 WTO 的功能失调、全球金融秩序的消亡、各国从国际投资争端解决中心的撤离、全球民主运动的衰落和国际法治原则的式微等。例如，民粹主义者对国际法庭或仲裁庭的裁决普遍不满，倾向于恢复到 19 世纪法官"bouche de la loi"（法律之口）的模式，而不干预国家事务。美国和欧盟都在重新激活世界贸易和投资体系改造的对话，以解决 WTO 规则和在国际投资争端解决机制合法性方面的危机，这些改造方案大多都是反对多数主义的解决方案。民粹主义旨在促进国家利益，而较少支持全球化、多边主义以及商品、服务和劳动力的自由流动。新一波的民族主义、单边主义和保护主义引发了对以国家为中心的非市场威胁、反全球挑战和战略对策进行更多研究的迫切需要。为了在高度关注民族主义和地缘政治风险的情况下增强竞争优势，我们必须重新概念化在这些情况下的法律变化和合法对策，主要是针对社会政治风险、民族主义政策、非制度化变化和反全球商业环境采取有效或适应性的应对措施。

在全球金融危机之后，民粹主义政治一直处于上升之中。[⑤] 由于民粹主义分化和隔离了"真正的民众"（因全球化和技术进步而落伍的人）和

---

① Pippa Norris and Ronald Inglehart. *Cultural Backlash: Trump, Brexit and Authoritarian Populism*. Cambridge University Press, 2019.

② Takis S. Pappas. Exchange: How to Tell Nativists from Populists. *Journal of Democracy*, Vol.29, No.1, 2018, pp.148 - 152.

③ Nicholas Lemann. "The Fate of Populism in 2018". The New Yorker, November 3, 2017, https://www.newyorker.com/news/news-desk/the-fate-of-populism-in-2018.

④ Kevin P. Clements. Authoritarian Populism and Atavistic Nationalism: 21st-Century Challenges to Peacebuilding and Development. *Journal of Peacebuilding & Development*, Vol.13, No.3, 2018, pp.1 - 6.

⑤ Atif Mian, Amir Sufi and Francesco Trebbi. Resolving Debt Overhang: Political Constraints in the Aftermath of Financial Crises. *American Economic Journal: Macroeconomics*, Vol.6, No.2, 2014, pp.1 - 28.

"腐败的精英"（由政府或政治机构代表），国内和世界的政治话语体系和秩序就此割裂。"真正的民众"将经济议题政治化，不关注解决经济不平等和贫富差距鸿沟而需要的社会财富重新分配制度，反而更加关心移民和公民权利。"真正的民众"将"其他人"视为经济不平等和其他社会问题的根源，这为"（美国）第一"与"其他"之间的鸿沟提供了可能的解释，民粹政治家和民粹主义者将国内治理赤字、经济失衡或者经济社会政策失败的责任推卸至其他国家，主张是其他国家偷走了本国的技术和工作机会，吞噬了制造实体，应当承担责任。这一变化对建立在自由民主基础上的全球治理体系产生了深远的影响。民粹主义政府对国际贸易失衡或其他"治理赤字"采取了更加激进的态度和政策选择。民粹主义的方法不是依靠双边谈判和 WTO 等多边机构，而是坚持单方面制裁，迫使对方接受其预先设定的议程和标准，甚至是执行机制。民粹主义还将国内政治的"我们"和"他们"引入国际关系，要求其他国家在外交政策上站队选边。[①]

二、民粹国际法的特征和实例

民粹主义政治将国内经济困境和失败归因于全球治理体系的失败，例如世贸组织和其他全球性基础设施的失败，这些体系被定义为经济政策再分配机制失败的渠道。全球金融危机之后，政治冲突激化和民粹主义抬头，这是自然而然的反应，因为全球金融危机很容易归咎于政治、经济和法律体系，并导致对现有法律机构的信任丧失。[②] 民粹主义对全球化再分配失败的解决方案趋向于将平衡的经济利益重新分配给经济现代化和全球化的失败者，从而带来更加公平和包容的经济成果。

民族主义的传播对世界秩序构成了重大威胁。有深厚的经济基础[③]和前

---

① Lindsey Ford. "Refocusing the China Debate: American Allies and the Question of US-China 'Decoupling'". Brookings, February 7, 2020, https://www.brookings.edu/blog/order-from-chaos/2020/02/07/refocusing-the-china-debate-american-allies-and-the-question-of-us-china-decoupling/.

② Yann Algan, Sergei Guriev, Elias Papaioannou and Evgenia Passari. The European Trust Crisis and the Rise of Populism. *Brookings Papers on Economic Activity*, 2017, pp.309-382.

③ Carl Benedkt Fry, Thor Bergen and Chinchi Chen. Political Machinery: Automation Anxiety and the 2016 US Presidential Election. Oxford Martin Programme on Technology and Employment; Christian Dippel, Robert Gold and Stephan Heblich. "Globalization and Its (Dis-) content: Trade Shocks and Voting Behavior". NBER Working Paper 21812, http://www.nber.org/papers/w21812.

例①可以解释民粹主义的兴起。故事情节是这样的：经济发展、全球化和技术自动化、金融危机②改变了劳动力市场，并造成了混乱；然后，糟糕的经济表现使人们对现状不满意，这不仅增加了人们对民粹主义替代品的支持，而且加剧了对外国企业和外国政府的敌意，并将其视为挑战和不稳定的根源。民粹主义政治和政策在供应方面削弱了选民对政治制度的信任，提出了一些看似吸引人的、对经济不景气的应对措施，例如贸易保护主义、退出国际组织或孤立移民和隔绝边界。

全球舞台上的民粹主义提出了矛盾和令人不安的未来世界的愿景。各种形式的民粹主义不仅与自由民主的价值观发生了复杂的互动，而且破坏了世界法律基础设施的连续性、稳定性和可预测性。全球北部和南部国家都在经历一些民粹主义运动，这对国际法、全球正义和世界治理体系产生了根本性的影响。涉及广泛的政治、法律和地理环境的跨国民粹主义，不仅是对自由民主资本主义失败的激进反应，而且是国家资本主义的不正之影。民粹主义和国家资本主义的并存与本土主义、神学主义、主权主义和威权主义联系在一起，呼吁在全球范围内建立新的治理秩序。民粹主义正在抹杀国际治理体系的现代性。

事实表明，在 2016 年美国总统大选中，特朗普票数与中国贸易冲击的幅度密切相关。在其他因素都保持不变的情况下，从中国进口的商品增加量越大，失业人数越多，对特朗普的支持率就越高。实际上，中国的贸易冲击可能直接导致特朗普在 2016 年的选举胜利。有学者的研究暗示，在 2002—2014 年，进口渗透率如果比实际水平低 50%，民主党总统候选人原本是可以在密歇根州、威斯康星州和宾夕法尼亚州等关键州当选的。③其他

---

① Dani Rodrik. "What's Driving Populism?" *Project Syndicate*，9 July 2019；Nicole Kobie. "Remain Would Win a Second Brexit Referendum. Why? Blame Death"，*Wired*，28 February 2019，https://www.wired.co.uk/article/brexit-second-referendum-odds.

② Yann Algan，Sergei Guriev，Elias Papaioannou and Evgenia Passari. The European Trust Crisis and the Rise of Populism. *Brookings Papers on Economic Activity*，2017，pp.309 - 382. Atif Mian，Amir Sufi and Francesco Trebbi. Resolving Debt Overhang: Political Constraints in the Aftermath of Financial Crises. *American Economic Journal: Macroeconomics*，Vol.6，No.2，2014，pp.1 - 28.

③ David Autor，David Dorn，Gordon Hanson and Kaveh Majlesi. "Importing Political Polarization? The Electoral Consequences of Rising Trade Exposure"，NBER Working Paper No. 22637，2017，https://www.nber.org/papers/w22637.但是，也有研究指出，估计效果的幅度仅仅是对比较大的选举现象的少量补充。对于民粹主义支持水平的解释意义并不大。参见 Clément Malgouyres，"Trade Shocks and Far-right Voting: Evidence from French Presidential Elections". （转下页）

研究也在西欧产生了类似的结果。人们发现，中国进口商品的较高渗透率与英国支持退欧、[①] 欧洲大陆激进权利和民族主义政党的兴起有关。[②] 抵触中国的竞争不仅导致本土主义态度激增，而且导致对民主和自由主义价值观的支持减少。[③] 紧缩[④]和更广泛的经济不安全措施[⑤]也发挥了重要作用。在瑞典，极右翼的民主党的崛起与越来越多的劳动力市场不安全感有关。[⑥]

全球化增加了产品、资金、劳动力、信息和其他资源的流动。这些流动在民粹主义的浪潮中被各种民族主义、仇外心理和反全球主义运动所消耗和打断。[⑦] 反全球化政治本质上就是一种对抗性的民粹主义。民粹主义政客认为反全球化是一种政治策略，可以损害精英和富人的利益，而全球化则是造成贫富差距和不平等的最大根源。[⑧] 民族主义政客们为了取悦选民并增加选民对不平等的厌恶，寻求拆除在过去半个世纪中建立的全球主要的资本主义国际机构。但是，民粹政客的单方面措施不是最佳解决方案，全球经济比以往更加政治化。相反，一些更紧迫的政策问题需要全球解决方案，国际机构应得到加强并具有更大的范围。

（接上页）European University Institute Working Paper RSCAS 2017/21，https：//cadmus. eui. eu/handle/1814/45886.换言之，反映劳动力市场状况或者经济不安全的变量只能解释利益变化的一小部分。参见 Luigi Guiso，Helios Herrera，Massimo Morelli and Tommaso Sonno. "Demand and Supply of Populism". EIEF Working Papers Series 1703. Gidron，Noam and Peter A. Hall. The Politics of Social Status：Economic and Cultural Roots of the Populist Right. *The British Journal of Sociology*，Vol. 68，2017，pp. 57 – 84.

① Italo Colantone and Piero Stanig. "Global Competition and Brexit". https：//editorialexpress.com/cgi-bin/conference/download.cgi?db＿name＝RESConf2017&paper＿id＝315.

② Italo Colantone and Piero Stanig. "Global Competition and Brexit". https：//editorialexpress.com/cgi-bin/conference/download.cgi?db＿name＝RESConf2017&paper＿id＝315.

③ Italo Colantone and Piero Stanig. The Economic Determinants of the "Cultural Backlash"：Globalization and Attitudes in Western Europe. Baffi-Carefin Working Paper.

④ Sascha O. Becker，Thiemo Fetzer and Dennis Novy. Who Voted for Brexit? A Comprehensive District-level Analysis. *Economic Policy*，Vol. 32，No. 92，2017，pp. 601 – 650.

⑤ Luigi Guiso，Helios Herrera，Massimo Morelli and Tommaso Sonno. Demand and Supply of Populism. EIEF Working Paper，2017，17/03.

⑥ Ernesto Dal Bó，Frederico Finan，Olle Folke，Torsten Persson，and Johanna Rickne. "Economic Losers and Political Winners：Sweden's Radical Right". https：//eml. berkeley. edu/~ffinan/Finan＿SwedenDemocrats. pdf.

⑦ Pankaj Ghemawat. *The Laws of Globalization and Business Applications*. Cambridge University Press，2016.

⑧ Alberto Alesina and George-Marios Angeletos. Fairness and redistribution. *American Economic Review*，Vol. 95，2005，pp. 960 – 980.

三、民粹国际法的美国实践：退群外交和制裁外交

在美国，特朗普当选总统被视为一个具有标志意义的象征性时刻。普遍的共识是，新兴的"特朗普哲学"或"特朗普国际法"[①] 完全脱离了多边合作意识形态。正如哈罗德·科教授（Harold Koh）观察所得，特朗普的直觉似乎是通过单边主义或他所称的"美国第一"脱离了多边主义。在这种世界观下，美国应仅根据其认可的国家利益而不是国际规则，在全球范围采取行动，这与美国建立在普遍权利之上的观点、与现代国际法的基本原则都背道而驰。对于特朗普的支持者来说，国家可以诉诸单边主义，并且可以单方面采取行动来解决或至少减轻多边主义失败的影响。但是，需要指出的是，特朗普的"美国第一"原则与美国长期奉行的、优先于国际合作和法治考量美国自身利益的外交政策是一脉相承的。[②] 不同的是，传统的"美国第一"更加强调"巧权力"（smart power），而特朗普的"美国第一"更突出"强权"（hard power）。

特朗普的外交政策制定领域的一个重要方面是一系列美国退出国际协定或国际机构的政策（见表 11 - 1）。[③] 这些退出不仅损害了多边机构的运行和秩序，而且显示出民粹主义、孤立主义和反全球政治情绪上升的背景和逻辑。

表 11 - 1　美国 2016 年之后的"退群"外交成果

序	国际协定或国际组织	特朗普政府的决定
1.	《1987 年美苏中程导弹条约》（Intermediate-Range Nuclear Forces Treaty 1987）	撤出（withdrawal）[④]

---

① Harold Hongju Koh. *The Trump Administration and International Law*. Oxford University Press 2019.

② John D. van der Vyver. *Implementation of International Law in the United States*. Peter Lang，2010，p.16.

③ Philip Bump. "Where the US Has Considered Leaving or Left International Agreements under Trump". The Washington Post，June 30，2018，https：//www.washingtonpost.com/news/politics/wp/2018/06/29/where-the-u-s-has-considered-leaving-or-left-international-agreements-under-trump/.

④ C. Todd Lopez. "U.S. Withdraws from Intermediate-Range Nuclear Forces Treaty". August 2，2019，https：//www.defense.gov/Explore/News/Article/Article/1924779/us-withdraws-from-intermediate-range-nuclear-forces-treaty/.

续　表

序	国际协定或国际组织	特朗普政府的决定
2.	《2015 年巴黎协定》（Paris Agreement 2015)①	撤出（withdrawal)②
3.	《跨太平伙伴全面进步协定》（原为 Trans-Pacific Partnership《跨太平洋伙伴关系协定》）	撤出（pulled out)③
4.	《韩美自由贸易协定》［South Korean Trade Deal (KORUS) 2012］	重新谈判（renegotiated)④
5.	《北美自由贸易协定》（NAFTA 1994）	签订美墨加协定（US‐Mexico‐Canada Agreement）取而代之
6.	七国集团（Groups of Seven 1975，2014）	提议俄罗斯重新加入⑤
7.	《美朝 2018 年新加坡协定》（Singapore Agreement 2018）	签署⑥（以取代美朝已有的去核协议）
8.	联合国人权理事会（UN Human Rights Council 1946）	撤出（pulled out)⑦

---

①　《巴黎协定》是由联合国 195 个成员国于 2015 年 12 月 12 日在 2015 年联合国气候峰会中通过的气候协议，以取代京都议定书，遏制全球变暖趋势。

②　Michael D. Shear. "Trump Will Withdraw U.S. from Paris Climate Agreement". New York Times, June 1, 2017, https://www.nytimes.com/2017/06/01/climate/trump-paris-climate-agreement. html.

③　"Trump Executive Order Pulls out of TPP Trade Deal", January 24, 2017, https://www. bbc.com/news/world-us-canada-38721056.

④　由于特朗普对《韩美自由贸易协定》（KORUS）不满意，美国和韩国重新谈判了该协定，这成为特朗普执政之后签订的第一个贸易协议。KORUS 2.0 是原始 KORUS 的改进，但包含了美国要求的一些重大变化，包括钢铁出口限制，满足美国排放量和安全标准的对韩国出口的美国汽车的更大配额，而不是韩国的特殊规则。Simon Lester, Inu Manak and Kyounghwa Kim. "Trump's First Trade Deal: The Slightly Revised Korea-US Free Trade Agreement". CATO Institute, June 13, 2019, https://www. cato. org/publications/free-trade-bulletin/trumps-first-trade-deal-slightly-revised-korea-us-free-trade.

⑤　Michael Crowley. "Trump Says Russia Should Be Readmitted to G7", New York Times, August 20, 2019, https://www.nytimes.com/2019/08/20/us/politics/trump-russia-g7.html.

⑥　Justin McCurry. "What Have Trump and Kim Signed? We Read Between the Lines", The Guardian, June 12, 2018, https://www. theguardian. com/world/ng-interactive/2018/jun/12/trump-and-kim-document-analysis-singapore-agreement-denuclearisation.

⑦　Matthew Lee & Josh Lederman. "Trump Administration Pulls US out of from UN Human Rights Council", June 20, 2018, https://apnews. com/9c5b1005f064474f9a0825ab84a16e91/Trump-administration-pulls-US-out-of-UN-human-rights-council.

续　表

序	国际协定或国际组织	特朗普政府的决定
9.	联合国教科文组织（UN Educational Scientific and Cultural Organization 1945)	撤出（pulled out）①
10.	《伊朗核协定》（Iran Nuclear Deal，Joint Comprehensive Plan of Action 2015)	撤出（pulled out）②
11.	《1955 年美伊友好条约》（Treaty of Amity 1955 with Iran)③	撤出（pulled out）④
12.	《1961 年维也纳外交关系公约任择议定书》（Optional Protocol under the 1961 Vienna Convention of Diplomatic Relations)⑤	撤出（pulled out）⑥
13.	联合国驻东巴勒斯坦难民救济处（UN Relief and Works Agency)	停止提供资金⑦
14.	万国邮政联盟	威胁退出⑧

---

①　Tara John. "Why the United States Is Saying Goodbye to UNESCO". Time，October 12，2017，https：//time.com/4979481/unesco-us-leaving/.

②　Mark Landler. "Trump Abandons Iran Nuclear Deal He Long Scorned". New York Times，May 8，2018，https：//www.nytimes.com/2018/05/08/world/middleeast/trump-iran-nuclear-deal.html.

③　Roberta Rampton. "US Withdraws from International Accords，Says UN World Court 'Politicized' ". Reuters，October 4，2018，https：//www.reuters.com/article/us-usa-diplomacy-treaty/us-reviewing-agreements-that-expose-it-to-world-court-bolton-idUSKCN1MD2CP.

④　W. J. Hennigan. "Trump Administration Tears Up Treaty in Latest Confrontation with Iran". Time，October 3，2018，https：//time.com/5414597/trump-iran-amity-treaty/.

⑤　W. J. Hennigan. "Trump Administration Tears Up Treaty in Latest Confrontation with Iran". Time，October 3，2018，https：//time.com/5414597/trump-iran-amity-treaty/.

⑥　2018 年 10 月 12 日，联合国秘书长收到美利坚合众国政府的来信，通知其美国将退出《任择议定书》。通信内容如下："……美利坚合众国政府［提及］1961 年 4 月 18 日在维也纳签署的《关于外交关系与强制解决争端的维也纳公约的任择议定书》。这封信构成美利坚合众国的通知，特此通知它退出上述议定书。由于这一撤回，美国将不再承认该议定书所反映的国际法院的管辖权。" https：//treaties.un.org/Pages/ViewDetails.aspx？src＝TREATY&mtdsg_no＝III-5&chapter＝3&clang＝_en.

⑦　Hardy Amr. "In One Move，Trump Eliminated US Funding for UNRWA and the US Role as Mideast Peacemaker". September 7，2018，https：//www.brookings.edu/blog/order-from-chaos/2018/09/07/in-one-move-trump-eliminated-us-funding-for-unrwa-and-the-us-role-as-mideast-peacemaker/.

⑧　Abigail Abrams. "U.S. Avoids Postal 'Brexit' as Universal Postal Union Reached a Deal". Time，September 26，2019，https：//time.com/5687134/trump-universal-postal-union-deal/. 万国邮政联盟同意了一项折中方案，允许美国设定自己的入境邮资费率，以换取美国不离开该组织。See Kayla Tausche. "Global Postal Group Reaches Deal to Avoid US Withdrawal". CNBC，September 25，2019，https：//www.cnbc.com/2019/09/25/postal-compromise-close-as-us-pushes-global-mail-reforms-amazon-fedex-impact.html.

续　表

序	国际协定或国际组织	特朗普政府的决定
15.	北约（NATO）	威胁"走自己的路"，如果其他成员国不为自己的国防出资①
16.	世界贸易组织（WTO）	威胁撤出，并且阻挠任命上诉机构法官
17.	世界卫生组织（WHO）	停止付费（halted funding）② 并停止与 WHO 的关系③
18.	国际刑事法庭	扩大制裁（包括对 ICC 工作人员的签证限制）④
19.	《开放天空条约》	向所有签约国递交退约决定通知⑤
20.	《新削减战略武器条约》（New START Treaty）	2021 年 2 月到期，美方对条约有效期延长不表明态度，希望推动新条约取代到期条约⑥

　　另一个领域涉及针对包括伊朗、俄罗斯、朝鲜、委内瑞拉和中国在内多个国家声势浩大、范围广泛、类型多样的单方面制裁，以实现美国的特定经济、政治、外交和军事目标。单边制裁措施对被制裁国国家主权的挑战和对经济和社会发展的阻碍一直是其饱受诟病的原因。单边制裁措施在多数情况下属于非法。⑦ 美国是第二次世界大战后采取单边制裁措施次数

---

　　① Julian Borger. "Trump Re-election Could Sound Death Knell for NATO, Allies Fear". The Guardian, December 2, 2019, https://www.theguardian.com/world/2019/dec/02/nato-donald-trump-second-term.

　　② Jessie Young. "The US Is Halting Funding to the WHO. What Does This Actually Mean?" CNN, April 26, 2020, https://www.cnn.com/2020/04/15/world/trump-who-funding-explainer-intl-hnk/index.html.

　　③ Andrew Joseph. "Trump: US Will Terminate Relationship with the World Health Organization in Wake of Covid-19 Pandemic". May 29, 2020, https://www.statnews.com/2020/05/29/trump-us-terminate-who-relationship/.

　　④ Gordon Lubold and Courtney McBride. White House Expands Sanctions Against International Criminal Court. *Wall Street Journal*, June 11, 2020.

　　⑤ Michael R. Pompeo. "On the Treaty on Open Skies". Press Statement, May 21, 2020, https://www.state.gov/on-the-treaty-on-open-skies/.

　　⑥ Michael R. Gordon. "U.S. and Russia Hold Arms Talks, With China Absent". The Wall Street Journal, June 22, 2020, https://www.wsj.com/articles/u-s-and-russia-hold-arms-talks-with-china-absent-11592863865.

　　⑦ 合法的制裁措施包括对单边制裁的反制裁措施、出于国际社会的利益而对违反人权或人道主义原则行为的制裁措施等。

最多的国家，① 目前仍有效的金融制裁还有 32 项。② 美国认为，基于其在全球经济中的主导地位，限制被制裁对象进入美国市场是推行本国外交政策最为有效的工具。除了自己施行单边制裁外，美国还积极游说其他国家采取类似的金融制裁措施。③ 美国的单边制裁计划和措施也是其他国家和国际组织效仿的对象。正因为如此，美国在当代经济制裁工具发展过程中发挥了重大影响，为联合国、欧盟和其他国家把经济制裁措施发展成为集体安全和外交政策工具方面树立了示范。尽管美国的单边制裁措施饱受批评，但是不妨碍美国在世界范围内建立同盟体系。到 20 世纪末，美国的盟友从 1945—1955 年的 23 个增加到 37 个。④ "特朗普哲学"尽管制造了同盟缝隙，但是没有根本动摇同盟体系。

2017 年 1 月，特朗普签署了行政命令：90 天的旅行禁令阻止了 7 个主要穆斯林国家公民进入美国。同年 9 月，其又对禁令进行调整，增加了朝鲜和委内瑞拉，并禁止拥有这些国家有效签证和绿卡的个人再次进入美国。在中美贸易战期间，特朗普下令在 2018 年对中国进行特别 301 调查，并将中国列入特别 301 "优先观察名单"。作为一项广泛的监管措施，根据第 301 条进行的制裁可包括减少援助、中止贸易优惠或施加某些进口限制。301 条款不仅允许美国采取与中国所谓的违反行为无关的中国企业的制裁行动，而且赋予政府制裁与中国企业进行商业活动的外国公司的广泛权力。美国商务部于 2019 年 5 月发布了最终规则，将华为技术有限公司（Huawei Technologies Co. Ltd.）及其 68 个非美国分支机构添加到工业和安全局（BIS）的"实体清单"中。实体清单作为《出口管理条例》（EAR）第 744 部分的补编第 4 号进行维护，确定了被认为参与或有重大风险参与威胁美国国家安全或外交政策利益或与之相反的活动的法人和自

① Paul Eden. United States Sanctions：Delisting Applications，Judicial Review and Secret Evidence，in Matthew Happold & Paul Eden. *Economic Sanctions and International Law*. Oxford and Portland，Oregon：Hart Publishing，2016，p.197.

② 美国财政部官网，https：//www. treasury. gov/resource-center/sanctions/Programs/Pages/Programs. aspx.

③ Paul Eden. United States Sanctions：Delisting Applications，Judicial Review and Secret Evidence，in Matthew Happold & Paul Eden. *Economic Sanctions and International Law*. Oxford and Portland，Oregon：Hart Publishing，2016，p.224.

④ Mira Papp-Hooper. "Saving America's Alliances：The United States Still Needs System That Put It on Top". Foreign Affairs，March/April 2020，https：//www. foreignaffairs. com/articles/united-states/2020-02-10/saving-americas-alliances.

然人。这切断了华为与供应链的联系，华为将无法直接或间接获得源自美国的硬件、软件和技术。2020 年，美国商务部宣布在全球范围内阻止任何使用美国技术的企业向华为提供芯片，通过限制华为使用美国技术和软件在美国以外设计和制造半导体以保护美国国家安全的计划，修改长期在美国以外生产的直接产品规则和实体清单，阻止华为获取由美国软件和技术制造的半导体产品，切断华为破坏美国出口管制的努力。① 此外，美国政府以"零和"思维，一直在进行广泛的宣传活动，试图说服欧盟、加拿大、澳大利亚和日本等盟国不要将华为的设备用于本国的 5G 项目。

美国拒绝朝鲜、叙利亚、伊朗和俄罗斯等国使用全球金融体系，并对其进行经济制裁。这一系列的经济和金融制裁措施包括资产冻结、进口关税、贸易壁垒、旅行限制、进出口禁令和禁运等，旨在对受制裁国家造成财务损失和困扰。此外，美国还施加次级制裁，通过监管努力，阻止外国公司与受制裁国家及其企业开展业务。受到次级制裁影响的国家尽管不是制裁的直接对象，但也由于法律基础薄弱甚至缺乏对应依据而受到攻击。

特朗普政府强化单边制裁措施的做法是美国分离主义外交和"强权"（hard power）政治的体现。② 国际法学者一直在呼吁进一步区分合法和非法的单方面制裁，例如德维卡·豪威尔（Devika Howell）所言，由于国际秩序基于同意，制裁不应越界诱使国家做国际法下不应该做的事情。习惯国际法还规定，如果一国受制于某些"和平报复"措施，而这些措施"将是非法的"，一国就违反了对另一国的国际义务或对所有国家的义务。③ 因此，当单方面制裁将一个国家的价值观强加于另一个国家，而该国不认可这种强加的价值观时，就可能产生国际法问题。在许多情况下，受到制裁的违法行为的类型与现有的国际义务有关，而受制裁的国家更有可能根据其先前的国际承诺来纠正自己的错误。如果违法行为的类型仅与双边规范有关，则接受制裁的国家不太可能改变其行为，除非在进行成本效益分析后这样做符合自己的利益。但是，在美国内部，有这样一种观点：在国际

---

① "Commerce Addresses Huawei's Efforts to Undermine Entity List，Restricts Products Designed and Produced with U.S. Technologies"，May 15，2020.

② Harold Hongju Koh. *The Trump Administration and International Law*. Oxford University Press，2019，p.5.

③ Devika Hovell. *The Power of Process: The Value of Due Process in Security Council Sanctions Decision-Making*. Oxford University Press，2016.

法的广泛范围内，每个国家都必须保留实施制裁以保护主权安全利益的权力。鉴于国际执法机制缺乏强制力，联合国这样的国际机构难以制定必要的措施来支持有效制裁。

四、民粹国际法的"黑洞"逻辑

民粹主义旨在促进以本国为中心的极化的国家利益，奉行"脱离—黑洞—强权"（disengage-black hole-hard power）的逻辑，[1] 以摆脱全球化、多边主义以及商品、服务资本和劳动力的自由流动。这种所谓的"特朗普哲学"对自由贸易、气候变化、能源和可持续性发展等方面的全球承诺和努力构成威胁，挑战与法治和国际合作有关的所谓自由民主观念。反复出现的民粹主义的"责备游戏"[2] 或对外国、国际组织和国际法的敌对行动，掩盖了其他国家和整个全球治理的正当关切。

民粹主义领导人采取的许多策略已经获得了选民的大力支持，但削弱了国际法律秩序、民主体制和行政权力。特朗普这样的民粹主义领袖似乎并不相信任何形式的普遍权利和道德范式。[3] 这些西方民主国家的领导人善于通过社会媒体、虚假信息和"假新闻"加剧社会的两极分化，与极权主义或专制政权几乎没有什么区别。随着社会的两极分化，人们变得更加容忍滥用权力和牺牲民主原则，这些增加了破坏现有国际秩序的风险。

第三节　民粹主义视域下的跨国公法
诉讼、"索赔论"与信息战

民粹主义者通过信息扭曲和反智话语，掌握了全球化和国际合作的叙

---

① Harold Hongju Koh. *The Trump Administration and International Law*, Oxford University Press 2019, p.13.

② Michael Hameleers. Framing Blame: Toward a Better Understanding of the Effects of Populist Communication on Populist Party Preferences. *Journal of Elections*, *Public Opinion and Parties*, Vol.28, No.3, 2018, pp.380 – 398.

③ Kenneth Roth. "The Dangerous Rise of Populism — Global Attacks on Human Rights Values". Human Rights Watch Global Report 2017, https://www.hrw.org/world-report/2017/country-chapters/dangerous-rise-of-populism.

事话语。在新冠疫情引起全球性暴发的同时，一些美国私人诉讼方和州地方当局对中国政府和部门提起了一系列集体诉讼。这类跨国公法诉讼不仅涉及国家主权和国家责任，而且还是相关国家为了保持、控制和夺取信息权而进行的一种斗争形态，是主导国家间冲突的一种解决方式，明显带有民粹主义运动所具有的反智、偏执和非理性的特征。

一、跨国公法诉讼及送达问题

跨国公法诉讼是指私人当事方采取的跨国公共诉讼行动，或者寻求通过司法救济维护公共权利和价值观，阐明公共国际准则。[①] 这在诉讼爆炸的美国并不鲜见。

新冠肺炎疫情全球暴发后，一些美国原告向佛罗里达州、[②] 得克萨斯州、[③] 内华达州、[④] 佛罗里达州、[⑤] 加利福尼亚州的联邦地区法院提起了多起针对中国的集体诉讼。相关当事人诉称他们因新冠疫情的国际性暴发而遭受重大经济损失，以此寻求数万亿美元的损失赔偿。诉讼理由包括中国政府在应对新冠疫情过程中存在过失和故意导致他人精神痛苦、高危行为的严格责任，妨害公共利益罪等传统侵权指控，恐怖主义指控，因虚假陈述、隐瞒和报复等致使新冠蔓延，以及囤积和出口有瑕疵的个人防护物资等行为构成违反法律所规定的谨慎义务等。诉讼请求包括法律允许的所有损失赔偿、民事处罚、禁止令等。

2020 年 4 月 21 日，美国密苏里州总检察长代表密苏里州向联邦法院起诉中国政府等若干被告（State of Missouri v. People's Republic of China et al），内容大多为指控病毒源于中国、不适当地容许病毒扩散、掩盖真相、囤积防疫物资等，并称这些行为导致密苏里州的重大损失，要求法院

---

① Harold H. Koh. Transnational Litigation in the United States Courts 23 – 24 (2008).

② Logan Alters v. People's Republic of China, No.1: 20-cv-21108-UU (S. D. Fla. filed Mar. 13, 2020).

③ Buzz Photos v. People's Republic of China, No.3: 20-cv-00656-K (N. D. Tex. filed Mar. 17, 2020).

④ Bella Visa LLC v. People's Republic of China, No.2: 20-cv-00574 (D. Nev. filed Mar. 23, 2020).

⑤ Logan Alters, Marta Reyes, Lawrence Wood, Stephen Clyne and The Pitching Lab v. People's Republic of China, 1: 2-cv-21108-XXXX (entered on FLSD Docket 03/13/2020).

确定被告疏忽大意，判决被告赔偿损失、停止异常危险行为等。同时，密西西比州政府也表示会采取同样的行动。密苏里州于 2020 年 7 月 17 日向各被告尝试传达传票，后提交替代送达协议。案件尚未进入实体审理阶段。在授权替代送达近 3 个月后，应原告申请，8 月 9 日法院书记员进行了 3 被告的缺席登记。

缺席登记是美国法上的一个独特概念。根据《美国联邦民事诉讼规则》第 55 条，当被告未能在允许的时间内对原告的诉状作出任何有意义的答复，原告须向法院提出请求，要求书记员将被告缺席事实进行记录。根据缺席登记，法院可立即作出缺席判决，也可以指示原告提出意向书并送达被告，便于进一步查证以作出判决。如果被告不反对意向书，或没有为其拖延、缺乏答复提供充分理由，法院将作出有利于原告的缺席判决。

然而，根据《外国主权豁免法》第 1608（e）条规定，"除非原告确有使法院满意的充分证据支持其主张或获得救济的权利，否则美国法院不得对外国国家、其政治分支机构、外国的代理机构或媒介作出任何缺席判决"。虽然美国国内法并未将法院对外国缺席审判的路径完全阻断，但是要达到足以使法院信服的证明标准并非易事。原告所主张中国不当行为造成了美国疫情损害的产生、扩大仅仅只是主观臆测，其起诉没有任何依据，达不到缺席判决的证明标准，应驳回原告起诉。在中国正式根据《海牙公约》第 13 条因主权安全拒绝了该案件文书的送达后，法院于 2021 年 5 月 11 日裁定批准原告密苏里州提交的替代送达动议，允许可通过公开电子邮件地址，向被告送达，同时授权原告通过外交渠道对被告中国、卫健委、应急管理部、民政部、湖北省政府、武汉政府进行送达。① 然而，该裁判存在诸多事实和法律上的错误，替代送达之有效性颇值得质疑。简言之，问题主要有三：一是主体定性错误，致使送达方式适用法律错误；二是在《海牙送达公约》和美国国内法冲突情况下，适用法律错误；三是发电子邮件作为替代送达方式对中国不发生效力，且不符合其自身正当程序原则。

在涉及外国主权豁免的送达上，美国法有特殊的程序。根据《外国主

① See ECF No.22, State of Missouri ex rel. Eric S. Schmitt v. The People's Republic of China, Case No.1；20-cv-0099-SNLJ，Aug. 18，2021；https：//www.courtlistener.com/docket/17085710/state-of-missouri-v-peoples-republic-of-china/.

权豁免法》第 1608 条和《联邦民事诉讼规则》第 4 条，第一步即要区分被告主体性质。就新冠疫情对华诉讼问题，主体需要细分为外国国家（及其政治分支机构）、外国的代理机构或媒介、其他主体。第二步才是根据不同类型的主体，选择不同的送达程序。

首先，是外国国家（及其政治分支机构）。根据《外国主权豁免法》第 1608 条（a）款，向外国国家（及其政治分支机构）的送达先后顺序为：先按原被告达成的协议，不行再按国际条约，再不行应该将传票和原告起诉书的副本以及诉讼通知书连同上述文件的该外国官方文字的译文，由法院书记员通过签收邮件的方式，迅速寄交该有关外国的外交部长，如果邮寄送达还不行，则通过美国国务院外交途径送达。判断被告主体是否外国国家（及其政治分支机构）主要是考察这些主体能否直接行使统治权力。实践一般采用"控制说"或者"功能说"之审查标准。第一种标准"控制说"又称"结构主义说"，即通过该主体受国家控制程度来判断，综合审查在设立该主体的国内法下，其是否受国家直接控制，是否可以脱离国家独立运作，是否可以独立享有权能负担义务承受责任，若满足上述条件而得出该主体"能独立于国家存在"之结论，则该外国机构或实体或部门不属于"外国国家（及其政治分支机构）"。第二种标准"功能说"，又称"职能主义说"，指无论一个实体的国内法地位如何，主要根据该主体的主要职能来决定其性质，如果主体的主要职能与国家紧密相连，则属于"外国国家（及其政治分支机构）"，如果其主要职能不是直接从事与国家相关的行为，那么它就不属于"外国国家（及其政治分支机构）"。

其次，是外国的代理机构或媒介。得克萨斯州北区法院根据"职能说"和武汉病毒所官网介绍，认为其主要职能并非商业职能，且其为中科院的一部分，不属于独立实体，不属于"外国的代理机构或媒介"。在密苏里州案中，根据《外国主权豁免法》第 1608 条（b）款，有协议的按照双方的协议，没有协议的按照《海牙送达公约》，再不行通过寄给主管职员、代理人、其他被指定或依法律授权在美国接受诉讼文件送达的任何其他代理人邮寄送达。在邮寄送达的情况下，如果另一缔约方对于邮寄送达进行了禁止或保留则不再进行邮寄送达，而是通过向法院申请的方式采取灵活变通的送达方法。判断被告主体是否"外国的代理机构或媒介"需要考察该主体是否满足《外国主权豁免法》第 1603 条（b）款的三个要件：

① 是独立的社团法人或非社团法人。② 是外国国家或其政治分支机构的机关；其多数股份、其他所有权权益为外国国家或其政治分支机构所有。③ 既非依照美国法亦非依照任何第三国法属于美国某州实体。如果对《外国主权豁免法》第 1603 条（b）款第 2 项的"外国"不做狭义理解，而第 1603 条（a）款所述"'外国'包括外国的政治分机构或者（b）款所规定的某外国的代理机构或媒介"，则似乎可以将外国间接拥有的第二层及以下的机构全部纳入"外国的代理机构或媒介"。

然而，联邦最高法院并未支持这种观点。2003 年的"多尔食品公司诉帕特里克森案"中，农场工人因接触杀虫剂中化学物质致害而起诉多尔公司，因此牵连以色列死海公司，使其成为被告。以色列死海公司主张自己事实上由以色列国家控制，且在损害发生时多数股份为"外国的代理机构或媒介"的国有企业所有，属于美国《外国主权豁免法》的管辖豁免范畴。最高法院却从"控制"和"所有"的区别出发，指出具有"外国的代理机构或媒介"身份的基准是外国直接拥有多数所有权，而不是外国的事实控制，以色列对死海公司的实质性控制并不能代替所有权权益，故彻底终结了广义理解的循环解释。综合最高法院上述观点可知，第 1603 条（b）款"外国"与第（a）款概念不同，（b）款"外国"仅是正常含义的狭义理解，不包括"外国的代理机构"以及大多数股份或其他所有者权益为"外国的代理机构"所有的实体。①

分析《外国国家主权豁免法》第 1603 条（b）款和《联邦民事诉讼规则》第 4 条（f）款，其共同点在于"有公约先适用公约"。排他性公约项下，即使按照公约一般送达存在困难，在公约存在替代送达条文的前提下，亦不能直接适用国内法替代送达条文。换言之，中美共同作为《海牙送达公约》成员国，在中国根据《海牙送达公约》第 13 条因主权安全拒绝一般送达后，美国法院不应直接援引《外国主权豁免法》第 1608 条（b）款或《联邦民事诉讼规则》第 4 条（f）款后半段中的替代送达条文，以公约未规定方式任意裁量送达方式，而应继续适用《海牙送达公约》第 10、14 条的规定，结合送达目的地国对公约之保留，进行包括外交途径在内的替代送达。② 如果认

① Dole Food Company v. Patrickson, 538 U.S. 468（2003）.

② Gary B. Born & Andrew Vollmer. The Effect of the Revised Federal Rules of Civil Procedure on Personal Jurisdiction, Service and Discovery in International Cases, 150 F. R. D. 240 - 41（1993）.

为裁决中的"发电子邮件"在《海牙送达公约》第 10 条"寄邮件"语义范围之外，则法院的该裁决因违反公约排他性而不发生效力；如果认为在语义范围之内，由于中国在国内立法中对邮寄送达进行保留，故法院裁决电子邮件替代送达亦不发生效力。

除此之外，采用电子邮件形式向中国被告替代送达亦违反了美国法上的正当程序原则。一是违反了主权平等原则。《中华人民共和国民事诉讼法》第 277 条规定："请求和提供司法协助，应当依照中华人民共和国缔结或者参加的国际条约所规定的途径进行……除前款规定的情况外，未经中华人民共和国主管机关准许，任何外国机关或者个人不得在中华人民共和国领域内送达文书、调查取证。"当替代送达邮件进入被告服务器系统时，已属于进入我国领域，法院以违反外国法律的方式指示送达，严重背离了主权平等原则。二是违反了合理通知原则，"送达程序不仅要遵守联邦和各州法的规定，而且要符合美国宪法第 5 修正案和第 14 修正案有关正当程序条款的要求，即必须合理地确认通知的内容，根据不同情况把未决诉讼通知有关当事人，给予他们提出异议的机会"。[1]

本案没有涉及针对个人的送达。若有，得克萨斯州北区法院认为，为了确定针对外国官员的诉讼是否受《外国主权豁免法》管辖，法院必须考虑该诉讼是否针对该官员本人，或国家是否为"真正的利益方"。如果诉讼针对的是官员个人，则适用关于主权豁免的普通法，但如果国家是"真正的利益方"，则应将诉讼视为对外国本身的诉讼，并适用《外国主权豁免法》。

二、"索赔论"及其非法性

与跨国公法诉讼一起进入视野的还有美国政府和立法机构正在酝酿的"索赔论"。这和美国在新冠疫情之后推行的经济刺激计划、中美之间仍然进行的贸易冲突和贸易协定第二阶段谈判交集在一起，构成中美之间复杂和不安定的图景。格雷尔姆的议案直接提出中国应该对美国疫情损失负责，要求中国在国债上做出减让，美国拒绝向中国进行美元补偿，并征收

---

① 何其生：《美国域外送达制度研究》，《武大国际法评论》2003 年第 1 期，第 179 页。

"大流行传染病关税"。"索赔论"和"追责论"本质上都是"美国优先"政策取向和"极限施压"制裁措施结合的产物，以此达到转移国内抗疫压力和在国际治理体系层面对中国进行遏制的双重目的。

早在 2019 年 8 月，美国政府就讨论过向中国政府清偿清朝 1911 年发行的湖广铁路债券，这些债券市值高达 1 万亿—1.5 万亿美元，这说明美国未来可能指向中国持有的美国国债，凸显了中国政府、企业和公民在美国资产的安全性问题。[①] 中国目前有 1.07 万亿美元的外汇储备放在美国国债里，再加上中投公司在美国股市的投资，还有一些央企在美资产都可能是美国违约或者扣押变现的对象。[②]

中国国有企业的公司治理和市场竞争条件已经成为中美贸易冲突中的核心议题，竞争中性原则也成为美欧日等国在国际经贸规则方面对中国施加压力的核心原则。新近的国际经贸协定，例如《美墨加协定》、CPTPP 等协定都在一定程度上反映了美欧日的竞争中性诉求。中国国有企业在国际商贸活动中的竞争条件正面临着限制压力。

同时，新冠疫情之后，美国正在对中国国有企业在美资产虎视眈眈，与中国政府有密切关系的企业在美资产安全面临较大风险。《外国主权豁免法》参照活动本身性质而不是公共参与者的身份或目标来界定商业活动。[③] 根据《外国主权豁免法》，如果某国有公司具有独立法人地位，外国政府或政治分支（political subdivision）持有该公司多数股权（a majority of shares）或其他所有权利益（other ownership interest），并且该公司既非美国公民也非根据任何一个第三国法律创立的公司，[④] 那么该国公司一般而言应被认定为国家"代理机构或工具（agency or instrumentality）"。[⑤] 理论上讲，中国国企可以根据美国《外国主权豁免法》主张主权豁免。豁免本身是程序性的，享受豁免并不意味着在实体上没有责任，反而中国国企被诉的案件会增加，被索赔的金额也会更高。

① Tracy Alloway. Trump's New Trade War Tool Might Just Be Antique China Debt，https：//www. bloomberg. com/news/articles/2019-08-29/trump-s-new-trade-war-weapon-might-just-be-antique-china-debt♯xj4y7vzkg.
② 翟东升：《特朗普恐怕要干一件"傻事"》，https：//finance. sina. cn/usstock/mggd/2020-50-06/detail-irrcuyvil490633. d. html？wm=5223；vt=1，最后访问日期：2023 年 2 月 15 日。
③ Guevara v. Republic of Peru. 468 F. 3d 1289 (2006)，1298 - 1299.
④ Foreign State Immunities Act 1603 (b).
⑤ Foreign State Immunities Act 1603 (a).

　　在中美经贸摩擦中，中国国有企业更多地被诉至美国法院，国有企业是否享有豁免权至关重要。近年来中国国有企业在美被诉频繁发生，例如彩虹集团公司阴极射线显像管反垄断案、中国建材集团有限公司石膏板产品责任案、中国航空工业集团有限公司作为共同被告从美国通用汽车公司收购耐世特汽车系统公司投资争议案。在这三起案件中，中国公司均主张国家豁免，美国法院也认可符合条件的中国国有企业有权主张豁免，不再对涉案国有企业行使管辖权，但如果抗辩主权豁免不成功，中国企业的诉讼将继续进行。

　　中国政府反对外国法院未经中国政府同意受理以中国政府及其国家财产为被告的诉讼，但是承认中国国有企业的独立诉讼主体资格。中美两国国内都有中国国有企业不应该享有主权豁免的建议。美国有议员主张通过修改美国国内法，不再对中国适用国家豁免原则。中国也有学者认为，国有企业由于没有行使政府职能而享有主权豁免会带来更为复杂的后果，影响中国国有企业在美国的竞争环境以及公平公正待遇的议价空间。①

　　根据国际法传统理论，一个主权国家的行为不受另一国审判，这种豁免涵盖刑事责任和民事责任。因此，除非放弃国家豁免，一个主权国家享有绝对的不受其他国家法院审判的权利。传统主权观念认为主权政府对其领土上的居民拥有绝对法定权力，国际人权法的问世已经挑战了传统主权的概念。② 过去，全球经济治理和国际法律体系主要由主权参与者主导。③ 随着在东亚、拉丁美洲和中东暴发的大规模金融危机，国家责任的新问题也不断涌现。④ 传统上，国际法中的主权豁免原则一般需要国家之间免除对方受本国法庭程序的约束。但是，这不妨碍国家根据自由裁量权而提供附加豁免。例如，双边税收协定可能给予特定实体豁免权，超越国际法的要求从而吸引潜在的投资者。换言之，提供附加豁免的程度是国家自由裁量权的问题，也是国家政策的宣示。

---

　　① 李庆明：《论中国国有企业在美国民事诉讼中的国家豁免》，《江西社会科学》2018 年第 11 期，第 168—177 页。

　　② Eric A. Posner. *The Perils of Global Legalism*. Chicago and London: University of Chicago Press, 2009, Ch. 8.

　　③ Rosalyn Higgins. Problems and Process: International Law and How We Use It. Oxford: Clarendon Press, 1994, p.39.

　　④ 例如，在许多案件中，美国投资者起诉阿根廷违反美国—阿根廷双边投资协定，包括 *CMS Gas Transmission Company v. Argentina Republic* (Merits) (12 May 2005), 44 ILM 1205.

根据国际法原则，各国享有国家主权豁免，即国家的行为和财产免受他国立法、司法及行政的管辖。美国 1976 年《外国主权豁免法》规定，外国政府享有美国法院民事管辖豁免，但设置了两项主要例外：具有与美国有充分联系的商业活动和领土侵权行为。这两个例外有严格的限制，即被告的不当行为系"商业活动"且给美国造成"直接影响"；被告的官员或雇员在其职务或雇用范围内行事时，有非商事的侵权行为。在该例外下，允许因外国政府（包括其官员和雇员）在执行职务时的侵权行为所造成的人员伤亡和财产损失（以在美国境内发生为限）在美国法院起诉请求赔偿。上述针对中国的新冠疫情诉讼称，案件应适用"商业活动"和"领土侵权"例外，但没有具体说明任何中国作为被告从事的相关商业活动，更不用说该活动如何与美国有足够的联系。因此，鉴于此类规则的刚性，上述案件在法律上并不能真正取得实质性成果。密苏里州总检察长的诉状也援引了上述两个例外，诉状主张被告的相关"商业行为"和相关侵权行为明显违反人道和透明性，从而导致密苏里州的损失，但没有就"商业行为"和损害结果之间的因果关系、侵权行为本身并不发生在美国领土上这一事实做出说明。同时，其也尝试绕过主权豁免，确保法院受理起诉。

这些诉讼的策略主要是：

一是援引国际法。诉状称，根据《国际卫生条例》（以下简称《条例》）第 6.1 条，中国有义务在 24 小时内向世界卫生组织（WHO）报告"可能构成国际关注的突发公共卫生情况的所有事件"，并将其视为可以援引并确定法律责任的来源。然而美国在签订《条例》时明确拒绝了这一立场，声明"该条例的规定不产生可在司法上强制执行的私权"。也就是说，即使美国法院以某种方式声称拥有管辖权，也不能以上述《条例》的相关条款为依据。

《条例》第 6 条"通报"第 1 款规定："每个缔约国应当利用附件 2 的决策文件评估本国领土内发生的事件。每个缔约国应当……在评估公共卫生信息后 24 小时内向 WHO 通报本国领土内发生，并按决策文件有可能构成国际关注的突发公共卫生情况的所有事件，以及为应对这些事件所采取的任何卫生措施"。《条例》的"评估""实例不具有拘束力""须满足两个以上标准"等表述结合在一起，赋予了主权国家根据实际情况，审慎评估并作出是否构成国际关系的突发公共卫生情况事件的决策权，只有评估并确认后，才有履行 24 小时内向 WHO 报告的义务，而非一接到基层报告即在 24 小时内报告。

二是增加被告。该案共有 9 个被告，除了通常可以代表国家主权的政府机构外，还列入其他组织。在对被告性质进行描述并论证其是否应该排除主权豁免时，诉状做了互相矛盾的陈述。在两份私人团体递交的诉状中，一份被诉主体是 2 个，分别是国家和政党；另一份的被诉主体是 6 个。密苏里总检察长的书状里面，被诉主体是 9 个，涉及国家、国家机构和地方政府，也涉及政党，还涉及中国科学院和武汉病毒研究所。其中针对中国科学院和武汉病毒研究所的指控，是从商业行为的角度发起的。由于商业行为本身属于国家豁免的例外，这两个被告难以通过国家豁免角度进行抗辩。

2001 年联合国国际法委员会通过的《国家对国际不法行为的责任条款》（以下简称《条款》）反映了国际社会对国家责任的共识。《条款》规定，一个国家承担责任，必须满足归因性、过错性和违法性，同时还要证明国际不法行为与损害结果之间具有法律上的因果关系。

中国与美国没有关于公共卫生和突发事件方面的双边条约。尽管中美都是 WHO 的成员国，根据《条例》第 6、11 条，缔约国之间没有通报义务。事实上，中国及时向 WHO 中国办事处通报了新冠疫情的相关情况，向 WHO 和相关国家进行了通报，公布并且分享了新冠的基因序列，充分、及时、有效地履行了条例规定的义务。根据《条款》第 36 条的规定，受害国的损失和责任国的不法行为之间应存在因果关系。从中国对 WHO 和其他国家的疫情通报可以发现，美国等国家最早获知中国的疫情信息，并且持续获得相关信息，有机会有效遏制和预防病毒的扩散，但这些国家没有采取有力措施，故疫情扩散和中国的防疫行为没有法律上的因果关系。

三、美国和其他国家的动向及中国的应对

起诉外国和主权豁免问题具有高度政治化特点。20 世纪 80 年代是短暂的"中美蜜月期"，"湖广铁路债券案"在美国法院被缺席判决后，一方面，中国国际法学界和外交界据理力争；另一方面，美国政府为拉拢中

国，以"法庭之友"身份向法院提交建议，最终法院参考各方因素，撤销了原判决。虽然主权豁免的法律性质越来越浓，但是政府对判决结果的影响越来越弱，因为法院很难完全摆脱政治及外交因素的影响。

拜登政府上台后，尽管重新强调"尊重科学"，禁止涉新冠疫情的歧视性称呼，但这并不意味着美国完全放弃了对华新冠疫情的追责。事实上，拜登及其幕僚仍在各种场合对中国"有罪推定"，质疑中国"新冠疫情源头信息缺乏透明度"，认为世卫组织疫情溯源受到了中国干涉和阻碍，多次妄称要对中国进行所谓"独立""公正""透明"的"国际大调查"。2021年2月4日，拜登发表了任内首个外交政策讲话，其中在谈及中美经贸关系时，他将中国称为"最严峻竞争对手"。可以推知，美国对华新冠疫情的追责不会偃旗息鼓；相反，它可能成为中美贸易领域的美方筹码和威胁工具。5月26日，拜登命令美国情报部门调查新冠溯源一事，并于90日内报告。同时，世卫组织亦计划对中国启动第二阶段溯源调查。G7公报配合美国及部分西方国家对新冠溯源问题的炒作，也要求世卫组织开展"及时、透明、由专家主导、基于科学"的新冠病毒起源新一轮调查。美国及其盟友希望其结论能推翻第一阶段溯源调查，使得中国为这场突如其来的、人类所共同面临的"天灾"负责。

就目前的事实和法律而言，美国很难打赢新冠疫情对华诉讼，因此从特朗普政府时期开始，就有国会议员提议修改美国法律，重新定义主权豁免的范围，以起诉中国。尽管民主党重掌美国参众两院，《为冠状病毒受害者伸张正义法案》《2020年阻止源于中国的病毒性传染病法案》等被暂时搁置，但《2021年战略竞争法案》的通过，使"中国威胁论"不仅没有消失，而且甚嚣尘上。即使风波暂歇，但可资对照的《对恐怖主义资助者实行法律制裁法案》亦是在"9·11"发生15年后才被写入法律，不排除日后美国重新将其作为政治操作，通过修改《外国主权豁免法》为法院行使管辖权提供国内法基础，并对中国作出不利的缺席判决，进而影响中国的发展利益。事实上，美国已经有议员企图通过立法，主张对中国进行主权豁免；还有一些组织和个人，企图通过国际法途径罗织罪名追究中国的责任。两者的目的都是想将抗疫不力的责任推卸给中国。2020年4月14日，美国共和党议员宣布《为新冠病毒受害者伸张正义法案》（Justice for Victims of COVID-19 Act），以剥夺中国政府主权豁免的权利。4月16日，有议员向国会提出引入立法，以确保美国公民可以在联邦法院起诉中国政府并赔偿相关损失。① 截至 2020 年 6 月 22 日，美国参众两院议员已经提出 8 件修订《外国主权豁免法》议案。美国参议院司法委员会于 2020 年 6 月 23 日举行"外国主权豁免法、新冠疫情和中国责任"（The Foreign Sovereign Immunities Act, Coronavirus, and Addressing China Culpability）听证会。从现实层面来说，"恐怖主义例外"能成功写入美国《外国主权豁免法》是因为反恐已成为两党的共识。现在对华强硬也是两党共识，所以不排除这样的可能：美国通过修改《外国主权豁免法》以起诉中国，溯及既往适用于新冠肺炎疫情，为美国法院对我国行使管辖权提供法律基础，最终对我国作出不利的缺席判决。先前的"奥特曼诉奥地利共和国案"和"欧帕蒂诉苏丹共和国案"等判例已确认美国《外国主权豁免法》具有溯及力，先前诉讼的原告可以根据增补条文寻求损害赔偿。② 主权豁免原则基于国家之间的对等和互惠。一国单方面剥夺其他国家的主权豁免原则违反了国际法上国家对等和互惠的基本原则，直接挑战了国际法的基础，③ 会引起危险的连锁反应。英国、④ 澳大利亚和德国的一些报纸、非政府组织或政府官员也表示应当通过诉讼的方式，追究中国及其有关机构因疫情引起的责任。

下一步，我国应在警惕美国修法继续向我国"莫须有"地追责的同时做好完善、充分的应对措施。政治上，储备必要的反制措施，构建必要的防御体系，以有效回应来自霸权国家不负责任实施的"法律霸凌行为"；外交上，政府应向美国政府提出外交交涉，对美保持强有力的政治和外交压力，通过外交途径阐述我国对于豁免的立场，并敦促美国政府向法院提出有利于我国豁免主张的法律解释。⑤ 如果美国法院强行管辖并作出不利

① 美国在"9·11"事件后，国会通过《对恐怖主义资助者实行法律制裁法》，修改了《外国主权豁免法》的规定，允许就国际恐怖主义行为造成的损害对外国政府提起诉讼，这就是"恐怖主义豁免例外"，使得"9·11"事件的受害者可以在美国法院对沙特政府展开诉讼。

② See Republic of Austria v. Altman, 541 U.S. 677 (2004); also see Opati v. Republic of Sudan et al. 590 U.S. (2020).

③ John Bellinger. "COVID-19 Lawsuits Against China", April 24, 2020, https://www.lawfareblog.com/covid-19-lawsuits-against-china.

④ Matthew Henderson et al. "Coronavirus Compensation? Assessing China's Potential Culpability and Avenues of Legal Response", Henry Jackson Society, April 5, 2020, https://henryjacksonsociety.org/publications/coronaviruscompensation/.

⑤ 孙昂：《国家豁免案件的法律适用问题研究——在司法与外交复合语境中的探讨》，《国际法研究》2020 年第 2 期，第 42 页。

判决，我国可主张执行豁免，并可在国际法院提起诉讼，主张自己的国家豁免遭受侵犯。值得注意的是，美国最高法院在主权豁免原则的司法立场出现了松动。2020 年 5 月 18 日，美国最高法院在 Optai 等诉苏丹共和国（Optai，in Her Own Right and as Executrix of the Estate of Optai，Deceased，et al. v. Republic of Sudan et al）一案[①]的判决中指出，如果国会通过法案允许受害人因恐怖行为而起诉一国政府，则不受主权豁免原则的约束："因为外国主权豁免是一种风度与礼让的姿态……也可以溯及既往地撤回，并且不会引起其他立法被撤销时可能对正当程序与平等保护原则所带来的风险。"戈萨奇（Gorsuch）大法官写道："外国主权豁免原则的主要目的毕竟从来没有允许外国……依赖美国法院对其将来在美国法院的诉讼免责的承诺而塑造其行为。"[②] 这为美国立法机关通过追溯性的事后立法提供了司法基础。法院认为，根据《外国主权豁免法》，除非符合该法规定的豁免例外，外国国家及其政治分支机构、外国的代理机构或媒介享有美国管辖豁免。原告针对中华人民共和国所提起的诉讼不属于该法规定的豁免例外，因此对中国政府的起诉应被驳回。[③]

虽然截至 2021 年 12 月 31 日密苏里州诉中国一案仍处于原告向法院提出关于审判日期、案件管理和排期命令申请的动议阶段，尚未有最终实体判决，但即使法院进入实体判决阶段，也可以从程序和实体两个角度对原告进行反驳。程序上，主要考察的仍是豁免问题。在涉新冠疫情索赔诉讼中，密苏里州和其他诉中国及相关主体案原告主张的豁免例外大致有三项：① 商业行为例外；② 非商业侵权例外；③ 恐怖主义例外。这三项主张显然均不能成立。

首先，是商业行为例外，有三个要件：① 涉诉行为是商业行为；② 原告的诉请是基于该商业行为；③ 涉诉行为与美国有足够的联系。根据《外国主权豁免法》第 1605 条（d）款判断涉诉行为是否商业行为，主要采"性质

---

① https：//www.supremecourt.gov/opinions/19pdf/17-1268 _ c07d.pdf.

② 原文如下："Because foreign sovereign immunity is a gesture of grace and comity … it is also something that may be withdrawn retroactively without the same risk to due process and equal protection principles that other forms of backward-looking legislation can pose." … "Foreign sovereign immunity's 'principal purpose', after all, 'has never been to permit foreign states' … to shape their conduct in reliance on the promise of future immunity from suit in United States courts."

③ See Vreeland v. People's Republic of China, 2021 U.S. Dist. LEXIS 68205.

说"，而非"目的说"或者"效果说"，即要看行为的性质是什么，采取行为的主体是什么，而不是看行为的目的是什么，产生的效果是什么。即使真的存在原告主张中国政府出于经济发展之目的隐瞒疫情，从性质上说，信息通报、防控疫情的作为与不行为亦属于政府行使公权力的主权行为。

因此，针对原告提出的依据《外国主权豁免法》1605（a）（2）主张的管辖权，中国可以进行如下抗辩：一是《外国主权豁免法》将"商业活动"定义为：正常的商业行为过程或特定的商业交易、行为。某项活动的商业性质应该通过行为过程或特定交易、行为的性质来认定，而不是通过其目的来认定。美国最高法院在相关的先例中认定，商业活动必须由私人一方参与，但是指控中国政府隐瞒、妨碍病毒及时披露、虚假信息等行为系中国政府行为，非商业行为。二是原告还需证明被诉行为对美国造成"直接影响"。目前对新冠病毒的科学认识还存在各种未知，对于每一具体原告所造成的不利影响与被诉行为之间的即时因果联系认定存在一定难度，其中还可能存在很多未知的因素。三是原告依据1605（a）（5）指控中国管控疫情不力，加剧了疫情在世界的蔓延。关于"非商业侵权例外"而排除管辖豁免的适用最大的争议在于，侵权行为或不作为需发生在美国境内。依据美国最高法院在阿根廷共和国诉阿美拉达赫斯公司案中的认定：原告在美国受到了伤害或"指控的侵权可能在美国造成了影响"，这类情况不足以放弃主权豁免权。① 美国各联邦法院均认为，如果要适用管辖豁免例外情形，整个侵权行为和侵权后果都必须发生在美国。本案中，相关指控的侵权作为或不作为都发生在中国，中国政府就算像原告所宣称的那样实施了侵权行为，但因为不在美国境内不满足"完整侵权原则"，因此很有可能导致该管辖权的例外情形不适用，使得起诉被驳回。

其次，是恐怖主义例外。虽然密苏里州案没有提，但美国其他地区的新冠肺炎疫情对华诉讼中，很多都提出了这种主张。第一，中国不是美国所认定的"资助恐怖主义国家"。第二，中国没有实施"威慑平民""影响政府决策""威吓胁迫""大规模破坏"等恐怖主义行为。

从国际法的角度看，对于国际义务中的注意义务，原则上可以分为"行为义务"和"结果义务"。中国的防疫行为和美国的损害没有因果关

---

① Federal Judicial Centre. The Foreign Sovereign Immunities Act — A Guide for Judges.

系。密苏里州政府因自身失职导致新冠损失的不当扩大，应当由其自己对损失承担责任。中国无需承担国家不法行为的责任。根据《条例》的规定，缔约国只负有向 WHO 通报的义务，但是中方还是及时并持续向美方等国做了通报，并采取果断措施遏制了疫情在全世界范围内的扩散，且疫情扩散和中国采购物资等防疫行为没有因果关系，不构成侵权行为，因此"中国责任论"毫无根据。

与美国不同，在国家豁免问题上，中国坚持绝对豁免主义，即不接受任何外国法院的管辖，其海外使领馆及其外交人员，以及某些个人和实体不受起诉和执行，除非他们放弃豁免权。从事实和法律上来看，中国政府也从未接受过外国法院对以中国、中国政府为被告或是涉及中国国有财产、政府财产的案件管辖。过去，美国针对中国政府提起诉讼的尝试通常都是失败的。对于以其他国家、政府为被告，或是涉及其他国家国有财产、政府财产的案件，中国的法院既没有管辖权，也没有在实践中受理过外国作为被告，或者以外国或政府的财产作为起诉对象的案件。

四、跨境公法诉讼的公共功能和信息战

在美国，提起这些案件可以为原告方的律师事务所带来宣传效应，成为吸引客户的一种策略。高知名度的案件有助于在法律行业内外传播声誉，提高律师的法律技能和专业知识。鉴于社交媒体的广泛报道，诉讼也是一种有效的政治参与手段，是表达政治观点、引导公众话语和引导社会运动的渠道。[①] 特别是在此类案件达不到任何法律目的的情况下，法庭成为一个发声平台，而不是一个争端解决机制。对中国政府提起诉讼，就成为参与政治过程的一环，通过这种政治参与，不满和愤怒被传达给官方当局并被抗议。此外，在这些案件中，私人诉讼也使公众能够同时监督官方机构，进而受到更严格的审查。因此，政府或官员面临压力，必须采取一些应对措施，以解决公众关切的问题。

在当前的"注意力经济"体系中，信息在社交媒体上迅速呈指数级传

① Gal Dor & Menachem Hofnung. Litigation as Political Participation，*Israel Stu*. Vol. 11，No. 2，2006.

播，这种片面的曝光加剧了倾向于任何预先处理的意识形态偏见。同时，那些投机分子往往利用这些风险敞口来最大限度地提高他们的经济利益、政治议程和个人声誉。这些寻求关注的诉讼当事人正在将司法论坛转变为公众参与的场所，以重构社会秩序。因此，在 COVID-19 大流行时期蓬勃发展的跨国公法诉讼恰当地呼应和支持了这一理论。我们生活在一个两极分化和分歧主导媒体叙事的时代，跨国公法诉讼的兴起只是法律空间的又一反映。

在互联网信息时代，信息和"虚假信息"的迅速传播已经使公平发生了倾斜。在发生全球重大公共卫生危机后，出现此类诉讼也是信息站和舆论战的一种表现形式。中美两国数年来一直处于贸易摩擦状态中。两国除了经济、政治或军事对抗之外，还有信息战的展开。信息战是利用"虚假信息"打击对方的认识和信息系统，控制冲突的叙述或争论的话语权，并引发敌对行为。冲突一方可以依靠媒体以合法化的形式，例如诉讼或仲裁，将己方的行为描述为公正、合理和合法，而将另一方的行为描述为非法、不充分、毫无根据或有过错。

信息战已经被美国广泛用于与其他国家的一系列冲突中。冷战期间，美苏两国常利用信息战批评对方没有遵守国际法。美国的战略是通过宣传对方国家违反国际法的行为，为自己行为的合法性提供支持，并为自己的政策选择或政府行为（包括经济制裁和军事行动）辩护，使冲突对方处于法律和道德劣势。

信息战还有一个国内层面。在控制国内信息流动方面，美国总统直接利用推特等社交平台在中美技术竞争、贸易战中，迅速、有力地控制了国外的信息失衡，进一步塑造国内叙事，强化国内国际政策的民粹主义。通过这些手段，美国试图利用"中国责任论"，从内部和外部转移责任。从客观效果来看，目前西方国家普通民众已深受相关政府与媒体的宣传影响，将美国近年来奉行的单边主义倾向扩展至民间。

第四节　结　语

中美关系在一定程度上受到美国国内民粹主义的牵引，中美之间的竞争态势已非常明显。美国对中国采取的所谓追责和制裁是民粹国际法的核心要件。

当前，美国政府将新冠疫情蔓延的责任归咎于中国，指责中国拖延回应美国，这些控诉是美国诽谤和抹黑中国一揽子行动中的一部分。但是，中国对这些滥诉的批判不应该只停留在舆论战上。政治批判和一般性法理批判，缺少法律分析和解读。政治方式的应对，成本大且结果不可控，有很大的不确定性。政治逻辑不能阻止、干涉法律程序的运行。总的原则是，中国不应该在美国的法院出庭，而是通过提出外交抗议的方式予以回应。但是，中国应该对于滥诉行为做好法律应对的准备，特别是对于诉讼策略的研究还需要深入。解决法律纠纷的适当方式是通过法律的方式应对。在民粹主义盛行的时代，中国必须从专业角度，冷静、理性、公正地分析案件涉及的法律问题，让法理思维和准确、专业的法律语言成为"中国表达"的主旋律，成为"中国声音"的有效基调。中国应当减少意识形态化的争执和情绪化的叙事风格，通过法律、理性的表达方式获得西方媒体和西方听众的认同。

并非巧合的是，在中国也出现了一些针对美国政府的诉讼案件，这些案件对中国民众也是很好的教育材料。通过新冠疫情，我们看到中国在立法、执法方面还有需要提升的空间，未来必须与时共进，增加立法和执法的时效性，在公共卫生、财政救济、进出口贸易等领域，配合国家战略及时更新和调整应对措施，特别是通过法律的措施积极应对国际形势的变化。

第十二章
WTO 的困境与多边贸易体系的改革

世界贸易组织（WTO）面临重大困境，在 2019 年年底之后就无法继续有效运作。WTO 面临的困境与美国近年来推行的单边主义和保护主义有密切关系。美国对他国加征关税、实施贸易战，严重违反世界贸易组织最基本、最核心的最惠国待遇和关税约束等规则。这种单边主义、保护主义行为不仅损害了中国和其他成员利益，而且还损害了世界贸易组织及其争端解决机制的权威性，使多边贸易体制和国际贸易秩序面临险境。本章主要讨论 WTO 困局所涉议题，旨在更好理解世贸组织失灵和所面临的困局。

以 WTO 为核心的全球贸易体系在推动贸易增长、促进经济发展、反对保护主义方面发挥着关键性稳定作用，但在贸易大国陷入贸易战的困局中也捉襟见肘，力不从心。WTO 规则自 20 世纪 90 年代起，除了 2013 年达成《贸易便利化协定》（Trade Facilitation Agreement）、2014 年更新了《政府采购协定》（Government Procurement Agreement）之外，就没有其他重要的发展。当前的规则已经无法反映 WTO 成员多样化的现实需求、发展水平和发展能力。本章主要分析 WTO 的困境和改革的可能性，以及以中美两国为代表的发展中国家和发达国家在 WTO 改革问题上的分歧和角力。

彼得森国际经济研究所高级研究员杰弗里·J. 肖特（Jeffrey J. Schott）认为，现在新 WTO 规则的谈判主要存在三个困难：一是各国的期望水平不同，有些国家想大幅度改变规则，有些国家则更希望循序渐进地改革；二是有些国家想享受特殊与差别待遇，这实际上消减了 WTO 规则对于约束农业、渔业等领域补贴的努力，这对于 WTO 来说是一个很大的挑战，也涉及政治问题；三是数据隐私、数据访问等问题，这对中国来说应该是没有商量余地的问题，同时也是美国和欧盟之间的分歧所在。现有协议中已经规定的 WTO 成员方义务没有人质疑，但关于特殊与差别待遇的规定可能已经过时，农业补贴、贸易技术壁垒相关的规定较少。①

中国在 2018 年 11 月发布《中国关于世贸组织改革的立场文件》，公开表达了对 WTO 改革的基本立场，并与欧盟等成员于 11 月 22 日向 WTO 提交了关于解决上诉程序改革的两份联合提案，又于 12 月 12 日的 WTO 总理事会会议上发表联合声明。2019 年 5 月 13 日，中国向 WTO 提交《中国关于世贸组织改革的建议文件》（以下简称《WTO 建议文件》），包括四大领域和 12 条改革建议，提出了改革需要解决的包括个别成员阻挠上诉机构成员遴选、滥用国家安全例外措施和单边措施等重要问题。《WTO 建议文件》中提出的国有企业等议题与当前中美贸易摩擦的议题也有高度的相关性，反映了中美贸易摩擦议题与世贸组织改革议题彼此交织。中美贸易摩擦涉及的非市场经济地位、强制技术转让、国有企业补贴、产业政策、服务业和农业贸易壁垒、货币操纵等议题与美日欧聚焦的所谓"市场扭曲"这一具体问题高度一致，足以见得中美贸易摩擦不仅事关中美两国贸易关系正常化，而且还事关全球多边贸易体系的发展。

美国认为中国是 WTO 的震源，就如同中国和其他发展中家认为美国是世界贸易组织不稳定的根源一样。美国将 WTO 面临的困境直接归于中国的"不公平贸易行为"。② 美国认为，由于中国没有充分履行加入 WTO 承诺，③ 通过补贴、强迫技术转让、打造国家冠军企业等非市场方式发展本国经

---

① Jeffrey J. Schott. "The WTO is Dead … Long Live the WTO". https：//www. milkenreview. org/articles/the-wto-is-dead-long-live-the-wto.

② CSIS. "U. S. Trade Policy Priorities：Robert Lighthizer, United States Trade Representative." https：//www. csis. org/events/us-trade-policy-priorities-robert-lighthizer-unitedstates-trade-represent ative；"At Trade Policy Review, U.S. Labels China the Epicenter of the WTO Crisis." https：//insidetrade.com/daily-news/trade-policy-review-us-labels-china-epicenter-wto-crisis. US Government，US Senate，US-China Economic and Security Review Commission，US Tools to Address Chinese Market Distortions — Trump Administration Tariffs，Response to Chinese State Capitalism Industrial Policy Subsidies，Investment Restrictions，IP Theft，WTO Disputes.

③ 中国加入 WTO 承诺主要集中在 8 个方面：① 将工业品平均关税从 17％削减至 8.9％，主要农产品关税从 31％削减至 14％；② 将农业生产补贴限制在农业产值的 8.5％以内，取消农业出口补贴；③ 加入 WTO 3 年内，给予外国企业充分的贸易和分销权（部分特定的农产品、矿物、燃料除外）；④ 向所有 WTO 成员提供非歧视性待遇，例如在贸易方面，在华外国公司的待遇不应该比中国公司差；⑤ 结束对在华外企的歧视性贸易政策，例如产品本地化要求、技术转让条件；⑥ 加入后执行《与贸易有关的知识产权协定》；⑦ 加入 5 年后向外国金融机构全面开放银行体系；⑧ 准许保险和电信部门建立合资企业（允许不同程度的外资控股）。

济，直接威胁了开放、透明和可预测的全球贸易体系，而现行的 WTO 规则也无法有效处理中国问题。中国政府在《关于中美经贸磋商的中方立场》称："美国采取的一系列贸易保护措施，违反世界贸易组织规则，损害多边贸易体制"。因此，中美两国对 WTO 的定位和预期也有所不同。

第一节　WTO 的困境和失灵

WTO 近年来面临的诸多困境，是 WTO 规则机制性矛盾和缺陷的系统体现。

一、WTO 谈判机制缺陷

WTO 机制下的多边谈判以公开、透明和非歧视的贸易规则为基础，以推进贸易自由化为主要目标。[1] 自 WTO 多哈回合谈判陷入僵局后，冗长的谈判被各国诟病，成员国对 WTO 运作方式和谈判机制的缺陷深感不满。[2]

（一）谈判类型

WTO 谈判主要形式是回合式的多边谈判。自肯尼迪回合（1964—1967 年）后，随着 WTO 成员数量的增加，成员间经济禀赋和利益诉求差异的增大，全体成员寻求利益交汇点和达成共识的难度也在增加，谈判成功的概率也随之降低。

WTO 允许由少数成员先行先试，开展诸边谈判。诸边谈判结果或为开放式，或为封闭式。前者如在最惠国待遇基础上对全体 WTO 成员实施的《信息技术协定》；后者如《政府采购协定》，仅对谈判参加方和嗣后加入方实施。

---

① 赵宏：《论世界贸易组织的谈判机制》，《国际贸易》2016 年第 12 期。
② 李巍：《站在脱欧分岔口的英国，下一站会是中国吗？》，https://www.toutiao.com/i6680306776111317508/?tt_from=weixin_moments&utm_campaign=client_share&wxshare_count=3&from=timeline&timestamp=1555425995&app=news_article&utm_source=weixin_moments&isappinstalled=0&utm_medium=toutiao_ios&req_id=2019041622463501000 30240120901A74&group_id=6680306776111317508&pbid=6494726190761592333，最后访问日期：2019 年 4 月 17 日。

（二）谈判机制的缺陷

一是 WTO 谈判在程序上是成员国发起并推动的，自下而上听取各方意见，是以协商一致原则为基础的协商决策程序。协商一致原则是从 GATT 时期沿袭下来的不成文惯例，在 WTO 成立后被明文确定下来，"假如在做出决定时，出席会议的成员均未正式反对拟议的决定，则有关机构应被视为经协商一致对提交其审议的事项做出了决定。"与 WB 和 IMF 以加权投票方式进行决策相比，WTO 协商一致的决策方式更加民主，有利于形成共识，增强谈判结果的继受性和合法性。但是，随着 WTO 成员不断增多，谈判的启动、推进和达成结果变得更加困难，协商一致的可能性也在降低，谈判决策机制的效率也在降低。

二是谈判工具上，乌拉圭回合关于货物、知识产权和投资的谈判引入"一揽子承诺"（single undertaking）的方法，即要求在所有问题取得一致前不达成任何共识的方法，可以促进具有谈判意愿的成员之间相互妥协让步。但是，随着 WTO 成员方数量的不断增多，"一揽子承诺"阻碍了成员国就某些共识度较高的议题先行达成一致。多哈谈判失败，"一揽子承诺"是主要的障碍因素。

三是在 WTO 的成员中，发达国家承担了比较重要的义务和责任，而发展中国家由于享受特殊和差别待遇，事实上承担了较轻的义务和责任。特殊和差别待遇具体可以分为三类：发达成员向发展中成员和最不发达成员单方面给予优惠；减免义务，例如更长的实施期、执行协定义务的特殊灵活性或不参加诸边协议；在市场准入谈判中的"非互惠"，体现在发达成员承担更多的市场开放义务，市场开放程度要高于发展中成员。中国、印度等发展中国家成为主要贸易国后，美欧等发达国家也要求这些国家承担更多市场开放的义务，所以发展中国家认定和地位问题也成为 WTO 改革的一个重要议题。

四是 WTO 为了提高谈判效率、推进共识的形成，在非正式谈判规则中减少参与成员的数量，推行了绿屋会议、主席案文等谈判规则，但是此举牺牲了一些未参与国家的利益，降低了谈判的合法性和透明度，反而阻碍了共识的形成。

"绿屋会议"是非正式的闭门会议，协商的内容不被公开，不参加"绿屋会议"的国家无法知晓会议的内容。"绿屋会议"的初衷是通过小范围磋商助推共识的形成，但是具体操作演变为少数大国成员借助其经济政治实力垄断 WTO 决策权的手段。

"主席案文"是主席所提交的案文。多边贸易谈判的常态是以主席案文为基础，主席案文的内容稍加修改或原封不动成为最终协议，对谈判影响重大。由于主席案文是根据各个成员的意见汇总后的一种个人判断，该程序的缺陷在于 WTO 成员无法实现对主席案文的管理与控制。[①]

二、WTO 争端解决机制效率低下

WTO 争端解决程序各个环节都有时间表。DSU 规定的 WTO 争端解决时限为 18 个月，其中包括 60 日内磋商，9 个月内完成专家组审理程序，3 个月内完成上诉审理程序，报告通过后的 30 日内由成员方通知执行意向，在达不成一致意见的情况下，90 日内通过仲裁确定合理期限。DSU 对未能在规定时间内完成争端解决程序没有制裁或者救济措施。这在客观上纵容了争端解决时间的延长，无法有效约束争端解决机制的时间管理。

根据 DSU 的规定，专家组设立到报告发布时间最长应该不超过 9 个月。由于专家组的设立和组成是两个不同的程序，DSU 没有分别规定这两个程序的期限。DSU 第 8.7 条仅规定，如果在专家组设立之起 20 日内，双方没有就专家组成员达成协议，总干事应在任何一方请求下决定专家组的组成，实践中经常发生超时延期。争端双方鲜有专家组的人选达成一致意见的情况，有的案件从专家组设立到组成间隔的时间甚至长达 550 天。[②]

中国《WTO 建议文件》也对 WTO 运行机制的改革比较关注，强调解决 WTO 谈判进展慢、运行效率低、透明度低、监管和监督不严等问题，以增强 WTO 的有效性和权威性。

三、上诉机构陷入僵局

根据《WTO 关于争端解决规则与程序的谅解》第 17 条第 1 款，上

---

① 孙巍：《WTO 谈判规则的反思与改革》，《湖北经济学院学报》2017 年第 2 期。
② 加拿大诉欧盟禁止进口和销售海豹制品措施案，专家组 2011 年 3 月 25 日设立，2012 年 10 月 4 日组成。

诉机构应由 7 人组成并且实行轮换制，每起案件由 3 人审理。目前，
WTO 7 人小组只剩下 4 人，由于轮换失灵，工作效率大为降低。2018
年 8 月 27 日，美国否决了毛里求斯法官斯旺森第二个任期的任命，于是
上诉机构 7 人小组只剩 3 人。在审理案件过程中，若有一名法官由于回
避或其他原因而无法参与案件审理，则不满足《谅解》第 17 条第 1 款中
关于案件最低审判人员数量的规定，使 WTO 争端解决机制陷入瘫痪。
印度籍法官巴提亚和美国籍法官格莱姆第二任期于 2019 年 12 月期满。
如果成员方不能对法官人选和任命达成一致，WTO 争端解决机制就会
瘫痪。美国意图通过阻挠法官任命的方式，捆绑透明度议题，逼迫上诉
机构在审查期限、法官任职和裁决程序等方面做出改革，以发挥美国的
影响力。[①]

四、争端解决的透明度缺乏

WTO 的透明度原则，要求各成员方保持经济贸易政策充分透明，这
在争端解决领域没有成为关注重点。[②]

保密性规定在一定程度上削弱了 WTO 争端解决程序的纠偏功能。根
据 DSU 的规定，应当保密的信息包括争端各方在斡旋、调解和调停的诉
讼程序中所采取的立场、专家组的审议情况、上诉机构的程序、争端各方
提交专家组或上诉机构的书面陈述等。[③] 根据 DSU 第 18 条第 2 款的规定，
公众可以知晓争端当事方的立场或信息，前提是争端方的自愿披露。这就
限制了争端解决机制的公开性和约束性。

WTO 争端解决程序对"法庭之友"也缺少透明度。专家组可以向任
何来源寻求信息和意见，[④] 在专家的选任以及寻求专家意见问题的范围上，

---

① "U. S. -China Talks Seen by Some as Key to Breakthrough on WTO Reform", https: //
insidetrade. com/daily-news/us-china-talks-seen-some-key-breakthrough-wto-reform; Steve Suppan.
"World Trade Organization Reform: The Outlook for Shallow and Deep Change".

② "Draft General Council Decision: Procedures to Enhance Transparency and Strengthen
Notification Requirements Under WTO Agreements", https: //docs. wto. org/dol2fe/Pages/FE _
Search/FE _ S _ S009-DP. aspx? language = E&CatalogueIdList = 250198, 249478, 249337&Curren
tCatalogueIdIndex = 2&FullTextHash = 371857150&HasEnglishRecord = True&HasFrenchRecord =
True&HasSpanishRecord=True, 最后访问日期: 2019 年 4 月 5 日。

③ DSU 第 4 条第 6 款、第 5 条第 2 款、第 14 条、第 17 条第 10—11 款、第 18 条第 2 款。

④ DSU 第 13 条第 1、2 款, SPS 第 11 条第 2 款, TBT 第 14 条第 2 款。

专家组有决定权和控制权。① 但是，WTO 规则没有明确专家组是否有权决定接受对于非经专家组要求的"法庭之友"所提交的材料。专家组可以选任或征询哪一类专家、在哪些问题可以征询专家意见，以及专家出具带有何种倾向的意见都关系争端当事方在案件中的实体利益和案件的裁判结果。WTO 争端解决程序专家组征求专家意见的权力过大，缺乏透明度，容易导致争端各方对专家组的决定产生怀疑。②

第二节　WTO 困境的成因和改革的必要性

一、WTO 困境的成因

WTO 目前陷入停滞状态的一个原因是成员国众多，各国的经济政治状况差异较大。各方之间利益关系复杂，而谈判进程中各国协商一致并达成一揽子承诺遇到困难，难以取得实质性成果和突破。此外，现有的争端解决机制难以满足目前的贸易争端解决需求，由于程序复杂、接收案件繁多，诉讼压力大，严重影响了成员国的救济权利。

当然，WTO 陷入危机也有外部原因。WTO 成员从全球贸易体系中获利的程度不同，各成员之间的经济发展差距进一步拉大，形成利益分化，部分国家掀起了逆全球化的潮流，抗拒全球化。当前中美政治竞争和贸易纠纷也使得 WTO 举步维艰。

二、WTO 改革的必要性

WTO 在 2001 年启动的"多哈回合"谈判到 2017 年部长会议实质终止，众多的成员国、协商一致的议事原则、延长的争端解决程序，

---

① Panel Report, European Communities-Measures Affecting Asbestos and Asbestos — Containing Products, WT/DS135/R, paras. 6.2 (f) - (h).

② "Draft General Council Decision: Procedures to Enhance Transparency and Strengthen Notification Requirements Under WTO Agreements", https://docs.wto.org/dol2fe/Pages/FE_Search/FE_S_S009-DP.aspx? language = E&CatalogueIdList = 250198, 249478, 249337&CurrentCatalogueIdIndex = 2&FullTextHash = 371857150&HasEnglishRecord = True&HasFrenchRecord=True&HasSpanishRecord=True, 最后访问日期: 2019 年 4 月 5 日。

使得 WTO 运行效率低下，难以取得重大进展；电子商务、数据保护、竞争政策及投资便利化等国际经贸新议题层出不穷，但是规则制定明显落后；发达国家的重心转向区域、跨区域自贸协定，WTO 逐步被边缘化。这些情况都凸显了 WTO 改革的必要性。

此外，英国"脱欧"、美国推进的"美国优先"贸易政策、欧美保护主义和单边主义转向、全球化的退潮、美国对多国发起的贸易战都对 WTO 提出了挑战。[1]

现行的经贸秩序需要 WTO 建立新一代的国际经贸规则。① 以 CPTPP、日欧的经济伙伴关系协定等为代表的超大型 FTA 不断增多，为未来新的国际经贸规则的成型建立蓝本和奠定基础。② 美日欧释放出要建立零关税、零壁垒和零补贴的"三零"方案，未来国际贸易体系的基本走向初露端倪。③ 产业链出现第四轮跨国转移：一是在中国的一些工厂开始逐渐向东南亚、印度、墨西哥等更加低端的市场转移；二是发达国家制造业等产业回归本土，这些国家采取减税和其他措施，吸引产业回流本国，以克服和解决全球化产业外包所带来的各种问题。[2]

第三节　WTO 困境的解决

一、改革的可能方向和内容

（一）"一揽子承诺"和"协商一致原则"的优化

WTO "一揽子承诺"原则需要有效改革，《WTO 的未来》指出三种改革路径：一是改变"一揽子承诺"原则，允许成员选择性参与不具有普遍约束性的诸边协定。允许一些成员在无法就某些议题达成一致时，通过

---

① 任永彬：《失灵的 WTO》，《进出口经理人》2018 年第 9 期。

② 李巍：《站在脱欧分岔口的英国，下一站会是中国吗？》，https://www.toutiao.com/i6680306776111317508/?tt_from=weixin_moments&utm_campaign=client_share&wxshare_count=3&from=timeline&timestamp=1555425995&app=news_article&utm_source=weixin_moments&isappinstalled=0&utm_medium=toutiao_ios&req_id=201904162246350100030240120901A74&group_id=6680306776111317508&pbid=6494726190761592333，最后访问日期：2019 年 4 月 17 日。

诸边协定的形式先行达成协议，其他成员可以参与谈判，并自行决定是否以及何时签署协定。二是延续特殊和差别待遇，规定发展中国家成员各不相同、有时间区别的承诺实施期。可以考虑采取"服务贸易总协定减让表承诺"方式，成员自行选择性决定具体服务行业和业务的市场准入与国民待遇的开放进度。三是通过区域贸易协定的方式作为 WTO 的补充机制。一些学者建议放弃"一揽子承诺"，回归多边和复边共存的多元化规则体制。①

美国约翰·杰克逊教授曾提出"临界数量"方案，取代"协商一致原则"。他认为建立在协商一致基础上的 WTO 决策制定程序可能形成僵局，导致谈判议题相持不下或半途而废。杰克逊提出，当达到临界数量的成员支持一项变革倡议时，议题无需按照协商一致达成。"临界数量"可以是占压倒性多数的国家和占压倒性数量的世界贸易权重，这一建议被 2007 年华威委员会的《多边贸易体制：路在何方？》报告所采纳。②

（二）两大集团的边界

WTO 的"特殊和差别待遇"把所有成员分为发达和发展中成员两大集团。目前 WTO 没有对发展中国家作出明确的定义，对最不发达国家的认定采用的是联合国标准，许多国家是"自我认定"。美国认为，没有一定要承认部分 WTO 成员是发展中国家的义务，有必要对发展中国家定义进行反思和调整，让更先进的发展中国家在全球贸易中做出更多承诺、承担更多义务，并且在谈判中打破发展中国家例外规则。

WTO 改革可以尝试在贸易方面建立 WTO 框架下的认定标准，以审查各国是否有资格取得 WTO 框架下的"特殊和差别待遇"。可以考量的原则如下：① 非歧视待遇原则仍然应该是多边贸易体系的原则和基石；② 基于发展的理念，特殊与优惠待遇仍然应该适用于发展中国家，改革的重点可以是如何界定"发展中国家"。

---

① 王江雨：《WTO 改革：中国改革的契机》，https：//mp. weixin. qq. com/s? src = 11&timestamp = 1551841892&ver = 1467&signature = hK9I-z4cytoMywT8yWr8PuTc16K ＊ HUGjrJkGyK9lNbi3vfaI51mQOqff36RBhYGJgl8JD3gQT-Yvj6YvB-kYEuzqgK41BMOL3dArY1ZwIzljdLFBgdQ7E8d278cg9 ＊ Sg&new=1，最后访问日期：2019 年 3 月 3 日。

② John H. Jackson. The WTO "Constitution" and Proposed Reform：Seven "Mantras" Revisited, *Journal of International Economic Law*, Vol. 4, No. 1, 2001, pp. 67－78.

（三）推动共识制度构建

需要重新进行共识制度构建，对"绿屋会议"与"主席案文"进行改革。改革"绿屋会议"可以通过将其纳入 WTO 正式决策制度增强其合法性；通过允许非与会方对"绿屋会议"结果行使修改权以及受损利益补偿制度，解决代表性问题；通过提高透明度、保障知情权以改善"绿屋会议"透明度不足和公信力欠缺等问题。"绿屋会议"改革的方向是全体成员方均能充分有效地参与 WTO 决策，参加 WTO 事务的管理。[①]

"主席案文"可以从以下两方面加以改革：一是增加主席退出机制。现有 WTO 规则仅规定主席任职资格，没有主席的退出机制。WTO 成员在谈判小组主席获得任命到下一次部长级会议的任期期间没有撤换机制。二是加强"主席案文"的内容控制。目前主席撰写"主席案文"的过程没有透明度，秘书处支持"主席案文"的进行，直到完成之后提交给 WTO 成员。应当收集谈判成员的意见，定期公布"主席案文"的制作进度，避免德贝兹案文[②]情形的再次出现。

（四）争端解决机制改革

WTO 在争端解决方面进行改革可以考虑 CPTPP 协定所做的一系列突破性规定。

1. 需要提高争端解决的快捷性

首先，制定更严格的时间表，缩短时限。CPTPP 协定取消了一些时间规定。CPTPP 争端解决机制取消了 DSU 为斡旋、调解和调停程序规定的 60 日的期限。在 WTO 争端解决程序中，专家组的设立过程至少需要经过一次 DSB 的正式会议。CPTPP 规定，专家组的设立自递交请求之日即可设立。由于专家组的设立被压缩到一个时间点，花费的时间明显缩短。WTO 没有明确专家组设立到组成阶段的时限规定。CPTPP 争端解决机制专家组程序被细化为设立、组成、审理、初步报告、最终报告 5 个环节，每一个环节都有具体时限。此外，专家组的组成也被分为专

---

① 余锋：《"绿屋会议"：WTO 走出合法性危机的一道坎》，《北方法学》2010 年第 2 期。
② 《坎昆部长宣言草案》在农业问题上满足美国与欧盟要求的同时，不顾发展中国家的强烈反对，将新加坡议题纳入谈判议程。发展中国家无法接受该协议，导致会议不欢而散。

家组成员任命和专家组主席任命两个阶段。在这两个阶段中，又分别规定起诉方及被起诉方任命的程序及时限。当出现争端双方不能通过协商一致确定人选的情况时，CPTPP 规定了按照程序从候选人中"随机"①挑选或者争端方推举的第三方任命的程序。这些规定简化了专家组成员任命程序，避免了因成员方意见分歧而造成的专家组组成程序被拖延的现象。

其次，采取"一审终裁"，取消上诉程序。这是 CPTPP 与 WTO 在争端解决程序上最大的区别。CPTPP 争端解决程序的时间会因为没有上诉程序而得到缩短，专家组的报告也能够尽快进入执行程序。

2. 增加争端解决的透明度

首先，增强"法庭之友"的作用。DSU 欠缺"法庭之友"主动提交材料给专家组、专家组应如何处理这些材料等规定。CPTPP 对此做了补充。根据 CPTPP 第 28.13 条（e）项的规定，专家组在争端解决进程中应考虑，设立于任何争端方境内的非政府主体向专家组提交与争端相关的书面意见。CPTPP 允许专家组对专家和专家意见选择保留一定的控制权，同时让非政府主体在争端解决程序中有更多的参与权，专家意见征询程序也更加开放和透明。"法庭之友"的存在允许公众介入争端解决程序，这对增加争端解决的透明度有积极作用。

其次，增强社会公众的参与度。CPTPP 赋予社会公众在争端解决程序中更多的参与权。CPTPP 第 28.13 条（b）（d）项规定，缔约方的公众可以跟踪整个进程，在争端解决中提交意见，参加专家组听证会。除非争端方另有约定，公众还可以获得专家组提交的最终报告。此外，CPTPP 缩减了保密文件的范围，专家组听证会和争端当事方提交的陈述文本或者书面答复都要对社会公众公开，改变了 DSU 中关于审议程序和陈述文本的保密规则。

WTO 的争端解决机制应该以提高效率为导向，② 尽快修改相关规则，对于目前上诉机构 7 人小组法官空缺的情形，WTO 可以设立一个法官快

---

① CPTPP 协定文本第 28.9 条第 2 款（c）（viii）项、（d）（iv）项、（d）（v）（C）项、（d）（vi）项、（d）（viii）（C）项，第 28.9 条第 7 款。

② 参见 European Commission. "WTO reform: EU proposes way forward on the functioning of the Appellate Body", http://europa.eu/rapid/press-release_IP-18-6529_en.htm, 最后访问日期: 2019 年 4 月 7 日。

速遴选程序以弥补在特殊情况下法官人数不足的情况，避免 WTO 上诉机构瘫痪。其他替代方案包括援引 DSU 第 25 条仲裁条款，或者建立一个没有美国参加的上诉机制，以缓解 WTO 生存危机，或者如同欧盟和加拿大建立双边争端解决机制一样，作为对 WTO 争端解决机制的临时性替代，成为 WTO 上诉机构的临时机制模板。

二、WTO 改革的新挑战

（一）"非歧视原则"受到侵蚀

保障措施制度对经济发展水平参差不齐的众多成员方而言尤显重要，TPP/CPTPP 保障措施制度是在 WTO 保障措施制度的基础上建立的，但是与 WTO 又有所不同。

根据 WTO《保障措施协议》第 2 条第 2 款规定："实施保障措施须针对某一进口产品而不论其来源"。"非歧视原则"的基本要求是，一成员方在对其他成员方采取某种限制或者禁止措施时，不应选择性地针对部分出口成员方，进而在成员方之间造成歧视待遇，而应对所有成员方一视同仁。[1] 如果成员方想要实施保障措施，需要在非歧视原则的基础上对所有同类产品的进口进行限制。

在 WTO 多边框架下的全球保障措施，是进口成员方对所有出口成员方承担的贸易自由化义务的"例外"。[2]

根据 TPP 协定第 6.3.1 规定，满足以下条件成员方可以实施双边保障措施："（a）进口至一缔约方领土的另一缔约方的单个原产产品数量绝对增加或与国内产量相比相对增加，且对生产同类或直接竞争产品的国内产业造成严重损害或严重损害威胁；（b）进口至一缔约方领土的两个或两个以上其他缔约方的产品的数量合计绝对增加或与国内产量相比相对增加，且

---

　　[1]　在多边贸易体制下增加进口，造成国内产业严重损害或者严重损害威胁，很可能是所有出口成员方出口产品数量累积的结果，而不是由一特定国家进口产品造成的。来自某一成员方的进口产品数量相对较大的事实，不能判定来自该国的出口产品单独构成严重损害或严重损害威胁。换言之，从造成国内产业严重损害或损害威胁的源头上难以区分各个不同的出口成员方对相关产品造成的影响，因此应当综合考虑所有出口成员方的出口，以计算和判定进口增加以及严重损害的程度。

　　[2]　孙秋月、张桂红：《TPP/CPTPP 双边保障措施歧视性条款解析及启示》，《山西大学学报（哲学社会科学版）》2018 年第 6 期。

对生产同类或直接竞争产品的国内产业造成严重损害或严重损害威胁，且实施该过渡性保障措施的一缔约方需表明，本协定对所涉各方生效后，来自被采取措施的每一缔约方的进口产品数量均有绝对增加或与国内产量相比相对增加。"根据这一条款，TPP（CPTPP）双边保障措施既可以仅针对"一个缔约方"实施，也可以针对"两个或两个以上"的几个缔约方实施。上述可针对部分成员方实施保障措施的选择性规定带有不确定性，构成歧视性规则，修改 WTO "非歧视原则"是一种倒退。

（二）CPTPP 争端解决机制对 WTO 的影响

CPTPP 争端解决机制是在 WTO 以及其他区域贸易协定相关规则的基础上形成的。可以预见的是，如果 WTO 与 CPTPP 存在管辖权重合的情况，成员间发生的贸易争端更有可能在成本更低的 CPTPP 争端解决机制中得到解决，WTO 争端解决机制就有了替代机制。CPTPP 对 WTO 争端解决机制的改革形成竞争压力，也会对 WTO 争端解决形成分流。

WTO 争端解决机制如果被取代或者架空，是对多边贸易体系的直接打击。

三、WTO 的发展

WTO 当前正处于改革进退的十字路口，主要成员间经济实力的变化和博弈为 WTO 改革和规则的优化提供了机遇。在改革过程中，发展中国家大多更关注 WTO 是否促进其经济发展，而发达国家则相对关注 WTO 是否成为稳定、透明和可预测的贸易体系。WTO 成员改革 WTO 的方案不尽相同，对 WTO 体系的期待也不相同。奥巴马时期，美国政府就想另起炉灶，利用 TPP 取而代之。

特朗普政府认为，WTO 无法应对中国经济快速崛起所带来的问题，而中国正在挑战国际贸易规则。这样的观点也得到了部分发达成员国的认可，尤其是在侵犯知识产权、强制技术转让、补贴国有企业等方面。但是这些成员国不愿支持美国放弃 WTO 规则的做法，而是更希望在 WTO 规则上"做文章"。

根据《关于中美经贸摩擦的事实与中方立场》白皮书，中国坚定维护并推动改革完善多边贸易体制。中国作为发展中国家也坚定遵守和维护世界贸易组织规则，支持基于全球价值链和贸易增加值的全球贸易统计制度等改革。支持对世界贸易组织进行必要改革，坚决反对单边主义和保护主义。坚持走开放融通、互利共赢之路，推动贸易和投资自由化便利化，推动经济全球化朝着更加开放、包容、普惠、平衡、共赢的方向发展。中国作为经济实力较强的发展中国家也要适应以全球价值链为代表的新贸易模式要求，在 WTO 改革中平衡发达和发展中成员之间差异化的利益诉求。

在《WTO 建议文件》中，中国也关注了公平和发展的问题，争取发展中国家实现经济发展所需要的灵活性和政策空间，促进发展中国家融入经济全球化。《WTO 建议文件》把 WTO 自身的可持续发展放在全球治理体系的改革框架之中，关注 WTO 自身运行机制的改革和发展议题，促进多边贸易体制的可持续性。

第四节 中美方案的分歧

一、WTO 框架内的中美贸易议题

（一）WTO 对发展中国家义务的界定

WTO 关于最不发达国家采用的是联合国标准，各国可以自己认定是发展中国家，由此取得"特殊和差别待遇"，欧美非常不满 WTO 发展中成员享受的"特殊和差别待遇"（Special and Differential Treatment）。在 2017 年 12 月举行 WTO 部长级会议期间，美国贸易谈判代表莱特西泽提出，中国、印度、巴西不适合继续享受 WTO 给予发展中成员的待遇。

美国认为，WTO 自我定义为发展中国家地位的制度，使得一些贸易大国要求在履行协议义务时可以享受小国、穷国一样的例外，导致 WTO 的规则体系出现漏洞，难以通过谈判达成有意义的规则。美国认为，"特殊和差别待遇"使得发达国家处于非常不利的地位。[①] 美国进而提出方案，

---

① "An Undifferentiated WTO: Self-Declared Development Status Risks Institutional Irrelevance"，WT/GC/W/757，16 January 2019.

通过制定确定的标准，让发展中国家从"特殊和差别待遇"标准中毕业。[①]
美国提出采用一事一议的方式来解决争端。虽然欧盟支持"发展中国家应
被允许获得实现其发展目标所需要的援助和灵活性"的观点，但认为
WTO中近三分之二的成员可以享受这种发展中国家例外，削弱了这一
例外原则的作用，不仅导致当前WTO的紧张局面，而且还限制了谈判
进程。《美日欧三方贸易部长联合申明》呼吁自称为发展中国家的WTO
先进成员，在WTO正在进行的和未来的谈判中做出更多的甚至是完全
的承诺。[②]

中国提出，WTO应当继续支持发展中国家更好融入全球价值链，继
续保障发展中国家理应享有的"特殊和差别待遇"。[③] 中国在《WTO建议
文件》中再次强调尊重发展中国家享受特殊和差别待遇的权利，不允许其
他成员剥夺发展中国家享受的发展中成员的特殊与差别待遇。

（二）WTO的争端解决机制及贸易救济

美国自2017年2月开始阻碍WTO上诉机构开启成员甄选程序。因
美国持续阻挠上诉机构成员遴选，2019年12月上诉机构成员只剩1人，
上诉机构直接陷入瘫痪。美国阻挠上诉机构新法官选择进程，以此要挟
WTO以实现自己的改革方案。[④] 2020年6月17日，时任美国贸易代表莱
特希泽在众议院筹款委员会上的讲话中直言摧毁上诉机构是特朗普政府的
目标。2020年8月，美国参议院财政委员会举行公开听证会，讨论了美国
改革WTO的方案，上诉机构前成员都主张利用对于上诉机构的封锁以完
成美国要求的WTO改革。[⑤]

2018年，美国贸易代表办公室（USTR）在贸易政策议程中建议改革
WTO争端解决机制。美国对上诉机构的不满集中在以下方面：① 上诉机

---

① "Draft General Council Decision: Procedures to Strengthen the Negotiating Function of the WTO", WT/GC/W/764, 15 February 2019.
② 贺小勇、何瑶：《"求同存异"：WTO改革方案评析与中国对策建议》，《上海对外经贸大学学报》2019年第2期。
③ 《王毅谈国际贸易体系改革：应坚持三个"不能丢"》，https://www.fmprc.gov.cn/web/wjbz_673089/xghd_673097/t1594907.shtml，最后访问日期：2019年3月24日。
④ 《"美国贸易政策新时代"来了?》，《WTO经济导刊》2018年第3期。
⑤ "WTO Reform: Making Global Rules Work For Global Challenges", https://www.finance.senate.gov/hearings/wto-reform-making-global-rules-work-for-global-challenges.

构在补贴、反倾销、反补贴等领域对成员方没有做出的承诺和义务添加或者减少权利或义务；② 上诉程序超过 90 天的审期规定；③ 在争端解决不必要的问题上发表咨询意见；④ 上诉机构对于事实和成员国内法的重新审查；⑤ 上诉机构声称其报告可以被作为之后案件的指导。美国似乎更希望 WTO 争端解决机制回到 GATT 时代没有约束力的机制。① 2020 年 2 月，USTR 就 WTO 上诉机构发布报告，报告是对上诉机构记录的首次全面研究，对上诉机构未能遵守 WTO 规则和未能按书面方式解释 WTO 协定的情况进行了深入评估，指责上诉机构工作存在诸多失误。该报告还指出，上诉机构的做法剥夺了 WTO 成员的权利，通过对 WTO 协定的错误解释，为 WTO 成员强加了新的义务。上诉机构试图填补这些协定中的"空白"，解读美国和 WTO 其他成员从未同意的权利或义务，这些错误以牺牲市场经济为代价，偏袒了非市场经济，使贸易救济法律失效，侵犯了 WTO 成员的合法政策空间。② 另外，美国贸易代表办公室认为，上诉机构未能遵守 WTO 规则及其对世贸组织协定的错误解释，还在以下方面损害了 WTO 争端解决机制：① 由于上诉机构经常推翻专家组对问题的调查结果，并增加了其裁决的"先例"意义，因此大部分专家组报告都被提起上诉，从而延长了争端持续的时间；② 上诉机构声称要专家组将其裁决报告视为先例，以及希望发表咨询意见的做法都增加了上诉的复杂性，延迟了争端的解决，还鼓励提起额外的诉讼；③ 上诉机构以创设"世贸组织法律"的"国际贸易最高法院"自居，降低了争端解决机构专家的地位，削弱了世贸组织协议的影响。

笔者认为，WTO 争端解决机制的停摆是美国目前手头的筹码，只有解决了目前美国所要求的 WTO 实体规则的改革，争端解决机制改革才会被提上日程，因为根本的问题还是美国认为目前的 WTO 规则不公平，不能继续适用。美国对 WTO 的不满由来已久，2019 年 12 月 WTO 上诉机构"停摆"是美国长期运作的结果，而不是特朗普政府的一时兴起，这可以视为对总干事人选争端的预演。美国的意图是，要么在其主导下，WTO 展开根本

---

① Marianne Schneider-Petsinger. "The Path Forward on WTO Reform"，https：//www. chathamhouse.org/expert/comment/path-forward-wto-reform.

② USTR. "REPORT ON THE APPELLATE BODY OF THE WORLD TRADE ORGANIZATION"，https：//ustr.gov/sites/default/files/Report_on_the_Appellate_Body_of_the_World_Trade_Organization.pdf.

性的改革；要么让这一束缚其行动的重要国际组织失去行动力。

欧盟在改革方案中提出若干设想：第一，增加对即将离职的上诉机构成员的新规定，他们可以在审理完毕已经开始审理的案件之后才完成任期；第二，确保上诉程序的审限在 90 天内完成；第三，上诉机构审理的法律问题不包括国内立法的含义；第四，上诉机构只能处理解决争议所涉及的问题；第五，引入 WTO 成员和上诉机构年度会议，公开讨论系统性的问题或趋势。[①] 可见，这些设想基本上是对美国关注议题的回应。

中国的立场是优先处理危及世贸组织生存的关键问题，主要解决上诉机构成员遴选受阻的问题。2018 年 12 月 12 日召开的总理事会，对上诉机构的任命和 DSU 修改进行过讨论，但是中美欧等成员难以弥合分歧，该议题被排除在"WTO 准入：2018 年度总干事报告"议程之外。

二、中国的立场

（一）上诉机构成员遴选改革

就如何打破遴选僵局这个问题上，中欧立场一致，并为解决美国提出的若干关切向 WTO 提出了《中欧争端解决上诉程序改革联合提案》，包括延长上诉机构成员任期、取消成员再任命的机会、90 天审限、上诉机构成员全职化、增加上诉机构秘书处资源、重复审查事实问题、对于争端解决不必要议题的裁定以及上诉机构裁决成为先例等问题。

中国《WTO 建议文件》特别关注上诉机构遴选，这也是维护 WTO 体制特别是争端解决机制的关键，事关 WTO 的权威性。

美国在 2018 年年度最后一次 WTO 总理事会会议上反对欧盟、中国等 10 个成员提出的议案。美国认为上诉机构偏离了 WTO 成员商定的角色，坚持确保上诉机构成员遵守现有 DSU 规则，反对修改 DSU。[②] 美国反对修

---

① "WTO Reform: EU Proposes Way Forward on the Functioning of the Appellate Body", https://europa.eu/rapid/press-release_IP-18-6529_en.htm.

② WTO. "COMMUNICATION FROM THE EUROPEAN UNION, CHINA, CANADA, INDIA, NORWAY, NEW ZEALAND, SWITZERLAND, AUSTRALIA, REPUBLIC OF KOREA, ICELAND, SINGAPORE AND MEXICOTO THE GENERAL COUNCIL", Document No: WT/GC/W/752, https://docs.wto.org/dol2fe/Pages/FE_Search/FE_S_S005.aspx, 最后访问日期：2019 年 4 月 5 日.

改争端解决机制，表明 WTO 的困境目前还找不到出路。

为进一步加强上诉机构的独立性，平衡连任机制效果与 WTO 成员方关切，建议可以采用负面规定的方式，约束和限制成员否定上诉机构成员连任的反对理由。在没有这些否定性原因的情况下，上诉机构成员首次任期结束后，连任自动发生。

（二）"毒丸条款"问题

USMCA "毒丸条款"与 WTO 基本原则相悖。作为排他性条款，其实际上限制甚至是剥夺了中国与其他国家之间谈判和签署自贸协定的缔约权利，违反世贸组织确立的自由贸易和非歧视待遇的基本宗旨。中国也因此无法同其他国家签订自贸协定，无法获得优惠的贸易条件。

但是，GATT 和 GATS 对区域贸易协定设定了一些约束性条件，自贸区的建立不能降低区域外成员国的待遇。GATT 和 GATS 规定了当事国在缔结、扩展或修改自贸协定时的通知义务，以及区域贸易协定委员会、货物贸易理事会和服务贸易理事会的审查权力，以确保区域经济一体化在世贸组织多边框架内发展。① 因此，"毒丸条款"与这些基本准则是相悖的。②

三、美欧等国的立场

（一）美欧等发达国家的主张

以美国为首的发达国家希望修正 WTO 对发展中国家的定义，缩小发展中国家的范围，从而减少给予更多国家以特殊和差别待遇，减少与这些国家贸易往来时作出利益上的让步，以此进行有利于自身的贸易。

2017 年 12 月，美国贸易谈判代表莱特希泽在 WTO 部长级会议上明确表示 WTO 框架下的发展问题应予澄清，美国不能容忍所有新规则仅适用于少数国家，而大部分国家却可以通过自我认定为发展中国家而加以逃避，尤其是世界上最富有的 6 个国家中有 5 个都自称为发展中国家。③

---

① 廖凡：《从〈美墨加协定〉看美式单边主义及其应对》，《拉丁美洲研究》2019 年第 2 期。
② 沈伟：《修昔底德逻辑和规则遏制与反遏制——中美贸易摩擦背后的深层次动因》，《人民论坛·学术前沿》2019 年第 1 期。
③ 漆彤、范睿：《WTO 改革背景下发展中国家待遇问题》，《武大国际法评论》2019 年第 1 期。

　　2019 年 1 月 15 日，美国向世贸组织提交了题为《一个无差别的世贸组织：自我认定的发展地位威胁体制相关性》的文件，并据此提出了一份总理事会决定草案，要求取消一批发展中成员享受特殊和差别待遇的权利。同年 2 月 15 日，中国、印度、南非和委内瑞拉联合向世贸组织提交了《惠及发展中成员的特殊和差别待遇对于促进发展和确保包容的持续相关性》的分析文件。正如中国驻世贸组织张向晨大使指出的，美国文件忽视了发展中成员在人均收入水平、[①] 科技发展、经济结构、地区差异、社会管理、发展质量、发展阶段等方面与发达国家之间的差距，通过选择性使用个别总体指标夸大一些发展中成员的发展水平，进而挑战世贸组织发展中成员自我认定的方法。[②]

　　美国政府于 2019 年 7 月 26 日发表了《关于改革世界贸易组织发展中国家地位的备忘录》，并指出："世贸组织继续依赖发达国家和发展中国家之间过时的二分法，使得一些世贸组织成员国能够利用特殊待遇，在世贸组织框架下作出较弱的承诺，将自己定为发展中国家"；"为了帮助确保这些国家履行其承诺，通过投入所有必要的资源来改变世贸组织对发展中国家地位的态度，使发达经济体更加自由，公平和互惠。"为了推进这一政策，"美国贸易代表应酌情并与适用法律保持一致，使用一切可用手段确保世贸组织的变革，以防止自我声明的发展中国家利用世贸组织规则和谈判中的灵活性，而这些灵活性不适合其经济和其他指标。如果 90 天内这一目标无法实现，美国将不再以 WTO 发展中国家的标准对待某些国家"。

（二）小多边贸易体系包围 WTO 贸易体系

　　USMCA 的指导思想和 WTO 不同。WTO 支持和寻求功能主义一体化，追求超越具体成员利益的集体利益和一体化。USMCA 则属于自由政府间一体化，不认同超越具体缔约方利益的集体利益，认为一体化只是缔约方实现自身利益最大化的工具。例如，《美墨加协定》在内容上废除了

---

　　① 现有世贸组织协定中唯一使用过的、用于衡量成员发展水平的指标是"人均"的概念，即《补贴与反补贴措施协定》第 8.2（b）（iii）项和附件 7。
　　② 《发展中成员特殊和差别待遇原则不容否定——张向晨大使在 2019 年 2 月 28 日世贸组织总理事会上的发言》，2019 年 3 月 1 日。

关注发展中国家利益的"发展"内容，更加关注北美地区的产业链。美墨加协定是特朗普政府对现有"存在缺陷"的贸易协定"进行审视"之后的作品，也是美国政府推行"美国优先"贸易政策，从规则导向向单边贸易保护主义转向的结果。[①] 由于指导思想和缔约理念不同，USMCA 与 WTO 的目的、原则和治理机制也有差异，USMCA 确立的国际贸易规则一定程度上修改甚至是颠覆了现行的 WTO 规则。[②] 美国的动向是颠覆 WTO 规则，另起炉灶。美国经常根据美国国内法来处理国际贸易争端。美国同国际贸易相关的法规包括：《1974 年贸易法》第 301 条款；《1974 年贸易法》第 201 条款；《1962 年贸易扩张法》第 232 条款。

首先，USMCA 投资争端解决机制的"国别"差异与 WTO 存在矛盾，不同缔约国和投资者国籍适用不同的规则，以满足美墨加三国在投资和贸易争端解决机制上的不同选择和制度偏好。美国和墨西哥投资争端解决规则指出，本申请人是能够提起适格争端解决的个人，但是排除那些被其他缔约方认为构成非市场经济体的（非本缔约方）个人所拥有或控制的投资者。[③] 换言之，非市场经济体个人所有或控制的投资者，即使通过在东道国新设企业的方式进行投资，也不能依据美墨加协定对东道国提起 ICSID 争端解决程序。[④] 这表明，美国或墨西哥通过这一条款赋予自己认定第三国是否构成非市场经济体的权利，自行选择单方面宣布不给予第三国投资者在解决投资争端中的最惠国待遇，[⑤] 减少了本国在多边贸易体系中的义务。然而，WTO 对成员的市场经济持中性态度，除了自由贸易原则之外，尊重成员制度选择的自主性，允许成员国"以符合不同经济发展水平下各自需要的方式，加强采取各种相应的措施，"对非市场经济和市场经济并没有作出明晰和被广泛接受的界定。但是，市场经济和非市场经济的界定不明容易招致分歧，进而影响 WTO 关于反倾销的认定和适用。此外，是

---

① 池漫郊：《〈美墨加协定〉投资争端解决之"三国四制"：表象、成因及启示》，《经贸法律评论》2019 年第 4 期。

② 参见沈伟：《"修昔底德"逻辑和规则遏制与反遏制——中美贸易摩擦背后的深层次动因》，《人民论坛·学术前沿》2019 年第 1 期，第 40—59 页。

③ 池漫郊：《〈美墨加协定〉投资争端解决之"三国四制"：表象、成因及启示》，《经贸法律评论》2019 年第 4 期。

④ 孙南翔：《〈美墨加协定〉对非市场经济国的约束及其合法性研判》，《拉丁美洲研究》2019 年第 2 期。

⑤ 《美墨加协定：WTO 规则颠覆者》，http://www.ftchinese.com/story/001081601?full=y&from=timeline&isappinstalled=0#ccode=2G188002，最后访问日期：2019 年 3 月 4 日。

否拥有市场经济地位涉及国际社会对于国家身份的认同，因此对此二者的清晰界定至关重要。

其次，USMCA 的争端解决机制与 WTO 不同。WTO 上诉机构（DSB）被赋予最终裁决权，DSB 有对旧约的解释权、新约的立法权以及成员方义务的豁免权。美国对 DSB 所具备的"司法能动主义"持批评态度。为了避免 WTO 的司法能动主义倾向，USMCA 逆向而行，选择回归 GATT 传统，通过磋商谈判解决争端，降低争端解决机制的司法属性，强调缔约方自觉履行契约义务而非通过第三方判定违反条约义务。①在 GATT 机制下，申诉方可以决定如果应诉方不采取措施补偿和消除对自己损害，将采取何种报复措施，但是需要参考专家组报告所作的最终裁决，包括评估自身因应诉方不履行或不充分履行义务受损程度来判断应诉方是否存在不履行或不充分履行义务的行为。此外，申诉方在争议双方不能就专家组报告结论达成一致的情况下，可以在没有授权的情况下直接对应诉方发动对等报复。《美墨加协定》还废除了投资者与国家间的争端解决机制（美墨之间仍有存在），更加突出国家之间的公法关系。在贸易争端方面，美墨加协定实行专家组一审制，弃用了 WTO 的上诉法律审。

USMCA 是美国所采取的双边先行、以双边替代多边推进美国国家利益做法的尝试。②双边模式下缔约方达成协议的难度会降低，而美国在双边或小多边模式下更易达成对自身有利的协定，这也使 WTO 陷入的僵局长久化，迫使其进行改革。

（三）利用小多边贸易体系冲击 WTO 贸易体系

美欧双方发表的致力于消除关税和贸易壁垒的《美欧就容克主席访问白宫发表的联合声明》、美欧日三方签署的《关于贸易三方联合声明》以及美日双方还在继续谈判的 FTA，都表明美国试图通过倡导建立新的贸易机制来减少自身的贸易逆差，在关税、农产品、汽车等贸易领域达成更加

---

① 欧阳俊、邱琼：《〈美墨加协定〉的目标、原则和治理机制分析》，《拉丁美洲研究》2019年第 2 期。

② 《双边先行——美墨加协议发出的新信号》，https：//mp. weixin. qq. com/s/SPGnwjfmOPs9Vn6ilZ＿oQ，最后访问日期：2018 年 10 月 25 日。

自由公平的贸易机制的意图。在现实操作中，贸易壁垒等技术性问题的解决将影响 WTO 后续的运作方式和行业审查方式。

首先，美欧日《关于贸易三方联合声明》就"第三国非市场经济主导政策和做法"发表看法：中国是典型的非市场经济主体，使得中国在三方贸易市场上的竞争力受到了挑战。其次，声明就"产业补贴和国有企业相关声明"内容指出，中国国企在海外投资日益频繁的情况下，国企的海外投资争端纠纷数量上升。再次，美欧日三方在技术强制转让方面也达成了一致，将对中国的技术发展和创新进一步施加压力。①

事实上，与 WTO 举步维艰不同，全球贸易体系正在发生转向。传统的全球自由贸易体系的重要性正在不断被削弱，许多经济体正在推动双边或小多边的自由贸易体系。欧盟与加拿大、日本、新加坡、越南等国签订了自由贸易协定（投资保护协定），与非洲签署了《建立非洲大陆自由贸易区的协定》，与日本等 11 国通过了《全面与进步跨太平洋伙伴关系协定》。这些双边或小多边的贸易体系一方面改进（修正）了自由贸易规则；另一方面也在瓦解 WTO 的多边功能。

（四）美国或从组织机构方面加强对 WTO 的主导和控制

除了总干事职位之外，《马拉喀什建立世界贸易组织协定》还规定了设置部长会议、总理事会、秘书处等 WTO 机构的设置和组成方式，这些机构对 WTO 日常工作的开展举足轻重。部长会议履行世贸组织的职能，有权对各多边贸易协议中的任何事项做出决定；总理事会在部长会议休会期间执行部长会议的各项职能；总干事和秘书处的职员纯属国际性质，在履行其职责方面不应当寻求和接受世贸组织之外的任何政府或其他当局的指示。② 目前，WTO 总干事已经产生，美国可能会通过政治、外交等途径试图在部长级别会议和总理事会上发挥更大的作用，在总干事任命的秘书处成员的人选方面或许会有干涉，以继续保证其在 WTO 的主导和控制地位，以便增强对于 WTO 相关改革的主导作用。

---

① 美欧日对中国的体制横加指责，中国主要的贸易伙伴国美国、欧盟、日本、加拿大没有信守诺言，及时承认中国的市场经济地位国家，而是以中国还存在大量的产品倾销和出口补贴为由，不愿给予中国作为市场经济国家应享受的合法权益。

② 《马拉喀什建立世界贸易组织协定》第 4 条第 1—2 款；第 6 条第 1—4 款。

（五）制定数字贸易规则

"数字贸易"是美国近年来主要使用的一个术语，也为许多国际组织广泛使用。美国贸易代表办公室（USTR）将数字贸易定义为："一个广泛的概念，不仅包括在互联网上销售的产品和各种在线服务，而且还包括支持全球价值链的数据流、使智能制造成为可能的服务，以及其他平台和应用程序。"从实践上看，当前 WTO 数字贸易谈判已经超越传统的电子商务范围，进入数字贸易领域。数字贸易已成为国际经贸规则重构的竞争焦点，是各类自贸区谈判和 WTO 改革的主要内容。由于各国在跨境数据流动、数据本地化、市场准入、隐私保护、消费者权益维护、知识产权保护等方面各有诉求，国家间监管互认困难，迫切需要建立统一的规则体系。数字贸易涉及的争议如下：

一是对于数字贸易定义和范围的理解差异。美国倾向于用"数字贸易"取代"电子商务"，认为其他国际组织对"电子商务"的界定过于狭窄，可能会影响这一术语在 WTO 框架内的使用；[①] 中国则认为美国所主张的数字化传输内容和服务方面的规则过于敏感和复杂，目前尚处于探讨阶段，将电子商务界定为互联网平台所支持的跨境货物贸易及相关的支付和物流等服务，核心仍在于货物贸易，侧重于削减边界贸易壁垒；[②] 欧盟则出于维护欧洲文化多样性的考虑，提议将视听服务彻底排除在谈判范围之外。[③] 但美国对此并不认同，强调 WTO 应该保护包括视听在内的数字贸易免受不公平待遇。[④]

二是对关税的理解差异。美国是数字贸易零关税政策的积极倡导者，主张在 WTO 框架下达成电子传输永久免征关税的协议。[⑤] 美国认为电子传输零关税符合所有 WTO 成员的利益，并且要求永久执行电子传输零关税，而不是目前两年更新一次的延缓征收（moratorium）政策。作为零关税的最大受益者之一，中国支持将"延缓征收"政策延长至 2021 年，同时

① WTO. INF/ECOM/5, March 25, 2019.
② WTO. INF/ECOM/19, 24 April, 2019.
③ WTO. INF/ECOM/43, 15 October, 2019.
④ Tim Bradshaw. "Countries Vow to Press ahead with Digital Taxes Despite U.S. Threat," https://www.ft.com/content/6529014c-169a-11ea-9ee4-11f260415385.
⑤ Work Programme on Electronic Commerce, Submission from the United States (Revision), WT/GC/W/493/Rev. 1, 8 July, 2003, p.6.

承认给予发展中国家政策空间是必要的。中国支持目前在 WTO 中对电子传输暂停征收关税的做法，但未提出将该做法永久化。[①]

三是对跨境数据流动、本地化及转让源代码的分歧。发展中成员普遍将网络安全和国家安全置于优先地位，为此可能采取限制跨境数据流动的措施，或将计算设施本地化、披露或转让源代码作为在本地开展业务的前提条件。因此，提案中或是未涉及这部分内容，或是强调保留政策空间。然而，美国将跨境数据自由流动和禁止本地化要求视作消除贸易壁垒的关键，认为过度重视网络安全会导致阻碍数字贸易、扼杀数字经济的严重后果。[②] 与此同时，美国将禁止披露、转让源代码作为保护知识产权和创新的必然要求，对例外情形容忍度极低。[③]

四是对网络设备和产品的非歧视待遇分歧。2019 年 9 月，中国在第二份电子商务提案中提议禁止成员在这一领域采取歧视做法，主张若无合法公共政策目标，未经正当程序，不得对网络设备和产品实施断供等限制性措施，不得干预对此类设备、产品和技术的选择。[④] 这一提议显然与以华为为代表的中国高科技企业接连遭遇美国施加的歧视密切相关。

（六）加强针对反补贴和国有企业的规则

2019 年 1 月，美国向 WTO 提出了针对中国补贴问题的 70 项质疑，指责中国隐瞒部分造成贸易扭曲的补贴项目。[⑤]

对于反补贴规则的适用首先应当明确何种行为属于补贴行为，在体量巨大的国际贸易中，各国的国情千差万别，对于补贴行为的认定和反补贴措施的正确合理适用都是相当困难的。因此，制定并且明确反补贴规则是推动国际贸易行为规范化的应有之义。

2020 年 1 月发布的《美欧日联合声明》认为，现行的补贴规则存在

---

① 谭观福：《论数字贸易的自由化义务》，《国际经济法学刊》2021 年第 2 期，第 27—47 页。

② 柯静：《WTO电子商务谈判与全球数字贸易规则走向》，《国际展望》2020 年第 3 期，第 43—62 页。

③ WTO. INF/ECOM/5，March 25，2019.

④ WTO. INF/ECOM/40，September 23，2019.

⑤ 《美国向世贸组织提出针对中国补贴项目的 70 项疑问》，https://www.reuters.com/article/us-wto-china-subsidiary-query-0131-idCNKCS1PP04S，最后访问日期：2022 年 1 月 1 日。

不足，WTO 成员未能有效遵守补贴的通报规则，补贴透明度较低，而现行的 WTO 补贴规则不足以制止或救济有害的补贴。建议提高透明度和加强补贴通报，在补贴通报规则中设置直接或间接的激励机制，并设定"可予反驳的一般推定机制"①；扩大"禁止性补贴"的范围，更有效地识别和更严格地规制现行原则和规则允许的但严重扭曲贸易的有害补贴的类型，例如导致产能过剩的补贴、政府或政府控制的非商业条件的股权投资。②

《美欧日联合声明》还对有关扭曲市场的补贴和国有企业造成的不公平贸易行为提出了相应倡议。倡议的核心内容是：国有企业是国家管理和影响经济的工具，常常产生市场扭曲效应，希望 WTO 加强对公共机构和国有企业的约束。一是通过对"公共机构"的解释，使更多国有企业的行为受制于现行补贴规则。二是制定规则，以处理政府利用国有企业作为工具执行政府经济政策所造成的其他扭曲市场的行为。三是加强国有企业在透明度等方面的额外纪律。此外，美欧日三方正在进行投资审查机制合作，国有企业是审查重点。③

2020 年 3 月 7 日，USTR 向国会提交《2019 年中国 WTO 合规报告》，表明其对于中国国有企业问题的关注。该报告认为，中国国有企业的管理层由党的组织部门任命和控制；公司内部的党委可以影响公司治理和商业决策，特别是一些国企和私企通过修改章程以保证党参与董事会，企业做出重大决策前需经党委研究等。④

（七）强化成员国的通报义务

根据 WTO 的有关规定，作为 WTO 成员在制定、实施某一与贸易有关的技术标准、技术法规前，有义务向 WTO 各成员及时通报其即将制定、实施的技术标准、技术法规等贸易文件；同时，WTO 其他成员有权对通

---

① "可予反驳的一般推定机制"是指，如果一项补贴措施没有被通知或被反通知，将被推定为补贴，甚至被推定为造成严重损害的补贴。

② 《美日欧在 WTO 框架内提出新补贴规则　目标直指中国》，https://www.reuters.com/article/trade-wto-subsidieschina-0114-tues-idCNKBS1ZE01R，最后访问日期：2022 年 1 月 1 日。

③ 《美欧日发表〈联合声明〉精准打击中国》，https://www.sohu.com/a/367357995_393904，最后访问日期：2022 年 1 月 1 日。

④ 管健：《〈2019 年中国 WTO 合规报告〉解读》，http://www.gjjmxh.com/gjjmxh/Article/ShowArticle.asp?ArticleID=3529，最后访问日期：2022 年 1 月 1 日。

报的文件提出评议意见。①

各成员履行通知义务是 WTO 协定中的一项重要原则，也是 WTO 体系得以正常运转的重要保障。当前 WTO 各成员在履行通知义务方面做得并不尽如人意，因此有必要重申强化各成员尤其是发展中国家成员履行通知义务的必要性。美国提出强化透明度和通知要求程序，建议通过采取一些措施对未履行通报义务的成员进行活动限制。② 欧盟指出，为了实现公平竞争，应当强化成员国的通报义务，以提高透明度和补贴通报机制。③

（八）强化建设同盟关系，多方面展开贸易审查

一是强化同盟关系，重点打压中国。2021 年 3 月 1 日，美国贸易代表办公室发布《2021 年贸易政策议程和 2020 年年度报告》，该报告在"拜登总统的重点政策"部分载明："拜登政府将寻求修复与联盟的伙伴关系，并恢复美国在世界各地的领导地位。拜登政府将重新参与并成为包括世界贸易组织（WTO）在内的国际组织的领导者。美国将与总干事恩戈齐·奥孔乔·伊维拉以及共同利益的贸易伙伴合作，对世贸组织的实质性规则和程序进行必要的改革，以应对全球贸易体系面临的挑战，包括日益加剧的不平等，数字化转型和贸易壁垒。"该报告在涉及中国的部分载明："要通过一项全面战略，应对中国的强制性和不公平贸易行为。"④

二是加强涉及"强制技术转让"的审查。美国关于强制技术转让的表述最早出现在 2012 年的特别 301 报告中，在涉及中国的部分提到，中国政府正在利用某些旨在促进"自主创新"的政策，通过有效强制外国权利持有人向国内实体转让知识产权的措施或行动，使外国企业处于不利地位。⑤

---

① 《WTO 通报及通报评议介绍》，http：//chinawto. mofcom. gov. cn/article/ap/p/201411/20141100792835.shtml，最后访问日期：2022 年 1 月 1 日。

② Statement of the United States by Ambassador Dennis Shea at the 14th WTO Trade Policy Review of the United States of America，https：//ustr. gov/about-us/policy-offices/press-office/press-releases/2018/december/statement-united-states-ambassador.

③ 贺小勇、陈瑶：《"求同存异"：WTO 改革方案评析与中国对策建议》，《上海对外经贸大学学报》2019 年第 2 期，第 24—38 页。

④ USTR. "2021 Trade Policy Agenda and 2020 Annual Report"，https：//ustr. gov/sites/default/files/files/reports/2021/2021％20Trade％20Agenda/Online％20PDF％202021％20Trade％20Policy％20Agenda％20and％202020％20Annual％20Report. pdf.

⑤ "2012 Special 301 Report"，https：//ustr. gov/sites/default/files/2012％ 20Special％20301％20Report ＿0.pdf.

2013 年的特别 301 报告在涉及中国的部分提到，中国的法规、规章和其他措施经常要求技术转让，并且在某些情况下，要求或提议要求获得政府福利或优惠的资格取决于知识产权在中国发展，在某些情况下，知识产权由中方排他性地拥有或许可。①

2017 年 8 月 18 日，USTR 发布立案公告，决定根据《1974 年贸易法》第 302（b）（1）（A）节自主对中国发起 301 调查，以决定中国政府在技术转让、知识产权和创新方面的法律、政策和做法是否存在不合理或歧视性，并对美国商业造成阻碍和限制，即是否属于第 301 节（b）（1）项下可采取行动的行为。2018 年 3 月 22 日，USTR 在 301 调查报告中认定中国在四个方面存在歧视或不合理行为。②

《2020 年贸易政策议程和 2019 年年度报告》认为，WTO 应该认识到强制技术转让造成的损害；虽然公平、自愿和基于市场原则的技术转让在增长和发展方面形成互惠，但是一国的强制技术转让将剥夺另一国从技术流动和创新中获得利益的机会；强制技术转让与基于市场原则的国际贸易体系不符；WTO 成员应该通过制定标准、核心原则以及有效的方法来制止有害的强制技术转让政策和做法，包括执法工具和发展新的规则。这是美国首次将强制技术转让列入未来 WTO 改革的内容之中。

三是加强涉及"国家安全"的审查。2018 年 8 月 13 日，美国完成了针对外国投资委员会（Committee on Foreign Investment in the United States，CFIUS）的立法改革程序，明显强化了中国对美投资的安全审查。③ 该法案的出台成为"分水岭"，强化了所谓的"管辖投资"。在该法案中，中国成为外国投资委员会的"特别关注国家"，法案规定委员会必须每两年向国会提交一份中国企业在美投资的详细报告，具体到投资类

---

① 管健：《强制技术转让：WTO 改革综述之六》，https://cbnri.org/news/5442800.html，最后访问日期：2022 年 1 月 1 日。

② FINDINGS OF THE INVESTIGATION INTO CHINA'S ACTS, POLICIES, AND PRACTICES RELATED TO TECHNOLOGY TRANSFER, INTELLECTUAL PROPERTY, AND INNOVATION UNDER SECTION 301 OF THE TRADE ACT OF 1974, March 22, 2018, https://ustr.gov/sites/default/files/enforcement/301Investigations/301%20Draft%20Exec%20Summary%203.22.ustrfinal.pdf.

③ 李巍、赵莉：《美国外资审查制度的变迁及其对中国的影响》，《国际展望》2019 年第 1 期，第 44—71 页。

型、投资行业以及投资方的政府背景等。[①]

事实上，"国家安全"这一概念加大了美国的国家安全审查制度在审查标准上的模糊性与人为干预的弹性。此前特朗普政府对"国家安全"的定义早已超出传统范畴，其所列举的关键基础设施、关键技术、数据安全、政府控制等重点考量因素已远超WTO规则体系中对"国家安全"的审查要求，凸显为中国"量身定做"的特征。

四是加强制造业供应链，强化风险应对。《2021年贸易政策议程和2020年年度报告》重申了拜登政府的"重建更好未来"（Build Back Better）的口号："2021年贸易议程的核心内容是发展和加强有弹性的制造业供应链，特别是由小企业组成的供应链，以确保美国有更好的准备应对未来的公共卫生危机。"[②]

第五节　结　语

中美贸易战当前还在继续。中方坚持解决贸易争端、平息贸易摩擦的办法之一就是利用世界贸易组织争端机制这个武器，在WTO框架内寻求解决的途径，争取以磋商方式解决争端；但美方已经放弃在WTO框架下寻求解决中美贸易摩擦问题，而向以"三零"方案[③]为基础的自由贸易体系和"小多边"贸易体系方向偏离。这些分歧透露出美国意欲重新构建一个多边贸易体系的企图。[④]

美国已经背离了磋商解决分歧的正确轨道，中方也不得不采取必要的反制措施，中美立场南辕北辙。虽然美国很清楚在中国是否信守WTO规则方面难以做更多文章，WTO规则不足以限制中国在有损美国利益的情况下实现自身目标，但美国并不打算等待修改WTO规则来制约中国，而是迫不及待地引用国内法来处理中美贸易冲突。

---

① 张茉楠：《美国升级外资安全审查制度，将加剧中美脱钩》，http：//comment.cfisnet.com/2020/0525/1319623.html，最后访问日期：2022年1月1日。

② USTR. "2021 Trade Policy Agenda and 2020 Annual Report"，https：//ustr.gov/sites/default/files/files/reports/2021/2021％20Trade％20Agenda/Online％20PDF％202021％20Trade％20Policy％20Agenda％20and％202020％20Annual％20Report.pdf.

③ "三零"方案指零关税、零非关税壁垒、零补贴。

④ 王晓红、李锋、夏友仁、高凌云：《对"三零"国际经贸规则的认识》，《国际贸易》2019年第6期，第33—40页。

第十三章

美式"小多边主义"贸易
体制的端倪和雏形
——《中美经贸协定》（第一阶段）的变局背景

世界正面临"百年未有之大变局"。在逆全球化背景下，美国特朗普政府近年来先后退出多个国际条约和国际组织，通过签订一系列贸易协定，掀起了美式"小多边主义"的浪潮。美国陆续与重要的 WTO 成员方展开各项贸易谈判，达成更有利于本国利益的贸易协定，推进美式"小多边主义"，对 WTO 多边主义造成了冲击，加速了以 WTO 为核心的全球贸易体系的改造进程。中国作为 WTO 的坚定支持者，应当积极应对美式"小多边主义"带来的挑战和机遇。

第一节　问题的提出：逆全球化背景下
国际治理体系的演变

2016 年以来，全球化格局渐被打破，逆全球化趋势逐步加速。2017年 1 月 20 日，唐纳德·特朗普在白宫正式宣誓就职，他在就职演讲中重申贸易保护主义的论调，并称美国治理政策遵循"美国优先"原则。[①] 2017年 1 月 23 日，特朗普签署行政命令，正式宣布美国退出《跨太平洋伙伴关

---

① 胡建雄：《本轮逆全球化和贸易保护主义兴起的经济逻辑研究》，《经济体制改革》2017 年第 6 期，第 21 页。

系协定》（TPP）。^① 同年 4 月 27 日，特朗普分别与墨西哥总统培尼亚和加拿大总理特鲁多通话，三国同意重新开展北美自由贸易协定谈判。^② 同年 6 月，特朗普宣布美国将停止落实不具有约束力的《巴黎协定》。^③ 同年 10 月 12 日，美国国务院宣布退出联合国教科文组织（UNESCO）。^④ 2019 年美国宣布退出《巴黎协定》。全球新冠疫情之后，美国又终止了对世界卫生组织的资金拨付。^⑤

美国这一系列逆全球化举措使得全球经济一体化进程出现停顿甚至倒退，全球多边主义遭遇挑战。大多学者将其认定为是"逆全球化"的主要表现，全球化面对以强硬的国家保护主义和资源要素流动壁垒为特征的逆全球化的冲击，遇到重大挫折。^⑥ 逆全球化是与全球化进程背道而驰、重新赋权于地方和国家层面的社会思潮和经济趋势，^⑦ 对国际法治和国际治理体系带来重大影响。

近年来，逆全球化风潮迅速兴起。逆全球化最突出的表现就是反对政府对外让渡经济主权，否定多边体系和国际规则的重要性，全球治理的难度加大。^⑧ 美国外交关系协会主席理查德·哈斯称："特朗普上台后所采取的反全球化和单边主义政策是造成自由世界秩序日渐衰落的一个最重要因素"。美国单边主义政策从根本上破坏了全球治理的多边特征，以国内法代替多边贸易框架下的争端解决机制，以国家治理替代多边治理，更多次单方面退出国际组织或国际协议，直接破坏了现行全球治理机制，极大降低了全球治理体系的治理效率，是对全球治理从双边向多边、由区域向全

---

① 《特朗普正式宣布美国退出 TPP》，http：//www.xinhuanet.com/world/2017-01/24/c_129459613.htm，最后访问日期：2020 年 2 月 5 日。
② 《美墨加三方决定重谈北美自贸协定》，http：//www.mnw.cn/news/world/1686483.html，最后访问日期：2020 年 2 月 5 日。
③ 《美国政府正式启动退出〈巴黎协定〉程序》，http：//www.xinhuanet.com/world/2019-11/05/c_1125193398.htm，最后访问日期：2020 年 2 月 5 日。
④ 《美国宣布退出联合国教科文组织》，http：//www.xinhuanet.com/world/2017-10/13/c_129719752.htm，最后访问日期：2020 年 2 月 5 日。
⑤ 《美国宣布暂停向世卫组织提供资金》，https：//baijiahao.baidu.com/s?id=16640039888511180178wfr=spider&for=pc，最后访问日期：2020 年 4 月 28 日。
⑥ 王莞宁：《浅谈逆全球化趋势——以美国为例》，Proceedings of 2018 International Conference on Management，Economics，Education and Social Sciences，第 431 页。
⑦ 何力：《逆全球化下中美贸易战与国际经济法的走向》，《政法论丛》2019 年第 5 期，第 5 页。
⑧ 廉晓梅、许涛：《逆全球化与东亚区域经济合作的发展前景》，《东北亚论坛》2017 年第 5 期，第 68 页。

球发展路径的逆转和倒退，是全球性、区域性问题的治理转向在"一对一"双边框架下有差别的解决机制。

这些以单边主义为表征的逆全球化违背了现行全球治理多边框架下的非歧视性、责任共担、利益共享等根本原则，增加了全球经济治理体系向治理主体多元化、责任利益进一步平衡化变革的难度，对全球治理体系的运行和演进路径产生了非正常化的干扰。这主要表现在：一是加剧了全球治理碎片化格局；二是弱化了全球治理的组织化程度和治理效力；三是削弱了发展中国家和新兴经济体在全球治理体系中的作用、参与度和影响力。[1]

但是，美国一系列"退群"和"退约"的举措并非全面退出全球化，而是通过另起炉灶的方式，将"不再公平"和"不再对等"的全球化机制边缘化，从而全面重塑全球化的规范和秩序，再造对美国和西方有利的全球化[2]和全球贸易规则体系。因此，将美国的上述举措归结为"逆全球化"并不准确，也会误导发展中国家的应对措施。究其实质，美国并非反对全球化，而是反对不符合美国利益的全球化；美国并非反对多边或全球性规则，而是对现行的多边或全球性规则不满，[3]希望通过谈判、施压等方式推动新的规则体系和制度安排。

与这一系列举措并行的是，特朗普政府与"志同道合"或者具有重要性的贸易伙伴展开谈判，构建更符合本国利益的全球贸易体系。近年来，美国与多个贸易伙伴签订协定或发布联合声明，包括美欧日发布的零关税声明、新《美韩自由贸易协定》（以下简称新美韩 FTA），《美墨加协定》（USMCA）以及《中华人民共和国政府和美利坚合众国政府经济贸易协议》（第一阶段）（以下简称《中美经贸协议》）。由此可见，美国试图舍弃 WTO 的多边贸易体系，转向推进多个双边、区域或小多边的自由贸易协定，搭建以美国为核心的美式"小多边主义"贸易体系。本章通过理解美式"小多边主义"，分析对全球规则的影响和给中国带来的挑战，提出应对方案。

---

　　[1]　季剑军：《美国单边主义对全球治理体系的影响以及我国参与全球治理的应对策略》，《兰州学刊》2019 年第 1 期，第 88—89 页。

　　[2]　王强：《逆全球化背景下美国对华贸易政策探析》，《合作经济与科技》2018 年第 23 期，第 84 页。

　　[3]　车丕照：《是"逆全球化"还是在重塑全球规则？》，《政法论丛》2019 年第 1 期，第 16 页。

第二节 美式"小多边主义"的端倪

一、何为美式"小多边主义"?

"小多边主义"(minilateralism)[①] 在国内外的学术界仍存争议。国内学者认为,"小多边主义"是"少边主义",由特定共同利益的 3 个或 3 个以上的国家,为追求集体行动效率,在既有制度框架之外,形成就特定议题寻求协调政策与解决方式的非正式组织。[②] 国外学者对该术语也有讨论。意大利学者从多边主义的定义延伸,认为多边主义建立在非歧视原则和国家平等参与的集体机制之上,是走向国家间政治文明的重要一步。而小边主义的定义较为模糊,它与多边主义在两个方面有所区分,即参与主体和因此产生的歧视效果。小多边主义下达成的协定是对现有多边贸易制度的补充,仅限于特定的成员,达成的协议可能排斥他国加入,具有排他性,存在非对等性。[③] 罗依·艾克斯利(Robyn Eckersley)认为多边主义具有包容性(inclusive),小多边主义具有排他性(exclusive),二者在国际政治理论和条约谈判中产生矛盾和张力。排他性的小多边主义也被称为精英主义(elitism),有助于推动条约谈判,但这种精英主义在程序上是不公平的,[④] 具有局限性。综上所述,美式"小多边主义"可以概括为:美国主导的由多边组织的某些成员方参与的,在现有多边机制中无法就特定问题达成一致时,在多边组织的框架之外解决特定问题的机制或安排。

区别于传统"小多边主义"的安排,美式"小多边主义"是在国家层面对传统"多边主义"继承、延伸和补充的形态,通过各项贸易协定的谈判,搭建以美国为核心的贸易圈(见图 13-1),将法律制度辐射至其他贸易伙伴。随着几项贸易协定的签署,美式"小多边主义"逐步延伸而对外

---

① 苏长和、张勇等学者将其翻译为"少边主义";王红英、杨国梁等学者将其翻译为"小多边主义"。

② 张勇:《奥巴马政府的亚太地区"少边主义"外交浅析》,《美国研究》2012 年第 2 期,第66—81 页。

③ Fulvio Attinà. Multilateralism and the Emergence of "Minilateralism," *Romanian Journal of European Affairs*, Vol.8, No.2, 2008, pp.5 - 6.

④ Robyn Eckersley. Moving Forward in the Climate Negotiations: Multilateralism or Minilateralism? *Global Environmental Politics*, 2012, pp.1 - 4.

表现出双边主义、区域主义和传统小多边主义的杂糅，与美国政府对外的单边主义政策相辅相成、相互配合。近年来，美国在各个国际领域中施行单边主义，不断退出国际组织或国际协议，优先本国利益而巩固世界霸权，无视其他国家的利益以及国际社会的谴责，为美式"小多边主义"体系的形成和发展奠定了理论、现实和舆论基础。所有签署的贸易协定仅体现美国和签署方的意志，美方在此贸易体系下借机推动本国法的域外化，为实施后续的单边主义措施提供了合法的路径和框架。

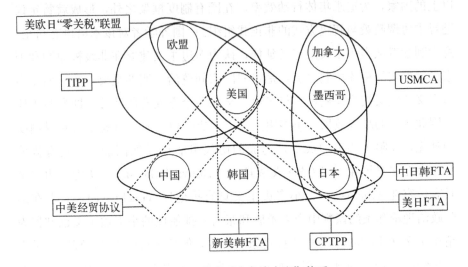

图 13 - 1   美式"小多边主义"体系

二、美式"小多边主义"的核心特征

第一，小多边主义的本质是多边主义的延伸和缩小，即依赖多边主义框架的存在和这一框架中的主要成员，可以看成是特殊的或者小范围的多边主义。

第二，产生的前提是多边框架内解决问题或者推进议程的努力受挫，国家或组织仍需寻求解决方案，而小多边主义由此产生。小多边主义由于成员国较少，因此决策程序和机制更有效率，也更可能精准地解决成员国之间的诉求。

第三，小多边主义的主要载体是包括贸易、投资、产业政策、知识产权保护、经济政策等更为全面议题的协定。这类协定不能简单归为贸易协定或者投资协定。当前诸多的 FTA 不仅包括贸易，而且也包括投资议题。就后者而言，传统上都采取双边方式，意味着将"贸易＋投资"打包谈判，必然会限制相关条约形式难以多边化。由于 WTO 主导的多边体制很难在贸易自由化和投资便利化层面有质的提升，WTO 框架下的传统贸易协定谈判一般也无法完全涵盖更加多元的经济议题，故在一定程度上为"小多边主义"的谈判和推进提供了机遇和市场。

第四，参加小多边协定的国家具有某些共性，例如，这些国家的经济发展水平相对接近，都处在全球产业链、价值链和技术链的高端，对某些规则或者价值取向具有相同的认同感。因此，它们在一些议题或问题上具有共同利益、诉求或主张，这些共性是凝聚成员国的主要动力。参加"小多边"体系的国家都具有贸易重要性，在世界贸易版图中占有重要比重（见表 13-1）。这也足以说明，美国在选择"小多边"谈判对象方面也是有的放矢的。

表 13-1　世界主要贸易国（地区）　　　　　　单位：％

排名 （以出口为序）	国家（地区）	出口额占比 （2018 年）①	进口额占比 （2017 年）②
1	中　国	12.8	10.2
2	美　国	8.6	13.4
3	德　国	8.0	6.5
4	日　本	3.8	3.7
5	荷　兰	3.7	3.2
6	韩　国	3.1	2.7
7	法　国	3.0	3.5

① Jeff Desjardin. "Mapped: The World's Largest Exporters in 2018", https://www.visualcapitalist.com/mapped-worlds-largest-exporters-in-2018/.

② Jeff Desjardins. "Visualizing the World's Largest Importers in 2017", https://www.visualcapitalist.com/visualizing-the-worlds-largest-importers-in-2017/.

排名 （以出口为序）	国家（地区）	出口额占比 （2018 年）	进口额占比 （2017 年）
8	中国香港地区	2.9	3.3
9	意大利	2.8	2.5
10	英 国	2.5	3.6
11	比利时	2.4	2.2
12	墨西哥	2.3	2.4
13	加拿大	2.3	2.5
14	俄罗斯	2.3	—
15	新加坡	2.1	—
—	印 度	—	2.5
—	西班牙	—	1.9

三、美式"小多边主义"与英国"帝国特惠制"

当前美国背离全球多边主义，通过双边、区域或小多边绕过 WTO，强加对美国有利的制度安排，企图重塑全球贸易格局，与英国曾施行的"帝国特惠制"十分相似。在遭受第一次世界大战和 1929 年经济大萧条后，英国面临了前所未有的经济危机，从而推行贸易保护主义。20 世纪 30 年代，英国在"渥太华会议"上制定了帝国特惠制。这种特惠制以英国与英帝国成员之间的紧密经济关系为基础，并以此为中心向全球扩展，将世界贸易体系割裂成两个部分。[①]

英国"帝国特惠制"与美式"小多边主义"都是以本国为中心而建立的贸易体系，向贸易伙伴施加压力而迫使其降低贸易壁垒和开放更大市

---

① 沈伟：《修昔底德逻辑和规则遏制与反遏制——中美贸易摩擦背后的深层次动因》，《人民论坛·学术前沿》2019 年第 1 期，第 44—45 页。

场。但两者也有不同,前者由英国领导且依托于英联邦国家之间的国家集团构成,形成封闭的贸易体系,其他国家仅能与英国双边谈判才能获得市场准入。而美式"小多边主义"是由一国主导形成的相对开放的贸易体系,且成员的数量有增多趋势,整个机制相对松散。从美墨加、美韩、美欧日、美中等多项谈判可见,美国不断扩充本国主导的贸易圈成员,后续是否还会有其他成员进入,以及各个协定之间是否出现重叠和整合都不确定。

四、美式"小多边主义"兴起的原因

过去几十年中,WTO 推动了世界自由贸易和经济发展,确立了以最惠国待遇和国民待遇为核心的非歧视性原则,为众多国家提供了统一适用的贸易规则。然而,美国近年来一直诟病 WTO 主张的传统多边主义。一方面,"协商一致原则"(consensus)表面上看似平等,却成为该原则的弊端。随着成员数量增加,成员间差异增大,寻求共识和利益交汇点的难度增加,致使谈判成功的概率随之降低,[1] 这也是多哈回合后 WTO 主导和推动的谈判成果寥寥可数的主要原因。另一方面,《WTO 关于争端解决规则与程序的谅解》(DSU)对程序时限有明文规定,WTO 上诉机构的最长审理期限为 90 天。[2] 但是,自 2011 年起上诉机构经常超出规定的 90 天的期限后发布裁决,平均处理期限已达到 149 天。[3] 同时美国阻挠 WTO 上诉机构成员的遴选工作,WTO 争端解决机制已陷入瘫痪。

21 世纪的前 20 年里,西方发达国家在国际贸易格局中的地位下降。虽然西方发达国家在全球贸易中获得的绝对收益在增加,但与新兴市场国家相比,发达国家的相对收益有所下降。[4] 自工业革命以来长期居于全球

---

① 赵宏:《论世界贸易组织的谈判机制》,《国际贸易》2016 年第 12 期,第 5 页。
② 《WTO 关于争端解决规则与程序的谅解》第 17 条第 5 款:"诉讼程序自一争端方正式通知其上诉决定之日起至上诉机构散发其报告之日止通常不得超过 60 天……DSB 迟延的原因及提交报告的估计期限。但该诉讼程序决不能超过 90 天。"
③ 车丕照:《是"逆全球化"还是在重塑全球规则?》,《政法论丛》2019 年第 1 期,第 16 页。
④ 韩召颖、姜潭:《西方国家"逆全球化"现象的一种解释》,《四川大学学报(哲学社会科学版)》2018 年第 5 期,第 97 页。

产业与金融分工之巅的美欧资本，在新兴经济体成为全球资源配置的重要参与主体时，对现有机制表现出适应性的调整和反转。[①] 因此，逆全球化与发达国家面对新兴经济体实力增长和参与全球经济治理变革能力增强时的不相适应有关。出于国际战略或国内政治考虑，美欧国家便提出了反国际贸易、贸易保护主义等逆全球化主张。[②] 究其根本，逆全球化是由于国际权力结构和经济结构带来的美欧国家的应激反应，美式"小多边主义"是这一反应的法律调整和制度回应。

五、美式"小多边主义"的雏形

美式"小多边主义"的主要内容包括以下方面。

一是重启北美自由贸易协定谈判。在 NAFTA 实施的 20 多年中，美国与墨西哥、加拿大之间的贸易逆差持续增长。美国主张，汽车制造、乳制品、农产品等行业的不公平贸易严重影响了北美自由贸易区的经济秩序。特朗普政府本着"美国优先"原则，认定 NAFTA 下的诸多条款和标准不能反映现阶段美墨加三国之间的贸易情况，而主导重新制定贸易协定。2018 年 11 月 30 日，美墨加三国领导人正式签署 USMCA。

二是美欧日零关税联盟。2018 年 7 月 17 日，欧盟和日本在东京签署《欧日经济伙伴协定》。同年 7 月 25 日，美欧发表联合声明，双方将致力于实现非汽车工业品的零关税、零非关税壁垒和零补贴，并降低服务、化工、医药、医疗产品以及大豆等领域的贸易壁垒。由于美国坚决退出 TPP，美日双方在 8 月中旬进行贸易磋商，试图达成双边协定。[③] 作为 WTO 三大重要成员，美欧日迅速发展彼此之间的自由贸易协定，致使 WTO 规则不再完全适用于协定签署方相互之间的贸易关系，在某种程度上削弱了适用于全体成员的 WTO 全球贸易规则的普遍性。[④]

---

① 章玉贵：《搞保护主义绝非"新型全球化"》，https://baijiahao.baidu.com/s?id=1655092555590773032&wfr=spider&for=pc，最后访问日期：2020 年 2 月 5 日。

② 韩召颖、姜潭：《西方国家"逆全球化"现象的一种解释》，《四川大学学报（哲学社会科学版）》2018 年第 5 期，第 97—98 页。

③ 苏庆义：《美欧日自贸协定的前景》，《中国远洋海运》2018 年第 10 期，第 20 页。

④ 孔庆江：《美欧对世界贸易组织改革的设想与中国方案比较》，《欧洲研究》2019 年第 3 期，第 44 页。

三是新美韩 FTA 的签订。2017 年美国对外贸易逆差达到 5 523 亿美元，比 2016 年增加 503 亿美元。同时国内制造业衰退、工人收入下降和失业率上升，美国政府将造成这一局面的原因归结为"不公平"的贸易规则与行为，并把矛头指向主要贸易伙伴国。[①] 2017 年 7 月 12 日，特朗普政府正式提出重新谈判美韩自贸协定。双方主要聚焦于汽车的市场准入和关税问题以及钢铁产品问题，最终韩国在汽车贸易领域做出让步，并签署了钢铁产品附属协议。2018 年 9 月 24 日，特朗普与韩国总统文在寅在纽约联合国大会期间签署了新美韩 FTA。

四是推动本国法的域外适用，构建同质性的规则网络。特朗普政府自 2018 年推动外资国家安全审查现代化法案的通过，收紧了外国投资者在美国的兼并审查。这一法案修订的直接结果是，中国对美国企业的收购案件在 2019 年呈悬崖式减少，交易量下降 80％。[②] 美国除了在本国推动投资保护主义政策外，还积极游说欧盟采取同样的保护主义政策。在美国的怂恿下，欧盟也于 2018 年通过了外资审查制度，收紧了外国投资者在欧盟境内的兼并交易。[③]《欧盟外资审查条例》已于 2020 年 10 月 11 日全面正式实施。美式"小多边"主义成功将国内法规则和制度辐射，并延伸至贸易伙伴国，使外国贸易投资监管法律体系打上了美国法的印记。由于国家安全审查制度也可以被双边投资协定中的例外条款所涵盖，这一制度也可能对多边主义和国际投资规则形成破坏。

在新冠疫情之后，澳大利亚在 2020 年 3 月 29 日宣布，将关键的收购审查门槛从 12 亿澳元降至零，以确保任何外国收购要约都要经过联邦官员审查是否通过，此前，对于交易金额低于 12 亿澳元的收购要约和来自澳大利亚有自贸协定的国家的投资者无需获得批准。印度工业与内贸促进局于 2020 年 4 月 18 日宣布，修改外商投资政策，规定"任何来自与印度接壤的国家投资者"都只能在政府准入路径下进行投资。2020 年 4 月 4 日，意大利宣布将黄金权力法应用范围扩大至食品、金融、保险和医疗领域，并

---

① 李天国：《贸易摩擦下的国家利益博弈：评美韩自由贸易协定的修订》，《太平洋学报》2019 年第 12 期，第 65 页。

② 沈伟：《美国外资国家安全审查制度历程、修改和影响——以中美贸易摩擦为背景》，《武汉科技大学学报》2019 年第 5 期。

③ 沈伟：《欧盟外商直接投资审查条例评述——以中美贸易摩擦为背景》，《上海海关学院学报》2019 年第 5 期。

将欧盟内部的收购行为纳入该法管辖。加拿大也宣布将特别注意审查与加拿大公共卫生与服务有关的任何外国直接投资,对所有来自国有企业的外国投资,或被认为与外国政府有密切关系的个人投资者进行严格审查。德国、西班牙、法国等国也收紧了外资审查制度。

五是中美贸易战已达成第一阶段的协议。历经 13 轮 20 余次的高级别磋商,中美双方于 2020 年 1 月 15 日正式签署了《中美经贸协议》。该协定不仅为中美贸易制定了框架,而且规定了具体的实施细则和执行机制。特别是其中第七章规定的双边评估和争议解决条款为中美之间解决贸易争端提供了一条在 WTO 框架内解决以外的新渠道。

第三节　现阶段美式"小多边主义"的规则内容

一、USMCA 文本中的"小多边主义"思维

USMCA 作为美国推行"小多边主义"区域层面的产物,为美墨加三国制定了新的高标准贸易规则。尽管舍弃了 NAFTA 这一名称,但是从条款上看,USMCA 更像是 NAFTA 与 TPP 合集的翻版,保留了 NAFTA 中大部分条款,还吸收了 TPP 中的新规则。[①] 美国贸易代表莱特希泽希望将 USMCA 作为美国未来签署贸易协议的模板,为 WTO 规则的重塑提供方向。[②]

（一）投资者—国家争端解决机制的差别性

投资者—国家争端解决机制（ISDS）允许投资者直接向东道国请求仲裁,在制度设计上将作为私主体的投资者与作为主权者的东道国置于平等地位。[③] USMCA 的第 14 章以及该章的三个附件[④]中对美、墨、加三国原

---

　　① 王学东:《从〈北美自由贸易协定〉到〈美墨加协定〉:缘起、发展、争论与替代》,《拉丁美洲研究》2019 年第 1 期,第 17 页。

　　② Jack Caporal & William Alan Reinsch. "From NAFTA to USMCA: What's New and What's Next?", https://www.csis.org/analysis/nafta-usmca-whats-new-and-whats-next.

　　③ 廖凡:《从〈美墨加协定〉看美式单边主义及其应对》,《拉丁美洲研究》2019 年第 1 期,第 47 页。

　　④ Annexes14 - C (Legacy Investment Claims and Pending Claims), 14 - D (Mexico-United States Investment Disputes), 14 - E (Mexico-United States Investment Disputes Related To Covered Government Contracts), USMCA.

有的 ISDS 进行了彻底的改变。USMCA 在某种意义上不像一个三方协定，而像三个双边协定的集合，美墨加之间在投资者—国家争端解决机制方面将各不相同。①

加拿大希望保留 NAFTA 第 11 章规定的 ISDS，相反美国希望完全取消这一机制。最终双方都做出让步，USMCA 保留了 ISDS，允许投资者可直接对东道国提起仲裁请求，但也做了限制。美加双方完全取消 ISDS，墨加则通过其他争端解决方法，例如《全面和进步的跨太平洋伙伴关系协定》(CPTPP) 所规定的 ISDS。此外，三国之间 ISDS 存在继续适用的例外，包括正在进行的 NAFTA 仲裁程序和遗留投资争端。②

美国和墨西哥之间仍继续适用 ISDS，争端可以通过仲裁解决，相关规定则包含在附件 14 - D 与 14 - E 之中，在实体和程序上均做了限制。实体方面，明确了"合格的投资争端"(qualifying investment dispute) 不能通过协商解决，需要提交仲裁程序，包括东道国违反国民待遇 (第 14.4 条) 和最惠国待遇 (第 14.5 条)，以及征收补偿 (第 14.8 条) 的争端。③ 此外，涵盖政府合同 (covered government contracts) 扩大了适用 ISDS 的范围。根据附件第 14.E.2.a 条规定，东道国若违反规定的任何义务，便可启动 ISDS。④ 在程序方面，第 14.D.3.2 条规定了提交任何仲裁请求之前至少 90 天内，申请人应向被申请人提交其提交仲裁请求的书面通知。⑤ 第 14.E.4 条规定了涵盖政府合同的投资者无需经过上述仲裁前置程序，可以在争端发生 6 个月后直接启动 ISDS，同时赋予了这类投资者 3 年时效。⑥ 另外，

---

① 廖凡：《从〈美墨加协定〉看美式单边主义及其应对》，《拉丁美洲研究》2019 年第 1 期，第 52 页。

② 遗留投资争端 (Legacy Investment)，是指 NAFTA 失效之前已经设立或取得的投资活动。

③ USMCA 第 14 章附件 14 - D 第 3 条第 1 款："在以下情况下，争议当事人一方认为一个合格投资争端不能通过协商和谈判解决：在以下情况下，争议当事人一方认为一个合格投资争端不能通过协商和谈判解决：(a) 申请人可代表本人提交仲裁：(i) 被申请人违反了 (A) 第 14.4 条 (国民待遇) 或第 14.5 条 (最惠国待遇)，除投资的设立和取得以外；(B) 第 14.8 条 (征收和补偿)，除间接征收以外……"

④ USMCA 第 14 章附件 14 - E 第 2 条："在以下情况下，争议当事人一方认为一个合格投资争端不能通过协商和谈判解决：(a) 申请人可根据附件 14 - D (墨西哥-美国投资争端) 代表本人提交仲裁：(i) 被申请人违反了本章规定的任何义务……"

⑤ USMCA 第 14 章附件 14 - D 第 3 条第 2 款："根据本附件至少提前 90 天提交仲裁请求，申请人应向被申请人提交书面的仲裁请求通知。"

⑥ USMCA 第 14 章附件 14 - E 第 4 条："在下列情况下不得根据附件第 2 条提交仲裁程序：(a) 争端发生后的 6 个月内；(b) 自申请人第一次知道或应该知道违约行为后的 3 年内……"

三国都是《解决国家与他国国民间投资争端公约》的缔约国，投资者可以选择就投资争端问题直接提交 ICSID 中心。

对于三国内部而言，实践中大幅减少了投资者通过空壳公司滥诉的风险，对 ISDS 范围的限定一定程度上保护了各国的司法主权。事实上，无论是区域协定还是多边协定，最惠国待遇原则可以为缔约方提高谈判效率，是确保规则统一的重要工具。通过规定一方给予另一方的任何待遇不低于其现在或将来给予任何第三方的同类待遇，以确保相关规则在缔约方之间的同等适用。[①] 然而，USMCA 中不统一的法律规则更加符合三国的利益需求，这种差异性与最惠国待遇原则的普遍性相违背。

(二) 日落条款对"美国优先"原则的保障

USMCA 第 34 章的最终条款 (Final Provisions)，也被称为日落条款，规定了 USMCA 有效期为 16 年，并且每隔 6 年进行重新谈判。具言之，在 USMCA 生效后的第 6 年，三方将联合审查评估协议内容，磋商相关议题，进而明确 USMCA 继续实施的可能性，并以书面方式确认是否将协定再续展 16 年，在此时限内强制要求三国不得撕毁该协定。

美国将此条款引入 USMCA 无疑削弱了协定的稳定性，预示如有新的议题出现，USMCA 就存在变动的可能。这种不确定性给投资者和东道国的预期利益带来了严重影响，与传统稳定的国际协定大相径庭。这体现了美国政府反感烦琐和固定贸易规则的态度，对 WTO 规则提出挑战。NAFTA 在实施初期大幅推动了美国在国际贸易领域的发展，而在后期却使美国在北美自由贸易区中产生巨大的贸易逆差。前车之鉴使得美国政府希望新制定的 USMCA 能够灵活变动，并能有针对性地解决特定时期内最主要的贸易问题。

在日落条款的保障下，USMCA 在应对当今复杂多变的国际贸易形势时，相比 NAFTA 具有更大的优势。然而，美国政府追求贸易协定灵活变动，即在协定达成之后继续付出大量的成本和资源与时俱进地修订，甚至可能重新制定新协定。美国政府在 USMCA 谈判中体现的新贸易方针和谈

---

① 廖凡：《从〈美墨加协定〉看美式单边主义及其应对》，《拉丁美洲研究》2019 年第 1 期，第 52 页。

判态度,为正在进行的美欧、美日、美中等贸易谈判做了一定准备,不排除美国以 USMCA 相关条款作为范本进行复制,以自身的经济优势地位迫使其他国家或地区不断与其保持同一立场,更有利于美国搭建"小多边主义"体系和实现"美国优先"的利益诉求。

(三)以非市场经济条款确立歧视待遇

USMCA 第 32.10 条界定了非市场经济国家(Non-Market Country),表明美国试图控制加拿大、墨西哥与非市场经济国家签署贸易协定,该条款被称为"毒丸"条款。

USMCA 第 32.10 条对与非市场经济国家谈判的缔约国施加了许多义务:一是谈判通知义务。该款规定任一缔约国如有意愿与非市场经济国家进行贸易谈判,应当在谈判前 3 个月通知其他缔约国。二是披露和提交审查义务。该缔约国应当披露与非市场经济国家签订的双边协定全部内容(包括附件和附文),并尽早提交给其他缔约国审查,以确认该协定是否对 USMCA 存在潜在影响。三是该款也为其他缔约国赋予了一项任意退出协定的权利,即与非市场经济国家签订自贸协定时,应当允许其他国家终止 USMCA 或以新协定来代替。[①] 此外,第 14.D.1 条限制了非市场经济国家投资者适用 ISDS,如果美国或墨西哥认为争端另一方投资者被第三方实际拥有或控制,且该第三方为非市场经济国家,则该投资者不能启动 ISDS。[②]

这项条款不仅实质上违背了最惠国待遇原则和国民待遇原则,而且还违背了 WTO 多边贸易体系下的非歧视原则。虽然 USMCA 没有对非市场经济国家进行明确的定义和列举,但规定了以贸易救济法为标准。对美国政府而言,这一条款植入 USMCA 是贸易政策阶段性的成果,背后也符合美式"小多边主义"的逻辑,对不同经济体制国家进行区别对待,为小多

---

① USMCA 第 32.10 条第 2 款:"至少在谈判开始前 3 个月,缔约一方应告知其他缔约方其与非市场国家开始自由贸易协定谈判的意向;"第 3 款:"根据其他缔约方请求,意图与非市场经济国家谈判的缔约方应当提供尽可能多的信息;"第 5 款:"若缔约一方与非市场经济国家达成自由贸易协定,其他缔约方将会被允许提前 6 个月通知终止本协定,并以其他双方之间的协定或双边协定取代本协定。"

② USMCA 第 14 章附件 14-D 第 1 条:"申请人是指合格投资争端的一方当事人,除投资者由第三方拥有或控制,且该第三方根据其贸易救济法被认定为非市场经济主体,并且与之没有自由贸易协定。"

边贸易圈挑选成员提供便利。对非市场经济国家而言,在美墨加三国贸易圈内都将很难得到实体和程序上平等的保障,迫使这类国家必须尽快着手开展与美墨加三国的贸易谈判。

美国利用该条款试图将非市场经济国家拒之门外,尤其是中国。在当前进行的美欧、美日谈判中,美国可能复制该条款而对非市场经济国家进行限制,从而达到再次主导世界贸易领域话语权的目的。"非市场经济"条款带有明显的歧视性和单边主义色彩,与 WTO 推崇的多边性和平等性格格不入。① 非市场经济国家投资者无法通过 USMCA 解决争端,意味着需要与美国构建新的解决机制或者寻求 WTO 的帮助。然而 WTO 已陷入瘫痪状态,美国的这一举措迫使非市场经济国家与其展开谈判而明确贸易争端解决机制,有利于扩充美式"小多边主义"体系。

二、新美韩 FTA 的达成

(一)韩国在传统汽车制造业做出让步

美韩自贸协定文本修改主要是针对韩国的汽车贸易领域,美国希望扩大对韩出口以提升本国汽车企业在韩市场的份额,因此在新协定中要求韩国承诺进一步开放本国市场。一方面,美国汽车企业的年均出口限额从 2.5 万辆提升至 5 万辆,且可以不考虑韩国安全标准,即韩国把符合美国安全标准的汽车进口配额提高了一倍。另一方面,美韩双方商定将对韩国皮卡征收 25% 的关税延长 20 年至 2041 年,推迟关税的举措极大地保护了美国本土市场,在短期内能迅速减少美国对韩的贸易逆差。美韩之间市场开放承诺的不对等性是美式"小多边主义"体系的一个重要特征。

(二)钢铁产品的国别豁免违背了最惠国待遇

2018 年 3 月 8 日,特朗普以损害国家安全为由,宣布对进口钢铁产品征收 25% 的关税,对进口铝产品征收 10% 的关税。对此,欧盟、加拿大、

① 沈伟:《修昔底德逻辑和规则遏制与反遏制——中美贸易摩擦背后的深层次动因》,《人民论坛·学术前沿》2019 年第 1 期,第 44 页。

墨西哥和中国均采取相应的反制措施。同年 3 月 22 日，美国宣布在 5 月 1 日前暂停对欧盟、加拿大、墨西哥和韩国等征收高额关税。在新协定的附属协议中，韩国出口至美国的钢铁产品将获得永久国别豁免而无须缴纳 25％的关税。[①] 中国始终没有取得暂时或永久的豁免，相较于韩国出口的钢铁产品，对中国出口的钢铁产品造成了歧视，违背了 WTO 的最惠国待遇原则。

三、《中美经贸协议》的达成

（一）中国购买安排的大幅增加

美国对中国的贸易政策没有选择降低关税和消除非关税贸易壁垒来扩大本国的出口量，而是具体规定要求中国承诺购买和进口制成品、农产品、能源产品和服务。[②] 据统计，2017 年中国进口了 1 300 亿美元的美国商品和 500 亿美元的美国服务，2020 年和 2021 年的基准购买额应为 3 600 亿美元。根据《中美经贸协议》要求，中国在 2020 年和 2021 年共需进口美国货物和服务至少 5 600 亿美元，同比增长 55％左右。[③] 该协议体现了美国管理贸易的回归，美国政府试图控制过度自由贸易导致的贸易逆差，但在一定程度上会造成其他 WTO 成员的担心。中国在能源和农产品方面增加美国进口，意味着会削减其他成员的数量，美国的这一举措既影响了其他成员的贸易利益，也对 WTO 多边贸易体系提出了挑战。

[①] 全小莲：《中美贸易战背景下的美韩 FTA 修改方案评析——兼论中国的应对》，《武大国际法评论》2018 年第 6 期，第 103—108 页。

[②] 《中美经贸协定》第 6.2 条第 1 款：从 2020 年 1 月 1 日—2021 年 12 月 31 日，中国应确保，如附录 6.1 所示，在 2017 年基数之上，扩大自美国购买和进口的制成品、农产品、能源产品和服务不少于 2 000 亿美元。具体而言，中国应确保：（1）在制成品方面，如附录 6.1 所示，在 2017 年基数之上，中国 2020 年自美采购和进口规模不少于 329 亿美元，2021 年自美采购和进口规模不少于 448 亿美元。（2）在农产品方面，如附录 6.1 所示，在 2017 年基数之上，中国 2020 年自美采购和进口规模不少于 125 亿美元，2021 年自美采购和进口规模不少于 195 亿美元。（3）在能源产品方面，如附录 6.1 所示，在 2017 年基数之上，中国 2020 年自美采购和进口规模不少于 185 亿美元，2021 年自美采购和进口规模不少于 339 亿美元。（4）在服务方面，如附录 6.1 所示，在 2017 年基数之上，中国 2020 年自美采购和进口规模不少于 128 亿美元，2021 年自美采购和进口规模不少于 251 亿美元。

[③] 石静霞：《〈中美经贸协议〉的 WTO 合规性："管理贸易" v."自由贸易"？》，https：// mp.weixin.qq.com/s/T-pSwAbEhG4UX-XKdipXUQ，最后访问日期：2020 年 2 月 5 日。

（二）独特的双边评估和争端解决

《中美经贸协议》在第 7 章设立了贸易争端的预防和解决机制，其目的是有效保障协议的实施。出于对中美贸易战的反思，双方在第 7.1 条中规定了"以公平、快速和尊重的方式"为原则解决经贸关系问题，防止贸易争端升级而影响双边关系的其他领域。①

根据第 7.2 条规定，协议设立了贸易框架小组，增强了双方高层领导人的参与。该小组可以讨论协议的执行问题以及未来工作的安排。② 此外，双方还就日常工作成立了双边评估和争议解决办公室，负责评估和执行协议的特定问题，接收任何一方的投诉以及通过协商解决争端。③ 第 7.3 条赋予了双方索取对方信息的权利，但不强制提供机密信息。④ 关于争端解决的程序在第 7.4 条中进行了详细规定，一共分为三个步骤，包括上诉、评定和争议程序。⑤

由此可见，不同于一般平等主体间的争议解决机制，中美双方之间新设立的争端解决机制具有自治性，即不通过诉诸第三方而解决贸易争端。双方按照彼此制定的协议履行争端解决程序，自行解决贸易纠纷，⑥ 但双方在第 7.6 条中仍保留了 WTO 和其他协定的权利和义务。⑦ 若美国继续与其他贸易伙伴陆续签订类似协议，一方面，使得 WTO 争端解决机制虚设；另一方面，为自身搭建"小多边"贸易体系带来了便利，给 WTO 和未参

---

① 《中美经贸协定》第 7.1 条第 2 款："该安排的目的和任务是有效执行本协定，以公平、迅速和尊重的方式解决缔约方经贸关系中的问题，并避免经贸争端升级及其对贸易的影响。"

② 《中美经贸协定》第 7.2 条第 1 款："缔约双方应成立贸易框架小组，以讨论本协议的执行情况，该小组应由美国贸易代表和指定的中华人民共和国副总理率领。贸易框架小组应讨论（a）有关执行本协定的总体情况；（b）有关执行的主要问题；（c）双方之间未来工作的安排。缔约双方应恢复宏观经济会议，以讨论总体经济问题……"

③ 《中美经贸协定》第 7.2 条第 2 款："安排应包括为每个缔约方设立的双边评估和争议解决办公室……（C）双边评估和争端解决办公室应（a）评估与执行本协议有关的特定问题；（b）接收任何一方提出的关于执行的投诉；（c）试图通过协商解决争端。"

④ 《中美经贸协定》第 7.3 条："一方可以在任何会议上或会议前要求另一方提供与执行本协议有关信息。另一方应提供包含所要求信息的书面回复……本条款的任何规定均不强制一方向另一方提供机密信息。"

⑤ 《中美经贸协定》第 7.4 条："1. 上诉。如果一方（"投诉方"）认为另一方（"被投诉方"）未按照本协议行事，则投诉方可以向双边评估与争议提出上诉……3. 评定。被投诉方应进行并完成对上诉的评估。被投诉方应考虑申诉所提问题的事实、性质和严重性。评估完成后，指定官员应开始磋商。4. 争议程序。双方将尝试通过以下程序以最有效的方式解决申诉……"

⑥ 徐国建：《中美贸易协议争端预防与解决机制解读》，https://mp.weixin.qq.com/s/F1Qv_ydMn2IxjKLWN1s-Eg，最后访问日期：2020 年 2 月 5 日。

⑦ 《中美经贸协定》第 7.6 条第 1 款："缔约双方根据《世贸组织协定》和缔约双方已签署的其他协定，确认彼此之间现有的权利和义务。"

与的成员国带来不利的影响，这样的举措也在加速 WTO 多边贸易体系的瓦解和改革。

在美式"小多边主义"体系中，三份协定的签署均体现了美国政府的本国优先主义和单边主义，美国均对贸易伙伴施加了不对等的义务，例如 USMCA 的"毒丸"条款、中国购买安排承诺等，希望在短期内减少本国的贸易逆差，最大限度地维护了本国利益。

第四节 美式"小多边主义"体系对国际贸易体系的影响

一、以 WTO 为核心的传统全球多边主义受到冲击

WTO 建立的初衷是构建一个高效的、稳定的国际贸易体系。随着美式"小多边主义"的扩充和延伸，WTO 倡导的一些原则和规则正在发生变化，具体体现在以下几个方面。

一是"美国优先"成为首要考量。以 USMCA 为例，从协定的名称便可看出美国倡导的国家优先主义，这种"零和游戏"与 WTO 推行的经济全球化、集体行动和利益责任共担原则不相一致。具言之，USMCA 删除了"Free Trade，"并以三个国家的名字命名新协定，可见其区别于自由贸易协定，包含了三个国家间的政治利益的博弈。

二是美式"小多边"体系下充斥着歧视待遇。例如针对非市场经济国家的歧视待遇，USMCA 第 14.D.1 条投资者争端解决规则区分了市场经济国家投资者和非市场经济国家投资者，本质上使得非市场经济国家的投资者无法享受公平的救济。[①]"毒丸条款"限制了 USMCA 成员国与非市场经济国家自由签署自贸协定的权利，形成对非市场经济国家的贸易封锁。又如，新美韩 FTA 在钢铁产品方面，美方给予韩方永久的国别豁免，形成了不公平的市场竞争。

---

① 孙南翔：《〈美墨加协定〉对非市场经济国的约束及其合法性研判》，《拉丁美洲研究》2019年第 1 期，第 64 页。

三是美式"小多边主义"体系在 WTO 以外建立争端解决机制。根据前文所述，美式"小多边主义"体系的兴起正是基于对 WTO 谈判机制和争端解决机制的不信任，美国试图通过双边、区域或小多边方式寻求更高效的解决路径。例如在 USMCA 中，针对发展程度不同的墨西哥和加拿大，美国做出让步的程度存在差异，三国舍弃了 WTO 一体化的争端解决，而采取互惠的双边争端解决机制。① 又如《中美经贸协议》虽然保留了 WTO 和其他协定的权利和义务，但是建立了高效的争端解决新渠道。

四是美式"小多边主义"政策伴随着管理贸易的转向。绝对而纯粹的自由贸易并不利于经济发展，一定程度上的管理贸易是有组织的自由贸易，能够协调各国之间的贸易关系，分享贸易利益，这与 WTO 的有利于自由贸易规则相一致。② 然而，过度的管理贸易政策是贸易保护主义的体现，将会形成贸易壁垒，例如 USMCA 设定了复杂的汽车原产地规则和配额制度，更试图将制造业回流至美国本土，③ 在第 4 章中将 NAFTA 的原产地规则标准从 62.5％提高至 75％，从而保护本国的供应链，减少来自亚洲国家进口量，限制汽车零部件的来源地。

二、USMCA 推进新的贸易规则和体系

USMCA 的达成既是美国政府新时期对外贸易政策的成果，也是美国对国际贸易进行管理的最新体现，无疑会对未来美国的对外贸易起到统领和借鉴作用，日落条款、非市场经济条款等很有可能被复制到其他的自贸协定中。美国政府希望通过反复多次的实践，将这些条款延伸到更多的发达国家，形成美式"小多边主义"贸易联盟，对 WTO 多边贸易体系和该贸易联盟外的国家和国际组织施加压力。同时，美欧等发达国家一方面在主导 WTO 改革，并提出了自己的改革方案。例如，欧盟于 2020 年 3 月 27 日与 15 个 WTO 成员方达成关于临时上诉仲裁安排的协议，即在上诉机构陷于瘫痪的情况下，提出上诉并解决彼此之间的贸易争端，坚定不移

---

① 《美墨加协定：WTO 规则颠覆者》，http://www.ftchinese.com/story/001081601?full=y&from=timeline&isappinstalled=0#ccode=2G188002，最后访问日期：2020 年 2 月 25 日。
② 李金东：《论管理贸易政策及其对中国的影响》，《时代金融》2007 年第 11 期，第 33 页。
③ 石静霞：《〈中美经贸协议〉的 WTO 合规性："管理贸易" v."自由贸易"？》，https://mp.weixin.qq.com/s/T-pSwAbEhG4UX-XKdipXUQ，最后访问日期：2020 年 3 月 20 日。

地支持基于规则的全球贸易体系。欧盟贸易专员菲尔·霍根(Phil Hogan)表示,应对 WTO 停摆的危机,各国共同合作恢复 WTO 争端解决机制正常运转,[①] 这对尊重和执行国际贸易规则至关重要。另一方面,无视部分 WTO 既定的规则和制度,优先谈判双边自由贸易协定,而未来这些贸易协定的部分条款存在移植到改革后的 WTO 法律框架的可能性,使得其他先前未参与贸易协定谈判的国家得不到同等待遇,削弱了经济实力落后国家的参与度和竞争力。虽然中方始终坚持维持 WTO 存续的态度,但是《中美经贸协议》的签署正是对美式"小多边主义"延伸的回应。中美双方优先达成了第一阶段的双边协定来解决贸易争端,正是对当前 WTO 陷入瘫痪状态而停滞运转的最好回应。

第五节 中国的应对

一、双边层面:完善《中美经贸协议》和推动其他自贸协定谈判和升级

重新谈判后形成的 USMCA 显示了新的美式自贸协定的特点,尤其是 USMCA 中关于国有企业以及对待非市场经济体的规则也出现在美国的贸易议程及有关 WTO 改革设想的主要目标中。[②] USMCA 引入了罕见的歧视性条款,根据其设立的标准界定非市场经济体,并对其进行限制。前文所述除了争端解决机制条款中对非市场经济国家有歧视性规定外,还存在"毒丸条款",可以说,USMCA 这些条款规定明显指向的是以中国为首的非市场经济国家。USMCA 的签订曾一度使中方陷入被动状态,对中美双方的谈判形成巨大压力。

中美双方已于 2020 年 1 月 15 日签订了第一阶段的《中美经贸协议》。该协定共八章,包括知识产权、技术转让、食品和农产品贸易、金融贸易、宏

---

① 《解决 WTO 上诉机构停摆难题,中欧多方建立临时上诉仲裁安排》,https://baijiahao.baidu.com/s?id=1664143964430280407&wfr=spider&for=pc,最后访问日期:2020 年 4 月 23 日。

② 孔庆江:《美欧对世界贸易组织改革的设想与中国方案比较》,《欧洲研究》2019 年第 3 期,第 44 页。

观经济政策、汇率问题和透明度、扩大贸易、双边评估和争议解决及最终条款等内容。与 USMCA 异曲同工，中美双方搭建了 WTO 争端解决机制以外的双边评估和争议解决方式（第七章）。然而，第一阶段协定意味着仍有待解决的议题，需要中美双方继续谈判协商达成。中方牵头人刘鹤在答记者问中回答：双方达成的协议符合 WTO 规则和市场原则，体现了中美经贸合作互利共赢的本质，这有利于中国，有利于美国，有利于全世界。①

此外，墨西哥、加拿大与中国之间也有签订自由贸易的意向。中国和加拿大从 2016 年开启自贸协定的预备磋商，双方近几年多次举行会议，但在环保和劳工问题还存在对立问题，现处于停滞状态。墨西哥对中墨签署自贸协定也一直保持积极态度。随着 USMCA 的生效和实施，中加、中墨自贸区的谈判会受到严重阻挠。

USMCA 目前仅涉及墨西哥和加拿大两国，且第 32.10 条的规定对墨、加两国未来与非市场经济国家签署的自贸协定的限制，对已经与非市场经济国家签订的自贸协定没有溯及力。因此，中国政府一方面应当尽快推进与其他国家自贸协定的谈判，例如中挪自贸协定、中日韩自贸协定等；另一方面，也要推进部分自贸协定升级的谈判，例如与韩国、瑞士、② 秘鲁、巴基斯坦的升级谈判等（详见表 13 - 2）。③ 2017 年 11 月 11 日，中国—智利自贸区完成了升级谈判，2018 年 11 月 12 日，中国与新加坡签署了自贸协定升级议定书，④ 2019 年 11 月 4 日，中国与新西兰宣布正式结束两国之间的自由贸易协定升级谈判。⑤ 这些正在进行的谈判工作要尽可能赶在美国与这些国家签署非市场经济条款之前，避免美国通过"毒丸"条款的阻挠和干涉，完成贸易协定的谈判和贸易协定升级，扩大自由贸易圈，辐射"一带一路"沿线地区。

---

① 中美两国于 2020 年 1 月 15 日在美国首都华盛顿正式签署第一阶段经贸协议后，中共中央政治局委员、国务院副总理、中美全面经济对话中方牵头人刘鹤向部分中方媒体通报了协议签署的有关情况，并回答记者提问。

② 《瑞士和中国更新自由贸易协定》，http：//www.fdi.gov.cn/1800000628_18_8784_0_7.html，最后访问日期：2020 年 4 月 25 日。

③ 《2018：中国自由贸易协定加速扩容》，https：//www.thecustoms.com.cn/Article/2018zgzymyxdjskr_1.html，最后访问日期：2020 年 4 月 25 日。

④ 《2018：中国自由贸易协定加速扩容》，https：//www.thecustoms.com.cn/Article/2018zgzymyxdjskr_1.html，最后访问日期：2020 年 4 月 25 日。

⑤ 《中国与新西兰结束自由贸易协定升级谈判》，https：//baijiahao.baidu.com/s?id=1649337585447503544&wfr=spider&for=pc，最后访问日期：2020 年 4 月 25 日。

表 13 - 2　中国自由贸易协定谈判

个数	国　家　(地　区)	现　状
16	格鲁吉亚、韩国、冰岛、秘鲁、新西兰、巴基斯坦、澳大利亚、瑞士、哥斯达黎加、新加坡、智利、马尔代夫、毛里求斯、东盟 10 国以及中国香港、澳门地区	签署并实施
4	巴基斯坦、新加坡、新西兰、智利	升级
2	韩国、秘鲁	升级谈判
10	海合会(指海湾合作委员会,包括沙特、科威特、阿联酋、阿曼、卡塔尔和巴林)、中日韩、斯里兰卡、马尔代夫、以色列、挪威、摩尔多瓦、巴拿马、巴勒斯坦、柬埔寨	正在谈判
8	尼泊尔、孟加拉国、哥伦比亚、斐济、巴新、加拿大、蒙古国、瑞士(自贸协定升级联合研究)	可行性研究
1	RCEP	正在谈判
1	亚太贸易协定	加入

二、区域层面:推进 RCEP 的签署和加入 CPTPP 的考量

随着 USMCA 的签署、2018 年 7 月 17 日美欧日贸易部长三方会议发布的联合声明、2018 年 7 月 25 日美欧发布的零关税声明,WTO 几个重要成员国越来越多地通过双边或多边的谈判来发展相互之间的贸易关系。这不仅导致 WTO 面临被区域贸易协定边缘化的风险,[①] 而且中国作为最大的发展中国家成员也可能被以美国为核心的"小多边主义"边缘化。虽然 2020 年 1 月 15 日中美双方第一阶段协议的达成略微缓解了这种包围之势,但仍然无法彻底解决美国主导的"小多边体系"给中国带来的压力和遏制的态势。

《区域全面经济伙伴关系协定》(RCEP)是由东盟 10 国发起、中国受邀加入这一区域协定。该协定旨在削减关税及非关税壁垒,建立 16 国统一

---

① 孔庆江:《美欧对世界贸易组织改革的设想与中国方案比较》,《欧洲研究》2019 年第 3 期,第 44 页。

市场的自由贸易协定，如果能达成并在全体缔约国之间实现零关税，所有缔约方都将获得可观的经济效益。据测算，中国 GDP 可望提升 0.55%，出口总量提升 3.15%。[①] 2018 年 11 月 14 日，国务院总理李克强出席了在新加坡举行的第二次 RCEP 领导人会议，并表示 RCEP 是基于 WTO 规则基础上更高水平自贸协定的区域合作协议，在当前贸易保护主义、单边主义抬头的背景下，这一协定的达成有利于区域各国向世界发出积极信号。[②] 2019 年 11 月 4 日，印度总理莫迪表示，由于在关税、与其他国家的贸易逆差和非关税壁垒方面存在分歧，印度决定放弃签署 RCEP，但其他 15 个谈判方则表示，已结束全部文本谈判及实质上所有市场准入谈判，准备 2020 年在没有印度的情况下签署协议。[③]

推进 RCEP 的签署，一方面为世界经济的缓慢复苏注入一剂强心剂。如果印度最终能够签署，将形成世界最大的自由贸易区，RCEP 成员国之间将会获得更广阔的区域市场，其中澳大利亚与其他 14 个 RCEP 成员国商品和服务贸易所占比重高达 61%，日本 42.6% 的出口产品将流向 RCEP14 国和 49.3% 的进口产品来自这些国家。[④] 另一方面，在以 WTO 为核心的全球多边贸易体制出现困乏时，RCEP 本着基于 WTO 规则，可提高贸易标准而达成区域合作关系。2019 年 12 月 24 日，中日韩领导人会议在成都召开，三国在 RCEP 取得积极进展的基础上，共同发表了《中日韩合作未来十年展望》，通过了"中日韩＋X"早期收获项目清单等成果文件，加快了中日韩自由贸易区的谈判。[⑤] RCEP 的发展能进一步推动区域贸易和投资自由化，在一定程度上抑制美国的保护主义和单边主义，维护了 WTO 的存续，稳定了区域主义、多边主义和世界经济秩序。

另外一个亚太区域合作机制是《全面且先进的跨太平洋伙伴关系协定》（CPTPP）。2017 年 11 月，除美国外的 11 个原 TPP 成员国宣布已就

① 廖凡：《疫情背景下如何改善国际经贸环境》，https：//baijiahao.baidu.com/s？id=1662007433031143657&wfr=spider&for=pc，最后访问日期：2020 年 3 月 25 日。
② 《这个 35 亿人口的"朋友圈"距建成更近了，李克强呼吁踢好"临门一脚"》，http://www.gov.cn/xinwen/2018-11/15/content_5340618.htm，最后访问日期：2020 年 2 月 5 日。
③ 《RCEP 谈判结束"拉锯战"》，http://www.xinhuanet.com//globe/2020-01/09/c_138682244.htm，最后访问日期：2020 年 2 月 5 日。
④ 王嘉珮：《RCEP 突破性进展与影响》，https：//mp.weixin.qq.com/s/El8CGU9kD-4kcYqmu5Gaqw，最后访问日期：2020 年 2 月 5 日。
⑤ 《温故知新，开辟未来——第八次中日韩领导人会议解读》，http://www.gov.cn/xinwen/2019-12/25/content_5464081.htm，最后访问日期：2020 年 2 月 5 日。

TPP 达成了框架协议，且将协议正式更名为 CPTPP，并于 2018 年 3 月正式签署了 CPTPP，从而在没有美国参与的情况下实现了 TPP 的"复活"。

作为亚太经济地区最大的经济体，我国现阶段已经表明立场，只要符合世贸组织"开放、包容、透明"的原则，有利于推动经济全球化和区域经济一体化，[①] 中国会对加入 CPTPP 的利弊进行衡量。事实上，CPTPP 与近期中美谈判存在重叠部分，例如知识产权保护和国有企业改革等。应对美国提出的要求，CPTPP 其实为中国在这些方面的改革提供了很好的规则基础和国际框架。由于 CPTPP 在劳工自由结社和国有企业限制方面有一些障碍，故中国加入 CPTPP 还有一些现实障碍，需在诸多方面做出调整，例如对外国投资者限制的减少和对进口产品差别待遇的禁止等突破性事项。中国可以以自身利益为衡量标准，在这些方面做出有利于自身改革开放的尝试性变化，为《中美经贸协议》的后续谈判积累谈判经验和筹码。目前，中国有能力成为全球自由贸易的主要推动者，积极向 CPTPP 靠拢，并积极推进中日韩自贸区的构建，有利于遏制当前美国政府的贸易保护主义和单边主义的势头，也有利于与相关领域的法律制度和规则接轨。

从中美博弈的角度看，中国维护 WTO 等全球多边主义体系有利于稳定国际经济治理体系，有利于借用多边体系对抗美国的单边主义，并且从多边体系中获得稳定的收益。但是，在美国通过"小多边主义"谋求更大的贸易和投资利益的背景下，我国恪守多边主义会也会面临一定的风险，主要表现在停留于现有的贸易自由化和投资便利化标准，有可能被更高水平的小多边体系边缘化，进入竞次的状态。因此，我国也应当考虑通过一些区域和多边协议，构建有利于自己的"小多边体系"，不仅为制约美国的"小多边主义"提供应对的机制，而且还能为引领国际规则提供合作和实验的平台。

三、多边层面："小多边主义"的应对和 WTO 改革的中国方案

美国政府在近几年发展了多项双边、区域或小多边的自由贸易协定谈

---

① 《商务部召开例行新闻发布会（2018 年 10 月 18 日）》，http://www.mofcom.gov.cn/article/ae/ah/diaocd/201810/20181002797154.shtml，最后访问日期：2020 年 4 月 25 日。

判，与重要的 WTO 成员方重新达成逆一体化的新贸易规则，从而建立以本国为中心的美式"小多边"体系，将贸易争端转移到 WTO 框架外进行解决。如图 13-2 显示，美式"小多边"体系覆盖了中国出口总量的一半左右，处理好与这些国家或地区之间的贸易关系，融入它们的贸易规则体系，对我国的对外贸易至关重要。目前，中美已达成第一阶段的《中美经贸协议》，并且确立了双边评估和贸易争端解决机制。美式"小多边主义"的后续发展和走势值得关注。

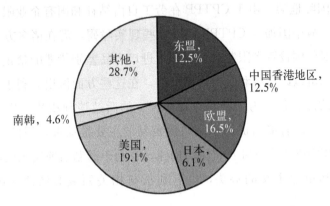

图 13-2　中国出口国家（地区）比例分布（2018 年）

数据来源：国家统计局数据统计。

此外，中国应当积极维护 WTO 的存续。中国于 2018 年 11 月 23 日发布的《中国关于世贸组织改革的立场文件》，对世界经济格局变动和经济全球化遭受的挫折发表了自身的立场，始终坚持维护 WTO 和鼓励各国积极参与解决 WTO 的困境，在 WTO 改革的行动领域阐明了 4 项主张。[1] 目前，发展中国家内部的利益格局已经发生了新的变化，而欧盟、日本等发达国家虽然在非市场经济国家和发展中国家地位问题上与美国的立场一致，但在 WTO 上诉机构改革等问题上与美国仍存在矛盾。中国的改革开放和经贸的快速发展受益于以 WTO 为代表的多边主义，中国应在 WTO 改革中发挥更积极的作用，不仅应协调发展中国家的立场，而且也应积极同美欧日等发达国家协商合作，求同存异地推进 WTO 改革。[2] WTO 的存

① 《中国关于世贸组织改革的立场文件》，http://www.mofcom.gov.cn/article/jiguanzx/201812/20181202817611.shtml，最后访问日期：2020 年 2 月 5 日。

② 邝梅：《特朗普政府 FTA 政策调整分析》，《人民论坛·学术前沿》2020 年第 4 期。

续象征着多边主义、自由贸易体系、经济一体化和全球化的继续发展，WTO追求超越成员国的整体利益势必会使美国这样的超级大国牺牲很多利益，因此美国企图重新构建一个全新的"小多边主义"贸易体系。而《中美经贸协议》的签署已经将中国也纳入美国的贸易圈中，在这种形势之下势必会给国际社会造成疑虑。中国首先应当尽快发布声明，阐释这份新协定与WTO改革中国方案之间的关系，明确己方的立场。

第六节 结 语

美式"小多边主义"的目的是试图重塑以WTO为核心的全球贸易体系和规则，让WTO回到最初时期，即由美方主导制定贸易规则之后，再让其他国家做出承诺和一定让步而"再次加入"。美国政府在国际贸易领域推广的"小多边主义"贸易体系备受世界各国的关注，产生了多边主义与国家主义之间的矛盾和张力。美国相继与贸易伙伴陆续展开谈判，取得了一定的成果，有效推进了美国的贸易政策，有助于推广美国的贸易规则。

中国在此次国际贸易博弈中应当加大对新国际贸易规则的研究，以国家利益为根本考量，根据自身的情况和发展的需要，特别是变化的国际经济发展态势来不断调整对外贸易政策。《中美经贸协议》的签署使得一度紧迫的中美态势缓和下来，后续谈判中仍需尽快解决技术政策、补贴和国有企业等棘手的法律和贸易问题。此外，中国应积极参与和推动双边、区域和多边贸易，保证我国在国际贸易新规则制定过程中的话语权。

第十四章
"价值观同盟"视角下的
国际经贸秩序

第一节 "价值观同盟"战略：概念初探

自拜登政府上台执政以来，美国的外交战略发生显著转向——拜登政府继承了特朗普时期的对华竞争政策方向，但与后者的"退群"不同，前者认为联盟是其参与亚太事务的基础，[①] 于是拜登政府重拾民主价值观旗帜、围绕意识形态构建同盟，并在经贸领域于亚太地区实施了以"印太经济框架"（IPEF）为代表的价值观外交实践。[②] 在既有研究中，就"价值观同盟"这一具体对象和作为其上位概念的"价值观外交"（value diplomacy），国内外的视角与重心迥异。

在国内研究中，就宏观层面而言，有学者将价值观外交定性为"国际秩序中规则和价值的高端'战略竞争'"；[③] 还有学者将美外交中的价值观元素上升为一种"联盟纽带、竞争手段与动员策略"；[④] 亦有观点认为价值观同盟是"为重振西方国家实力、恢复美国领导地位而建立的排他性联盟

[①] Jake Sullivan. "Jake Sullivan's 2017 Owen Harries Lecture", https://www.lowyinstitute.org/publications/jake-sullivan-s-2017-owen-harries-lecture.

[②] 苏可桢、沈伟：《从"印太经济框架"看美国小多边主义的滥觞与因应》，《亚太经济》2022年第6期，第3页。

[③] 李义虎：《拜登对华战略中的对台政策：战略定位与战略竞争》，《台湾研究》2021年第3期，第2页。

[④] 叶成城、王浩：《拜登政府价值观联盟战略初探》，《现代国际关系》2021年第9期，第11页。

框架";① 美国提倡"技术联盟",也被认为是为了推广自己的偏好和价值观。② 就现象评价而言,有观点指出美国试图在人权和社会发展模式方面打造新的跨大西洋价值观联盟;③ 还有观点认为,以价值观外交联盟构筑"院墙"仍是当前美国的主要战略导向;④ 部分学者则意识到,价值观同盟战略必须要具备充分的经济利益基础和稳定的制度性保障;⑤ 还有研究从具体的经贸领域入手,从数字权力、供应链安全等角度研究价值观同盟战略。⑥

以"价值观""同盟"作为理解的抓手,中国学者在探究"价值观同盟"内涵时引入了中国视角以及中美对抗的色彩。部分学者指出价值观外交是拜登政府对华政策"一个战略和四个支撑点"的支撑点之一,具有重要的战略意义。⑦ 总之,中国学者对"价值观外交"的定义可以总结为:美国以人权、民主和自由等传统价值观作为外交政策的基础与原则,在实践中赋予外交行为强烈的价值观色彩,⑧ 以达到对抗中国等实际目的、实现现实利益的外交方式。

纵观国内相关研究成果,既有研究尚未能深入探讨价值观外交的成因和现实影响,也未能为中国的未来战略提供实质性参考和帮助,体系性和解释力不足。

在国外研究中,一种相对中性的观点认为,"价值观外交"或"以价值观为导向的外交"(value-oriented diplomacy)概指一国政府在对外政策与国际交往实践中以其国民所认可的主流价值诉求为指导而形成的外交方

---

① 张茜:《拜登政府价值观同盟问题评析》,《国际研究参考》2021年第10期,第5页。
② 凌胜利、雒景瑜:《拜登政府的"技术联盟":动因、内容与挑战》,《国际论坛》2021年第6期,第4页。
③ 赵光锐:《拜登政府上台后欧盟—美国的对华政策协调:动因、领域与障碍》,《德国研究》2022年第1期,第26页。
④ 黄日涵、高恩泽:《"小院高墙":拜登政府的科技竞争战略》,《外交评论》2022年第2期,第147页。
⑤ 尹楠楠、刘国柱:《塑造大国竞争的工具——拜登政府科技联盟战略》,《国际政治研究》2021年第5期,第121页。
⑥ 周念利、吴希贤:《中美数字技术权力竞争:理论逻辑与典型事实》,《当代亚太》2021年第6期,第97页;于宏源:《风险叠加背景下的美国绿色供应链战略与中国应对》,《社会科学》2022年第7期,第130页。
⑦ 滕建群:《拜登政府对华战略竞争的前景分析》,《当代中国》2021年第7期,第62页。
⑧ 李建华、张永义:《价值观外交国际政治伦理冲突》,《河南师范大学学报》,2009年第3期。

式。① 西方学者对"价值观外交"的定义可以总结为：一种基于民主、人权等价值观，② 为恢复美国的良性影响力和领导地位③而修复、增进与盟友的关系的外交战略。在价值观外交战略的指导下，美国采取对外行动的直接出发点不是或不完全是为了眼前的利益，而是为了维护本国的价值体系，以扩展本国价值观在世界范围内的影响。④ 从这一定义可以看出，价值观更多地被束之抽象的高阁而予以"神圣化"，被认为是美国传统价值追求在当代的映射。

基于此，与国内学界有所不同，外国学者往往会结合"小多边主义"（minilateralism），加强调价值观同盟的积极意义或正面效益。例如，斯图尔特·帕特里克（Stewart Patrick）认为，政府越来越多地参与一系列的灵活网络，而这些网络的成员可能是基于共同的价值观而聚到一起的；⑤迈尔斯·卡勒（Miles Kahler）则指出，战后多边主义的蓬勃发展离不开部分基于共同价值观而建立的小多边主义机制中成员的通力合作；⑥ 阿尔希·蒂尔基（Aarshi Tirkey）认为，小多边主义允许享有共同价值观的国家绕开瘫痪的多边主义框架以更好解决他们所共同关心的问题；⑦ 而罗伯特·基欧汉（Robert O. Keohane）和约瑟夫·奈（Joseph Nye）认为，俱乐部式的国际谈判是高效率的，只要各国的基本政策或原则是一致的（cross-nationally consistent）。⑧

通过对比上述两种视角，可以得出两点论述前提：第一，"价值观外交"依托于价值观的话语体系，具有其理论内核，例如民主、自由等，尽

---

① 张茜：《拜登政府价值观同盟问题评析》，《国际研究参考》2021 年第 10 期，第 2 页。
② Terence Wesley — Smith and Gerard A Finin. US-Pacific Engagement and the Biden Presidency: The Limits of a China-Centred Approach. *The Journal of Pacific History*，Vol.56，2021，p.437.
③ Chung, Sung — Yoon. The North Korea Policy of the Biden Administration and the US-North Korea Relations. *KINU* Vol.53，2020，p.66.
④ Andreas Wilhelm. *Außenpolitik. Grundlagen, Strukturen und Prozesse*. Oldenbourg，2006，p.257.
⑤ Stewart Patrick. The New 'New Multilateralism': Minilateral Cooperation, but at What Cost? *Global Summitry*，Vol.1，2015，pp.115 – 116.
⑥ Miles Kahler. Multilateralism with Small and Large Numbers. *International Organization*，Vol.46，1992，p.681，686.
⑦ Aarshi Tirkey. Minilateralism: Weighing the Prospects for Cooperation and Governance. *ORF Issue Brief Observer Research Foundation* No.489，2021，p.1，8.
⑧ Robert O. Keohane and Joseph S. Nye Jr.. Between Centralization and Fragmentation: The Club Model of Multilateral Cooperation and Problems of Democratic Legitimacy. *John F. Kennedy School of Government Harvard University Faculty Research Working Papers*，Series 1，2，2001.

管对于这一内核的解读可能有所不同，但这一内核的存在是客观共识。第二，价值观作为一种话语体系，从逻辑上无法作为某个国家的终极目标，而是允许其通过经贸等特定领域开展合作以服务于本国利益。这意味着，中国学者提出的批判性视角更具合理性。事实上，这一视角也得到了部分美国学者的支持，例如有学者指出"美国优先的精神始终存在于拜登的价值观背后"。① 从该视角出发，围绕"价值观"这一主题，本章第一节首先梳理了"价值观同盟"战略的形成、发展和实践；其次，对价值观外交进行成因分析和理论批判，同时探讨其对亚太区域经济秩序的影响，最后探讨中国的可能回应。第二节以时间为轴，梳理价值观外交的起源、发展和现状，分析现有价值观同盟的方式和目的。第三节立足价值观外交与国际经贸秩序之间的关系，从理论与现实两方面对价值观同盟战略进行剖析。第四节在总结前述分析的基础上，提出中国对于美国价值观外交实践的可能因应。

第二节 "价值观同盟"战略的
历史发展与实践现状

美国向世界进行"价值观"的推行与输出，最早可以回溯至美国建国初期的人权理论，清教主义赋予了美国"拯救世界于苦难"的使命意识，② 随后的"门罗宣言"与"十四点计划"则将这一所谓"使命"予以强化发展，将以自由、民主为核心的美式价值观作为美国实施对外干涉行为的合法化话语，③ 价值观外交的雏形可从中略见一二。1991 年的《美国国家安全战略报告》则是美式价值观外交形成的重要节点，美国"将民主价值观作为外交联盟的基础"由此得到了确认与固化。④ 长期以来，价值观同盟

---

① Amedeo Gasparini. Challenges under the Biden Administration in the US-EU Transatlantic Relations. *Global Affairs*，Vol.7，2021，p.411.

② 刘智：《美国价值观之清教主义根源》，《深圳大学学报（人文社会科学版）》2004 年第 1 期，第 119 页。

③ 刘小枫：《"门罗主义"与全球化纪元》，《人民论坛·学术前沿》2020 年第 3 期，第 37 页。

④ ‘National Security Strategy. http://nssarchive.us/national-security-strategy-1991/.

战略成为美国历任政府的不二选择，直到在特朗普执政期内出现了暂时性中止，而现任美国总统拜登自上台后又重拾了这一传统战略思想，将其于经贸领域的外交政策建立在具有"共同价值观的"民主联盟的基础之上。①

一、价值观同盟外交的源起

植根于启蒙运动的"公民权利"思想、② "第一代人权理论"在工业革命后逐步形成。③ 在率先借工业革命之力得到迅猛发展的欧洲国家中，人权主义者将征服未开化的国家、对其进行改造视为使命。基于历史传承，美国在经济与政治体制方面较为完整地继承了这一欧洲人权理论思想，同时更融入宗教色彩。第一批清教徒移民美洲大陆时，将新美洲大陆视为脱离迫害的"希望之乡"，认为向一切人类传播民主与自由是秉承上帝赋予的使命。④ 因此，美国自建国以来就有"拯救人类于罪恶之路"的使命意识，而这一所谓的"使命"是美国在经济、政治、科技等多方面向他国进行文化与价值观输出与渗透的起源。

在随后的 1823 年《门罗宣言》中，以人权为主的价值观成为美国干涉他国内部事务的行为合法化的掩饰途径，⑤ 为后来一系列的地区警察行动提供了政治基础。⑥ 美国开始从其"违背他国意愿提供保护"的行为中获得丰厚的利益。伍德罗·威尔逊总统时期的"十四点计划"将美式价值观的传播和宣传推向高潮，包括民主自决、人权理念在内的价值观被逐步强化为美国对外干预行动的正当性话语。在这一旗帜之下，美国以主导世界新格局为目标展开了一系列的外交战略实践，⑦ 例如，第

---

① 张茜：《拜登政府价值观同盟问题评析》，《国际研究参考》2021 年第 10 期，第 1 页。
② 强世功：《贸易与人权（上）——世界帝国与"美国行为的根源"》，《文化纵横》2021 年第 5 期，第 18 页。
③ 强世功：《贸易与人权（上）——世界帝国与"美国行为的根源"》，《文化纵横》2021 年第 5 期，第 18 页。
④ 刘智：《美国价值观之清教主义根源》，《深圳大学学报（人文社会科学版）》2004 年第 1 期，第 119 页。
⑤ Roy Clark Hanaway. Latin American Opinion of the Monroe Doctrine. *Social Science*，Vol.1，1926，p.113.
⑥ 付文广：《从门罗主义到威尔逊主义：美国对外干预思想的起源与发展》，《拉丁美洲研究》2021 年第 6 期，第 130 页。
⑦ 王阳：《美国全球话语霸权是如何形成的》，《人民论坛》2016 年第 25 期，第 180 页。

二次世界大战后期罗斯福总统提出的言论自由、信仰自由、免于匮乏的自由和免于恐惧的四大自由，作为一种价值观被联合国吸收，并与《世界人权宣言》的主要内容呼应。[①] 由此，美式价值观同盟的雏形可以窥得一二。

美式价值观同盟外交形成的重要时间节点是1991年，当年H. W.布什政府发布了以"建立新秩序"为主要内容的《美国国家安全战略报告》。该报告指出，美国如何成为各国联盟的领导是政治领域的一个关键议题，民主的价值观作为这一联盟的基础必须被确认与固化。[②] 根据这一报告，美国与其他盟友在包括经济合作在内的多个领域之合作均建立在共同价值观的基础上。这明确表明，认同美式价值观是美国与他国缔结联盟关系的前提。具体而言，布什政府声称的美式价值观包括政治民主、经济自由与对个人权利的绝对尊重，并确定美国应在以此建立的价值观同盟中处于领导地位。[③]

将价值观外交置于新干涉主义理论的视角下，[④] 不难发现美式价值观中的自由、民主、人权等重要元素不过是为美国的对外武力干涉提供正当理由。[⑤] 由此可知，美国政府推行价值观同盟战略的目的在于实现对美国国家安全利益、区域利益和秩序利益的诉求。而其继任者不论是否采取或以何种方式推行价值观外交，都是为了美国的全球战略服务。自H. W.布什政府到奥巴马执政期间，美国以价值观为基础的外交政策长期保持稳定与发展的状态，但在特朗普时代出现了暂时性的中断——其所奉行的"美国优先"政策以物质性的贸易情况作为衡量标准，在客观上对于价值观同盟的内部成员造成利益损害。[⑥] 毫无疑问，特朗普的

---

① David L. Carden. *Four Freedoms*. Indiana University Press，2019.

② 'National Security Strategy. http：//nssarchive.us/national-security-strategy-1991.

③ 古燕：《美国国家安全战略述评》，《世界经济与政治》1992年第2期，第59页。

④ Richard B Bilder. Kosovo and the New Interventionism：Promise or Peril. *Journal of Transnational Law & Policy*，Vol.9，1999，p.153.理查德·彼尔德（Richard B. Bilder）认为，新干涉主义是美式价值观同盟的实践中的重要组成部分，而克林顿总统执政期间的科索沃事件正是美国新干涉主义实践的典型。新干涉主义通常以"人权高于主权""主权有限论"等作为其理论基础，以武力干涉作为主要手段。

⑤ 崔子恒、杨守明：《美国阿富汗战争性质分析——基于新干涉主义的视角》，《郑州航空工业管理学院学报（社会科学版）》2022年第5期，第8页。

⑥ 崔子恒、杨守明：《美国阿富汗战争性质分析——基于新干涉主义的视角》，《郑州航空工业管理学院学报（社会科学版）》2022年第5期，第8页。

"修正主义"对美式价值观外交是灾难性的破坏，这有待拜登政府予以修正或弥补。[①] 因此，自 2020 年拜登成为美国总统以来，其就修复特朗普执政期间受损的美国与其盟友间关系不断作出尝试，以恢复民主同盟计划。[②]

二、价值观同盟外交的现状

自拜登政府执政以来，其充分践行以美式价值观为纽带连接盟友的外交实践。虽然"价值观同盟"并非美政府的官方措辞，但由其对外发言可清楚地捕捉这一实践策略的踪影。根据传统联盟理论，同盟是国家间根据权力原则所形成的力量均势，[③] 而美国的价值观同盟更像是霸权和道义的结合：一方面，以美国为代表的"民主十国"从全球来看仍享有庞大的经济体量，[④] 美国及其盟友在经贸领域具有重要地位，西方有自信依此实现"复兴"（revitalization）。[⑤] 另一方面，该同盟以"抵御基于规则的自由开放国际秩序面临的挑战"自居，将中国视为一个破坏"现行国际秩序"的国家。[⑥] 现实中，拜登政府的价值观同盟战略以民主价值观凝聚战略竞争共识，拉拢盟友参与对中国等对手的战略竞争，通过排斥竞争对手以维持美国享有的多领域、全方位竞争优势。[⑦] 具体而言，美国凭借自己的国际话语权和国际领导力，试图构建起一个贯穿经贸、科技和军事"民主"同盟等领域的"民主"叙事。

借助价值观，拜登政府旗帜鲜明地将竞争对手中国塑造成重大威胁，声称美国"将直接应对我们最关键竞争对手中国带来的繁荣、安全和民主

---

① Ben Rhodes. The Democratic Renewal: What It Will Take to Fix U.S. Foreign Policy The World Trump Made. *Foreign Affairs*, Vol.99, 2020, p.46.

② 张茜:《拜登政府价值观同盟问题评析》,《国际研究参考》2021 年第 10 期, 第 1 页。

③ ［美］汉斯·摩根索:《国家间政治:权力斗争与和平》, 徐昕、郝望、李保平译, 北京大学出版社 2006 年版, 第 216～230 页。

④ Ash Jain and Matthew Kroenig. Present at the Re-Creation: A Global Strategy for Revitalizing, Adapting and Defending a Rules-Based International System. *Atlantic Council*, Vol.1, 2019, pp.42－44. https://www.atlanticcouncil.org/wp-content/uploads/2021/03/Present-at-the-Re-Creation.pdf.

⑤ Matthew Kroenig. The Return of Great Power Rivalry: Democracy Versus Autocracy from the Ancient World to the U.S. and China, 2020.

⑥ The White House. U.S. — *Japan Joint Leaders Statement: U.S.-Japan Global Partnership for A New Era*. https://www.whitehouse.gov/briefing-room/statements-releases/2021/04/16/u-s-japan-joint-leaders-statementu-s-japan-global-partnership-for-a-new-era/.

⑦ 张茜:《拜登政府价值观同盟问题评析》,《国际研究参考》2021 年第 10 期, 第 1 页。

价值观方面的挑战。"① 纵观 2021 年起白宫发布的政策报告，拜登政府在联合声明、元首通话、峰会发言等多种场合中反复强调了坚持共同价值观在其国际合作尤其是经贸合作中的重要性。例如，2021 年的美欧峰会声明强调了美欧双边关系以共同的价值观和最大经济体量为特征，② 构建起将价值观与经贸合作绑定的叙事话语。在 2021 年的北约峰会中，美国也指出"北约的力量不仅来自其军事实力，而且来自其建立在尊重民主、个人自由和法治基础上的团结和共同目标……中华人民共和国对我们集体安全、繁荣和价值观构成的挑战"。③ 2022 年，美国副总统哈里斯在亚太经合组织的讲话中直接点明坚持价值观服务对于经济策略的必要性，提出"美国坚持这些价值观和原则，不仅因为我们认为这是正确的做法，而且因为它具有经济意义……我们对自由和开放的印太地区做出了共同的承诺。美国与该地区的国家和人民有着历史纽带和共同价值观。"④ 2023 年年初发布的美日联合声明再次强调，"我们今天的合作是前所未有的，植根于我们对一个自由和开放的印太地区以及一个和平与繁荣世界的共同愿景，并以我们共同的价值观和法治为指导"。⑤ 拜登政府将价值观外交"拨乱反正"、深度捆绑经贸合作与价值观同盟的决心可见一斑。

聚焦具体举措，在经贸领域，美国以低成本的价值观同盟为武器，⑥ 谋求建立一个不受中国威胁的经贸体系，包括小多边式的商品生产体系、供应商生态系统以及无中国参与的多边信任区。在亚太经合组织、七国集

---

①　The White House. Remarks by President Biden on America's Place in the World. https://www.whitehouse.gov/briefing-room/speeches-remarks/2021/02/04/remarks-by-president-biden-on-americas-place-in-the-world/.

②　U.S.-EU Summit Statement: Towards a Renewed Transatlantic Partnership. https://www.whitehouse.gov/briefing-room/statements-releases/2021/06/15/u-s-eu-summit-statement/.

③　The White House. FACT SHEET: NATO Summit: Revitalizing the Transatlantic Alliance, 13 June 2021, https://www.whitehouse.gov/briefing-room/statements-releases/2021/06/13/fact-sheet-nato-summit-revitalizing-the-transatlantic-alliance/.

④　The White House. Statement by Vice President Kamala Harris on Selection of San Francisco as Host City for 2023 APEC Leaders Meeting, 6 March 2023, https://www.whitehouse.gov/briefing-room/speeches-remarks/2023/01/13/remarks-by-vice-president-harris-and-prime-minister-kishida-of-japan-before-bilateral-meeting-2/.

⑤　The White House. Remarks by Vice President Harris and Prime Minister Kishida of Japan Before Bilateral Meeting, 13 January 2023, https://www.whitehouse.gov/briefing-room/speeches-remarks/2023/01/13/remarks-by-vice-president-harris-and-prime-minister-kishida-of-japan-before-bilateral-meeting-2.

⑥　叶成城、王浩：《拜登政府价值观联盟战略初探》，《现代国际关系》2021 年第 9 期，第 12 页。

团峰会上，美国反复提出共同价值观在国际经济合作中的重要性；同时通过串联美墨加协议（USMCA）、IPEF、美日印澳四方机制（QUAD）等"小团体"，在认可"民主原则与普世价值"的基础上，[①] 使美国盟友成为商品生产过程的主要组成部分，实现所谓的"盟岸"（ally-shoring）外包供应链。[②] 以 IPEF 为例，美国在强调共同价值观的基础上，试图在数字贸易与贸易自由、弹性的完整供应链、清洁经济和经济公平竞争等不同的经贸领域推进其与盟友的合作。[③] 此外，在科技领域，美国国务卿布林肯还声称民主国家和威权国家对技术的使用将会决定世界未来数十年的发展方向，美国必须保证"技术为民主工作"。[④] 为此，拜登政府先后公布了《过渡期国家安全战略指南》、美国供应链审查百日行政令，通过这些举措减少美国产业供应链的脆弱性，并提出"技术民主国家集团"。"民主"同盟构成了价值观外交的骨架。

总结而言，拜登政府价值观同盟外交实践有两大特点：一是其所包含的价值观内容内涵丰富，包括"民主""自由""人权""基于规则的国际经济秩序""公平""可持续""包容"等，但其中以"民主"与"自由"为典型，并在经济领域有很强的体现，与以往政府以"人权"外交为首的实践有所不同；二是其对中国的指向性明显，拜登政府并不讳言将中国直接列为其共同价值观的威胁，并直接在实践中予以体现。在价值观外交中，拜登政府把对华竞争与重塑美国国际领导力相联系，强调"民主"叙事的引领和国际规则的制定，重视建立基于多边经济机制和安全联盟体系以制衡中国的"统一战线"，从而推行以美国为中心的价值观同盟战略。[⑤] 与一般的"价值观外交"不同，拜登政府的价值观同盟战略尤为强调"民主"这一价值，其旨在针对、排挤中国的意图明显；同时，美国凭借独树

---

　　① 苏可桢、沈伟：《从"印太经济框架"看美国小多边主义的滥觞与因应》，《亚太经济》2022 年第 6 期，第 3 页。

　　② Elaine Dezenski and John C. Austin. Rebuilding America's Economy and Foreign Policy with Ally-shoring，June 8，2021，https：//www. brookings. edu/blog/the-avenue/2021/06/08/rebuilding-americas-economy-and-foreign-policy-with-ally-shoring/.

　　③ 苏可桢、沈伟：《从"印太经济框架"看美国小多边主义的滥觞与因应》，《亚太经济》2022 年第 6 期，第 3—4 页。

　　④ Secretary Antony J. Blinken at the National Security Commission on Artificial Intelligence's (NSCAI) Global Emerging Technology Summit. https：//www.state.gov/secretary-antony-j-blinken-at-the-national-security-commission-on-artificial-intelligences-nscai-global-emerging-technology-summit/.

　　⑤ 胡然、王缉思：《论中美关系与国内治理》，《当代美国评论》2022 年第 3 期，第 40 页。

一帜的国际话语权和国际领导力,将排他性的西方国家同盟包装成一个捍卫"民主"价值观的正义团体。

综上,本章对拜登政府"价值观外交"的概念界定如下:美国为满足自身利益需求,以"民主"这一核心价值观为宣传主线而构建的排华性的经贸、科技和军事领域国际同盟。下文将基于此定义,围绕价值观外交对亚太区域经贸合作的影响,对价值观同盟战略进行理论和现实分析。

第三节 "价值观同盟"下的经贸秩序: 理论分析与现实批判

一、价值观同盟战略的理论分析

（一）价值观与经贸秩序的内在联系

如前所述,价值观外交与相应经贸安排都服务于美国的对华竞争,而这二者同属"软权力"(soft power)的范畴。在对权力的解读上,相比重视"实质优势"(material preponderance)的现实主义学派,自由主义学派认为实质力量以外的因素在国家力量结构中占有相当的地位与作用,着眼于价值因素和国际规范对国际秩序的影响。[①] 通过引入"软权力"理论对价值观战略进行解读可以发现,"以权谋利"理论为后者的利弊评价提供了一个相对契合的分析工具。约瑟夫·奈最早明确提出"软权力"一词,[②] 其内涵与一国价值观的影响力紧密相关。从概念上看,"软权力"可称为"软性同化式权力"(soft cooptive power),是与"硬性命令权力"(hard command power)相对的。后者是指传统意义上与军事等资源相关的物质性权力,亦是新现实主义者所强调的权力重心,前者指的是与文化、意识形态和制度等抽象资源相关的、决定他人偏好的非物质性权力,是对权力

---

① Joseph S. Ney Jr. *Understanding International Conflicts: An Introduction to Theory and History*. New York: Pearson Longman, 2009, p.276;阎学通:《无序体系中的国际秩序》,《国际政治科学》2016年第1期。

② Joseph S. Nye Jr. *Bound to lead: The changing nature of American power* (Revised edn). Basic Books 1991.

概念的修正与完善。[①] 软权力一般被界定为包括三方面的要素，即包含自由、民主和人权在内的西方价值标准，以自由市场经济体制及其运行体制为重心的市场经济制度，以及包括文化、宗教等影响在内的西方文明体系。[②] 软权力与硬权力的区别在于，后者以物质资源作为基础的"强制性"（coercion）因素为核心，前者则脱离物质层面而以精神上的"吸引力"（attraction）为核心。[③]

这种区别除了直接导致前述权力动用成本的不同外，还意味着在不同环境下国家需要基于匹配度作出更优的安排。在当前的国际社会中，与物质相关的国家权力可转移性、强制性和有形性都在降低。[④] 在国际经贸秩序中，信息化革命的"拉平效应"（leveling effect）降低了各国进入国际市场的成本和经济体量等准入门槛，间接削弱了传统大国基于物质资源所享有的既有优势，[⑤] 美国也不得不通过推动贸易等领域之国际合作的方式来保持其在亚太区域存在的合法性（legitimacy）。[⑥] 在此种情势下，以传统思维动用硬权力实施外交战略便显得不合时宜——美国政府所采取的此类举措，例如伊拉克战争因事实上未对美国带来实质利益而饱受批评。[⑦] 与此同时，在西方学者中最青睐软权力理论的正是美国学者。[⑧] 威廉·欧文斯认为，随着世界进入信息时代，权力的界定早已发生巨变，以知识、经济话语权与制度等为代表的软权力是国家争夺的主要对象，[⑨] 这正是推行价值观同盟战略的根本目的所在：基于价值观输出对区域话语权尤其是经济秩序方面的话语权进行争夺。罗伯特·基欧汉认为，必须重视与"胡萝

① Joseph S. Nye Jr. Soft Power. *Foreign Policy*，Vol.80，1990，p.153，pp.166 - 167.

② 倪世雄等：《当代西方国际关系理论》，复旦大学出版社 2001 年版，第 459—461 页。

③ Robert Keohane and Joseph S. Nye Jr. Power and Interdependence in the Information Age. *Foreign Affairs*，Vol.77，1998，p.81，86.

④ Joseph S. Nye Jr.. *Soft Power*. Foreign Policy，Vol.80，1990，p.153，167.

⑤ Robert Keohane and Joseph S. Nye Jr. Power and Interdependence in the Information Age. *Foreign Affairs*，Vol.77，1998，p.81，87.

⑥ Kurt M. Campbell and Rush Doshi. How America Can Shore Up Asian Order: A Strategy for Restoring Balance and Legitimacy. *Foreign Affairs*，http://repec.viet-studies.com/kinhte/AmericaShoreAsia _ FA.pdf.

⑦ Sean Creehan and Sabeel Rahman. The Power of Persuasion: Dual Components of US Leadership. *Harvard International Review*，Vol.24，2003.

⑧ 倪世雄等：《当代西方国际关系理论》，复旦大学出版社 2001 年版，第 464 页。

⑨ Joseph S. Nye Jr. and William Owens. America's Information Edge. *Foreign Affairs*，Vol. 75，1996，p.20，22.

卜加大棒"式的物质性硬权力截然不同的软权力,并指出作为重要软权力之一的相互依赖(interdependence)应当是未来国家战略发展的重点关注对象,① 而美国也正通过"盟岸"供应链的构建,在经贸领域强化对这一软权力的掌控。更重要的是,支持软权力理论的美国学者们从不讳言,美国需要动用软权力维护自身的霸权地位②——内容上,文化层面的价值观输出则是美国实现世界领导的"必要软权力投资";③ 目的上,价值观同盟战略之目标,与软权力论的提出者、支持者所强调的目标趋于一致,都指向维系美国的全球霸主地位。

基欧汉所提出的"向世界传播美式主流文化以增强全球对美国思想与价值观的包容",④ 正是美式价值观战略的基本运作模式。拜登政府在亚太外交领域采取以价值观为轴心的联盟战略,可谓将软权力理论发挥得淋漓尽致。基于对硬权力和软权力的区分,"安全亚洲"(Security Asia)与"经济亚洲"(Economic Asia)两个概念与之分别对应,亚太区域秩序在硬性权力和经济发展两方面存在分殊。⑤ 而这种区分正在价值观外交中被抹去,其路径也正是该理论所提及的"区域多边机制"(regional multilateral institution)重构——让包括美国在内的"志同道合的国家"(like-minded countries)共同采取行动,这被认为是美国解决自身问题、稳固自身地位的方式。⑥ 拜登政府意识到,过度依赖硬权力已非当今美国的最佳实践。因美国转而重视"软权力",强调其于价值观、经济制度等非物质性领域的权力,⑦ 价值观输出与区域经济制度构建基于软权力论的要旨,以价值观外交的形式同步进行。

总之,约瑟夫·奈认为,动用软权力实施国家战略的优势在于其能够

---

① Robert O. Keohane and Joseph S. Nye Jr. Power and Interdependence in the Information Age. *Foreign Affairs*,Vol.77,1998,p.81,86.

② 倪世雄等:《当代西方国际关系理论》,复旦大学出版社 2001 年版,第 465 页。

③ Joseph S. Nye Jr. The Changing Nature of World Power. *Political Science Quarterly*,Vol. 105,1990.

④ Robert Keohane and Joseph S. Nye. Power and Interdependence in the Information Age. *Foreign Affairs*,Vol.77,1998,p.81,87.

⑤ Evan A. Feigenbaum and Robert A. Manning. A Tale of Two Asias. *Foreign Policy*,http://foreignpolicy.com/2012/10/31/a-tale-of-two-asias.

⑥ Evan A. Feigenbaum and Robert A. Manning. A Tale of Two Asias. *Foreign Policy*,http://foreignpolicy.com/2012/10/31/a-tale-of-two-asias.

⑦ Joseph S. Nye Jr. Soft Power. *Foreign Policy*,Vol.80,1990,p.153,pp.166-167.

帮助国家花费更低成本达成目的，原因系国家在运用软权力实施外交实践时，由于其价值观与意识形态为他国所认可，其实现自我意志的主张时将遭受更少的抵抗。[1] 因此，对国家而言，运用软权力实施价值观同盟战略以维系国际地位和国家安全，具有低成本与高收益性。但是软权力理论的固有缺陷也导致了其对价值观同盟战略的部分解释无力——在硬权力和软权力的关系问题上，软权力理论的支持者未能作出令人信服的阐释。[2] 塞缪尔·亨廷顿（Samuel Huntington）所提出的硬权力决定软权力的批判难以反驳，[3] 从价值观同盟战略的发展历史来看，美式价值观的广泛输出也同样是基于美国长期以来的物质性霸权优势，故除了以软权力理论来解释价值观同盟之于美国的好处外，还需要对美国政府采取这一策略的理论动因进行分析。

（二）"西方缺失"下的路径依赖

在国际层面，价值观外交是一种应对"西方缺失"（Westlessness）问题的全球战略。所谓"西方缺失"指的是"不仅世界在变得不那么西方化，西方本身也在变得不那么西方，因为它正在经历越来越多的内部争论，以及其意识形态所面临的合法性危机"，[4] 这一情况推动了美国选择价值观同盟战略。回溯历史，第二次世界大战后西方国家的国际经贸体制一直接受自由主义的引导：在冷战期间，嵌入式自由主义（embedded liberalism）通过制度化的协调，为各国国内实施的福利国家政策提供国际空间；[5] 而冷战后的新自由主义（neo-liberalism）则是通过全球协调来约束国家对经济的干预，为资本在全球营造自由经营环境。[6] 但是，如今的西方不再是世界秩序的绝对主宰，[7] 自由主义下的国际经贸秩序正面临全球权力转移带来的竞争

---

① Joseph S. Nye Jr. Soft Power. *Foreign Policy*，Vol.80，1990，p.153，167.

② 张小明：《约瑟夫·奈的"软权力"思想分析》，《美国研究》2005 年第 1 期，第 32 页；倪世雄：《当代西方国际关系理论》，复旦大学出版社 2001 年版，第 460 页。

③ Robert Keohane and Joseph S. Nye Jr. Power and Interdependence in the Information Age. *Foreign Affairs*，Vol.77，1998，p.81，86.

④ Munich Security Report：Westlessness. Munich Security Conference Foundation，https：//securityconference.org/assets/user_upload/MunichSecurityReport2020.pdf.

⑤ John Ruggie. International Regimes，Transactions and Change：Embedded Liberalism in the Postwar Economic Order. *International Organization*，Vol.36，1982，p.379，393.

⑥ David Harvey. A Brief History of Neoliberalism，OUP 2005，pp.2 - 3.

⑦ 贾文山、江灏锋：《千年视野下百年未有之大变局与中国路径》，《现代国际关系》2022 年第 7 期；[英]尼尔·弗格森：《世界战争与西方的衰落》，喻春兰译，广东人民出版社 2015 年版，第 31 页。

模式之挑战。①

当前，拜登政府所面对的盟友体系正处于这样一种消极的局面：国际上，基于"规则"的全球治理体系赋予了秉持自由民主价值观和标准的西方发达国家过多特权（privilege），而其他国家只能屈从；② 在国内，经济全球化和金融自由化只给少数的社会上层精英带来了可观的经济利益，中产阶级选民则相信这是一个被人为操纵的社会系统，金融和经济危机更是动摇了大众对自由主义模式优越性的信仰。③ 因此，从现实困境的角度来看，拜登政府所提出的价值观同盟战略，其实是试图去维系一个不那么完美的"坚韧自由主义"（robust liberalism）——"一种现代自由主义，意识到自己的局限性，避免不自量力，却更加坚定地捍卫自由主义的核心"。④ 面对内忧外患，拜登政府致力于通过价值观外交来增强"民主国家"之间的团结，⑤ 这是为了修补美国盟友体系的内部创伤——将盟友嵌入"盟岸"供应链，也是为了在经贸领域对冲美国强行攫取盟友经济利益而带来的信誉损失，甚至在必要时成为胁迫盟友必须与美国一起围堵中国的"政治正确"。⑥ 简言之，价值观外交是一次对于自由主义经济秩序进行内部纠错的尝试，是美国在消极现实条件下对来自 H. W. 布什政府之价值观外交的路径依赖（path dependence）。所谓路径依赖是指如果一国沿着一种轨迹开始发展，改变发展道路的成本会非常高昂，并受到既存制度的竭力阻碍。⑦ 路径依赖指出人类社会中的制度变迁具有类似于物理学中惯性的特征，一旦进入某一路径（无论好坏），就会对这

---

① Trine Flockhart. The Coming Multi-order World. *Contemporary Security Policy*，Vol. 37，2016，p. 3.

② Melanie Hart and Blaine Johnson. Mapping China's Global Governance Ambitions：Democracies Still Have Leverage to Shape Beijing's Reform Agenda. *Center for American Progress*，https：//www.americanprogress.org/article/mapping-chinas-global-governance-ambitions/.

③ Ash Jain and Matthew Kroenig. Present at the Re-Creation：A Global Strategy for Revitalizing，Adapting，and Defending a Rules-Based International System. *Atlantic Council*，https：//www.atlanticcouncil.org/wp-content/uploads/2021/03/Present-at-the-Re-Creation.pdf.

④ Thomas Kleine-Brockhoff. *Die Welt braucht den Westen：Neustart für eine liberale Ordnung*. Edition Körber，2019.

⑤ Will Moreland. The Purpose of Multilateralism：A Framework for Democracies in a Geopolitically Competitive World. *Foreign Policy at Brookings*，2019，p. 1，19.

⑥ Blaming China for stalled ties，US elites escape reality by self-deception. https：//www.globaltimes.cn/page/202211/1278703.shtml.

⑦ ［美］道格拉斯·诺斯：《制度、制度变迁与经济绩效》，刘守英译，上海三联书店 1994 年版，第 147—149 页。

一路径产生依赖，[①] 依照这一路径有所行动。拜登政府的价值观同盟实际上就是一种小多边主义的路线延续，即通过一种较狭隘的通常是非正式的倡议，允许较少的享有利益的国家在有限时间内解决特定的威胁、突发事件或安全问题。[②] 在这一路径中，权力因素在经贸秩序构建过程中回归，美国得以将小集团内的经贸规则推广为全球规则，从而在新一轮的全球竞争中把握经贸规则制定权。[③]

根据迈尔斯·卡勒（Miles Kahler）的观点，早在第二次世界大战后初期，美国在大部分领域处于巅峰之时，就已经开始寻找西欧国家建立小多边合作机制来为公开的多边主义经贸机制（例如世界银行、国际货币基金组织等）提供支持。[④] 第二次世界大战后，在以美国为主导的多边主义（等级）秩序下，[⑤] 西方集团必须依赖美国"保持克制"[⑥] 并持续提供优质的公共产品，才能克服多边体系的集体行动困境。[⑦] 但是，随着世界权力的分散和全球价值观的歧化，美国维系原有多边主义机制的成本收益情况愈发恶化。[⑧] 因此，美国希望以更加灵活、高效的替代性小多边经贸安排（例如 USMCA、IPEF）来直接遏制中国的崛起，而这本质上是一种路径依赖的体现，即随着国际形势和地缘政治的变化，美国的全球战略从原来内嵌于多边主义框架之下的小多边主义机制，逐渐转向以"民主"叙事为抓手的价值观同盟战略，这是"新瓶装旧酒"式的外交战略调整。因此笔者认为，拜登政府之所以决定推行价值观同盟战略，一部分的原因在于该战略有助于美国实现现有盟友体系下实力总和与效率优

---

① 韩冬涛、孔令兰萱：《斯蒂芬·赫德兰视野中的俄罗斯转型路径依赖》，《俄罗斯研究》2016 年第 3 期，第 73 页。

② William T. Tow. Minilateral Security's Relevance to US Strategy in the Indo-Pacific: Challenges and Prospects. *The Pacific Review*, Vol.32, 2019, p.235.

③ 沈伟：《国际法体系的基础之辨：基于国际规则体系的理论溯源》，《社会科学》2022 年第 10 期。

④ Miles Kahler. Multilateralism with Small and Large Numbers. *International Organization*, Vol.46, 1992, p.681, 686.

⑤ David A. Lake. Making America Safe for the World: Multilateralism and the Rehabilitation of US authority. *Global Governance*, Vol.16, 2010, p.471.

⑥ G. John Ikenberry. Institutions, Strategic Restraint, and the Persistence of the American Postwar Order. *International Security*, Vol.23, 1998, p.43.

⑦ Miles Kahler. Multilateralism with Small and Large Numbers. *International Organization*, Vol.46, 1992, p.681, 685.

⑧ Patrick, Stewart. The New "New Multilateralism": Minilateral Cooperation, but at What Cost? *Global Summitry*, Vol.1, 2015, p.115, 120.

化的最佳配置:[①]一方面,价值观的"民主"叙事得以辐射所有美国的传统盟友,从而在最大限度内以经贸同盟形成抗衡中国的合力;另一方面,有着共享价值观和利益基础的经贸同盟,将提升决策力、凝聚力和执行力,有助于美国获得必要的思想、物质和体制资源,从而对中国形成长期的竞争优势。[②]

二、价值观同盟战略的现实影响

拜登政府推行价值观同盟战略的目的在于使美国与其盟国实现对于亚太地区经济秩序的主导,[③]而这种主导主要通过中美经济的"脱钩"和经济秩序的"分化"来实现。这种现实影响正在价值观同盟战略的实践中显现。

自特朗普政府时期,美国认为中国的综合国力和实际影响力迅速增长,构成了对美国的威胁,美国不再对华采取"接触"政策,中美关系发生了实质性改变,美国开始对华进行"规锁"乃至"脱钩"。[④]"脱钩"指经济体之间经济联系的减弱或者中断,中美之间的脱钩属于政治打压型"脱钩",即由个别强势经济体发起的以"共损"为代价,将经济领域的竞争上升为意识形态领域的政治对抗的经济报复。[⑤]就内涵而言,脱钩表现为美方主动拆除中美利益捆绑的基石,执意与中国开展全方位、深领域的战略竞争。[⑥]美国在 USMCA 中设置"毒丸条款",是推动中美经济乃至中国与美国盟友经济脱钩的典型措施:该条款要求美国的盟友在中美之间进行"站队",是孤立中国的贸易霸凌主义规锁,这种规锁带有在经济上遏制和孤立中国的色彩,[⑦]企图以此挤占和打压中国在国际经贸秩序中的生

① 田九霞:《论美国的"价值观外交"及其实质》,《江淮论坛》2012 年第 5 期,第 109 页。
② Matthew Kroenig. *The Return of Great Power Rivalry: Democracy Versus Autocracy from the Ancient World to the U.S. and China*. OUP, 2020.
③ 凌胜利、李航:《拜登政府的亚太联盟政策探析》,《现代国际关系》2021 年第 4 期,第 23 页。
④ 张宇燕、冯维江:《从"接触"到"规锁":美国对华战略意图及中美博弈的四种前景》,《清华金融评论》2018 年第 7 期,第 24—25 页。
⑤ 胡晓鹏、苏宁:《中美经济"脱钩"的政策解析以及对两岸关系的影响》,《台湾研究集刊》2022 年第 4 期,第 30—32 页。
⑥ 杨勇萍、潘迎春:《美国对华"新冷战"的演进逻辑》,《国际观察》2021 年第 2 期,第 71 页。
⑦ 白洁、苏庆义:《〈美墨加协定〉:特征、影响及中国应对》,《国际经济评论》2020 年第 6 期,第 130 页。

存空间。作为当前全球经济体量规模最大、政治影响力强大的两大经济体，中美之间围绕"脱钩"与"反脱钩"的激烈博弈，不可避免地破坏了长期以来建立起的基于经济全球化分工体系以及共同利益的紧密联系。[①]这种政治打压型的经济"脱钩"方略往往背离市场经济和自由贸易原则，其滥用会异化为保护主义。[②]因此，如果任凭价值观外交将商贸问题与地缘政治、国家安全挂钩并刻意寻求矛盾对抗，最终会导致中美、亚太甚至世界经济的受损。[③]

在价值观外交的引领下，西方发达国家或将争相回流产业链，大量以中低端制造业为主的发展中国家经济可能因此遭遇严重冲击，[④]这在客观上也加速了世界的"去中心化"以及全球产业链布局"短链化""分散化"[⑤]的进程。[⑥]所以，拜登政府的价值观同盟战略是一种附加意识形态对抗的"经济脱钩"，长期来看，这将使得全球产业链的布局不再以成本导向为主，安全性将替代经济性成为新的全球产业链布局主导逻辑，安全概念的泛化趋势已经在国际经贸规则的制定中有所体现，在挤压国际经贸规则的同时加剧了大国之间的对抗。[⑦]美国的脱钩手段系以泛化的国家安全概念和具体的经贸领域举措对我国在特定领域围追堵截，试图以脱钩摆脱自身在对华竞争中的不利地位。[⑧]与此同时，以经济脱钩将中国从原有体系中排除，为美国挤压中国在前者构建和主导的国际经济秩序中的生存空间奠定了基础。

与此同时，各国基于安全考量，为了寻求一定程度的经济独立，越来

---

① 胡晓鹏、苏宁：《中美经济"脱钩"的政策解析以及对两岸关系的影响》，《台湾研究集刊》2022年第4期，第37页。

② 归泳涛：《经济方略、经济安全政策与美日对华战略新动向》，《日本学刊》2021年第6期，第66页。

③ 卡洛斯·古铁雷斯：《中美不能继续持对抗心态》，《全球化》2021年第2期，第10—11页。

④ 黄忠：《百年变局下第四次工业革命的发展与国际关系的走向》，《当代世界与社会主义》（双月刊）2022年第4期，第35页。

⑤ 段楠：《全球产业链布局调整、变化趋势及中国应对策略研究》，《新经济》2021年第1期，第51页。

⑥ 刘友金、李玮瑾：《俄乌冲突、全球产业链重塑与"一带一路"背景下的中国应对》，《湖南科技大学学报（社会科学版）》2022年第3期，第64—65页。

⑦ 沈伟：《国际经济法的安全困境——基于博弈论的视角》，《当代法学》2023年第1期，第28—30页。

⑧ 许鹏：《脱钩：去依附战略与"逆全球化"思潮之辨》，《当代经济研究》2023年第2期，第61页。

越多地开始构建"供应链备胎",有存量无增量的世界经济可能出现严酷的"产业链内卷"。[①] 在此基础上的"分化"是指在重构全球产业链和价值链的过程中,各国利益严重分化,博弈愈演愈烈,国际经贸规则体系呈现出第二次世界大战以来前所未有的分化趋势。[②] 如果"脱钩"是中美关系在国际经济体系中主要矛盾的激化,那么,国际经贸规则体系的"分化"则是矛盾激化后的结果。现阶段拜登政府通过"价值观外交"构建了以价值观为纽带的国际体系来排挤中国,挤压中国在国际经贸秩序中的生存空间。中国需要通过自主创新和"一带一路"建设拓展发展空间的深度与广度。未来可以预见的是,原本统一的亚太乃至国际经贸规则体系可能会分化成分别以中、美为首的二元经济、技术体系,[③] 在世界经济集团化的趋势影响下,很多产业的供应链将被切断,跨国公司将无法在全球配置资源。[④]

两种不同理念主导下的中美二元经贸规则体系可能会平行发展,并走向一定程度的对抗,[⑤] 最终,这种国际经贸规则体系的二元"分化"会导致国际经济法呈现出"复边主义"的倾向。[⑥] 首先,价值观同盟以共享的"民主"价值观为前提来搭建经贸合作框架,实质是隐含地推翻了由既有国际贸易体系所确立的给予贸易伙伴统一待遇的多边主义理念。[⑦] 其次,美国以价值观为先导,建立了多领域、多对象的议题联盟,将打压中国这一主要竞争对手作为行动目标,导致原有的统一大多边被基于价值观意识

---

① 王一鸣:《百年大变局、高质量发展与构建新发展格局》,《管理世界》2020 年第 12 期,第 8 页。

② 竺彩华:《市场、国家与国际经贸规则体系重构》,《外交评论》2019 年第 5 期,第 2 页。

③ 傅梦孜:《国际力量格局变化与中美关系》,《国际安全研究》2020 年第 6 期,第 19 页。

④ 归泳涛:《日本与中美战略竞争——贸易战、科技战及印太战略》,《国际论坛》2020 年第 3 期,第 12—13 页。

⑤ 竺彩华:《市场、国家与国际经贸规则体系重构》,《外交评论》2019 年第 5 期,第 28—29 页。

⑥ 所谓"复边主义"指的是同一领域内多项制度重叠并行、层次混乱的制度间状态。有关复边主义的文献,参见张猛:《知识产权国际保护的体制转换及其推进策略——多边体制、双边体制、复边体制?》,《知识产权》2012 年第 10 期,第 80—89 页;程大为:《诸边主义还是（大）区域主义? 解决 WTO 多边主义危机的两难选择》,《WTO 经济导刊》2014 年第 2 期,第 90—92 页;Robert Basebow. The WTO and the Rise of Plurilateralism-What Lessons Can We Learn from the European Union's Experience with Differentiated Intergration? *Journal of International Economic Law*, Vol.21, 2018, pp.411 - 413.

⑦ Marcus Noland. A Thoughtful Vision of the Future of Globalization. https://www.piie.com/blogs/realtime-economics/thoughtful-vision-future-globalization.

形态划分的小多边所拆解，使得国际经贸规则体系的复边化加深。① 再次，世界贸易组织改革停滞加上价值观外交推动区域性贸易治理机制的增生，也促进了全球经贸规则体系的复边主义化进程。② 最后，中美博弈中的"选边站"可能并非普适现象——国际关系中的"中间地带"理论强调在不对称的国际政治力量结构中，往往存在着对博弈双方或多方都至关重要的国家和地区，即中间地带，③ 这些国家和地区或许可以在中美之间保持一定的经贸独立；而美式标准、中式标准和中间地带国家标准交叉共存所形成的规则部分平行、部分嵌套的局面，也使得国际经贸治理的规则体系呈现出复边主义的"分化"态势。④

值得注意的是，基于经济胁迫形成的价值观同盟并不能化解同盟国家间的利益冲突。拜登政府利用美国和盟国经济上的相互依赖关系和在供应链上的结构性霸权迫使他国与其站到同一战线，以利益协调增强其与亚太盟国的内部团结，⑤ 要求盟友之间在共同价值观的基础上进行小多边合作，以实现对亚太地区"辐轴体系"的网络化升级，⑥ 最终共同合作遏制中国经济发展。然而，胁迫不能化解彼此的利益冲突或补偿盟友的利益损失，盟友间甚至会基于共同的利益追求"背弃"美国、自行构建经贸"准同盟"合作关系，⑦ 这为价值观同盟稳定性埋下了安全隐患。以 2017 年重启的美印日澳四边安全对话为例，四国虽一致同意中方的政策构成威胁，但对威胁的认知却有所不同。⑧ 此种分歧源于多个因素，例如是否与中国有领土争端、对中国的依赖程度等。事实上，不同国家加入联盟的动机不

① 任琳、郑海琦：《虚弱的联盟扩容与全球治理秩序》，《国际政治科学》2022 年第 1 期，第 8—9 页。

② 保建云：《大国博弈中的全球产业链分化重构》，《人民论坛·学术前沿》2018 年第 18 期，第 51 页。

③ 王鸣野：《"中间地带"的博弈与困境》，科学出版社 2017 年版，第 1 页；田文林：《大国博弈与中间地带的动荡与冲突》，《区域与全球发展》2019 年第 3 期，第 1—2 页。

④ 任琳、孟思宇：《霸权护持、复边主义与全球治理秩序的危机》，《外交评论》2022 年第 5 期，第 71、76—77 页。

⑤ 凌胜利、李航：《拜登政府的亚太联盟政策探析》，《现代国际关系》2021 年第 4 期，第 22 页。

⑥ 赵迎结、吕耀东：《"印太"视阈下日英"准同盟"关系的构建与局限》，《太平洋学报》2020 年第 8 期，第 52 页。

⑦ 赵迎结、吕耀东：《"印太"视阈下日英"准同盟"关系的构建与局限》，《太平洋学报》2020 年第 8 期，第 52 页。

⑧ Lowy Institute. Timeline of the Quadrilateral Dialogue. https://interactives.lowyinstitute.org/charts/quadrilateral-dialogue/.

同，所愿意承担的风险也不同，[1] 盟友间的利益冲突反而会导致联盟内部的"集体行动困境"。此外，中国作为主要经济中心以及促进全球经济复苏的重要力量，"很多国家——特别是欧洲国家——本身不太可能在中美两国之间只选择一方"。[2] 同盟国家在与中国经济脱钩的过程中遭受损失是必然结果，这对于我国应对来势汹汹的价值观外交具有启发意义。

第四节 结语：价值观同盟战略的中国因应

价值观同盟战略是当前美国外交实践的核心支点，也是一项重要的地缘政治。循着上文的逻辑可以推出，在地缘政治的场域，中国是价值观外交所瞄准的目标，中国无法置身价值观同盟战略之外，因而势必要有所回应。基于对美方战略的理论批判和实践分析，我国的回应也可以从这两个层面入手。

首先，党的二十大报告中指出，要把握历史主动，勇争国际话语权。各国在发展的进程中将逐渐形成利益共同体、责任共同体、命运共同体，携手合作、互利共赢是唯一正确的选择。价值观对应的首先是一种话语体系，且此种话语体要发挥一定的引领作用。中国可以在现有的对"真正的多边主义"提倡的基础上更进一步，利用美国以及其他各国对西方治理模式的不满，推广"中国式民主""真正的多边主义"和"人类命运共同体"等替代性论述，为自身争取更多"软权力"。研究表明，在全球范围内，表示对以美国价值观为底色的现有民主等制度"不满意"的个人比例已从 20 世纪 90 年代中期的 47.9% 跃升至 57.5%。[3] 我国可以强调"中国式民主"与美式民主的不同——我国提倡的"中国式民主"的首要目标是充分推动经济、生态、社会和文化的改善，而非作为工具的价值外交

---

① Kathleen J. McInnis. The Competitive Advantages and Risks of Alliances. https://www.heritage.org/military-strength-essays/2020-essays/the-competitive-advantages-and-risks-alliances.
② *The US Is Losing the 5G Fight，but Hampering China is Not the Solution*. https://thediplomat.com/2020/02/the-us-is-losing-the-5g-fight-but-hampering-china-is-not-the-solution/.
③ Centre for the Future Democracy. The Global Satisfaction with Democracy Report 2020，*Bennett Institute for Public Policy*，https://www.bennettinstitute.cam.ac.uk/wp-content/uploads/2020/12/DemocracyReport2020_nYqqWi0.pdf.

战略。

需要注意的是，尽管美国的价值引领作用备受质疑，价值观外交仍存在一定的实效——例如皮尤研究中心的数据显示，对中国人权问题越敏感的公民反华情绪越高。[①] 对此，中国一方面要以客观的描述性词汇还原事实真相，打破西方的价值观"词汇陷阱"；另一方面，要跳出已有的西式话语的枷锁，重新解读、定义甚至以攻为守，利用西方缺失背景下的意识形态合法性欠缺，[②] 引导世界各国重新认识美国与中国。[③] 正确的宣传基础是清晰的定位。中国作为最大的发展中国家，在第三世界以及国际社会已经具有相应的影响力和号召力。同为影响力超群的世界大国，与美国政治的不稳定性相比，我国的政策"反映了一种长期思维"，表现出有条不紊地系统应对内源性和外源性挑战的耐心，[④] 且在追求和平以及维护可持续发展方面都做出了正面表率——这些都是美国所不具备的。如果能有效利用我国已有的影响力，将有助于打造我国的正面大国形象。

其次，美方通过小多边主义等结盟行为试图联合"反华阵线"，我国也需要准备相应的反制机制，即推进务实国际合作，维护和践行"真正的多边主义"。替代性表述的建立需要国际秩序与实践的支撑。我国在疫情期间已经通过向世界各地支援医疗保健产品倡导"人类命运共同体""真正的多边主义"等价值理念，但尚未实际建立替代性国际秩序。我国要建立替代性的国际秩序，还需建立广泛的国际联系、打造中国的国际形象。中国若欲对既有多边经贸体制进行改革、践行真正的多边主义，重点既在于保持自身的利益，也在于帮助其他新兴经济体在国际经贸秩序中得到发展。[⑤] 不同于抽象的价值观重视"务虚"，我国可通过"务实"来填补前者

① Pew Research Center. Negative Views of China Tied to Critical Views of Its Policies on Human Rights. https: //www. pewresearch. org/global/2022/06/29/negative-views-of-china-tied-to-critical-views-of-its-policies-on-human-rights/.

② Munich Security Report: Westlessness, *Munich Security Conference Foundation*, https: // securityconference. org/assets/user _ upload/MunichSecurityReport2020. pdf.

③ 王文、贾晋京、胡倩榕：《如何化解西方价值观外交中的"词汇陷阱"》，《对外传播》2021 年第 12 期，第 59 页。

④ George N Tzogopoulos. The Miracle of China: The New Symbiosis with the World, *Springer Nature*, 2021.

⑤ 苏可桢、沈伟：《从"印太经济框架"看美国小多边主义的滥觞与因应》，《亚太经济》2022 年第 6 期，第 7 页。

带来的问题，通过实际的多层次合作和软实力投射，[①] 影响国际秩序。在美方因战略利益与表面的价值观而摇摆之际，中国可以考虑通过具体行动争取"中间地带"的支持。

以拉美地区为例，我国已经成为拉美地区的重要贸易伙伴——中国与加勒比地区和拉丁美洲的贸易额从 2002 年的 180 亿美元增长到 2021 年的近 4 490 亿美元，并让该地区的 21 个国家参与我国提出的"一带一路"倡议。[②] 从经济规模和文化背景的协同性而言，"金砖五国"是最有能力对抗 G7 集团的国际协商机构之一。美国的外交执行力并不稳定，在全球体系中的信誉近年来有所下降。盟国间合作是推进价值观外交必不可少的条件，拜登先前已经作出了一定的让步，例如保证韩国对朝关系一定程度的自主性、暂缓对波音征收关税[③]等。然而，如果要坚持推进价值观外交框架下的其他部署，盟国势必要承担一定的财政资源负担，联盟内部的利益分歧将会加剧。例如，欧盟与美国在贸易关税、碳税和疫苗的全球分销等议题上就存在不和。[④] 分化意味着重塑的可能，美国本身的不稳定性与价值观同盟内部不和的出现，对我国开展多边外交、参与国际经贸秩序变革实则有利——例如在美国退出跨太平洋伙伴关系协议（TPP）后，我国申请加入 CPTPP，并对 CPTPP 规则进行了全面研究评估，将在市场准入领域作出超过我国现有缔约实践的高水平开放承诺；我国还将通过积极推动贸易投资自由化便利化进程，为全球经济复苏增长做出更大贡献。[⑤]

在飘摇不定的大变局之下，中国作为国际社会的重要力量，面对拜登

[①] Javier Vadell. China's Bilateral and Minilateral Relationship with Latin America and the Caribbean: The Case of China - CELAC Forum. *Area Development and Policy*，Vol. 7，2022，p.187，pp.196 - 197.

[②] Olufemi Apata. *Analyzing the "Silk Road" in Latin America The Belt and Road Initiative: China-Panama Relations and Economic Implications*，https://doi.org/10.7916/d8-cz4x-n486.

[③] June Summits Signal Progress on EU-US Trade Ties, oxan-db Emerald Expert Briefings, https://doi.org/10.1108/OXAN-DB262424.

[④] Noah Kaufman *et al*. As US-EU Trade Tensions Rise, Conflicting Carbon Tariffs Could Undermine Climate Efforts，https://theconversation.com/as-us-eu-trade-tensions-rise-conflicting-carbon-tariffs-could-undermine-climate-efforts-198072；Cristina Niculescu and Nadya Velikova. Health Solutions：Why Risky Ideas are Good in a Crisis，European Investment Bank，https://www.eib.org/en/essays/covid-vaccines.

[⑤] 于佳欣：《商务部谈 CPTPP：中方将在市场准入领域作出超缔约实践的高水平开放承诺》，http://www.news.cn/2021-09/30/c_1127922809.htm，最后访问日期：2023 年 3 月 8 日。

政府价值观同盟战略的强烈外交攻势，应当依托既有国际影响力建立包容、开放、和谐、民主的新型大国形象，尤其要在经贸领域集各国之力应对美国的地缘政治挑战，从而在推进人类命运共同体的同时，勇争国际话语权，维护"真正的多边主义"。①

---

① 《团结起来　践行真正的多边主义——在安理会"维护国际和平与安全：维护多边主义和以联合国为核心的国际体系"高级别会议上的发言》，http：//new. fmprc. gov. cn/web/ziliao_674904/zyjh_674906/202105/t20210508_9180793.shtml，最后访问日期：2023 年 3 月 8 日。

第十五章

国际经济规则的安全化
和安全泛化

在经济全球化不断深化但是出现逆转的当今时代，为了应对新安全挑战，各国普遍在对外贸易和投资领域采取国家安全措施，国家安全议题不断出现于各国对外经贸政策和监管之中，国际经贸规则出现安全化的变化和安全泛化的特征。由于国家安全定义的模糊性、国家安全问题的政治性、国家安全审查的不可救济性导致了国家安全泛化，各国陷入"安全困境"，既需要通过安全措施保护国家安全，又寄希望于他国减少国家安全介入国际经济规则。泛化的国家安全问题加剧了大国之间的对抗，加深了国家安全制度对国际经贸规则的介入。

随着世界经济下行，逆全球化时代开启，国际经济规则更加复杂。在美国将国家安全政策施加到每个经贸领域的同时，世界各国都在经贸领域中运用国家安全政策。① 安全政策为国家偏离一般的贸易和投资规则提供

---

① Request for Consultation by the Republic of Korea, Japan-Measures Related to the Exportation of Products and Technology to Korea, at 7, WTO Doc. WT/DS590/1 (Sept. 16, 2019); Request for the Establishment of a Panel by the Bolivarian Republic of Venezuela, United States — Measures Relating to Trade in Goods and Services, at 1, WTO Doc. WT/DS574/2 (Mar 15, 2010); Request for the Establishment of a Panel by Switzerland, United States — Certain Measures on Steel and Aluminum Products, at 5, WTO Doc. WT/DS556/15 (Nov. 8, 2018); Request for the Establishment of a Panel by Qatar, United Arab Emirates — Measures Relating to Trade in Goods and Services, and Trade-Related Aspects of Intellectual Property Rights, at 3.1 - 3.15, WTO Doc. WT/DS526/2 (Oct. 6, 2017); Request for Consultations by Ukraine, Russia-Measures Concerning Traffic in Transit of Ukrainian Products, at 2 and n.1, WTO Doc. WT/DS512/1 (Sept. 21, 2016); Tom Miles, WTO Chief Makes Rare Warning of Trade War over U.S. Tariff Plan, Reuters, Mar 2, 2018, https://ww.reuters.com/article/us-usa-trade-wt/wto-chief-makes-rare-warning-of-trade-war-over-u-s-tariff-plan-idUSKCN1GE29P.

了各种理由和借口。国家经贸活动政治化也使得各国为了采取保护主义措施而求助于安全理由。事实上，国家安全措施已经成为许多国家推行经济政策、强化国家监管、防御外资侵害和保护国内产业的重要监管手段。国家安全措施由于其启动程序、审理程序、救助机制的模糊性，容易演变为"政治工具"，阻碍国际经贸关系的正常发展和经济全球化。扩张性的国家安全政策会与现有的国际贸易和投资规则产生冲突，对主导的贸易和投资规则产生威胁，有可能动摇现有的国际经贸规则体系，甚至导致其崩塌。在中美贸易摩擦逐渐升级和不断复杂的背景下，美国推行的国家安全措施和国家安全审查制度不断扩大，推行国家安全泛化主义，例如我国华为公司因为"危害美国国家安全"而被禁止在美国购买芯片，抖音因为"危害美国国家安全"而被美国政府要求强制出售。

本章试图梳理国际经济规则中出现的国家安全泛化的成因，国家安全定义的模糊性及国家安全的政治性容易导致国家安全措施的扩大化。而国家安全泛化又加深大国之间的对抗和国际经济规则的变形，使得各国陷入"安全困境"，在批评他国过度安全措施的同时不得不竞相推行安全措施，加重安全措施介入和修正国际经济规则。对于大国之间关于国家安全问题的博弈问题，本章试图运用博弈论对国家安全泛化产生的后果及对策进行分析，认为适度运用国家安全措施有利于保护本国产业发展，但过度使用也会加剧国家安全泛化和加深"安全困境"，导致新的贸易保护主义，造成严重的非经济后果。

第一节　国家安全、国际经济规则和安全规则

几乎所有的国际条约都包括正式的例外条款，允许政府合法地违反其承诺的规则，以处理意外事件。国际经济规则中的安全规则即是如此。国际经济规则通过安全条款，给予政府必要违法的灵活性，以应对安全事件。但是，难点在于如何避免政府在适用安全规则以保护安全时不滥用这种灵活性。[1]

---

[1]　Krzysztof J. Pelc. *Making and Bending International Rules —— The Design of Exceptions and Escape Clauses in Trade Law.* Cambrdige University Press, 2016.

一、国际法上的国家安全概念

安全是人类永恒的主题，是人类生存和发展的前提。安全的观念是社会历史发展的产物，安全在主体间的社会性语境中可以结合文化观念和现实认知的不同作出具体的价值判断，缺乏广泛的共识。[①] 沃尔特·李普曼于 1954 年首次定义了国家安全的概念，指出国家安全是"在国家希望避免战争时，能免于必须牺牲核心价值的危险；在受到挑战时，能通过赢得战争的胜利来保护这些核心价值。"这表明最早的国家安全概念局限于"军事安全"。[②] 遏制他国军事潜力的努力通常只包含狭义的国家安全控制，以限制对方国家外交政策选项。[③]

传统认知上，国家安全与国家主权以及军事、政治安全具有高度关联性。国家安全与主权国家的国家利益密不可分。国家安全以国家利益为基础，国家利益的冲突是导致国家安全面临威胁的根源。[④] 只要主权国家在国际法律体系内行使权力，追求国家利益，国家安全就会成为国际法中无法规避的问题。16 世纪法国法学家让·博丹（Jean Bodin）在《国家六论》中第一次系统论述了国家主权学说。博丹指出，国家之所以区别于其他社会组织，是由于它具有至高无上的主权。主权是指国家对外平等独立的权力，对内至高无上的权力，受不干涉他国内政原则的保护。[⑤] 主权是国家的主要标志，是国家本质特征的体现。当今世界进入和平与发展时代，军事对抗位居幕后，经济全球化加深了国际经济相互渗透与依赖，在一定程度上削弱了传统的国家主权，在国际格局日益破碎化的时代，只有坚持主权原则，一个国家才能在国际交往中保持独立的人格，才能维护国家主权和领土完整。因此，维护经济主权成为新时代维护主权的主要出发点，[⑥]

---

① 储昭根：《安全的再定义及其边界》，《国际论坛》2015 年第 4 期，第 46—51 页。
② 储昭根：《安全的再定义及其边界》，《国际论坛》2015 年第 4 期，第 46—51 页。
③ Gary Clyde Hufbauer, Jeffrey J. Schott, Kimberly Ann Elliott and Barbara Oegg. *Economic Sanctions Reconsidered* (3rd edition). Peterson Institute for International Economics, 2009, p.11.
④ 甘培忠、王丹：《"国家安全"的审查标准研究——基于外国直接投资市场准入视角》，《法学杂志》2015 年第 5 期，第 38 页。
⑤ ［澳］克里斯蒂安·罗伊-斯密特、［英］邓肯·斯尼达尔：《牛津国际关系手册》，方芳等译，译林出版社 2019 年版，第 99 页。
⑥ 俞可平：《全球治理引论》，《马克思主义与现实》2002 年第 1 期，第 20—32 页。

这一问题在国际经济法律制度和国际经济活动实践中也有所体现。

随着全球化不断加深，国家安全的内涵从传统的军事、政治安全扩展到环境、社会、文化等领域；[①] 进入信息化时代，又出现了"信息安全"和"数据安全"，席卷全球的新冠疫情催生了"健康卫生安全"等新安全观。以此构成了对国家安全的认知既有以国家为中心、以军事—政治为核心的传统派，以及涉及经济、社会与环境等安全领域的扩展深化派并存的局面。

国家安全内涵的扩张甚至在国际经贸监管中的不断滥用会产生诸多消极影响。例如，在国际投资等全球性的经济活动中，投资主体要求对方国家有稳定的政治环境，但是民族国家的政治经济制度千差万别，很难完全适应外国资本的制度需要。当跨国经济活动与一个民族国家的制度产生冲突时，东道国就可能通过安全措施或国家安全审查机制维护本国的国家安全。当国家安全措施或审查机制在运用过程中呈现出由于东道国自身导致的例如规定该审查制度法条的模糊性，或者外力导致的例如政治因素的扩张性，这些措施或机制的滥用，可能加剧投资母国与东道国之间的紧张关系，阻碍国际正常经贸投资活动。

二、现有国际经济规则与国家安全规则之间的二元平行结构

第二次世界大战后形成的国际经贸规则是将国家安全措施和经济规则相互区分，形成一种平行的二元结构。第二次世界大战后，从美苏争霸到苏联解体，国家安全基本限于传统安全，只在极端情况下才会凌驾于国际经贸规则之上。[②] 换言之，一国政府只有在国家之间发生冲突或者在进行与军事有关的进出口管制时，才能将国家安全优先于贸易承诺。[③] 这种二元结构为安全措施和经济融合提供了一个稳定和可预测的框架。很多重要的经贸协议中都包含有关安全措施方面的一般例外条款，表明国际经贸活

[①] 习近平：《积极树立亚洲安全观 共创安全合作新局面》，《人民日报》2014 年 5 月 22 日，第 2 版。

[②] J. Benton Heath. The New National Security Challenge to the Economic Order. *Yale Law Journal*，Vol.129，2020，p.1054.

[③] J. Benton Heath. The New National Security Challenge to the Economic Order. *Yale Law Journal*，Vol.129，2020，pp.1057 - 1059.

动和安全之间存在着比较清晰的界线。[①] 这种界线既给国家自我保护权利以尊重，[②] 又通过一定的自决权允许每个国家可以自行裁定例外条款是否适用。这种"自决性"又把例外条款和其他条款区分开来，[③] 国际争端解决机制对例外条款之外的条款有权进行审查，[④] 并且作出有约束力和可强制执行的裁定。[⑤]"除非情况极其明显，争端解决专家不试图推翻成员国对国际关系中紧急状态的判定。"[⑥] 尽管目前世界上有 24 个常设国际法庭，其中 80% 拥有广泛的强制管辖权，84% 授权非国家行为体提起诉讼，在 1990 年之后就发布了超过 37 000 多个有约束力的个案裁决，[⑦] 但在 21 世纪的头二十年里，没有任何有关安全措施的主张在世界贸易组织中得到裁定。[⑧] 这种互为平行的二元结构既保证了现有国际经济规则的相对稳定和独立，又保证了国家可以有一定的自决权，通过国家安全政策采取必要的保护措施。安全例外条款也成为相对独立于第二次世界大战后自由主义秩序的一个自成一体的规则体系。

这种平行二元模式的基础是国际贸易系统脆弱性的规范性二元假设。一方面，针对贸易措施的审查成本高，贸易机制可以处理一般的安全政策。[⑨] 如果一国的安全政策受制于国际组织或司法机构，国家可能选择无视国际司法裁决，并且退出条约机制，那么国际贸易规则就会被破坏。[⑩] 国际经济条约的撤出机制是成员国表达不满的方式和渠道。[⑪] 所以，安全

---

① GATT, art. XXI, Oct 30, 1947, 61 Stat. A-11, 55, U.N.T.S. 194.

② Andrew Emmerson. Conceptualizing Security Exceptions: Legal Doctrine or Political Excuse? *Journal of International Economic Law*, Vol.11, No.1, 2008, p.135.

③ Roger P. Alford. The Self-Judging WTO Security Exception. *Utah L Rev*, 2011, pp.721-725.

④ Paul Mertenskötter & Richard B. Stewart. Remote Control: Treaty Requirements for Regulatory Procedures. *Cornell L Rev*, Vol.104, 2018, p.165.

⑤ Gary Born. A New Generation of International Adjudication. *Duke L. J.*, Vol.61, 2012, p.775.

⑥ Mitsuo Matsushitaet et al. *The World Trade Organization: Law, Practice and Policy.* (3rd edn.), 2015, p.553.

⑦ Karen J. Alter. *The New Terrain of International Law: Courts, Politics, Rights.* Princeton, NJ: Princeton University Press, 2014, p.4.

⑧ 哥伦比亚曾在 2000 年对尼加拉瓜发起了与海洋边界有关的贸易制裁争端解决，但是此案的争端解决小组从未成立过。Dispute Settlement Body, Minutes of Meeting Held in the Centre William Rappard on 7 April 2000, WTO Doc. WT/DSB/M/78, at 48-62 (May 12, 2000).

⑨ Robert E. Scott & Paul B. Stephan. *The Limits of Leviathan*, 2009, pp.160-161.

⑩ Holger Hestermeyer. Article XXI, in Rüdiger Wolfrum, Peter-Tobias Stoll & Holger P. Hestermeyer (eds). *WTO Trade in Goods*, 2010, pp.569-580.

⑪ Anne van Aaken. International Investment Law Between Commitment and Flexibility: A Contract Theory Analysis. *J Int'l Econ. L.*, Vol.12, 2009, pp.518-519, 526, 533.

例外条款是稳定国际经济规则的"安全阀"。[①]另一方面，各个国家的共同利益是维护国际经济体系的整体性和稳定性，避免受到不同风险的安全主张的影响。[②]互惠互利的政治管控相较于法律监管更加有效和现实。这一规范性假设既稳定了现有国际经济规则体系的整体性，又顾及了成员国国家安全需要的个体性。这一平行二元结构的基础逻辑是自由主义的全球市场规制体系：对贸易的不管制是正当的规范，国家管制贸易的干预措施属于例外情形。国际经济规则反对关税、配额等措施，因为在稳定的商品贸易交换过程中，这些措施是不需要的。[③]

三、国家安全规则的泛政治化属性

政治力量或其他因素介入国际经济活动或国际经济规则，国家在国际经济活动中频繁采取安全措施或过度进行国家安全审查是国家安全泛政治化的重要特征和表现。外资国家安全审查制度是基于国家安全角度考虑，设定专门的国家机构和程序审查外国投资是否危害国家安全的制度。[④]国家安全内涵和外延的界定对外资审查制度有直接影响，决定了审查的范围及标准。但是，国家安全的概念具有不确定性，因此各国外资审查制度中对国家安全的界定也有不确定性。在地缘经济背景下，虽然国家安全审查有法律化的外观，但内核却是政治问题，这一机制的政治属性无法改变。[⑤]国家安全审查的特质决定了审查程序的充分法律化以及审查标准的有限法律化。并且，国家安全概念的不确定性、审查标准的模糊性及审查结论的行政裁量性等因素综合作用，加剧了国家安全审查泛政治化的可能。

在中美贸易摩擦中，特朗普政府打破惯例，援引"232条款"，以保护

---

① Wesley A. Cann, Jr. Creating Standards and Accountability for the Use of the WTO Security Exception: Reducing the Role of Power-based Relations and Establishing a New Balance Between Sovereignty and Multilateralism. *Yale J Int'l L*, Vol.26, 2001, p.417.

② Roger P. Alford. The Self-Judging WTO Security Exception. *Utah L Rev*, 2011, pp.749-757.

③ David Kennedy. Turning to Market Democracy: A Tale of Two Architectures. *Harvard International Law Journal*, Vol.32, 1991, p.381.

④ 黄用琴：《完善新形势下中国外资国家安全审查制度》，《新理财（政府理财）》2020年第12期，第30—33页。

⑤ 王东光：《国家安全审查：政治法律化与法律政治化》，《中外法学》2016年第5期，第1293—1289页。

国家安全为由，对中国输美产品加征关税，试图保护美国在国际市场中丧失比较竞争优势的制造业。"232 条款"授权美国商务部对进口特定产品是否威胁美国国家安全进行立案调查，由总统决定是否采取最终措施。"232 条款"的设计初衷是为了防止美国的防务需求过于依赖进口，特别是从那些美国在第二次世界大战时不信任的国家进口。[①] 美国政府于 2018 年 3 月 1 日宣布对进口钢铁和铝产品加征 25％和 10％的关税。国家安全规则正从例外上升为原则。美国在贸易战中不仅出于保护国家安全利益目的采用"232 条款"，而且在采用与国家安全利益无关的"201 条款"和"301 条款"措施时也援引 GATT 第 21 条项下的安全例外。[②] 在多边贸易体系内，美国在 WTO 中申诉和被诉案件中都频繁援引国家安全例外作为抗辩理由，[③] 企图对国家安全进行扩大解释，有违 WTO 协定和善意原则。[④]

　　针对外资的国家安全审查是东道国为保护国家安全而在外资领域实施的行政执法行为，对投资自由化和投资者财产权利造成限制。与之相应，行政机关在审查中享有宽泛的自由裁量权。[⑤] 纵观主要国家的外资国家安全审查制度，审查时以"国家安全"为由而进行审查的内涵多样。例如，民族利益（"中石油并购哈萨克斯坦 PK 公司案"）、民族主义情绪（美国百事公司收购法国达能公司导致了法国数家公会的强烈抗议）、维护扶持民族产业（国家可能为了扶持该产业的发展而拒绝外资对目标企业的收购）都可能是审查的动因。[⑥]

　　美国外资国家安全审查制度经过了几十年的发展，特别是在特朗普执政时期，审查机构 CFIUS 的审查范围极度扩大，审查标准比之前严格。[⑦] 尤其是对中国企业审查过程中政治化倾向日益严重，此种现象与美国政府

　　① U. S. Tools to Address Chinese Market Distortions，Trump Administration Tariffs，Response to Chinese State Capitalism Industrial Policy Subsidies，Investment Restrictions，IP Theft，WTO Disputes，p.87.

　　② 彭岳：《中美贸易战的美国法根源与中国的应对》，《武汉大学学报（哲学社会科学版）》2021 年第 2 期，第 149 页。

　　③ 孙南翔：《美国经贸单边主义及国际应对》，社会科学文献出版社 2021 年版，第 33 页。

　　④ 孙南翔：《美国经贸单边主义及国际应对》，社会科学文献出版社 2021 年版，第 34 页。

　　⑤ 黄洁琼：《论比例原则在外资国家安全审查中适用》，《河北法学》，2020 年第 10 期，第 152—164 页。

　　⑥ 马如韬、郝正阳、聂嵘：《资源型企业并购重组的动因分析——以中石油多宗并购案为例进行分析》，《现代商业》2012 年第 7 期，第 71 页。

　　⑦ 沈伟、田弋滢：《欧盟外商直接投资审查条例出台的背景、规则和应对》，《海关与经贸研究》2019 年第 6 期，第 53—58 页。

推行的所谓"美国第一"、突出美国例外主义、[1] 敌视中国和视中国为最大的竞争对手有关。[2] 美国在对中国投资安全审查过程中呈现出政治化特征和针对中国的投资歧视，审查过程任意性突出。[3]

第二节 安全困境中的国家安全泛化主义

近年来，国际经济规则中出现了国家安全泛化主义的迹象，[4] 国家安全措施普遍出现于经贸领域。主要表现如下。

一、国家安全的内涵扩大而审查标准模糊

各国在国家安全的定义上没有达成共识，而且国家安全内涵有不断扩大的趋势。传统的国家安全是一种基于实力的强权安全，前提是保障军事安全，将军事安全等同于国家安全。但是，军事安全不断让位于其他安全。1975 年在赫尔辛基举行的欧洲安全与合作会议将政治安全纳入国家安全，并将安全的实现和人权进行了绑定。[5] 冷战结束后，伴随经济全球化和高科技进步，安全的内涵不断得到延展，经济安全、粮食安全、环境安全、恐怖活动等大量非传统安全进入国家安全的范畴，一些国家内部的安全问题也逐渐成为国际问题，例如金融危机、信息和网络安全等。

全球化导致的超越国家中心主义理论是经典安全理论扩展的基础，人权、环境、文化、宗教等因素和全球化给全球组织、国家关系、国家-社会特征以及国际经济关系带来质变。[6] 不同于传统安全威胁，非传统安全

---

① H. L. Pohlman. *U.S. Naitonal Security Law: An International Perspective.* Rowman&. Litlefkeld, 2019, p.x.

② 李伟、张佳敏：《中国企业对美投资中的美国国家安全审查趋势与对策》，《太原师范学院学报（社会科学版）》2020 年第 4 期，第 72—80 页。

③ 王保民、袁博：《美国外资安全审查的政治化趋势及我国的法律应对》，《国际贸易》2020 年第 10 期，第 89—96 页。

④ 杨云霞：《当代霸权国家经济安全泛化及中国的应对》，《马克思主义研究》2021 年第 3 期，第 138—147 页。

⑤ 李道刚、喻锋：《欧安会/欧安组织框架下的人权与安全——基于〈赫尔辛基最后文件〉的法理分析》，《法学家》2008 年第 5 期，第 147—153 页。

⑥ ［澳］克里斯蒂安·罗伊-斯密特、［英］邓肯·斯尼达尔：《牛津国际关系手册》，方芳等译，译林出版社 2019 年版，第 73 页。

领域的威胁来源更多元、更模糊，超越了传统的国际法主体，国家不再是安全威胁的主要或唯一来源。

国家安全正在成为一种"模糊安全"，由军事、政治、社会、经济和环境的区域复合安全共同构成。建构主义把国际关系中的共同知识或社会共同拥有的知识界定为文化，又将"文化"引入国家安全体系中。① 建构主义认为安全不再局限于特定的主权国家，而是包括所有人和社会，真正的安全只有通过人民和集体才能够获得。国家利益本身就是共同文化基础之上国家的认同，研究国家安全实际上是在研究何为危险或威胁来源的问题。② 建构主义认为安全不仅是物质上的，而且还应包含精神上的。美国颁布《2003 年国防产品再授权法》（DEFENSE PRODUCTION ACT REAUTHORIZATION OF 2003，PUBLIC LAW 108 - 195—DEC. 19，2003），从法律上确定"国家安全包括但不限于经济安全，国家公众健康或安全"，③ 将经济安全、人的健康和安全上升到国家安全的范畴。2017 年德国政府修订《对外经济条例》第 55 条第 1 款，第一次明确了德国经济部重点应审核的敏感部门、设施及事项，并将传媒行业纳入国家安全审查范围。④ 非传统安全和传统安全相互交织、渗透，使国家安全的边界愈加模糊，例如宗教极端主义和军事安全重叠、人权和政治安全交织，这些都影响着主权国家对国家安全的界定。可见，军事安全和政治安全已经不能涵盖国家安全的全部内容，若不从社会、经济和环境领域引入行为体（甚至是"非行为体"或"无行为者"⑤ ）和动力学，安全的内涵就无法得到完整理解。⑥

从审查标准来看，国家安全审查标准具有模糊性，因为国家安全以及国家安全威胁具有不确定性和历史性，只有模糊性才能使国家机关根据相

---

① 李泓霖、毛欣娟：《西方国家安全理论嬗变及启示》，《中国人民公安大学学报（社会科学版）》2016 年第 5 期，第 89—95 页。

② 宋晓敏：《建构主义安全研究理论范式刍议》，《人民论坛》2012 年第 14 期，第 166—167 页。

③ 孙效敏：《论美国外资并购安全审查制度变迁》，《国际观察》2009 年第 3 期。

④ 胡子南：《德国加强外商直接投资审查及对华影响——基于〈对外经济条例〉修订的分析》，《现代国际关系》2019 年第 6 期，第 10—18 页。

⑤ Laura K. Donohue. The Limits of National Security. *Am Crim L Rev*. Vol. 48，2011，pp.1573，1709.

⑥ 任晓：《安全——一项概念史的研究》，《外交评论（外交学院学报）》2006 年第 5 期，第 36—45 页。

关环境的变化适时调整，以满足维护国家安全之需，覆盖所有威胁国家安全的情形。因此，很多国家都采取了原则性法律加上灵活性实施细则的立法模式。国家安全审查的法律是立法机关经过严格的立法程序确定的规范，对稳定性、周延性有较高的要求；实施细则在国家安全审查法的原则和框架下，可以根据各种因素的变化，灵活因应国家安全审查之需要。以美国为例，美国在 2007 年《外国投资与国家安全法》第一节对"国家安全"进行了表述，即"对于国家安全的含义应被解释为与国土安全有关的问题，而且应当包括对关键基础设施的影响"，此为描述型界定，具体包含十一项考虑要素。"国家安全"概念的模糊，一方面，使得 CFIUS 和总统享有充分的自由裁量权，能够灵活应对外国投资中可能出现的种种问题，并且 CFIUS 曾多次公开拒绝有关对"国家安全"的含义做出严格界定的请求。另一方面，定义模糊使得 CFIUS 的运作过程的透明度有限，信息公开度不高。CFIUS 曾宣称模糊化是"为了维护经济政策的灵活性和审查机关广泛的裁量空间"，这加剧了因政治目的或者其他考量因素而滥用这项权力的可能性。[①]

正如奥利维夫所言，实际上，没有什么既定的安全，"将某种发展变化称为安全问题，国家就可以要求一种特殊的权利。"[②] 以美国为首的发达国家对国家安全的概念进行扩大，从传统的国防军事领域扩大至能源、电信、航空、集成电路、人工智能、先进材料等关键技术，以及金融、数据运用和用户信息收集等服务行业。这种概念扩大在贸易领域和金融领域尤为明显。

在贸易领域，2019 年 11 月，美国联邦通信委员会将华为和中兴通讯认定为"国家安全风险企业"，并禁止美国电信运营商动用政府资金购买其设备和服务，以遏制中国高科技产品出口；[③] 金融方面，2020 年 12 月—2021 年 1 月，纽交所要求三家中国主要电信公司退市，理由是其对美国国家安全构成威胁，该决定呼应特朗普作出的要求"解决对中国军事企业进

---

① 李伟、张佳敏：《中国企业对美投资中的美国国家安全审查趋势与对策》，《太原师范学院学报（社会科学版）》2020 年第 4 期，第 72—80 页。

② 朱宁：《安全与非安全化——哥本根根学派安全研究》，《世界经济与政治》2003 年第 10 期，第 21—26 页。

③ 盛斌、孙天昊：《美国贸易政策评析与中美经贸关系展望》，《当代美国评论》2021 年第 5 期，第 1—14 页。

行证券投资所带来的威胁"之行政令，防止美国的机构投资人及散户投资这些中国企业，导致资金流入中国军方，最终对美国构成安全威胁。[①] 美国国家安全泛化还出现在投资领域，《外国投资风险评估现代化法案》（FIRRMA 法案）的正式通过，标志着美国外国投资委员在外资并购美国企业审查过程中的控制力度大大增强。该委员会以损害国家安全等为由对外资在美国境内进行的正常商业并购行为进行阻拦甚至破坏，这直接导致 2019 年我国在美投资并购总额大幅度下降，相比 2018 年减少了超过 80%，仅有 48 亿美元。[②]

二、国际和内国经济规则向东道国规制权倾斜

以 WTO 为代表的多边体系被弱化，取而代之的是双边、区域协定的大量出现。国际投资规则逐渐形成了当前一个缺乏综合性全球多边投资协定，而以双边投资协定（BIT）、特惠贸易与投资协定（PTIA）为主体的双边、区域和多边投资协定共存的规则体系。[③] 国际上大规模签署 BIT 的浪潮始于 20 世纪九十年代，到 21 世纪前 10 年趋于降温，BIT 成为这一时期解决国际投资争议的主要法律基础。

由于美国 BIT 范本的推行以及外国投资引发危及东道国主权安全和公共政策的案件不断增多，作为传统资本输出国的发达国家也越来越多地以被诉方的身份参与到国际投资仲裁案件中，更多的国家在订立新 BIT 时增加根本安全利益例外条款，为本国经济设立安全阀，赋予东道国更多的规制权。在多边国际协议中，GATT 1947，GATT 1994，GATS 都包含安全例外条款。"在一个由主权国家构建的国际社会，对其中的任何一个主权国家而言，国家的安全利益比经济利益显得更加重要"。[④] 以我国和韩国

---

① 沈伟：《"脱钩论"背景下的中美金融断裂——以〈外国公司问责法案〉为切入》，《浙江工商大学学报》2021 年第 2 期，第 32—46 页。

② 贺立龙：《美国对华投资并购安全审查的最新进展、未来趋势与应对策略》，《对外经贸实务》2021 年第 4 期，第 10—13 页。

③ 李玉梅、桑百川：《国际投资规则比较、趋势与中国对策》，《经济社会体制比较》2014 年第 1 期，第 176—188 页。

④ GATT 1994 第 21 条："Nothing in this Agreement shall be construed：(a) to require any contracting party to furnish any information on the disclosure of which it considers contrary to its essential security interests."

在 2007 年的 BIT 和 2012 年我国和加拿大的 BIT 为例，中韩投资协定共 14 条，强调促进投资和提供便利，并未规定例外条款。① 中加投资协定正文有 35 条并有附录，还有例外和一般例外的专门条款，其中在第 33 条一般例外项下第 5 款规定："本协定不得被理解为阻止缔约方保护其根本安全利益所采取的必要措施。"② 美国在 2012 年 BIT 范本中制定了东道国管理投资行为的权力，其中第 12 条第 3 款规定：任一缔约方在管理、执行、调查和控诉事项上保留自由裁量的权利。东道国政府机构可以对外国直接投资进行审查，东道国司法机构有权决定争端裁决是否需要执行和撤销。国际投资新规则在促进投资自由和便利的同时，国家安全例外成为国际投资规则的重要部分，强化了对东道国规制权的保护。

区域性投资协议中也开始列入安全问题，例如 RCEP 第十七章一般条款在例外中规定：缔约方可以采取其认为保护其基本安全利益所必需的行动或措施。本章还允许缔约方在面临严重的收支平衡失衡，外部财政困难或受到威胁的情况下采取某些措施。③

传统 BIT 一般只要求依据东道国法律来为外国直接投资创造有利条件，进一步促进投资自由化。客观上，外资的流动使许多国家同时具有资本输出国和输入国的双重身份。投资自由化已经不足以保障投资母国和东道国的利益平衡，新一代的国际投资规则正在改变单向的投资者保护政策，而转向兼顾东道国规制权。

三、国家安全审查措施正成为被广泛运用的重要监管工具

国家政治现实主义学派认为，权力政治能够最大化国家安全和其他国家利益。④ 国际经济关系回归到权力时代，国际法治主义式微，⑤ 各国都通

---

① http://tfs.mofcom.gov.cn/article/h/at/201811/20181102805372.shtml，最后访问日期：2021 年 1 月 31 日。

② http://tfs.mofcom.gov.cn/article/Nocategory/201111/20111107819474.shtml，最后访问日期：2021 年 1 月 31 日。

③ https://cn.rcepnews.com/rceptext/d17z_cn.pdf，最后访问日期：2021 年 1 月 31 日。

④ Ernst Ulrich Petersman. *Multilevel Constitutionalism for Multilevel Governance of Public Goods — Methodology Problems in International Law.* Bloomsbury，2020，p.96.

⑤ Gregory Shaffer. Tragedy in the Making? The Decline of Law and the Return of Power in International Trade Relations, *Yale J Int'l Law*，Vol.37，2019，p.44.

过修改国内投资法[①]和实施贸易制裁、出口管制、紧急手段等[②]安全措施的方式回应本国利益需求。国家安全正在成为一种"万能胶"一样的说辞或借口，被政府用来作为干预经济的正当性理由。

　　美国是最早规定外资安全审查的国家。在汉密尔顿的重商主义和杰斐逊的自由主义影响下，美国对待外国投资是相对开放和宽松的，这促进了美国经济的繁荣。第一次世界大战时，伴随德国资本的大量涌入，1917 年通过《与敌贸易法》（Trading with the Enemy Act，TWEA），授予总统在战争或紧急状态时阻断敌对国家并购国内企业的权力。20 世纪七八十年代，石油输出国组织（OPEC）和日本崛起，开始在美国各行业大举投资。美国出台《埃克森—弗洛里奥修正案》（Exon-Florio Amendment）和《伯德修正案》（Byrd Amendment），规定由外国政府控制或代表外国政府的外国公司在收购美国公司时，必须接受强制性的国家安全审查。2007 年又出台《外国投资与国家安全法》（Foreign Investment and National Security Act of 2007，FINSA），明确将国土安全因素例如关键基础设施和关键技术纳入国家安全考量的范畴。从《埃克森—弗罗里奥修正案》开始，到《伯德修正案》和《2007 年外国投资与国家安全法》，美国外资并购安全审查制度由最初的单一国防安全观，到国防安全与经济安全并重，再到平衡吸引外资与国家安全及国防安全优先原则。[③] 2018 年新出台的《外国投资风险审查现代化法》（FIRRMA）扩大了受 CFIUS 审查的交易范围和管辖权，将对某些涉及特定行业关键技术的美国企业的非控制投资以及一些不动产交易纳入审查范围。[④] 2020 年 1 月 13 日，美国财政部公布了两项与 CFIUS 职权和流程相关的《外国投资风险审查现代化法案》最终监管规则，引入"美国监管授权"和"关键技术表决权"，修改了对"重大权益"的定义，并确定是否触发强制申报。[⑤] 可以说，几乎所有与外国收购者或投资者进行的公司交易都可能承担被 CFIUS 审查的后果。

---

① Anthea Roberts and Taylor St. John. UNCITRAL and CISDS Reform：Visualising a Flexible Framework. *EJIL Talk*，Oct 24，2019.
② Kathleen Claussen. Trade's Security Exceptionalism. *Stan L Rev*，Vol.72，2020.
③ 孙效敏：《论美国外资并购安全审查制度变迁》，《国际观察》2009 年第 3 期。
④ http：//us.mofcom.gov.cn/article/jmxw/201810/20181002795610.shtml，最后访问日期：2021 年 1 月 17 日。
⑤ 《2020 年世界主要经济体外商投资政策变化与影响分析》，http：//www.mofcom.gov.cn/article/i/jyjl/e/202012/20201203026765.shtml，最后访问日期：2021 年 1 月 17 日。

从审查数量来看，美国对于英国、加拿大、日本的审查数量在 2009—2017 年期间保持相对稳定，以低幅度的曲线浮动增长，即使最多的年份也不超过 30 起，并没有出现连续数年大幅度增长现象。但是中国企业被审查的数量在 2012 后开始迅速增加，随后在 2012—2015 年趋于平稳，达到历史高位。

从审查范围来看，所涉行业五花八门，制造业一直是审查的重点行业，2016 年以后金融信息业快速超过了制造业，总体来看，以金融信息业和制造业为甚。近年来针对中国投资并购项目审查数量之多、所涉行业之广已经远远超出了正常的商业范畴。

在外资审查程序中，良好的程序是审查客观公平的保障，然而在国家安全泛化的情况下，审查过程任意性问题突出。CFIUS 可以随意开展对相关交易的调查，并且在审查中往往不需要法律依据，可以仅凭借交易事实就决定交易是否危及美国国家安全。①

英国在对待外国投资方面贯彻投资自由理念，逐步建立了国家安全审查制度。英国于 2002 年颁布了《企业法》，规定政府具有对可能影响国家安全交易的审查权力，但并未建立专门的外资安全审查制度。为了防止外国公司随意收购英国的敏感行业资产和取得英国企业的控制权，从而对国家安全产生风险，2017 年 10 月 17 日，英国政府发布了《国家安全和基础设施审查》绿皮书（提案），加大对外资并购英国企业的审查力度，从只能介入在英国营业额超过 7 000 万英镑或市场份额达到 25％以上公司的合并，到可以审查在英国营业额超过 100 万英镑企业的兼并，并取消了市场份额的要求。涉及的行业包括军民两用、军工以及先进技术行业。② 2018 年 7 月，英国政府又通过了《国家安全与投资》白皮书，赋予英国各部门负责人对可能存在国家安全隐患的外资收购交易增加审查的权限，③ 包括

① 例如 CFIUS 对 Tiktok 的审查也是如此，CFIUS 在 2019 年 11 月以两年前 Tiktok 母公司北京字节跳动公司曾收购美国音乐平台 Musical 为由，启动对 Tiktok 的审查。但纵观整个事件，CFIUS 并不能明确指出 Tiktok 在独立运行的情形下实施危害国家安全的具体行为。参见保民、袁博：《美国外资安全审查的政治化趋势及我国的法律应对》，《国际贸易》2020 年第 10 期，第 89—96 页。

② 田丰：《英国审查外商投资对国家安全的影响》，《中国外资》2018 年第 1 期，第 34—35 页。

③ http://www.ccpit.org/contents/channel4131/2019/0612/1176239/content _ 1176239.htm，最后访问日期：2021 年 1 月 31 日。

控制英国实体 25％以上股权或投票权的投资，对财产处分有重大影响的投资和绿地投资。2020 年 11 月 11 日，英国政府制定了新的《国家安全和投资法案》（National Security and Investment Bill），并在 2021 年 1 月 20 日进行三读，如果该法案通过，审查权力将从现有制度下的英国竞争和市场管理局独立出来，由商务能源与产业战略部（BEIS）负责。审查分为强制申报和自愿申报，范围涉及国家安全、生物、科技等领域，甚至部分获取低于 15％股权或投票权的收购也可能会引发审查。[①]

德国对外资一般持开放态度。随着外国投资在德国的比重渐大，为了维护德国的安全利益，德国联邦政府于 2003 年修订了《对外贸易和支付法》，增加了外资安全审查的内容。2004 年德国《对外贸易与支付法》确立的外资审查标准仅限于国家根本安全利益和外交。2009 年德国对《对外贸易与支付法》进行了修改，规定联邦经济和能源部可以对损害公共秩序和公共安全的外资进行审查，[②] 对于欧盟以外的外资收购德国企业 25％以上股权的投资以及关键行业和领域的并购可以进行审查。2017 年通过《对外经济条例》第九修正案扩大了外资并购德国境内企业的申报义务，以列举方式将公共秩序与安全审查标准具体化，大幅延长了程序审查期限，借此进一步强化德国政府对非欧盟外资并购德国企业的安全审查。[③] 新冠疫情全球性暴发后，自 2020 年 4 月，德国联邦政府对《对外经济条例》进行了三次修订，将疫苗和抗生素制造商、医疗防护设备制造商以及用于治疗高传染性疾病的医疗产品制造商都纳入与安全相关的公司并购审查范围。欧盟以外的企业收购这些公司必须向德国联邦经济部报告，并适用超过 10％的股权收购需要进行安全审查的规定。这标志着德国对外资并购的安全审核标准已经从"实际威胁"变为"可预见的影响"。[④]

此外，国家安全活动扩大化的现实使得各国在国际贸易和投资法律中凸显对安全的控制。在阿根廷为处理经济危机而采取措施需要负有责任的

---

① "National Security and Investment Bill"，https://publications.parliament.uk/pa/bills/cbill/58-01/0210/20210.pdf，最后访问日期：2021 年 1 月 17 日。

② 李军：《外资国家安全审查制度历史考察及我国制度选择》，《云南大学学报法学版》2014 年第 6 期，第 152—164 页。

③ 张怀岭：《德国外资并购安全审查：改革内容与法律应对》，《德国研究》2018 年第 3 期，第 57—71 页。

④ 《2020 年世界主要经济体外商投资政策变化与影响分析》，http://www.mofcom.gov.cn/article/i/jyjl/e/202012/20201203026765.shtml，最后访问日期：2021 年 1 月 31 日。

国际投资仲裁裁决作出后，^① 一些国家都将"其认为"这一具有自觉性的表述整合进投资协定中。美国 2004 和 2012 年双边投资协定示范文本都吸收了安全例外条款。^② 美墨加协议、^③ CPTPP、^④ 欧盟-加拿大全面经济与贸易协定、^⑤ 多米尼加-中美洲自由贸易协定^⑥等都有类似的条款。有些明确禁止任何司法审查^⑦或者某种恭敬的审查。^⑧ 纵观各国国家安全审查制度可见，国家安全审查制度的不可诉性明显，与传统的"有权利必有救济"法理相违背。

第三节　国家安全泛化主义的成因

一、国家主权的回归和强化

随着全球化进程的加快，发达国家为了获得良好的贸易和投资环境选择暂时让渡一部分主权，以推进贸易和投资自由化。在国际经济秩序的设计上，美国等发达国家为了提升第二次世界大战后国际制度的合法性，对本国经济规制权进行一定程度的抑制，构建起以新自由主义为基石的全球经济治理体系。^⑨在这一秩序中，民族国家失去了在社会权力组织中的核心地位和对一些关键议题的掌握。^⑩ 主权的解体和跨政府主义成为"真正的世界新秩序"。^⑪

限制主权在一定程度上可以减少主权国家在国际事务上的不合作、搭便车和国际公共产品赤字。但是，随着经济全球化的发展，全球性能源短

---

① Karl P. Sauvant et al. The Rise of Self-Judging Essential Security Interest Clauses in International Investment Agreements. *Columbia FDI Perspectives*，Dec.5，2016.

② US Model BIT 2004，art. 18；US Model BIT 2012，art. 18.

③ USMCA，art. 32.2.

④ CPTPP，art. 29.2 (b).

⑤ Canada-EU Comprehensive Economic and Trade Agreement，art. 28.

⑥ Dominican Republic-Central America Free Trade Agreement，art. 21.2.

⑦ US-Peru Trade Promotion Agreement，art. 22.2 & n.2.

⑧ China-Peru Free Trade Agreement，art. 194 & n.19.

⑨ 杨悦、张子介：《"美国优先"及其对美韩同盟的影响探析》，《太平洋学报》2019 年第 3 期，第 10—21 页。

⑩ ［英］苏珊·马克斯：《宪政之谜：国际法、民主和意识形态批判》，方志燕译，上海译文出版社 2005 年版，第 94 页。

⑪ Anne-Marie Slaughter. The Real New World Order. *Foreign Affairs*，Vol.76，1997，p.184.

缺、债务全球化等问题突破了单个主权国家的规制范畴。主权让渡、主权弱化日益突出，主权的实现强度大为下降。[①] 并且，主权弱化并没有带来预期的持久利益，经济自由化和全球化与国家利益之间的关系出现了此消彼长的局面，甚至出现冲突和矛盾。[②] 发达国家经济治理难以控制全球化生产、金融、投资等经济活动的负外部性，也无从通过全球经济治理体系推进贸易、投资自由化的议程，发展中国家有差别的国民和最惠国待遇也无法实现更大的经济利益，被裹挟到全球化进程中的国家无法在经贸领域完全实施独立的政策。

2008 年全球金融危机后，发达国家并未像自由主义宣称的那样实现金融普惠，也无从改善日益拉大的贫困差距。[③] 随着跨国公司将生产、技术向劳动力低廉的发展中国家转移，底层人民面临着失业、移民潮和巨大贫富差距，民粹主义兴起，[④] 挤压了公共政策空间，[⑤] 各国政府开始强调本土产业的保护。主权回归的趋势更多地表现为收紧对外政策，维护国家主权，保障本国利益。例如，阿尔及利亚对国内市场生产产品的外国投资者提出 49％股权限制的新要求；澳大利亚收紧对外国投资住宅房地产的规定；加拿大和德国修改了各自的法律，授权政府审查损害或威胁国家安全的投资。发达国家认为 WTO 争端解决机制损害成员国的规制权，干涉成员国在公共健康、环境保护、劳工保护和公共道德等领域的政府规制。[⑥]

因此，发达国家在国际和国内经济规制中开始重新重视并强化国家主权，捍卫国家主权的对内最高权，维护本国经济利益，在对外贸易中援引例外条款，[⑦] 而对外资进行审查的首要标准就是是否涉及国家安全。发达

---

① 任卫东：《全球化进程中的国家主权：原则、挑战及选择》，《国际关系学院学报》2005 年第 6 期，第 3—8 页。

② Timothy Meyer and Ganesh Sitaraman. Trade and the Separation of Power. *Cal L. Rev.*, Vol.107, 2019, p.583.

③ Thomas Piketty. *Capital in the Twenty — First Century*. Belknap Press: An Imprint of Harvard University Press, 2017; Heather Boushey, J. Bradford Belong and Marshall Steinbaum (eds). *After Piketty: The Agenda for Economics and Inequality*, Harvard University Press, 2017.

④ Shen Wei and Shang Shu. Conceptualizing Unilateralism, Fragmentationism and Statism in a Populism Context — A Rise of Populist International Law?. *Brazilian Journal of International Law*, Vol.17, No.2, 2020, pp.162 - 185.

⑤ 刘鹤：《两次全球大危机的比较研究》，中国经济出版社 2013 年版。

⑥ 孙南翔：《美国经贸单边主义及国际应对》，社会科学文献出版社 2021 年版，第 39 页。

⑦ 韩逸畴：《国际规则的"结构性挑战"：以贸易协定中的例外规定为例》，《当代法学》2021 年第 4 期，第 137—150 页。

国家还会要求减少承担甚至解除业已承担的国际义务，或者强化自身在国际社会中的地位，从而争取更多的权力和国际话语权。

主权国家的主权和中央化的国际治理之间一直处于失衡和再平衡的状态。[①] 以规制权为代表的主权重新被加以重新审视。[②] 国际秩序的自由主义基石被孤立主义、保守主义和单边主义倾向所动摇甚至是取代。[③] 特朗普政府提出的"美国优先"，英国宣布"脱欧"都是国家主权抬头和回归的重要表现。对现代世界的病状做出反应的旧保守主义试图退回到一种前现代的立场，而新保守主义尽管接受工具理性但是也在缩减理性的范围。[④]

国家选择主权回归的原因相对复杂，因此对于不同的国家，"回归"之后的影响也不相同。在经济发展层面，不同发达程度的国家，虽然从表面来看不约而同地选择了相似的策略，但是原因大相径庭。美国的外交政策正在从新保守主义向现实主义性质的经济国家主义转向。[⑤] 虽然，美国选择"回归"的政策势必会削弱其国际影响力，但是相应的可以将更多的注意力放在国内的发展上，有利于减少国内矛盾。

对于发展中国家，选择"回归"更多的是因为"离开"带来的好处已经变得越来越少，甚至某些条约还会限制国家的发展以及约束国家的主权，因此选择"回归"有利于本国经济的发展。发展中国家的民族主义给抵制发达国家主导的国际体系注入了动力。印度在多哈回合谈判中出于保护本国农民的利益而加以反对。[⑥] 随着发展中国家国力的不断提升，这些国家也希望能够在国际社会占有一席之地，而"回归"能够给其带来一定的话语权，因此选择"回归"也就在意料之中了。由于全球化为国家偏转全球化的均质化影响提供了文化外壳，国家的回归将导致国际层面的法治

---

① Rui J. P. Figueiredo, Jr. & Barry R. Weingast. Self-Enforcing Federalism. *J. L. Econ. & Org.*, Vol.21, 2005, p.103.

② John H. Jackson. Sovereignty-Modern: A New Approach to an Outdated Concept. *Am J. Int'l L.*, Vol.97, 2003, p.782.

③ 高柏、草苍：《为什么全球化会发生逆转——逆全球化现象的因果机制分析》，《文化纵横》2016 年第 6 期，第 22—35 页。

④ ［英］安德鲁·埃德加：《哈贝马斯：关键概念》，江苏人民出版社 2009 年版，第 117 页。

⑤ Eric Engle. Trump's Foreign Policy: Realist Economic Nationalism. *Loyola University Chicago International Law Review*, Vol.14, No.1, 2016, pp.91‐132.

⑥ Mark Malloch-Brown. *The Unfinished Global Revolution —— The Pursuit of a New International Politics*. New York: The Penguin Press, 2011, p.217.

出现倒退，使法治更多地依赖东道国的国内法。[①]

二、南方国家在全球经济中的崛起

1989 年"华盛顿共识"提出减少政府干预、实施贸易自由化、放松外资限制等政策，带动了外国直接投资的繁荣发展。现行的国际投资规则主要是由发达国家为促进投资自由和便利而制定和推行的，倾向于保护外国投资者、限制东道国政府的规制权。美国积极倡导投资自由化，在 NAFTA 中嵌入投资准入的国民待遇和负面清单条款，开启自由化投资规则之先河。欧盟也逐渐转向要求准入的国民待遇和负面清单的投资自由化规则。[②]

在全球化发展的背景下，外资的流向显示越来越多的国家从单纯的资本输出国或资本输入国变成资本输出输入的双重大国。经合组织报告显示，2020 年上半年，外国直接投资主要流入国家是爱尔兰、中国、美国、卢森堡和德国，外国直接投资主要流出国家是卢森堡、美国、日本、德国和中国。[③] 随着国际投资的变化，国际投资法立法的争议焦点已经发生了重要转变，从"强国"与"弱国"的对立，即"南北矛盾"，转向"国家主权"与"公司主权"的对立，即"公私冲突"。[④] 作为资本输出国，生产基地的国外转移会引发投资母国相关产业的弱化甚至萎缩；作为资本输入国，资本集中在劳动密集、能源、金融等产业，会影响东道国经济的创新、平衡和稳定，对国民经济安全产生威胁。在制定投资协定和国内法时，单纯的投资者保护或者单纯的保护东道国规制权已经不适合资本输出输入国双重身份的政策需求，制定有失偏颇的投资政策可能产生复杂的经济后果或者引起相应的报复性措施。

新兴国家经济的兴起提升了其在全球经济中的占比和影响力。一方

---

① 蔡丛燕：《国家的"离开""回归"与国际法的未来》，《国际法研究》2018 年第 4 期。

② 刘春宝：《欧盟国际投资协定政策的革新及其对中欧 BIT 谈判的影响》，《国际经济法学刊》2015 年第 2 期，第 84—112 页。

③ "FDI IN FIGURES"，http://www.oecd.org/investment/investment-policy/FDI-in-Figures-October-2020.pdf，最后访问日期：2020 年 1 月 31 日。

④ 单文华、张生：《从"南北矛盾"到"公私冲突"：卡尔沃主义的复苏与国际投资法的新视野》，《西安交通大学学报（社会科学版）》2008 年第 4 期，第 1—15 页。

面，发展中国家的民族品牌和民族自信得到增强，不满意由发达国家建构的经济、安全等国际治理体系对东道国经济主权的干涉和侵蚀，希望获得更大的话语权和决策权。双边投资条约不再是只有西方国家广泛使用的工具。如今的主要双边投资条约国家包括中国和埃及，即使是发展中国家也有需要保护的多边企业，[①]甚至古巴缔结的双边投资条约数量比美国的还多。[②]如今，发展中国家之间缔结的国际投资协定约占国际投资协定总数的1/3。因此，一些国家在之前发展较差的时候不得不选择"离开"的方式来获得更多的机会。但是现在，这些国家可以凭借自身的实力来选择适合本国的发展方式。另一方面，随着资本输出的增多，新兴国家的对外投资因为资本输入国的国家安全审查而遭遇投资并购失败，造成经济损失。新兴国家也构建了本国的国家安全审查制度，以实现投资者保护和东道国规制权的再平衡。同时，在一些传统的发展中国家，特别是拉美地区，在经济全球化过程中，国内经济改革失败，经济利益流向跨国企业，贫民遭受的损失甚至比实施自由化之前还要严重。[③]结果是，民族保护意识更为强烈，强调国家主权的卡尔沃主义抬头。

现有国际经济规则给主权国家带来的好处已经开始小于因该条约的限制所造成的损害。美国学者认为，美国遵守国际条约已经不能实现国家利益，特别是在国家安全危机中，自觉遵守国际条约的长期利益不足。[④]为了实现国家安全和外交政策的目标，美国甚至可以违反国际规则。

三、传统国际经贸规则对经济自由化的片面追求

传统国际投资规则是在新自由主义的影响下形成的，是自由主义国际秩序的一部分，[⑤]以市场自由化、资本自由流动和政府管制最小化为导向。

[①]　Lisa E. Sachs and Karl P. Sauvant. BITs, DTTs and FDI Flows: An Overview, in Karl P. Sauvant and Lisa E. Sachs (eds). *The Effect of Treaties on Foreign Direct Investment xxvii*, at xxx fig.8, 2009.

[②]　World Investment Report 2010, at 178, 181.

[③]　戴维·R.马雷斯：《拉美的资源民族主义与能源安全：对全球原油供给的意义》，赵欣译，《拉丁美洲研究》2011年第2期，第64—78页。

[④]　Julian Ku and John Yoo. *Taming Globalization: International Law, the U.S. Constitution and the New World Order*. Oxford University Press, 2012, p.115.

[⑤]　Francis Fukuyama, The End of History and the Last Man (New York: Free Press 1992) 283.

在传统国际投资规则下，一方面，促进东道国经济的发展；另一方面，片面强调投资自由化和对投资者私人权利的保护，使得东道国国内一些关键和特殊行业有遭到外国投资者控制的风险，东道国国内监管权的被限制，东道国其他利益失衡并威胁国家安全。这迫使东道国在引进外资和监管外资的政策目标之间寻求平衡。

经合组织为东道国在国家安全领域的投资规制措施提供指引，认为东道国应依具体风险调整投资政策，当其他投资政策（例如部门许可、金融市场监管等）不能解决国家安全问题时，可以考虑将限制性措施作为最后解决手段。[①] 东道国越来越注重政府规制权，国家安全例外条款更多地出现在双边投资协定和自由贸易协定当中。特朗普提出的"经济安全即国家安全"更是直接将安全和经济挂钩，合并了经济规则和安全规则。

这种不断增强的重合性对国际政治、国际关系和国际法治带来了变数和机会，一个直接后果就是安全例外条款会成为安全原则条款，变成国际经济规则的一部分，甚至是国际经济规则适用的前提条件。在数据、网络领域，这样的可能性正在成为现实性。例如，美日数字贸易协议规定双方数字产品享有非歧视待遇，禁止实施一切要求服务器本地化的措施，并规定以非歧视性和严格规定的方式传输仅限于"实现合法公共政策目的"的跨境数据。由于安全因素的多元性，安全因素介入国际经济规则的另一个结果是国际经济规则基于的利益基础将会发生变形，出现国际经济规则多中心主义或者法律主义弱化的可能。换言之，第二次世界大战之后建立的以自由主义为基础的布雷顿森林体系将会被基础不确定的体系所取代，法律主义会被现实主义取代。政治外交可能抬头，国际法治可能被削弱。

四、跨国公司的持续扩张

一方面，跨国公司成为强大的跨国势力，影响政府和政府机构的行动，[②]

① 钱嘉宁、黄世席：《国际投资法下东道国监管权的改革——基于可持续发展原则的分析》，《北京理工大学学报（社会科学版）》2018年第4期，第128—139页。
② ［英］苏珊·马克斯：《宪政之谜：国际法、民主和意识形态批判》，方志燕译，上海译文出版社2005年版，第68页。

甚至是左右政府施政议程。为了维持国际竞争，本国财政法和劳动法需要适应跨国公司的需要，货币政策需要迎合全球金融市场的趋势。① 跨国公司的发展使其能够不断逃避母国的监管，对母国的传统主权形成了挑战，例如逃避母国税收的管制，影响母国金融的安全，致使母国产业结构不完整，影响母国国家安全。另一方面，跨国公司由于资本的力量取得东道国话语权，对东道国的环境、经济等造成影响，使东道国的产业发展因跨国公司的竞争变得畸形，例如，虽然金融市场高度全球化，但是劳动力市场仍然以国内法为规范，受本国情况的限制。② 这种差异化影响国内收支平衡，威胁东道国的经济安全。因此，跨国公司的母国和东道国均开始加强公共利益的保护，展开国家安全审查，采取消费者保护和市场有序竞争等措施对跨国公司进行管制和制度防范。③

此外，非政府组织也在环境、劳工、人权等问题上不断向跨国公司提出要求，跨国公司在种种压力下不得不对母国和东道国国家政策和法律进行研究，考虑母国与东道国的经济安全、国家主权等问题，以调整自身的运作模式。跨国公司要进行并购和投资必须遵守国家新的安全管控，并在国际并购合同中增设交易保护机制来应对东道国的反垄断和国家安全审查，跨国公司的公司治理机制的不断调整过程又反过来推动了国际投资规则的国家安全泛化。

五、"黑天鹅"事件的频繁发生

2008 年全球金融危机爆发之前，没有中央银行、金融监管部门、财政部门、国际金融机构、金融市场预见危机的爆发。金融危机爆发之前的 10 年正好是金融市场快速发展的黄金时期。主流观点认为，金融活动和金融创新有积极效应。但是，2008 年的金融危机是世界从来没有遇到的复杂的全球经济挑战、快速的金融市场逆转、巨大的银行威胁和深度

---

① ［英］苏珊·马克斯：《宪政之谜：国际法、民主和意识形态批判》，方志燕译，上海译文出版社 2005 年版，第 97 页。

② ［英］苏珊·马克斯：《宪政之谜：国际法、民主和意识形态批判》，方志燕译，上海译文出版社 2005 年版，第 96 页。

③ 牛子牛：《跨国垄断资本与主权国家的当代矛盾——论当代新资本形态内在矛盾的一种表现形式》，《学术月刊》2021 年第 7 期，第 36—44 页。

的经济动荡。① 危机爆发之后，金融市场和监管部门也没有预见到后危机时期经济衰退的严重程度。② 全球金融危机的一个直接后果是美国国会通过《多德-弗兰克法案》，重构了美国的金融监管架构。③ 多达千页的《多德-弗兰克法案》完全将美国变成一个规制国。④

再以 2020 年席卷全球的新冠疫情为例，全球经济受到重创，导致国际贸易出现萎缩。为了防止本国战略性资产遭到并购，西方主要发达国家均采取了相关措施，加强了对外商投资的审查。欧盟于 2020 年 3 月发布了《关于外商直接投资、第三国的资本自由流动与保护欧盟战略性资产的指南》，呼吁成员国之间加强合作，并督促未建立外资审查制度的成员国制定全方位的外商投资审查机制，并且适用于所有经济行业且不具有门槛限制。新冠疫情期间，各国还以安全为由，试图阻断全球供应链，为本国自主制造重要抗疫物资的贸易措施正名。

第四节　安全困境和博弈论分析

国际贸易中存在对等、非歧视、贸易自由化等基本原则。但是国际社会现实并不如此，这些原则在实践中会发生一定的扭曲。以"非歧视原则"为例，在国家安全审查制度中，只是审查程序上的平等，在是否威胁国家安全实体上，不同国家投资者所投资的行业、投资者的国籍、不同的所有权主体，在审查中可能遭受不平等的对待，例如中国投资者遭到审查和拒绝投资的数量就超过了其他国家的投资者。⑤

国家安全审查制度能增强东道国政府的心理上安全感。但是，如果

①　Gordon Brown. *Beyond the Crash — Overcoming the First Crissi of Globalization*. Simon & Schuster 2010, p.3.

②　[英] 阿代尔·特纳：《债务和魔鬼：货币、信贷和全球金融个体系重建》，王胜邦等译，中信出版集团 2016 年版，第 XXXII 页。

③　Generally Viral V. Acharya et al (eds). *Regulating Wall Street: The Dodd — Frank Act and the New Architecture of Global Finance*. John Wiley & Sons, Inc., 2011.

④　Generally Lisa Schultz Bressman, Edward L. Rubin and Kevin M. Stack. *The Regulatory State* (2nd edition), Wolters Kluwer, 2013.

⑤　Cheng Bian. *National Security Review of Foreign Investment: A Comparative Legal Analysis of China, the United States and the European Union*. New York: Routledge, 2020, p.131.

一方采取严格的国家安全审查制度，另一方根据对等原则也采取相应措施，就会出现一种悖论：民族国家一方面强调国家安全观，防止其他国家对主权的侵蚀，主张各领域都要强调国家安全；另一方面，又批评其他国家存在国家安全泛化，要求其他国不能过分强调国家安全。如果多方互相针对，甚至愈演愈烈，互相施加更加严苛的国家安全审查制度，最终导致资本流动在全球趋于停滞，形成国际贸易投资中的人为壁垒，最后演变成新的保护主义。赫兹提出的"安全困境"（security dilemma）认为，每个国家都努力强化自己实力，这会引起他国不安全感的增加，每一方都认为自己的措施是防御性的，而他国的措施则具有潜在的威胁性。①

种种迹象表明，全球经济规则和国家安全正在出现一种裹挟和重叠。②这种裹挟的复杂之处在于国家安全正在从国家间冲突的背景和框架中抽离出来，与非军事的、非人类的、非传统的威胁所呼应，产生一种"新"的国家安全的现实需要和合理依据。同时，保护主义和单边主义为国家通过国家安全措施以逃避贸易或投资保护承诺提供动因。传统的国家间政治平衡已经无法强制区分一般经贸规则和国家安全规则。国家安全的复杂性、复合型也使得国际法庭对滥用的和善意的国家安全政策之间的判断失去了客观的地位和评价能力。简言之，国家安全转型动摇了传统的国家间政治和国际司法监督的两种制约路径。国际政治和法律都无从对这种裹挟和重叠进行有效和清晰的分离和管理，反而有可能因为国家安全和国际经济的重合而催生一种法治和政治相互结合的新型机制。

基于风险的安全措施正在动摇国际贸易系统脆弱性的规范性假设。首先，国家可能不再坚持维护自由主义的国际经济秩序是符合本国利益的，因为一些非传统的安全因素可能比维护自由主义的全球经济秩序更为紧迫和重要。③退出现有国际经济体系的成本不再具有阻却一国退出机制的作用。公众舆论和政府信誉可能推动政府背离追求经济稳定的政策。这样，

---

① 任晓：《安全——一项概念史的研究》，《外交评论（外交学院学报）》2006 年第 5 期，第 36—45 页。

② J. Benton Heath. National Security and Economic Globalization: Toward Collision and Reconciliation? *Fordham Int'l L. J.*, Vol.42, 2019, p.431, pp.1433 - 1439.

③ Barry Buzan, Ole Waever & Jaap de Wilde. Security: A New Framework for Analysis, Vol. 106, 1998.

国家就缺乏约束自己安全措施的动机，而采取其他政治上更加有利的行动。[①] 国家安全内化的结果就是政治领导人出于地缘经济的考量而以国家安全的名义对贸易对手和经济伙伴施压。其次，新国家安全的兴起拉大了各国在"安全利益"或者"紧急状态"等议题上的差距，各国在安全问题上很难形成共识。规则、争端解决机制和外交控制可能都无以解决这样的分歧。再次，新国家安全的不可预测性推动了国内政策安全化、国家安全内化和安全概念多面化，国内监管政策和措施与国家安全政策发生重叠。后果是，一方面，现有国际经济治理机制趋于无力化，因为国际经济规则被安全政策打断，自由主义式微；[②] 另一方面，去全球化加速了区域主义、多边主义或小多边主义，一些国家积极构建"小俱乐部"模式。[③] 因为意识形态同质化（或者成员国其他相同的特质）可能会增加霸权主义的稳定性。[④]

一、一美元拍卖理论

国家安全泛化问题中存在的悖论涉及大国之间的对抗，故博弈论中的"一美元拍卖问题"能在一定程度上对这个博弈问题作出解释和说明。一美元拍卖理论体现了人的逐利心理、好胜心理以及沉没成本不能理性止损的心理弱点，隐喻了现实生活中许多类似情景，[⑤] 对于博弈论视角下国家安全审查制度也有一定的借鉴意义。[⑥]

一美元拍卖理论是马丁·舒比克在1971年设计的游戏。一名主持人拿出1张1美元的钞票，请大家给这张钞票开价，每次叫价幅度为1美分，出价最高者可以得到这张美元，但是出价最高者和次高者都要支出出价数

① Robert O. Keohane. Reciprocity in International Relations, in International Institutions and State Power, 1989, pp.132 - 152.
② Jules Lobel. Emergency Power and the Decline of Liberalism. Yale L. J. Vol.98, 1989, p.1385.
③ Robert O. Keohane and Joseph S. Nye, Jr. The Club Model of Multilateral Cooperation and Problems of Democratic Legitimacy, in Robert O. Keohane (ed). Power and Governance in a Partially Globalized World, 2002, p.219.
④ Nicolas Lamp. The Club Approach to Multilateral Trade Lawmaking. *Vand J. Transnational Law*, Vol.49, 2016, p.107.
⑤ Martin Shubik. The Dollar Auction Game: a Paradox in Noncooperative Behavior and Escalation. *Journal of Conflict Resolution*, Vol.15, No.1, 1971, pp.109 - 111.
⑥ 张帅：《美元拍卖博弈理论视角下的中韩文化争论研究》，《改革与开放》2011年第2期，第188—189页。

目的费用。当每人出价 5 美分—50 美分时，次高者也不会亏损太多，且双方总支出仍小于 1 美元。当每个人出价 55 美分—100 美分，出价最高者仍能获益，但双方总投入已经大于了 1 美元。当每人出价 100 美分以上时，最高者仅能收回 1 美元，但是次高者为了减少损失，也会不断出价。最后往往一美元能拍卖到数十美元。

一美元拍卖理论中的悖论在于，每个竞买人都想占便宜，但是随着拍卖的进行，出价越来越高反而意味着自己的损失越来越大，双方焦点从获得最大收益转到寻求最小损失。[①] 应对一美元拍卖陷阱，主要有以下两种解决办法：一是结成同盟，各方互相协商，每次只竞拍五美分，但是在国与国对抗中，各国只能有限协商，很难让渡国家核心利益给他国，故纯粹的合作共赢基本不存在。二是制造可信威胁，第一次在竞拍 5 美分之后发出威胁："无论接下来各方出价多少，我都会在你们出价的基础上增加 5 美分"，营造一种让他方知难而退的环境，以极低价格获得"一美元"。例如，在国际投资上，美国利用政治或其他手段"讹诈"他国，"抖音强制收购案"就是典型。在"抖音强制收购案"之前，就有"法国阿尔斯通案"的先例，美国运用国家安全审查制度这一法律手段强制通用公司收购法国阿尔斯通公司。

本节主要讨论一美元拍卖过程中的博弈及相应阶段的对策问题，把一美元拍卖理论应用到国家之间安全审查制度的博弈之中，可以得到以下结论：开始时，如果一方采取国家安全审查而另一方不采取或者安全审查制度的壁垒较低，那么，此方民族产业得到扶持，阻止外国资本和商品的进入，以较少的代价获得"一美元"；但是如果双方根据对等原则相互还击，不断加强国家安全审查，甚至滥用国家安全审查来阻止他国投资，那么双方就会陷入投资停滞，反而恶化国际投资环境，导致更加严重的非经济危害，下文将论述这两种博弈情形。

二、适度的国家安全监管措施和个案

以出价 0 美分—100 美分为例，如果对方不跟上，此时会以极低价格

---

① 白波、郭兴文：《博弈——关于策略的 63 个有趣话题》，哈尔滨出版社 2005 年版，第 136—139 页。

获取"1美元"的收益。应用到中国负面清单，我国通过早期设置一定的贸易和投资壁垒，循序渐进开放会带来良好的发展效益。国务院发布的鼓励外商投资产业指导目录，从1995年第一版至今，已经历了八次修订，到2017年还有63项，2018年有48项限制类产业。随着开放力度的增大，负面清单不断"瘦身"，看似放低门槛，实则是通过引入外资积极促进竞争，更好保护我国的部分产业。

反之，以中东欧的波兰匈牙利为例，苏联解体后面临社会结构转型，无限引进外资并进行休克疗法，大批国有企业和资产被西方收购。匈牙利外资银行份额占银行业总份额68%，外资控制了90%的电信业和60%的能源产业。

第一次世界大战后，英国为了维护自己在世界经济中的领导地位，通过建立以英国为核心、以英联邦国家为主体的帝国特惠制，将美国排除出帝国内部贸易特惠制度。[①] 美国没有以牙还牙，建立对抗性的机制。以《互惠贸易法案》为标志，美国在20世纪三十年代形成了一种外向型的对外经济战略，选择以贸易为突破口，通过与其他国家的双边或多边谈判，推行最惠国待遇原则，消除贸易限制和减少关税，进而实现多边开放，建立美国主导下的多边自由贸易体系。美国通过法律手段消除帝国特惠制下的歧视性贸易政策，改变了当时对本国不利的世界贸易体系。[②]

三、国家间安全博弈的"斗鸡博弈"分析

如果双方都不断"加价"，即存在贸易冲突的两国都采取可信威胁，无休止扩大国家安全审查适用范围，此时以另一个模型"斗鸡博弈"（Chicken game）为例说明。两个司机在同一条道路上高速相向而行，每个人可以在相撞前转向一边而避免相撞，但这将使他被视为"懦夫"；如果两个都向前，那么就会出现车毁人伤的局面，但若一个转向而另一个向前，那么向前的司机将成为"勇士"。把博弈中各种情况下所得到的收益

---

① 孙莹：《历史学派帝国特惠思想和张伯伦关税改革运动》，《学海》2018年第2期，第158—164页。

② 赵柯：《试论大国经济外交的战略目标——美国经济外交与大英帝国的崩溃》，《欧洲研究》2014年第4期，第72页。

赋予一定效用值，如表 15 - 1 所示。

表 15 - 1 "斗鸡博弈"分析

甲/乙	转　向	向　前
转向	1，1	−2，2
向前	2，−2	−4，−4

美国前总统特朗普对"Tiktok 强制收购案"态度强硬，虽然 Tiktok 母公司字节跳动表现软弱，但中国政府及时通过发布《出口管制法》而避免抖音被强制出售，随后美国政府反而缺乏相应措施。此次交锋仅是试探性的，如果中美贸易战愈演愈烈，中美互相采取更加激进的国家安全泛化策略，看哪一方先顶不住国内和国际的压力而服软，试图获得（−2，2）或者（2，−2）收益；如果双方都坚持到底，那么最优对策是接近鱼死网破（−4，−4）的时候双方达成和解，例如古巴导弹危机时美苏最后一刻达成和解，避免了世界大战。

美国为应对苏联扩张性的外交政策，提出了"里根原则"。[①] 里根在 1985 年 2 月 6 日的国情咨文里支持反对苏联入侵的行动，并且暗示支持这种运动属于自卫，符合联合国宪章的精神。[②] 一些学者认为，这是典型的博弈规则的体现，美国通过定性国际法上自卫的方式支持反对苏联的行动，以此鼓动更多地反苏运动和遏制苏联进一步对外扩张。[③]

第五节　启示：代结语

国家安全的内涵随着国际关系、科技发展、历史事件等因素的变化而

---

① Charles Krauthammer. "The Reagan Doctrine" in Robert W. Tucker (ed). *Intervention and the Reagan Doctrine*. New York: Council on Religion and International Affairs，1985，pp.19 - 24.

② State of the Union Address，6 February 1985，Public Papers of the Presidents of the United States.

③ W. Michael Reisman. Old Wine in New Bottles: The Reagan and Brezhnev Doctrines in Contemporary International Law and Practice. *Yale Journal of International Law*，Vol.13，1988，pp.181 - 185.

变化，从传统的国家安全等同于军事安全，到军事安全和政治安全并重，再发展为涵盖经济安全、人的安全和非传统安全。国家安全是一个根据国家利益、面临威胁、国际关系等因素动态调整的概念。[①]

尽管在美苏争霸的时代，国家安全一度成为国内或国际经济秩序中的一种主旋律，但是国家安全在现有的国际经济规则体系中仍然处于相对次要或从属的地位。国际经贸协议的运作逻辑是国家安全例外论。[②] 宽泛、弹性和开放性的例外条款把国家安全措施从一般经贸规则中免除，[③] 而一般的经贸规则可以处理与贸易和投资有关的大部分国家措施。但是，经济自由化和国家安全之间的关系正在经历复杂而深刻的重构。[④] 新国家安全主义是一种广义的安全，体现在国内政策甚至是国际政策的各个方面，[⑤] 而经济政策只是这种安全议程的一部分，与其他社会、政治等威胁一样都可以构成安全措施的基础。国际经济法和新安全实践之间的张力是明显的，例外论框架正在受到非人类威胁（例如气候变化、环境污染或流行疾病）和非传统安全（例如网络安全）的多重影响，[⑥] 特别是一些国家经济政策政治意识形态化（例如"美国第一"）[⑦] 的侵蚀。安全措施和国际经济秩序之间通过重合而结合，而两者的深度结合又弱化了国际经济规则，国际经济体系可能走到了一个重新整合或调整的十字路口。

对外国投资进行安全审查是主权国家的合法权利，但在国际投资领域中，国家安全审查不能被滥用。外商投资仍是推动一国经济快速发展的重要力量，特别是发展中国家需要不断改善投资环境，加大力度保障投资自由。与此同时，为了保障本国经济的平衡运转，对于外商投资的消极影响

---

① ［英］巴里·布赞：《论非传统安全研究的理论架构》，余潇枫译，《世界经济与政治》2010年第1期，第113—133页。

② Kathleen Claussen. Trade's Security Exceptionalism. *Stan L. Rev.*，Vol.72，2020.

③ GATT 1947，art. XXI；Karl P. Sauvant et al. The Rise of Self-Judging Essential Security Interest Clauses in International Investment Agreements. *Colum FDI Persp*，Dec 5，2016.

④ J. Benton Heath. The New National Security Challenge to the Economic Order. *Yale L. J.*，Vol.129，2020，p.924.

⑤ Gregory H. Fox，Kristen E. Boon & Isaac Jenkins. The Contributions of United Nations Security Council Resolutions to the Law of Non-International Armed Conflict：New Evidence of Customary International Law. *Am U. L. Rev.*，Vol.67，2018，p.649.

⑥ Shin-yi Peng. Cybersecurity Threats and the WTO National Security Exceptions. *J. Int'l Econ L.*，Vol.18，2015，p.449.

⑦ H. L. Pohlman. *U.S. National Security Law: An International Perspective*. Rowman & Littlefield，2019，p.xii.

也需充分认识，引导外资的流向，做到投资自由和投资保护并重。同时，对他国的国家安全审查机制也应有所应对。

中国企业对美国进行投资时往往由于对相关交易情况和安全审查制度了解不足，无法预料到其背后蕴含的风险即展开相关谈判，最后由于模糊化的美国"国家安全"原因而导致投资失败。对此，在此种问题无法解决的情况下，国家有关部门可以出台一些实体预警清单，通过设置不同的风险敏感度来提醒相关行业与企业，①帮助企业评估相关风险，提供 CFIUS 相关法律政策和安全审查具体流程，最大限度地帮助企业尽早准备防御措施，减少不必要的风险支出，灵活应对美国安全审查。

世界经济（逆）全球化已经对全球经济格局产生深远影响，尤其是对经济实力较弱的发展中国家更是一把双刃剑。全球经济影响政治结果。②在当代安全环境下，地缘经济秩序（geoeconomic world order）把经济竞争对手视为安全威胁，经济依赖被视为安全风险，而非安全收益。③ 但是，零和博弈的政策制定者通常秉持赢者通吃的立场制定安全政策，其他国家的收益可能是本国的成本。发展中国家对保护国家安全应有清醒的认识，不能搞"休克疗法"而忽视问题的存在，放任各种潜在危险变成现实危险，同时也不能因强调国家安全而不参与全球化进程。经济全球化进程中的主权不再仅建立在独立基础之上，也有赖于国家之间的互相依存。④ 简言之，在国际经济规则中界定"国家安全"，既不能忽略非军事因素对国家安全的影响，又要避免"安全"概念的无休止扩大。

---

① 连增、王颖、孙文莉：《特朗普政府投资领域国家安全审查制度的新变化及其趋势解析》，《国际论坛》2019 年第 2 期，第 112—124 页。

② ［英］苏珊·马克斯：《宪政之谜：国际法、民主和意识形态批判》，方志燕译，上海译文出版社 2005 年版，第 67 页。

③ Anthea Roberts, Henrique Cheor Moraes & Victor Ferguson. The Geoeconomic World Order. *Lawfare*, Nov.19, 2018.

④ Pedro J. Martinez-Fraga and C. Ryan Reetz. *Public Purpose in International Law —— Rethinking Regulatory Sovereignty in the Global Era*. Cambridge University Press, 2015.

第十六章

逆全球化和全球治理赤字

——如何驯服逆全球化？

随着全球化正在遭遇逆全球化，陷入逆全球化陷阱，全球法治和国际治理体系也陷入举步维艰和停滞不前的困境。随着逆全球化的抬头，非正式造法、非正式机制、非国际组织等国际治理新范式逐渐抬头，以国际法治为核心的传统国际治理机制也随之弱化，全球治理赤字加重。理解全球治理赤字、分析其中的原因具有重要的时代意义和现实意义，有助于把握当今国际治理的发展动向，探究中国参与全球治理的不同身份和进路。

全球治理既是全球化时代的重要主题，也是应对来势汹汹的逆全球化引发的诸多问题的重要解方。在全球化的背景下，气候变化、传染病防治等新型全球性问题已经无法依靠单一国家或地区得到有效解决，而是需要所有国际主体的参与，[①] 故凸显了全球治理的必要性和重要性。

习近平总书记在党的二十大报告中提出，"当前，世界之变、时代之变、历史之变正以前所未有的方式展开""和平赤字、发展赤字、安全赤字、治理赤字加重"。[②] 他提出破解当今全球治理体制构建中"四大赤字"的中国方案："坚持公正合理，破解治理赤字；坚持互商互谅，破解信任赤字；坚持同舟共济，破解和平赤字；坚持互利共赢，破解发展赤字"。[③]

---

① Daniel C Esty. Good Governance at the Supranational Scale: Globalizing Administrative Law. *Yale Law Journal*, Vol.115, 2006, pp.1490 – 1498.

② 《习近平提出，促进世界和平与发展，推动构建人类命运共同体》，http://www.gov.cn/xinwen/2022-10/16/content_5718834.htm，最后访问日期：2022 年 10 月 17 日。

③ 《习近平提出：破解全球治理"四大赤字"》，《文摘报》2019 年 3 月 28 日，第 1 版。

国际法治是破解国际治理赤字的进路。然而，在百年未有之大变局下，国际社会正在从强调"国际法治"到强调"国际治理体系"的转变。

早在全球化盛行的时代，美国国际法学者就有观点认为全球化侵蚀了美国宪法和宪法确立的三权分立原则，并提出驯服全球化的药方。全球金融危机之后，逆全球化逐渐抬头，全球化遇到重大挫折，国际法、国际规则和国际经济治理体系受到不同程度的削弱甚至是动摇。本章试图梳理逆全球化和国际治理赤字的特征和原因，寻找驯服逆全球化和破解国际治理赤字的药方，在逆全球化的进程中，理解国际法、国际规则和国际治理体系的发展逻辑，明晰在这一演变过程中的中国解法。

第一节　逆全球化的摇摆

目前全球化正在遭遇逆流，美国的行政当局频频出手，以阻击全球化。全球金融危机之后，保守主义、民粹主义和孤立主义回潮，而保守主义思潮尤为盛行。[1] 2016 年被认为是逆全球化的元年。英国脱欧，美国遵循"美国优先"原则，排斥国际条约、多边外交和国际组织，先后退出《跨太平洋伙伴关系协定》（TPP）、《美苏消除两国中程和中短程导弹条约》（《中导条约》）、《伊朗核协定》、联合国教科文组织、《巴黎气候协定》、联合国人权理事会、万国邮政联盟等国际条约和国际组织。美国政府还破坏现行国际贸易体系，阻挠世贸组织争端解决机制上诉机构的正常运行，对主要贸易伙伴增收关税，对中国等国通过其内国法发动贸易战。全球化遇到重大挫折，逆全球化趋势已基本成形。

关于逆全球化的定性和分析学说众多。总体来说，与全球化背道而驰的逆全球化是一种在资本、生产、市场、文化等方面加强国家和地方赋权和功能的趋势，它降低了各国之间的依赖与融合程度。[2] 如同全球化

---

[1]　吴盼盼：《"逆全球化"现象与"新型全球化"的中国方案》，《中国商论》2019 年第 17 期，第 81 页；伊丹丹：《改革开放以来中国对全球化的认识与研究》，《全球化》2019 年第 2 期，第 77 页。

[2]　伊丹丹：《改革开放以来中国对全球化的认识与研究》，《全球化》2019 年第 2 期，第 77 页；杨万东、张蓓：《逆全球化的历史演进与可能走向》，《上海经济研究》2019 年第 1 期，第 100 页。

一样，逆全球化通常与全球化交织在一起，此消彼长。[①] 长期盛行的新经济自由主义在推动全球化的同时，包括"西方马克思主义者"、新左派、生态主义者、女权主义者、和平主义者在内的反向的社会保护运动，亦在对此趋势进行干预，不过在缺乏普通群众的参与的情况下受到了边缘化。

随着 20 世纪 90 年代信息技术革命的兴起，全球化进入了发展更为迅速和规模更为宏大的时期，给人类社会带来前所未有的冲击。在这一过程中，全球化的负面效应进一步显现和扩大，尤其在历次经济危机背景下，因全球化带来的危机蔓延一直为人们所诟病，反对全球化的声音在历次经济危机后进一步扩大。2008 年全球金融危机所带来的影响至今仍未消除，全球经济并未迎来有效的国际治理和理想的全球复苏，相反却陷入了持续的结构性低迷，欧美发达经济体经济发展低迷和失业恶化的势头得不到有效遏制。[②] 概括来说，逆全球化主要表现在以下三个方面。

第一，保护主义抬头。由于经济社会问题频现，各国政府都寄希望于通过政策调整来维持稳定的经济社会秩序。这本来是应对问题与挑战并且采取积极行动的机遇，但是各国在政策调整过程中均以自身利益为重，甚至以邻为壑，由此催生了各种形式的保护主义，侵蚀了全球化发展的法律基础和法治逻辑。[③]"国家利益高于一切"是任何主权国家在国际社会中奉行的根本准则。全球治理不过是主权国家在全球化时代背景下实现本国利益的一种手段而已。[④] 以二十国集团（G20）成员为代表的全球主要经济体，不断推出新的保护主义措施，在促进贸易和投资便利化方面进展缓慢。作为全球最大的经济体，美国已成为全球保护主义措施的主要推行者。英国经济政策研究中心报告，2008 年 11 月—2016 年 10 月，G20 的 19 个国家成员累计出台贸易与投资限制措施 5 560 项，而同期出台的自由化措施仅为 1 734 项，其中，美国施行的贸易保护主义措施多达 1 066 项，

①　杨万东、张蓓：《逆全球化的历史演进与可能走向》，《上海经济研究》2019 年第 1 期，第 100 页。

②　陈淑梅：《2030：全球化与区域经济合作的中国纪元》，《学术前沿》2017 年第 14 期，第 58 页。

③　耿玥：《基于改革开放 40 年回望：试论新型全球化的影响》，《经济师》2019 年第 9 期，第 31 页。

④　［美］罗伯特·吉尔平：《国际治理的现实主义视角》，曹荣湘译，《马克思主义与现实》2003 年第 5 期，第 86 页。

居全球首位。[①] 这表明全球主要经济体的对外经济政策取向已与全球化进程的要求背道而驰。一国的保护主义措施往往导致他国采取相应的应对措施，这反过来又使得该国采取进一步的保护主义措施。这种政策调整的恶性循环，不仅破坏了各国政策的延续性和可预期性，而且侵蚀了全球化深入发展的环境和根基。

第二，一体化进程受阻。在多边层面，WTO 多哈回合在历经多次谈判后均未取得实质性进展。作为当今世界唯一的多边贸易体制，WTO 自成立以来为促进国际贸易和投资便利化、应对贸易保护主义和推动全球经济的可持续发展做出了巨大贡献，但在新形势下，WTO 的发展遇到了前所未有的阻力。新的谈判进程停滞不前，上诉机构陷入瘫痪，使 WTO 难以继续为世界经济的一体化提供持续动力。在区域层面，一体化正在经历巨大挑战。在欧洲地区，英国"脱欧"使区域一体化进程严重受挫。2016年 6 月，英国启动"脱欧"公投并获通过；2017 年 2 月，英国议会下院投票决定支持政府提交的"脱欧"法案，授权首相启动"脱欧"程序，这意味着英国根据《里斯本条约》第 50 条并正式启动"脱欧"谈判。在亚太地区，美国政府以"美国优先"为主旨、以保护主义为主基调的政策给区域一体化前景蒙上阴影。2017 年 1 月，新上台的美国总统特朗普宣布退出历经六年完成谈判的跨太平洋伙伴关系协定（TPP），终止北美自由贸易协定（NAFTA）并重新谈判和签订美墨加协定（USMCA），引入大量不利于多边贸易进程的规定，最引人注目的就是"毒丸条款"，这又称为非市场经济或中国条款，针对性地排挤和打击中国。这些都为阻碍区域经济一体化树立了不良榜样。

第三，全球治理赤字。诸多全球问题不仅得不到解决，而且日益严重，彰显了全球治理和优化全球治理结构的重要性和紧迫性。目前的全球治理体系并不符合民主精神和效率原则。由于狭隘的国家利益，全球治理出现了各个层面的赤字，全球治理的效用大打折扣，全球化也因此失去有效保障。当前，全球治理赤字又与其他全球赤字裹挟在一起。一是民主赤字。尽管发展中国家与发达国家之间的力量对比朝着有利于发展中国家的

---

① 徐秀军：《逆全球化思潮下中国全球治理观的对外传播》，《对外传播》2017 年第 3 期，第 4 页。

方向迈进，但发达国家依然在全球治理中处于主导和核心的地位，是全球治理规则的制定者和引领者，而发展中国家不得不成为规则的遵守者和追随者。二是制度赤字。随着形势的变化，一些传统全球治理机制的结构和功能需要调整和变革。但是，由于既得利益国家和国家集团的阻挠，这些调整和变革进展缓慢，收效甚微。与此同时，一些新的全球治理机制还有待发展和完善。三是责任赤字。发达国家享受了全球治理的主要权利，但受民粹主义思潮的影响，在责任面前却尽力推脱。发展中国家仍无法获得与自身实力相适应的话语权。[①]

从现代经济的角度看，全球化是必然发展趋势。这是因为，经济增长的动力来自技术进步，而技术进步的动力在于规模经济，规模经济需要市场扩张，而全球化有利于市场扩张，"唯一世界规模的自行调节的市场才能确保这种庞大系统的运转"。[②] 相反，逆全球化不利于市场发展和扩张。21世纪，传统贸易作为推动全球化的动力正在弱化，但是以人工智能为代表的新技术已经把世界带到了新技术革命的前夜。新技术提供了拓展世界市场的物质基础和技术可能，同时全球化又能带动产品、资源、信息等要素的自由流动、公平竞争和深度融合，为新技术创造新的市场。全球化的枯竭意味着地方化的盛行，而这不利于技术和经济的发展。[③]

逆全球化的根本原因是全球化的利益没有有效地惠及各国的"草根阶层"。无论是美国、英国，还是意大利等国，普通民众层面的民族性转向才是诸国坚持逆全球化的根本原因。[④] 发达国家内部利益分配不平衡是逆全球化的重要原因，发达国家自身的政策惯性是逆全球化的直接原因。[⑤]

全球化的三大动力：科技革命、跨国公司、金融资本同时也在全球化的进程中暴露出缺点，成为推动逆全球化的三大动力。科技革命尤其是信息技术革命在降低交易成本的同时，引发了跨境信息流动监管和知识产权

[①] 徐秀军：《逆全球化思潮下中国全球治理观的对外传播》，《对外传播》2017年第3期，第5页。

[②] Karl Polanyi. *The Great Transformation: The Political and Economic Origins of Our Time*. Boston：Beacon Press，2001，p.145.

[③] Mckinsey Global Institute. Globalization in Transition：The Future of Trade and Value Chains. January 2019，p.9.

[④] 汪亚青：《逆全球化兴勃的逻辑机理、运行前景与中国方案的政治经济研讨》，《中共南京市党校学报》2019年第4期，第61页。

[⑤] 宗良、黄雪菲：《新型全球化的前景、路径与中国角色》，《金融论坛》2017年第6期，第10页。

保护问题。① 跨国公司在拓展全球市场的同时造成国际收支失衡，自由贸易的果实被大企业和寡头权贵独享，弱势群体、中小企业和普通民众认为自己的利益受到了全球化的侵蚀。② 金融资本在帮助产业资本在全球拓展疆土、为国际分工深化和劳动生产力的提高提供了便利的金融资源的同时，也造成了收入分配两极分化、经济虚拟化、金融市场的过度扩张和动荡、金融危机频繁爆发，以及美元化和国际流动性扩张扭曲等全球金融治理的难题。③

贫富差距、收入分配两极分化和经济虚拟化进一步削弱了普通民众和知识分子对全球化的认同感。④ "草根阶层"和精英阶层通过过度政治化的选举制度和民主政治表达民粹主义，一些政客利用现代信息技术在选举活动中裹挟"草根阶层"，为争取获胜不断出台迎合民粹主义的政策。⑤ 一些后发国家的快速发展和崛起为发达国家推行逆全球化的措施提供了依据和借口，也为民众曲解全球化利益分配的逻辑提供可能。⑥ 同时，在转型中的全球价值链中，服务贸易附加值逐渐提升，对经济增长的贡献日渐凸显，而现行衡量标准无法对其价值进行准确有效评价，借而营造出美国等国在全球化进程中未受到公平对待的话语表述。⑦ 这些对全球化负面和消极的解读与曲解动摇了全球化所需要的多元文化认知和普遍公众认同。

从制度层面看，全球化的动力是市场，而逆全球化的动力是主权国家的政府。⑧ 逆全球化本质上是一种国家主义或者地方主义思潮的回归，是

---

① Mckinsey Global Institute. Globalization in Transition：The Future of Trade and Value Chains. January 2019，p.20.

② 何力：《逆全球化下中美贸易战与国际经济法的走向》，《政法论丛》2019 年第 5 期，第 11 页；刘晔：《新型经济全球化与国际经济新秩序的构建》，《管理学刊》2017 年第 2 期，第 12 页。

③ 徐明棋：《论经济全球化的动力、效应与趋势》，《社会科学》2017 年第 7 期，第 34 页。

④ 耿玥：《基于改革开放 40 年回望：试论新型全球化的影响》，《经济师》2019 年第 9 期，第 31 页；汪亚青：《逆全球化兴勃的逻辑机理、运行前景与中国方案的政治经济研讨》，《中共南京市党校学报》2019 年第 4 期，第 59 页。

⑤ 俞定雄、曹冬英：《全球化钟摆视角下特朗普政府"逆全球化"分析》，《福建商学院学报》2019 年第 5 期，第 17—18 页；李向阳：《特朗普政府需要什么样的全球化》，《世界经济与政治》2019 年第 3 期，第 46 页。

⑥ 栾文莲、杜筐：《理性认识和应对逆全球化和单边主义霸权》，《党政研究》2019 年第 4 期，第 60 页；李向阳：《特朗普政府需要什么样的全球化》，《世界经济与政治》2019 年第 3 期，第 53—54 页。

⑦ Mckinsey Global Institute. Globalization in Transition：The Future of Trade and Value Chains. January 2019，p.8.

⑧ 黄炬、刘同舫：《唯物史观视域中的人类命运共同体与新型全球化》，《甘肃社会科学》2019 年第 4 期，第 73 页。

一种对生产社会化进程在全球范围内演进的否认和重新定义，一种人为设置要素流动障碍的非市场行为，目的是将优势生产要素限制在特定的政治区划范围内。[①] 在人类历史长河中，国家主义始终是国内社会生活的最高原则和国际社会的中心原则。威斯特伐利亚体系的核心就是国家至上主义。在全球化时代，发达国家积极倡导全球主义，弱化国家主义，极力打造"非本土的自由主义"，[②] 推行国际规则和国际治理体系，建立有利于自己发展的国际原则和国际组织。[③] 发达国家由此确立了有利于自身的规则和自由主义国际秩序，并且反对或者阻挠其他国家对其进行修正或重塑。而在逆全球化时代，发达国家反其道而行之，强调国家主义，最大限度地维护和实现主权国家绝对利益，寻求弱化国际法和国际规则约束的途径和手段。[④] 其原因在于随着新兴经济体的崛起，世界经济增长的动力火车头从发达资本主义国家转向今天的金砖国家和其他转型国家时，老牌资本主义国家在新一轮的经济较量中逐步优势不再，成为"现代化输家"，但是长期以来的赢家效应使得它们沉湎于不断受益的状态，无法忍受任何挫折和失败，只能通过逆全球化试图扭转趋势。此时，发达国家一度强调的国际法、国际规则和国际组织的作用和功能发生异变，全球化的制度基础被严重削弱和动摇。

逆全球化的发展离不开全球化的影响和社会、政治、经济因素的共同作用。经济全球化和逆全球化的交错本质上是资本和劳动对立的结果，但贸易开放或保护的实施需要由民族国家来完成，从而使这种交错体现出比国内的劳资对立更复杂的性质，形成了资本、劳动和民族国家三者之间利益博弈的局面，导致逆全球化结果的是一个经济（政治）交互作用的系统合力。尽管全球化客观上促进了资本主义国家的经济繁荣，但这并不能使

---

① 汪亚青：《逆全球化兴勃的逻辑机理、运行前景与中国方案的政治经济研讨》，《中共南京市党校学报》2019 年第 4 期，第 59 页；王泽应、刘利乐：《当代世界逆全球化现象的伦理审视》，《中州学刊》2019 年第 1 期，第 97 页。

② 何力：《逆全球化下中美贸易战与国际经济法的走向》，《政法论丛》2019 年第 5 期，第 4—5 页；[英] 阿尔弗雷多·萨德-费洛、黛博拉·约翰斯顿：《新自由主义批判读本》，江苏人民出版社 2006 年版，第 78 页。

③ 俞建雄、曹冬英：《全球化钟摆视角下特朗普政府"逆全球化"分析》，《福建商学院学报》2019 年第 5 期，第 18 页。

④ [英] 大卫·莱恩：《全球化的困境与中国方案》，苏珊珊译，《当代世界与社会主义》（双月刊）2019 年第 5 期，第 169 页；[美] 罗伯特·吉尔平：《国际治理的现实主义视角》，曹荣湘译，《马克思主义与现实》2003 年第 5 期，第 85 页。

资本主义国家跳出周期性的经济危机。长期以来的"赢家效应"带来一种"赢上瘾"和不能输的负面结果，面对中国等新兴经济体的崛起，暂时性的发展低潮以及"可能成为输家"的恐慌，让"赢上瘾"的发达资本主义国家在霸权惯性，甚至是霸权任性的权力逻辑下动用国家权力，强行限制资本、企业的自由流动，强行干预自由市场机制在世界范围内配置资源，间接地鼓励国家对市场运转进行过多甚至是过分干预，使国家在经济管制上走向极端化。①

　　逆全球化下，全球经济出现分离的趋势，经济、市场和文化等要素的融合出现破碎化和本地化迹象，世界经济发展面临更多不确定性风险，具体表现在：全球贸易增速下滑，投资增长缓慢，资本流动本地化，贸易、投资和金融领域的保护主义抬头，技术和供应链的全球化收缩，转而向区域性和地方性发展。② 更为重要的是，原先维护全球化的国际规则、国际法原则和国际组织的作用进一步减弱，无力维系全球化所需要的机制。以美国为首的西方国家在第二次世界大战后构建的世界贸易组织、国际货币基金组织和世界银行已无力推动更高水平的全球化，而且在一定程度上抑制了新制度形成和建构的可能性。全球化正在失去制度保障。逆全球化反对政府对外让渡经济主权，全球治理的难度加大。③ 以国家治理替代多边治理，多次单方面退出国际组织或撕毁国际协议，直接破坏现行全球治理体系机制，极大地降低了全球治理体系的治理效率，是对全球治理"从双边向多边、由区域向全球"发展路径的逆转和倒退，对全球性、区域性问题的治理正在转向"一对一"的双边框架下有差别的解决机制。无政府状态下的国际治理走向无序和强者为王的乱局。这些以单边主义为表征的逆全球化违背了现行全球治理多边框架下的非歧视性、责任共担、利益共享等根本原则，增加了全球经济治理体系向治理主体多元化、责任利益进一步平衡化变革的难度，对全球治理体系的运行和演进路径产生了非正常化的干扰，主要表现在：一是加剧了全球治理碎片化格局；二是弱化了全球

---

　　① 唐庆鹏：《逆全球化新动向的政治学分析》，《当代世界与社会主义》2017 年第 4 期，第199 页。

　　② 徐秀军：《逆全球化思潮下中国全球治理观的对外传播》，《对外传播》2017 年第 3 期，第4—5 页。

　　③ 廉晓梅、许涛：《逆全球化与东亚区域经济合作的发展前景》，《东北亚论坛》2017 年第 5期，第 69 页。

治理的组织化程度和治理效力；三是削弱了发展中国家和新兴经济体在全球治理体系中的影响力。[①]

在逆全球化背景下，国际法、国际规则和国际经济治理体系都受到不同程度的削弱甚至是动摇。以美国为首的西方国家在第二次世界大战后构建的世界贸易组织、国际货币基金组织和世界银行已无力推动更高水平的全球化，而且在一定程度上抑制了新制度形成和建构的可能性。全球化正在失去制度保障。由于发达国家的全球化退潮，全球治理体系面临着制度赤字、责任赤字和民主赤字等种种问题。而解决这些赤字问题是令逆全球化转向的制度关键。

第二节 全球治理赤字的变化特征

全球治理赤字可以理解为国际法治式微，在全球层面上，全球治理或是缺乏权威且有效的国际规则和国际机制应对全球性挑战，或是现有的国际规则和国际机制在应对全球性挑战时的"绩效"未能达标。[②] 与以公平正义为价值取向的国际法治相比，国际治理体系的规则程度相对较低，约束范围更小，治理方式更加灵活多样，强调维持现有政治体系的稳定。当下，全球化正在遭遇阻碍，全球法治不断弱化，传统的国际法治体系难以有效运作，全球治理赤字出现了一些新的特征，具体表现为五个转变。

一、从"硬法"到"软法"

建立在《联合国宪章》基础上的国际法治主要载体是国际条约，具有拘束力的条约被普遍认为是硬法。[③] 国际条约相比宣言、备忘录等规则形

① 季剑军：《美国单边主义对全球治理体系的影响以及我国参与全球治理的应对策略》，《兰州学刊》2019年第1期，第88页。
② 赵洋：《破解"全球治理赤字"何以可能？——兼论中国对全球治理理念的创新》，《社会科学》2021年第5期，第42页。
③ Ulrika Mörth（ed）. *Soft Law in Governance and Regulation: An Interdisciplinary Analysis*. Cheltenham and Northhampton: Edward Elgar Publishing Limited，2004；程信和：《硬法、软法与经济法》，《甘肃社会科学》2007年第4期，第222页。

式来说强制力较高，对国际主体的约束力更强，如果缔约方违反条约规定的义务需要承担相应的责任。然而，各国出于利益考虑，对于条约采取谨慎态度，在规范内容上多限于"点到为止"，[①] 约束力较低的软法并不直接涉及国家敏感的权力与权利，更易被国家接受，在谈判中更易达成，因此在国际法治弱化的背景下迎来了复兴。

国际软法是指在形式上和效力上尚未完全法律化的、用词上模糊的、目的大多是政策宣示的、内容上多是原则性或是建议性的国际规范。[②] 相较于国际硬法，国际软法的法律约束力更低，参与国的遵守多来自道德义务。[③] 国际软法的表现形式灵活丰富，包括国家之间通过会谈、会议等方式达成的用来表达立场、看法或意愿的宣言、公报等文件，或是国际组织通过决议对国家、国际组织等行为作出的建议，或一些国家或组织以技术规程、示范法等形式发布的行为准则。

尽管软法不具有与硬法相同的法律拘束力，但是凭借其灵活性、非正式性、道德约束性能够更好规制一些技术性强、复杂多变的事务，在全球治理中对国际经济条约的制定起到补充作用。[④] 软法通过强调未被重视和效果不佳的既存规范规则满足治理现实需求，或者通过被条约吸收的方式而"硬化"。[⑤] 软法正在成为全球治理的主要形式，在民粹主义和反建制运动削弱国际法治的背景下，国际软法是国际法治在当代全球治理中的现实体现。[⑥]

二、从"传统国际治理机制"到"新型国际治理机制"

全球治理需要执行机构推动国际法律规范的执行是实现国家间合作和

---

① Alan E Boyle. Some Reflections on the Relationship of Treaties and Soft Law. *International and Comparative Law Quarter*，Vol.48，No.4，1998，pp.901－913.

② 何志鹏、孙璐：《国际软法何以可能：一个以环境为视角的展开》，《当代法学》2012 年第 1 期，第 36—37 页。

③ 蒋凯：《国际软法的缘起及影响》，《当代世界》2010 年第 8 期，第 49—50 页。

④ 徐崇利：《跨政府组织网络与国际经济软法》，《环球法律评论》2006 年第 4 期，第 420—421 页。

⑤ 何志鹏、申天娇：《国际软法在全球治理中的效力探究》，《学术月刊》2021 年第 1 期，第 106 页。

⑥ 江河：《从大国政治到国际法治：以国际软法为视角》，《政法论坛》2020 年第 1 期，第 52 页。

国际规范实现的制度性保障。① 不同的国际组织还通过相对制度化的方案制约，解决国际社会中无序和不公正的现象。这种以国际组织为核心的全球治理机制构成了"传统国际治理机制"。

发展中国家的崛起使得大国在世界力量格局中的势力相对衰弱，很多问题靠传统的制度安排已经无法解决，发达国家不甘心被这类本来为发展中国家设计的约束机制所困，国际治理进入瓶颈；加之传统国际机制对于议题设置限制较多，谈判机制复杂，无法有效且高效地解决新兴的非传统威胁，需要有"新型国际治理机制"以应对当前的国际形势变化的要求。

在合作方式上，峰会与论坛得到各国的青睐。峰会与论坛以幕后交易为主要的议事和谈判模式，追求一般共识。同时，峰会与论坛也是对话平台，参与主体由广泛的国家变为部分欲就特定问题展开讨论、形成共识的部分国家等。G20 峰会、② 亚洲相互协作与信任措施会议③等对话和议事平台在经济、安全等方面发挥了稳定器的作用。

此外，借鉴国内治理中的法治与德治并重的治理方式，可以发挥道德约束在全球治理中的作用，即倡导"国际德治"，从而弥补国际法治约束力的不足。国际德治"主要凭借与国际法治的融合互动，通过国际道德榜样示范、国际道德礼仪教化、国际道德伦理规范，借助国际信誉评价体系、国际社会舆论褒贬机制等方式加以实施的一种社会治理思想理念、工具方法、模式体系和社会存在状态。"④ 实践中，国际社会已经通过降低主权债务违约国的主权信用评级，影响违约国在国际融资市场未来的融资能力，来督促主权债务国家及时、充分偿还债务。

三、从司法治理到替代性争端解决

国际社会在不同领域设置了专门的争端解决机制，例如在人权保护领

---

① 赵骏：《全球治理视野下的国际法治与国内法治》，《中国社会科学》2014 年第 10 期，第 88 页。

② 徐秀军：《中国参与全球经济治理的路径选择》，《国际问题研究》2017 年第 6 期，第 29 页。

③ 张继业：《亚信 30 年持续拓展互信合作》，http://world.people.com.cn/n1/2022/1013/c1002-32544384.html，最后访问日期：2022 年 10 月 21 日。

④ 宋云博：《全球治理的"双擎模式"：国际德治与国际法治的融合互动》，《法治现代化研究》2018 年第 2 期，第 37 页。

域的非洲人权与民族权法院，在国际刑事领域的国际刑事法院和卢旺达问题国际刑事法庭，在国际经济领域的 WTO 争端解决机构和国际投资争端解决中心等。这些争端解决机制都相对"司法化"，具有较为完善的审判程序，在维护国际公平正义的同时一定程度地保障了国际法的强制力实施。然而，这种以司法路径为主的机制正在被其他替代性争端解决方案取代。

首先，传统的国际争端解决机制由于是在西方大国主导下建立的，因此不可避免地存在着有利于这些国家的倾向。因此，传统争端解决机制之外的组织与机制，例如国际商会、联合国秘书处、特设仲裁庭等机构，在国际争端解决体系中的优先级得到提升。

其次，专门性和临时性的机制更加普遍应用。例如，投资者可以在投资协定中设立一些专门的仲裁机构以解决争端。各国还推出一些 ADR（alternative dispute resolution），即传统司法争端解决以外的非诉讼纠纷解决程序或机制，包括协商、调解、仲裁、小型审理陪审团陪审等来解决各类争端。通过灵活多变的解决机制以适应时代的变化，使得处理纠纷方便快捷，更加符合各国的需求。根据伦敦玛丽女王大学 2021 年的仲裁调查报告，只有 8% 的受调查客户愿意考虑跨境诉讼，其余客户更愿意选择仲裁等其他争端解决方式。[1] 中国也在积极建设国际仲裁中心，促进经济纠纷在法治化的轨道上妥善解决，建设法治化、国际化和便利化的营商环境。

再次，新型的争端预防和解决机制出现。例如，中国成立了国际商事争端预防与解决组织，在为企业提供合规培训降低商业诉讼风险的同时，致力于推动商事调解得到更广泛的认可，以提高商事调节的可预测性和确定性。[2]

四、从国际法影响国内法到国内法域外适用

国际法和国内法相互联系、相互渗透、相互协调。[3] 第二次世界大战后，国际法对国内法的发展产生了深远影响，国际条约极大地丰富了国内

---

① White & Case. *International Arbitration Survey: Adapting Arbitration to A Changing World*. London: Queen Mary University of London, 2021.

② 孙阳、毕磊:《国际商事争端预防与解决组织正式成立》，http://finance.people.com.cn/n1/2020/1015/c1004-31893713.html，最后访问日期：2022 年 10 月 14 日。

③ 曾令良:《WTO 协议在我国的适用及我国法制建设的革命》，《中国法学》2000 年第 6 期，第 3—4 页。

立法，促进了发展中国家国内相关规则的发展，有利于解决国内法律法规适用统一性的问题。[1] 中国主要采用转化的方式实现国际法在国内的实施。[2] 以世界贸易组织（WTO）规则为例，WTO 规则涉及的领域包括关税、反倾销措施、金融服务、知识产权保护等国际经济关键问题。中国为了实施 WTO《反倾销规定》，在加入 WTO 前制定了《反倾销条例》，该条例的核心内容遵循了 WTO《反倾销规定》。在加入 WTO 后，中国两次修改专利法从而与 WTO 的《与贸易有关的知识产权协议》保持一致。在经贸之外的领域，中国也进行了广泛的立改废释活动，例如在《刑法修正案（三）》中增加了资助恐怖主义犯罪，以履行《制止向恐怖主义提供资助的国际公约》义务。

2000 年以后，特别是近年来在特朗普政府"美国优先"的政策影响，美国对国际法态度发生了转向，强调国内法的域外适用，[3] 毫无节制地推行和适用"长臂管辖"，对他国动辄发动单边经济制裁。在贸易领域，特朗普政府发起贸易保护主义攻势不仅推升了全球关税水平、影响了全球贸易秩序，而且还加重了本国的通货膨胀水平。[4] 在争端解决领域，美国严重阻挠世界贸易组织上诉机构的正常运转，对多边贸易体制构成威胁。在投资领域，美国于 2022 年 7 月推出旨在对抗中国及控制半导体产业链的《芯片与科学法案》后，同年 10 月 7 日，美国商务部产业安全局宣布修订出口管理条例，以出口管制法规为工具，遏制美国的高科技技术、产品、物资、资金等流向中国。美国泛化适用"国家安全"的概念，将单边域外制裁作为服务美国国家利益的重要手段，严重干扰了全球治理体系。

五、从"大范围治理"到"小范围治理"

多边主义是第二次世界大战后国际秩序和国际治理的基本结构。但

---

① 曹建明：《WTO 与中国的法制建设》，《比较法研究》2002 年第 2 期，第 1—20 页。

② 廖诗评：《经由国际法的国内法改革——改革开放四十年国内法制建设的另类路径观察》，《中国法律评论》2018 年第 5 期，第 146—147 页。

③ Anthea Roberts, *Is International Law International?* Oxford: Oxford University Press, 2017, pp.3 - 17.

④ Katheryn Russ, Tariffs on Chinese Imports Have Only Marginally Contributed to US Inflation. https://www.piie.com/research/piie-charts/tariffs-chinese-imports-have-only-marginally-contributed-us-inflation accessed 15 October 2022.

是，国际治理体系不追求高层次的、全球范围内的治理，出现了以广泛运用较低层次的政府间、小范围治理的特点。①

冷战结束后，国际社会朝着更大范围和更深层次的一体化方向发展，全球化进程取得重大进展。多边主义更加稳固，国家充分发挥各自的比较优势，在经济贸易活动往来中追求多边的开放与合作。以 WTO 为例，WTO 的三大职能之一是组织多边贸易谈判，谈判机制以协商一致为原则，采用"一揽子承诺"（Single Undertaking）的回合式谈判，强调谈判最终达成共识。但是随着 WTO 成员方数量不断增加和世界贸易议题更趋复杂，主要成员之间的利益差别扩大，协商一致的可能性不断降低，"一揽子承诺"甚至阻碍了成员国就部分共识度较高的议题达成一致，成为多哈谈判失败的主要因素。②

2008 年全球金融危机之后，"国家回归"而强调规制权，大范围的多边主义日益乏力，多数国家之间难以达成共识。国际社会产生了新的趋势——小范围治理受到广泛运用。③ 小范围治理具有以下三个特征：首先，参与磋商并达成共识的国家范围缩小。相较于 WTO 经贸规则，建立在区域性共识基础上、旨在促进区域性经贸合作的区域性贸易协定迎来了高速发展的时期。④ 其次，单边经济开放措施发挥促进经济发展的作用，这些单边措施包括设立自贸区、经济特区等，通过单边市场开放的方式使得贸易体制更具活力。再次，自下而上的治理方式取代了自上而下的方式。国家政府将管辖权授予地方的、区域的、跨国的以及全球的机构（公共的与私人的），或者与它们分享这一权力。自下而上地通过聚焦本土化问题的方式解决问题，能够有效降低达成的成本，推广成为行之有效的解决方式。⑤

治理赤字背景下的国际治理新特征表明，国际法治所追求的"公正平等

---

① ［英］托尼·麦克格鲁：《走向真正的全球治理》，陈家刚编译，《马克思主义与现实（双月刊）》2002 年第 1 期，第 36—37 页。

② 沈伟：《WTO 失灵：困局和分歧》，《上海商学院学报》2019 年第 5 期，第 60 页。

③ 沈伟、徐弛：《逆全球化背景下美式"小多边主义"的端倪和成型——理解〈中美经贸协议〉（第一阶段）的变局背景》，《海峡法学》2020 年第 3 期，第 39—41 页。

④ Dana Smillie. Regional Trade Agreements. *The World Bank* (5 April 2018), https://www.worldbank.org/en/topic/regional-integration/brief/regional-trade-agreements.

⑤ 沈伟：《逆全球化背景下的国际金融治理体系和国际经济秩序新近演化——以二十国集团和"一带一路"为代表的新制度主义》，《当代法学》2018 年第 1 期，第 45 页。

的国际秩序"有所转变，全球治理朝着排他主义下双边或区域方向发展。

第三节　全球治理赤字加剧的原因

全球治理赤字的问题长期存在。冷战时联合国的瘫痪、经合组织和七国集团未能防止 2008 年金融危机的发生、当下全球气候危机额的加剧，都是全球治理赤字的实例。[①] 在当前大国冲突的背景下，大国协调的失败，联合国没有发挥作用，无法达到预期的治理效果是治理赤字的常态。[②] 梳理治理赤字产生的原因，对破解赤字具有重要意义。

一、国际力量对比的变化

全球治理格局和国际治理体系变革源自国际力量的对比，大国博弈主导国际格局。冷战结束以来，新兴发展中国家呈崛起之势，和地区性国际组织一起改变世界力量对比。国际经济力量的对比变化，以及国际权力结构发生的变化都给全球治理实践带来了挑战。

在全球金融危机之后，世界力量平衡朝着有利于以中国为代表的新兴大国和发展中国家的方向发展，发展中国家在经济总量上实现了对发达经济体的历史性接近，[③] 美日欧等主要发达经济体出现经济增长疲软的态势。[④] 新一轮国际体系权力转移表现为由西方文明转向非西方文明，但现有的全球治理机制是由发达国家主导的，体现了西方中心主义的神话，并没有为发展中国家留下发挥作用的制度空间；而一些发展中国家担心国家

---

① 庞中英：《全球治理赤字及其解决——中国在解决全球治理赤字中的作用》，《社会科学》2016 年第 12 期，第 4—5 页。

② Peter M. Haas. Addressing the Global Governance Deficit. *Global Environmental Politics*，Vol.4，No.4，2004，pp.1 - 15；Tony Payne. The Coming Crisis：Why Global Governance doesn't Really Work，https：//speri. dept. shef. ac. uk/2016/06/14/the-coming-crisis-why-global-governance-doesnt-really-work/.

③ 徐秀军：《金融危机后的世界经济秩序：实力结构、规则体系与治理理念》，《国际政治研究（双月刊）》2015 年第 5 期，第 86 页。

④ Martin Wolf. Seven Charts That Show How the Developed World is Losing Its Edge. *Financial Times*，https://www.ft.com/content/1c7270d2-6ae4-11e7-b9c7-15af748b60d0.

主权会因参与全球治理被削弱，对参加全球治理持有消极甚至抵制的态度。[1] 因此，在一些涉及全球共同利益的议题上，发展中国家无法通过现有的全球治理体系充分发挥作用，影响了国际治理的运行和发展。约翰·科顿（John Kirton）评价到，全球治理中心已经从一个威斯特伐利亚主权国家体系转换成一个新的拥有共同脆弱性以及共同责任性的全球社会。[2]

由于发达国家与发展中国家价值观和利益的冲突日益加深，国际社会难以形成国际法上的共识和对策，国际立法缺乏必要的政治意愿和动力，造成国际法治的萎缩。在国际社会的博弈与策略选择中，国际法也因此被边际调整甚至是局部结构性调整，[3] 非正式造法、非正式机制、非国际组织等新型国际治理体系正是国际法治被调整后的结果。以美国为首的发达国家积极推行"小多边主义"，以自身需求和利益为价值导向，灵活地、有针对性地重构现行国际规则，试图通过巩固经济霸权从而维护其对全球治理规则的掌控地位。[4]

二、传统大国对既有势力的维护

全球治理机制是在国家自我限制、让渡部分权力的共同作用下形成的，机制设计取决于国际体系中各国的实力状况，因此国家是推动全球治理机制发展的基本力量。[5] "所有标准都包含利益的成分"，[6] 国家在推动全球治理机制形成、发展的过程中，不可避免地会裹挟本国的价值观。国际治理三大核心体系是由以联合国为中心的全球安全与和平治理体系、国际货币基金组织和世界银行为基础的全球金融体系，以及世贸组织为核心的全球自由贸易体系共同组成的。西方发达国家长期掌握了这三大核心体系的主导权，以自身实力确立了三大体系规则的合法化基础，在国际治理体

① 陈承新：《国内"全球治理"述评》，《政治学研究》2009 年第 1 期，第 121—123 页。
② ［加］约翰·柯顿：《全球治理与世界秩序的百年演变》，《国际观察》2019 年第 1 期，第 69 页。
③ 涂少彬、江河：《全球治理与国际法治的中国策略选择——以南海地区安全合作机制建立为例》，《武大国际法评论》2017 年第 6 期，第 17 页。
④ 沈伟、胡耀辉：《美式小多边主义与美国重塑全球经贸体系》，《国际论坛》2022 年第 1 期，第 1—24 页。
⑤ 邵沙平：《论国际法治与中国法治的良性互动——从国际刑法变革的角度透视》，《法学家》2004 年第 6 期，第 153—160 页。
⑥ ［英］爱德华·卡尔：《20 年危机（1919—1939）：国际关系研究导论》，秦亚清译，世界知识出版社 2005 年版，第 81 页。

系中修建了大国利益的"护城河"。

当国际体系转型、原有权力结构重新洗牌、体系内部的权力平衡发生变化时，传统大国的先发优势不可避免地会受到侵蚀。[1] 新兴国家的崛起，正在打破以西方为中心的国际权力等级结构，随着新兴大国加入支撑全球治理机制运行的国际权威大国这一集体后，国际秩序很可能需要按照实力来重新博弈。在应对新兴大国崛起的问题上，发达国家主要的策略是有限度地接纳和让步，例如发达国家在不会颠覆自身的统治地位的前提下，为了借助新兴大国的力量应对全球性挑战，[2] 会接受新兴大国在国际货币基金组织中的持股份额和投票比重的适当调整和上升。[3] 与此同时，尽管新兴大国要求变革相关的治理机制，但是其诉求并非彻底推翻既有体系，而是在维护和完善现有机制的同时提升其在现有机制中的话语权和影响力。[4]

三、国际法治的认同基石遭到侵蚀

20 世纪后半期，新自由主义的话语体系推动了以促进资本流动与保护资本权益为核心的全球化运动。[5] 西方发达国在经济全球化的过程中取得了举足轻重的国际地位。因此，尽管人权、民主、自由等西方主流价值与世界其他国家和地区的标准存在很大差异，[6] 但在早起全球化的推动下成为国际话语体系的基础，并体现在主要的国际规范中。西方国家竭力将其价值观推向世界，努力使之成为全球共同价值观，让世界其他不同文化背景、不同经济发展阶段、不同社会制度的国家都接受这些理念。但这种做法被一些国家认为是一种文化霸权和文化殖民，[7] 西方国家对世界的这种

---

① Stewart Patrick. The Unruled World: The Case for Good Enough Global Governance. *Foreign Affairs*，https://www.foreignaffairs.com/articles/2013-12-06/unruled-world.

② 黄仁伟：《新兴大国参与全球治理的利弊》，《现代国际关系》2009 年第 11 期，第21 页。

③ 黄仁伟：《金砖国家崛起与全球治理体系》，《当代世界》2011 年第 5 期，第 25 页。

④ Miles Kahler. Rising Powers and Global Governance: Negotiating Change in a Resilient Status Quo. *International Affairs*，Vol.89，No.3，2013，pp.711-729.

⑤ 刘志云：《后危机时代的全球治理与国际经济法的发展》，《厦门大学学报（哲学社会科学版）》2012 年第 6 期，第 5 页。

⑥ Jerry Harris. Statist Globalization in China, Russia and the Gulf States. *Perspectives on Global Development and Technology*，Vol.73，No.1，2009，pp.139-160.

⑦ 傅维：《"颜色革命"、"文化霸权"与和平演变战略》，《广西社会科学》2016 年第 8 期，第 192—195 页。

治理模式在实质上忽视了参与的民主性、价值的公平性、程序的公开性等实现"善治"的基本因素,以西方国家为主导的国际法治规范的公平性无法得到国际社会普遍认同。

当下,全球治理面临新的复杂形势。金融危机、恐怖袭击、粮食短缺、环境污染、气候变暖、传染病流行等全球性问题不断涌现,"黑天鹅事件"层出不穷,世界的不确定性和不稳定性急剧增加,对全球治理提出新的要求。与此同时,发达国家为了维护自身在国际法治中的权威地位,通过利己主义、保护主义、单边主义、霸权主义和民粹主义的策略,对他国进行极限约束,在全球范围内引发了逆全球化和民粹主义的思潮,[①] 进一步动摇了国际法治的认同基石。

没有制度性的支持,国际法就不能解决全球问题,[②] 因此如果世界政府是不可实现的,那么能够合理预期在国际层面发挥主导作用的国际法将会变得无力、局限、不稳定且脆弱,国际法在立法、执法、司法领域都难以得到遵守。这也是国际法治在全球新形势下逐渐弱化的基本原因。

四、国际法治的确定性和公平性不足

国际法治的不确定性和不公正性等弊端,导致以国际法治为核心的全球治理模式无法有效应对全球治理进程中的各种挑战。[③]

国际法具有天然的不确定性。[④] 现行的国际法规或条约对许多细节缺乏明确的定义或限定,有意保留条约漏洞,以降低谈判、执行成本,高度灵活性应对全球治理中的不确定风险,可能影响法律文本的准确性、完整性与执行性,导致不精确的司法裁决。[⑤] 例如在国际争端解决中,一些模

---

① 沈伟:《"两个大局"下的人类命运共同体:从意识自觉到责任担当》,《人民论坛·学术前沿》2021 年第 1 期,第 64—65 页。

② Eric Posner. *The Perils of Global Legalism*. Chicago:University of Chicago Press,2009.

③ 李伟红等:《中国为国际法的创新发展作出重要贡献》,《人民日报》2019 年 4 月 17 日,第 17 版。

④ 陈一峰:《国际法的"不确定性"及其对国际法治的影响》,《中外法学》2022 年第 4 期,第 1102 页。

⑤ 马雁:《国际法模糊性建构体系中的全球治理规范秩序》,《清华大学学报(哲学社会科学版)》2021 年第 5 期,第 169 页。

糊性用语给国际裁判人员留下解释空间，可能超越了主权国家的预期。又如，由于投资条约中的"公平公正待遇"（Fair and Equitable Treatment）条款本身具有模糊性，仲裁庭在裁决中往往作出前后不一致的裁决，这种不确定性也损害了国际法治的权威和体系性。[①] 国际投资法中出现的正当性危机就是如此形成的。

虽然国际法治追求公平正义，但国际法治采取的是强者主导模式，因此具有公平性不足的问题。一方面，权力塑造国际法，国际法服务居于主导地位的强国；另一方面，国际法通过法律授权等形式塑造并巩固权力。[②] 主导国际法治的大国基于例外主义的心态，认为国际法的规制对象主要是中小国家，大国有充分的理由不受这些国际法的规制。[③] 在国际规则的制定环节，部分国际条约未能体现公正理性的法律价值，部分国际组织的制度、条约也未充分反映发展中国家的诉求。[④] 例如在国际金融治理机构决策机制的问题上，传统强国基于经济优势设计了加权投票权和超级多数票的表决规则，边缘化小国和弱国的话语表达。[⑤] 依照国际法追究一国责任的适用空间有限、程序烦琐，[⑥] 让自诩为"世界警察"的美国以本国利益作为选择性执行国际法的主要标准，破坏了国际法规则，给国际法治带来巨大危机。[⑦]

五、主权的回归

对于全球治理的发展，国家主权通常是需要克服的障碍。[⑧] 从联合国、世界贸易组织等国际政府组织的建立，到国家间签订的《公民权利和政治权利国际公约》和《联合国气候变化框架公约》等公约，国家在促进国际

---

① 赵骏：《全球治理视野下的国际法治与国内法治》，《中国社会科学》2014 年第 10 期，第 94 页。

② 贺泳杰：《航行自由原则：从霸权政治到国际法治》，《国际观察》2022 年第 1 期，第 78 页。

③ Anu Bradford & Eric A Posner. Universal Exceptionalism in International Law. *Harvard International Law Journal*，Vol.52，No.1，2011，pp.3 - 54.

④ 唐楚茵：《构建全球治理体系的制约因素探析》，《国际公关》2021 年第 2 期，第 31 页。

⑤ ［加］约翰·柯顿：《全球治理与世界秩序的百年演变》，《国际观察》2019 年第 1 期，第 69 页。

⑥ 刘晓红：《国际公共卫生安全全球治理的国际法之维》，《法学》2020 年第 4 期，第 21—22 页。

⑦ 郭霁：《新时代国际法律风险应对与全球治理推进》，《中外法学》2021 年第 4 期，第 868 页。

⑧ José E Alvarez. The Return of the State. *Minnesota Journal of International Law*，Vol.20，No.2，2011，pp.223 - 231.

法治的进程中不断"让渡"或者"约束"自己的主权。但是目前的趋势却是，国际法治规忽视了国家的意志，与国家主权之间产生冲突，导致主权国家逐渐不愿受国际法治的约束。例如早前各国缔结的多是涉及和平与安全、领土与划界、外交特权与豁免的条约，而近几十年来各国更多地缔结涉及国内治理，[①] 这反映出条约对国家主权的制约作用越来越明显。更重要的是，一些国际争端解决机构在裁判案件过程中事实上从事了造法行为，对主权国家创设了义务，[②] 背离了主权国家的初衷，使得国际法治受到质疑。例如投资仲裁庭通过解释"保护伞条款"，将有关投资的合同义务转化为东道国的国际法义务，[③] 这种明显倾向于投资者的价值取向有违主权国家的初衷。

除条约以外，在新自由主义思想的影响下，国际组织也在不断"侵蚀"原本属于国家的治理权。例如，WTO 不断扩大其决策能力，在贸易问题之外还扩张到知识产权、与贸易有关的投资、服务业、竞争政策、环境等问题，介入了原本属于主权国家自行治理的诸多范畴，反映了新自由主义"没有政府的治理"的目标。[④] 主权国家的规制权受到约束，挤压了主权国家制定与实施公共政策的空间，这引发了国内民众对于本国政府能否有效地提供安全与福利的担忧。

简言之，国际法治追求的公平正义价值目标正在遭遇信任危机，许多国家不愿意接受规则程度较高的国际法治约束，国际治理的法治内涵在萎缩。

第四节　驯服全球化的美版药方

2012 年《驯服全球化：国际法、美国宪法和新的全球秩序》[⑤]（以下简

---

① 蔡从燕：《国家的"离开""回归"与国际法的未来》，《国际法研究》2018 年第 4 期，第 10 页。

② Is There an International Rule of Law? José Alvarez Examines the Question in a New Book. *NYU Law News*，https://www.law.nyu.edu/news/ideas/international-rule-of-law-alvarez.

③ Christoph Schreuer. Traveling the BIT Route: Of Waiting Periods, Umbrella Clauses and Forks in the Road, *The Journal of World Investment and Trade*，Vol.5，No.2，2004，pp.231 - 256.

④ 孙伊然：《全球经济治理的观念变迁：重建内嵌的自由主义?》，《外交评论》2011 年第 3 期，第 25—26 页。

⑤ Julia Ku and John Yoo. *Taming Globalization: International Law, the U.S. Constitution and the New World Order*. Oxford University Press，2012.

称《驯服》）出版，彼时，全球金融危机已经盖过高涨的全球化，但是从宪法和全球秩序视角审视甚至是批判全球化的国际法著作仍然较甚少。《驯服》的作者对全球化和国内法之间关系做了一个保守主义反思和回应，他们认为全球化对美国的外交关系和外交关系法产生了负面影响，并试图发展一种应然理论，以有效克服国际法对美国国内法律制度的消极影响。

根据作者的观点，全球化会威胁美国的治理体系和宪法秩序。他们的立场是，美国需要在避免全球化带来的宪法问题和困境的同时，继续获得全球合作的收益。作者尽管为其立场辩解，即他们既无意阻止全球化，也不反对国际社会为推进全球化而进行一系列规制付出的努力，但是对全球化给美国国内法治造成的侵蚀，作者显然抱有警觉的态度。

各国经济在全球化大潮中相互依赖的程度与日俱深，这使得美国和其他国家政府加紧了对全球经济活动的管控和规制，从而导致国际条约数量激增和国际组织空前活跃。大多数学者认为，国际法和国际组织应该在各国国内立法活动中扮演更加重要的角色。但是，本书作者却试图为美国政府在全球化过程中强化国家主权寻找依据。他们认为，国际法的爆炸式发展和强势地位必然导致美国宪法政府在国内立法过程中主权被收窄和受制约。越来越多的国际立法，必然意味着在宪法体制内国内立法的减少。他们进而建议推行一套直接的宪法障碍，以确保美国通过的国际法能够受到基本的宪法控制和约束。

他们站在"便利主义"的立场，为缓和国际治理与美国宪法之间的张力，消弭全球化和美国宪法的冲突提供了三个路径：第一，非自我执行原则。美国联邦法院应当预设，条约不能由法院自我执行，而是应当在国会接受并且通过执行立法（implementing legislation）之后，才能得到适用并执行。这一路径可以保证美国法院执行国际法得到国内立法机关的授权，同时也得到了由美国选民选举出来的民意代表的授意。这一路径也可以防止国际法扭曲美国宪法和影响三权分立。第二，国际法解释的行政规制。传统国际法应当只有在国会接受并通过立法程序之后才具有联邦法律的地位，而在没有国会立法之前，国会和法院应当授权总统对传统国际法进行解释。此外，联邦法院不能基于外国或者国际判例解释美国宪法，因为这样会将美国的司法主权间接授予外国或国际司法机构。这一路径的消极后果现在已经显现。在特朗普政府时期，美国传统外交政策制定机制正在瓦解，外交政策制定已非常个人化，结果是美国外交政策正在失去连贯性，逐渐偏离原先以推行民主和人权等价值观为中心的轨道。对国际社会而言，美国现行的外交政策已走向不可预期甚至极端的方向，这可能是本书作者未曾预见到的。第三，外交事务在联邦各州的有限自治。美国各州应当有自主权，以决定是否以及如何履行国际义务，特别是当各州的传统义务因为国际法规定的国际义务受到影响之时。

上述路径为那些试图抵制国际法扩张的美国政治机关提供了法律依据和途径，而这种实质上的法律联邦主义也为美国的个别州忽视甚至抛弃国际法义务提供了法律理据。这些路径是否如同作者主张的那样，有助于加强人民主权（popular sovereignty）和法治，还是实为对人民主权和法治的忽视，从最近几年美国现任政府的所作所为中可见一斑。

全球化议题中的国际治理归根结底有赖于主权国家对国际义务的履行。在美国政治体系中，联邦政府是这一义务的履行者，因为联邦政府是与外国政府进行交往和外交活动的主体。本书作者提供的进路是限制联邦法院的权限，转而依赖行政机关（总统）或立法机关（国会），从而使美国主要通过政治谈判或者行政权威参与国际治理，而非法律推理。如此一来，全球化法治在美国的语境中就是国际义务和国内问责制之间的结构性制衡。

在与全球化配套的全球化治理方案中，全球法治（又称为全球宪政主义）是全球化流派法律学者的主要药方。全球治理依赖法院解释、适用和执行全球化的法律规则，以便编织国际规则和国际法的跨国网络，使得内国法律制度服从于全球宪法体系。

全球化对国家主权的稀释是毋庸置疑的。因此，本书作者在传统的"威斯特伐利亚主权"之外，强调所谓的"人民主权"（popular sovereignty），即反映人民意志的主权，在美国宪法体系中具体表现为反映人民的意愿。与之相对应的，"威斯特伐利亚主权"则是不受限制的权力。[①] 历史上，1648年的《威斯特伐利亚和平协议》其实是要求签字国尊重其领土内少数族群的权利，且签字国在国际上行使主权也受到相应的限制，自始至终，威斯

---

① ［英］大卫·莱恩：《全球化的困境与中国方案》，苏珊珊译，《当代世界与社会主义》（双月刊）2019 年第 5 期，第 164 页。

特伐利亚主权不是不受任何限制的主权。

《驯服》一书开出的驯服全球化的药方是否可以用来医治逆全球化呢？逆全球化的核心问题就是三个"赤字"。摆脱这些赤字的困扰或许可以逆转逆全球化的方向和趋势，将全球治理体系重新纳入全球化的轨道。

西方国家构建的国际经济治理体系具有一定的稳定性。这种稳定性既是西方霸权垄断的结果和惯性，也是现有治理体系无从优化的原因。传统霸权稳定理论的现实基础是"中心-边缘"的国际关系格局，主要西方国家作为世界舞台的中心国家，提供金融和安全等公共产品而形成和巩固霸权稳定。① 但是，"中心-边缘"格局的内部矛盾是显而易见的，一旦主要国家缺乏国际责任，追求赢者通吃，缺少妥协和让步意愿，失去提供稳定和公共产品的意愿，强调本国利益至上，国际治理就会陷入僵局。②

制度赤字要求在全球治理体系重构中引入新制度，从而形成制度竞争，对现有治理机制形成竞争压力，达到"适者生存"的优化效果。全球治理体系是一项十分庞大的公共产品，需要大国甚至是强国的推动才能继续维持。对于中国而言，以美国为代表的西方国家逆全球化的行为既是挑战，也是机遇；既是阻力，也是动力。在"人类命运共同体"的新理念下，通过"一带一路"倡议、金砖国家合作机制和二十国集团等多边合作机制，中国可与新兴市场国家等一道实现新的国际治理体系的制度和规则构建，并发挥更大的建设性力量，推进全球化继续发展，推动全球治理变革。③ 重塑或者优化国际治理体系需要遵循国际法治逻辑和国际法基本原则，需符合《联合国宪章》等确立的国际法理，促进国际合作，"增进全体人类之人权及基本自由之尊重"。④ 各国的国家主权都需要在这一体系中得到尊重和平等对待。《驯服》中提出的去司法化路径可能恰恰就是全球化所需要的司法化路径。各国的争端需要由独立的第三方仲裁机构、世界

---

① ［英］大卫·莱恩：《全球化的困境与中国方案》，苏珊珊译，《当代世界与社会主义》（双月刊）2019 年第 5 期，第 168—169 页。

② 黄炬、刘同舫：《唯物史观视域中的人类命运共同体与新型全球化》，《甘肃社会科学》2019 年第 4 期，第 74、76 页。

③ 俞建雄、曹冬英：《全球化钟摆视角下特朗普政府"逆全球化"分析》，《福建商学院学报》2019 年第 5 期，第 19 页；汪亚青：《逆全球化兴勃的逻辑机理、运行前景与中国方案的政治经济研讨》，《中共南京市党校学报》2019 年第 4 期，第 64 页。

④ 俞建雄、曹冬英：《全球化钟摆视角下特朗普政府"逆全球化"分析》，《福建商学院学报》2019 年第 5 期，第 19 页；王泽应、刘利乐：《当代世界逆全球化现象的伦理审视》，《中州学刊》2019 年第 1 期，第 98 页。

贸易组织争端解决机制或者国际法院加以解决，将所有国家在贸易、投资和经济领域的争端通过多边体系加以固定和约束，而不是任由单边霸凌或者以大欺小的方式加以解决，避免在国际社会无政府状态下出现的搭便车、寡头垄断等行为。[①]

法治化路径还需要将国际规则和国际法原则通过稳定的渠道引入国内法和内国法院，成为国内法的有机组成部分，指引和规范主权国家参与国际经济活动的行为。制度赤字表现在各国之间缺乏有效的制度设计和安排来弥合主权国家在这些领域的差异化。推进更高水平的全球化，需要有效的制度安排，协调主权国家之间的全球化标准。实现经济和制度方面的统一，有利于主权国家推行全球化政策的落实。责任赤字需要有权机构强化主权国家在国际治理体系中的责任意识和责任归属。逆全球化的重要表现是极端国家主义，部分国家在国际关系中走极端化的国家路线，强化国家机关对跨国经济生活的全方位和高度化干预，例如对他国进行贸易战、强行限制资本流动、干预以规则为基础的市场机制、在跨境交易中无限扩展本国法院的司法管辖权，出现了国家安全泛化。[②] 责任赤字需要国际组织和机构运用多边机制抑制过度扩张的国家主义，有效约束极端国家主义的行为，以便控制商事主体在跨境交易中的交易成本和可预期性。[③] 各国政府应让渡部分主权，协调统一各国体制和体系以符合全球化标准，从而实现全球经济在制度上的统一。[④]

实际上，全球化的负面效应并不能通过逆全球化措施得到有效缓解，而是需要通过全球治理解决。因为全球化客观上要求不同国情的国家之间消除彼此之间的贸易和投资壁垒，实现税收制度、监管体系、司法体系的统一和协调，但这与当今世界"民族—国家"（nation—state）体系存在冲突。全球化意味着主权国家将主权让渡给国际组织或者国际治理体系。但是，民族国家又必须对本国的民众承担责任。也就是说，国际治理体系缺

---

① ［英］大卫·莱恩：《全球化的困境与中国方案》，苏珊珊译，《当代世界与社会主义》（双月刊）2019 年第 5 期，第 167 页。

② 何力：《逆全球化下中美贸易战与国际经济法的走向》，《政法论丛》2019 年第 5 期，第8 页。

③ ［英］大卫·莱恩：《全球化的困境与中国方案》，苏珊珊译，《当代世界与社会主义》（双月刊）2019 年第 5 期，第 169 页。

④ Dani Rodrik. How far will international economic integration go? *The Journal of Economic Perspectives*，Vol.14，No.1，2000，pp.177 - 186.

失的责任最终还是要由主权国家的政府承担。^①欧盟现在面临的债务危机和难民危机就是这一怪圈的缩影。正是这样的原因，发达国家才出现了转向，回归民族国家，政治体系趋向保守和封闭，更加追求种族、宗教、文化和民族认同。解决这一怪圈的进路是需要在修补或优化现行国际治理体系的过程中，更多吸收主权国家的声音，保持国家主权同时，每个国家都推行有利于全球化的政策，使得国际组织或者国际治理体系能够对主权国家的政策承担责任和发挥作用，建立问责机制。

解决责任赤字的另外一种可能是让主权国家更加自主和独立，可以实行自我选择的全球化政策，并对本国民众负责，本国民众利益与全球化之间以本国民众利益优先，实行有限度和有选择的经济全球化政策。这样全球化就有可能根植于主权国家的政治民主制度，政治问责制也就有了保障。^②当然，这一路径的风险是主权国家陷入"囚徒困境"，全球化或许更有可能演变为逆全球化。但是，在三种应对方式，即在全面的经济全球化、政治民主制、完全主权化三个选项中，只能兼顾两个。^③

逆全球化的乱象是体制失范。在全球治理的组织化程度和治理效力弱化，国际治理体系呈现碎片化态势的背景下，^④单边主义替代多边主义、国内法替代国际法、国家主义替代国际主义、国家治理替代全球治理、地方化替代全球化都降低了全球治理体系的效率，逆转了全球治理体系从"双边向多边、由区域向全球"发展的路径，背离了全球治理体系确立的非歧视、责任共担、利益共享等基本原则，也削弱了全球治理体系中发展中国家和新兴经济体的作用力和影响力。^⑤

民主赤字需要民主机制来填补，二十国集团等平台和机制为弥补国际关系和国际治理体系中的民主赤字提供了可能，^⑥但是对弥补发展中国家

---

①　刘晔：《新型经济全球化与国际经济新秩序的构建》，《管理学刊》2019 年第 2 期，第 12 页。
②　沈骏霖：《逆全球化现象浅析》，《甘肃广播电视大学学报》2017 年第 3 期，第 64 页；Dani Rodrik. How far will international economic integration go? *The Journal of Economic Perspectives*, Vol.14, No.1, 2000, pp.177 - 186.
③　沈骏霖：《逆全球化现象浅析》，《甘肃广播电视大学学报》2017 年第 3 期，第 64 页。
④　俞建雄、曹冬英：《全球化钟摆视角下特朗普政府"逆全球化"分析》，《福建商学院学报》2019 年第 5 期，第 17 页。
⑤　季剑军：《美国单边主义对全球治理体系的影响以及我国参与全球治理的应对策略》，《兰州学刊》2019 年第 1 期，第 88 页。
⑥　俞建雄、曹冬英：《全球化钟摆视角下特朗普政府"逆全球化"分析》，《福建商学院学报》2019 年第 5 期，第 19 页。

和新兴经济体在国际治理体系中的缺位而言，这些平台和机制仍然不充分。是基于现行机制进行改革调整以提升新兴经济体话语权，还是探索新的对话机制和合作模式，值得思考和探究。

第五节　治理赤字的中国解法

全球治理的核心问题是全球治理主体行为的合法性、有效性及其体现的民主价值。[①] 全球治理的实施并不依赖于类似于世界政府的主体，而是包括国际组织等多元主体，治理过程中的合作行为是基于通过金融激励、物质激励、道德激励以及武力威胁等保证实施的权力和规则。[②] 由于国家治理（domestic governance）是全球治理的核心，因此全球治理仍然需要在以民族国家（nation-state）为中心的世界和秩序中推进，全球治理甚至可以看作国家治理在全球化时代的跨境延伸。[③]

中国作为国际社会的一个重要经济体，正在承担大国责任，顺应时代潮流和局势变化，积极参与全球治理，为全球治理贡献中国智慧。

一、强调国际治理更应依靠国际法

破解治理赤字的中国方案与国际法治是紧密联系的。国际关系行为规则的法律化是国际法治达到理想状态的基础，国际法治是国际社会各主体以法律原则和法律制度作为治理的主要依据。国际社会是无政府社会，没有有效的治理会造成无序与混乱，而国际法治正是无政府状态下制度性问题的解决方案和工具，反映了主要国家利益和权力斗争下的规则和实践，[④]

---

① 李伟红等：《中国为国际法的创新发展作出重要贡献》，《人民日报》2019 年 4 月 17 日，第 17 版。

② Kennette Benedict. Global Governance, in James D Wright（ed）. *International Encyclopedia of the Social & Behavioral Sciences（Second Edition）*, Amsterdam: Elsevier, 2015, p.155.

③ Zhao Jun. Rule of Law at the National and International Levels: A Review from the Global Governance Perspective. *Social Sciences in China*, Vol.37, No.2, 2016, pp.41-60.

④ Christian Reus-Smit. International Law and the Mediation of Culture. *Ethics and International Affairs*, Vol.28, No.1, 2014, pp.65-82.

起到了防止战争、保障人权，以及克制国家盲目追求国家利益的作用。①
"国际法治对全球治理的意义不仅在于建立法律规则和制度框架，更为重
要的是决定了全球治理的方向和路径，对于这一点国际社会已有清醒
认识。"②

国际法的不确定性不代表应放弃国际规则，国际法的形式主义仍然具
有实然意义——国际法反映了各方的共识，至少为各国提供了一个就国际
法有关的实质问题进行公共辩论的平台。③ 多数学者认同，国际法治是指
国际社会普遍接受以公正的法律原则和法律制度作为治理的最主要依据。
在解决国际法不确定的问题上，可以借鉴国内法的相关规定。

当前的国际法仍然不具有强制执行力和拘束力，因此，一方面要建构软
法向硬法转化的常态机制，将软法纳入双边、多边或诸边的条约或公约，赋
予具有最广泛代表性的软法以更强的拘束力。另一方面，要将硬法规则的内
核转化为灵活普遍的软法。要适时从国际条约、国际惯例中发掘、提炼适用
的法律原则与规则，实现由他律的硬法向自律的软法转化并形成常态机制，
以实现规则的普遍遵守。同时，中国也保持清醒的认识，随着中国实力的崛
起，要认识到国际法治中的"大国不可能三角"，应在保障自身核心利益、
维持全球共同伦理和实现联盟友邦期望间做好谨慎的平衡。④

二、积极参与国际规则的制定

相比较于主流发达国家而言，中国对于国际法发展所作的贡献相对较
少，只是国际法治的被动接受者和跟随者，其原因在于历史上中国参与国
际法律事务的机会和实践较少。中华人民共和国建立后的很长一段时间
里，中国并未融入由各领域国际机制构成的全球治理体系。为恢复在联合
国、国际货币基金组织、世界银行、关贸总协定等国际组织中的席位，中

---

① Ian Hurd. The International Rule of Law: Law and the Limit of Politics. *Ethics and International Affairs*, Vol.28, No.1, 2014, pp.39-51.
② 刘敬东：《全面开放新格局的国际法治内涵与路径》，《经贸法律评论》2019年第1期，第71页。
③ 陈一峰：《国际法的"不确定性"及其对国际法治的影响》，《中外法学》2022年第4期，第1118页。
④ 何志鹏：《国际法治中的"大国不可能三角"》，《学术月刊》2022年第6期，第98—108页。

国付出了巨大的努力。

自 20 世纪 50 年代，周恩来总理提出了和平共处五项原则，该原则作为中国同各国交往的基本出发点和总体思路，成为中国进入国际体系、参与国际法律制度建设的基调，[1] 并逐渐成为国际关系基本准则和国际法基本原则，得到国际社会的广泛赞同和遵守。[2] 之后，中国在联合国恢复席位，在当下"东升西降""南升北降"深入发展的国际背景下，中国开始更加广泛地参与到国际法治的建设中。

习近平主席指出，全球治理"不仅事关应对各种全球性挑战，而且事关给国际秩序和国际体系定规则、定方向；不仅事关对发展制高点的争夺，而且事关各国在国际秩序和国际体系长远制度性安排中的地位和作用。"[3] 中国坚持在法治轨道上推动全球经济治理的发展，通过高质量实施《区域全面经济伙伴关系协定》，推进加入《全面与进步跨太平洋伙伴关系协定》和《数字经济伙伴关系协定》，秉持"人类命运共同体"理念积极推进全球网络空间、全球海洋和外层空间等领域国际法律制度的建立和完善，积极参与到国际规则的制定、修改中。[4] 同时，国内法院"主要通过审理涉外案件尤其是涉外商事案件，分配全球司法治理权，进而确定案件当事人的权利义务，"实现了国际法律规则和国内司法实践的良性互动，产生了全球治理的效果，推动了国际规则的发展。[5]

三、坚定维护以联合国为核心的国际体系

共识是全球治理的基石。[6] 当前，新兴大国缺乏足够的领导能力和协

---

① 何志鹏、孙璐：《大国之路的国际法奠基——和平共处五项原则的意义探究》，《法商研究》2014 年第 4 期，第 24 页。

② 习近平：《弘扬和平共处五项原则 建设合作共赢美好世界——在和平共处五项原则发表 60 周年纪念大会上的讲话》，《人民日报》2014 年 6 月 29 日，第 2 版。

③ 《习近平在中共中央政治局第二十七次集体学习时强调 推动全球治理体制更加公正更加合理 为我国发展和世界和平创造有利条件》，《人民日报》2015 年 10 月 14 日，第 1 版。

④ 任鸿斌：《"高举习近平外交思想伟大旗帜 为完善全球经济治理贡献力量"》，《当代世界》2022 年第 10 期，第 4—9 页。

⑤ 吴卡：《中国法院发展国际规则的逻辑进路与实践取向》，《法学评论》2022 年第 5 期，第 187—196 页。

⑥ Chen Yu. Advancing Predictability via a Judicialized Investment Court? A Fresh Look Through the Lens of Constructivism. *Journal of International Dispute Settlement*, Vol.13, No.3, 2022, pp.370-392.

调能力在全球范围内凝聚新的共识，^①并建立新的全球治理体系。制度经济学指出，国际机制在促进"霸权后时代"的国家间合作方面，可以降低成本、促进沟通、塑造预期与偏好。^②具体而言，在无世界政府状态下，国际机制可以帮助增加国家间互信、改善信息沟通渠道、降低不确定性。国际机制还可以"通过提供信息和降低相互作用的成本来促进合作协议的达成和维护合作协议。即使有些国家间相互作用的成本高居不下，只要特定的国际机制能帮助这些国家实现在双边情况下无法实现的目标时，国家就乐意继续借助国际机制的力量甚至参与创立新的机制。"^③

尽管小范围治理在当下得到了日益广泛的运用，但是由区域性主权国家组织主导的治理体制尚不能充分解决当前的一些重大全球性问题。因此，要充分发挥并不断强化全球性非政府组织在全球治理体系中的作用。^④改革传统国际治理机制，与广大新兴国家达成合作，共同完善全球治理体系才是西方国家与国际社会一道解决全球性问题的最好办法。^⑤受地缘政治博弈的影响，传统"一揽子承诺"在促进共识达成上具有明显的不足，因此要通过更加有效的治理机制设计，将全球性问题化整为零，逐个攻破。^⑥

国际机制从本质看是国家间共同利益的"国际汇聚"，国际机制的有效性在很大程度上取决于成员国间能否达成共识，形成对国际机制的认同。^⑦在强化各国对国际组机制共识的问题上，中国可以积极倡导在新兴大国和发达国家间建立网络治理模式，为共同应对全球性议题提供国际合作的平台。网络化的特征之一是去中心化，即等级特征、官僚特征的减弱，网络化的全球治理体系有利于连接新兴国家和发达国家，增强共识，

①　张发林：《全球金融治理体系的演进：美国霸权与中国方案》，《国际政治研究》（双月刊）2018年第4期，第33—34页。

②　沈伟、秦真、芦心玥：《霸权之后的大转型：中美贸易摩擦中的国际经贸规则分歧和重构》，《海峡法学》2022年第3期，第72页。

③　李小军：《国际机制的有效性与局限性》，《上海行政学院学报》2007年第1期，第76—83页。

④　Winston P Nagan. Global Governance: A New Paradigm for the Rule of Law. *CADMUS*, Vol.2, No.1, 2013, pp.161 - 168.

⑤　韩召颖、姜潭：《西方国家"逆全球化"现象的一种解释》，《四川大学学报（哲学社会科学版）》2018年第5期，第102页。

⑥　张宇燕：《全球经济治理的逻辑》，《中国社会科学报》2022年9月1日，第8版。

⑦　张发林：《全球金融治理体系的演进：美国霸权与中国方案》，《国际政治研究》（双月刊）2018年第4期，第33—34页。

弱化两者对机制领导权的竞争关系。[①]

四、利用新型国际治理机制

传统国际治理机制以国际组织为核心，长期以来，在尚未形成统一的国际规范体系领域，国际组织通过规则制定活动对于补充全球治理起到了重要作用。例如，在国际货币支付领域有环球同业银行金融电讯协会（SWIFT），在主权债务重组领域有巴黎俱乐部和伦敦俱乐部，在网络空间领域有互联网名称与数字地址分配机构，但这些国际组织的独立性和正当性也遭受批评。例如 SWIFT 长期以来被美国操控，已经成为美国进行金融制裁的有力工具。此外，这些国际组织在享有全面的行政管理权利的同时，却没有配套的制衡机制，违反了行政法"权责一致"的基本原则。[②]

中国认识到当下全球治理赤字问题，积极通过各种新型治理途径传达中国方案。例如，在全球气候治理方面通过参加气候峰会、达成气候声明等软法性文件，以积极的行动为全球气候治理增强信心，肩负起气候大国的引领责任。自哥本哈根会议以来，中国作为排放大国，在巴黎会议前，中国就在自主贡献文件中提出了有针对性的目标。同时中国通过协调全球气候治理中大国利益关系推进全球气候治理顺利进行，例如中国与美国共同发布《气候变化联合声明》，表明双方合作应对气候变化的积极态度。中国也在《联合国气候变化框架公约》缔约方会议上积极协调合作、沟通立场、斡旋调解，为推动马拉喀什气候大会、波恩气候大会和卡托维兹气候大会做出了重要贡献。

在应对国际争端方面，由于传统的国际争端解决机制（例如 ICJ 和 ISDS）是在西方大国主导下建立的，因此不可避免地存在着有利于这些国家的价值偏好。随着新兴国家的崛起，传统争端解决机制之外的组织与机制在国际争端解决体系中的优先级有所提升。我国在 WTO 上诉机构停摆后，与 16 个 WTO 成员共同推动设立了 WTO 上诉仲裁机制，该机制突破

---

① 吴志成、董柞壮：《国际体系转型与全球治理变革》，《南开学报（哲学社会科学版）》2018 年第 1 期，第 131—132 页。

② 张晓君：《网络空间国际治理的困境与出路——基于全球混合场域治理机制之构建》，《法学评论（双月刊）》2015 年第 4 期，第 52 页。

了仲裁"一裁终局"的限制，为公平公正解决国际争端、推动国际法的创新发展做出了贡献。

五、重视治理主体的多样性和多元性

尽管现有的全球治理体系仍然以主权国家为核心，但在治理复杂性、易变性和社会性的领域时，需要国际组织、企业、研究机构等利益相关主体共同发挥作用。

针对国际社会不断涌现的复合性、专业性问题，中国可以通过设立不同的多边组织来针对性解决问题，提高治理效率和效能。习近平总书记于 2013 年提出了"一带一路"的合作倡议，该倡议针对各国发展的现实问题和治理体系的短板，创立了亚洲基础设施投资银行、新开发银行、丝路基金等国际组织，构建了多形式、多渠道的交流合作平台。"一带一路"的提出是中国作为国际治理体系引领者的一个有力体现，体现了中国主动加强多边合作的态度。[1] 在应对恐怖势力、亚洲基础设施落后等问题上，中国与其他国家设立了上海合作组织、亚洲基础设施投资银行等机构。上述做法在缓解当今全球治理机制代表性、有效性、及时性难以适应现实需求的困境的同时，又在一定程度上扭转了公共产品供应不足的局面，丰富了国际治理主体，既提振了国际社会参与全球治理的士气与信心，又满足了发展中国家尤其是新兴市场国家变革全球治理机制的现实要求。

在新设多边组织以外，中国应当努力增强新兴国家和发展中国家在现有专门性多边组织中的话语权。例如在经济合作领域，G20 峰会发挥了重要作用，但也存在代表性不足的问题。对此，哥伦比亚大学教授和可持续发展中心的主任杰弗里·D.萨克斯（Jeffrey D. Sachs）倡导应该将非洲联盟（该联盟代表了 54 个国家、13 亿人口和 2.3 万亿美元的产出）纳入 G20。此举将有助于建设更加繁荣、包容和可持续的世界。[2]

---

① 王义桅：《"一带一路"的三重使命》，《人民日报（海外版）》2015 年 3 月 18 日，第 1 版。

② Jeffrey D. Sachs. The Case for a G21. *Project Syndicate*，2 August 2021，https://www.project-syndicate.org/commentary/g20-should-become-g21-with-african-union-by-jeffrey-d-sachs-2021-08?barrier=accesspaylog.

第六节　结　语

　　全球治理的演变是特定历史阶段的必然结果，全球治理赤字问题在百年未有之大变局中更为突出。我们在看到传统国际治理体制式微以及新兴国家崛起的同时，要清晰地认识到新兴国家尚未形成根本动摇传统国际治理体系的实力，国际治理机制未发生根本性变化，全球治理赤字问题日益高企。随着中国的综合国力不断提升，中国会"积极参与全球治理体系改革和建设，践行共商共建共享的全球治理观，坚持真正的多边主义，推进国际关系民主化，推动全球治理朝着更加公正合理的方向发展。"[①]

　　《驯服》一书的作者认为，全球化和美国宪法之间存在紧张关系。尽管《驯服》一书的基调是保守主义的，但是不能否认的是，全球化和主权国家的宪法和政治制度之间的确存在着一种紧张的张力，而这种紧张关系在一定程度上制约了全球化的进程，甚至逆转了全球化的轨迹。有效克服这种紧张关系存在两种不同的方向，既可以是以全球化为价值取向，舒缓这种紧张关系，使得国内法有利于推动全球化，也可以是以国内法为取向，舍弃全球化的努力，以国内法为依归。

　　《驯服》一书的作者进行了这样的价值取舍，以美国宪法和美国法为目标，力图克服全球化对美国法的影响。对一个设计了国际治理体系的国家而言，也许这是一个可以理解的取舍，毕竟现行的国际治理体系已经维护了美国的利益，减少国际法和全球化对其国内法的影响是当然的选项。但是，对其他国家，特别是发展中国家和后发国家而言，如何解决全球化和国内法之间的紧张关系仍是一个值得研究的问题。特别是在逆全球化横行的今天，让国内法全然让位于国际法也未必是最优选项，因为如今的国际治理体系和国际法在很大程度上已经稀释了国家主权，而这种稀释也并非全然有利于发展中国家和后发国家的发展。无论是全球化还是逆全球化都对主权国家的国内法与国内政治体系有着直接的影响。驯服全球化的药方也许可以为医治逆全球化所用。

―――――――――

　　① 《习近平提出，促进世界和平与发展，推动构建人类命运共同体》，http://www.gov.cn/xinwen/2022-10/16/content_5718834.htm，最后访问日期：2022年10月17日。

　　在现有的国际治理体系下，中国和其他新兴国家难以在既有制度安排中获得预期的利益，必须通过构建新的国际机制来保障自身利益的实现。破解治理赤字的中国方案与国际法治是密不可分的，其"重点在于坚持共商共建共享的全球治理观，全球事务由各国人民商量着办，积极推进全球治理规则民主化。"[①] 中国在很大程度上遵循了既定的国际规则并加以完善和改进：在争取发展中国家支持的同时不排除发达国家的参与，由此缓解改变既有利益格局所遭遇的阻力。[②] 中国也因此成为国际治理体系转型中不可缺少的重要力量[③]和全球治理中重要的建设者和引领者。

---

① 孔庆江：《习近平法治思想中的全球治理观》，《政法论坛》2021年第1期，第5页。
② 刘丰：《国际利益格局调整与国际秩序转型》，《外交评论》2015年第5期，第62页。
③ 罗怡彤：《全球治理与中国应对》，《法制与社会》2018年第10期，第106页。

第十七章

国际经济秩序与中国参与理论

——基于代际变迁的考察

第一节 "国际经济秩序"溯源

"当前，世界正在经历大变局……全球治理体系和国际秩序变革持续推进"。[①] 国际经济秩序的演进和重塑已成为国际法和国际关系领域中的高频话题和热点问题。

研究纷繁复杂的"国际经济秩序"代际，首先要澄清"国际经济秩序"的内涵与外延。"国际经济秩序"的外延不会超过其上位概念"国际秩序"的指称对象，而"国际经济秩序"的内涵在观念上等于"国际贸易秩序""国际金融秩序"等下位概念内涵的总和。在对于其上位概念和下位概念进行讨论的过程中，结合直接论述"国际经济秩序"一词的有关命题即可以得出对"国际经济秩序"的初步认知。

议及"国际经济秩序"的上位概念，许多学者从"国际秩序""世界秩序"[②]"经济秩序"[③]"全球秩序"[④] 等较"国际经济秩序"更为宏观或直接涵摄的对象出发进行论述，主要关注"秩序"（system）的内涵与外延。

---

① 《中华人民共和国和俄罗斯联邦关于新时代国际关系和全球可持续发展的联合声明》，2022年2月4日。

② 庞中英：《关于未来世界秩序的几个关键问题》，《国际观察》2009年第5期，第1页。

③ ［日］黑田东彦：《新经济秩序与日本的选择》，林晓光译，《世界经济与政治论坛》1993年第4期，第11页。

④ 陈玉刚：《全球关系与全球秩序浅议》，《外交评论》2010年第1期，第53页。

赫德利·布尔（Hedrey Bull）认为秩序是一种"包含着特定目标或价值的格局"。① 中国学者蔡拓将秩序的内涵简单概括为两个要件："实力"（power）与"机制"（mechanism）。② "实力"接近现实主义的认知，③ "机制"则与新自由制度主义有所关联。④ 种种有分歧的观点都接纳这样一种判断：对于各国共存状态的描述即国际秩序。那么，"国际经济秩序"就是"国际秩序"的经济体现、经济方面或与经济相关的分支，是国际经济互动的状态，是一国国内的经济安排的全球化后果、扩张的结果或国际互动的总和。

而议及"国际经济秩序"的下位概念，通说认为，国际经济秩序包含国际金融秩序、国际贸易秩序。2008 年全球金融危机后，有学者对"国际金融秩序"作出了较为合理的定义："国际金融秩序……实质是各国在国际金融体系中通过汇率、信贷、参与国际金融组织等手段对以金融方式表达的世界资源所做的相互争夺与妥协。"⑤ 而对于"国际贸易秩序"，赵玛佳的定义较为准确，即国际贸易秩序是"贸易国自愿依据国际贸易规范与既定程序相互进行贸易的相对稳定状态"。⑥

因此，从"国际经济秩序"的上位、平行和下位概念三个层次出发考察的结论是：国际经济秩序应当是国际经济关系接受制度调整的，"有内在联系和依存的整体""进行有规律地发展与变化的运行机制"，⑦ 是指导金融、贸易和投资领域内国家具体行为的国际秩序的经济表现。

本章试图分析有关中国参与国际经济秩序的研究讨论了什么问题、触发了怎样的难题、对将来有怎样的指引？第二节，将围绕这些问题剖析"国际经济秩序"概念代际演进的学术简史，发现主要问题；第三节，基于上述代际演进的学术史问题，讨论需要学界解答的难题；第四节，基于

---

① ［英］赫德利·布尔：《无政府社会——世界政治秩序研究》，张小明译，世界知识出版社 2003 年版，第 3 页，转引自陈玉刚：《全球关系与全球秩序浅议》，《外交评论》2010 年第 1 期，第 54 页。

② 蔡拓：《国际秩序的转型与塑造》，《外交评论》2009 年第 4 期，第 12 页。

③ 宋伟：《现实主义是权力政治理论吗？》，《世界经济与政治》2004 年第 3 期，第 26 页。

④ ［美］阿瑟·A. 斯坦：《新自由制度主义》，［澳］克里斯蒂安·罗伊-斯米特等：《牛津国际关系手册》，方芳等译，译林出版社 2019 年版，第 227—228 页。

⑤ 李天栋、冯全普：《次贷危机与国际金融秩序重构——兼论我国对全球性资源布局的战略》，《复旦学报（社会科学版）》2009 年第 3 期，第 22 页。

⑥ 赵玛佳：《国际贸易"新"秩序》，《国际政治科学》2018 年第 2 期，第 67 页。

⑦ 曹广伟：《世界经济秩序的历史变迁》，《国际展望》2012 年第 5 期，第 74 页。

当下的国际经济形势，充分发掘既有的理论和实践，提出解决上述难题的中国办法。

第二节　"国际经济秩序"话语的代际考察

巴里·布赞（Barry Buzan）针对美国金融危机的暴发提出了"国际秩序进入转型期"理论。他认为国际社会存在历史分期，第二次世界大战至2008年我们处于"西方全球性国际社会"阶段；2008年金融危机冲垮了具有浓厚西方色彩的国际秩序，带来了出现新秩序与新面貌的可能。[①] 这表明"国际经济秩序"本身存在代际及代际演进。从历史的眼光看，"国际经济秩序"有自身的历史，在不同的阶段有不同的表现形式。

一、国际经济秩序的代际史

最早的国际经济秩序与西班牙、葡萄牙两国依"教皇子午线"瓜分全球的殖民经济格局有关。[②] 更多学者认为是英国确立了国际经济秩序的雏形，搭起了整套框架结构。17世纪之后，英国深度参与重商主义兴起和全球市场建设，在19世纪成为世界霸主，并通过政治主导地位保证了其对全球经济的引领。[③] 马克思在19世纪中期精准地指出全球市场形成的大趋势："不断扩大商品销路的需要……使一切国家的生产和消费都成为世界性的了。"[④] 由于英国的霸权地位由美国最终继承，且20世纪初期的第一次世界大战和经济大萧条接连造成严重的政治和经济破坏，学界普遍认为，第二次世界大战后由美国主导，且由国际货币基金组织（IMF）、国际复兴开发银行（IBRD）和关税与贸易总协定（GATT）构成的布雷顿森林体系（Bretton Woods System）是当代国际经济秩序的开端，也是世界范

---

① 王赓武等：《国际秩序的构建：历史、现在和未来》，《外交评论》2015年第6期，第17—18页。
② 曹广伟：《世界经济秩序的历史变迁》，《国际展望》2012年第5期，第75页。
③ 韦正翔：《权力与国际经济秩序》，《经济与管理研究》2000年第1期，第12页。
④ 肖威、钱箭星：《论经济全球化和国际经济秩序失衡》，《毛泽东邓小平理论研究》2002年第2期，第80页。

围内的首个国际经济秩序的表现形式。学者也将这一经济范畴的表现形式归入政治范畴的"雅尔塔体制"（Yalta System）之内，由于社会主义阵营与资本主义阵营采取不同的经济制度调整阵营内国家的经济关系，布雷顿森林体系只适用于资本主义阵营的数十个国家。

关于国际经济秩序的阶段细分，于滨对"自由国际秩序"所做的"布雷顿森林体系阶段"（1945 年—1989 年）、"民主推进阶段"（1989 年—1999 年）和"21 世纪全球化阶段"（1999 年至今）划分可资借鉴。[①] 整个冷战阶段就是布雷顿森林体系"三驾马车"存续的阶段；冷战后到世界贸易组织（WTO）诞生前是美国主导的国际经济秩序扩张到全球各国的阶段；21 世纪是全球化进程中不断完善的国际经济秩序发挥作用的阶段。按照转型的标准区分，可以认为在 20 世纪和 21 世纪初，"古典自由主义"（classical liberalism）和"新自由主义"（neoliberalism）的国际政治经济秩序分别面临着巨大的转型压力，[②] 形成了国际经济秩序的三个阶段（见图 17-1）。

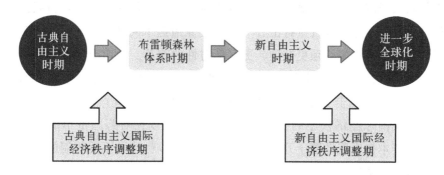

图 17-1　20 世纪—21 世纪初国际经济秩序的三个阶段

"20 世纪 60—80 年代，国际经济体系还没有统一到市场经济体系之中"。[③] 由于这一阶段的分水岭政治色彩过于强烈，对于这一分类，也有不同的见解。陈凤英从经济增长的标准出发，认为 20 世纪五六十年代是"第一轮黄金发展期"，世界经济蓬勃发展，经济复兴活动在每个经济体

---

① 于滨：《中俄与"自由国际秩序"之兴衰》，《俄罗斯研究》2019 年第 1 期，第 27 页。
② 黄琪轩：《百年间国际政治经济秩序的转型压力——资本流动、产业—金融联系与自由秩序》，《东北亚论坛》2020 年第 1 期，第 42 页。
③ 何力：《国际经济新秩序的理念和现实》，《东方法学》2013 年第 2 期，第 76 页。

内开展。① 自 20 世纪 60 年代开始，"布雷顿森林体系"陷入"特里芬难题"（Triffin Dilemma），② 美国不可能在长期处于贸易逆差的情况下维持美元的稳定，其后 20 世纪 70 年代的"滞胀型危机"，使国际经济秩序一蹶不振。20 世纪 80 年代，里根上台后，在这一秩序内部进行了新自由主义改革，"华盛顿共识"（Washington Consensus）等后发国家的自由化经济改革安排③收到了惊人的效果：发展中国家与发达国家的 GDP 比重本已在 1980 年达到 25.4∶74.6，到 1985 年就回到了 1960 年的 20∶80。④

冷战结束后，欧美主要国家赢得了对社会主义阵营政治上的胜利，但却遭遇了经济上的萎缩。有学者描述 20 世纪 90 年代—21 世纪初国际经济秩序的状态时有这样的形容："当前的国际政治经济秩序是'新自由主义'的秩序"。程恩富、王中保将"新自由主义范式"作为一种整体考察经济变革的范式。⑤ 与此同时，"新兴经济体"（Emerging Economy）的概念进入大众视野。"新兴经济体"是后发的经济快速增长国家。随着经济腾飞，它们在国际经济关系中的分量也渐重。然而，"华盛顿共识的盛行使得大多数新兴经济体面对金融自由化的诱惑时改革太过鲁莽和仓促，新兴经济体一个接一个地受到沉重打击"。⑥ 南北国家遭遇了同样的问题，这表明当时的国际经济秩序亟须更合理、更有针对性的改革。金应忠等认为，以美国为首的发达国家从利益出发，率先进行了涉及国际经济秩序调整的谈判——以"乌拉圭回合条约"为代表的成果才得以迅速产生。⑦ 但由于新自由主义国际经济秩序的重要特征是"放弃了以往对跨国资本流动的管制，将资本自由流动置于开放经济的优先位置"，⑧ 这种不受规制的流动最终导致了金融危机。

---

① 陈凤英：《新兴经济体与 21 世纪国际经济秩序变迁》，《外交评论》2011 年第 3 期，第 2 页。
② 曹广伟：《世界经济秩序的历史变迁》，《国际展望》2012 年第 5 期，第 83 页。
③ 雷达、马骏：《国际经济秩序演进与主流经济思想的周期性更迭》，《江海学刊》2018 年第 6 期，第 65 页。
④ 何方：《南北差距的新变化（上）》，《世界知识》1994 年第 8 期，第 2—3 页。
⑤ 程恩富、王中保：《经济全球化与新自由主义的范式危机》，《社会科学研究》2005 年第 2 期，第 25 页。
⑥ 刘洪钟：《新兴经济体的崛起与世界经济格局的变革》，《经济学家》2012 年第 1 期，第 82 页。
⑦ 金应忠、孔令玉：《冷战后国际政治、经济、行政秩序的转换及其特点》，《社会科学》1995 年第 10 期，第 21 页。
⑧ 黄琪轩：《百年间国际政治经济秩序的转型压力——资本流动、产业—金融联系与自由秩序》，《东北亚论坛》2020 年第 1 期，第 46 页。

2008 年金融危机是截至目前最后一个引发国际经济秩序大转变的历史事件，UN（联合国）、WB（世界银行）均将这一危机导致的经济低迷定性为"大衰退"（The Great Recession）——这个定性的严重级别要高于 1929 年的美国"经济大萧条"。[①] 为了战胜危机、克服经济困难，"对全球性金融危机的应对开启了真正意义上的全球对话和协作"。[②] 从此，国际经济秩序真正拥有了包容并适用于全球各国的特征，并发展至今。新自由主义经济秩序一旦面临终结，即"一超多强"的状态消灭，世界将会迎来一个复合秩序引领的时代。[③]

因此，笔者认为，国际经济秩序存在古典自由主义（国际经济秩序雏形）时期（1944 年前）—布雷顿森林体系时期（1944—1991 年）—新自由主义（全球化）时期（1991—2008 年）—进一步全球化（国际经济秩序重建及新发展）时期（2008 年至今）的演变历史。

二、国际经济秩序的代际演进话语

国际经济秩序的历史代际存在演变过程，对这一过程进展规律的把握有赖于对演变过程中存在的难题解法的发掘。有关国际经济秩序的代际演进，不同的研究主要呈现了如下的观点。

（一）国际经济秩序的客观转变论

有学者将"国际秩序"作为一种客观的状态，并对世界形势的转变进行评价。雷蒙·阿隆（Raymond Aron）奠定了"世界秩序"的内涵之一，即世界秩序是人类社会共存的最低条件。[④] 因此，国际经济秩序从一开始就具有被视为一种客体的倾向。王永宁认为，观念对国家决策和理论分析的影响上升到整体，[⑤] 因而带来了国际秩序的微调。客观事件

[①]　陈凤英：《新兴经济体与 21 世纪国际经济秩序变迁》，《外交评论》2011 年第 3 期，第 4 页。

[②]　张海冰：《世界经济格局调整中的金砖国家合作》，《国际展望》2014 年第 5 期，第 17 页。

[③]　［加］阿米塔·阿查亚：《"美国世界秩序的终结"与"复合世界"的来临》，傅强译，《世界经济与政治》2017 年第 6 期，第 14 页。

[④]　车丕照：《国际秩序的国际法支撑》，《清华法学》2009 年第 1 期，第 7 页。

[⑤]　王永宁、王晓芳：《新自由主义思潮的国际影响及其在中国的渗透》，《南京社会科学》2010 年第 5 期，第 17 页。

带来国际经济秩序的变化，而这也正是推动国际经济秩序发生客观转变的动因。

（二）国际经济秩序受主观作用改造的论调

国家是否可以作为主观性要素，发挥对国际秩序的主观作用，改造国际秩序？克里斯托弗·希尔（Christopher Hill）的观点值得借鉴，他指出"国际关系就是对外关系的总和"。[1]对外政策源于国际关系的现实，因此，调整国际秩序的努力出自国家基于国际关系现实的主观考量。高程从规则视角发现美国试图重构国际秩序的战略调整。[2]由于具有"先行者优势"（first-mover advantages），[3]一方面，"领导国"富有主动性甚至是侵略性的行为决策确实会成为国际秩序重构的起点，领导国易于并有条件触发变革，引发全球性的社会网络调整；另一方面，领导国的经济举措可以引领世界格局的变化，起到一定进步的作用。[4]

（三）中国与国际经济秩序的关系

叶自成、蒋立群讨论了我国国际秩序观，国际经济秩序类似于中国参与国际经济交往的窗口，[5]也是中国观察世界的视角。中华人民共和国成立以来，中国对国际秩序的态度走过了被排斥—参与—（试图）做出更大贡献（乃至主导）的进程。在这种解读下，中国与国际经济秩序具有有机的相互关系，国际经济秩序离不开中国的参与和扶持，同时国际经济秩序也深刻改变了中国的经济实力与社会面貌。

（四）影响国际经济秩序变化的因素

1. 法律是影响国际经济秩序变化的重要因素

前南斯拉夫外交部顾问 M. 布拉伊克注意到国际经济秩序构建中的法

---

[1]　王宇航：《中国共产党国际秩序观的百年变迁》，《社会科学》2021年第6期，第44页。
[2]　高程：《从规则视角看美国重构国际秩序的战略调整》，《世界经济与政治》2013年第2期，第83页。
[3]　黄琪轩：《国际秩序始于国内——领导国的国内经济秩序调整与国际经济秩序变迁》，《国际政治科学》2018年第4期，第9页。
[4]　黄琪轩：《国际秩序始于国内——领导国的国内经济秩序调整与国际经济秩序变迁》，《国际政治科学》2018年第4期，第7页。
[5]　叶自成、蒋立群：《新中国国际秩序观的变迁》，《党的文献》2011年第6期，第72页。

律问题，并提出应当考虑采取限制商业行为的法律决策、帮助发展中国家立法和寻求国际法法典化等促进国际经济秩序发展的措施。[①] 蓝海昌也曾提出，"国际经济法是随着国际经济秩序的变化而变化的"。[②] 国际经济法是为国际经济秩序服务的，而国际经济秩序是为了制定者的利益服务的。[③]

2. 经济因素是国际经济秩序的本体之一，也是国际经济秩序发展的基石

法国国际法学会主席阿兰·佩雷（Alain Pellet）教授就认为"经济优于法律部分，因为法律规则只能有效地规定特定时间、特定情况下的权利平衡"。[④] 货币和贸易在国际经济秩序中的功能不言而喻。

3. 实力因素不可忽视

汉斯·J. 摩根索（Hans J. Morgenthau）指出，"主权国对权力的追求已成为推动一切的力量"。[⑤] 徐康宁则认为"资源竞争是国际经济关系的重要表现"，[⑥] 谁能在资源支配上占得主动，谁就当然地在国际经济秩序中取得优势。车丕照指出，国际经济秩序曾经存在"实力导向"（power based）。因此，"国家之间普遍性或多边国际法规则"的严重缺乏，使得国家实力的强弱成为国际经济关系中话语权的强弱的重要决定因素。[⑦]

4. 机制性因素发挥重要作用

赵晓春认为，从 20 世纪 30 年代的"伦敦世界经济会议"开始，各国协调产生一个世界经济调整机制而不是一揽子国际经济立法就是实践通例。[⑧] 由于旧秩序在金融危机中遭到严重失败，机制失调的后果应当被重

---

① M. 布拉伊克：《国际经济新秩序中的法律问题》，陶德海译，《环球法律评论》1984 年第 2 期，第 48—53 页。

② 蓝海昌：《国际经济法与国际经济秩序》，《武汉大学学报（社会科学版）》1984 年第 3 期，第 73 页。

③ 蓝海昌：《国际经济法与国际经济秩序》，《武汉大学学报（社会科学版）》1984 年第 3 期，第 73 页。

④ 石静霞等：《"变动中的国际经济秩序及国际法应对"国际学术研讨会观点撷萃》，《经贸法律评论》2019 年第 5 期，第 153 页。

⑤ ［美］汉斯·摩根索：《国家间的政治》，杨岐鸣等译，商务印书馆 1993 年版，第 43 页。

⑥ 徐康宁：《自然资源高价时代与国际经济秩序》，《世界经济与政治》2008 年第 5 期，第 71 页。

⑦ 车丕照：《国际经济秩序"导向"分析》，《政法论丛》2016 年第 1 期，第 4 页。

⑧ 赵晓春：《G20 峰会与世界新秩序的演进》，《现代国际关系》2009 年第 1 期，第 15 页。

视，而机制改革就是新秩序构建的重点。① 刘晔也认同这一评论。他指出，IMF 中"广大发展中国家受其经济实力的限制无法认购更多的加权份额，在决策中基本被边缘化"，② 而正如 WTO 副总干事伍尔夫所言，"缺乏改革将导致（多边）贸易体制的大倒退"。③ 作为未来国际经济秩序主要贡献者的新兴经济体，如果还是不能在体系中充分发挥其作用，则一定会面临衰退。"与旧制度相比，G20 具有更充分的代表性、合法性、多元性以及开放性"，④ 机制的优化能够帮助解决这个致命的问题。因此，在过去几十年中，世界对于"制度"更感兴趣。⑤

（五）关于构建一个"国际经济新秩序"（New International Economic Order，NIEO）的猜想

1974 年 5 月 1 日，《建立新的国际经济秩序宣言》在联合国大会六届特别会议正式通过。早在 1983 年，李泽锐就从发展中国家在第二次世界大战后国际经济秩序中的不利处境出发，呼吁为建立国际经济新秩序而斗争。⑥ 1993 年，李茂梓指出，原有秩序"恶化了发展中国家的国际经济条件"，因此，发展中国家有权利参与对国际经济新秩序的讨论。⑦ 1998 年，张小劲呼应了这一观点，并提出当代的国际政治和经济秩序可以实现融合，"国际政治经济学"（International Political Economy）领域正推动"国际合作机制"（International Regimes）的建立，他认为有了这种机制，"相互依赖所造成的经济上的迫切需求就会最终抑制政治利益的扩张"。⑧

---

① 舒建中、孙路：《金融危机、制度改革与国际经济新秩序》，《世界经济与政治论坛》2011 年第 6 期，第 71—72 页。

② 刘晔：《新型经济全球化与国际经济新秩序的构建》，《管理学刊》2019 年第 2 期，第 14 页。

③ 刘敬东：《WTO 改革的必要性及其议题设计》，《国际经济评论》2019 年第 1 期，第 34—57 页。

④ 沈伟：《逆全球化背景下的国际金融治理体系和国际经济秩序新近演化——以二十国集团和"一带一路"为代表的新制度主义》，《当代法学》2018 年第 1 期，第 36 页。

⑤ John H. Jackson. The Perils of Globalization and the World Trading System. *Fordham International Law Journal*，Vol.24，2000，p.371.

⑥ 李泽锐：《略论国际经济软法与建立国际经济新秩序的斗争》，《法学研究》1983 年第 6 期，第 47—52 页。

⑦ 李茂梓：《不公正的国际经济秩序与发展中国家的困难》，《湖南师范大学社会科学学报》1993 年第 3 期，第 74 页。

⑧ 张小劲：《论当代国际政治经济秩序的交融与互动》，《教学与研究》1998 年第 2 期，第 33—34 页。

何志鹏认为，"国际经济新秩序"应当是一个"政治目标"，本身重在实现国家间平等的宏观调制，因为有了一种最为抽象的政治理念，所以才有为了实现这种理念而采取的国家行为，而国家的经济行为最终共同决定了国际经济秩序。[①] 为了这个目标，除非发展中国家建立一个国际经济新秩序，否则将不能规避其自身受到的来自"资本主义列强主导的国际经济秩序"的剥削与压迫。[②]

第三节　"国际经济秩序"代际史引发的难题

一、对"国际经济秩序"价值的判断

（一）"国际经济秩序"是主体还是客体

第一类观点：国际经济秩序是客体，就意味着它不是国际经济行为的主体（行为体），而是国际经济行为的对象，是受到国际经济行为影响的事物，处在观察的"相对方"位置，而不是"本方"；第二类观点：国际经济秩序就是主体，是一个行为体。换言之，根本问题在于：研究"国际秩序"，关注的是"秩序"本身，还是其内部的"行为体"（的数量、类型等）。[③] 以内部行为体为单元展开研究时，主体就是民族国家，秩序会成为一个观测的相对单元或者概念营造的手段。国际经济秩序的"客体论"较"主体论"更受到学者的欢迎。

第一类观点是"秩序形态论"。在 20 世纪末 21 世纪初存在一个新自由主义的国际秩序形态，或者"自由国际秩序"（liberal international order）是学者的某种共识。这一秩序由"民主、建立在合法性权威基础上的等级制、制度约束、经济相互依赖、政治融合"[④] 构成，它通过将自身在经济、安全、价值观等多个不同领域进行拆解，例如经济开放、尽可能地减少监

---

① 何志鹏：《国际经济法与国际经济新秩序》，《法制与社会发展》1999 年第 1 期，第 87—89 页。

② 赵景峰：《国际经济新秩序的构建与发展中国家》，《当代亚太》2003 年第 9 期，第 47 页。

③ 韦正翔：《权力与国际经济秩序》，《经济与管理研究》2000 年第 1 期，第 14 页。

④ 朱剑：《特朗普政府与自由主义国际秩序：背弃抑或支持？》，《国际论坛》2020 年第 3 期，第 82 页。

管、注重制度手段拱卫安全、倡导自由主义价值观等完成自身的客观化。[①]无独有偶，拉里·C.贝克（Larry C. Backer）也认为以前的国际秩序是以民族国家为基石构建而成的，[②] 而现在出现了颇为有力的国际政治经济组织，核心构成要件变化一定会导致秩序形态的变化。

"国际经济新秩序"也被理解为一种国际经济秩序的最新形态，从而作为现实的回应证明"形态论"的正确性。葛成率先呈现了"国际经济新秩序"在"新时代"叙事下的与众不同、推陈出新之处，即更合理的分工、更平等的依存和更平衡的经贸。[③] 李滨也认为，"今天的国际经济秩序导致巨大的世界性贫富两极分化的差距"。[④] 机会主义在旧秩序中打着"自由市场"和"开放监管"的旗号横行，导致无序的竞争和分配正义的不能实现。新旧秩序的对比，恰恰体现了新旧不同秩序形态的存在，也意味着经济体的国际经济行为产生的后果造成了政治经济范畴内的影响。国际经济秩序绝对不是一个行为体，而应当是行为体共同行为的后果。

第二类观点是"工具论"。"工具论"将国际经济秩序理解为国家取得政治博弈优势和经济利益的依托，是国际关系中的武器，自然使国际经济秩序失去其主体性。首先，国际经济秩序已经是"混合制度复合体"（hybrid institutional complexes，HIC）下的制度篮子。"多边条约""非正式政府间组织"（IIGOs）、"跨政府网络"（TGNs）、"跨国公司伙伴关系"（TPPPs）等机制作为制度乃至行为体本身的替代物，有成为制度和行为体之外的"第三者"和"中介"、深度参与国际经济治理的可能。其次，巴里·艾肯格林（Barry Eichengreen）指出，"冷战后国际经济秩序的确立，一个必不可少的条件是国际社会对全球化和多边秩序的广泛认同，即在一定程度上形成了全球化共识"。[⑤] "国际经济新秩序"的基础是形成一

---

① 杨卫东、魏鑫：《西方学术视域下自由国际秩序危机之评析》，《国外社会科学》2021年第5期，第81页。

② Larry C. Backer. Economic Globalization Ascendant and the Crisis of the State: Four Perspectives on the Emerging Ideology of the State in the New Global Order. *Berkeley La Raza Law Journal*, Vol.17，2006，p.141.

③ 葛成：《国际经济新秩序探析》，《特区经济》2006年第5期，第38页。

④ 李滨：《论建立公平的国际经济秩序之正当性》，《世界经济秩序》2011年第12期，第73页。

⑤ ［美］巴里·艾肯格林：《"积极应对全球化与国际经济秩序转型风险"笔谈》，王皓译，《东北亚论坛》2019年第5期，第56页。

种"新的全球化共识"。那么，这种国际经济秩序的提法本身也只不过是为一种全球化共识服务的手段而已。

"主体论"者亦有之。如果可以将国际秩序的内核认为是一种"体系"或"结构"，那么量度这个体系（坐标系）的核心变量就是国家的权力（power），或者说"影响力"。[①] 推论之，无论如何，国家的行动都将受制于整个体系和结构的平衡，或者至少使"国际秩序"和"民族国家"两者达成"相互依赖"的关系，基于此"国际秩序"应该作为一个"主体"被认识，而不是成为"民族国家"的认识对象。贾庆国提倡重新认识第二次世界大战后的国际秩序，这显然抬升了国际秩序的重要性，甚至是将国际秩序本身作为一个超越民族国家的重要共同体来理解。[②]

（二）"国际经济秩序"是客观演变的还是被主观改造的

国际经济秩序究竟是客观演进迭代的，还是被经济体主观塑造的？在这一难题上，"客观演变论"和"主观改造论"剧烈碰撞。蔡拓在其文章中同时提到了国际秩序的"转型"和"塑造"。[③] 两者虽然在动态上具有相同倾向，但却有客观主观之分，具有本质上的差别。

持"客观演变论"者更加重视自然的调整，演变是一种状态的客观发生，而不以国际法主体的意志为转移。学者对"国际秩序"与"经济秩序"等概念使用"转型""演变""演进""发展""变迁"等进行评价。"转型"重在"推动改变"[④] 的释读，也就是本来在变，而参与者起到推动作用；"演变"体现"客观变化"的色彩更重，有大势不可阻挡的感觉；"变迁"比较重视在多个历史阶段下的国际秩序，结合了历史叙事和科技革命等因素。[⑤] 它们都试图整理出一条客观的叙事进路，使得国际秩序成为历史规律下更新迭代的事物。

持"主观改造论"者则以国际法主体的意志为根基，认为国际秩序是

---

① 孙伊然：《亚投行、"一带一路"与中国的国际秩序观》，《外交评论》2016 年第 1 期，第 18 页。
② 贾庆国：《全面认识战后国际秩序》，《外交评论》2015 年第 6 期，第 26 页。
③ 蔡拓：《国际秩序的转型与塑造》，《外交评论》2009 年第 4 期，第 10 页。
④ 胡仕胜：《对当前国际秩序转型的几点看法》，《现代国际关系》2014 年第 7 期，第 8 页。
⑤ 郑华、聂正楠：《科技革命与国际秩序变迁的逻辑探析》，《国际观察》2021 年第 5 期，第 127 页。

国家外交或经济行动的产物。"塑造"的理念由于忠实地呼应了民族国家的国家意志，使得国家理由（reason of state）① 在塑造秩序为本国利益服务方面有的放矢，实际上更受到欢迎。舒建中指出，对于国际经济秩序来说，由于国家的权力结构发生变化，制度改革在所难免，也就是从权力到规则的秩序取向不可避免——这种改革将深刻改变整个秩序。② 刘德斌认为国际秩序已经"崩塌"，需要"重构"，即世界秩序的重构本质上就是第三世界国家的问题。③ 因此，广大发展中国家的考量将决定国际秩序如何演变。孙丽萍认为，客观演变论调对于特殊时间节点的判断有重大偏差：特定时刻新型国家间关系的建立，其实意味着发生了一场"突变"④，因此，依靠归纳客观规律的方式认识国际秩序是不妥当的，国际秩序可以是主观的。

同时，还存在"折中论"者。吕虹的观点富有启发性，她认为国际经济秩序不仅有"可变性"，而且还有"可塑性"。⑤ 例如，经济形势是可变的，会受到重大公共安全卫生事件的影响；市场开放程度是可塑的，取决于国家的对外经济政策考量。阿瑟·A. 巴尔（Arthur A. Baer）在研究国际经济秩序的变动原理时也指出，资本的逐利性和流通性使得各国的壁垒应当也趋向于被突破、被消解，⑥ 而这既可以是客观的趋势，也可以是资本控制人的主观选择。结合本章论述，"可变性"与客观演变相关，"可塑性"与主观改造相关。主观改造国际秩序的理论底色确实很难抹去，但是，对于一个影响全球数十年的国际秩序系统或格局而言，过分强调国家改造这一系统或格局的主观能动性，将使结论偏离国际交往的现实。诸如有学者提及"东升西降""南升北降"的趋势在短期内不会改变，从而基于实证的分析提出了两种趋势总体上呈曲折中发展势头的判断。国家的举

① 周保巍：《"国家理由"，还是"国家理性"？——三重语境下的透视》，《读书》2010年第4期，第36页。

② 舒建中：《战后国际秩序的演进与启示：制度改革的视角》，《国际问题研究》2021年第1期，第88页。

③ 刘德斌：《世界秩序的崩塌与重构》，《外交评论》2015年第6期，第31页。

④ 孙丽萍：《后西方多元国际秩序的重构：历史路径》，《史学集刊》2019年第4期，第30页。

⑤ 吕虹：《国际经济秩序变迁的理论与现实——基于结构化概念的分析》，《太平洋学报》2019年第9期，第82—94页。

⑥ Arthur A. Baer. Latino Human Rights and the Global Economic Order. *Chicano-Latino Law Review*，Vol.18，1996，p.80.

措带来的影响可以被理解为"短期的"，从而有了"长期性趋势＋短期性影响＝秩序变化表现"的评价。[①]

二、中国在"国际经济秩序"中的角色定位——中国与国际经济秩序的关系如何

（一）中国话语中的国际经济秩序角色

祁玲玲指出，以往中国曾经在东亚建立了以朝贡体系为基础的区域秩序，[②] 中国并非没有自身的国际秩序理念。然而长期以来，中国是不过度体现主观意志、低调务实的行为体。正如庞中英指出的那样，2009 年，中国还"尽量不做国际秩序的挑战者"，[③] 但是从 2016 年开始，学者渐渐转向规模化"中国国际秩序观"的构建和解析，日趋有了"以我为主"的自信心态。中国需要也正在以其独有的新型秩序观念维护自身利益和行为正当性。目前的中国正随着经济力量和国际力量对比的变化而更加进取有为，扮演更符合中国的历史地位和国家实力的角色。为此，学界有两种分析模型。

第一种是"主体"范式的分析，即分析结论会被呈现为"中国是国际经济秩序的……者"。盛斌认为，以往中国是国际秩序在全球经济治理端的"规则接受者"，现在应当是"规则参与者"。[④] 韩立余更进一步，通过"新发展理念"的提出认定中国将作为新的国际规则的"引领者"。[⑤] 佟家栋也认为"中国在全球贸易、直接投资等实体经济领域的综合融入程度最深"，因此，中国可以作为新国际秩序建立的引领者。[⑥] 张少冬系统地分析了习近平国际秩序观，将中国定位为现行国际秩序的"维护者、建设者和

---

① 傅梦孜、付宇：《变化的世界，不确定的时代——当前国际秩序演变的趋势》，《学术前沿》2017 年第 4 期，第 7 页。

② 祁玲玲：《西方社会对中国国际秩序观及政策的认知》，《国际展望》2021 年第 1 期，第 34 页。

③ Pang Zhongying. China's Non-intervention Question. *Journal of Global Responsibility to Protect*，Vol.1，2009，p.237.

④ 盛斌、高疆：《中国与全球经济治理：从规则接受者到规则参与者》，《南开学报（哲学社会科学版）》2018 年第 5 期，第 18 页。

⑤ 韩立余：《中国新发展理念与国际规则引领》，《吉林大学社会科学学报》2018 年第 6 期，第 46 页。

⑥ 佟家栋：《全球化调整期与国际经济新秩序中的中国定位》，《中共中央党校学报》2016 年第 1 期，第 103 页。

贡献者"。① 而周桂银深化论证了"中国国际秩序观"的理想主义和现实主义取向，② 维护"共商、共建、共享"的理想主义、在竞争中求同存异的现实主义相互配合，可以保证中国更加好地"发挥负责任大国的建设性作用"。③

第二种是"内容"范式的分析，即分析结论会被呈现为"中国在国际经济秩序当中需要……"。陈建奇认为中国的选位需要平衡自身的责任与权利，既要维护经济秩序，又要重视自身最具经济实力的发展中国家这一身份，"抓住机遇，稳步推动制约中国国民经济发展的全球规则的调整完善"。④ 中国本身的"共同富裕"取向也启发其发展国际经济秩序。王宇航指出，中国可以选择马克思主义学者指出的"国际主义"（Internationalism）道路解读全球各国关系，同时也可以通过"共产主义"（Communism）最高理想匹配中国的理想主义秩序观念。⑤ 而朱艳圣将对公平治理与平等互惠的国际经济交往原则的实现希望都寄托在"人类命运共同体"的理念之上，即中国打造"人类命运共同体"这一理念，能够在团结各国、求同存异、开创国际经济关系新局面的高度上有所突破。⑥

（二）中美角色定位在国际经济秩序中的理论互动

"修昔底德陷阱"（Thucydides Trap）由美国学者格雷厄姆·T. 艾利森（Graham T. Allison）提出。⑦ 这一概念在内涵上明确指向中美关系，认为两国基于现实主义考量的实力冲突将很可能使彼此陷入与对方的战争中，从而打破现有国际经济秩序的约束。罗伯特·佐利克（Robert Zollick）、布热津斯基（Brzezinski）等都使用过这一概念。⑧ 新现实主义国

---

① 张少冬：《习近平国际秩序观论析》，《理论探索》2019 年第 2 期，第 41 页。
② 周桂银：《中国与国际秩序笔谈：观念与战略》，《国际展望》2021 年第 1 期，第 21 页。
③ 宋德星：《中国国际秩序观及其基本战略选择》，《国际展望》2021 年第 1 期，第 25 页。
④ 陈建奇：《中国在国际经济秩序中的定位及战略选择》，《国际贸易》2015 年第 1 期，第 33 页。
⑤ 王宇航：《中国共产党国际秩序观的百年变迁》，《社会科学》2021 年第 6 期，第 45 页。
⑥ 朱艳圣：《人类命运共同体理念与构建国际经济新秩序》，《国外理论动态》2018 年第 11 期，第 108—112 页。
⑦ 周文星：《论"修昔底德陷阱"：中美之间必有一战吗？》，《中国图书评论》2018 年第 7 期，第 66 页。
⑧ 彭成义：《被颠倒的"修昔底德陷阱"及其战略启示》，《上海交通大学学报（哲学社会科学版）》2015 年第 1 期，第 15 页。

际关系理论充分支持这一概念的提出。"结构现实主义"理论的奠基人肯尼斯·N. 沃尔兹（Kenneth N. Waltz）就指出，"修昔底德和他一样相信与其他因素体系相比结构的作用更具决定性"。[①] 如果做一比喻的话，他们都意在从超越国家的"整体"视角来解读希腊社会，从而将雅典和斯巴达，也就是中国和美国两个相互碰撞的"皮球"容纳到一个"瓶子"内。但在中国学者和美国批评家看来，这一判断并不准确。现有理论对于中美面临的国际局势及其解法主要有三种考虑。

一是"霸权论"，即必须承认存在一个霸权国，国际经济秩序在其领导下进行公共产品的分配。徐崇利教授指出，美国是真正以"权力霸权模式"控制国际经济治理体系并获利的经济体。这种"权力霸权模式"指的是处于衰退期的霸权国为维持自身经济利益绕开早已形成共识的秩序，甚至破坏秩序，只求以其他秩序外手段养护自身霸权的经济体行为范式。[②] 苏珊·斯特兰奇（Susan Strange）认为，"权力资源"这种物质力量可以被理解为现代化要求各国加深对全球市场和国际制度的依赖。[③] 因此，一旦市场等因素出现结构性破坏，以之为基础的国际秩序也就将不复存在。

二是"竞争论"，即中国和美国形成对国际经济秩序优势地位的竞争。美国已经将中国的战略定位调整成为"竞争者"（competitor）。是否中国在国际秩序博弈中对美国形成追赶乃至超越之势，且两国处理国际关系问题的理念分歧[④]使得竞争不可避免？刘丰着重关注了中美战略矛盾和东亚的秩序形势问题，指出中美两国关系更倾向于从正向耦合（positive coupling）转向反向耦合（negative coupling），而不是由和平走向冲突：21世纪，两国通力加强安全合作和经济联系，对东亚局势的稳定起到正面作用；而近几年中，两国竞争加剧、各方面矛盾有激化之势，东亚秩序才受到了一定动摇。[⑤] 从基于国际力量对比的竞争理论出发，于滨分析了中国、

---

①　［美］肯尼思·华尔兹：《国际政治理论》，信强译，上海人民出版社 2017 年版，第134 页。

②　徐崇利：《变数与前景：中美对国际经济治理模式选择之分殊》，《现代法学》2019 年第 5期，第 183 页。

③　高程：《从规则视角看美国重构国际秩序的战略调整》，《世界经济与政治》2013 年第 2期，第 84 页。

④　孙茹：《理念分歧与中美国际秩序博弈》，《现代国际关系》2020 年第 11 期，第 11 页。

⑤　刘丰：《中美战略互动与东亚地区秩序》，《国际展望》2021 年第 1 期，第 31 页。

俄罗斯对美国领导的"自由国际秩序"的影响，[①] 他认为中国和俄罗斯正在对美国对于欧洲的主导地位构成"威胁"，[②] 即使前者是通过经济合作，而后者是通过军事压力。

三是"合作论"，即中美两国从世界整体出发，合作建设更公平、更合理的秩序，是最适于人类社会的选择。王赓武提出要从理念和价值入手打造总体上的安全观念，或者一种为维护安全而达成的秩序共识。[③] 这与高奇琦提出的"全球共治"理念不谋而合：虽然中西方国际秩序观念存在差异，但是对于国际秩序的构成要件（主体、行为）等方面可以达成一致，从而进行有机融合，为全球共同治理的国际秩序做好准备。[④] 在这一点上，恩斯特-乌尔赖希·比特斯曼（Ernst-Ulrich Petersmann）教授基于"全球宪政主义"（Global Constituionalism）的宪政分析（constitutional analysis）与中国学者异曲同工。他认为，布雷顿森林体系"三驾马车""发挥着多边国际机构与程序的宪政功能"，保护着"透明的决策""公平竞争""正当程序"等全球化视野下的个体（国家）权利和实质正义。[⑤]

三、"国际经济秩序"功能的变化——中国认为国际经济秩序起到了怎样的功能，而它事实上又发挥了怎样的功能

综合以上因素，中国审视国际经济秩序功能时有两种具有代表性的观点。

一是现实主义的观点，认为国际经济秩序是为以美国为首的发达国家服务的制度设计。叶卫平关注了"金融中心—外围关系"。美国作为国际经济秩序的设计者，正在用这个制度工具收割发展中国家的经济红利。他认为，面对美国等富国的货币政策篮子，发展中国家无计可施，只能坐视

---

① 于滨：《中俄与"自由国际秩序"之兴衰》，《俄罗斯研究》2019 年第 1 期，第 22 页。
② 于滨：《中俄与"自由国际秩序"之兴衰》，《俄罗斯研究》2019 年第 1 期，第 22 页。
③ 王赓武：《当今世界秩序是好的秩序吗？》，《外交评论》2015 年第 6 期，第 14 页。
④ 高奇琦：《全球共治：中西方世界秩序观的差异及其调和》，《世界经济与政治》2015 年第 4 期，第 87 页。
⑤ 陈立峰、王海亮：《经济全球化对国际经济法约束力的影响》，《安徽大学法律评论》2006 年第 2 期，第 261 页。

资金流出，经济安全遭到了巨大威胁。① 李天栋、冯全普引用苏珊·斯特兰奇的观点进一步论述：金融结构不过是一种"结构性权力"。② "结构性权力"就是在组织体中决定办事方法的权力，也就是说，是美国等西方国家决定经济体金融行为准则和规范，从而构造经济体之间金融关系的权力。约翰·林纳莱利（John Linarelli）教授在分析国际经济秩序时不无遗憾地认为，想要在国际经济制度中贯彻公平理念的确困难。③ 在一种持久的不公平面前，孙可娜进一步指出，要以金融危机为契机"彻底摧毁以往金融资本主义的土壤和环境"，通过严格监管机制的建立实现全球范围内的经济秩序重建。那么，美国的危机就是中国的机遇："只有那些缺乏智慧的人才忽视对公平的需求"。④

　　二是经济分析的观点。这一观点影响更为广泛，认为国际经济秩序发挥了维持国际社会稳定和公共产品正常分配的重要功能。吴富林论述了国际经济秩序提供货币系统的作用。他认为经济关系是国际法主体间"经济活动的基础、方式、规范及其相互关系"，⑤ 而货币作为一种一般等价物参与交换环节，就是其中的核心要素。徐忠呈现了国际经济秩序与金融危机的相生关系：由于国际社会呈无政府状态，没有一个与全球市场相对应的监管主体起到"最后贷款人"（The Lender of Last Resort）的作用，信贷的层层投机最终将导致兑付不能，进而就是秩序的破产——良善的国际经济秩序是预防危机、消弭危机的动因；针对监管的诉求就将催生一个新的国际经济秩序。⑥ 朱哲是这样论述的：在国际经济交往中，每个国家都通过进口（import）和出口（export）实现贸易额的增长，重视贸易条件的优化就是在国际经济秩序中抢占先机。⑦ 所以，国际经济秩序归根到底是经

---

① 叶卫平：《国际经济旧秩序与发展中国家经济安全》，《马克思主义研究》2009 年第 10 期，第 92 页。

② 李天栋、冯全普：《次贷危机与国际金融秩序重构——兼论我国对全球性资源布局的战略》，《复旦学报（社会科学版）》2009 年第 3 期，第 22 页。

③ John Linarelli. What Do We Owe Each Other in the Global Economic Order Constructivist and Contractualist Accounts. *Journal of Transnational Law & Policy*, Vol.15, 2006, p.181.

④ Louis W. Pauly. What New Architecture? International Financial Institutions and Global Economic Order. *Global Governance*, Vol.7, 2001, p.469.

⑤ 吴富林：《论国际经济秩序中的货币关系》，《学术月刊》1993 年第 11 期，第 18 页。

⑥ 徐忠：《国际经济秩序、金融危机与中国的选择》，《金融研究》1999 年第 1 期，第 15 页。

⑦ 朱哲、孙伟忠：《贸易条件对国际秩序的影响及我国应采取的对策》，《经济纵横》2009 年第 5 期，第 39—41 页。

济人的秩序，为了经济利益服务，具有经济实效，而不应当止于政治操弄。

但部分国家眼中国际经济秩序的功能则有所不同。美国学者在撰文时普遍有着"霸权"和"领导国"的心态，他们认为国际经济秩序正在成为中国为自身"牟利"的依托。弗里德曼（Milton Friedmann）教授做过如下猜想："当中国和印度的廉价劳动力与高科技相结合时"，美国在国际经济交往中的高端地位和先发优势就有可能不保。[1] 英国的雅克则指出，"虽然当今的全球化时代是由西方尤其是美国设计和创造的，但东亚国家，特别是中国，才是当之无愧的最大受益者"。[2] 他们认为中国充分利用美国设计的国际经济秩序规则，以发展中国家的身份牟取"特殊和差别待遇"后，又通过庞大的体量挤占市场份额，大搞"双重标准"。这样的批评是不客观、不恰当的。徐崇利认为，中国应当驳斥所谓"中国搭便车论"的有关观点。[3] 弗雷德里克·M. 艾伯特（Frederic M. Abbott）教授就曾批评道："美国一方面批评中国搞本地生产和技术优先的计划，但美国优先、技术优先是采取同样的做法，所以这是非常令人讽刺的一个现象。"[4] 可见，多国学者对于功能的认识论争执正在"白热化"。

而事实上，无论是现实主义的论调还是经济分析的论调，国际经济秩序的功能发挥都有赖于上文讨论的秩序因素。回顾变局，在 2008 年全球金融危机的冲击下，秩序因素出现了以下变化。

一是世界进入了"权力扩散"的年代，发展中国家通过机制对话和实力上涨改变了旧秩序中的"差序格局"。[5]

二是美国等西方国家的实力开始分化。"美国经济复苏逐步巩固，保持了良好增长态势，而欧元区和日本的经济复苏动力相比美国明显不足"。[6]

---

① 高柏：《国际经济秩序发生重大变化的可能》，《中国改革》2005 年第 3 期，第 57—58 页。

② 徐崇利：《自由主义国际经济法律秩序下"中国搭便车论"辨析》，《法学》2010 年第 4 期，第 90 页。

③ 徐崇利：《自由主义国际经济法律秩序下"中国搭便车论"辨析》，《法学》2010 年第 4 期，第 90 页。

④ 石静霞等：《"变动中的国际经济秩序及国际法应对"国际学术研讨会观点撷萃》，《经贸法律评论》2019 年第 5 期，第 150—151 页。

⑤ 傅梦孜：《当前国际经济秩序的演变趋势》，《现代国际关系》2014 年第 7 期，第 22 页。

⑥ 徐秀军：《金融危机后的世界经济秩序：实力结构、规则体系与治理理念》，《国际政治研究》2015 年第 5 期，第 88 页。

三是规则和机制本身相互配合，呈现出"双轮驱动"的态势，[①] 硬法因素和软法因素都在发挥作用。法律规则改革十分困难，而机制数量和对话质量都在增长。

四是传统金融因素已受到美国的垄断性支配，后发国家想要赶上甚至超越，提升科技要素含量，充分发挥创新能力是必要之选。[②]

五是法律制度缺陷正在蔓延，金融制度已经改变不了现状。由于"对全球财富分配无法做出制度安排"，贫国和富国分化，它们都认为分配到的利益份额并不能令自身满意——国际经济秩序因此大有"逆全球化"（Anti-globalization）之势。[③] 并且，美国已经开始"将一系列所谓'逆经济全球化'行为作为谈判筹码，提升其在国际贸易规则制定中的博弈力量"。[④] 因此，为了保证全球互利共赢、经济稳态发展的目标得以实现，有必要衡量因素之间的权重，选择最有效、有力的因素对现实情形加以调整。

杰克逊教授长期以来呼吁国际社会重视国际经济秩序的宪政意义和宪法性问题，尤其关注制度约束作用的宪法性价值。[⑤] 国内学者在评论杰克逊教授的观点时称："单纯的制度和机构设计及其权力分配，如果缺乏宪政价值的引导，多边贸易体制的宪法化进程不仅会遭遇反复，而且可能失去前行方向"。[⑥] 破局的关键正在于解读国际经济秩序的因素功能，从而发掘这一秩序形态更高层次的功能。因此，国际经济秩序天然就有"良治"（good governance）的意义，它的存在本身带来了一种守约与信诺的共同价值，起到了约束国家行为的功能，可以填补国际无政府状态的留白。而我国加入国际经济秩序的实践往往体现出通过高标准的国际法规则，提高

---

① 徐秀军：《金融危机后的世界经济秩序：实力结构、规则体系与治理理念》，《国际政治研究》2015年第5期，第91页。

② 佟家栋：《全球化调整期与国际经济新秩序中的中国定位》，《中共中央党校学报》2016年第1期，第104页。

③ 马涛、盛斌：《亚太互联经济格局重构的国际政治经济分析——基于全球价值链的视角》，《当代亚太》2018年第4期，第109页。

④ 安礼伟：《国际经济秩序：中国的新需求与政策思路》，《经济学家》2019年第1期，第64页。

⑤ John H. Jackson. The Constitutional Problems of the International Economic System and the Multilateral Trade Negotiation Results. *American Society of International Law Proceedings*，Vol. 73，1979，p.56.

⑥ 陈喜峰：《约翰·杰克逊的WTO宪法思想和WTO当前的宪法问题》，《国际经济法学刊》2018年第2期，第44页。

国内经济行为保护和监管标准的趋势。

第四节 "国际经济秩序"难题的中国解法

一、引例：中美贸易摩擦如何影响国际经济秩序

中美贸易摩擦从特朗普总统上台以来不断升温，其源于受到广泛关注的"301调查"。[①] 以此为例可以很好地分析本节有关国际经济秩序的两个论断：① 现实事件对于国际经济秩序的演变具有深刻影响；② 经济体在贸易活动中"难以预期的"制度手段会破坏国际贸易秩序的稳定。

陈思翀等从供应链传导理论入手研究了中美贸易摩擦对受冲击企业的影响及其进一步引发的后果。供应链传导是指调查和制裁不止将使目标企业自身承受商业亏损和信誉打击，"其影响还可能通过供应链传导至国内的上下游企业，从而产生溢出效应"。[②] 而由于中国的供应链条配置更为完善，这种溢出效应的打击会相对受到阻滞，而美国国内经济单元蒙受的压力会更重。因此，"在后金融危机时代，美国对中国的贸易依赖程度远在中国对美国的贸易依赖程度之上"。[③] 因此，美国会感到焦虑，并试图"通过植入相关文本来彻底打掉中国的体制优势，尤其是中国政府掌控本国经济的能力"，[④] 这就是现实中的国际经济行为左右国际经济秩序的最好例证。

"全球价值链"理论也具有参考价值。[⑤] 由于贸易的本质就是商品的生产、交换、分配、消费和其中的价值填补，"国际贸易格局自然就是各国优势产品之间的交换，国际分工体系也就如此建立起来"。[⑥] 由于经济体关

---

① 陈思翀、郭烨华、张澜、任玥静：《重返贸易保护主义的市场冲击及其在供应链商业信用上的传导：于USTR听证会企业的证据》，《世界经济研究》2021年第12期，第54页。

② 陈思翀、郭烨华、张澜、任玥静：《重返贸易保护主义的市场冲击及其在供应链商业信用上的传导：于USTR听证会企业的证据》，《世界经济研究》2021年第12期，第58页。

③ 潘长春：《贸易摩擦、贸易依赖与中美经济增长》，《经济问题探索》2019年第4期，第95页。

④ 竺彩华、刘让群：《中美博弈对国际经贸规则体系重构的影响》，《太平洋学报》2021年第4期，第8页。

⑤ 刘彬：《全球价值链理论：规则重构与法学评价》，《国际法研究》2019年第6期，第43页。

⑥ ［美］保罗·克鲁格曼、茅瑞斯·奥伯斯法尔德：《国际经济学》，海闻等译，中国人民大学出版社2016年版，第17—27、64—83页。

注价值落差并以之为贸易精算中的重要参照因素，如果能准确抓取全球各个经济体在价值链条上的高低位次，就能在国际贸易活动中获得信息优势。由于中美之间的贸易往来环节复杂、交互频仍、供需链条多样化程度很高，这样对多重博弈、"多阶段博弈"[①] 考量相结合的后果，就是作为霸主的美国开始同时动用权力（经济制裁）和制度（植入文本）手段——有助于美国维持霸主地位、增进经济利益的就大加推进；利好中国挑战美国地位、削弱美国对秩序的支配能力的就尽可能阻滞。这就是贸易战对于国际经济秩序演变的作用。

关于国际贸易秩序受到破坏这一点，学者基于上述理论作了进一步分析，提出了对贸易战造成的国际贸易秩序变动的预期，即在新冠疫情背景下，中国厂商的议价能力上升，使得关税的价格传递效率提高。因此，在价值链的作用下，各国在贸易中的环节配位非常明确，美国的保护主义政策忽视价值、商品和原产地国家（地区）的强关联性，注定会带来严重的经济后果。[②] 比特斯曼教授认定美国单方挑起贸易战的手段严重威胁了宪政民主，危害国际贸易秩序。[③] 逆全球化将抬高价值链高端和低端的落差，[④] 使得原来抹平落差、维持贸易双方价位平衡的 WTO 规则体系陡然失去了这种稳定作用。而目前看来，中美都不希望放弃自身在 WTO 乃至国际贸易体系中的权益，制度手段的斗争还将持续。这也将使得新的贸易规则和贸易行为标准必须从速出台，允许新兴经济体自寻出路——国际贸易秩序的转型或许可以以此为转折，大踏步前进。

二、中国解决"国际经济秩序"中的代际史难题的路径探索

"国际经济秩序"概念本身的"边缘化"趋势并不明显，但近十年来的国家实践大大突破了国际关系对国际秩序等概念的理论预设，导致其理

---

①　邝艳湘：《经济相互依赖与中美贸易摩擦：基于多阶段博弈模型的研究》，《国际贸易问题》2010 年第 11 期，第 36—43 页。

②　刘彬：《全球价值链理论：规则重构与法学评价》，《国际法研究》2019 年第 6 期，第 45 页。

③　Ernst-Ulrich Petersmann. The 2018 Trade Wars as a Threat to the World Trading System and Constitutional Democracies. *Trade，Law and Development*，Vol.10，2018，p.179.

④　冯巧根：《国际贸易规则重塑下的 CPTPP 走向及其会计对策》，《财会通讯》2021 年第 23 期，第 4 页。

念事实上已经被"架空"。因此,在新时代回应中国在国际经济秩序中面临的三个难题,就是在连接中国经济的历史和现实。为解决难题,需要找到沟通多种理论或者多种理论有机耦合的交汇点。

第一,跨国公司可能成为问题的一种解法。黄河在研究跨国公司对国际经济秩序的影响时提出,"跨国公司通过金融与自由贸易以及生产的国际化,推动国际经济走向一体化"。[①] 跨国公司可以越过主权壁垒,通过公司内部的资金融通完成地缘上的跨国金融行动,从而充分整合资源,实现行为体的超国家化,甚至跨国公司在形成国际金融或大宗商品贸易寡头的过程中,就有介入秩序建立过程和规则制定过程的可能。

第二,大国作用依然不可忽视。肖冰指出,"大国有其功能和资源优势,能够引领、激发较大范围内国际经济法律关系的变动,从而形成一定的机制和秩序"。这在金融和贸易领域就表现为"大国经济规模、经济总量、市场等资源存量具有谈判优势",常常可以通过国际机制对话获利。[②]

第三,中美之间论及"全球化"时也并非没有共同语言。丹尼尔·罗德里克(Daniel Roderick)的"全球化的不可能三角理论的假说"认为,"一国政府同时仅能选择全球化、政策主权、民主政体三个目标中的任意两个"。[③] 在 20 世纪之前,美国坚守"门罗主义"的相对政治孤立,对全球化不甚敏感;在布雷顿森林体系代表的国际金融与贸易秩序草创时期,美国暂时放下了政策主权,推动了自由主义民主政体全球扩展的历史浪潮;每逢经济危机,民主政体便会被凯恩斯主义和政府决策搁置一旁;而面临中国对霸权的有力挑战,美国又一次抛下了全球化。因此,即使美国选择了"逆全球化",中国也可以拿出普遍适用于国际经济交往的难题解法。

（一）对于国际经济秩序的价值判断难题,首先应照顾中美两国的立场差异

朱剑认定特朗普政府的种种决策可能在某种程度上被解读为对"自由

---

① 黄河、周骁:《超越主权:跨国公司对国际政治经济秩序的影响与重塑》,《深圳大学学报(人文社会科学版)》2022 年第 1 期,第 115 页。

② 肖冰、陈瑶:《论国际规范秩序下国际经济法律体制的变革思路》,《南京大学学报》2020 年第 1 期,第 57 页。

③ 佟家栋、刘程:《"逆全球化"的政治经济学分析》,《经济学动态》2018 年第 7 期,第 19 页。

国际秩序"的"背弃"，[①] 但美国学界可能希望调整甚至是重新界定"自由国际秩序"的内涵外延。李向阳提出，"国际经济新秩序"这种愿景的拥护者已从发展中国家变为发达国家。以往发展中国家在金融危机前的国际经济秩序中处于弱势，自然希望通过呼吁"国际经济新秩序"的建立改变现状，为自身争取机会和权利。但是由于美国等"守成国"近年来被以中国为代表的"新兴经济体"加速赶上，比较优势不再，其想挽回局面，就只能"重构全球经济秩序与规则"。[②] 瑞秋·布鲁斯特（Rachel Brewster）教授批评了美国特朗普政府的逆势而动，她认为，"像美国这样成熟的国家在挑战多边主义制度，实际上与传统思维相违背"。[③] 徐进在解读"秩序构建"的有关问题时，将其与"理念竞争""权力转移"等国际关系理论结合起来，[④]"美国国内民众在高通胀下逐渐看清对华征收关税的真实成本，降低了美国民众对美国对华征收关税的容忍度"。[⑤] 国际秩序本身的工具化、客体化不能阻挡，但国家对国际经济秩序有鲜明的主观改造作用也是一种共识。

（二）对于中国在国际经济秩序中的定位难题，首先应照顾南北国家的力量差距

陈安提到了"南南联合自强"（South-South Self-Solidarity）理论。[⑥] 他认为，除非发展中国家联合起来突破现有秩序的瓶颈，否则，国际经济秩序就不可能发生有利于国际社会全体的质变。事实的确如此。而"国际经济新秩序"的呼唤也并不只是一种口号，而是对中国定位的有力镜鉴。学者就评价由于 G20 具有充分的代表性，故最大限度地兼顾了南北诉求，真正"拉开了建立世界经济新秩序的序幕"。[⑦] 虽然何力认为旧的国际秩序

① 朱剑：《特朗普政府与自由主义国际秩序：背弃抑或支持？》，《国际论坛》2020 年第 3 期，第 81 页。

② 李向阳：《国际经济秩序的发展方向》，《现代国际关系》2014 年第 7 期，第 21 页。

③ 石静霞等：《"变动中的国际经济秩序及国际法应对"国际学术研讨会观点撷萃》，《经贸法律评论》2019 年第 5 期，第 147 页。

④ 徐进：《理念竞争、秩序构建与权力转移》，《当代亚太》2019 年第 4 期，第 5 页。

⑤ 杨立卓、罗姗姗、吴凡、刘欣：《双层博弈视角下中美经贸摩擦走势及应对策略分析》，《重庆工商大学学报（社会科学版）》2022 年第 3 期。

⑥ 陈安：《南南联合自强五十年的国际经济立法反思——从万隆、多哈、坎昆到香港》，《中国法学》2006 年第 2 期，第 103 页。

⑦ 孙丽丽：《开启国际经济新秩序——G20 伦敦峰会评析》，《和平与发展》2009 年第 4 期，第 45 页。

积重难返，已经完成了"制度化"的过程，经济体无论南北都已养成了对既有秩序的依赖，[1] 但是发展中国家仍旧需要在"包括布雷顿森林体系的联合国内捍卫和推动发展中国家利益"。[2] 这就好比国际经济法的约束视角（regulatory vision）被放大了，[3] 而它本来应当起到发展与构建的作用。在广大发展中国家当中，中国的国际地位正在慢慢上升，领航责任渐增。

张嘉明的观点非常有意义："全球失衡、金融风险等诸多国际贸易和金融周期性、系统性和结构性的问题在国际场合被广泛讨论和协商，也使国际集体有了共同归宿。"[4] 目前看来，由于国际经济规制的多样性、标准的复杂性，"多层次治理"的现象正笼罩着各个经济体，且经济体彼此之间很难步调一致，因此，国际社会还需要相当长的时间来克服"集体行为困境"（collective action problems）。[5] 当下，"贸易保护主义"（Trade Protectionism）已经抬头。[6] 单边主义（unilateralism）和多边主义（multilateralism）正在激化新一轮南北对立。中国应当把握这一历史的机遇，做"过渡者""领航员"，并寻求最终统一新旧秩序，[7] 带领各国克服困难，走出困境，开创新局面。

一直以来，中国也是这样决策的。在领导人层面，江泽民通过《为建立公正合理的国际新秩序而共同努力》《关于经济全球化问题》等讲演系统表述了"建立国际政治经济新秩序"的思想。"互利互补、共同发展的新型国际经济关系"应运而生，决定了未来国际经济秩序的价值底色。[8] 胡锦涛提出，"南南合作是发展中国家取长补短、实现共同发展的重要途径"，将"南南合作"定为中国参与国际经济新秩序设计的基调。他们确

---

① 何力：《国际经济新秩序的理念和现实》，《东方法学》2013 年第 2 期，第 78 页。

② 张乃根：《试论国际经济法律秩序的演变与中国的应对》，《中国法学》2013 年第 2 期，第 85 页。

③ Nicolas M. Perrone. Imagining Alternatives Latin American Scholarship on International Economic Law and the Global Economic Order. *Chicano-Latino Law Review*，Vol.37，2020，p.83.

④ 张嘉明：《国际经济秩序视野中人类命运共同体"相互依赖"问题》，《理论视野》2019 年第 12 期，第 46 页。

⑤ Ernst-Ulrich Petersmann. Multilevel Governance Problems of the World Trading System beyond the WTO Conference at Bali 2013. *Journal of International Economic Law*，Vol.17，2014，p.233.

⑥ 黄河：《贸易保护主义与国际经济秩序》，《深圳大学学报（人文社会科学版）》2019 年第 3 期，第 65 页。

⑦ 兰日旭：《中国经济崛起与重构国际经济新秩序的选择探析——基于国际经济秩序变迁的视角》，《经济学动态》2013 年第 12 期，第 36 页。

⑧ 赵绪生、孔德宏：《论江泽民的建立国际政治经济新秩序思想》，《首都师范大学学报（社会科学版）》2006 年第 12 期，第 75—76 页。

定了解决"中国怎样打造国际（政治）经济新秩序"难题的世界观（提倡"国际政治经济新秩序"观念）和方法论（推动发展中国家"南南合作"手段）。在这一逻辑的基础上，陈飞翔提出，中国的任务应当是"加快更新国际经济秩序"。[①]"更新"是一种基于旧有秩序的合理调整，不会"另起炉灶"，能够消弭南北认知差异，解决现实需要。

（三）对于国际经济秩序的功能观难题，首先应改良国际经济秩序的功能因素，使秩序的功能得到更好发挥

李泽锐认为，国际经济法应该分为宏观的经济秩序法和微观的经济交往法。这样的二分可以区分秩序和行为，从而使国际经济秩序得到秩序法的调整，具有针对性和适当性。[②] 徐崇利直接提出"国际经济法律秩序"的概念，有机吸收了上述表达的理论内核。他认为，"国际经济法律秩序归根结底是由国际政治经济关系决定的"，以国际经济立法活动和法律规制为表现形式。[③]"霸权国……绝不是国际经济法律秩序创制的一个必要条件，更谈不上是一个充分的条件"；[④]"规则导向"的国际经济秩序建设成为主流观念，[⑤] 国际经济秩序的中立性和制度属性将愈发明显。

要解决这种种难题，关键仍要溯及1954年周恩来总理于亚非会议上提出的"求同存异"精神。也就是说，中国和其他国家对于国际金融秩序、国际贸易秩序的理解确有差异，关键在于如何缔造认同，培养合作的土壤。

首先，有理念上的解法。何志鹏在2001年提出利用可持续发展理念打造国际经济新秩序。他认为，面对经济发展带来的环境问题，发展中国家应当合作予以解决，发达国家则应当予以制度宽免加以激励。[⑥] 周钟则认为，应当借鉴经济伦理学的理念，打造一个以安全、环保、诚信、互惠等

---

① 陈飞翔、吕冰：《加快更新国际经济秩序时不我待》，《国际贸易》2015年第6期，第4页。

② 李泽锐：《国际经济法理论体系与国际经济大循环秩序刍议》，《中国法学》1988年第2期，第122—123页。

③ 徐崇利：《国际经济法律秩序与中国的"和平崛起"战略——以国际关系理论分析的视角》，《比较法研究》2005年第6期，第79页。

④ ［美］罗伯特·基欧汉：《霸权之后：世界政治经济中的合作与纷争》，苏长河等译，上海人民出版社2001年版，第53页。

⑤ 车丕照：《国际经济秩序"导向"分析》，《政法论丛》2016年第1期，第5页。

⑥ 何志鹏：《可持续发展与国际经济新秩序》，《法制与社会发展》2001年第5期，第50—55页。

为主题的国际经济伦理，中国作为伦理维护者，以价值为抓手，谨慎建设国际经济秩序，推动秩序发展。[①] 可资借鉴的还有"国际正义论"。发展中国家应当努力追求"全球正义"，也就是服从国际社会的整体利益的分配正义观，[②] 而中国可以成为这一理念的引领者。与这种正义观念相关的还有孙世强提出的"经济人性正义化"理念，他认为，对于国际经济互动中存在的发展不平衡问题，应当建立起"人性正义"的集体认同，同时利用全球认同机制和施动机制予以实现；SAI（社会责任国际组织）就是一个范例机制，[③] 这样一种施动机制甚至可以不是人为设计的。

其次，有制度上的解法。史蒂芬·W. 希尔（Stephan W. Schill）教授认为国际仲裁机制尤其是仲裁员集体（arbitrators）就是秩序（体系）的构建者（system-builder）。[④] 中国恰恰也需要这种"机制动力学"，即以制度为变革国际经济秩序之推动力的智慧。佟家栋指出，中国的办法应当是：① 进一步完善供给侧改革，激活市场动能；② 加大力度提供公共产品，填补美国"退群"带来的秩序影响力空白；③ 推进人民币国际化进程。[⑤] 张志敏进一步论述了这种努力的意义所在。他指出，现行国际经济秩序中的金融、贸易困境，可以构成人类命运共同体这一秩序解法的前提，而人类命运共同体又是"一带一路"倡议的指导理念；"一带一路"倡议中有效的公共产品分配和货币汇兑进一步国际化又将迫使国际金融贸易改革，最终改善金融、贸易困境。[⑥] 这是一种有逻辑性的解释和推演。杨圣明提倡国际经济秩序的"治理体制改革"，认为要从贸易、金融和投资治理体制出发，全面地加强刚性规则之外的柔性治理，尤其是要为预防危机做好预案，在正常经济交往中通过"平等、合作、普惠、共赢、和

---

① 周钟：《国际经济伦理在我国参与经济全球化进程中的应用》，《对外经贸实务》2002 年第 9 期，第 6—10 页。

② 陈玉刚：《全球关系与全球秩序浅议》，《外交评论》2010 年第 1 期，第 60 页。

③ 孙世强：《经济人性正义化与构建和谐国际经济秩序》，《现代经济探讨》2008 年第 10 期，第 23 页。

④ Stephan W. Schill. International Arbitrators as System-Builders. *American Society of International Law Proceedings*，Vol.106，2012，p.295.

⑤ 佟家栋、何欢、涂红：《逆全球化与国际经济新秩序的开启》，《南开学报（哲学社会科学版）》2020 年第 2 期，第 7-8 页。

⑥ 张志敏、开鑫、李静：《国际经济秩序的发展、困境与中国方案》，《西部论坛》2020 年第 5 期，第 79 页。

谐"理念指导下的治理体制对危机予以疏导。① 而徐崇利提出了开辟"平等与无差别待遇"新路径，他指出，即使有"特殊与差别待遇"的规定，这一待遇的落实程度也远远不能令发展中国家满意，并且还出现了"增量损失"的情形——差别已经不是新秩序中有利于发展中国家经济增长的选择，平等对日益上扬的发展中国家地位和能量更有利。② 因此，对于当下的中国来说，面对新时代的国际经济秩序，选择很多。

第五节　结　　语

用比特斯曼教授极具启发性的论断作为本章的结语："目前有四个相互竞争的贸易范式，包括美国的新自由主义、特朗普总统的重商主义、非常独特的中国制度和欧洲秩序自由主义"。③

美国的新自由主义是受到普遍认同的理解当前国际经济秩序的典型范式，特朗普政府的重商主义更类似于建立在国内保护主义基础上的倒退；欧洲秩序自由主义则意味着要以高技术含量和高认同感的经济秩序捍卫市场自由；中国特色社会主义经济制度开放、包容、潜力巨大，尚待进一步挖掘——这一制度有机会随着中国的成长引领全球经济交往转型，从而足以开启国际经济秩序的未来。

美国消极的贸易保护主义使自身"和中国发生了立场换位和位移"，④引领国际经济秩序的希望落在了中国的肩上。中国可以走美国没有选择的道路，实践"制度导向模式"的国际经济秩序建设，⑤ 也就是将"把权力关进制度的笼子里"这一国家治理体系现代化的智慧变为国际经济治理体系公平正义的源泉。灵活开放的"一带一路"倡议框架构建起的多国合作机制标

---

① 杨圣明：《国际经济秩序治理体系改革问题》，《财贸经济》2011 年第 6 期，第 5—9 页。
② 徐崇利：《新兴国家崛起与构建国际经济新秩序——以中国的路径选择为视角》，《中国社会科学》2012 年第 10 期，第 186—204 页。
③ 石静霞等：《"变动中的国际经济秩序及国际法应对"国际学术研讨会观点撷萃》，《经贸法律评论》2019 年第 5 期，第 149 页。
④ 沈伟：《逆全球化背景下的国际金融治理体系和国际经济秩序新近演化——以二十国集团和"一带一路"为代表的新制度主义》，《当代法学》2018 年第 1 期，第 49 页。
⑤ 徐崇利：《变数与前景：中美对国际经济治理模式选择之分殊》，《现代法学》2019 年第 5 期，第 191 页。

志着一种"发展导向"的来临，与"逆全球化"的逆流对冲，超越单一的法律、金融和实力因素，[①] 最终使中国有机会领导新的国际经济秩序。在多边主义的背后一定有一个（至少是应然存在的）国际社会（international community），它超越国家的私益而存在。[②] 同样地，一个正在发展变化出来的国际经济秩序将不仅是新兴经济体和发展中国家理想的落成物、国际经济互动的调整中介，而且同时也将是整个人类社会发展进步、建成"人类命运共同体"的"压舱石"。

---

① 王彦志：《"一带一路"倡议下的国际经济秩序：发展导向抑或规则导向》，《东北亚论坛》2019 年第 1 期，第 78—91 页。

② Stephan W. Schill. The Multilateralization of International Investment Law Emergence of a Multilateral System of Investment Protection on Bilateral Grounds. *Trade*，*Law and Development*，Vol.2，2010，p.59.

第十八章
百年未有之大变局中的国际法
演变和人类命运共同体理念

世界正处于"百年未有之大变局"，国际法话语体系也正处于变动之中。国际法的核心原则是主权原则。国家主权是国际法中的核心要素。在全球化过程中，主权国家让渡主权；在逆全球化过程中主权国家回归主权。全球法治也面临挑战，全球化强调国际法治，例如国际正义等，逆全球化过程中，国际治理体系取代了国际法治；全球化过程中强调国际组织的作用，逆全球化过程中强调国际协商和国际对话机制。

第一节　全球化和逆全球化过程中的主权

主权的概念起源于 17 世纪，1648 年签订的《威斯特伐利亚条约》确立了主权国家的地位，国家在其领土范围内拥有至高无上的主权，外国无权进入一国领土或控制其人民。国家制定商业准则、财产法律，同时通过语言、文化和政治形式赋予其公民身份。概言之，主权意味着国家边界内一切事务均由国家控制。但是，随着全球化的推进，国家的边界不再坚不可摧，国家制定法律、决定内部事务也受到了外部的制约。①

大卫·莱恩认为，全球化是一个侵蚀国界，整合国民经济、文化、技

---

① ［美］大卫·莱恩：《全球化的困境与中国方案》，苏珊珊译，《当代世界与社会主义》2019年第 5 期。

术和治理手段并使国家间产生相互依赖的复杂关系的过程。全球化的过程就是主权国家让渡主权的过程。全球化要求国家让渡出许多权力，同时也对国家设立了诸多制约。经济上，跨国公司相继崛起并在多国设有分公司，其拥有的巨大财力和权力（包括新型数字权和信息权）甚至可以超过、影响或支配国家。不断扩张的跨国公司经济活动超越国界，其经营活动不受国家政府的约束。[1] 全球化使跨国公司为降低生产成本、减少运营风险而在全球范围内实施最佳资源配置和生产要素组合，这就需要到其他国家投资和利用该国的土地和自然资源，在一定程度上削弱了经济欠发达国家资源配置能力和领土管辖权。经济全球化以跨国公司雄厚的经济实力为基础，如果主权国家为了保护本国民族经济而采取贸易保护措施，其结局可能是跨国公司撤回投资。面对全球化和发展本国经济的强大压力，主权国家不得不做出让步。[2] 政治上，管控国家的全球组织兴起，尤其是以作为布雷顿森林体系三驾马车的国际货币基金组织、世界银行和世界贸易组织为代表，欧盟、欧亚经济联盟等泛经贸组织的作用也不可小视。这些国际组织是全球化的机制性支持，国家需要让渡包括争端裁判主权、经济规制权、关税权等部分主权以换取国际组织的经济援助或争端协助。[3] 文化上，英语成为霸权语言，诸如迪士尼、英国广播公司、美国有线电视新闻网等媒体公司致力于传播共同的主流文化。这些机构跨越国界运行且不受国家控制，[4] 且都是生产社会化和国际分工不断发展的结果。由于经济全球化的最终目标是使资本、人力和资源等生产要素通过市场的作用在全球范围内达到优化配置，必然要求各民族消除民族主权国家壁垒的限制，逐渐减少国家干预，甚至削弱国家的决策权和调控权，国家主权受到严重挑战、侵蚀和削弱。原来由一国独有的权力，现在日益成为国际社会共有的权力。[5]

全球化要求让渡主权不仅是为了让资本和货物的跨境流动，而且是为了建立一套对所有国家都有约束力的普遍法则，这套法则能够直接规制国

---

① 刘晔：《新型经济全球化与国际经济新秩序的构建》，《管理学刊》2019 年第 2 期。
② 王广宇：《试论全球化对国家主权的主要影响》，《甘肃社会科学》2003 年第 6 期。
③ 王广宇：《试论全球化对国家主权的主要影响》，《甘肃社会科学》2003 年第 6 期。
④ ［英］大卫·莱恩：《全球化的困境与中国方案》，苏珊珊译，《当代世界与社会主义》2019 年第 5 期。
⑤ 刘健、蔡高强：《论经济全球化时代国际法发展的新趋势》，《河北法学》2003 年第 1 期。

家行为，限制国家行使主权。需要这套法则的原因是为了更好地推进全球化。由于全球化客观上要求不同国情的国家消除彼此之间的贸易壁垒，实现税收制度的统一和协调，监管体系、司法体系等国内政治制度也需要趋于统一，但这与当今世界"民族—国家"体系存在冲突。为此，势必需要各国政府放弃部分主权，协调统一各国体制和体系符合全球化标准，从而实现全球经济在制度上的统一。[①] 全球性或跨国性制度和规则的形成和适用得到推广与实施，国家被要求去严格遵守这些法则，这也导致了国家主权对国际经济活动的监管和控制趋于缓和。[②] 国际规则增大了对政府的约束力，国家在全球事务中的自主性降低。[③] 以联合国为主的国际组织在其各自的职责范围内形成了自己的法律制度和法律秩序，不仅要求所有成员国严格履行自己所承担的国际责任和义务，调整好国内法与国际法的关系，而且还通过组织措施或行动，加强对成员国义务、责任的监督执行和惩罚机制，例如联合国在国际和平、禁止核扩散方面的监督与制裁，WTO的争端解决机制和贸易政策审议机制等。[④] 因此，这个意义上的全球化造就了一种非领土形式的权力。国家与跨国公司、国际组织"分享"主权，以此来建立一个更加互联互通的全球市场和互相依赖的国际秩序。[⑤]

国际政治存在公共性领域。主权国家行为在全球化的背景下具有公共性。"所谓公共性就是指超越私人性个体存在的一种交往关系，它的基本前提就是多元交往主体'共在'。"[⑥] 这要求国家让渡部分主权以达到国际关系公共领域的和谐。

开放性政策是全球化背景下想要融入的国家战略的核心。由于国家之间的经济相互依赖程度提升，国家存在着一种一荣俱荣、一损俱损的关系。遵守和尊重世界通行的经济准则是一国经济融入世界经济的必要条件，同时也意味着国家要调整国内法以适应世界规则。因此，国家的主权在国际经济活动中应该适当让渡、削弱。国家主权的概念、内涵和边界也

①　季剑军：《美国单边主义对全球治理体系的影响以及我国参与全球治理的应对策略》，《兰州学刊》2019年第1期。

②　何力：《逆全球化下中美贸易战与国际经济法的走向》，《政法论丛》2019年第5期。

③　刘晔：《新型经济全球化与国际经济新秩序的构建》，《管理学刊》2019年第2期。

④　刘健、蔡高强：《论经济全球化时代全球化发展的新趋势》，《河北法学》2003年第1期。

⑤　[英]大卫·莱恩：《全球化的困境与中国方案》，苏珊珊译，《当代世界与社会主义》2019年第5期。

⑥　王泽应、刘利乐：《当代世界逆全球化现象的伦理审视》，《中州学刊》2019年第1期。

在经历变迁。尽管捍卫国家主权是国家的责任，但"在建立国际新秩序方面，同样必须尊重历史形成的国家主权，国家在维护主权的同时也应考量到国家经济受全球化影响而有所收敛和自我限制"。①

全球化对于主权的让渡和削弱存在复杂的影响。随着经济全球化的持续推进，国家的经济边界和政治制度发生了"开放性"与"趋同性"的变化，进而造成民族国家权力的"退行"与"收缩"。高度全球化导致主权被过度让渡，使国家难以对自由主义全球化的消极后果进行有效管控。随着全球市场的形成，"化零为整"的全球资源整合使单个国家难以独立地制定相关政策和调节国内生产节奏，削弱了国家的主权地位、主权权威和主权能力。② 发展中国家面临的最大问题是国家经济安全受到威胁，国家主权受到冲击和削弱。③ 即使是发达国家也面临着主权让渡带来的国际绝对优势贸易地位的削弱和国家内部的不平等拉大。此前自由主义全球化的过度发展导致国家功能隐退，在全球治理危机频现、大国战略竞争加剧的背景下，国家的重要性再度凸显，成为各国社会谋求自我体系安全的"阀门"。④ 因此，全球范围内兴起了逆全球化浪潮，要求把主权重新回归主权国家。例如，欧洲国家自特朗普执政以来，对美国和跨大西洋关系的幻象逐渐破灭，为了在逆全球化的大背景下更为有效地捍卫自身利益，欧洲采取了一系列对冲美国单边主义的措施，推进所谓的战略自主，在防务、数字、金融等重要领域降低对美国的期待。其中最重要的是寻求建设欧洲主权，包括建设防务主权、金融主权、数字或技术主权，等等。⑤

国家承载着对内至高无上、对外独立自主、不可分割、不可转让的主权。⑥ 在逆全球化浪潮中，国家试图重新收回并且掌握管理国家经济事务的规制权，并且开始严格限制外部的干涉。在经济上，逆全球化最突出的表现是反对政府对外让渡经济主权。⑦ 例如，美国抛弃 WTO 的争端解决

---

① 郑永年：《郑永年论中国：中国民族主义新解》，东方出版社 2019 年版。
② 吴白乙、张一飞：《全球治理困境与国家"再现"的最终逻辑》，《学术月刊》2021 年第 1 期。
③ 刘晔：《新型经济全球化与国际经济新秩序的构建》，《管理学刊》2019 年第 2 期。
④ 吴白乙、张一飞：《全球治理困境与国家"再现"的最终逻辑》，《学术月刊》2021 年第 1 期。
⑤ 张健：《欧美关系走向及其对中欧关系的影响》，《现代国际关系》2020 年第 12 期。
⑥ 谢益显：《完整掌握国家主权概念》，《外交学院学报》1998 年第 1 期。
⑦ 廉晓梅、许涛：《逆全球化与东亚区域经济合作的发展前景》，《东北亚论坛》2017 年第 5 期。

机制，采用本国国内法解决外贸纠纷。^① 通过实施《关于反补贴程序中获利与专向性修订规则》（Modification of Regulations Regarding Benefit and Specificity in Countervailing Duty Proceedings），对来自汇率低估国家的输美产品征收反补贴税，打破了第二次世界大战以来各国因货币低估所生贸易效果戒绝贸易制裁的传统。^② 在投资领域，美国外国投资委员会（CFIUS）以国家安全为名，对外国投资者收购美国资产的交易审查权限的力度明显增加、范围逐渐扩大。^③ 欧盟通过《建立外国直接投资审查框架的条例》（Regulation on Establishing a Framework for Screening of Foreign Direct Investments into the European Union，2019/452/EU）增设了外资安全审查制度，欧盟委员会可以以安全和公共秩序为由，对进入欧盟任何一个成员国的外国直接投资进行调查、评估，并发表意见。^④ 政治上，政治全球化遭到民族文化性较强国家的抵制甚至是再塑造。^⑤ 例如，美国单边主义政策和退出国际组织或撕毁国际协议就是回归主权的表现，以国家治理替代多边治理。^⑥ 还有，由于欧盟深陷难民危机和对成员国对外自由贸易的约束，英国退出了欧盟。国家在公共性领域的公共理性异化为经济领域的经济理性。^⑦ 在主权回归过程中，部分西方国家保守化内顾倾向加重，国家干预和规制极端化，^⑧ 连新自由主义的积极倡导者都大张旗鼓地进行贸易保护和推动单边主义，在难民危机面前罔顾道义与责任，采取退缩策略以维护自身利益为先的保守主义。^⑨ 主权的回归和逆全球化的演进带来了贸易保护、边界修墙以及控制移民等保守主义思潮。^⑩ 跨国

---

① 栾文莲、杜旷：《理性认识和应对逆全球化和单边主义霸权》，《党政研究》2019 年第 4 期。

② 韩龙：《美国汇率反补贴新规之国际合法性研判》，《法学》2020 年第 10 期。

③ 李琪、王晨："CFIUS 和拜登政府"，https：//mp.weixin.qq.com/s/soIhzvaA5me-Fa8WoF8bQ，最后访问日期：2020 年 11 月 28 日。

④ 陈若鸿、隋军：《真诚合作义务对欧盟成员国外资安全准入自主决策空间的限制》，《上海对外经贸大学学报》2021 年第 2 期。

⑤ ［英］大卫·莱恩：《全球化的困境与中国方案》，苏珊珊译，《当代世界与社会主义》2019 年第 5 期。

⑥ 季剑军：《美国单边主义对全球治理体系的影响以及我国参与全球治理的应对策略》，《兰州学刊》2019 年第 1 期。

⑦ 王泽应、刘利乐：《当代世界逆全球化现象的伦理审视》，《中州学刊》2019 年第 1 期。

⑧ 伊丹丹：《改革开放以来中国对全球化的认识与研究》，《全球化》2019 年第 2 期。

⑨ 张超颖：《"逆全球化"背后——新自由主义的危机及其批判》，《当代经济研究》2019 年第 3 期。

⑩ 吴盼盼：《"逆全球化"现象与"新型全球化"的中国方案》，《中国商论》2019 年第 17 期。

的资本、理念、货品等流动由于遭到主权国家的阻碍和规则的规制放缓了脚步。① 与此同时，逆全球化和主权回归的趋势具有极强的联动效应和"传染力"，个别国家依靠自身经济、军事、科技实力，通过反垄断、反腐败、出口管制、证券交易等领域的立法、执法和司法活动，系统性地扩大行使域外管辖权，借助国内法肆意干涉他国内政，损害他国主权。② 这使得一部分国家不得不通过积极行使包括立法权、司法权在内的主权应对他国的干涉与制裁，进一步加速了主权的回归。例如，中国为反制外部制裁、国内法的域外干涉和长臂管辖，通过出台一系列的国内立法，反制针对中国的不正当适用的外国法律和措施，从不可靠实体名单到阻断办法，逐渐形成了针对外国制裁的反制裁法律体系。

在逆全球化的背景下，世界秩序和制度体系更加突出主权国家和国家主权。世界是由独立的、主权的、有明确界限、以国家为中心的政治单位，以个体为单位来形成秩序和设计制度。③ 主权国家仍居于世界事务的中心，非国家行为主体只有依附于国家权威才能获得实际行动力。④ 尽管当今世界是一个地理性的世界，但不是一个制度性的世界，逆全球化带来的制度安排都是以个体的主权国家为基础和基本单位的，国家间让渡主权形成的超越国家的制度体系仍然难以得到深度发展。

第二节　全球化和逆全球化过程中的国际法话语体系转变

国际法和国际规范作为规范全球化进程的工具和手段，在全球化进程中的作用明显。经济全球化是一个跨国乃至国际的问题，仅依靠国内法无法实现跨国争端的解决。⑤ 作为国际法治所依托的国际组织和国际条约体

---

① Michael O'Sullivan. Good-bye to Globalisation. *The Economists*，2019.
② 漆彤：《加强国内法域外适用法律体系建设的法理研究》，《人民法院报》2021 年 2 月 22 日，第 2 版。
③ Liqing Tao. Redefining A Philosophy for World Governance. *Palgrave Pivot*，2019.
④ 庞中英：《全球治理赤字及其解决——中国在解决全球治理赤字中的作用》，《社会科学》2016 年第 12 期。
⑤ 何力：《逆全球化下中美贸易战与国际经济法的走向》，《政法论丛》2019 年第 5 期。

现了国际法的价值观，例如国际正义、和平和公正解决争议等是全球化的重要法律基础。

在全球化过程中，法治不断发展并且有着越来越重要的作用。从第二次世界大战结束至今，尽管意识形态的分裂导致国际经济及其合作出现了东方模式和西方模式的分化发展，但是推进经济的国际合作、建立国际规则的经济全球化方向是国际共识。全球经济分工与合作格局的形成与新兴跨国经济关系的大量出现，推动了国际法治的改革。如何用分割化的主权管辖体制来调控日趋全球化的经济生活，要求国际法治特别是国际法与国内法的相互配合，将包括私人间跨国经济关系等纳入国际法的调整范畴，建立一个以"合作"为中心的国际法，在传统以国家利益为本位的"国家法"之外，应当不断拓展以跨国私人利益为本位的"跨国法"和国家间关系的"国际法"。[①] 在此背景下，国际法治的理念与革新的国际法开始发展。

以 IMF、世界银行和 GATT 为三大支柱的布雷顿森林体制的建立，开始了第二次世界大战后市场经济圈的经济全球化进程。经济全球化的进程就是国际经济法作为国际法下的一个部门法体系的建立和发展的过程。它既体现在国际经济法体系的形成和国际经济法学的兴盛，也体现在国际经济法的进一步部门分化，形成国际贸易法、国际服务贸易法、国际投资法等众多部门法。它们在各自领域对国际经济行为和法律关系作出规范，形成国际经济法律规则，并根据规则的强度不同而在不同程度上对各国相关的国内法规则进行约束或限制，从而在法律上保障了经济全球化的顺利进行。

1947 年 10 月 30 日，23 个国家和经济体在日内瓦签订了《关税与贸易总协定》（GATT），作为国际贸易组织（International Trade Organization，ITO）建立前的过渡性措施，初步形成了国际贸易组织规则体系。GATT 效力的不断延展，成为之后半个世纪多边贸易体制的基本法律依据。虽然 GATT 规则从国际条约法上属于契约性条约性质，但由于其可执行性和可裁决性，并在后来的部长会议以及多边贸易谈判中不断增补其规则，因此其造法性质逐渐显现，开始向着造法性条约方向转变。

---

① 陈辉庭：《经济全球化对国际法的挑战》，《中共福建省委党校学报》2011 年第 1 期。

　　如果两个国家之间订立了贸易或通商协定，对于相互之间的关税或非关税以及服务等事项作出了约定，一方对另一方采取了超出协定规定的关税或非关税措施及服务贸易措施，就违反了国际法及其条约义务，WTO将采取一定制裁手段。而在GATT（WTO）体制下，一些国际惯例也成为多边规则，即比较普遍遵守的国际法规则。如果某缔约方或成员方采取这样的措施，就是公然违反国际法，是对国际社会的重大挑战。

　　公平正义也是国际法治在全球化背景下体现的重要价值因素。WTO成立后，争端解决机制的很多方面得到了重大改进，增强了发展中国家对争端解决机制的信心。WTO以"公正贸易"和"自由贸易"相互结合为原则，避免成为发达国家管理世界贸易的工具。在现有WTO争端解决机制框架内，发展中国家可以利用机制来维护自己的权益。[1] 同时，《联合国宪章》作为当代国际法的基础，确立了一些国际关系准则，包括主权平等、和平解决国际争端等，对于推进全球化中各国平等的责任和权利有着重要意义。[2]

　　国际法治的话语体系建立在各国的普遍认同上。由于国际社会缺乏法律权威，国际规范的约束力取决于国家意志的认同基础。国家间的信任是国际交往合作的重要前提，国际社会的正常运行对信任有着强烈需求，全球有效治理也有赖于全球信任文化的形成。[3] "参与国际社会的国家越多，越需要有共同遵循的国家行为规范，产生国际道德规范的动力越大。认同一项规范的国家越多，该规范的道德力量越大，产生的国际舆论越一致。国家之间相互依存关系越紧密，国际道德规范的制约作用越大。"全球化的秩序是一个不断合理化的过程，参与者可以提出自己的合理诉求。[4] 在全球化背景下，国家对于国际法治的认同度和参与度比较高。

　　在逆全球化过程中，为了解决全球化所带来的负面影响和结构性矛盾，也为了逆全球化后国际治理的需要，国际治理体系在国际法话语体系中成为国际法治的替代体系。

　　逆全球化的出现与全球治理机制的失灵有着密切关系。国际法所处的

---

① 刘晔：《新型经济全球化与国际经济新秩序的构建》，《管理学刊》2019年第2期。
② 刘晔：《新型经济全球化与国际经济新秩序的构建》，《管理学刊》2019年第2期。
③ 吴志成、李佳轩：《全球信任赤字治理的中国视角》，《政治学研究》2020年第6期。
④ 王泽应、刘利乐：《当代世界逆全球化现象的伦理审视》，《中州学刊》2019年第1期。

现实境况进一步说明了虽然国际法发展时间较长，但其基本特质仍未改变：它是一种横向的、基于协定、强制力还未构建起来的法律。国际社会的无政府状态在一定程度上塑造着国际体系相互制衡的运作原则和国家自利自助的行为逻辑，使得一些国家在权力博弈和利益竞争中彼此对立、相互猜忌，国家之间的关系契约化蜕变严重。① 全球失序使全球治理问题趋于复杂，让既定的国际治理秩序无法维持。逆全球化下国际秩序供给紊乱的现状令人担忧，一端是国家主权意识的明显增强，另一端是国际协调的重要性凸显，两端如果严重疏离，全球治理的状态与绩效就缺乏基本保障。② 虽然此前已有两波全球化，但新一波全球化对世界各国仍然是严峻的考验。国际组织在此过程中，越来越不能够满足全球治理的需求，其行动受到大国的阻碍和不同权利主体之间的牵制，而国际组织根据新的国际权力分配关系而进行的改革也迟迟未能提上日程。跨国非传统威胁、环境恶化和技术革新等因素也扩大了国家对于治理的需求。国际组织调节机制的作用越来越无法适应普遍需要，在原有的国际组织制度框架内解决各方分歧和矛盾的难度也越来越大，必然演化为体系性治理危机。③ 全球治理需求与供给之间的巨大差距，④ 让全球治理问题在全球化时代被提上议程，而治理不善也进一步推动了逆全球化的发展。

有观点认为逆全球化运动兴起的原因主要是全球治理机制失灵，造成国际规则体系无法服务于正常的全球治理，进而造成全球层面秩序紊乱。⑤ 在传统经济全球化下，国际治理主要由发达国家主导，发展中国家较少有发言权。传统经济全球化是一种相对激进的全球化，只注重经济发展的硬性要求，本国自利性和自私性特征明显，国际经济强权压迫、歧视等问题严重，文化侵略与霸权不断涌现，由此引发地区战争、动乱等现象。⑥ 以自动化、人工智能、网络化、高度金融化和超级高科技跨国企业为特征的当代资本主义生产和财富创造系统，在将资本的社会化大生产和自我增值

① 吴志成、李佳轩：《全球信任赤字治理的中国视角》，《政治学研究》2020 年第 6 期。
② 任剑涛：《民族国家时代的帝国依赖》，《中国法律评论》2019 年第 4 期。
③ 屠新泉、石晓婧：《世贸组织改革：必要而艰巨的任务》，《当代世界》2019 年第 8 期。
④ Patrick Stewart. The Unruled World. *Foreign Affairs*，Vol. 93，2014，pp.58 - 73.
⑤ 汪亚青：《逆全球化兴勃的逻辑机理、运行前景与中国方案的政治经济研讨》，《中共南京市委党校学报》2019 年第 4 期。
⑥ 王颂吉、谷磊、苏小庆：《"一带一路"引领新型全球化：变局研判与建设任务》，《西北大学学报（哲学社会科学版）》2019 年第 2 期。

不断推向前所未有的高度的同时，也造成了越来越明显的分配不均、社会撕裂，以及新的对抗性"文化斗争"的土壤。全球性矛盾和斗争呈现出一种前所未有的复杂性、全面性和激烈性。[①] 现有的全球治理体系及其制度安排较为滞后，在用处理国际关系的老方法解决新问题时，通常会产生改革停滞、治理无力等问题，当各个领域的问题叠加在一起时，逆全球化也就随之产生。当民粹主义、民族主义和恐怖主义在不同的国家和地区滋生时，西方国家试图通过制度修正、保护主义和孤立主义来应对危机，但是这种修正只能带来体系内部更剧烈的动荡。[②]

新自由主义经济政策导致"效率"与"公平"失衡，引发资本主义社会广泛而深刻的危机，成为诱发当前"逆全球化"问题的"罪魁祸首"。[③] 与此同时，发展中国家面临的一个更为艰难的问题是全球收入不平等程度加大。发展中国家的不平等较发达国家更为显著。由于缺乏强有力的国际货币治理体系以及对国际货币市场的适应，美元体系成为全球化经济下赋予金融精英阶级实现资本自由跨国流动特权的利益工具，由此给包括提供储备货币的美国在内的各个国家带来了不成比例的负面影响。美国为了维持基础不断削弱的美元霸权，采用了逆全球化、贸易保护主义、贸易摩擦等手段，这也为当前全球经济治理体系的下一步发展提供了思考。[④] 作为全球化指导思想的新自由主义的内在矛盾性体现在其总是假借自由、民主之名行遏制、干涉之实。新自由主义的制度与政策只是发达国家愚弄发展中国家，甚至愚弄本国普通民众的"幌子"。[⑤] 旧的全球化治理体系引起广泛不满的原因还在于旧体系没有充分考虑各国在历史、文化、现实国情等各方面的显著差异，以及国家利益至上和国内政治诉求优先（例如减少失业、缩小收入差距、维护高水平社会福利）在全球化面前所展现出的刚性。[⑥]

---

① 张旭东：《全球化时代的文化认同——西方普遍主义话语的历史反思》，上海人民出版社2021年版，第2页。

② 吴盼盼：《"逆全球化"现象与"新型全球化"的中国方案》，《中国商论》2019年第17期。

③ 张超颖：《"逆全球化"的背后：新自由主义的危机及其批判》，《当代经济研究》2019年第3期。

④ 耿玥：《基于改革开放40年回望：试论新型全球化的影响》，《经济师》2019年第9期。

⑤ 张颖超：《"逆全球化"背后——新自由主义的危机及其批判》，《当代经济研究》2019年第3期。

⑥ 汪毅霖：《逆全球化的经济根源与自由贸易的阴暗面——基于经济思想史和经济史双重视角的研究》，《学术界》2019年第9期。

　　国际秩序进入一个较长的重组期，民主、人权和国际法等概念的解释千差万别，在对策应用上缺乏共识，在体系规则上缺乏强制实施手段。[①]西方国家经济的衰弱使全球公共产品供给不足。面对全球公共领域的问题，以美国为首的西方国家由于其所负担的治理成本超出其获得的收益，故要求其他利益行为体共担国际责任，分摊治理成本。[②]欧盟提出的"开放的战略自主权"，将贸易政策的重点转向了更有效的实施与执行，同时拥有适当的工具来保护自己免受不公平、敌对竞争的影响，以期从现有的、基于规则的国际贸易中获益。原先全球公共产品的供给者并无动力和意愿提供新的全球治理规则或方案。[③]公共产品的紧缺进一步造成了许多全球议题的出现，亟须改革国际治理体系。但是，全球化的演进并没有带来国际治理共识，网络、外部空间安全等新问题也提出了新的治理挑战。[④]各国开始重新审视其内外政策以制定更合理的全球治理规则。[⑤]

　　在一个由多数主权国家组成的国际体系中，应对共同危机或改善共同境遇都需要动员协调职能的发挥。在逆全球化的当下，跨国问题的有效治理已超出传统大国的能力范围。[⑥]终结全球化负面效应依赖于新兴经济体的奋斗，新兴经济体需要成为最重要的全球公共品——新的全球治理体系的主要提供者。[⑦]中国提出的人类命运共同体旨在强调追求本国利益时兼顾他国合理关切，在谋求本国发展的同时促进各国共同发展，是在全球层面追求国际治理的实现。[⑧]新兴国家需要担负起提供全球公共品的主要责任，而新的全球治理体系是最重要的公共产品。由于国家间的贸易不存在一个有如国内政府般掌握绝对强制力的第三方仲裁者，所以全球治理需要由负责任的大国来提供全球公共品，甚至说全球治理体系本身就是一种公

　　① 赵白鸽：《"一带一路"：新型全球化实践》，《全球化》2019 年第 3 期。
　　② 俞建雄、曹冬英：《全球化钟摆视角下特朗普政府"逆全球化"分析》，《福建商学院学报》2019 年第 5 期。
　　③ Cornelia Furculiă and Wolfgang Weiss. The EU in Search for Stronger Enforcement Rules：Assessing the Proposed Amendments to Trade Enforcement Regulation 654/2014，*Journal of International Economic Law*，Vol.23，2020，pp.865 - 884.
　　④ Patrick Stewart. The Unruled World，*Foreign Affairs*，Vol.93，2014，pp.58 - 73.
　　⑤ 赵白鸽：《"一带一路"：新型全球化实践》，《全球化》2019 年第 3 期。
　　⑥ 秦亚青：《世界秩序刍议》，《世界经济与政治》2017 年第 6 期。
　　⑦ 汪毅霖：《逆全球化的经济根源与自由贸易的阴暗面——基于经济思想史和经济史双重视角的研究》，《学术界》2019 年第 9 期。
　　⑧ 吴盼盼：《"逆全球化"现象与"新型全球化"的中国方案》，《中国商论》2019 年第 17 期。

共品。完整意义上的国际引领包含着两项内容：任务属性下的国际公共产品供给和关系属性下他国行为的协调。虽然国际公共产品的供给将为供给国带来一定的成本与资源消耗，但"引领—支持"关系的形成可以提升供给国的国际声望，甚至赋予其对争议问题的特殊影响权重。[①]

第三节　多边主义和国际组织重要性的演变

全球化为国际组织的发展提供了条件。经济全球化进程客观上要求国家之间加强国际合作和国际协调，为国际组织的发展和活动提供广阔的舞台。以联合国、WTO 为主的国际组织在经济全球化进程中不断发展壮大，同时又成为经济全球化的承担者和主要推动者，是国际立法、执法的主要组织者和推动者。[②] 国际组织作为全球化重要的途径和纽带，制定了全球化过程中各国需要遵守的行为规范，并提供了合作和解决争议的平台。

在国际实践中，国际法的编纂和国际公约的订立都由国际组织主导完成。在立法方面，国际组织承担着全球性法律原则、规则和制度创造者的角色。WTO 规则体系的条约、协定、议定书等法律文件在性质上都属于国际条约，对每一个缔约成员具有约束力。在执行法律方面，每个国际组织都有自己的管辖机制、监督执行和惩罚机制，从而保障了全球性的法律规则付诸实践。

以国际组织为核心的布雷顿森林体系推动了资本、资源、劳动力的跨境流动，生产要素在世界范围内有效配置，高效的国际分工体系得以建立。[③] WTO 的建立就是经济全球化最高的成就。它推行的共赢模式和倡导的自由贸易使成员国可以发挥比较优势，获得比较利益。同时，IMF 和世界银行的建立也是全球化中重要的推进因素。IMF 将国际货币合作和货币汇兑的稳定与自由化作为其宗旨，1976 年，IMF 达成了"牙买加协议"，

---

① 周国荣：《国际体系危机、关注点趋同与国际领导权的共享——基于七国集团与二十国集团的比较分析》，《国际领导：权力的竞争与共享》，上海人民出版社 2020 年版。

② 刘健、蔡高强：《论经济全球化时代国际法发展的新趋势》，《河北法学》2003 年第 1 期。

③ 陈建奇：《当代逆全球化问题及对应》，《领导科学论坛》2017 年第 10 期。

实行浮动汇率制度的改革，更加有利于货币的自由化。世界银行集团以及后来相继成立的各种区域性银行则对发展中国家和最不发达国家提供资金援助，有效缓解了国家贫富差别引起的矛盾。[①] 全球化随之而来的不平等问题的解决取决于国际机构——例如，IMF、世界银行等如何管理经济增长。[②] 如果这些国际组织能够有效推进公平合理的全球化秩序，就能够在成员国协助下根除不平等问题。

国际组织实际上是多边主义的体现。为了防止以邻为壑的悲剧，第二次世界大战后的国际经济体系和制度设计上引入了经济全球化和多边主义的理念。IMF 和世界银行开始是一种危机应对和管理机制，以防止出现世界性的经济大崩盘。GATT 则是通过建立一种多边贸易机制，让所有缔约方相互之间获得最惠国待遇和国民待遇，以实现关税减让和达到双赢的经济效果。[③] 无论是国际贸易投资领域还是国际金融领域，多边合作机制都是第二次世界大战后全球化得以发展的基石。[④] 第二次世界大战后建立的国际经贸秩序，是以 WTO、IMF 等多边治理框架为基础，这些多边治理框架的有效运行对于保障国际经贸秩序稳定发展、促进世界经济增长发挥了重要作用。

在逆全球化过程中，由于国家缺少多边协作的意愿，更多国际合作是通过国际协商展开的。国际组织弊端愈发明显，在逆全球化过程中逐渐被其他方式取代。WTO 因美国阻挠上诉机构成员任命、部分发达国家指责中国市场开放程度不足和政府干预、特殊和差别待遇标准分歧严重等原因而陷入危机，规则谈判、争端解决、贸易政策审查三大职能均受到严重挑战。[⑤] 在 WTO 的组织改革上，中美针锋相对，两个经济体的矛盾无法调和，遭遇成立以来的最大危机。[⑥]

特朗普退出众多国际组织实际上就是逆全球化的一个表现。由于市场占有、资本流动方式和程度差异所带来的冲突，而对生产要素国际流动形

---

① 何力：《逆全球化下中美贸易战与国际经济法的走向》，《政法论丛》2019 年第 5 期。
② 大卫·莱恩、苏珊珊：《全球化的困境与中国方案》，《当代世界与社会主义》2019 年第 5 期。
③ 何力：《逆全球化下中美贸易战与国际经济法的走向》，《政法论丛》2019 年第 5 期
④ 李向阳：《特朗普政府需要什么样的全球化》，《世界经济与政治》2019 年第 3 期。
⑤ Trade Policy Review — An Open. "Sustainable and Assertive Trade Policy". https：//trade.ec.europa.eu/doclib/docs/2021/february/tradoc_159439.pdf.
⑥ 孙茹：《理念分歧与中美国际秩序博弈》，《现代国际关系》2020 年第 11 期。

成主观意向上的限制乃至封闭，逐渐由全球性的政经关系退化为区域性关系甚至双边关系，具体表现为国际组织框架下的合作退至区域性多（双）边合作机制。2020 年 11 月 15 日，历经长达 8 年的谈判后，《区域全面经济伙伴关系协定》（RCEP）正式签署。自 2013 年首轮谈判启动以来，RCEP 的谈判进程缓慢，但在 2016 年后美国通过 TPP 等各种政治经济手段施压，促使 RCEP 成员国进一步加快推进谈判进程。作为全球人口最多、经贸规模最大、最具发展潜力的自由贸易区，RCEP 的谈判历程同样佐证了全球性的政经合作向区域性多边合作机制转变的特点。[①] 多边治理机制的"失效"或"失败"，催生了各种形式的区域治理框架，推动国际经贸秩序由多边主导进入区域时代。

国际协商尤其是双边协商成为逆全球化过程中国家合作的主流。以国家为核心、以区域为载体成为全球治理的新形态，国家重新成为全球治理的核心和主体。而由单个国家的有限性和全球化治理的弊端，让国家选择依托区域来进行全球治理。多极化的演进使大国集团共同推进国际治理成为可能。因此，脱离全球化框架、在区域内、大国间的双边或多边国际谈判取代国际组织成为一种主流。[②] 美国退出 TPP 和英国脱欧意味着曾经为经济全球化助力的区域经济一体化的势头也被扭转。《北美自由贸易协定》将 NAFTA 体现的区域性贸易投资规则改变成了美墨加三国为主体的三边规则，即每一方都是以单独的主体参加协定，并可以自己独立的身份退出，美韩自由贸易区的重新谈判也已完成。这种重新谈判的一个共同特征是基本按照美国的要求修订了自由贸易区协议的条款。[③] 多极化演进给大国带来的压力，全球范围内的摩擦和冲突的可能性增加，从而使大国更多倾向于在区域内进行协商，导致人员、思想和资本的全球化程度降低，区域化程度提高，而且随着时间的推移，资本的区域化程度也会提高，逆全球化趋势更加明显。[④]

双边协商有利于发达国家实现自己的最大利益。国际社会具有不确定性特征，这意味着任何国家都难以对国际体系环境变化和其他行为体的意

---

① 马相东：《RCEP 八年历程是如何走过的》，《学习时报》2020 年 11 月 25 日，第 5 版。
② Patrick Stewart. The Unruled World. *Foreign Affairs*，Vol.93，2014，pp.58 - 73.
③ 李向阳：《特朗普政府需要什么样的全球化》，《世界经济与政治》2019 年第 3 期。
④ Michael O'Sullivan. Good-bye to Globalisation. *The Economists*，2019.

图与行为进行准确判断。因此，国家更倾向于实用主义，利益成为国家最重要的行动指南，国家越来越偏向对实在利益的追求。① 就美国而言，特朗普执政后充分践行的"好邻居理论"，从多边机制转向体现单边主义理念的双边机制，其背后的主要驱动因素是美国的经济实力难以支撑其全球经济领导地位。只有利用相对于其他单个国家所具有的优势，美国才能在大国博弈中占据主动。② 因此，特朗普政府实施逆全球化举措的真正意图是借助多边或双边贸易谈判，使美国的比较优势得到充分发挥，甚至对世界贸易体系进行重塑，以便美国在世界贸易中获利。③ 拜登上台以来，表示要回归多边主义、多与盟友协商、修复伙伴关系和同盟关系。拜登政府在《2021 年贸易政策议程和 2020 年报告》中表明，将重新参与包括 WTO 在内的国际组织并成为其领导者，将与 WTO 总干事以及其他志同道合的贸易伙伴合作，对 WTO 的实质性规则和程序进行必要改革，以应对全球贸易体系所面临的挑战。④ 这些改革都是建立在美国与其盟友开展有效的双边谈判或国际协商的基础之上的，而协商或谈判的最终目的仍然是恢复美国主导的国际秩序的领导地位。

第四节　百年未有之大变局中的人类命运共同体

一、人类命运共同体理念的内涵

2017 年 1 月 18 日，习近平主席在瑞士日内瓦万国宫出席"共商共筑人类命运共同体"高级别会议时，发表题为《共同构建人类命运共同体》的主旨演讲，系统阐释了人类命运共同体理念。他提出，"建设人类命运

---

① 吴志成、李佳轩：《全球信任赤字治理的中国视角》，《政治学研究》2020 年第 6 期。
② 李向阳：《特朗普政府需要什么样的全球化》，《世界经济与政治》2019 年第 3 期。
③ 俞建雄、曹冬英：《全球化钟摆视角下特朗普政府"逆全球化"分析》，《福建商学院学报》2019 年第 5 期。
④ "2021 President's Trade Agenda and 2020 Annual Report", https：//ustr. gov/sites/default/files/files/reports/2021/2021％20Trade％20Agenda/Online％20PDF％202021％20Trade％20Policy％20Agenda％20and％202020％20Annual％20Report. pdf.

共同体应坚持对话协商，建设一个持久和平的世界；坚持共建共享，建设一个普遍安全的世界；坚持合作共赢，建设一个共同繁荣的世界；坚持交流互鉴，建设一个开放包容的世界；坚持绿色低碳，建设一个清洁美丽的世界"。[①] 以上论述不仅明确概括了人类命运共同体的基本内涵与实践路径，而且其中所蕴含的持久和平、普遍安全、合作共赢、交流互鉴、清洁美丽的治理宗旨也清晰展现了该理念的国际法内涵。

（一）持久和平的国际法内涵

持久和平既是人类命运共同体的基石，也是实现命运共同体其他宏伟愿景的前提。和平是国际法追求的基本目标，亦是人类命运共同体理念追求的基本目标。没有各国间的独立平等、和平共处，就不可能有持久和平，也不可能有普遍安全和共同繁荣。[②]

人类命运共同体理念中的持久和平原则是新时代背景下对国际法原则与宗旨的继承和发展。首先，持久和平原则是《联合国宪章》中维持国际和平及安全宗旨与避免危及国际和平、安全及正义原则之延伸。《联合国宪章》规定："维持国际和平及安全，并为此目的：采取有效集体办法，以防止且消除对于和平之威胁，制止侵略行为或其他和平之破坏；以和平方法且依正义及国际法之原则，调整或解决足以破坏和平之国际争端或情势。""发展国际以尊重人民平等权利及自决原则为根据之友好关系，并采取其他适当办法，以增强普遍和平。""各会员国应以和平方法解决其国际争端，避免危及国际和平、安全及正义。"[③] 坚持对话协商，建设一个持久和平的人类命运共同体与以上国际法重要原则与宗旨是高度吻合的，充分证明了人类命运共同体理念具有"维持国际和平及安全"的国际法内涵。

其次，持久和平原则强调国家主权平等，与国际法"主权平等原则"一脉相承。主权平等原则的核心要素是：国家不分大小、强弱、贫富，都是国际社会平等成员，其主权、独立、尊严和领土完整应得到尊重；各国均有权自主选择社会制度和发展道路；一国内政不容他国干涉；世界的前

---

① 习近平：《共同构建人类命运共同体——在联合国日内瓦总部的演讲》，《人民日报》2017年1月20日，第2版。

② "人类命运共同体与国际法"课题组：《人类命运共同体的国际法构建》，《武大国际法评论》2019年第1期，第1—28页。

③ 《联合国宪章》第1条第1、2项，第2条第3项。

途命运应由各国共同掌握，在全球治理中，各国应平等参与决策。[①] 人类命运共同体理念的基石仍然是主权国家，而主权既是国家独立的根本标志，也是国家利益的根本体现和可靠保证，各国应当尊重彼此核心利益和重大关切，这是任何时候都不能丢弃、不应动摇的硬道理。[②]

再次，持久和平原则与和平解决国际争端、禁止非法使用武力或威胁原则相辅相成。[③]《联合国宪章》第 2 条第 3 项第 4 款规定："各会员国应以和平方法解决其国际争端"；"各会员国在其国际关系上不得使用威胁或武力"。人类命运共同体理念的核心是要在国家之间构建起同舟共济、平等相待的伙伴关系，其排斥威胁与武力，秉持"走对话而不对抗、结伴而不结盟"[④] 的外交新理念，契合和平解决国际争端、禁止非法使用武力或威胁原则。

（二）普遍安全的国际法内涵

坚持共建共享普遍安全的世界是人类命运共同体所含国际法理念的重要内容。现代法律的基本价值之一在于保障公民的人身、财产安全，这也是国际法的重要价值和首要任务，被确定为《联合国宪章》维护国际和平与安全的首要宗旨。[⑤] 当今世界充满高度不确定性，全球安全正面临前所未有的危机，主要表现在：① 世界范围内新冠疫情的蔓延；② 大国博弈加剧世界局势动荡；③ 新冷战思维下，西方主要国家正在谋求发展新核武威慑；④ 恐怖主义呈现向全球扩散的趋势，国际社会安全面临严重威胁。[⑥] 在全球安全问题未能得到彻底解决的背景下，人类命运共同体理念中的普遍安全理念要求世界各国应遵守《联合国宪章》中关于维护国际安全的相关规定，在互信、互利、平等、协作的新安全观基础上构建人类安全共

---

①　许光建：《联合国宪章诠释》，山西教育出版社 1999 年版，第 27—33 页。

②　廖凡：《全球治理背景下人类命运共同体的阐释与构建》，《中国法学》2018 年第 5 期，第 41—60 页。

③　"人类命运共同体与国际法"课题组：《人类命运共同体的国际法构建》，《武大国际法评论》2019 年第 1 期，第 1—28 页。

④　杨洁篪：《携手同心，共担责任，努力推动构建人类命运共同》，《国际问题研究》2017 年第 6 期，第 1—6 页。

⑤　马志强、张梓良：《人类命运共同体理念的国际法阐释》，《河南工业大学学报（社会科学版）》2020 年第 3 期，第 56—62 页。

⑥　郭才华、张国清：《全球安全危机与构建人类安全共同体》，《浙江大学学报（人文社会科学版）》2021 年第 3 期，第 48—60 页。

同体。

目前的全球治理体系形成于第二次世界大战结束之后，以美国为代表的西方国家主导性地建立了以布雷顿森林体系为核心的全球经济治理体系，以及以联合国为中心的全球安全体系，在此基础上形成的全球治理体系是"中心—外围"的等级性权力结构。以美国为代表的西方国家处于全球治理的"中心"位置，在安全治理议题设置、安全治理途径选择、安全治理机制建设上占据绝对性主导地位，广大的发展中国家则处于被动性的"外围"位置，缺乏国际话语权，权利得不到充分保障。① 在此背景下，人类命运共同体的提出，强调普遍安全而非相对安全：一是共同安全，即尊重和保障每一个国家或区域的安全，全球每一个国家或区域都拥有参与安全事务的权利和维护地区安全的义务、责任；二是综合安全，即综合考量安全问题的历史沿革与现实状况，统筹兼顾、综合治理、协调推进全球传统领域与非传统领域安全；三是合作安全，即着眼各国或区域共同安全利益，通过共赢合作与平等对话，以合作谋和平、以合作促安全；四是可持续安全，即坚持发展与安全并重，聚焦发展主题，夯实安全根基，共建世界永续安全。② 普遍安全观积极回应时代的要求，通过联合反恐、联合打击海盗、共同构建网络空间命运共同体等，深入践行普遍安全的政治法律观念，为维护国际政治的稳定奠定了基础。③

（三）共同繁荣的国际法内涵

中国主张推进构建的"共同繁荣的人类命运共同体"是以全球经济日趋一体化为客观条件，以促进贸易和投资自由化便利化，推动经济全球化朝着更加开放、包容、普惠、平衡、共赢的方向发展为目标的理念。④ 共同繁荣理念充分体现了人类命运共同体理念所蕴含的"促进国际合作与发展"的国际法内涵，其与《发展权利宣言》与《联合国宪章》中有关国际

---

① 李志斐：《总体国家安全观与全球安全治理的中国方向》，《中共中央党校（国家行政学院）学报》2022年第1期，第1—22页。

② 贾文山、王丽君、赵立敏：《习近平普遍安全观及其对构建人类命运共同体的意义》，《中国人民大学学报》2019年第3期，第86—94页。

③ 田云刚：《新时代中国特色社会主义价值观的结构分析》，《伦理学研究》2021年第5期，第17—24页。

④ 张乃根：《试论人类命运共同体制度化及其国际法原则》，《中国国际法年刊》2019年第1期，第3—29页。

合作与发展的规定一脉相承。

《发展权利宣言》规定："发展权利是一项不可剥夺的人权，由于这种权利，每个人和所有各国人民均有权参与、促进并享受经济、社会、文化和政治发展，在这种发展中，所有人权和基本自由都能获得充分实现。""国家有权利和义务制定适当的国家发展政策，其目的是在全体人民和所有个人积极、自由和有意义地参与发展及其带来的利益的公平分配的基础上，不断改善全体人民和所有个人的福利。""各国对创造有利于实现发展权利的国家和国际条件负有主要责任。""各国有义务在确保发展和消除发展的障碍方面相互合作。各国在实现其权利和履行其义务时应着眼于促进基于主权平等、相互依赖、各国互利与合作的新的国际经济秩序，并激励遵守和实现人权。"①《联合国宪章》第 1 条即表明联合国宗旨之一是："促成国际合作，以解决国际属于经济、社会、文化及人类福利性质之国际问题，且不分种族、性别、语言或宗教，增进并激励对于全体人类之人权及基本自由之尊重。"② 共同繁荣理念倡导经济全球化朝着更加开放、包容、普惠、平衡、共赢的方向发展，以开放包容为前提，完全契合《联合国宪章》序言所昭示的目的——"促进全球人民经济及社会之进展"。③

（四）开放包容的国际法内涵

开放包容以促进文明交流为纽带，反对文明冲突论或文明优越论，具有求同存异、和而不同、相互尊重、加强合作、谋求共赢等内涵，既能够维护和拓展国家的正当利益，又能协调巩固人类社会整体进步。④ 开放包容是共同繁荣的前提，⑤ 是对联合国宪章"发展国际间以尊重人民平等权利及自决原则为根据之友好关系"及"不分种族、性别、语言或宗教，增进并激励对于全体人类之人权及基本自由之尊重"宗旨的弘扬和发展。⑥

---

① 《发展权利宣言》第 1 条第 1 款，第 2 条第 3 款，第 3 条第 1、3 款。
② 《联合国宪章》第 1 条第 3 项。
③ 《联合国宪章》第 1 条第 3 项。
④ 何志鹏、魏晓旭：《开放包容：新时代中国国际法愿景的文化层面》，《国际法研究》2019 年第 5 期，第 3—18，128 页。
⑤ 张乃根：《试论人类命运共同体制度化及其国际法原则》，《中国国际法年刊》2019 年第 1 期，第 3—29 页。
⑥ 何志鹏：《人类命运共同体理念对人权的贡献》，《人权》2017 年第 5 期，第 1—6 页。"人类命运共同体与国际法"课题组：《人类命运共同体的国际法构建》，《武大国际法评论》2019 年第 1 期，第 1—28 页。

从主权角度考量，国家之间交往的基石在于尊重主权，文明的交流互鉴也同样无法绕过主权。① 但在西方一元论传统下，西方国家形成了一种极具优越感的西方中心主义，连同由此滋生的文化霸权主义，对国际社会的和平、稳定、繁荣带来了负面影响。为避免这一不利倾向的扩大化，开放包容具备深刻的现实意义："我们要兼容并蓄、和而不同……使文明交流互鉴成为增进各国人民友谊的桥梁、推动社会进步的动力、维护地区和世界和平的纽带。"② 由此可见，人类命运共同体中包含的开放包容理念超越了西方中心主义，倡导以文明交流超越文明隔阂、文明互鉴超越文明冲突、文明共存超越文明优越的文明理念。

从人权角度考虑，开放包容中彰显的人权发展理念是其另一国际法内涵，构建人类命运共同体重大理念也体现了人权发展的时代精神。它要求建设一个持久和平、公平安全、共同繁荣、开放包容、清洁美丽的世界，正是当今世界人权事业发展在生存权、发展权、健康权、和平权、安全权、环境权等方面的具体表现，反映了世界人权事业朝着更加全面、协调、平衡、包容、可持续的方向发展。③ 人类命运共同体是一种以保障人权为核心价值的关于人类未来发展的设想。2017 年以来，联合国决议、联合国安理会决议、联合国人权理事会决议相继写入"构建人类命运共同体"，体现了这一理念不仅得到广大会员国的广泛认同，而且在国际人权领域也引起普遍反响，彰显了中国对全球治理和国际法的巨大贡献。④

（五）清洁美丽的国际法内涵

生态共同体是人类命运共同体的重要内涵之一，它将生态文明上升为全人类共同的行动指南和价值指向。⑤ "坚持绿色低碳，建设一个清洁美丽

---

① 《联合国宪章》第 1 条第 3 项。
② 何志鹏、魏晓旭：《开放包容：新时代中国国际法愿景的文化层面》，《国际法研究》2019 年第 5 期，第 3—18，128 页。
③ 刘明：《"构建人类命运共同体与全球人权治理"理论研讨会综述》，《人权》2017 年第 4 期，第 145—150 页。
④ 刘小妹：《以新时代人权发展事业推动构建人类命运共同体》，《国际法研究》2018 年第 3 期，第 3—17 页。
⑤ 张劲松：《风险社会视域下的人类命运共同体理念》，《上海交通大学学报（哲学社会科学版）》2021 年第 6 期，第 93—101 页。

的世界"充分体现了人类命运共同体理念所强调的可持续发展原则。尽管可持续发展未被作为一项基本原则写入《联合国宪章》，但1987年世界环境发展委员会就在《我们共同的未来》的报告中首次提出该概念。[①] 1992年《关于环境与发展的里约宣言》指出："人类处于普受关注的可持续发展问题的中心，他们有权过一种与自然相和谐的健康而富有成效的生活。"联合国《2030年可持续发展议程》"重申联合国所有重大会议和首脑会议的成果，因为它们为可持续发展奠定了坚实基础"。"可持续发展"已逐渐成为一项新的国际法原则。可持续发展理念提出后，国际社会缔结了关于气候变化、生物多样性等环境保护领域的诸多国际条约，例如1992年《联合国气候变化框架公约》、2016年生效的应对全球气候变化的《巴黎协定》以及2018年的后续实施细则都是在可持续发展原则的指导下缔结的，更加证实了可持续发展原则是一项基本的国际法原则，为建设清洁美丽的世界提供了坚实的国际法保障。

二、人类命运共同体理念的创新意义

人类命运共同体是中国立足于新时代为世界贡献的中国智慧和中国方案，是为促进各国互利共赢而提出的"新型全球化"理念，[②] 彰显出极具时代性的创新意义。

第一，人类命运共同体理念将中华优秀传统文化引入全球治理。首先，人类命运共同体思想汲取并涵养了中国传统"和"文化的营养和智慧，其内含了"天人合一"的宇宙观、"协和万邦"的国际观、"和而不同"的社会观和"人心和善"的道德观的"和"文化内核，将中国传统"和"文化与时代发展大势相结合，创造了合作共赢的国际观。[③] 其次，先秦诸子"同"的观念为"人类命运共同体"提供了十分重要的思想资源和

---

① World Commission on Environment and Development，Report of the World Commission on Environment and Development：Our Common Future，http：//www. un-documents. net/wced-ocf. htm.

② 张继焦、吴玥：《构建全球与中国"共赢"的人类命运共同体》，《贵州社会科学》2021年第11期，第37—44页。

③ 李姝桥、孔朝霞：《"人类命运共同体：中国'和'文化的智慧延展"》，《太平洋学报》2021年第8期，第49—59页。

理论支撑,"玄同"可以促进"人类命运共同体"的生态理念建设,"和而不同"可以促进"人类命运共同体"的社会文明建设,"形名参同"可以促进"人类命运共同体"的法治建设,"尚同"可以促进"人类命运共同体"的治理体系建设。① 人类命运共同体将"同"的观念创新性地引入全球治理,目的是推动全球治理体系变革、构建新型国际关系贡献中国智慧。再次,人类命运共同体理念蕴含中华法文化内涵,包括中华传统文化中天下观、大同思想等法治观念的现代表达,彰显中华法文化对当今时代国际法发展路径的指引作用。② 由此可见,构建人类命运共同体思想作为中华文化与历史融通交汇的产物,具有鲜明的中国特色,③ 是对全球治理方案的中国式创新。

第二,人类命运共同体理念继承并发扬了马克思主义理论。一方面,人类命运共同体理念是对马克思主义共同体思想的继承和发扬。1845—1846 年,马克思深刻揭露了资本主义"虚幻共同体"的本质,他指出:"由于私有制摆脱了共同体,国家获得了和市民社会并列并且在市民社会之外的独立存在;实际上国家不外是资产者为了在国内外相互保障各自的财产和利益所必然要采取的一种组织形式。"④ 1848 年,马克思在《共产党宣言》中逻辑清晰地阐明了"真正共同体"的本质及其实现路径。马克思认为,只有消灭私有制、消灭一切阶级、消灭竞争、消除旧的分工和消灭异化,全体社会成员得到自由全面的发展时,才可褪去共同体虚假的外衣,才能够实现这样一个联合体,⑤ "在那里,每个人的自由发展是一切人的自由发展的条件"。⑥ 马克思主义对于"真正的共同体"的阐述激励着人类追求共同进步和发展,人类命运共同体是突破虚幻的共同体的藩篱而实现真正共同体的过渡阶段,是中国共产党立足现实的实践,是对马克思主

---

① 朱琳:《"人类命运共同体":先秦诸子"同"观念的现代转化》,《广西民族研究》2021 年第 2 期,第 24—30 页。

② 李栗燕:《人类命运共同体思想的中华法文化意蕴》,《法律科学(西北政法大学学报)》2021 年第 3 期,第 16—23 页。

③ 王梦:《构建人类命运共同体思想的符号学阐释》,《上海交通大学学报(哲学社会科学版)》2021 年第 6 期,第 102—108 页。

④ 《马克思恩格斯选集》(第 1 卷),人民出版社 2012 年版,第 212 页。

⑤ 王鹏:《人类命运共同体理念对马克思共同体思想的承继、发展及其当代价值》,《理论导刊》2020 年第 2 期,第 50—56 页。

⑥ 《马克思恩格斯选集》(第 1 卷),人民出版社 2012 年版,第 422 页。

义唯物史观的一大理论创新。① 另一方面，人类命运共同体是对马克思恩格斯民族交往理论的历史继承。马克思指出，"一个人的发展取决于和他直接或间接进行交往的一切人的发展。""单个人的历史决不能脱离他们以前的或同时代的个人的历史，而是由这种历史决定的。"② 人类命运共同体立足于历史唯物主义，提出了实现马克思"真正的共同体"理想现实途径，与马克思恩格斯民族交往理论的历史、逻辑、内涵保持一致，并且形成了鲜明的时代特征和当代拓新。③

　　第三，人类命运共同体理念超越西方中心主义，形成超越民族国家和意识形态的"全球观"。④ 构建人类命运共同体不是推进一种或少数文明的单方主张，也不是谋求在世界建设统一的行为体，更不是一种制度替代另一种制度、一种文明替代另一种文明，而是主张不同社会制度、不同意识形态、不同历史文明、不同发展水平的国家，在国际活动中目标一致、利益共生、权利共享、责任共担，促进人类社会整体发展。⑤ 在文化方面，人类命运共同体所倡导的"以文明交流超越文明隔阂、文明互鉴超越文明冲突、文明共存超越文明优越"的文明理念，强调人类文明的多元化特征，排斥长期盛行的"西方中心主义"，呼吁不同国家和民族按照自身意愿在全球化视野下构建具有本民族特征的文明观念和价值体系。在制度方面，近 400 年来，西方主导下的国际法律制度及经贸规则等给人类带来了诸多的不公平现象和全球公共问题，而当下却无有效措施来应对和解决。⑥ 在此背景下，构建人类命运共同体思想将"国际公平正义"作为首要取向，批判以"对抗独占、武力强制、封闭狭隘、排斥独享、霸权统治"为特征的西方传统国际关系，⑦ 尊重和维护各国人民自主选择社会制度的权利，

　　① 黄其洪、方立波：《论人类命运共同体理论的马克思主义哲学基础》，《学术研究》2021 年第 11 期，第 29—36 页。
　　② 《马克思恩格斯全集》（第 3 卷），人民出版社 1960 年版，第 575 页。
　　③ 张晨瑶、薛忠义、朱颜：《马克思恩格斯民族交往理论的人类命运共同体转向》，《广西民族研究》2019 年第 6 期，第 1—8 页。
　　④ 牛志宁、林春逸：《增强人类命运共同体国际理解：价值·挑战·理路》，《中学政治教学参考》2021 年第 44 期，第 93—96 页。
　　⑤ 中共中央宣传部：《中国共产党的历史使命与行动价值》，《人民日报》2021 年 8 月 27 日，第 1 版。
　　⑥ Vladimir Yakunin. The Future of World Order — Building a Community of Common Destiny. *China Quarterly of International Strategic Studies*，Vol.3，No.2，pp.159 - 173.
　　⑦ 高奇琦：《全球治理、人的流动与人类命运共同体》，《世界经济与政治》2017 年第 1 期，第 30—45、156—157 页。

推进国际关系民主化进程，大力倡导共同但有区别的责任观，确保各国在国际活动中机会平等、规则平等、权利平等，[①] 其能够对现有的国际法律制度进行创新与完善。

第四，人类命运共同体是高新技术快速发展的经济全球化下对以往共同体思想的现实性超越，依然以"国家"为基本主体，而真正的利益攸关方和最终承担者还是"个人"。[②] 国际社会的基本单元是主权国家，国际关系和国际法以往的关注重心自然也是国家，以往对国际共同体的界定基本是从国家的视角出发。[③] 而人类命运共同体理念中所强调的"人类"已超越"国家"作为单一行为体的状况，回归个体本身，重视个体与整体间的交互。其既看到不同个体、国家和民族的具体性，又关切全人类的普遍性，使个体与整体、具体与一般、民族与世界在辩证运动中向前发展。[④]

三、人类命运共同体的指导价值

人类命运共同体理念对于国际社会发展的未来定向既是一种理想性的范式导向，又是一种现实性的建构，对国际法的理论和实践发展来说具有重要的指导价值。

（一）指明全球治理的新理念

人类命运共同体理念为全球治理变革提供了指导思想。全球治理体系是对全球化发展进程中所产生的一系列全球性问题的"制度性回应"，[⑤] 自全球治理体系形成以来，西方现代性主导的全球治理提倡以"本国优先"与"西方为主"，一味地追求本国利益而无视他国的合理利益，进而影响

---

① 王梦：《构建人类命运共同体思想的符号学阐释》，《上海交通大学学报（哲学社会科学版）》2021年第6期，第102—108页。

② 马忠法：《论构建人类命运共同体的国际法治创新》，《厦门大学学报（哲学社会科学版）》2019年第6期，第21—31页。

③ 张辉：《人类命运共同体：国际法社会基础理论的当代发展》，《中国社会科学》2018年第5期，第43—68、205页。

④ 张懿、于鸿：《人类命运共同体的马克思主义生命观维度阐释》，《学习与实践》2021年第11期，第5—14页。

⑤ 刘同舫：《人类命运共同体对全球治理体系的历史性重构》，《四川大学学报（哲学社会科学版）》2020年第5期。

世界的平衡发展与普惠发展。在现代性发展的历史新阶段，如果不合作，就难以发展，不共赢则无法单赢，这是现代发展的历史新阶段、新特点的大趋势。此时如果仍然采用资本主义逻辑下形成的不公正、不平等的全球治理方案，不仅无法适应现代性发展的新问题、新特点，而且会进一步加剧全球分配的结构失衡。①

"全球治理体制变革离不开理念的引领"，②需要对既往全球治理的理念、方法、原则和制度进行发展和完善，人类命运共同体理念在其中应有重要价值。习近平总书记强调："中国秉持共商共建共享的全球治理观，倡导国际关系民主化，坚持国家不分大小、强弱、贫富一律平等。"③全球治理体系应由世界各国平等参与、共商共建共享，不应包含任何形式的霸权主义和强权政治。在经济上，人类命运共同体呼吁合作共赢、共同发展、利益共享，追求自身利益的同时兼顾他方利益；在政治上，倡导主权平等，国家不分大小、强弱、贫富，主权和尊严必须得到尊重；在安全议题上，主张树立共同、综合、合作、可持续的安全观；在文化上，它推动不同文明兼容并蓄、交流互鉴；在生态环境方面，提倡绿色、低碳、循环、可持续的生产生活方式。④人类命运共同体主张共同安全和合作共赢，指明了全球治理体系的合作基础是全球治理体系的公平与正义，明确了全球治理体系"保障全球治理体系的民主和各参与主体自由"的发展方向，其内含的"和平、发展、公平、正义、民主、自由"的全人类共同价值是对全球治理体系实践的历史性反思，旨在消解全球治理体系价值形态的"'畸形'统一"，⑤从而以真正代表各方共同利益的价值引领全球治理体系变革。⑥

---

① 卢岚：《人类命运共同体：全球治理变革的思想基石》，《北方论丛》2018年第6期，第5—11页。

② 《推动全球治理体制更加公正更加合理　为我国发展和世界和平创造有利条件》，《人民日报》2015年10月14日，第1版。

③ 《决胜全面建成小康社会　夺取新时代中国特色社会主义伟大胜利》，《人民日报》2017年10月28日。

④ 常健：《构建人类命运共同体与全球治理新格局》，《人民论坛·学术前沿》2017年第12期，第35—41页。

⑤ 彭大伟：《默克尔出席G7峰会，强调解决气候变化等问题离不开中国》，http：//news.cctv.com/2021/06/12/ARTIKyb24ZxxJo68ydustnu1210612.shtml?ivk_sa=1023197a。

⑥ 张鹭：《人类命运共同体与全球治理体系的变革》，《社会主义研究》2021年第6期，第140—147页。

（二）引领新型经济全球化

党的十八大以来，习近平总书记明确提出了"引导好经济全球化走向"①的历史任务，并向国际社会阐明了中国关于推动全球化发展的根本指向："构建人类命运共同体，实现共赢共享。"②

"新全球化"是一种多元一体的共生性和包容性全球化概念。此前的经济全球化是单一性的"全球化"，这种单一的世界发展路径将会制造越来越多的矛盾；以抵抗经济全球化、回归保守主义和分化主义为出路的反经济全球化思潮也是没有出路的，将给世界带来更大的风险并导致无序化。③克服经济全球化的弊端必须推动经济全球化转型，经济全球化转型既需要科学理论的指引，也需要实践主体的有力推动。在经济全球化面临何去何从的重大历史关口，习近平主席积极倡导国际社会树立人类命运共同体意识，"让经济全球化的正面效应更多释放出来"，④"让经济全球化进程更有活力、更加包容、更可持续"。⑤人类命运共同体理念所主张的开放、包容、普惠等理念为新型经济全球化的发展提供了指导思想，其在维护世界贸易组织规则的基础之上支持建立更加开放、更加透明、更加包容和非歧视性的全球贸易和投资自由化的多边体制机制，倡导在充分协商沟通的基础上，各国共同调整和完善全球经济规则和治理体系，构建更广泛的利益共同体，让发展的成果惠及全人类，⑥引领新型经济全球化。

① 习近平：《共担时代责任 共促全球发展——在世界经济论坛 2017 年年会开幕式上的主旨演讲》，《人民日报》2017 年 1 月 18 日。
② 习近平：《共同构建人类命运共同体——在联合国日内瓦总部的演讲》，《人民日报》2017年 1 月 20 日。
③ 张福贵：《人类命运共同体意识与"新全球化"理念》，《学习与探索》2020 年第 12 期，第 1—7 页。
④ 常健：《构建人类命运共同体与全球治理新格局》，《人民论坛·学术前沿》2017 年第 12期，第 35—41 页。
⑤ 常健：《构建人类命运共同体与全球治理新格局》，《人民论坛·学术前沿》2017 年第 12期，第 35—41 页。
⑥ 廉志杰、易明：《人类命运共同体对经济全球化危机的应对》，《学理论》2021 年第 10 期，第 37—39 页。

第十九章

中美贸易摩擦对国际经济
秩序的现实主义形塑

第一节 中美贸易战的修昔底德逻辑

现实主义是国际关系理论中历史最悠久、影响最深远的理论范式，如今，现实主义仍然占据国际关系理论研究的核心地位。被称作"现实主义之父"的古希腊历史学家修昔底德在其著作《伯罗奔尼撒战争史》中展现了其看待和分析伯罗奔尼撒战争的观点，也展现了其现实主义思想。贯穿整个《伯罗奔尼撒战争史》的各城邦间为生存而出现的安全困境、摩擦冲突、结盟背盟、造就与维持均势的行为，是现实主义国际关系思想传统的最初来源。修昔底德思想影响了从摩根索、吉尔平到米尔斯海默、格雷厄姆·艾利森等诸多国际关系理论家，成为他们论证霸权转移、安全困境、进攻现实主义（大国战争悲剧）的理论基础，同时这些理论成果也成为"修昔底德陷阱"的理论基础。在"修昔底德陷阱"概念出现之前，充斥在美国国际关系理论中的霸权转移理论、霸权衰落理论、权力转移理论及盛行的中国崩溃论、中国衰落论以及中国威胁论，都是"修昔底德陷阱"产生的理论来源和舆论背景。修昔底德的现实主义思想主要概括为如下两方面。

一是竞争的国际体系中存在一个无法避免的安全困境，一国实力的增长会引发别国的担心，权力的相对变动会导致不可避免的战争。[1] 修昔底

---

① 王帆、曲博:《国际关系理论思想、范式和命题》，世界知识出版社 2013 年版，第 23 页。

德在其著作中"先说明双方争执的理由和他们利益冲突的特殊事件，使每个人都毫无问题地知道引起这次希腊大战的原因"，但他认为"使战争不可避免的真正原因是雅典实力的增长和因而引起斯巴达的恐惧"。① 在一个没有共同权威的无政府状态下，国际体系的竞争性质使得国家对权力变动十分敏感，为了维护自身安全和生存，必须阻止相对力量变化朝着对自身不利的方向发展。

二是权力是国家生存和利益的保证，权力越大则获利越多。尽量扩展权力就能够带来更多利益，进而享有特权。国家要谋求更多权力，"不是为它们自己的自由，就是为控制他人的权力"。② 权势是雅典征服和扩张的手段，在他们看来，只要拥有权势就要行使统治，这是自然界的普遍规律。而一旦凭借其强权占领弥罗斯，雅典帝国的版图将进一步扩大，它可以搜刮更多的财富，并威慑对其不满的其他大小城邦，获取更大的权势又成了雅典帝国不断扩张和征服的目的。③ 此外，结盟是国家实现安全的重要手段，结盟的出发点是双方共同的利益与安全。在竞争性体系中，国家为了寻求生存和安全可以依赖两种方式：增强自身实力或者建立联盟制衡强者。④

2012 年 8 月，美国学者格雷厄姆·艾利森将伯罗奔尼撒战争中的雅典与斯巴达类比当今的中国与美国。他认为国际体系内的新兴大国崛起之后，一定会挑战居于主导地位的守成大国，最终导致战争的产生，归纳出"修昔底德陷阱"，即崛起大国与守成霸主之间的争夺必然会通过战争解决。⑤ 艾利森并没有将视角只停留在政治现实主义之上，而是借用亨廷顿的"文明冲突论"，强调中美在文化价值、政治发展道路、意识形态等方面的根本分歧是使两国可能陷入"修昔底德陷阱"的重要因素。"文明冲突论"具有很强的现实针对性，是基于对冷战结束后世界政治中发生的诸多矛盾、冲突和战争所做的观察和思考。亨廷顿认为，冷战后，随着西方

---

① ［古希腊］修昔底德：《伯罗奔尼撒战争史》，谢德风译，商务印书馆 1985 年版，第 19 页。
② ［古希腊］修昔底德：《伯罗奔尼撒战争史》，谢德风译，商务印书馆 1985 年版，第 213 页。
③ 徐莹、刘静：《修昔底德与现实主义国际关系理论》，《东北大学学报》2004 年第 2 期，第 128 页。
④ 王帆、曲博：《国际关系理论思想、范式和命题》，世界知识出版社 2013 年版，第 25 页。
⑤ Graham Allison. Thucydides's trap has been sprung in the Pacific. *Financial Times*，August 21，2012.

文明的相对衰落和非西方文明的兴起，西方文明的相对优势在下降，世界朝着多极化趋势发展。未来的世界秩序是由文明内部的合作和文明之间的冲突构成的，不同文明之间的冲突是无法避免的。① 冷战后，西方文明的实力相对衰弱，非西方文明兴起，非西方文明开始否定、批评甚至抵制西方文明。文化在世界的分布反映了权力的分布，文化总是追随着权力，中美之间的冲突既是东西方文明冲突的表现，也是权力之间博弈的展现。

大国博弈更多地表现在贸易和金融等领域的角逐。2018 年开始的中美贸易战就是中美两国面临的修昔底德之困，展现的是遏制和反遏制的逻辑。② 虽然中美贸易战已告一段落，但中美两国之间的摩擦正从贸易延伸至投资、政治和军事等各个方面，中美之间的博弈将会持续进行。

第二节　中美博弈的现实逻辑和内在因素

一、人类文明存量的博弈史

存量博弈的本质是零和游戏，强者恒强是由于掠夺了弱者的资源。在农耕文明的阶段，不同的文明争夺的目标主要是土地与人口，只要拥有土地与人口就能生产更多的粮食、丝绸与瓷器。

决定人类生活水平主要有三个指标——粮食、矿产（包括石油）、电力，其中衡量人类生活品质最重要的指标是人均电力消耗量。从 21 世纪开始，全球人均电力消耗年增长只有 1.1%，中国是 7.3%，发达国家几乎没有增长。2009—2015 年，全球电力消耗量增长了 17%，中国增长了 52%，美国只增长了 6%，全球电力消耗量增长的 57% 来自中国。2016 年，中国占据全球石油资源的 15%、全球铁矿石资源 50%、全球主要大豆出口国出口量的 70%，然而中国人均肉类消耗量只是美国的 50%，人均汽车保有量是美国的 20%，人均电力消耗是美国的 30%。

回顾人类文明存量博弈史，荷兰、英国等国均因国内重大创新活动而

① 王帆、曲博：《国际关系理论思想、范式和命题》，世界知识出版社 2013 年版，第 310 页。
② 沈伟：《"修昔底德"逻辑和规则遏制与反遏制——中美贸易摩擦背后的深层次动因》，《人民论坛·学术前沿》2019 年第 1 期，第 40 页。

日益兴盛，并走上对外扩张道路，由此获得广阔的空间和高额的利润，但其扩张在趋向极限时使国内治理体系与国际权利格局失衡，并引发国际体系的周期性转换。荷兰和英国在历经扩张和主导阶段之后，进入战略收缩阶段，最终退出对国际体系主导权的竞逐。新的霸权国则再次上演扩张、主导、收缩和退出的新一轮历史演进，在这周期进程中，资本的逻辑、政治的逻辑和时代的逻辑这三大铁律始终在发挥作用。[①]

（一）资本的逻辑

资本的逻辑是指资本在对外扩张中的获利水平与大国的扩张与收缩有深层关联。对市场的排他性占有和利润的无止境追求始终是资本主义大国对外战略的核心目标。具备更强竞争力的国家必然获得更多资本的加持，并呈现扩张态势，由此而形成霸权；而当其竞争力下降而逐渐失去资本青睐时，则不得不被迫收缩战线。由于过去几百年的世界历史中始终是资本和资本主义主导，因此，资本回报率是决定大国扩张与收缩的基本动因。

（二）政治的逻辑

政治的逻辑是指霸权国内部的民意倾向与其在对外战略上选择扩张还是收缩有很大关系。当霸权国内部的主流群体在对外扩张行动中受益时，扩张就具备更大的政治合法性；反之，当主流群体感到扩张只是惠及少数集团而要求将战略重心收归国内时，霸权的对外扩张就走到了尽头，因此，国内政治合法性是决定大国扩张与收缩的直接要素。如今美国治理体系的显著特征是市场过分膨胀、社会结构畸形而政府能力不足，这是典型的"霸权病"。持续的扩张对治疗"霸权病"不仅毫无助益，而且与国内民意背道而驰。过去几年，无论是共和党内以特朗普为代表的右翼民粹势力还是民主党内以桑德斯为代表的左翼民粹势力，他们之所以获得了大批选民的拥护，在于其均主张更多回应社会诉求，将战略重心收归国内，将有限资源聚焦国内，把更多精力花在改善民众福利上。

---

① 王鸿刚：《美国霸权持续收缩的三大逻辑》，https://mp.weixin.qq.com/s/YFFPVtdsIf_UinBPwxKCRw，最后访问日期：2021年9月22日。

（三）时代的逻辑

时代的逻辑是指霸权国的扩张唯有符合历史进步潮流才有可能成功。先进取代落后是世界现代化进程的基本规律。重商资本主义比封建主义先进，因此荷兰及同时代其他大国的对外扩张纵然血腥，却能获得历史的阶段性默许；殖民资本主义比重商资本主义先进，因此英国的对外扩张纵然野蛮，却成就了"日不落帝国"的辉煌。历史总是在用它看不见的手，以推动霸权国拓展自身利益的方式，实现世界现代化进程不断演进的客观效果。而当霸权的存在成为历史进步的阻碍时，历史便会无情地将其打回原形。相较于资本的逻辑和政治的逻辑，时代的逻辑更具根本性和决定性。

2010 年 5 月，美国总统奥巴马在白宫接受澳大利亚电视采访时，针对中国想要在"用足机遇"之后转变发展方式、让中国人民也过上富裕生活的历史选择，发出了"严厉警告"。奥巴马通过电视镜头向全世界明确宣布：如果 10 多亿中国人口也过上与美国和澳大利亚同样的生活，将是人类的悲剧和灾难。因为人类文明目前的生产力水平，即对地球资源的利用水平只能支撑 10 亿人口达到目前发达国家的生活水平。一旦中国成为发达国家，必将使绝大多数发达国家的生活水平大幅度倒退，甚至倒退到发展中国家的生活水平。

二、影响新时代中美关系走向的四个因素

认识新时代中美关系的发展前景，首先需要对推动双边关系的动力进行全面考察，认清这些动力的变化态势。大体上说，推动中美关系的因素有四个：地缘政治、意识形态、经济和人文、全球治理。[①]

第一，地缘政治。这是影响大国关系最重要、最具统领性的因素。因为地缘政治涉及国家的领土主权、军事安全和政治安全。权力政治将地缘政治视为争霸世界的战略布局。地缘政治是 18—19 世纪西方兴起的国际战略理论，内容是将地理要素作为国家战略的基本竞争要素，实质是权力的战略布局，是一种地理空间战略学说。从权力转移角度看，任何守成大国都不会自动退出历史舞台，它们必然极力维护对自己有利的国际秩序现

---

① 刘建飞：《新时代中美关系的发展趋势》，《美国研究》2021 年第 4 期，第 9—23 页。

状，防止和打压崛起的国家取代自己的主导地位。大航海时代以后的历史证明，海洋国家与大陆国家之间的地缘政治博弈是以海洋国家取得优势地位为特点的。作为具有代表性的海洋国家，英国为了维护其对欧亚大陆的优势地位，不断变换同盟对象，遏制欧亚大陆崛起，以维持大陆均势，这是反映国际关系本质的地缘政治思考模式的典型事例。现在，同样作为海洋国家的美国视中国为崛起的大陆国家，所以遏制中国是英国式地缘政治思考模式的再现。①

第二，意识形态。同地缘政治相比，意识形态在大国关系中所发挥的作用总体上是次要的，而且经常附属于地缘政治。对大国来说，在判定战略竞争对手时，首先考虑的是对方构成安全威胁的能力，其次才是对方的意愿。不过，与其他传统大国相比，美国更重视意识形态因素，特别是美国自由派，往往将意识形态作为一个独立的因素来考量，将维护和推广西方自由主义意识形态视为对外政策的重要目标之一。中国改革开放后，意识形态在美国对华政策中发挥着双重作用：一方面，构成美国遏制中国的动力；另一方面，又构成美国接触中国的动力。② 在美国主流自由派看来，中国有可能通过改革开放而变成美国所认可的"自由民主"国家，美国要通过支持中国改革开放来促进这一目标的实现，因此必须接触中国，通过接触来融合中国、塑造中国。然而，随着中国特色社会主义新时代的到来，美国政治精英们认识到这个自由主义大战略并不成功。于是，意识形态不再是美国接触中国的动力，而作为遏制中国动力的一面却明显提升。

第三，经济和人文。在国际关系中，经济和人文如同黏合剂，使得两个国家难以完全割离。从大历史的角度看，经济和人文是最早影响美国对华政策的因素。随着中国经济的转型升级，中美在经济上竞争的一面逐渐显现。两国在贸易逆差、知识产权、货币汇率等问题上的纠纷不断，美国开始将中国视为经济竞争对手。不过，就中美经济关系的总体来看，互惠互利仍是主要方面，两国经济的相互依赖度越来越高，直到特朗普政府挑起贸易摩擦。就目前来看，贸易摩擦的结果是没有赢家的。在一定程度

---

① 廉德瑰：《美国对华政策的地缘政治思考模式与日本的外交选择》，《亚太安全与海洋研究》2021年第4期，第108页。

② 刘建飞：《新时代中美关系的发展趋势》，《美国研究》2021年第4期，第9—23页。

上，美国实施贸易摩擦并非出于经济动因，而是因地缘政治和意识形态竞争而导致的对华战略转向的结果。受经济关系和美国总体对华战略影响，两国人文交流也出现明显的倒退。

第四，全球治理。同其他三个因素相比，全球治理成为影响中美关系的因素相对较晚。随着美国经济的恢复，美国在全球治理上对华合作的需求开始减弱。与此同时，中美两国在全球治理体系和国际秩序改革上的冲突日益显现。奥巴马曾宣称"不能让中国制定规则"，充分体现了美国对中国参与全球治理体系和国际秩序改革的抵制，全球治理和国际秩序开始成为中美大国竞争的一个重要内容。这一方面使中美两国在全球治理上失去了许多合作机会，但另一方面也加剧了两国在全球治理和国际秩序方面的冲突。拜登政府上台后回归重视全球治理和国际秩序的轨道，这虽然给中美提供了在气候变化等全球治理领域进行合作的机会，但也使两国在国际秩序问题上的冲突更加凸显。美国一心要修复以其主导的以同盟体系为核心的自由主义国际秩序，而中国将继续维护以联合国宪章宗旨和原则为核心的国际秩序和国际体系。

上述四个因素在中美关系不同阶段发挥作用的性质和程度是动态的。在美国霸权战略框架下，地缘政治和意识形态主要起负向作用，构成阻碍双边关系发展的结构性因素；经济人文和全球治理主要起正向作用，构成双边关系发展的推动力。进入新时代后，地缘政治和意识形态的负向作用进一步强化，而经济人文和全球治理的正向作用相对减弱。两个方向的作用结合起来，导致中美关系在震荡中下滑。四个因素的变化态势决定中美战略竞争将是一场持久战，而且竞争将十分激烈。

三、中美博弈的决定性变量

科技发展停滞带来的美国精英阶层的焦虑是导致中美博弈的决定性因素。人类关于基础科学理论已经停滞了将近 70 年。现在几乎所有的科技成果都是应用科技的发展，基础理论还停留在 20 世纪。

20 世纪七八十年代，美国基于对未来科技发展的乐观前景主动将自己的中低端制造业转移出去，美国的战略是依靠强大的科技力量不断推动科技发展、产业升级来领跑全世界的，然而 21 世纪美国精英阶层发现，基础理论迟迟无法突破，应用科技发展也渐渐走到了极限，因此美国精英阶层集体陷入一种科技发展停滞的集体焦虑中，而中国正在用体制凝聚整个国家的力量追赶。当美国发现高科技产业向前发展逐渐困难时，全力狙击追击者是其合理的选择，这代表着一种存量博弈的思维。因此，中美贸易摩擦长期化和复杂化无法避免。首要的解决办法是科技突破带来增量前景，一是在基础理论领域有重大突破，然而几十年内希望渺茫；二是通过应用科技使基础理论的利用走向极限，其中的重要领域包括人工智能、量子科技与可控核聚变。虽然前两者可推动生产力的进步，但无法从根本上改变人类社会存量博弈的现状。唯一能改变人类存量博弈历史的只有可控核聚变。

目前该领域中国科研水平与欧美发达国家基本在同一层面，中国率先突破的可能性较大，即使其他国家率先突破，廉价的电力需要输送到全世界，而中国国家电网的竞争力居于世界前列。要解决远距离、大容量、低损耗、经济性等电力传输问题就必须使用特高压技术，而这项技术是中国完全垄断的高科技。截至 2017 年，中国国家电网在海外已在菲律宾、巴西、葡萄牙、澳大利亚、意大利、希腊等 9 个国家和地区投资运营，投资输变电工程遍及更多国家和地区。境外投资项目无一亏损，全部实现盈利。

第三节　拜登政府时期中美关系的发展和走向

美国参议院于 2021 年 5 月 27 日公布了最新的法案——《2021 美国创新与竞争法案》，这是美国历史上罕见的针对某一特定国家的一揽子法案，体现了美国（至少是国会）零和博弈的地缘政治思维，预示着美国正通过立法形式开启系统性制华时代。该法案中包括参议院于 2021 年 4 月 8 日提出的《2021 年战略竞争法案》（也称《两党对华全面法案》，或《战略竞争法案》）。《战略竞争法案》反映了两党对拜登政府的一致要求，即继续采取与中国的"战略竞争"政策，以保护和促进美国"重要利益和价值观"。

据此，可以判断拜登政府将在四个方面继续对华施压。一是在对华政策上积极协调与盟国甚至其他相关国家和地区的关系，对华实施"整体压力"。二是在清晰的政策构架（policy framework）下加强对华政策的协调性，对华政策中突出意识形态因素，对外为与盟国的合作提供意识形态"基准点"，对内为整合美国内部利益集团提供价值"原则"。三是积极协调与欧日等发达国家的经济关系，甚至重启被特朗普政府抛弃的跨大西洋贸易与投资（TTIP）谈判，并探索与日本主导的跨太平洋伙伴全面进步协定（CPTPP）之间的关系和互动，进而以反对"国家资本主义"为抓手，对华实施经济压力。四是调整在亚太（印太）的军事部署，推动与盟国以及相关国家的军事合作与协调，在军事上体现"整体优势"。

2020 年 9 月 22 日，时任拜登竞选团队成员的布林肯曾称"试图完全与中国脱钩是不现实的，最终会适得其反"，这曾给外界带来中美关系会有所缓和的期望。但是，从拜登上任后所采取的行动来看，上述表态并不意味着其会逆转当前中美在科技、投资等领域的脱钩态势，而只是将降低对华经济依赖作为实现中美战略脱钩和孤立中国的基础和前提。拜登政府已经清楚地表明要把中国视为"更加坚定的竞争对手"，对华将采取"三要"政策——要合作、要竞争、要对抗，因此，中美经贸关系也会呈现出复杂和多元的图景，且拜登政府至今并未撤销其前任对中国商品加征关税、打压中国高科技企业等极限施压做法，其中固然有特朗普政策的遗留效应以及美国政府对华强硬的因素，但也足以表明拜登政府将持续削弱两国经济联系的意图。[①]

一、拜登政府在贸易政策方面将逐步放弃美国优先的单边主义

美国对外贸易政策的制定与实施取决于各主体之间的相互博弈与利益权衡，美国贸易政治过程是以国内公众、利益集团、国会议员和以总统为代表的政府为参与主体，并伴有党派政治、游说捐资、舆论之争、府院之争等内容的一种运行机制。[②] 美国对外贸易政策由国会制定并投票通过，

① 柯静：《4 项关键产品供应链弱，拜登慌不择"路"》，https://www.thepaper.cn/newsDetail_forward_13575360，最后访问日期：2021 年 7 月 18 日。
② 周俊：《特朗普政府的贸易政策——基于美国国内贸易政治视角的分析》，《国际展望》2017 年第 9 期，第 38—56 页。

国会议员作为投票的行为主体发挥着决定性作用。由于总统对国会法案有否决权，所以总统的偏好和认知对贸易政策的制定有更直接的影响。如果偏好鹰派的总统当选，那么国际合作有可能变得困难，如果偏好孤立主义的总统当选，美国与他国的交往频率将降低。[①]

拜登政府认为只有回归多边主义，才能有效地恢复美国对盟国体系的"有力领导"，进而恢复美国在世界上的"领导能力"。尽管拜登政府不会改变中美"战略竞争"的格局，但中美两国毕竟与同一个世界紧密相连。坚持多边主义的政策取向有助于两国在国际事务中避免碰撞，加强交流与协调。

（一）特朗普政府贸易政策的主要特征

特朗普政府在"美国优先"的政策导向下，逆转了美国自第二次世界大战以来的贸易自由化进程。通过更加频繁地运用反倾销、反补贴和保障措施等传统的贸易救济手段，以及积极使用"232 条款""301 条款"等贸易政策工具，显著提高了美国的关税，违背了美国对多边贸易体系的承诺。

特朗普政府的贸易政策具有以下两点重要特征：一是更加强调劳工、环保、社会公正等可持续发展议题。在 2018 年达成的《美墨加协定》中，特朗普政府与国会民主党议员合作，将更具约束力的劳工和环保条款纳入其中，并极大削弱了贸易协定中的投资者—国家争端解决机制。二是更加强调国家安全。在与国会的密切配合下，特朗普于 2018 年签署了包含改革美国出口管制机制和外资安全审查机制的法案，加强对高技术产品的出口管制，以及收紧外国对美投资的审查。此外，相比往届政府，特朗普政府更加关注通信、电力、稀有金属等领域的供应链安全问题，寻求降低对外国尤其是中国供应链的依赖。

特朗普政府贸易政策的调整反映了美国国内政治格局的变迁和外部地缘政治环境的变化。在国内，东北部"锈蚀地带"在美国选举政治中的重要性再次凸显。在 2016 年大选期间，特朗普通过极具经济民族主义色彩的

---

① 周金凯：《美国对华贸易政治的实施策略分析——中美经贸摩擦视角》，《上海对外经贸大学学报》2021 年第 3 期，第 49—59 页。

政策主张，成功吸引了宾夕法尼亚州、密歇根州和威斯康星州蓝领工人的选票。

特朗普政府对美国外部地缘政治环境的认知也发生了重大变化，大国博弈和中美战略竞争成为美国安全战略的优先议程。鉴于国际经济交往对国家安全具有"外部性"，与中国进行战略竞争的国家安全理念不可避免地外溢到特朗普政府的贸易和投资政策当中，这也是特朗普政府加强出口管制、收紧外资审查和强调供应链安全的重要背景。

（二）美国贸易政策的主要影响因素

如前文所述，地缘政治、意识形态、经济和人文、全球治理是推动中美关系的主要因素，国内政治格局和外部地缘政治环境的变化显著影响着美国贸易政策的走向。

第二次世界大战后，美国摒弃了孤立主义传统，地缘政治成为塑造美国贸易政策的重要因素。在美苏争霸的地缘政治格局下，通过降低贸易壁垒和推动贸易自由化来提高盟国经济实力和加强与盟国经济纽带成为美国制衡苏联的重要手段。随着冷战的结束，外部重大地缘政治威胁的消失，使得美国国内政治对贸易政策的影响进一步凸显，加上民主党和共和党内部在贸易问题上的分化，美国国内在推动贸易自由化上的共识不复存在。该时期，代表劳工和环保组织的社会政治力量开始崛起，持续数十年的贸易自由化政策开始陷入停滞，劳工权益、环境保护和社会公正等可持续发展问题在美国贸易政策中的重要性逐渐上升。

（三）拜登政府的贸易政策走向

拜登在 2020 年大选期间并没有就贸易问题提出单独的竞选纲领，相关的贸易政策主张散见于"重振美国制造业"和"保障供应链安全"的竞选纲领中。通过对这些贸易政策主张的分析可以看出，拜登政府相比特朗普政府更倾向于扩大贸易，而不是限制贸易。拜登团队反对保护主义，认为20 世纪 30 年代的高关税和贸易战是导致第二次世界大战爆发的一个重要诱因。拜登团队强调进入国外市场的重要性，也更加重视国际规则，希望美国而非其他国家来主导国际贸易规则的制定。

在国内政治格局和外部地缘政治环境并未发生太大变化的情况下，美国对外贸易政策从自由化转向强调可持续发展议题与国家安全议题的趋势将不会改变，强调劳工、社会公正、主权和国家安全的贸易政策导向，在拜登政府时期仍将得到延续。

从 2020 年大选的投票情况可以看出，宾夕法尼亚、密歇根和威斯康星等少数摇摆州仍是决定美国总统选举的"关键少数"，拜登仅以微弱优势获得这些州的选举人票。为了赢得这些地区选民的支持，同时避免在民主党内部的引起更大分裂，拜登在竞选期间刻意回避了一些敏感的贸易议题。在是否撤销特朗普关税、是否重新加入 TPP 等问题上，拜登团队一直未明确表态。未来是否能够有效回应这些州白人蓝领工人的贸易政策诉求，仍然会成为美国两党竞争的焦点。此外，大国竞争尤其是与中国之间的战略竞争，依然会成为拜登政府国家安全战略的优先议程，这也意味着特朗普政府时期出台的一系列法律和行政命令，包括出口管制、外资审查、供应链安全等仍将继续实施。①

特朗普对华制裁引发了数以千计的美国公司和企业起诉美国行政当局的对华制裁措施，经济界普遍不赞同美国损人不利己的制裁措施。但是，拜登的外交团队仍然表示应当保持对华外交压力，并且积极构建所谓的民主同盟，通过与同盟国协调对华经贸政策，希望在对华打压方面取得切实的效果。因此，拜登政府对华经贸策略仍然处在磨合和摇摆期。可以肯定的是，拜登团队仍然会在经贸问题上压制中国，只是方式、策略和优先选项会有所差别。

2021 年 2 月 24 日，拜登签署第 14017 号行政令对"美国供应链"的脆弱性开展评估，并加强其恢复能力。同年 6 月 8 日，拜登政府宣布了评估结果及其行动计划，白宫发布题为《建立有韧性的供应链，重振美国制造业，促进广泛增长》②的百日审查报告，由商务部、能源部、国防部、卫生与公众服务部牵头，分别撰写四项关键产品的供应链审查结果，并提出加强供应链韧性的相关建议，其目的是加强美国供应链，促进美国经济安全和国家安全。从报告内容来看，拜登政府提高美国关键产品供应链的

---

① 吴其胜：《拜登政府贸易政策走向前瞻》，https://mp.weixin.qq.com/s/vjX34a5zy2z51mFJWC-S4g，最后访问日期：2021 年 2 月 10 日。

② "Building Resilient Supply Chains, Revitalizing American Manufacturing and Fostering Broad-Based Growth", https://www.whitehouse.gov/wp-content/uploads/2021/06/100-day-supply-chain-review-report.pdf.

策略包括国内和国际两个层面：国内层面主要包括加大对美国国内关键产品供应链的投资、扩大对关键行业的人力资源支持力度等；国际层面既包括与盟友和伙伴继续合作，为关键产品和技术制定新的可持续标准，也包括通过持续加强对华技术出口管制、外国投资安全审查等方式限制中国获取关键技术，利用一切可用的贸易工具来打击中国"不公平贸易"行为。可见，在拜登针对中国的全面战略中，仅降低美国供应链的脆弱性还远远不够，必须同时降低盟友和伙伴对中国供应链的依赖。[①]

2021 年 7 月 9 日，美国商务部工业和安全局（BIS）正式将 34 家实体列入实体名单，并实施相应出口管制措施，这 34 家实体中包括十几家来自中国的实体。根据美国商务部官网的新闻，BIS 指控这些实体参与了或很有可能将参与违反美国外交政策和国家安全利益的活动。[②] 对此，中国商务部回应："美方泛化国家安全概念，滥用出口管制措施，罔顾事实，再次以所谓'人权'等为由，将 23 家中国实体列入'实体清单'。这是对中国企业的无理打压，是对国际经贸规则的严重破坏，中方坚决反对。美方应立即纠正错误做法。我们将采取必要措施，坚决维护中方合法权益。"[③]

2021 年 10 月 4 日，美国贸易代表办公室发布了拜登政府关于中美贸易关系的新政（以下简称《公告》）。[④] 美国贸易代表凯瑟琳·戴琪在美智库战略与国际研究中心（CSIS）发表了题为《美中贸易关系新方法》（New Approach to the U.S. — China Trade Relationship）的演讲，正式公布了对华贸易新政。[⑤]《公告》首次阐明拜登政府的对华贸易政策的四大重点：一是美国将与中国商讨第一阶段协议的执行情况；二是在寻求执行第一阶段协议情况的条件下，美国将重启关税排除程序，以减轻关税的影响；三是《公告》再次提及美国关注的所谓的非市场贸易做法和政策、涉及国有

---

① 柯静：《4 项关键产品供应链弱，拜登慌不择"路"》，https：//www. thepaper. cn/newsDetail_forward_13575360，最后访问日期：2021 年 7 月 18 日。

② 《美国商务部将 23 家中国实体或个人列入实体清单》，https：//new. qq. com/rain/a/20210710A07GXG00，最后访问日期：2021 年 7 月 11 日。

③ 《商务部新闻发言人就美国商务部将 23 家中国实体列入出口管制"实体清单"答记者问》，http：//www. mofcom. gov. cn/article/news/202107/20210703174941. shtml，最后访问日期：2021 年 7 月 12 日。

④ https：//ustr. gov/about-us/policy-offices/press-office/press-releases/2021/october/fact-sheet-biden-harris-administrations-new-approach-us-china-trade-relationship.

⑤ 《美国贸易代表称正寻求与中国谈判》，https：//mp. weixin. qq. com/s/hH42McbSojWSwqgnD85z6g，最后访问日期：2021 年 10 月 5 日。

企业、限制市场准入、政府补贴、知识产权等问题；四是《公告》强调，美国将与全球的盟友和合作伙伴一起，重新构建21世纪的贸易和科技竞争规则，以确保竞争规则公平。

美国通过《公告》在贸易问题上向中国释放了安抚信号，有助缓解中美之间的关系。《公告》表示："前任政府的单边做法疏远了我们的盟友和合作伙伴，并伤害了美国经济的特定部门……我们的目标不是加剧与中国的贸易紧张局势，也不是在前任政府有缺陷的战略上加倍下注。"凯瑟琳·戴琪强调，拜登政府将从自身实力出发和中国接触，包括加强对美国工人和基础设施的投资，以及加倍创新科技发展方面的投入。至于和中国的相处方式，美国计划在接下来的日子里，和中国展开"坦诚的对话"。①当被问及与中国脱钩的问题时，凯瑟琳·戴琪认为世界最大的两个经济体停止相互贸易是不现实的，"我认为问题可能在于，我们在某种'重新耦合'（recoupling）中寻找什么样的目标"。②

在供应链方面，美国致力于推动构建"友邦导向"的"可信赖"供应链，强调"供应链弹性。在与"志同道合的伙伴"建立关键原材料联合库存和联合采购、为原材料建立战略储备的同时，加强构建盟友间新自由贸易和投资协定，与利益相似的多边机制建立联系，以丰富供应链、弱化中国全球工业中心地位。俄乌冲突爆发以来，美国加紧布局旨在排挤中国的"印太经济框架"。2022年2月11日，拜登政府发布执政以来的首份区域战略报告——《印太战略报告》，成为美国在印太地区的安全和经济方针。报告大肆渲染"中国威胁论"，渲染中国对美国及印太地区国家的各种"威胁"，强调要"深化与澳大利亚、日本、韩国、菲律宾和泰国5个签署安全协议的盟友合作""加强与主要区域伙伴的关系（包括印度、印度尼西亚、马来西亚、蒙古、新西兰、新加坡、越南和太平洋岛国等）。"2022年5月12日至13日，美国—东盟特别峰会召开，美国再提印太经济框架，企图拉拢东盟，阻挠其与中国合作。5月23日，拜登在日本东京正式宣布启动"印太经济框架"，美国、韩国、日本、印度、澳大利亚、新西兰、

---

① 《拜登政府首次阐述对华贸易政策愿景》，https：//mp. weixin. qq. com/s/7CRu4EqAva3iux OIJJLBfA，最后访问日期：2021年10月5日。
② 《拜登政府首次阐述对华贸易政策愿景》，https：//mp. weixin. qq. com/s/7CRu4EqAva3iuxOIJJLBfA，最后访问日期：2021年10月5日。

印度尼西亚、泰国、马来西亚、菲律宾、新加坡、越南、文莱等 13 个国家成为初始成员。美国力推印太经济框架的理由是"在瞬息万变的战略格局中，只有将美国牢牢扎根于印太地区，与盟友和伙伴共同加强在该地区的外交存在，美国的利益才能得到保障"。

步入 2023 年，中美脱钩的论调稍有降温。2023 年 4 月 10 日，美国财政部负责国际事务的副部长杰伊·香博在接受媒体采访时表示："我们偶尔会对中国不同的经济政策提出疑问，我们也将始终捍卫美国的经济利益。但我们不会以任何方式试图将这两个经济体完全分开。这既不现实，也不符合我们的利益。"① 这一说法驳斥了长期以来的中美脱钩论，说明两国经济关系仍有很大的发展空间。4 月 20 日，美国财政部长耶伦在约翰·霍普金斯大学高级国际研究学院发表了关于拜登政府主要目标和政策的讲话。在谈及当前中美对抗态势加剧和关系恶化的情势时，耶伦表示，中美作为世界上最大的两个经济体应当建立"必要的"经济关系，这种经济关系应当是"建设性和公平的"，任何与中国"脱钩"的努力对于美国而言都将是"灾难性的"；耶伦同时声称，为了保护美国的国家安全利益，美国将针对中国的半导体出口管制采取更多行动，这些行动旨在"保护某些技术不被中方窃取"，符合美方"至关重要的利益"。②

芯片是关键核心技术之一。我国是全球最大的芯片进口国和全球芯片企业最重要的销售市场，但在在芯片制造、材料装备等方面存在短板。在科技与芯片制裁方面，美国通过制定若干法案和政策对中国芯片及相关产业展开"系统性打压"。当前，美国已经制定的芯片相关法案和政策包括：

2018 年，《国防授权法案》（National Defense Authorization Act，NDAA）；

2021 年 5 月 12 日，《无尽前沿法案》（Endless Frontier Act）；

2021 年 4 月 21 日，《2021 战略竞争法案》（Strategic Competition Act of 2021）；

2021 年 6 月 8 日，《2021 美国创新与竞争法案》（United States Innovation and Competition Act of 2021）；

---

① 李准、倪浩：《美财政部高官：不寻求与中国经济"脱钩"，中美经济关系仍有很大发展空间》，https://world.huanqiu.com/article/4CSFhOXm82E，最后访问日期：2023 年 6 月 7 日。

② 熊超然：《耶伦：美国与中国脱钩将是"灾难"，中美经济关系应是"建设性和公平的"》，https://www.guancha.cn/internation/2023_04_21_689280.shtml? s=zwyxgtjbt，最后访问日期：2023 年 6 月 7 日。

2022 年 2 月 4 日，美国众议院通过《2022 年美国竞争法案》，2022 年 3 月 28 日，美国参议院通过了该法案的参议院修改版本；

2022 年 2 月 28 日，美国商务部发布《成功愿景：商业制造设施——CHIPS 激励计划》；

2022 年 8 月 9 日，《2022 年美国竞争法案》中的《2022 芯片与科学法案》正式生效；

2022 年 8 月 26 日，《2022 芯片与科学法案行政命令》；

2022 年 8 月 16 日，《通胀削减法案》；

2022 年 9 月 6 日，《美国芯片基金战略》；

2022 年 10 月 7 日，《先进制造业国家战略》（2022 年版）；

2023 年 1 月，美国、荷兰和日本达成建立先进半导体设备出口管制制度的协议；

2023 年 3 月 21 日，美国商务部《2023 防止不妨使用芯片法案补助》。

在这些法案和政策中，与芯片产业直接相关的是《2022 年芯片与科学法案》（简称《芯片法案》）。该法案目标是维持美国在全球科技和半导体制造领域的核心优势地位，加速芯片产能回流美国，同时对我国相关产业进行打压。

《芯片法案》是美国制裁和遏华政策的最新政策工具，其将与"芯片四方联盟"等小多边主义的围堵措施相互配合，实现科技对华脱钩，阻碍我国高端芯片国产化发展，影响我国芯片相关产业链、供应链安全。通过排斥性"护栏条款"[1]吸引主要芯片制造商赴美建厂，同时"离心化"中国芯片制造，美国通过《芯片法案》意图实现通过产业链本土化加强对芯片产业的实际控制，实现芯片产业链、供应链"去中国化"，降低产业链对中国资源的依赖，尤其是减少相关资产和技术在极端情况下被中国钳制的风险。换言之，通过《芯片法案》，美国希望形成的芯片产业格局是：美国通过制裁和科技脱钩，使中国被压缩在中低端制造环节，无法在芯片等高端产业实现产业升级。《芯片法案》将产生的效果包括：① 在生产端，

---

[1] 《芯片法案》第 102 节纳入了"护栏条款"，该条款的目的是对相关国家设置贸易壁垒和限制。根据该条款，《芯片法案》要求联邦财政援助的接受者加入一项禁止在中国等国家扩大某些芯片生产的协议，阻止芯片资助接受方在中国和其他相关国家扩大某些芯片生产，限制这些国家在未来 10 年新建"非统半导体"工厂，从而确保半导体制造商将下一个投资周期集中于美国及其合作伙伴国家。

通过"技术脱钩"持续压制我国芯片发展空间；② 在需求端，迫使我国继续依附以美为核心的西方半导体供应链体系；③《芯片法案》将导致半导体市场波动的不确定性加大，汽车等行业结构性缺芯持续；④ 由于《芯片法案》中规定的产业基金的补贴效果，芯片行业的中高端外资也将大量流向美国。

二、拜登政府在金融方面仍将尽可能维护金融稳定

（一）拜登政府对华金融政策

《香港国安法》的通过加剧了美国对中国和中国香港地区施加金融制裁的可能性，美国制定的《外国公司问责法案》及一系列针对中概股的调查和整顿措施也是对中国企业国际化融资的一次重大打击。中美之间的贸易冲突和投资冲突开始向金融领域延伸，美国对中国的金融"脱钩"正在铺开。可以预见，中美金融对抗的态势不会缓和，拜登政府在针对中国金融机构和金融政策方面将会采取一定的措施。相比特朗普，拜登将会尽可能联合盟友采取一致的对华打压政策。

从金融制裁实施的历史来看，美国发动的金融制裁存在不对称性，其主要源于美国的全球金融中心地位、美元的世界中心货币地位、美元清算交易体系的重要应用以及垄断地位，以及美国和美国主要金融机构在全球范围内实施的金融监管措施。

美国的金融制裁措施在针对伊朗、朝鲜和俄罗斯方面都产生了有力的打击效果，美国在对华问题上也开始使用金融制裁这一手段。美国如果对中国实施金融制裁，中国也会处于非对称性地位，缺乏有效的应对和反制手段；同时，美国对中国进行的金融制裁也存在着相应的非对称性，这是因为美国维持美元霸权地位需要中国、中国金融机构、中国企业和中国市场的参与，排除中国会导致以美元为核心的国际货币体系的松动，甚至瓦解。因此，尽管金融制裁似乎是美国终极的经济武器，但考虑到中美关系十分紧密以及中国的综合国力不同于伊朗或俄罗斯，在对华问题上，美国应当审慎使用严格的金融制裁措施。由于美元占主导地位，中国对美元资产的高度依赖，造成了非常大的风险敞口；同样，美国也需要中国的资金和投资。中国在国际贸易中的体量决定了美国切断中国使用 SWIFT 会对

美国的银行和企业的资金流通造成实质性的不便。排除中国使用SWIFT系统，会直接刺激形成SWIFT之外的跨境美元结算，打击美元的市场地位，弱化美元的全球储备货币地位和金融霸权地位，这也变相加速了更加多元化的国际货币体系的形成。

美国发动的金融制裁总体上呈现出多种手段共同配合，从宏观全面围剿到微观精准打击的趋势。美国对华金融打压手段主要表现在攻击金融制度、制裁金融主体和打击金融工具三大方面。

1. 攻击金融制度

在金融制度方面，美国往往逼迫他国快速、全面地开放金融市场，尤其是短期资本项目自由化，以此引起资本大进大出，助推金融泡沫的形成与破裂。美国一直在要求中国加速开放银行、保险、券商、信用卡、信用评级等金融服务领域，为美国金融机构撬开中国市场不遗余力，从而提高对中国金融服务业的参与度和市场化的话语权。这会打乱中国金融市场对外开放的节奏和广度。

《2021年美国国家贸易评估报告摘要》指出，虽然中国在银行业领域以外资银行的形式向外国开放竞争，并在过去3年取消了一些对外资银行的长期限制，但中国一直在其他方面限制市场准入，同时用歧视性和不透明的监管规则阻碍外资银行在中国建立、扩大和获得相关的市场份额，目前外资仅占中国银行业的1.4%。下一阶段，美国会利用《中美经贸协议（第一阶段）》的执行机制，督促中国履行有关开放金融市场的承诺，消除市场准入方面的障碍，要求中国政府为美国金融机构（包括银行分支机构在内）提供开展证券投资基金托管服务的机会，并尽快审查和发行牌照。

2. 制裁金融主体

在金融主体方面，美国政府通过对目标国金融机构、实体企业和个人发起金融制裁，采取切断SWIFT支付渠道、冻结资产处以巨额罚款、切断其与美国金融系统联系等手段。如果美国定点制裁中国部分重要金融机构，将会严重冲击被制裁机构的正常运转，中国金融机构必须做好预案。

美国还通过联合做空机构发布沽空报告，做空中概股，引发中概股资金危机。

美国国会于2020年12月通过了《外国公司问责法》，以争夺审计底稿审查权为由，提高赴美上市门槛或强制中概股退市，以限制中概股在国际市场融资。2021年3月24日美国证监会发布了《实施〈外国公司问责法〉的暂行规定》（以下简称《暂行规定》）。为了与《外国公司问责法》保持一致，《暂行规定》要求被指定的"涵盖发行人"应向美国证监会提交文件，证明自身未被境外司法辖区的政府实体（governmental entities）所有或控制。《暂行规定》自2021年5月5日生效。值得注意的是，《外国公司问责法》虽然界定了"外国政府"，但并未说明何为"政府实体"及其内涵，且《暂行规定》亦未对"政府实体"进行界定。在该法案影响下，纽交所于2021年3月9日宣布启动中海油ADR（美国预托证券）的摘牌程序。

3. 打击金融工具

在金融政策方面，美国可持续对中国的汇率政策施压，通过单独或联合盟友迫使人民币大幅升值，以削弱中国出口产品的竞争优势，实施以邻为壑的竞争性措施。"汇率操纵国"标签已经成为美国运用自如的政治筹码。拜登政府会继续单独或联手盟国干预目标国汇率，做空人民币，引发资金恐慌性外逃和金融市场动荡。

美国将国际法问题转变为国内法问题，通过修改汇率操纵国认定条件或再次直接认定中国为汇率操纵国，逼迫人民币升值，并采取限制中国实体融资、限制贸易进口、加征关税等制裁措施。考虑到"汇率操纵国"认定条件较高，美国可能更多的使用"汇率低估"的手段。在指责人民币汇率低估的基础上，美国将贸易问题和金融问题结合起来，使用反补贴措施进一步升高中美经贸摩擦。

由于《国际货币基金组织协定》及相关决议具备国际金融法律天然的"软法"属性，缺少类似WTO争端解决机制的司法裁判机制。于是，美国转变执法策略和路径，将金融打压措施的重心从国际层面转向国内层面。在人民币汇率问题上，美国从指控一国操纵汇率转变为指控该国汇率低估等同于政府为企业提供补贴。美国依据WTO《补贴与反补贴措施协议》（ASCM）授予成员国开展反补贴调查的权限，修改美国国内法，为相关部门开展汇率低估反补贴调查提供法律依据，推行对他国汇率方面的压制。

美国商务部于2020年2月4日公布《关于反补贴利益及专向性认定的

修订》（以下简称《反补贴新规》），开启了美国以汇率低估为补贴对象进行反补贴调查的新执法模式。随后美国商务部对越南、中国企业启动反补贴调查时，将汇率低估补贴纳入征收反补贴税的考量范围。

根据《反补贴新规》，如果美国商务部认定一国政府为了使货币贬值而实施的干预措施符合传统上的补贴要件，即满足财政资助、利益授予和专向性要求，并且美国国际贸易委员会认为与货币相关的补贴导致或威胁对美国工业造成实质性损害，则可能对受惠于该补贴的进口产品征收反补贴税。由于美国《1930 年关税法》第 351 章"反倾销和反补贴税"没有对汇率低估补贴中的利益计算和专向性认定作出规定，《反补贴新规》在这两方面进行了修正和补充。

在汇率低估补贴的利益计算方面，根据《反补贴新规》新增的第 351 章 528 节规定，美国商务部认定汇率低估会考虑涉案国家的实际有效汇率（Real Effective Exchange Rate，REER）与在中期实现外部平衡并反映适当政策的实际有效汇率（以下简称均衡 REER）之间是否存在差距，以认定该国在一定期间内货币汇率是否被低估。如果存在低估，则汇率反补贴调查中利益授予的金额通常是根据被调查企业以美元兑换的货币金额与在 REER 和均衡 REER 无差距的预期情形下获得的金额之间的差距为基础来计算的。

在专向性认定方面，《1930 年关税法》第 771 章（5A）（D）与 ASCM 第 2 条第 1 款一致，规定补贴对象是"对授予机关管辖范围内的企业或产业，或一组企业或产业"，但没有规定划分"一组产业或企业"的标准。《反补贴新规》规定，从事国际货物买卖的企业构成此类的"一组企业（产业）"。根据美国商务部的解释，不论因货币低估而接受补贴的企业是否具有其他共同特征，只要一个或多个企业或产业是补贴的主要（predominant）或不成比例（disproportionate）的接受者，美国商务部就可以将其认定为符合专向性要求的一组企业或产业，认定货币低估提供的补贴具有专向性。可见，美国汇率反补贴新规不仅在法律上明确了《1930 年关税法》上的"一组"企业或产业在汇率反补贴情形中的含义，而且"主要"或"不成比例"接受补贴等措辞的适用也显示了美国在汇率反补贴中借助事实专向性。[①]

2020 年 6 月 26 日，美国一家公司向美国商务部和美国国际贸易委员

---

① 韩龙：《美国汇率反补贴新规之国际合法性研判》，《法学》2020 年第 10 期，第 176—192 页。

会提出申请，要求对原产于中国的扎带产品启动反倾销和反补贴调查，并提出关于人民币低估补贴项目的指控，这是《反补贴新规》颁布后首次对中国的汇率低估补贴适用反补贴措施的申请。随后的集装箱拖车底盘反补贴案、R－125 五氟乙烷案和移动式升降作业平台案都涉及人民币汇率低估问题的反补贴调查。在前两起调查中，因案情复杂、调查时间不充足，美国商务部决定将人民币汇率低估问题推迟到第一次行政复审时再做裁决，后两起调查仍在进行中。

4. 美方金融打压措施的特点

传统的单边制裁很难完全切断目标国对外的金融合作，而多边制裁不仅实施起来太慢，而且很难保持行动一致，因此美国近年来在金融打压领域采用"定向制裁"和二级制裁，通过国际法问题国内法化、社会政策外卷化等方式，强化制裁效果。

考虑到中美经贸、金融领域紧密结合的现状，完全的金融脱钩政策势必会对美国造成巨大的冲击。例如，根据美中贸易全国委员会发布的 2021 年《美国各州对华出口报告》认为，美国旅游业、教育、金融服务是服务出口的主力。受到新冠疫情与中美贸易摩擦的影响，2019 年美国各州对华旅游业和教育方面的服务出口均有所下降，但金融服务出口仍持续增长。与信贷相关的金融服务和其他金融服务的出口使美国对中国的服务出口在 2019 年增加了 1.79 亿美元。在此背景下，美国近些年来越来越多地使用定向制裁措施。例如，美国可以通过其已经实际控制的 SWIFT 系统掌握相关国家和个人与机构的 "SWIFT CODE"，并追溯每一笔款项的来往。任何货币的结算数据都可以通过 "SWIFT CODE" 查清楚，从而使得美国对目标国实施金融制裁时，可以实施精准打击，实现金融制裁的效果和目的。

所谓"二级制裁"是指经济制裁发起方在对目标方进行制裁时，针对第三国的公司或个人进行的旨在阻止其与目标方金融、贸易往来的制裁活动，以达到一种事实上的多边制裁。[①] 二级制裁将适用范围扩大至任何第三国的企业与个人，极大地扩大了制裁的打击层面，在经济全球化的背景下，对全球经济有着极为不利的影响。二级制裁的本质是美国国内法的域外适用，体现了美国利用国内法实现金融打压的目的。

---

① 梁冰洁、孟刚：《美国二级制裁法律问题研究》，《财经法学》2020 年第 1 期，第 132—144 页。

（二）中国的应对之策

针对美国对华的金融打压措施，中国可从以下几个方面予以应对。

一是推动人民币国际化，积极与他国建立新型跨境支付系统。这是应对《反补贴新规》以及防范美国利用"SWIFT"系统打压人民币的重要措施之一。

二是完善人民币汇率制度改革，按照我们自己的节奏进一步推动人民币汇率市场化改革，尽可能降低汇率低估反补贴调查对我国产生的不利影响。

三是推动区块链技术的发展和应用，并利用"一带一路"倡议的地缘优势，推广央行数字人民币（CBDC）的使用，推动人民币国际化。相较于发达国家，发展中国家由于支付金融基础设施不足、信任机制匮乏和收入水平较低等原因使得许多人无法享有银行服务。国际清算银行在2020年指出，在部分欠发达国家，例如北非和中东地区，50%以上的成年人没有银行账户，许多人无法获得包括跨境支付业务的金融服务。通过分布式网络缩短支付链条，能够使更多的人享受金融服务，使用数字货币进行跨境支付。此外，在这些国家和地区，人们很难获得外币，传统获得外币的方式需要通过银行账户或者进行货币交换，这都需要构建实体金融基础设施。而数字货币通过互联网进行传输，能够克服传统获取外币的障碍。[1]数字人民币可能会在国际金融体系的边缘地带受到欢迎，数字人民币将为贫穷国家的人们提供进行国际转账的选项，因此即使是有限的国际使用也将会弱化美国制裁的影响。由于数字人民币能够削弱美国制裁效果，拜登政府可能采取一系列措施阻碍数字人民币在国际金融体系中的推广和使用。

四是在美上市的中概股要做好在美退市的准备。《外国公司问责法》对来自境外（特别是来自中国）的发行人提出了更高的披露要求（例如披露该发行人所在司法辖区的政府实体对其的持股比例），且对未满足检查要求的发行人设置了交易禁令。在中国证监会与PCAOB签署双边合作协议之前，由于PCAOB无法入境中国，对注册会计师事务所开展检查，因此在美上市的中国企业很有可能被确定为"涵盖发行人"。有鉴于此，在

---

① 赵忠秀、刘恒：《数字货币、贸易结算创新与国际货币体系改善》，《经济与管理评论》2021年第3期，第44—57页。

美上市的中国公司很可能会主动退市。对于我国企业和政府而言，这既是挑战也是机遇。我国应当鼓励中概股企业在港交所上市，推动我国证券市场改革并与国际接轨，提高我国证券交易所的国际化水平。与此同时，我们也要认识到中概股企业在美退市将会增加我国企业的融资困难，并打击我国其他企业赴美上市的热情，因此在做好中概股企业退市准备的同时，我国政府和有关部门应当尽快与 PCAOB 达成监管合作协议，在维护企业利益和国家安全的基础上，恢复和提升国际金融合作，促进我国企业和证券市场发展。

五是我国政府和企业应当积极利用法律武器保护自身合法利益。从国家层面出发，在应对美国金融打压措施方面，我国应该进一步完善反制裁法律体系。我国受制裁的相关企业和个人可以积极尝试在美国诉讼的方式，利用规则维护自身权益。同时应当加强内部合规建设，避免被制裁的风险。企业在应对《反补贴新规》时，应当积极应诉，坚持 IMF 对人民币汇率问题的实质管辖权。

三、拜登政府在科技政策方面仍坚持以脱钩为方向

（一）特朗普在科技方面对华取向

美国政府对华科技政策的基本导向是中美科技脱钩，从单点对高科技企业的封锁制裁，扩大到涵盖技术管控、交流阻断、人才封锁等多手段组合，且在政策设计上越发精准，战略化倾向日渐明显，[1] 目的在于阻断中国高科技尤其是前沿科技的研发根基、成长空间以及国际交流与合作渠道。美国对中国科技快速发展可能威胁其霸权地位和国家安全与日俱增的恐惧，以及对中国科技快速发展原因是"依赖于从美国技术转移"的误判，加之中美之间原有的在社会制度、价值观念等方面的结构性矛盾，构成了美国政府近年来制定对华科技政策的认知基础，是美国下决心推行以"脱钩"为基本导向的对华科技政策的深层次原因。[2]

---

① 卢周来、朱斌、马春燕：《美对华科技政策动向及我国应对策略——基于开源信息的分析》，《开放导报》2021年第3期，第26页。
② 卢周来、朱斌、马春燕：《美对华科技政策动向及我国应对策略——基于开源信息的分析》，《开放导报》2021年第3期，第29页。

特朗普政府时期美对华科技政策的打压主要体现在：一方面，美国对华出口技术管制范围扩大化，表现在加大力度管控前沿关键技术领域，围堵打压中方高科技企业与机构。例如，以国家安全风险为由，限制中国企业对美方"敏感领域"尤其是人工智能、半导体、机器人、先进材料等"重大工业技术"领域的投资并购活动。特朗普签署《外国投资风险评估现代化法案》，重点审查 27 个核心高科技行业，法案规定美国商务部部长每两年向国会提交有关"中国企业实体对美直接投资"的报告。法案还扩大了 CFIUS 的管辖范围，其中最重要的一条是涉及关键基础设施、关键技术或敏感个人数据的"任何其他投资"。

另一方面，美国对华出口管制措施多元化。美国政府不定期将中国高科技企业或科研机构加入出口管制"实体清单"，禁止美国企业与清单中的中国企业进行贸易往来，切断中国高科技企业供应链和我国科研机构从国际上获得正常科研资源的渠道，在教育方面干扰阻断中美人才培养与交流渠道。为了应对中国"军民融合"战略，美国除了对军民两用核心技术的出口加以管制以外，美国总统还通过签署行政令的方式直接在投资上加以限制，管制措施愈发多元化。2020 年 11 月，特朗普签署行政令，禁止美国投资者向美国政府认定的 31 家涉军企业购买证券；2021 年年初，特朗普在离任之际签署行政令，将原有行政令中的 31 家中国涉军企业扩至 44 家，并要求美国投资者在相关公司被美国政府认定为中国涉军企业后的 365 天内抛售所有已购证券；2021 年 6 月 3 日，拜登以"应对中国军工企业威胁"为由，签署了名为"应对为中华人民共和国某些公司提供资金支持的证券投资所产生的威胁"的行政令，将包括华为公司、中国航天科技集团有限公司等 59 家中企列入投资"黑名单"，禁止美国人与名单所列公司进行投资交易。上述对华措施加强了对中国涉军以及监控技术企业的打压。①

另外，美国政府以国家安全名义联合盟友遏制中国高科技企业在美、日、英、澳和新西兰的市场扩张，干扰中国企业的正常经营。2018 年以来，美国多次以国家安全为借口，频繁出手遏制华为等中国企业的发展；

---

① 黄嘉瑜：《美国对华技术出口管制战略化倾向日渐明显》，http://comment.cfisnet.com/2021/0830/1323778.html，最后访问日期：2021 年 9 月 4 日。

在美国的施压下，澳大利亚、新西兰、英国、日本等美国的贸易伙伴国纷纷将华为、中兴等企业排除出政府采购清单和 5G 网络建设与服务招标名单，并以行政手段干预全球通信服务市场。例如，2018 年 10 月，北美三国达成的新版北美自贸协议《美墨加协定》中，明显显现出特朗普政府要挟墨加、锁定盟友、打击中国的目的。其中，非市场经济条款又称"毒丸条款"，禁止与美国有自贸协定的贸易伙伴与非市场经济国家签订自贸协定。《美墨加协定》针对非市场经济体的歧视性规则很可能被移植到美国与欧盟、日本、韩国的自由贸易协定中，这将导致中国在全球贸易系统中处于孤立地位，使中国在客观上可能面临第二次加入 WTO 的困境。

（二）拜登团队对特朗普政策的评估

拜登团队同样将中国的崛起视为对美国的挑战，采取与中国"竞争"的总体框架，基本维持特朗普时期在知识产权方面对中国施加压力、打压中国高科技企业的政策。总的来看，虽然拜登反对特朗普的单边遏制、逆全球化的思想，但美国对外贸易政策从自由化转向强调可持续发展议题与国家安全议题的趋势将不会改变，强调主权和国家安全的贸易政策导向在拜登政府时期仍将得到延续，希望联合盟友、在避免冷战脱钩的基础上制衡中国。

拜登对特朗普时期科技政策进行了微调，进一步增强与中国科技脱钩的精准度，同时最大限度地降低脱钩对美国企业的影响。2020 年 11 月 24 日，美国战略与国际问题研究中心（CSIS）发表《对中美技术竞争与脱钩的把握》报告，[①] 认为拜登政府在继续出台此类举措前，"需评估这些政策的效果，最重要的是权衡安全与成本"。该报告的主张以及近期拜登及其团队核心成员的言论预示：下一阶段，美国政府对我国科技脱钩可能更具有选择性、精准性，会采取一种所谓"小院高墙"的模式，即对中国开放部分两国发展水平相当甚至中国部分领先的技术，同时，圈定那些核心关键技术，对中国实行更为严密的封锁。2021 年 1 月，谷歌前 CEO 埃里克·施密特领导的智库"中国战略组"（CSG）发布了一个题为《非对称竞

---

① Frontier Post. "Managing U. S.-China Technology Competition and Decoupling", https：//thefrontierpost.com/managing-u-s-china-technology-competition-and-decoupling/.

争：应对中国科技竞争的战略》的报告，分析中美两国竞争的关键技术，并对美国未来提出了具体建议，将中美科技竞争分为四个维度："卡脖子、零和竞争、安全风险和加速器"，还强调美国要更加重视一些具有广泛应用领域的前沿基础技术。①

2021 年 2 月，美国阿肯色州参议员汤姆·科顿（Tom Cotton）所在的"汤姆·科顿参议员办公室"公布了《击败中国——有目标的脱钩和经济持久战》研究报告。报告认为，美国正与中国处于战略竞争的状态，预计这一状态将持续多年。与中国"有目标的脱钩"战略包含以下目标：恢复与美国国家安全相关领域的国内产能、在部分战略性领域维持对中国的科技优势、维持美元的主导地位、迟缓中国的经济增长。

2021 年 2 月 10 日，拜登宣布由国防部牵头，组成 15 人的任务团队，以审视中国对美国构成的军事和国家安全威胁，以及美国在印太的军力态势、技术和情报状况等。此外，拜登的所有官员都强调了与各方盟友和合作伙伴协调对付中国"恶劣行为"的重要性。国家安全顾问杰克·沙利文（Jake Sullivan）主张美国重返全球领导地位，再塑联盟体系和伙伴网络；面对中国，美国应在竞争中共存，防止竞争演化为直接对抗；在全球形成整体性的制华力量，联合盟友对中国施加压力。商务部长吉娜·雷蒙多（Gina Raimondo）表示华为和中兴会留在限制交易企业名单上。她会"全效使用"实体清单，并以跨部门、全政府的姿态，在与其职掌相关的领域对中国采取强硬态度。吉娜·雷蒙多表示，实体清单和关税都是防御手段，美国应该"进攻"，具体方式包括在美国投资研发、制定研发战略，在美国生产半导体等。根据 2021 年 2 月 14 日美国国务院官方推特账户发布的一则推文，美国国务卿布林肯提出"力量"外交，表示拜登政府的对华政策正在转向新现实自由主义，中美竞争是全方位的，"竞争非常激烈"，但不是"对抗"，这是一种综合了美国硬实力和软实力的对华战略。②2021 年 3 月 3 日国务院布林肯国务卿在首次对外政策重要演讲中，将中国定义为美国唯一的全面（systemic）敌手和竞争者。

---

① 清研智库：《谷歌前 CEO 发布的应对中国科技竞争的非对称竞争战略》，http://www.tsingyanresearch.com/?p=5115，最后访问日期：2021 年 3 月 1 日。

② A Foreign Policy for the American People (Hong Kong Excerpts), U. S. Consulate General Hong Kong, 4 March, 2021, https://hk. usconsulate. gov/n-2021030301.

2021 年 3 月 1 日，根据美国国防部网站，国防部长奥斯汀下令"中国工作小组"开始运行。小组将专门研究国防部与中方的互动，审视中国给美国国防部行动节奏带来的挑战，以及美国如何应对。2021 年 3 月 3 日，拜登发表《美国国家安全战略临时指南》（Interim National Security Strategic Guidance）（以下简称《临时指南》）作为新政府评估现有政策和制定新方针的指引，为正式报告搭建了基本框架。《华盛顿邮报》评论认为，这部《临时指南》是"特朗普'美国优先'政策的温和版"。① 《临时指南》强调，"中国是唯一有可能将其经济、外交、军事和技术力量结合起来、对稳定和开放的国际体系提出持续挑战的竞争对手"。② 虽然《临时指南》认为竞合并存是中美关系的新常态，战略竞争不会排除美国在符合本国国家利益的情况下与中国合作，但合作集中于气候变化、全球卫生安全、军备控制和防扩散等领域。在高科技领域，例如 AI、电子芯片等则是中美竞争的主要领域。

同时，拜登政府计划让《确保信息和通信技术及服务供应链》的临时最终规则（以下简称《ICTS 临时最终规则》）如期于 2021 年 3 月 22 日生效，因担心阻挡或弱化这一规定会就新政府的对华立场发出错误信息，可能助长对新政府采取软弱做法的批评。《ICTS 临时最终规则》由特朗普政府于 2021 年 1 月 13 日发布，《ICTS 临时最终规则》授予美国商务部审查并禁止某些交易的权力，这些交易涉及由"外国对手"拥有、控制或受其管辖或指示的主体所设计、开发、制造或供应的信息和通信技术或服务（ICTS），且构成"不当或不可接受的风险"，中国是美国商务部根据本规则指定的外国对手之一。华为的业务在之前受到美国的限制，并可能再次受到该规定的打击。

另外，拜登正对特朗普应对中国科技公司潜在安全风险的举措进行全面评估。虽然特朗普针对中国两家公司 TikTok 和腾讯的总统禁令已被搁置，但是美国国家安全委员会发言人艾米丽·霍恩（Emily Horne）说："我们打算制定一套全面的解决方案来保护美国数据的安全，以应对我们

① 《美国外交风向标出炉，"庞然大物综合征"发作》，https：//baijianhao.baidu.com/s?id=16938414685246806850&wfr=spider&for=pc，最后访问日期：2012 年 4 月 1 日。

② 倪峰：《加速的百年变局与中美关系：将长期处于矛盾多发的战略相持阶段》，https：//baijianhao.baidu.com/s?id=1729015635899134559&wfr=spider&for=pc，最后访问日期：2021 年 9 月 15 日。

面临的各种威胁。这包括中国应用和其他在美国运营的软件所带来的风险，我们将在此基础上对具体案例进行评估。"①

这些建议和政策正在改变中美科技竞争态势的整体图景：

首先，加快科技创新投入的指数性跃升。美国国会将通过《无尽前沿法案》及后续修改版本作为立法优先事项，根据该法案，美国将在未来 5 年向国家科学基金会、能源部、NASA 等投入 1 900 亿美元用于基础研发。根据拜登政府最新的财政预算要求，国家科学基金会将在新财年获得 102 亿美元预算，同比增长 20%。这意味着美国改变了以往基础科研投入增速基本与通胀挂钩的惯例，让科研投入迈向指数级跃升。②

其次，采用主动刺激措施补齐美国创新体系短板。拜登政府和美国国会正在推动对半导体产业回流提供政府补贴和税收减免，初步确立的资金投入规模在 500 亿美元以上，这一做法与美国传统上的"小政府"理念相悖。但是，美国国内将新一代半导体产业链视为推进国防、通信、人工智能等领域的"关键加速器"，因此，该领域投资的优先级已经超越了传统基建。③

再次，扩展美国在科技规则和数字贸易谈判上的先发优势。《非对称竞争》报告建议美国加强在数字金融、数字市场、数字开发应用领域的零和竞争。这一策略正被付诸实践。④

（三）可能推出的新政策、新举措，特别是联合盟友的最新动向

1. 对关键领域实行特别的产业政策或知识产权保护政策

美国国家人工智能安全委员会（National Security Commission on Artificial Intelligence，NCSAI）2021 年 3 月 1 日向国会报告，由于中国的进步，美国在未来十年内可能会在人工智能技术上处于落后地位。美国必须接受人工智能的竞争，并通过协调美国的优势来赢得竞争，其中在第 14

---

① 程祥：《美媒爆料：美国要求 TikTok 出售其在美资产的计划已"无限期搁置"》，https://news.cctv.com/2021/02/11/ARTI1F7QmJATBxaeqqsLafLV210211.shtml，最后访问日期：2021 年 7 月 10 日。

② 李峥：《中美科技竞争，拜登欲换赛道》，https://baijiahao.baidu.com/s?id=1706655928203649322&wfr=spider&for=pc，最后访问日期：2021 年 7 月 30 日。

③ 李峥：《中美科技竞争，拜登欲换赛道》，https://baijiahao.baidu.com/s?id=1706655928203649322&wfr=spider&for=pc，最后访问日期：2021 年 7 月 30 日。

④ 李峥：《中美科技竞争，拜登欲换赛道》，https://baijiahao.baidu.com/s?id=1706655928203649322&wfr=spider&for=pc，最后访问日期：2021 年 7 月 30 日。

章"技术保护"中，NCSAI 提供了关于 AI 技术在出口管制、投资审查、研究保护方面的政策建议，反映了美国政府未来的政策取向，具有较大的参考价值。

一是对重点半导体制造设备（SME）采取具有针对性的出口管制，以防止竞争对手获得可以提升其战略或军事优势的 AI 能力。

二是与盟国荷兰和日本协调对半导体制造设备（SME）的出口管制政策，在向中国出口此类设备时，采取推定拒绝的许可证政策。

三是全面实施《出口管制改革法案》（ECRA）和《外国投资风险评估现代化法案》（FIRRMA），确定必须管控的新兴和基础技术初始清单，并全面调整美国出口管制清单，应对以现代技术为重点的安全挑战。

四是提高中国和俄罗斯投资者对敏感技术投资的披露要求，这些国家必须向 CFIUS 披露与国家安全相关的 AI 应用和 CFIUS 定义的其他"敏感技术"应用中的所有投资。此份敏感技术清单应与 ECRA 的新兴和基础技术清单不同且范围更加广泛，包括对美国国家安全至关重要的行业，例如与国家安全相关的 AI 应用、半导体、电信设备、量子计算和生物技术等领域。

2021 年 2 月 22 日，美国国际贸易委员会（United States International Trade Commission，以下简称《美国 ITC》）发布公告，经投票决定对特定蜂窝信号增强器、中继器、双向放大器及其组件（III）启动"337 调查"。

2021 年 1 月 11 日，中国移动、中国联通、中国电信三家运营商已在纽交所完成摘牌程序。2021 年 2 月 26 日，美国纽约证券交易所决定，正式启动中海油美国存托凭证（NYSE：CEO）的摘牌程序。特朗普于 2020 年 11 月签署了一项禁止美国人投资"有军方背景的中国企业"的行政令，在中海油被列入投资"黑名单"60 天后，针对该公司的投资禁令于 2021 年 3 月 9 日生效。

2. 提高知识产权保护水平，充分利用知识产权政策进行专利竞赛

NSCAI 在 2021 年 3 月 1 日向国会报告中指责美国政府没有将知识产权政策视为国家优先事项，在保护关键技术方面落后于中国政府。NSCAI 用一章的篇幅来阐述中国的知识产权改革。报告指出中国在针对人工智能和新兴技术的知识产权相关政策中，主要是通过补贴和奖励去推动专利申请。这种做法使中国在世界知识产权组织提交的专利比美国

多出近 10 000 项，甚至出现了"中国在创新竞赛中赢了"的说法，因此 NSCAI 呼吁美国围绕人工智能进行"全面"的知识产权政策改革，以确保美国在该领域处于领先地位。同时建议拜登总统发布一项行政命令，将知识产权列为优先事项，并制定一项"改革知识产权和保护新兴人工智能技术"的计划。

3. 在产业链、供应链方面，以国家安全为由对中国进行打压

在意识形态出现分歧的情况下，安全与信任问题日益成为美国打压中国科技企业、产品与服务的重要借口。科技产品供应商将被划分为不同"安全信任等级"，这导致原有紧密交织的全球供应链网络被打碎和割裂，形成分层供应链梯级，层级流动变得更加困难。为了在半导体技术开发、知识产权保护、半导体生态系统构建国际联盟，美国计划组建全球战略供应链联盟（GSSCA），建立半导体晶圆厂联盟，并限制对中国的半导体制造设备（SME）的出口，以保持其半导体制造技术的竞争优势。

2021 年 2 月 24 日，美国政府在白宫网站发布消息称，总统拜登将签署行政令，为包括信息技术在内的关键和重要商品构建更有弹性、更安全的供应链。该行政令要求联邦部门和机构全面审查美国供应链安全，找到确保供应链免受大规模风险和漏洞的方法。构建更有弹性的供应链将使美国免遭关键产品短缺的境况，并确保美国的国家安全。该行政令要求联邦机构立即启动为期 100 天的审查活动，解决四大关键产品供应链中的漏洞。这四大关键产品包括：API（活性医药物成分）、关键矿物质（稀土等）、半导体和先进半导体封装和大容量电池。这一行政举措并非针对某一个特定的国家，但美国对中国的供应链关系方面的兴趣正在上升。中国在稀土市场上占据主导地位，在包括制药在内的其他供应领域也扮演着重要角色。毋庸置疑，拜登政府将延续特朗普政府的对华科技竞争方针，尽可能地在关键供应链上排除中国。同时，《ICTS 临时最终规则》将让美国商务部有权禁止其认为对所谓国家安全构成威胁的技术及商业交易。

4. 形成全球联盟，制定行业标准

基于"技术多边主义"战略，美国将与其伙伴国家围绕高科技领域组建"技术联盟"，通过联盟形式共同制定全球科技发展与治理的新规则与新标准，进而实现对新科技塑造的国际权力的争夺，形成"科技霸权"，以获得创新垄断权、资源控制权、空间主导权和战略威慑力。

　　在特朗普政府时期，美国的"技术多边主义"战略已初露端倪。2019
年5月，美国政府拉拢32个国家在捷克召开"布拉格5G安全大会"，联
合发布了非约束性的政策建议——"布拉格提案"，探讨如何排除中国5G
技术产品。在政治压力下，欧盟于2020年1月29日制定了"欧盟5G工
具箱"，形成了应对5G网络安全风险的措施清单；英国也改变对华为的态
度，宣布将在2027年年底前彻底清除其5G网络中的华为设备，还发起七
国集团（G7）和澳大利亚、韩国和印度等国的"D10俱乐部"（D10
Club），以减少对中国电信技术的依赖。美国国务卿蓬佩奥2020年4月29
日宣布"5G清洁路径"，计划在5G领域构建以"民主"为意识形态纽带、
以"网络安全"为目标的"技术联盟"。2020年8月5日，美国将这一计
划拓展至整个数字空间，推出"清洁网络计划"，对中国科技打击范围从
5G衍生到运营商、应用程序、应用商店、云服务和光缆等五个维度，涵
盖数字基础设施、供应链和平台服务等数字空间。此外，6G技术、人工
智能、量子、半导体等也成为美国"技术联盟"的重点。

（四）中国的应对举措

　　在中国综合国力和科技创新力量不断增强之时，美俄"斯普特尼克时
刻"再现于中美之间。美国做好了与中国科技及高科技产业强行脱钩的
"准备"，同时对我国主动发起"科技战"。中国应当对中美在科技领域的
关系有更清醒的认识，即美国将会把打压中国的高科技发展作为其长期战
略。因此，中国必须将科技自立自强作为发展战略的基点，并真正发挥好
国家对推动和保护科技发展的重要作用。

　　1.支持原创科学研究，培养创新型创业人才

　　中美竞争最关键、最重要的是科技领域的竞争。高科技领域的竞争实
际上是人才资源的争夺，这要求中国必须调整战略，全方位地从跟跑转变
为领跑，科学必须先行于技术。中国是否在未来世界发展中成为一个主要
力量，取决于中国能不能崛起为全球科学和科技的领导者。而要想真正成
为科学强国，就必须以前所未有的力度推动原始创新，形成进取、开放、
勇于探索前沿的科学氛围。

　　2.大力培养创新主体，创建创新型制度体系

　　中国长期以来主要依靠外商投资和加工贸易驱动的经济增长，难以在

高新科技产业的核心技术上取得重大突破，因此必须改革创新决策体制、科研管理体制和投资体制，创建创新型制度体系。

围绕培养科技创新企业，建立全面而有序的创新市场规范，以中小企业作为创新市场的主力军，以中介机构作为科研机构与市场的衔接，以风险投资行业作为科创企业的资金支柱，以加强国际合作作为打破发达国家知识产权壁垒的途径，以开放共享文化的培育作为政府推进创新型国家建设的根本工作。同时，为了给中小微企业营造良好的发展环境，应当以防范资本恶性扩张，促进市场充分竞争为政策目标，通过公司法、反垄断法、知识产权法等法律制度的创新加以落实。

3. 提升知识产权保护水平，建设知识产权强国

我国应进一步完善知识产权保护与技术转让制度，以推动知识产权的运营，形成完善的知识产权资本市场。同时，正视我国知识产权保护水平不高、制度不健全、法律人才缺乏的现状，加强国内知识产权执法，防范各种潜在的法律风险，减少国际贸易摩擦的借口。

当前国际适用的知识产权制度系统一定程度上成了发达国家或者跨国大公司实行贸易保护的工具。中国应当在不断提升知识产权保护水平的基础上渐进地推动国际合作，共同探寻国际知识产权制度的变革途径。

4. 提高经贸协定保护水平

中国应积极面对美国在产业链、供应链方面对中国的打压，此外，由新冠疫情引发的全球公共卫生安全危机也使得全球价值链呈现出本土化、区域化加强的趋势。全球在"经济自主"思维下不断强化经济安全与追求经济权力，"经济成本和效率优先"对全球经济的影响下降。在这种趋势之下，中国应当重视双边及多边经贸协定的作用，通过经贸协定保护我国产业链、供应链的完整性、安全性，通过经贸协定保护中国对外技术投资，例如华为5G技术及其基础设施建设。

5. 鼓励在美投资或经营企业寻求法律救济

针对中国高科技及互联网企业在美国遭受的非法及不公平待遇，鼓励企业寻求国际或美国国内的法律救济。2021年3月12日，美国华盛顿特区联邦地方法院批准了小米公司的请求，发布了暂停实施限制公开交易证券的第13959号行政令的初步禁制令。此前，小米公司被美国国防部指定为中国涉军企业（CCMC）而触发第13959号行政令，该行政令旨在落实

此前美国国防部根据美国《1999 财年国防授权法》（NDAA）第 1237 条将小米公司指定为 CCMC 的举措。正如小米公司案件所体现的，如果美国政府机构的解释与证据不符或者过于不合情理，以致无法以观点不同或行政机构专业判断为理由进行解释，即使涉及以国家安全为由的案件，法院也可能会否决该行政决定。

6. 重视接轨国际监管趋势，积极参与国际规则制定

首先，平台经济本身具有自由开放共享等特征，这决定了平台企业跨越国界走向世界市场的必然性。同时，平台经济反垄断是大势所趋，各国都在加强立法、执法以遏制平台经济所产生的新型垄断。对中国而言，强化反垄断不仅有助于促进平台经济和平台企业健康发展、保护公众数据资产，而且也有利于帮助中国的平台企业更好走向世界、参与国际竞争，同时推动我国参与和掌握国际数字经济、数字技术和数字贸易规则的制定权。

其次，在大数据背景下，借助网络平台兴起的互联网金融蓬勃发展，金融机构采集、利用金融消费者数据更加便利，致使金融隐私权保护陷入困境。对此，应当约束、规制金融机构及与其密切联系的第三方机构不正当使用金融隐私信息的行为。中国也可借鉴欧盟《通用数据保护条例》（GDPR）和美国《加州消费者隐私法案》（CCPA）的监管经验，权衡用户数据保护和商业发展能力，建立适合我国的金融信息监管机制。

再次，目前国际上对"网络空间"和国家主权的关系尚无定论，国际网络空间中的争论、冲突缺乏统一规范，同时由于其连通性和兼容性，网络空间具有一定意义上的公共属性。中国应当积极参与到将网络空间作为全球公域治理的国际规则制定中。

7. 注重自身发展，增强国力和经济实力

中国应当注重自身发展，大力推进"新基建"、建设都市圈城市群、发展资本市场、加强科技创新、减税降费、对外开放、民生社保等，以增强国力和经济实力。

8. 重视外交宣传

在能够向美国传递中国声音的场合，外交宣传与中国的应对措施应协调，明确自身对竞争的态度，即是否需要缓冲和管控；明确对话方为美国听众，尽量避免增加美国对中国威胁性的判断。

四、中美在新能源领域的可能合作

气候变化、环境保护和新能源是中美之间可以合作的领域。

(一)《清洁能源革命与环境正义方案》

在总统竞选时期,拜登曾就能源和气候问题提出《清洁能源革命与环境正义方案》(Plan for Clean Energy Revolution and Environmental Justice,以下简称《方案》),这一方案对未来拜登政府在环保议题上的一系列举措具有指引作用。拜登政府宣布将重回《巴黎气候协定》,并在2021年地球日气候峰会上承诺,到2030年,美国的温室气体排放量相较于2005年将减少50%—52%;到2035年,实现无碳电力;到2050年,将在全国范围内实现温室气体排放均衡。

根据《方案》和白宫简报,拜登的气候环保政策将从以下几个方面着手。

第一,在清洁技术部署方面,《方案》提出了通过改善建筑物能效、加快电动车部署、促进社区发展综合交通解决方案、推动气候友好型农业、减缓城市扩张、发展各州代表性低碳产业等六项举措。拜登政府计划通过减少尾气排放并提高汽车和卡车的效率来减少运输部门的碳污染;为充电基础设施提供资金,并推动研究、开发、示范和部署工作,以推动极低碳的新一代可再生燃料在航空等跨模式运输中的应用。对更广泛的运输基础设施进行投资,包括改善运输、铁路和骑行自行车,为旅行者提供更多选择。

第二,在对清洁能源进行投资方面,拜登表示将建立一个与能源高级研究计划署(Advanced Research Projects Agency — Energy)类似的气候高级研究计划署(Advanced Research Projects Agency — Climate),该机构将致力于储能、氢能等8个方面的前瞻性研究,旨在加速当前处于各个开发阶段的技术研发来降低成本、提高效率和减少排放。美国政府还计划通过一系列针对绿色环保企业的税率抵扣措施,激励相关产业的发展。美国未来新能源政策的重点是提高可再生能源发电的比重,并同时减少对化石燃料的依赖,这是因为交通、建筑和工业可以通过电气化在很大程度地减少碳排放,因此,电力部门会在实现政府2030年温室气体减排目标中发挥关键作用。此外,在建筑方面,美国可以通过支持创造就业机会的改造计划和可持续的经济适用房，更广泛地使用热泵和电磁炉，支持建筑物的效率升级和电气化，降低排放和能源成本。美国还将投资于新技术，以减少与建筑相关的排放，包括高性能电气化建筑。

第三，在清洁能源开发领域，美国支持碳捕获以及从可再生能源、核能或废物中产生的新氢气来源来为工业设施提供动力，从而解决工业过程的碳污染问题。政府可以利用其采购能力来支持这些低碳和零碳工业品的早期市场。拜登团队在《方案》中提出，到2030年，美国海上风能将增加1倍，同时加大清洁能源创新技术的研发和推广应用，帮助美国实现100%清洁能源经济的目标。2021年5月11日，拜登政府宣布批准建设美国第一个大型海上风电项目的计划，该项目位于马萨诸塞州东北部海岸外，设计发电800兆瓦。

第四，在清洁能源技术领域，美国旨在实现改变游戏规则的突破，确保其在净零碳技术制造方面的领先地位。围绕如何支持绿色技术的创新与应用，拜登在《方案》中的绿色技术研究方面提出了"对清洁能源研究与创新进行有史以来规模最大的投资"，而在技术应用上提出了"鼓励在整个经济中部署清洁技术"。美国将积极推动创新，推动清洁技术的规模化应用。美国能源部将确定一系列绩效目标，并利用美国大学、企业和国家实验室的各种专业知识和人才，从氢气、碳捕获、工业燃料和能源存储开始，加快顶级关键技术的研发。

（二）我国的应对

我国应当重视与美国进行新能源技术的交流合作。美国在清洁煤技术与新能源技术经验丰富，中国需要加大与美国政府和企业在清洁能源技术上的交流与合作。中美可以针对页岩油气的开采加强交流合作。

早在1958年，美国国防部成立国防高级研究计划局（DARPA）推动高风险、高回报技术的研发，旨在"避免技术突袭并谋求对对手的技术突袭"，使美国在军事和科技领域获得绝对的、不对称的技术优势。美国学者强调颠覆性技术在能源转型中的突出作用。美国大西洋委员会资深研究员罗伯特·曼宁（Robert Manning）曾撰文指出，2035—2040年能源储存技术、大数据、先进材料等新型科技将迎来转折点，太阳能、风能等新能源将取代化石能源，开启"后石油时代"的世界转型进程。在储能领域，中国和美国有望在未来十年内升级当下的锂电池技术，为民用和商用电能储存带来巨大突破。[①]

在重视与美国加强气候环保合作的同时，需要意识到拜登政府后的新能源政策也可能会给中国带来新的冲击与挑战。首先，美国加大了对清洁能源技术的投入与支持，势必会在一定程度上冲击中国新能源电力设备的出口量，特别是欧洲市场。拜登政府还将重启"使命创新计划"，这一计划由 23 个国家和欧盟共同发起，致力于研究、开发和部署潜在的突破性技术，以加速清洁能源创新。一旦美国与欧盟达成新能源电力设备的合作协议，双方不仅可以实现一定程度上的研发方面的共同投资与技术共享，而且还将实现以美国强大的科技基础为基础的量产，而中国新能源设备出口则可能会受到一定冲击。

中国需要警惕美国利用贸易规则对中国新能源产业的发展发起冲击。美国可能与欧盟联合，在新能源补贴、碳边境税等方面对中国发起新的挑战。《方案》明确提出了"不再将贸易政策与气候目标区分开"，意味着美国可能在未来将贸易政策与一国企业的环境表现相挂钩，对高碳产品加征碳关税。欧盟表示计划在 2023 年前推出碳边境调整机制（Carbon Border Adjustment Mechanism）。[②]

美国与欧洲的碳边境调节税将对中国的出口市场产生较大的压力，额外的税款将表现在中国产品的最终价格上，进而造成中国产品竞争力的下降。美国与欧洲有可能以碳排放权交易市场化程度低为由向中国的出口产品加征碳关税。[③] 对此，中国应该考虑到这些可能性，在持续增加对新能源产业的资金补贴的同时，进一步制定新能源补贴的具体措施，避免存在与 WTO 补贴规则相冲突的条文，规避涉及 WTO 反补贴纠纷等。以新能源汽车为例。拜登会通过对新能源汽车加大投资力度，以及利用联邦采购打开产品销路的方式帮助美国汽车行业实现 2030 年新出产汽车净零排放，并重回领导者的地位。拜登对于美国本土新能源汽车的激励措施会给中国

---

① 崔守军、蔡宇、姜墨骞：《重大技术变革与能源地缘政治转型》，《自然资源学报》2020 年第 11 期，第 2585—2595 页。

② 李瑾、俞东阳、张雪荣、伍庚坡：《美国重返"气候圈"政策分析》，《上海节能》2021 年第 1 期，第 3—7 页。

③ 李瑾、俞东阳、张雪荣、伍庚坡：《美国重返"气候圈"政策分析》，《上海节能》2021 年第 1 期，第 3—7 页。

新能源汽车企业拓展包括美国在内的全球市场带来阻力。①

五、拜登政府在调整对华政策过程中挑战与机遇并存

拜登政府执政初期的主要关注点在整合高度分裂的国内政治，这不仅是为了维护稳定，而且也可确保民主党在 2022 年中期大选拿下参众两院的大多数席位，为拜登政府的"新政"提供立法保障。在对外关系上，拜登政府初期的重点在协调与盟国尤其是与欧洲的关系，以恢复美国的"领导能力"。日本、美国、澳大利亚与印度四国加强战略合作，试图构建"民主同盟"，以遏制中国。然而，随着日美澳印四方战略对话的受挫，四国围绕遏制中国的这一战略合作与博弈并未找到实现本国利益最大化的平衡点，② 其构筑的"民主同盟"宣告失败，但日美澳印战略合作并未因此终止，而是以双边和三边合作的方式间接推进，通过构建"准同盟"对中国进行软、硬两手制衡。因此，拜登政府很难拿出一个清晰的对华政策框架，只能维持现状，这就为调整中美关系提供了一个宝贵的窗口期。中国应积极抓住时机，采取不同的策略，瓦解四国战略合作，突破崛起困境，营造良好的周边环境。③

新时代的中美战略竞争有两个重要特征：一是不同于冷战对抗式的战略竞争。中美战略竞争应当是可控的、良性的、建设性的竞争，虽然中美是竞争对手，但不是敌人。自中美关系进入新时代以来，美国对华鹰派试图将双边关系推向冷战对抗，但尚未达到目的。二是战略竞争对手之间存在着相当广阔的合作空间。2017 年《美国国家安全战略》报告在将中国定位为美国战略竞争对手的同时，强调中美两国有许多可以合作的领域，与中国的战略竞争并不排斥合作。拜登政府上台后，多次强调中美之间需要合作。作为战略竞争对手的合作，除了实现各领域显性的共同利益之外，更重要的是确保战略竞争不滑向战略对抗。总的来看，新时代中美关系的

①　李瑾、俞东阳、张雪荣、伍庚坡：《美国重返"气候圈"政策分析》，《上海节能》2021 年第 1 期，第 3—7 页。

②　屈彩云：《中国崛起背景下"日美澳印民主同盟"的构建》，《国际展望》2015 年第 3 期，第 123—141 页。

③　屈彩云：《中国崛起背景下"日美澳印民主同盟"的构建》，《国际展望》2015 年第 3 期，第 123—141 页。

主旋律是战略竞争，但是在竞争中也可能会有合作。这与以合作为主旋律的战略合作伙伴以及战略对抗敌手都有本质上的区别。[①]

事实上，中美两国的经济、技术、公共卫生等领域已高度融合，脱钩和隔离对双方都会造成非常严重的影响。许多亟待解决的世界议题，例如气候变化、流行疾病的防控、网络空间的安全与治理、解决贫困、可持续发展等均需要中美两国密切合作。中国的发展理念和全球治理观是平等互利、合作共赢。发展的目标不仅是实现两个百年梦想，而且更重要的是建立人类命运共同体。从世界角度来说，虽然世界各国未必完全接受中国建立人类命运共同体的倡议，但推进全球一体化进程是普遍共识。而中美是世界两大经济体，任何一个国家都不会被国际社会完全孤立于世界体系之外。不管是中国还是美国，都会与世界各国有着千丝万缕的联系，不可能形成隔离状态。而中国应该抓住这些机遇，积极调整，争取"先手"。一是在环保、核扩散、维护金融稳定、经贸交流（WTO构架重组）、人文交流、全球治理等方面积极寻求与拜登政府的交流与合作。二是积极争取恢复中美两国安全和经济战略对话，加强目前两国军队之间已经存在的危机管控机制，推进制度化。三是密切关注美欧（恢复）TIPP谈判的动向，以及美欧对俄政策的协调与实施。四是积极发展中日关系，关注拜登政府对日本主导的CPTPP的态度，对美日安保条约更新（升级）谈判做好充分准备。五是积极推动南海行为准则（COC）的签订，有效管控争端，维护南海的和平稳定。

第四节　拜登政府加强美国世界
领导地位的态度和措施

一、融合还是隔离

从拜登政府于2021年1月就职后的政策宣示看，中美之间的关系将呈现复杂的图景，会在不同的领域出现"合作、竞争、对抗"共存，表现为

---

① 刘建飞：《新时代中美关系的发展趋势》，《美国研究》2021年第4期，第9—23页。

边融合边分离、边对抗边合作，在有利于美国利益和价值追求的议题上合作，在不利于美国利益和价值诉求的议题上寻求脱钩，通过推进"小多边主义"，推动有利于美国的全球化和多边主义。

（一）对华政策强硬，双方对话压力增大

2021 年 3 月 1 日拜登政府首度公布《2021 年贸易议程报告》，其中，中国是唯一被特别列为"拜登政府将应对"的国家，美国将致力于"利用一切可用的手段"来对付中国。《2020 年民主党党纲》特别强调，在对华经贸政策方面将以美国国家利益和美国盟友的利益为指导，以美国力量源泉为依托，认为美国社会的开放性、经济的活力和盟友的力量是美国力量的来源。在经济、安全和人权等领域，一旦中国引发美国的深刻担忧，将明确、强烈和连续不断地予以反击，保护美国工人不受不公平贸易行为的影响。

此外，美国后新冠疫情时代去中国化的政策倾向加强，其目的在于试图从产业链、国际组织等方面削弱中国影响力，配合美国国内对于就业、收入分配等社会问题的解决，实现美国国内社会政策的外卷化，通过国际规则的重塑实现美国国内法的国际法化和国际规则的再美国化。

（二）中美脱钩仍将继续，竞争面临升级

美国推进的产业链转移和脱钩进程仍将继续。拜登强调"经济安全就是国家安全"，主张推行一系列的经济民族主义相关政策，以保障供应链安全，提升供应链弹性，提出要联合盟友摆脱对中国的依赖。因此，在涉及国家安全和社会安全的领域，中美产业链局部脱钩在所难免。同时，拜登还倡导增税、加强金融监管、承诺推动实现全民平价医保、提高最低工资标准等政策主张，这些政策主张如果付诸实施，美国国内生产成本会继续提高，将在很大程度上大大削弱跨国公司回流美国的动力。因此，相比特朗普推行的中美产业全面脱钩的政策，拜登执政后，中美产业链脱钩和转移进程可能有所减缓，但是中国面临的风险肯定存在。

中美科技行业的竞争面临加剧和升级，但合作的领域也可能增加，竞争和冲突的可控性将得到提升。尽管拜登将继续保持对中国科技行业打压态势，但政策与举措将与特朗普政府有所区别。一是拜登可能更强调美国领跑模式，即通过加大对研发投资等方式保持对中国的科技领先优势。二是美国仍将加强对美中双向技术投资和贸易的限制，通过"小院高墙"的方式精准施策，更有针对性地加强对中国出口管制和投资限制。三是更强调与盟国和伙伴合作，运用多边机制加强对中国出口管制和实施对华投资限制。

（三）"竞争、合作、对抗"三维共存

拜登视中国为"严峻的竞争者"和"对手"。2021年3月4日，美国总统拜登发表《美国国家安全战略临时指南》（以下简称《临时指南》）作为新政府评估现有政策和制定新方针的指引。《临时指南》强调，疫情、气候变化及科技网络、核扩散等问题严峻，包括美国在内的全球民主受挫，国际秩序、同盟体系受到新威胁。"中国是唯一有可能将其经济、外交、军事和技术力量结合起来、对稳定和开放的国际体系提出持续挑战的竞争对手"。美国强调团结盟友的重要性，声称建立有效的国际规则，"确保美国而不是中国制定国际议程"。① 因此，拜登政府对华政策与特朗普政府不同之处在于强调联盟和规则，而不是单打独斗式的单边主义和规则外努力。

美国同时指出，战略竞争不会也不应该排除在符合美国国家利益的情况下与中国合作。美国将与中国开展务实、注重实效的外交，努力降低误判和误解的风险，在气候变化、全球卫生安全、军备控制等领域与中国合作。

美国国务卿布林肯声称，美对华政策将秉持"该竞争时竞争，能合作的时候合作，须对抗时就对抗（adversarial when it must be）"的原则。② 可见，竞争、合作、对抗三位一体共同构成了美国对华政策的立体架构。"竞争是常态、合作有条件、对抗全方位"将成为拜登政府与中国打交道的主要方式。拜登政府对中国既有隔离倾向，也不排除在某些问题上存在合作，竞争与合作并存是中美关系的新常态。但是，目前合作的领域，或

---

① 倪峰：《加速的百年变局与中美关系》，https://finance.ifeng.com/c/8EwPjOmM5Ov，最后访问日期：2021年5月10日。
② 《快讯！美参院外交委员会通过"2021年战略竞争法案"》，https://www.sohu.com/a/462207246_162758，最后访问日期：2021年4月25日。

者说美国希望牵制中国的领域不多，主要集中在气候变化等领域。

（四）重构国际贸易体系

在WTO总干事的选任中，拜登政府明确支持新任总干事，这同此前拜登政府的多边主义政策是一致的。因此，美国退出WTO不具备现实性，而是会继续加强对WTO的主导和控制。美国作为国际多边贸易体制最初的主要设计方及主导者，不会轻易放弃对WTO的改革和利用。

2021年3月1日，美国贸易代表办公室发布《2021年贸易政策议程和2020年年度报告》，该报告在"拜登总统的重点政策"部分载明："拜登政府将寻求修复伙伴关系和联盟，并恢复美国在世界各地的领导地位。拜登政府将重新参与并成为包括世界贸易组织（WTO）在内的国际组织的领导者。美国将与总干事恩戈齐·奥孔乔·伊维拉以及共同利益的贸易伙伴合作，对世贸组织的实质性规则和程序进行必要的改革，以应对全球贸易体系面临的挑战，包括日益加剧的不平等，数字化转型和贸易壁垒。"该报告在涉及中国的部分载明："要通过一项全面战略应对中国的强制性和不公平贸易行为。"

在针对WTO的改革当中，拜登政府可能会提出关于WTO改革的众多议题，具体如下：

一是改革WTO的运作。美国对WTO的不满由来已久。2019年12月，WTO上诉机构"停摆"，就是美国长期运作的结果，而不是特朗普政府的一时兴起，这可以视为这次总干事人选争端的预演。美国的意图是，要么在其主导下WTO展开根本性的改革，要么让这一束缚其行动的重要国际组织失去行动力。

二是改革WTO争端解决机构。WTO作为一个国际组织不能新增或删除各成员制定的规则，也不能决定是否要执行这些规则。只有各成员才有权集体协商上述事项，WTO并无此权力。就政策而言，WTO也无法独立于其成员采取行动，WTO并没有像政府或企业那样拥有执行机构，也不会提出解决方案。就规则的制定、解释和执行而言，WTO只是一个平台。而美国认为WTO争端解决机构已经超出其权限，损害了美国的国家利益。美国之所以威胁退出WTO、强力干涉总干事遴选、削减WTO预算，其目的在于利用此种筹码加强对WTO的主导和控制地位。

　　三是从组织机构方面加强对 WTO 的控制。目前，WTO 总干事的已经确定，美国可能会通过政治、外交等途径试图在部长级别会议和总理事会上发挥更大的作用，在总干事任命的秘书处成员的人选方面进行干涉，以继续保证其在 WTO 的主导和控制地位，以便更顺利地推进其对于 WTO 的相关改革。

　　四是重新界定成员身份。一是重新划分"发展中国家"和"发达国家"。2001 年多哈回合被列为 WTO 中心任务后，发展议题几乎成为 WTO 的唯一议题。WTO 部长会议多次明确指出，发展中国家是 WTO 的主体，必须把它们的需要和利益置于 WTO 的中心位置。美国一直对此不满。2017 年 12 月，美国贸易谈判代表罗伯特·莱特希泽（Robert Lighthizer）在 WTO 部长级会议上明确表示 WTO 框架下的发展问题应予澄清，美国不能容忍所有新规则仅适用于少数国家，而大部分国家却可以通过自我认定为发展中国家而加以逃避，尤其是世界上最富有的 6 个国家中有 5 个都自称为发展中国家。2019 年 7 月 26 日，美国白宫官网发布《关于改革世贸组织发展中国家地位的总统备忘录》，该备忘录认为"世贸组织仍然停留在过时的发达国家和发展中国家的二分法，使得一些世贸组织成员在国际贸易领域获得了不公平的优势"。美国认为中国以及其他一些富裕国家一直将自己塑造为发展中国家，以享受"发展中国家"地位所带来的好处，寻求比其他世贸组织成员更少的承诺。这些国家声称有权实施更长时间的保护措施，获得更宽松的过渡期，更温和的关税削减，享受世贸组织争端的程序优势以及保有进行某些出口补贴的能力，而这些都是以牺牲其他世贸组织成员的利益为代价。2018 年 11 月，中国发布《关于世贸组织改革的立场文件》，明确将世贸组织改革应保证发展中成员的"特殊和差别待遇"作为 WTO 改革的基本原则和主张。2019 年 2 月 18 日，中国、印度、南非、委内瑞拉 4 国向 WTO 理事会提交《为促进发展和确保包容性、支持发展中国家享有特殊和差别待遇的相关性》文件，反对美欧等发达经济体有选择性地使用某些经济和贸易数据来否认发达国家和发展中国家之间的分歧。

　　五是对"市场经济"与"非市场经济"的界定。中国在 2001 年加入 WTO 时并未被承认"市场经济地位"。由于 WTO 规则并未对"市场经济地位"作出明确定义，中国能否在 2016 年自动取得市场经济地位引发了争议。2018 年 5 月 31 日，美国、欧盟、日本在巴黎发表第三次三方联合声明。三方在联合声明的附件中确认了解决非市场化政策和做法的共同目标。2020 年 2 月 20 日，美国向 WTO 提交《市场导向条件对世界贸易体系重要性》的提案，要求 WTO 总理事以决议的方式发布市场参与者具备市场导向条件的 8 个要素。市场经济和非市场经济的界定不明容易招致分歧，进而影响 WTO 关于反倾销的认定和适用。此外，是否拥有市场经济地位涉及国际社会对于国家身份的认同与否，因此对两者的清晰界定至关重要。

（五）重构多边贸易体系

拜登政府执政将有利于美国的全球化，这一定程度上对中国参与全球化提出了挑战，同时也为中国深入全球化提供了机会。拜登执政将面临多方面挑战，特朗普崛起的民粹主义基础还将在美国政坛持续发酵，虽然新政府仍将继续以大国竞争的视角处理中美关系，但其重心向内，表现出以提高自身实力和重视外交、软实力的理性方式与中国展开竞争的趋势。

拜登政府会延续奥巴马时期的外交政策，重返全球化、修复盟友关系，恢复美国领导地位。拜登曾表示上任后第一项外交方面的工作就是尽快修复与各盟友之间的关系，恢复美国在国际上的领导作用。通过重新主导 WTO 改革，重返《巴黎气候协定》、世卫组织、TPP 和 TTIP 谈判等，重塑美国领导地位和国际规则体系。

美国贸易代表办公室（USTR）于 2021 年 3 月 1 日向国会提交了美国总统拜登的《2021 年贸易议程》和《2020 年年度报告》，其中详细阐述了美国政府针对疫情期间的经济复苏所制定的贸易政策。报告显示，拜登的贸易政策将对中国贸易做法采取强硬立场，包括应对气候变化、促进种族平等以及加强全球合作三个方面，并且更关注新双边贸易协定的谈判。

（六）多方面开展贸易审查

1. 加强涉及"强制技术转让"的审查

美国关于强制技术转让的表述最早出现在 2012 年的"特别 301 报告"中，在涉及中国的部分提到，许多知识型产业仍然担心，中国政府正在利用某些旨在促进"自主创新"的政策，通过有效强制外国权利持有人向中国国内实体转让知识产权的措施或行动，使外国企业处于不利地位。

《2020 年贸易政策议程和 2019 年年度报告》认为，WTO 应该认识到强制技术转让造成的损害；公平、自愿和基于市场原则的技术转让可在增长和发展方面形成互惠，但是一国的强制技术转让将剥夺另一国从技术流动和创新中获得利益的机会；强制技术转让与基于市场原则的国际贸易体系不符；WTO 成员应该制定标准、核心原则以及有效的方法来制止有害的强制技术转让政策和做法，包括执法工具和发展新的规则。这是美国首次将强制技术转让列入未来 WTO 改革的内容之中。

2. 加强涉及"国家安全"的审查

2018 年 8 月 13 日，美国完成了针对外国投资委员会（Committee on Foreign Investment in the United States，CFIUS）的立法改革程序，大大强化了中国对美投资的安全审查。该法案的出台成为分水岭，标志着美国产业与投资政策日益走向保护主义。在该法案中，中国成为外国投资委员会的"特别关注国家"，委员会必须每两年向国会提交一份中国企业在美投资的详细报告，内容包括投资类型、投资行业以及投资方的政府背景等。与特朗普时期相比，拜登政府对于中国态度更加强硬。

事实上，"国家安全"这一概念本身极其不明确，这也加大了美国的国家安全审查制度在审查标准上的模糊性与人为干预的弹性。此前特朗普政府对"国家安全"的定义早已超出传统范畴，其所列举的关键基础设施、关键技术、数据安全、政府控制等重点考量因素已远远超越 WTO 规则体系中对"国家安全"的审查要求，凸显出为中国"量身定做"的特征。

拜登政府延续了特朗普国家安全审查的政策，提出了"供应链安全审查"等新概念，在经济领域继续保护国家安全。美国供应链行政令的目标是建立更加具有弹性的美国供应链，以避免关键产品的短缺，促进投资以保持美国的竞争优势，并加强美国的国家安全态势。

二、制定更新经济、技术规范

（一）强化 WTO 成员的通报义务

根据 WTO 的有关规定，作为 WTO 成员在制定、实施某一与贸易有关的技术标准、技术法规前，有义务向 WTO 各成员及时通报其即将制定、实施的技术标准、技术法规等贸易文件；同时，WTO 其他成员有权对通报的文件提出评议意见。

各成员履行通知义务是 WTO 协定中的一项重要原则，也是 WTO 体系得以正常运转的重要保障。当前 WTO 各成员在履行通知义务方面做得并不尽如人意，因此有必要重申强化各成员尤其是发展中国家成员履行通知义务的必要性。

美国提出强化透明度和通知要求程序，要求通过采取一些措施对未履行通报义务的成员进行活动限制。欧盟指出，为了实现公平竞争，应当强化成员国的通报义务。

（二）制定数字贸易规则

"数字贸易"是美国近年来主要使用的一个术语，也被许多国际组织广泛使用。美国贸易代表办公室（USTR）将"数字贸易"定义为一个广泛的概念，不仅包括在互联网上销售的产品和各种在线服务，而且还包括支持全球价值链的数据流、使智能制造成为可能的服务，以及其他平台和应用程序。从实践上看，当前 WTO 数字贸易谈判已经超越了传统的电子商务范围，进入数字贸易领域。

截至 2020 年 3 月，已有 82 个成员陆续加入电子商务诸边谈判，收到有关电子商务谈判的提案近 50 份。谈判自启动以来始终被置于"快车道"，已举行了 7 轮谈判。各方在提升电子商务便利化和透明度、保护网络消费者、促进中小微企业参与度等方面取得一定共识，但在诸多关键问题上仍分歧明显。

数字贸易已成为国际经贸规则重构的竞争焦点，是各类自贸区谈判和WTO 改革的主要内容，但由于各国在跨境数据流动、数据本地化、市场准入、隐私保护、消费者权益维护、知识产权保护等方面各有诉求，国家间监管互认困难，故迫切需要建立统一的规则体系。数字贸易涉及的争议如下。

1. 对于数字贸易定义和范围的理解差异

美国倾向于用"数字贸易"取代"电子商务"，认为其他国际组织对"电子商务"的界定过于狭窄，可能会影响这一术语在 WTO 框架内的使用。中国认为美国所主张的数字化传输内容和服务方面的规则过于敏感和复杂，目前尚处于探讨阶段，故将电子商务界定为互联网平台所支持的跨境货物贸易及相关的支付和物流等服务，核心仍在于货物贸易，侧重于削减边界贸易壁垒；欧盟出于维护欧洲文化多样性的考虑，提议将视听服务彻底排除在谈判范围之外，但美国对此并不认同，强调 WTO 应该保护包括视听在内的数字贸易免受不公平待遇。

2. 对关税的理解差异

2019 年 6 月，印度和南非在 WTO 总理事会专门会议上重申了共同的立场，要求重新考虑目前电子传输零关税的做法，理由是：这可能会给发展中国家带来关税收入损失，而且发展中国家也需要政策空间。印度和南非的联合提议遭到美国等发达国家的强烈反对。美国认为电子传输零关税符合所有 WTO 成员的利益，并且要求永久执行电子传输零关税，而不是目前两年更新一次的延缓征收（moratorium）政策。

3. 对跨境数据流动、本地化及转让源代码的分歧

发展中成员普遍将网络安全和国家安全置于优先地位，为此可能采取限制跨境数据流动的措施，或将计算设施本地化、披露或转让源代码作为在本地开展业务的前提条件。因此，提案中或是未涉及这部分内容，或是强调保留政策空间。然而，美国将跨境数据自由流动和禁止本地化要求视作消除壁垒的关键，认为过度重视网络安全会导致阻碍数字贸易、扼杀数字经济的严重后果。与此同时，美国将禁止披露、转让源代码作为保护知识产权和创新的必然要求，对例外情形容忍度极低。

4. 对网络设备和产品的非歧视待遇分歧

2019 年 9 月，中国在第二份电子商务提案中提议禁止成员在这一领域采取歧视做法，主张若无合法公共政策目标，未经正当程序，不得对网络设备和产品实施断供等限制性措施，不得干预对此类设备、产品和技术的选择。这一提议显然与以华为为代表的中国高科技企业接连遭遇美国施加的歧视待遇密切相关。

5. 对消费者隐私的保护的分歧

欧盟将保护个人信息和隐私作为基本权利，坚持采用《通用数据保护条例》（General Data Protection Regulation，GDPR）的高标准，为保护个人隐私可以采取限制跨境数据流动的措施。美国认为欧盟对"个人信息"的定义过于宽泛，容易导致企业运作中的许多数据都被纳入个人信息范

畴，严重阻碍跨境数据流动，会对贸易产生巨大影响。鉴于欧美较难达成共识，美国提议加强机制之间的"互操作性"，确保不同成员的监管要求都能得到尊重和执行。

（三）制定反补贴规则

2019 年 1 月，美国向 WTO 提出了针对中国补贴问题的 70 项质疑，指责中国隐瞒部分造成贸易扭曲的补贴项目。

对于反补贴规则的适用首先应当明确何种行为属于补贴行为，在体量巨大的国际贸易中，各国的国情千差万别，对于补贴行为的认定和反补贴措施的正确合理适用都是相当困难的。因此，制定并且明确反补贴规则是推动国际贸易行为规范化的应有之义。

2020 年 1 月 14 日，日本经济、贸易和工业大臣梶山弘志（KAJIYAMA Hiroshi）、美国贸易代表罗伯特・E. 莱特希泽（Robert E. Lighthizer）和欧洲贸易专员菲尔・霍根（Phil Hogan）在华盛顿举行了会议，共同发布了《美欧日联合声明》，部长们讨论了加强世贸组织关于工业补贴的现行规则的方式，并提出了诸多对于《补贴和反补贴措施协定》（ASCM）的修改建议。

《美欧日联合声明》认为，现行的补贴规则存在不足，WTO 成员未能有效遵守补贴的通报规则，补贴透明度较低，而现行的 WTO 补贴规则不足以制止或救济最有害的补贴。建议提高透明度和加强补贴通报，在补贴通报规则中设置直接或间接的激励机制以及设定"可予反驳的一般推定机制"；① 扩大"禁止性补贴"的范围，更有效地识别和更严格地规制现行原则和规则允许的但严重扭曲贸易的有害补贴的类型，例如导致产能过剩的补贴、政府或政府控制的非商业条件的股权投资。

（四）制定国有企业新规则

美国新任贸易代表办公室代表持续在非市场经济主体和贸易扭曲议题上同 G7 成员国进行沟通，这成为美国国际贸易政策的优先事项。

在《补贴与反补贴措施协议》中"公共机构"的定义涉及国有企业问

---

① "可予反驳的一般推定机制"是指如果一项补贴措施没有被通知或被反通知，将被推定为补贴，甚至被推定为造成严重损害的补贴。

题，WTO 上诉机构的判决采用了较低的证据标准，用于判定我国的商业银行具有政府职能，从而构成发放补贴的主体。

《美欧日联合声明》对有关扭曲市场的补贴和国有企业造成的不公平贸易行为提出了要求，核心内容是，国有企业是国家管理和影响经济的工具，常常产生市场扭曲效应，希望 WTO 加强对公共机构和国有企业的约束：一是通过解释"公共机构"，使更多的国有企业的行为受制于现行补贴规则；二是制定规则以处理政府利用国有企业作为工具执行政府经济政策所造成的其他扭曲市场的行为；三是加强国有企业在透明度等方面的披露。

三、重掌全球议题话语权

2020 年 2 月，拜登在《外交》杂志刊发题为《为什么美国必须再次领导世界》的文章，阐述自己的外交政策构想。他强调，"世界不会自动地组织起来。70 年来，无论是民主党总统还是共和党总统治下的美国，都在制定规则、达成协议和推动机制方面扮演领导角色，而这些规则、协议和机制引导了各国之间的关系，促进了共同的安全和繁荣。这种状况一直持续到特朗普执政之前。"①

2020 年 10 月，布林肯在接受美国有线电视新闻（CNN）采访时曾坦言，美国应重新回归国际合作与联盟，他强调，美国在这些机构中的领导缺位，可能会产生两种结果：一是俄罗斯等其他国家会插手并改写规则；二是没有国家可以填补美国的空白，结果将会导致国际秩序的无序和混乱，而无论哪一种，对美国都是不利的。②

世界银行前行长罗伯特·佐利克（Robert B. Zoellick）、全球发展研究中心研究员金伯利·艾略特（Kimberly Elliott）等人认为，拜登政府将会按照美国的国内共识，在与欧洲、日本等加大协调的基础上，推动世贸组织改革取得实质性进展。此外，拜登政府还会把数字经济、涉及环境的商品和服务贸易、知识产权和农业作为其贸易政策的重点关注领域，并寻求

---

① 赵明昊：《美国重返多边主义，中国需要担心吗？》，https://www.thepaper.cn/newsDetail_forward_10610568，最后访问日期：2021 年 5 月 10 日。

② 《拉拢盟友，挑拨中俄关系，拜登挑的国务卿不简单，我们需提防》，https:///baijiahao.baidu.com/s? id=1684513476747271574&wfr=spider&for=pc，最后访问日期：2021 年 5 月 10 日。

加强世贸组织处理这些问题的能力。

2021 年 1 月 20 日，全球化智库（CCG）发布的《拜登时代的中国与美国：趋势与应对》报告认为"拜登政府将以回归多边主义开启其对外政策的新篇章。拜登时代的美国，将在全球治理、地区安全和自由贸易三个领域重新回到多边的舞台。"[1]

四、国际组织去中国化

2021 年 3 月 1 日，美国贸易代表办公室发布《2021 年贸易政策议程和 2020 年年度报告》，在涉及中国的部分载明："要通过一项全面战略应对中国的强制性和不公平贸易行为。"

拜登的经济复苏计划中包括打击中国贸易不正当行为的承诺，涵盖补贴、倾销、汇率操纵、强制技术转让和知识产权保护等领域。拜登政府可能在未来中美经贸协议谈判中着重转向非关税贸易措施。

据《华尔街日报》报道，美国总统拜登正式签署了一项行政命令，要求美国联邦政府和下辖机构对半导体、纯电动汽车电池、稀土和医疗产品等 4 个重点品类进行评估，与日本、韩国等盟国或地区进行合作，建立不受中国影响的供应链。[2]

第五节　摆脱"修昔底德陷阱"的对策：理念共识、规则机制、全球议题

一、理念共识

在中美高层战略对话中，中方代表提出中国的价值是"和平、发展、公平、正义、民主、自由"，指出这是全人类的共同价值，主张维护以联

---

① 《经贸交流基础牢　中美期盼新机遇》，http://www.cacs.mofcom.gov.cn/article/flfwpt/jyjdy/cgal/202101/167812.html，最后访问日期：2021 年 1 月 26 日。

② 《拜登将下令审查美国半导体、稀土等海外供应链》，https://views.qq.com/a/20210219A0376J00，最后访问日期：2021 年 3 月 1 日。

合国为核心的国际体系、以国际法为基础的国际秩序；美方代表则提出"加强以规则为基础的国际秩序"，因为这种秩序可"帮助各国和平解决分歧，有效协调多边努力，参与全球贸易，确保每方都遵循同样的规则"。美国代表同时认为"人类尊严和人权"为国际合作的核心动力和目标。

中美双方前述立场的共同点都主张维护现有的国际秩序，但表述方式不同。中国主张依据国际法为基础的国际秩序，美国主张以规则为基础的国际秩序。同时，中国主张维护以联合国为核心的国际体系，美国主张和平解决分歧，有效协调多边努力。易言之，中国和美国都主张维护由国际法规则构成的国际秩序，因为国际法由原则和规则构成。如果拜登政府实际遵守国际法规则，则中美两国的关系可按照国际法的原则和规则处理，这或许可成为两国今后交往应遵循的原则。

世界面临着许多亟待解决的世界性议题，例如气候变化、流行疾病的防控、网络空间安全与治理、解决贫困、可持续发展等，从世界角度来说，推进全球一体化和全球经济发展进程是普遍共识。

在国际场景叙事中，我们应该突出与其他国家的共性，强调规则和法治，特别是用好已有的国际规则，并且创设新的国家规则；成熟地利用现有国际争端解决机制对美国的压制行为进行诉讼，利用法制化而非政治化诉求的方式得以解决冲突与纠纷；强调共性，突出共性和共同目标；强调人权和权利保护，用西方社会熟悉的价值观说好我们的故事；强调发展，通过经济和商业发展促进经济、政治、文化的合作，设计和提出发展主题。

二、规则机制

随着 WTO 体制被边缘化，中美贸易战的美国国内法根源问题开始凸显。在维护国际秩序中美国霸权的手段上，特朗普采取单边主义和霸凌打压做法，不断退群弃约，忽视与疏远盟国，实际上削弱了美国的领导地位和战略信誉。拜登则在上任伊始重返世卫组织和《巴黎协定》，高扬多边主义旗帜，恢复盟友关系并重建盟国体系，以强化美国在国际秩序中的领导地位。

对于中国而言，拜登这一举措具有两方面的影响。一是此前特朗普不愿依靠盟友的力量对中国施加遏制，反而导致了美国的孤立。倘若拜登能够联合盟友共同开展与中国的竞争，那么可能会在具体实践中给中国制造更大的压力；二是特朗普退出多个多边合作框架，导致中美之间的沟通渠道被严重阻碍，不仅极大地动摇了双边关系，而且也导致一些需要合作的跨国议题难以取得进展。而拜登政府重返多边框架的举动将极大地改善双方在一些跨国问题上的合作。

（一）积极推进 WTO 改革

对于中国而言，WTO 改革确实是一项挑战。一方面，美国目前至少在争端解决机制上已经将 WTO 的正常运转逼入绝境。如果不回应美国的改革需求，则很有可能造成争端解决的上诉机构程序彻底瘫痪，这对 WTO 职能和声誉乃至多边主义的打击都是较大的。另一方面，从欧盟改革方案中可见，美、欧、日等国此轮关于 WTO 改革的主要建议对中国具有很强的针对性，包括国有企业、补贴、强制性技术转让以及特殊和差别待遇的问题等。中国一贯支持多边贸易体制，值此 WTO 遭遇重大危机之际，中国应该对 WTO 的改革做出积极回应，同时在发展中国家中推动合作议题和合作机制，在议题上与我们有共同点的国家形成合力，至少在争端解决机制的改革问题上，中国应与欧盟站在一起，共同破解上诉机构遴选僵局，推动 WTO 上诉机构维持正常运转。

对此，中国可从两方面予以回应。一是规则修订路径。在此路径下，中国可以适度回应特殊与差别待遇的灵活适用，但应坚持以普遍适用的豁免模式为基础，对此我国应加强研究，提出符合"发展"本质并兼顾规则灵活适用的修订意见。二是连横博弈路径。在发展问题上，广大发展中国家成员是紧密团结在一起的，对此，中国应联合包括印度、南非、巴西等主要发展中国家成员在内的众多盟友，共同与发达国家成员进行博弈。

（二）支持和参与区域经济合作

在逆全球化思潮泛起、多边主义受到挑战、贸易保护主义升温、新冠疫情使世界经济陷入衰退之际，《区域全面经济伙伴关系协定》（RCEP）的正式签署是各方在变局中应对危机与挑战的重要结果。我们应该深度参与区域经济合作，加快"一带一路"沿线国家经济合作的机制化和法制化，在"一带一路"沿线国家间推动自由贸易协定或投资协定，框定合作机制、合作原则和合作规则，构建自己的价值体系、价值链安全和发展议题。

（三）支持和主导公平贸易议题谈判

针对美国提出的中国压制性和胁迫性的贸易方式和对公平贸易的诉求，我们可以在中美经贸谈判第二阶段中，增加公平贸易内容；可以在区域或全球经贸协定谈判中提出公平贸易方案或公平贸易议题，在世界舆论场中占据先机。

三、具体全球议题

（一）新冠疫情的应对

新冠疫情持续在多国蔓延，世卫组织已将新冠疫情全球风险调至最高级别，抗击新冠疫情成为各国共同的职责与担当。首先，促进我国与各国特别是医疗资源部完备的发展中国家的合作。其次，促进我国和国际组织的合作。再次，重视国际援助项目、私营机构、基金会和非营利组织在全球公共卫生领域的影响力。最后，中美两国近年来在科技领域多有摩擦，两国开展科学机构、卫生（政策）研究机构合作共同应对区域和全球公共卫生安全挑战，不失为改进科技和贸易关系的一种有益的探索。

（二）全球气候变化的应对

围绕气候问题，拜登政府强调引领清洁能源革命和重回气候治理，重视国内清洁能源发展、气候议题科学化塑造、气候治理多边主义，希望在继承奥巴马政府时期气候政策的基础上，全面提升美国的气候治理领导力。在对华气候政策方面，拜登政府将对中国实施限制性气候合作策略。虽然中美合作有助于全球低碳经济良性发展，但在气候治理领导权、全球低碳标准领域，中、美两国仍存在竞争。拜登政府认为中国通过国家补贴，使国有企业获得了不平等的竞争优势，中国的崛起将导致美国技术和知识产权的流失，使中国能够主导未来技术与产业的发展。拜登政府还主张美国应当与盟友共同反对中国对安全与人权的破坏性行为，并坚持要求中国停止对煤炭出口的补贴，阻止中国通过"一带一路"倡议建设资助化石燃料能源项目、将污染外包给其他国家，防止中国扩大全球影响力、推广自己的政治模式，并投资未来技术。

为此，中国需要未雨绸缪，构建多层次气候治理与危机管控体系。首先，中国应充分认识气候议题在恢复中美战略互信中的基础性作用。尽管拜登团队将中国视为竞争对手，但其始终强调在气候变化领域需要与中国合作，突出中、美两国在气候问题上的合作型领导。中国应以推动美国重返和履行《巴黎协定》为着力点，增强两国互信基础，并最终带动中美关系中其他领域问题的解决。其次，应当抓住拜登新政府执政和全球化石能源量价齐跌的新机遇窗口，提出新的绿色经济、科技的合作标准和重点领域，并警惕西方等一些国家联手对中国实施"碳关税"，加强技术创新和相关能力建设，充分了解低碳或零碳技术的研发障碍，同时还应加强包括人工智能、5G、云计算及物联网等在内的绿色数字技术领域的研发和普及，落实"大数据＋绿色发展合作"数字治理体系。建立符合中国企业共同诉求的减排标准，自下而上地形成一套可持续的减排机制。

（三）技术竞争和国家安全泛化的应对

新一轮科技革命正以量子技术为制高点，在人工智能、生物科学、地球空间科学等领域多点开花、集群突破。各主要大国都把科技作为本轮战略博弈的核心，以物理空间和虚拟空间为竞技场，政府强力推动，科技巨头领军。

美国希望维持在科技领域的绝对领导地位，拜登在科技创新及相关产业政策方面，同样将保持对华的强硬立场。一是继续抓住所谓中国国企补贴的问题，认为中国国有企业拥有所谓不公平的优势，并将主导未来的技术和产业。二是强调知识产权保护，他认为如不采取措施，"中国将继续抢夺美国和美国公司的技术"。[①]特朗普政府出台的科技制裁措施不会被拜登政府马上解除，中美科技竞争的局面会延续，但手段会发生变化。拜登一方面将加大对本国技术研发的支持力度；另一方面将在国际贸易规则框

---

① 《丢掉对拜登的幻想吧！他很有可能从这些方面压制中国》，https：//zhuanlan.shihu.com/p/300240400，最后访问日期：2021 年 5 月 10 日。

架下对华施压，滥用国家安全为借口的制裁行为或将减少，尤其在"核高基"领域，拜登政府并不会比特朗普有所缓和，甚至将联合盟友共同对中国科技企业施压。

针对上述趋势和风险挑战，我国应及早研究应对之策。具体而言，首先，要形成能集成政府、企业、机构和公民个人智慧的创新机制。其次，及早实施国际创新人才引进制度，以高校为试点，以国家级实验室为龙头，吸引全球顶尖人才。再次，各利益相关方携手构建新型社会治理模式。本轮科技革命的主体是科技巨头，他们掌握着先进科技和各类数据信息资源。政府要在依法监管企业的同时，创造开放宽松的环境，让企业参与社会治理，实现对社会的智能化、精细化管理。同时，针对新技术新应用产生的各种法律问题，做好修法、释法、立法工作。

四、摆脱中美关系的"修昔底德陷阱"

"修昔底德陷阱"是中美关系现状的最佳写照。在中美关系整体氛围不会明显好转的当下，完善国内法治、更好掌握国际规则、在非对称性中寻找有限对称性、妥善管控分歧为四大良策。

首先，完善国内法治是破局之棋。专门就某一国际政治议题立法或修法是美国国会的惯常做法，如今对华强硬已成为两党共识，以《2021 战略竞争法案》为纲领的一系列法案涉及军事、科技、金融、卫生等领域，渲染"中国威胁"，全面而系统地针对中国进行遏制。为应对挑战、防范风险，应充实我国的"法律工具箱"，具体措施包括构建中国法域外适用及阻断外国法律与措施不当域外适用法律体系，加快《反外国制裁法》的立法工作，完善我国国家豁免制度，根据不同案件实际情况选择是否出庭应诉等，这既是依法治国基本方略中涉外法治的体现，更是维护我国国家主权、安全、发展利益，保护中国公民、法人或者其他组织的合法权益的现实紧迫需求。

其次，更好掌握国际规则是转势之道。不可否认，和美国相比，我国对国际规则的运用能力有待提升，这固然有法系差异之缘故，但更重要的是话语权掌握的强弱有所不同。以国家安全为由，排除 WTO 的管辖是美国实施 301 调查的惯常做法；WTO 上诉机构因美国阻挠纳新而停摆。中美贸易摩擦的议题多为美国设定，解决方案亦多为其提供，因此扭转我国被动情势，话语权的增强必不可少。

除了加快涉外法治人才培养、遵循话语权的生成逻辑之外，以"一带一路"倡议、中欧投资协定、RCEP 为突破口，加强多边主义合作也是掌握国际规则的迫切要求。可借鉴的先例是与欧盟等经济体就 WTO 上诉至仲裁小组达成临时安排，我国应继续积极推动 WTO 改革，"做到在议题设置上有引导力、在规则制定的讨论中有说服力、对于霸权倾向有回击力、对于质疑有解释力"。[①] 同时，加快"一带一路"等合作倡议的规则体系建设，增强可预见性和成本控制，积极扩大我国"朋友圈"亦应得到高度重视。

再次，在非对称性中寻找有限对称性是应对之法。"结构性问题"使得两国法律标准产生不对等，制裁与反制裁手段不对称，知识产权保护、国有企业、产业政策和竞争中性等问题成为困扰中美各领域正常交往的"戈尔迪乌姆之结"。在这种情况下，一味强调"脱钩"既不实际，又无助于解决问题。相反，扩大对外开放，通过国内营商环境的改善吸引外商投资，鼓励更多美国跨国公司对华贸易，在防范风险前提下进行更大规模"金融拥抱"，激发美国企业内生动力，驱动其主动影响美国政府制裁政策制定，能够最大限度地在非对称性里找到有限的对称性，避免在竞争缠斗中国家利益受到不必要损失。继续落实外商投资负面清单制度、加强正当程序原则在外资国安审查中的适用，稳步推进金融市场开放，深耕自贸试验区改革等措施也不可或缺。

最后，妥善管控分歧是实操之维。国家统一与和平发展需要我国保持战略定力，强化外交交涉，亮明中方底线。与此同时，尽管"全面竞争时代"的来临似乎不可避免，但这并不意味着中美两国毫无合作可能。事实上，中国作为负责任大国，在气候变化问题上与美国协作空间巨大。从气候变化出发，两国协同领域从环保扩展到邻近领域，合作范围越来越大，合作前景越来越明，这既是中美博弈的平衡之境，亦是人类命运共同体的具体体现。

---

① 《人民要论：增强中国在国际规则制定中的话语权》，http://mt.sohu.com/20170217/n480940006.shtml，最后访问日期：2020 年 12 月 31 日。

附 录
Appendix

一、中美贸易摩擦大事记（2017.1—2022.2）*

时 间	事 件
2017 年 1 月 20 日	特朗普甫一上任，发布《2016 年中国履行世贸组织承诺情况报告》和《2017 年总统贸易政策议程及 2016 年美国总统关于贸易协议项目的年度报告》，指责中国未履行入世承诺，认为当前全球贸易体制对华有利而有损于美国利益，布局调整对华经贸政策，为中美经贸关系蒙上阴霾
2017 年 1 月	蚂蚁金服计划收购美国国际汇款类机构"速汇金"（MoneyGram）。经过一年，CFIUS 还是以国家安全为由叫停了蚂蚁金服的收购
2017 年 5 月	中方公布《中美经济合作百日计划早期收获》，中美经贸关系短暂升温
2017 年 7 月 19 日	中美首轮"全面经济对话"结束，双方未达成一致成果
2017 年 7 月 21 日	特朗普签署行政命令，强调健康的制造业和国防工业基础以及有韧性的供给链是维护美国经济实力和国家安全的关键
2017 年 8 月 18 日	特朗普政府指示美国贸易代表办公室（USTR）依据《美国贸易法》对华发起"301 条款"调查，以确定中国是否侵犯美国知识产权
2017 年 10 月 30 日	美国商务部发布报告，明确否定中国的"市场经济地位"

---

* 本附录由苏一（2017 年 1 月—2021 年 4 月）和屠安楠（2021 年 5 月—2022 年 2 月）整理。

时　间	事　件
2017 年 11 月	1. 特朗普访华，双方签订 2 500 亿美元贸易投资订单。美国国会特设组织——美中经济安全审查委员会（USCC）发布报告，要求加强对中国企业在美投资与并购的监管 2. 特朗普政府向世贸组织提交关于正式拒绝中国在全球贸易规则下获得"市场经济地位"待遇的要求
2017 年 12 月 12 日	美国与日本、欧盟就"市场经济地位"和 WTO 改革达成三方共识，"布宜诺斯艾利斯声明"讨论了财政资助的产能扩张加剧、产能过剩、扭曲市场的大额补贴和国有企业导致不公平竞争环境、强制性技术转让、本地化要求等核心议题
2017 年 12 月 18 日	美国公布《美国国家安全战略》，明确将中国定义为美国首要战略竞争对手
2018 年 2 月 2 日	美国首次提出考虑征收"对等税"，对进入美国某类产品征收出口国进口美国同类产品时征收的同等关税
2018 年 3 月 8 日	特朗普宣布拟针对中国进口的钢铁和铝制品分别加征 25％和 10％的关税，发起"232 调查"，揭开了中美贸易战的序幕
2018 年 3 月 10 日	美、欧、日在"布鲁塞尔声明"中确认，在应对市场扭曲或产能过剩、强化 WTO 争端规则、改善 WTO 监督功能、投资审查合作、促进出口信贷国际工作组制定新准则、强化有关贸易扭曲行为的信息共享、在 G7 和 G20 及 OECD 等国际论坛密切协调等方面采取初步联合行动
2018 年 3 月 23 日	特朗普签署"301 调查备忘录"，对华 301 调查初裁认定中国存在强制性技术转让、网络窃取美国机密、歧视性许可、战略性并购美国资产等行为，已经给美国企业造成负担和限制，拟对华涉值 500 亿美元的出口商品加征 25％的关税，同时限制中国企业对美投资并购，并指示 USTR 考虑加征 1 000 亿美元产品的关税。据此，USTR 对华实施了四个阶段的惩罚性关税，即 2018 年 7 月 6 日、2018 年 8 月 23 日、2018 年 9 月 24 日、2019 年 9 月 1 日
2018 年 4 月 4 日	特朗普政府公布对华价值 500 亿美元的进口商品加征 25％关税的计划，剑指《中国制造 2025》产业政策
2018 年 4 月	美国打出组合拳，激活中兴 7 年出口禁令，研究使用《国际紧急权力法》限制中国在美涉及敏感科技行业的投资。中国随即宣布准备对美进口高粱实施临时反倾销措施
2018 年 5 月 4 日	中美在北京举行第一轮中美双边贸易谈判，未就核心问题达成共识

时　　间	事　　件
2018 年 5 月 17 日	中美在美国举行第二轮谈判，发表双边经贸关系联合声明，达成"减少美对华货物贸易逆差""增加美国农产品和能源出口""增加制造业产品和服务贸易领域贸易""重视知识产权保护""鼓励双向投资""保持高层沟通"等 6 方面共识
2018 年 3 月 至 7 月	美元对人民币汇率由 1∶6.25 升至 1∶6.83，升值幅度超过 9%
2018 年 5 月 29 日	作为对华 301 调查制裁措施之一，美国对中国 500 亿美元的进口商品加征 25% 的关税，并表示将缩短到美国攻读机器人、航空航天和高科技制造等专业中国留学生的签证有效期
2018 年 5 月 31 日	美、欧、日在"巴黎声明"中，就确认维护"市场导向条件"的手段和定义、有关产业补贴和国有企业的新规则、有效应对第三方国家贸易扭曲政策的信息合作与交换、阻止强制性技术转让政策和行为、改进 WTO 监督功能等方面达成广泛共识
2018 年 6 月 2 日	中美在北京举行第三轮双边贸易磋商，未达成成果
2018 年 6 月 16 日	特朗普政府对华正式实施"关税制裁"，第一批对华涉值 500 亿美元的商品加征 25% 关税，涉及产业包括机械、通信设备、计算机、电气机械及器材制造业、交通运输设备制造业等
2018 年 7 月 6 日	美国正式对华 340 亿美元商品加征 25% 关税
2018 年 7 月 10 日	美国宣布拟对第二批对华涉值 2 000 亿美元商品加征 10% 的关税，主要涉及消费品
2018 年 7 月 16 日	针对美国加征关税的行为，中国向 WTO 起诉
2018 年 8 月 1 日	美国宣布拟对华涉值 2 000 亿美元的商品关税提升至 25%
2018 年 8 月 8 日	美国宣布对第一批 500 亿美元中国商品中剩余 160 亿美元商品加征 25% 关税，并于 2018 年 8 月 23 日生效实施
2018 年 8 月 13 日	1.《外国投资风险评估现代化法案》（FIRRMA）生效，要求外国投资美国委员会（CFIUS）严格审查外国对美国敏感行业的投资 2.《出口管制改革法案》（ECRA）生效，把 14 项"新兴技术"纳入出口管制条例的范围

时　间	事　件
2018 年 8 月 13 日	3.《2019 年国防授权法案》生效，强调与中国的长期战略竞争将是美国主要关注的优先课题，需综合运用多种手段，应对中国的企业并购、政治影响、区域和全球军事存在
2018 年 8 月至 10 月	44 家中国实体和福建晋华集成电路有限公司先后被列入实体清单
2018 年 9 月 18 日	美国宣布将于 9 月 24 日起对华涉值 2 000 亿美元商品加征 10% 的进口关税，并拟于 2019 年 1 月 1 日起上调至 25%
2018 年 9 月 25 日	美欧日在纽约声明中重申 "布鲁塞尔声明" "巴黎声明" 的共识
2018 年 10 月 11 日	美国财政部发布《关于审查涉及外国人和关键技术的特定交易的试点项目的决定和暂行条例》，收紧审查口径，要求企业由自愿提交审查申请改为强制申报，并划定 27 个关键技术领域
2018 年 12 月 2 日	中美双方经协商一致，同意暂停相互加征关税，进行为期 90 日的谈判，美国同意将对华涉值 2 000 亿美元商品加征的关税维持在 10%
2018 年 12 月 14 日	美国废弃此前达成的协商成果，宣布将对华 2 000 亿美元产品加征的关税从 10% 上调至 25%，并将于 2019 年 3 月 2 日起生效
2019 年 1 月 9 日	华盛顿声明重申此前美欧日三方的共识，并就继续强化针对非市场导向政策和行为、产业补贴和国有企业、强制性技术转让的政策和行为、WTO 改革的合作达成广泛共识
2019 年 1 月 15 日、2 月 14 日	美国向 WTO 总理事会提交《一个无差别的 WTO：自我认定式的发展地位威胁机制相关性》及其修正版；《总理事会决定草案：增强 WTO 磋商功能的程序》认为包括中国在内的一些发展中国家不该继续享受 "特殊和差别待遇"
2019 年 2 月 11 日	特朗普签署行政命令，指示实施与总统备忘录《保护美国在 AI 和相关关键技术领域的优势》相一致的行动计划，以保护美国在这些技术领域的优势
2019 年 3 月	USTR 公布《2019 年贸易政策议程及 2018 年年度报告》，指责 WTO 规则已无法应对现代经济挑战和当今不公平的贸易行为，需要调整区别对待发展中国家的政策
2019 年 3 月 5 日	美国再次推迟对华 2 000 亿美元商品上调加征关税税率的期限，具体期限另行通知

时　　间	事　　件
2019 年 4 月 10 日—10 月 7 日	华为及其全球 114 家子公司、45 家其他中国公司、19 家中国高等院校和科研机构、20 家中国政府机构、5 名中国个人被列入实体清单
2019 年 5 月 9 日	美国宣布上调对从中国进口的 2 000 亿美元商品加征的关税税率，由 10% 升至 25%
2019 年 5 月 10 日	美国宣称将对剩下的约 3 000 亿美元的中国进口商品加征关税
2019 年 5 月 15 日	特朗普宣布国家进入紧急状态，严禁为外国对手所拥有、控制、管辖或管理的实体设计、开发、制造或供给信息通信技术及服务，以防后者给美国国家安全、外交政策和经济构成威胁
2019 年 5 月 23 日	1. 美国商务部产业与安全局（BIS）新增对"新兴技术"的管制措施，涉及的"新兴技术"增加了分立微波晶体管、操作软件的连续性、后量子密码学、用于水听器和空中发射平台的水下传感器 2. 美欧日在巴黎声明中重申此前三方的共识，并就继续加强针对非市场导向政策和行为、产业补贴和国有企业、强制性技术转让的政策和行为、WTO 改革的合作达成广泛共识
2019 年 5 月 31 日	美国宣布把原定于 2019 年 6 月 1 日开始的对中国部分商品加征关税、税率由 10% 提高到 25% 的时间推迟至 2019 年 6 月 15 日
2019 年 6 月 1 日	中国宣布对已实施加征关税的 600 亿美元部分美国商品提高加征关税税率，分别实施 10%—25% 的关税税率，对之前加征 5% 关税的税目商品仍继续加征 5% 的关税
2019 年 7 月 18 日	美国国家副安全顾问查尔斯·库珀曼（Charles Kupperman）向到访白宫的荷兰首相马克·吕特（Mark Rutte）递交了一份关于中国采购 ASML 技术的潜在影响的情报报告，荷兰最终决定停止 ASML 的出口许可程序
2019 年 7 月 26 日	白宫发表备忘录称，中国和其他富裕国家利用"特殊和差别待遇"条款，在获利的同时寻求规则豁免权，削弱了美国在 WTO 中的谈判地位
2019 年 8 月 2 日	宣布拟从 2019 年 9 月 1 日起对 3 000 亿美元中国输美商品加征 10% 的关税
2019 年 8 月 24 日	中美宣布达成第一阶段协议。美方表示暂停原定于 2019 年 12 月 15 日对商品加征关税的措施，对 2 500 亿美元中国商品加征 25% 关税不变，剩下的大部分加征关税税率降为 7.5%。此外，文本还包括序

时　间	事　件
2019 年 8 月 24 日	言、知识产权、技术转让、食品和农产品、金融服务、汇率和透明度、扩大贸易、双边评估和争端解决。最终条款 9 个章节。协议总体上符合中国深化改革开放的大方向，以及自身推动经济高质量发展的内在需要。协议相关内容的落实将有助于强化知识产权保护，改善营商环境，扩大市场准入
2019 年 12 月 13 日	美国总统特朗普宣布将目前按 25％税率加征关税的 2 500 亿美元中国商品上调税率到 30％，从 2019 年 10 月 1 日起实施，对另外 3 000 亿美元的中国产品上调税率到 15％
2020 年 1 月 6 日	BIS 要求受出口管制条例约束的特定商品在出口和再出口到除加拿大以外的任何目的地时，须提供许可证明
2020 年 1 月 14 日	华盛顿声明重点关注产业补贴和国有企业、强制性技术转让两大议题，同意在市场导向条件、WTO 改革等方面继续开展合作
2020 年 2 月 13 日	关于扩展 CFIUS 外资审查权限问题的最终方案生效。CFIUS 的审查范围扩大至外资对美企的以下非控制性投资：生产、设计、试验、制造、组装、开发关键技术；拥有、运营、生产、供给、维护关键基础设施；拥有或收集可能威胁国家安全的美国公民的敏感性个人数据，以及特定的房地产交易。新方案增加了对前三项交易的强制申报要求：如果有非美国政府直接或间接持 49％以上股权的投资者想获得这三类美企的 25％以上股权，须向 CFIUS 提交申请
2020 年 3 月	白宫发布《5G 安全国家战略》，以盟国间共同安全为由，要求欧洲、亚洲的盟友将华为排除在其商业和政府 5G 网络之外
2020 年 3 月 15 日	美联储联合加拿大银行、英格兰银行、日本银行、欧洲中央银行、瑞士国家银行采取协调行动，同意将现有美元流动性互换安排的价格下调 25 个基点，并在现有每周互换业务的基础上，由六大央行在各自管辖范围内每周向市场提供期限为 84 天的美元流动性
2020 年 3 月 19 日	美联储与 9 个新兴经济体央行达成临时性美元流动性互换安排，包括澳大利亚储备银行、巴西中央银行、韩国银行、墨西哥银行、新加坡金融管理局、瑞典国家银行、丹麦国家银行、挪威银行、新西兰储备银行
2020 年 3 月 20 日	美联储宣布把五大央行的货币操作频率由每周提至每天，实际上重启了 2007 年 12 月始创、2010 年 5 月再次授权、2013 年 10 月成为常备安排的六方货币合作
2020 年 3 月 31 日	美联储宣布设立面向外国和国际货币当局的临时性回购协议便利机制，允许获批的账户持有者用其持有的美国财政部债券向美联储换取美元，使之能为各自管辖范围内的金融机构提供流动性支持，以确保包括美国国债市场在内的金融市场平稳运行

时　　间	事　　件
2020 年 4 月 21 日	SEC 和 PCAOB 联合发出警告："与美国国内企业相比，包括中国在内的许多新兴市场，因信息披露不完全或具有误导性所引致的风险要大得多，投资者在受损时实现追索的机会也小得多"
2020 年 4 月 27 日	美国商务部扩大了对军事最终用途（最终用户）的管控，撤销了针对民用最终用户和附加许可再出口的许可证例外
2020 年 5 月 11 日	针对联邦退休储蓄投资委员会（FRTIB）欲将约 40 亿美元退休基金投资中国股市，总统国家安全事务助理罗伯特·奥布莱恩（Robert O'Brien）和国家经济委员会主席拉里·库德洛（Larry Kudlow）联名致信劳工部长尤金·斯卡利亚（Eugene Scalia），称此举"将让联邦雇员的退休基金面临巨大和不必要的经济风险"，"把资金从现有的国际股票投资基金转向持有中国股票的做法是有风险和不合理的"。斯卡利亚在同日写给 FRTIB 主席的信中特别指出："委员会应立即中止依据 MSCI ACWI ex USA IMI 指数把 I Fund 用于股票投资的所有步骤，并撤回相关决定。鉴于总统的两位顾问、证券交易委员会（SEC）及公众公司会计监督委员会（PCAOB）的两位主席表达的关切，这是目前唯一可被接受的做法，这如同总统本人向委员会下达指令一样"。面对压力，FRTIB 推迟了把 I Fund 的参照指数从 MSCI EAFE（欧洲、澳大拉西亚和远东）指数转到 MSCI ACWI ex USA IMI 指数的行动
2020 年 5 月 14 日	1. 特朗普签署行政命令，授予美国国际开发金融公司领导人在发放贷款、为采购和采购承诺提供支持，以及采取额外行动创造、维护、保护、扩大、恢复国内工业基础产能等方面的广泛权力，以进一步扩大国内战略性资源的生产并强化相关供给链 2. 中共中央提出"充分发挥我国超大规模市场优势和内需潜力，构建国内国际双循环相互促进的新发展格局"
2020 年 5 月 15 日	BIS 准备修订长期推行的"外国制造的直接产品规则"和实体清单制度，旨在完全切断中国获取关键性半导体技术的渠道。2020 年 5 月 22 日、7 月 20 日、8 月 17 日、8 月 26 日，又分别有 33 家、11 家、38 家、24 家中国实体被列入实体清单
2020 年 5 月 20 日	1. 美国参议院一致通过《外国公司问责法案》（Holding Foreign Companies Accountable Act，S. 945），规定任何一家外企若连续三年未遵守 PCAOB 的审计要求，其证券将被禁止在任何一个美国证交所上市，同时还要求外国上市公司披露其是否被外国政府所有或控制 2. 美国发布《美国对华战略方针》，否认过往美国长期对华接触的战略效果，明确以全政府姿态应对中国的战略竞争

时　间	事　件
2020 年 5 月	美国商务部宣布针对华为新的限制措施，禁止美国以外的第三方公司使用美国的技术和软件为华为设计、生产芯片
2020 年 5 月 29 日	特朗普宣布取消香港特殊地位和香港商业优惠措施
2020 年 6 月 4 日	特朗普发布备忘录，声称是时候有序采取坚决行动，叫停允许中国企业藐视保护美国投资者的美国法律的行为
2020 年 6 月 29 日	美国国务卿蓬佩奥宣布，即日起禁止美防卫装备出口香港，并限制美国国防、军民两用技术出口香港。美国商务部长罗斯发表声明，正式取消对香港的特殊贸易待遇，禁止向香港出售军民两用高科技装备，并将继续评估取消香港其他特别待遇
2020 年 6 月 30 日	2020 年 6 月 30 日，美国商务部宣布终止香港出口许可例外待遇，禁止向香港出口国防设备和敏感技术
2020 年 8 月 6 日	1. "总统金融市场工作组"建议：提高在美国证交所的上市标准，改进对投资于"非合作国家"（NCJs）的风险发行人披露制度，提高针对投资于 NCJs 发行者的基金注册披露要求，鼓励或要求追踪指数的基金公司加强对指数和指数提供者的尽职调查，向投资顾问发布有关考虑投资 NCJs 股票时的信托义务指南 2. 2020 年 8 月 6 日，特朗普签署行政令，以"微信对美国国家安全构成威胁"为由，禁止美国境内的微信使用，并命令美国商务部制定实施细则。禁令于 45 天后（2020 年 9 月 20 日）生效
2020 年 8 月 19 日	美国国务院宣布暂停或终止同香港签署的移交逃犯、被判刑人员和豁免国际船运利得税等三项双边协议
2020 年 9 月 28 日	WTO 就美国诉中国农业国内支持案设立执行之诉专家组，2019 年 2 月 28 日，该案专家组报告认定中国向小麦和水稻提供了超过承诺水平的国内支持，违反 WTO《农业协定》相关条款
2020 年 9 月	封禁中国高新技术企业，例如华为、字节跳动、腾讯，意图挤压上述企业的国际市场生存空间
2020 年 10 月	1. 美国白宫发布《关键与新兴技术国家战略》，确定关键与新兴技术清单，旨在通过"促进国家安全创新基地"和"保护技术优势"，并借助与盟友及伙伴国的合作防范和管理技术风险，保持美国在关键与新兴技术领域中的世界领导者地位 2. 中国制裁对台军售的洛克希德·马丁、波音防务、雷神等美国企业以及"在售台武器过程中发挥恶劣作用的美国有关个人和实体"

时　　间	事　　件
2020 年 10 月 8 日	特朗普政府针对中国商品发起了 41 件反倾销调查、40 件反补贴调查、3 件保障措施，涉及食品、家具、非金属制品、通用设备、钢铁、化学原料和制品、木材及制品、金属制品、纺织、电气、汽车、橡胶制品、塑料制品、有色金属、化纤、光伏产品等门类
2020 年 10 月 13 日	中美代表在 WTO 就"发展中国家成员特殊与差别待遇""市场导向条件对世界贸易体系的重要性"提案展开辩论。美国提出在 WTO 改革框架下将"市场导向"纳入 WTO 基本原则，"部分成员不合理地自动获得全面的特殊与差别待遇是导致 WTO 谈判功能瘫痪的原因之一"，欧盟、澳大利亚、日本、巴西支持美国，并要求取消包括中国在内的部分发展中成员的特殊与差别待遇。中国等国对此表示反对并辩论。中国香港地区代表抨击美国对香港原产地新规
2020 年 10 月 21 日	美国海关和边境保护局公布在 2020 年依据 EAPA 阻止美国进口商避税达 2.87 亿美元
2020 年 10 月 28 日	中、美、欧在 WTO 就中国补贴通报和美国"货币低估"反补贴新规等问题展开辩论。美欧代表认为中国政府通过政府所有或控制的股权基金为半导体产业提供补贴，且未及时通报 WTO。中国对美国"货币低估"反补贴新规提出质疑
2020 年 11 月 9 日	美国财政部在对原产地中国的扎口丝反补贴调查中出具报告，指认人民币在反补贴调查期内存在"汇率低估"的情形
2020 年 11 月 14 日	美国商务部对原产于中国的扎带反补贴调查初裁认定中国出口商、生产商产品补贴率为 10.54%，首次认定人民币汇率存在政府行为导致的货币低估并构成补贴
2020 年 12 月 1 日	美中经济和安全审查委员会（USCC）发布 2020 年度报告，建议扩大联邦贸易委员会 FTC 的权限，规制中国投资补贴，制约中国企业赴美投资
2020 年 12 月 3 日	美国国会参众两院就《2021 财年国防授权法案》达成一致，授权设立"多边半导体安全基金"，以便与盟国建立"安全"的半导体供应链，发展国内半导体产业，对抗中国竞争
2020 年 12 月 19 日	中国商务部出台《外商投资安全审查办法》，对中国外资审查类型、负责机构、审查范围、审查程序、执行监督、违规惩戒等进行规定
2020 年 12 月 21 日	美国候任国家安全顾问沙利文声称将继续推动美欧对华政策合作，欧盟在《欧盟—美国全球变革新议程》中给予回应，同意欧美在中国问题上有共同利益，应协调双方立场分歧
2021 年 1 月 5 日	1. 美国财政部公告，在制裁伊朗名单中，2 家中国企业被列入 2. 美国总统签发《应对中国公司开发或控制的应用程序和其他软件构成的威胁的行政命令》，禁止 8 款中国应用软件进行交易

续　表

时　间	事　件
2021 年 1 月 9 日	中国商务部颁布《阻断外国法律与措施不当域外适用办法》，是为中国公民、法人或其他组织应对外国域外管辖提供依据的部门规章
2021 年 1 月 12 日	美国白宫发布《美国印太战略框架》，建议美国从贸易、文化、科技、情报等方面对华进行全方位战略限制；扩大 CFIUS 职权，强化对华风险资本和其他形式投资的审查和监管
2021 年 1 月 13 日	特朗普签发行政令，修订于 2020 年 11 月 12 日颁布的《关于应对为中国涉军企业融资的证券投资而产生的威胁的行政令》，明确自 2021 年 11 月 11 日起禁止美国人持有中国涉军企业的有关证券
2021 年 1 月 14 日	1. USTR 公布《2020 年假冒和盗版恶名市场报告》，其中包括中国 5 个线上市场和 8 个实体市场 2. 美国商务部以某中国油气生产商在南海进行油气勘探和开采活动，增加了美国合作伙伴政治风险为由，将其纳入实体清单；以某中国新兴科技企业具有开发、生产或维修军用物资的能力，威胁美国国家安全为由，将其纳入军事最终用户清单。美国国防部将 9 家中国企业纳入中国涉军企业名单
2021 年 1 月 15 日	USTR 发布 2020 年《中国履行加入 WTO 承诺情况》报告，主要内容包括美国对中国加入世贸组织的评估、美国解决中国造成的市场扭曲的战略、中美接触机制的回顾、美方主要关切
2021 年 1 月 16 日	美国总统经济顾问委员会发布 2020 年《美国总统经济报告》，重申强化对华政策。环球银行金融电信协会（SWIFT）联手中国人民银行清算总中心、跨境银行间支付清算有限责任公司、央行数字货币研究所、中国支付清算协会在北京成立金融网关信息服务有限公司，为中国数字货币的发行、支付、清算铺路
2021 年 1 月 18 日	特朗普签发关于保护美国免受某些无人机系统威胁的行政命令，其中美国识别的竞争国家包括朝鲜、伊朗、中国、俄罗斯等
2021 年 1 月 19 日	美国商务部发布《确保信息和通信技术及服务供应链安全》，授予商务部长相关职权，包括禁止受美国管辖的任何人采购、进口、转让、安装交易或使用可能对美国国家安全、外交政策和经济构成特殊威胁的外国信息和通信技术及服务
2021 年 1 月 20 日	拜登政府就任，表示将继续加强对华强硬经济政策
2021 年 1 月 25 日	1. 白宫表示将对特朗普一系列对华贸易政策进行审查并与盟国合作，以多边方法对抗中国 2. 拜登政府首次参加 WTO 争端解决机构会议，以"拜登政府正在过渡期"为由继续拒绝重启上诉机构成员提名的提案

续　表

时　间	事　件
2021 年 1 月 26 日	1. 时任美国商务部部长在参议院听证会上承诺，将保护美国电信网络不受华为、中兴等中国公司的影响，并将继续对中国的贸易、技术威胁采取强硬立场，执行对华为公司的出口禁令，同时加大贸易救济措施的实施力度，回击中国的不公平贸易行为。美国财政部长耶伦表示，将解决中国的倾销、贸易壁垒和非法补贴等问题。 2. 中美交流基金会与中国国际经济交流中心共同举办了"香港中美论坛—当前的中美关系：方向与路径"网络研讨会。中美贸易全国委员会主席克雷格·艾伦发言认为，美国商界希望保留第一阶段中美经贸协议，并看到其得到全部执行；未来一年，中美能达成第二阶段协议，并主张中美均应考虑加入 CPTPP，并以此为基础，为多边议程和 WTO 议程改革提供依据
2021 年 1 月	美国商务部产业安全局（BIS）向国会提交 2020 财年有关出口管制和 232 调查等相关职权的报告，归纳了 10 项主要行动，与中国有关的内容占 6 项，包括"军民融合"、实体清单与出口许可管理、对新兴技术与基础性技术进行管制等。该报告作为特朗普政府期间出口管制政策和执法情况的总结成为美国政界共识，被新政府沿用
2021 年 2 月 1 日	1. 中共中央办公厅、国务院办公厅印发《建设高标准市场体系行动方案》，加快完善社会主义市场经济体制，加快构建以国内大循环为主、国内国际双循环相互促进的新发展格局，构建更加成熟、更加定型的高水平社会主义市场经济体制，进一步激发各类市场主体活力 2. 美国国会研究局发布研究报告《WTO 和美国贸易协定中的争端解决》，阐述 WTO 和美国 FTA 中的争端解决制度，并对重点问题提出建议。报告建议美国国会关注以下问题：① 关于 WTO 争端解决机制：上诉机构成员对 WTO 协定的解释是否过于宽泛；上诉机构成员是否对与案件无关问题发表意见；如何解决上诉程序拖延问题；能否将上诉机构裁决视为先例。② 关于《美墨加协定》：对新设立的争端解决程序进行审查，确保协定下的新规和升级条款得以实施
2021 年 2 月 2 日	美国战略与国际问题研究中心（CSIS）发布《迈向新的全球贸易框架》研究报告，提出多项贸易政策建议。报告阐述了发达国家与发展中国家在经济发展模式上的分歧，认为以中美为代表的不同经济发展模式之间的冲突正在给现行国际贸易体制带来挑战。建议美国应该通过与发达市场经济国家签订新的高水平贸易协定、推进WTO 改革、强化美国贸易法等措施，解决非市场经济做法和产业政策和补贴等问题，保持美国在贸易规则上的领导地位。在贸易救济方面，提出：① 恢复《1974 年贸易法》第 421 节对华特别保障措施制度；② 更好利用"损害威胁"条款；③ 加强反规避制度

续　表

时　　间	事　　件
2021 年 2 月 4 日	1. 拜登在就任后首次外交政策演讲中指出，"中国是美国的最严峻的竞争对手"，并且已经对美国的繁荣、安全和民主价值观构成挑战。美国将与盟友更紧密合作，以反击中国。拜登对美国的外交政策做了暗示性排序，明确中美关系的性质。在排序中，第一要务是修复与北约盟友关系；第二要务是维护同日本、韩国的盟友关系；第三要务是同中国的关系。但是其将中国"定性"为"最严峻的竞争者"，并为中美交往设置了前提条件，例如美国须在确保美国经济利益和知识产权受到充分保护的前提下，才能跟中国加强合作 2.《联合早报》报道，时任商务部长雷蒙多在回答参议院共和党人书面提问时表态，认为华为、中兴通讯与其他中国公司应当继续留在限制交易企业名单上。但在几日前的听证会上，雷蒙多还拒绝承诺将华为保留在商务部的实体清单上。雷蒙多现在明确表示，美国制造业受到中国等国的严重影响，应该进一步通过更加激进的贸易执法行动来达到自己的目的
2021 年 2 月 9 日	美国国会研究局发布《中美贸易关系》研究报告，建议国会重点关注以下政策的影响：① 对美国出口和贸易增长的影响：中国未批准美国波音 737MAX 复航，且不断加紧开发竞争机型，试图降低在能源、农业、半导体领域的对美依赖。② 对美国与盟友合作关系的影响：CAI 的签订可能令欧盟无法对华实施担保措施或与美国采取联合一致行动。③ 对美国贸易领导地位的影响：中国 2020 年开始实施强化供应链关键节点的计划，通过立法、知识产权、反垄断、标准等工具提升其全球化产业政策。此外，中国还颁布了出口管制、外商投资国家安全审查、具有域外适用性的阻断措施等立法，对美国措施实施反制。对此，美国国会应考虑制定对华反制措施
2021 年 2 月 10 日	拜登当选后首次参访五角大楼，并宣布成立"中国工作组"，其核心任务是评估、制定新一任美国政府对华军事安全新政策，协调美国政府的经济、政治、外交、军事方面的职能，以跨部门合作形式形成一致政策"对抗中国"。具体研究美军在亚洲的部署、技术、情报、盟友和伙伴关系，以及中美军事关系，审查美军对华的战略方针、作战概念、科技与军力态势，并提出相关建议
2021 年 2 月 17 日	美国商务部对来自中国的扎带反补贴调查作出肯定性终裁，暂不认定人民币汇率低估补贴问题
2021 年 2 月 18 日	美国信息技术和创新基金会（ITIF）发布《摩尔定律被破坏：中国政策对全球半导体创新的影响》报告，认为中国"重商主义"政策正在扭曲全球市场，破坏"摩尔定律"，并提出完善世贸组织的补贴规则、开展多边出口管制合作、与盟国协调外国直接投资审查、加强信息共享、联合研发，增加对半导体研发的联邦投资等国际、国内层面建议

时　　间	事　　件
2021 年 2 月 19 日	美国网络安全与基础设施安全局发布《CISA 全球参与》文件，提出中国和供应链及 5G、选举安全、软目标安全、联邦网络安全、工业控制系统等五大优先事项
2021 年 2 月 22 日	美国国际贸易委员会（ITC）公告对特定蜂窝信号增强器、中继器、双向放大器及其组件（Ⅲ）依据《美国 1930 年关税法》启动"337 调查"。深圳速科被列其中
2021 年 2 月 24 日	1. 拜登签署行政令，要求联邦政府在 100 日内完成对半导体芯片、电动汽车大容量电池、稀土矿物、药品等在内的四项关键产品的供应链风险评估，一年内完成对涵盖从科技到食品生产等六大关键行业的供应链风险评估。美国国际贸易委员会对涉华电子设备作出 337 部分终裁，认定涉案企业不具有对美专利 2. 中国人民银行宣布央行数字货币研究所与香港金融管理局、泰国央行、阿拉伯央行联合发起央行数字货币桥研究项目，以探索央行数字在跨境支付中的应用
2021 年 2 月 25 日	在美国参议院对贸易代表戴琪的确认听证会上，戴琪支持将关税作为合法工具，以反击中国的经济模式，誓言要中国履行先前的承诺，同时将采取一种全新的美国贸易新方法。同时，戴琪呼吁美国修改贸易政策为"以工人为中心的"贸易模式，并修改全球贸易规则，以消除所谓的被中国利用的"灰色地带"，结束已经伤害工人和环境的"逐底竞争"
2021 年 2 月 26 日	二十国集团主席国意大利主持召开 2021 年首次 G20 财长与央行行长视频会议，前一天，美国财政部长耶伦在"G20 同事的一封信"中称，美国财政部将与中国一同以联席主席的身份参与重新设立的 G20 可持续金融研究小组
2021 年 2 月	1. CFIUS 成立一个"特别执法小组"，主要负责追溯审查过去两年中国的风投交易，甚至小额交易 2. 美国参议院汤姆·科顿（Tom Cotton）发布《击败中国——有目标的脱钩和经济持久战》报告，提出美国正与中国处于战略竞争状态，这将持续多年，并提出了与中国"有目标的脱钩"的具体方案，辅以可以减轻给美国经济造成负面影响的对冲政策，建议为中美经济持久战做好准备
2021 年 3 月 1 日	USTR 向国会提交拜登的《2021 年贸易议程》和《2020 年年度报告》，公布其贸易政策重点，即将对中国贸易措施采取强硬立场，包括应对气候变化、促进种族平等和加强全球合作三方面。此外，还提出考虑设立边境碳调整税，试图在全球范围内与盟国重新建立关系，继承特朗普的多项贸易举措，包括每年对华征收 3 350 亿美元的进口关税，并全面审查对亚洲国家的政策。同时，贸易代表戴琪表示，作为全面审查的一部分，将评估中国对第一阶段贸易协定的落实情况，并据此制定全面战略，以应对中国挑战

续　表

时　　间	事　　件
2021 年 3 月 3 日	1. 美国国家人工智能安全委员会（NSCAI）在关于人工智能市场的最新报告中认为，美国缺乏全面的知识产权政策，未将其视为国家优先事项，在保护关键技术方面落后于中国。报告以整章篇幅阐述中国的知识产权政策改革，认为中国"已实现战略政策目标"，专利申请和专利授予数量大幅增加，中国通过补贴、奖励等知识产权激励政策，使 2020 年中国在 WIPO 提交的专利比美国多近 10 000 项。2020 年，中国向世界知识产权组织专利合作条约（PCT）系统提交了 68 720 件专利申请，已连续两年成为专利申请数量最多的国家，因此，美国需要进行全方位的知识产权政策改革。此外，该报告指出人工智能（AI）是最强大的新兴技术之一，美国必须通过协调自身优势赢得竞争。为此，NCSAI 在第 14 章"技术保护"中向美国政府提出关于 AI 技术在出口管制、投资审查、研究保护方面的政策建议，具体包括：① 基本原则：技术管制不能取代投资和创新；促进与保护技术领先地位的战略必须是整体性的；必须与盟国协调政策以便将出口管制政策适用于与 AI 有关的技术；扩大对 AI 技术的投资审查。② 对重点半导体制造设备（SME）进行有针对性的出口管制。③ 调整美国、荷兰、日本对半导体制造设备的出口管制政策，建议美国务院、商务部与荷兰、日本协调三国对高端 SME 的出口许可程序，从而遏制中国大规模生产一定类型芯片的能力。④ 利用有针对性的最终用途出口管制及报告要求，防止企业运用 AI 技术侵犯人权。⑤ 建立监管能力并全面实施《出口管制改革法案》（ECRA）和《外国投资风险评估现代化法案》（FIRRMA）。⑥ 要求来自美国竞争对手的投资者向 CFIUS 披露更广泛的涉及国家安全的敏感技术交易 2. 白宫发布的《临时国家安全战略方针》（Interim National Security Strategic Guidance）明确指出，"我们（美国）将深化与印度的伙伴关系，并愿同新西兰、新加坡、越南以及其他东盟成员国一道，推动实现共同目标"
2021 年 3 月 4 日	美国商务部长雷蒙多承诺将充分运用实体清单，以达到其全部效果
2021 年 3 月 5 日	1. 拜登政府计划让《确保信息和通信技术及服务供应链》的临时最终规则（ICTS 临时最终规则）如期于 2021 年 3 月 22 日生效，并授予美国商务部审查并禁止某些交易的权力，包括涉及由"外国对手"拥有、控制或受其管辖或指示的主体所设计、开发、制造或供应的信息和通信技术或服务，且构成"不当或不可接受的风险"的交易。中国是美国商务部根据本规则指定的外国对手之一 2. 拜登政府发布《美国国家安全战略临时指南》，指引新政府评估现行政策并制定新方针。拜登政府的《临时指南》有几个重大动向与提议，包括：① 将中国的位置前移，成为美国最大的竞争对手；② 将国内安全与国际安全视为一个整体；③ 强调团结盟友的重要性，确保美国制定国际议程，与志同道合的国家一道，打造可信的

时　　间	事　　件
2021 年 3 月 5 日	关键供应链和技术基础设施；④ 将外交手段放在第一位，而军事手段是最后选项；⑤ 强调民主价值的重要性；⑥ 认为竞合并存是中美关系的新常态，与中国政府开展务实、注重实效的外交，降低误判、误解风险。《华盛顿邮报》评价其为特朗普美国优先政策的温和版，具有竞争、合作、对抗三位一体的特点，以共同构建美国对华政策的立体架构 3. 美欧发表联合声明，称暂停 4 个月的贸易争端，原因有二：① 双方承诺 4 个月内谈判缔结具有约束性的协议，避免使用加征关税的方式处理贸易争端；② 应对类似中国等国在国际贸易中对美欧带来的共同挑战，以防止欧美经济利益在不公平贸易中受损 4. 中国《政府工作报告》提出，推进更高水平对外开放，稳住外贸外资基本盘。面对外部环境变化，要坚定不移扩大对外开放，稳定产业链供应链，以开放促改革促发展。一是促进外贸基本稳定。围绕支持企业增订单稳岗位保就业，加大信贷投放，扩大出口信用保险覆盖面，降低进出口合规成本，支持出口产品转内销。加快跨境电商等新业态发展，提升国际货运能力。推进新一轮服务贸易创新发展试点。筹办好第三届进博会，积极扩大进口，发展更高水平面向世界的大市场。二是积极利用外资。大幅缩减外资准入负面清单，出台跨境服务贸易负面清单。深化经济特区改革开放。赋予自贸试验区更大改革开放自主权，在中西部地区增设自贸试验区、综合保税区，增加服务业扩大开放综合试点。加快海南自由贸易港建设。营造内外资企业一视同仁、公平竞争的市场环境。三是高质量共建"一带一路"。坚持共商共建共享，遵循市场原则和国际通行规则，发挥企业主体作用，开展互惠互利合作。引导对外投资健康发展。四是推动贸易和投资自由化便利化。坚定维护多边贸易体制，积极参与世贸组织改革。推动签署区域全面经济伙伴关系协定，推进中日韩等自贸谈判。共同落实中美第一阶段经贸协议。中国致力于加强与各国经贸合作，实现互利共赢
2021 年 3 月 8 日	1. 全国人大常委会委员长栗战书指出，中国未来一年将"加快推进涉外领域立法，围绕反制裁、反干涉、反制长臂管辖等，充实应对挑战、防范风险的法律'工具箱'，推动形成系统完备的涉外法律法规体系"。从 2020 年《不可靠实体清单》和 2021 年初颁布的《阻断外国法律与措施不当域外适用办法》到将来立法，中国针对不当域外长臂管辖的反制措施已经升级，显示出以系统性法律武器对抗美国长臂管辖的意图 2. 美国商务部对中国的立式发动机及其零部件的反倾销、反补贴案作出双反肯定性终裁，除了强制应诉和自愿应诉企业之外，认定中国其他生产商（出口商）的倾销率为 541.75%，补贴率为 10.46%
2021 年 3 月 9 日	1. 美国纽交所暂停交易中海油的美国存托股票（ADR），这是对 2020 年 11 月特朗普签署的针对中国军方关联公司的行政令的执行 2. 美国商务部对来自中国的三聚氰胺作出第一次反倾销快速日落复审终裁，对来自中国的钾磷酸盐作出双反第二次快速日落复审终裁

续　表

时　间	事　件
2021 年 3 月 10 日	美国国会通过拜登政府 1.9 万亿美元的财政刺激方案，是自第二次世界大战以来美国最大规模的经济刺激，以控制疫情蔓延、救助疫情受冲击人群，并刺激消费
2021 年 3 月 11 日	1. 拜登政府准备对《反海外腐败法》开展严厉的执法措施，重点打击合规领域的问题。目前，美国司法部备受瞩目的反海外腐败部门所增设检察官和合规专家，已经达到创纪录的规模，共有 39 名检察官，2020 年共罚款 78.4 亿美元 2. 中国半导体行业协会发文称，中美两国半导体行业协会经过多轮磋商，宣布共同成立"中美半导体产业技术和贸易限制工作组"，以便为中美两国半导体产业建立及时沟通的信息共享机制，交流有关出口管制、供应链安全、加密等技术和贸易限制等的政策，计划每年两次会议，分享两国在技术和贸易限制政策方面的最新进展，并根据双方共同关注的领域，探讨相应对策建议，以确定需要进一步研究的内容。受疫情影响，今年的工作组会议将在线上进行，今后将可能召开面对面会议。根据规定，双方协会将各自委派 10 家半导体会员公司参加工作组，各自分享信息并对话，具体协调事宜由协会处理
2021 年 3 月 12 日	1. 哥伦比亚特区地方法院应小米的请求颁发临时禁令，临时性禁止执行美国国防部将小米指定为"中国涉军企业"的决定，进而阻止了关于禁止美国投资者购买与持有小米证券的禁令的生效。此前，小米于 2021 年 1 月 29 日向该法院起诉美国国防部、财政部等，要求法院宣告禁令违法并予以撤销 2. 美国联邦通信委员会（FCC）将 5 家中国公司列入"对国家安全构成威胁的通信设备和服务清单"，分别是华为、中兴通讯、海能达通讯、海康威视数字技术、浙江大华技术 3. 据路透社报道，拜登政府已通知部分华为供应商，将收紧以前批准的出口许可证条件，禁止向华为出口用于或搭配 5G 装置的零组件。该禁令将于本周生效。禁令具体涉及不得向华为出口 5G 设备所用的元件，包括半导体、天线和电池，使 5G 禁令在许可证持有者之间更加协调统一 4. 美国总统拜登、日本首相菅义伟、印度总理莫迪和澳大利亚总理莫里森出席"四方联盟"视频峰会。四国希望继续推进合作，将合作重点从军事演习和人道主义援助扩展到更多领域，以维持印太地区的稳定与繁荣。会议议题包括新冠疫苗分配、应对气候变化、关键新兴技术等。会议虽未明指针对中国，却方方面面暗藏玄机。其中，四国表示将在关键技术领域建立合作联盟，这是四国在保护、规范、发展战略技术方面达成的最新成果。四国峰会联合声明还写道：美国将继续重视国际法在海洋领域的作用，全面遵守和执行《联合国海洋法公约》的所有规则和程序，并促进世界在海洋安全方面的合作，以应对以规则为基础的海洋秩序所面临的挑战

时　　间	事　　件
2021 年 3 月 13 日	美国副总统哈里斯与 WTO 总干事讨论 WTO 改革问题，双方"同意推进国际贸易，以支持经济复苏和均衡经济增长"，并强调美国重视社会（劳工、人权）和环境可持续发展（气候变化），且与目前 WTO 工作中其他主要成员的意向较为吻合，例如欧盟在其最新 WTO 改革文件中亦提及相关问题
2021 年 3 月 14 日	美国财政部海外资产控制办公室（OFAC）发布两则"中国涉军企业"常见问题回答，由于哥伦比亚特区地方法院于 2021 年 3 月 12 日作出小米诉美国国防部案（Case No.1：21 - cv - 00280 - RC）的临时禁令，暂停了此前特朗普政府颁发的第 13959 号"涉军企业行政令"对小米的限制措施，相关情况有待法院进一步决定
2021 年 3 月 15 日	1. 中国《国民经济和社会发展第十四个五年规划和 2035 年远景目标纲要》提出，全面提高对外开放水平，推进贸易和投资自由化、便利化，持续深化商品和要素流动型开放，稳步拓展规则、规制、管理、标准等制度型开放。中国将坚持实施更大范围、更宽领域、更深层次的对外开放。建设更高水平开放型金融新体制，推动全面落实准入前国民待遇＋负面清单制度，设定统一的准入标准，推动系统化、制度化开放，统筹推进金融服务业开放、人民币汇率形成机制改革和人民币国际化。稳步推进人民币国际化，坚持市场驱动和企业自主选择，保持人民币汇率弹性。积极参与全球经济治理体系改革，通过多边、双边、区域等多渠道加强与金融机构、主要经济体的协调合作，建立健全"一带一路"倡议金融合作网络，深度参与国际经济金融规则的制定与完善，参与和推动全球经济金融治理机制变革 2. 中国国务院常务会议提出，保持宏观杠杆率基本稳定，政府杠杆率有所降低，体现出决策层对地方政府隐性负债可能新增的警惕
2021 年 3 月 16 日	2021 年 3 月 16 日，美国国务院更新"香港自治法"报告，以中国全国人大通过完善香港选举制度的有关决定和实施香港国安法等为由，宣布更新涉港制裁人员名单和追加金融制裁措施
2021 年 3 月 17 日	1. 美国商务部产业安全局 BIS 对 2021 年做出的部分临时规则进行修改，主要涉及《出口管制条例》（EAR）第 744.3 节，具体如下： <table><tr><td>修正前指示</td><td>修正后指示</td></tr><tr><td>通过对 EAR 的第 744.3 节第（a）（1）段、第（a）（2）段、第（a）（3）段、第（d）（2）（ii）段及第（d）（2）（v）段的修改，第 744.3 节调整为如下：……</td><td>通过对 EAR 的第 744.3 节第（a）（2）段、第（a）（3）段（introduction text）、第（d）（d）（2）（v）段的修改，第 744.3 下：……</td></tr></table>

续　表

时　间	事　件
2021 年 3 月 17 日	第 744.3 节第（a）（3）段包括介绍性文本与非介绍性文本（即第（a）（3）（i）、（a）（3）（ii）段），原指示未明确修改范围为第（a）（3）段的介绍性文本，以致无意删除了非介绍性的（a）（3）（ii）段，为纠正上述错误，BIS 作出本次修正 2. 美国商务部向多家中国企业发出传票，要求这些企业提供相关信息，以调查这些企业涉及的信息通信技术与服务（ICTS）交易是否符合第 13873 号行政令（"保护信息和通信技术与服务供应链"）规定的标准。美国商务部将根据上述调查结果确认相关交易是否可能对美国构成威胁，并据此决定对与中国有关的 ICTS 交易采取何种措施。美国商务部长吉娜·雷蒙多同日表态："ICTS 对美国和美国的经济安全至关重要，确保其可靠性仍是拜登政府的首要任务，美国致力于采取各政府部门通力合作，以确保美国技术不会用于支持中国或其他行为主体的恶意互动"
2021 年 3 月 18 日	1. 美国国务卿布林肯重申警告：任何参与"北溪二号"管道项目的实体都将面临被美国制裁的风险，相关主体应当立即终止该项目工作。"北溪二号"横跨欧洲、俄罗斯大陆，自产生之日起一直被美国强烈反对，2019 年美国《欧洲能源安全保护法》就曾对参与该项目的特定船舶及外国人士实施制裁 2. 戴琪就任美国政府第 19 任贸易代表后，随即在 3 月 22—29 日陆续与 WTO 总干事以及英国、欧盟、加拿大、日本、韩国、法国、墨西哥、德国、印度、印度尼西亚、澳大利亚、新加坡、西班牙的经贸事务高官举行密集会谈，就经贸合作、WTO 改革、应对中国贸易挑战等重要问题交换意见，具体如下：① WTO 改革：愿与各方共同商讨 WTO 改革如何满足各成员方需求。② 民用大飞机补贴争端与全球钢铁和铝产能过剩问题：希望与各方磋商解决民用大飞机争端，并在应对全球钢铁和铝产能过剩方面加强合作。③ 数字贸易与农业：希望加强数字贸易、农业合作的建议。④ 共同应对来自中国的挑战：在与英国、欧盟、法国、日本、澳大利亚会谈时，对中国"非市场经济体制"下的"不公平贸易做法"表示担忧，希望加强合作，共同应对来自中国的挑战。⑤ 全球新冠病毒大流行和气候环境的应对：希望与各方共同解决 COVID - 19 大流行危机，加强疫苗供应、共同应对气候变化与环境问题
2021 年 3 月 19 日	1. 中美高层战略对话虽然开场火药味十足，但标志着中美关系在解冻，并将延续破冰之旅，而进退维谷的世界经济形势、蔓延的新冠疫情、严峻的气候变化等都亟待中美两国加强合作。对话前美国先是召集美、日、印、澳四国举办了视频会议，试图巩固印太战略。之后美国国务卿布林肯又专门跑到日本和韩国走访了亚洲盟友，并发表联合声明。就在谈判前一天，美国还发起对中方的新一轮制裁，企图以此施压，造成中美双方谈判事实上的不平等，在对话中居于有利地位

时　　间	事　　件
2021 年 3 月 19 日	2. 根据美国升降机制造商联盟的申请，美国商务部对来自中国的移动式升降作业平台发起反倾销调查和反补贴调查，并将在 2021 年 5 月发布初裁结果。本案是继扎带反补贴案、集装箱拖车底盘反补贴案和 R-125 五氟乙烷案后，美国商务部对华发起的第四起涉及人民币汇率低估问题的反补贴调查。在前两起调查中，因案情复杂、调查时间不充足，美国商务部决定将人民币汇率低估问题推迟到第一次行政复审时再裁决。在 R-125 五氟乙烷案中，应商务部要求，美国财政部将在 2021 年 5 月 10 日前发布人民币汇率低估情况的评估结果。本案申请人称，虽然在调查期内（2020 年全年）人民币兑美元的汇率提升，但是美国财政部 2020 年 12 月发布的贸易伙伴货币政策半年度报告显示，人民银行依然通过设定汇率中间价、影响离岸交易的人民币计价资产利率和国有银行远期掉期买卖的时间和数量、直接干预外汇市场等方式，管理人民币汇率，并且人民币汇率政策的透明度不足。这些情况与美国财政部在扎带反补贴案中就 2019 年人民币汇率低估情况出具的评估结果是相同的，因此可以认定中国政府在本案调查期内提供了汇率低估补贴
2021 年 3 月 20 日	中国央行数字货币研究所所长穆长春在中国发展高层论坛上表示，在可预见的将来，纸钞、电子支付和数字人民币将同时共存
2021 年 3 月 22 日	1. 美国国务卿布林肯继访问日韩后紧锣密鼓地开启了"欧洲攻势"。在为期两天的正式访问中，布林肯参加了北约外长会议，并于 3 月 24 日与欧委会主席冯德莱恩和欧盟外交政策负责人博雷尔举行会谈。美国总统拜登 3 月 23 日接受欧洲理事会主席米歇尔邀请，于 3 月 25 日以视频方式参加欧盟峰会。白宫 3 月 23 日发表声明称，拜登将在欧盟峰会上"与欧盟领导人就振兴美欧关系、共同抗击新冠疫情、应对气候变化，加深世界上最大的贸易投资关系进行讨论。"美欧之间本周的频繁互动被视为拜登政府试图改善特朗普治下美欧关系恶化的问题。有评论称，重振跨大西洋联盟和修复美欧关系成为拜登政府此行的目的。此外，美国国务院表示，布林肯对气候变化、网络安全、恐怖主义、能源安全以及对阿富汗、中国、伊朗和俄罗斯表示关切 2. 中国完成 RCEP 协定生效核准，成为率先批准协定的国家。目前，所有成员国均表示，将在 2021 年年底前批准协定，推动协定于 2022 年 1 月 1 日生效。商务部会同有关部门梳理了协定中涉及中方的 701 条约束性义务，经过各部门努力，已经有 613 条完成实施准备，占全部义务的 87%，原产地累积规则被广泛认为是 RCEP 协定在货物贸易领域最亮眼的成果。根据原产地累积规则，在确定产品原产资格时，可将各 RCEP 协定其他成员国的原产材料累积计算，来满足最终出口产品增值 40% 的原产地标准，从而更容易享受到优惠关税。原产地累积规则有利于各国进一步扩大出口，促进中间产品贸易，稳定和强化区域供应链

续　表

时　　间	事　　件
2021 年 3 月 23 日	1. 鉴于欧盟基于谎言和虚假信息，以所谓新疆人权问题为借口对中国有关个人和实体实施单边制裁，中方决定对欧盟严重损害中方主权和利益、恶意传播谎言和虚假信息的 10 名人员和 4 个实体实施制裁：欧洲议会议员彼蒂科菲尔、盖勒、格鲁克斯曼、库楚克、莱克斯曼；荷兰议会议员舍尔茨玛；比利时议会议员科格拉蒂；立陶宛议会议员萨卡利埃内；德国学者郑国恩；瑞典学者叶必扬；欧盟理事会政治与安全委员会；欧洲议会人权分委会；德国墨卡托中国研究中心；丹麦民主联盟基金会。相关人员及其家属被禁止入境中国内地及香港、澳门特别行政区，他们及其关联企业、机构也已被限制同中国进行往来。受此影响，欧洲议会决定取消原定 3 月 23 日为签署《中欧投资协定》举行的一个审议会 2. 外交部网站发布《中华人民共和国和俄罗斯联邦外交部长关于当前全球治理若干问题的联合声明》，呼吁国际社会搁置分歧，凝聚共识，加强协作，维护世界和平与地缘战略稳定，推动构建更加公正、民主、合理的多极化国际秩序。① 所有人权是普遍、不可分割、相互联系的。可持续发展是提高每个国家人民生活水准和福利的基础，由此可促进享有所有人权。② 民主模式不存在统一的标准。应尊重主权国家自主选择发展道路的正当权利。以 "推进民主" 为借口干涉主权国家内政不可接受。③ 国际法是人类社会发展的基石。重申 2016 年《中华人民共和国和俄罗斯联邦关于促进国际法的声明》，重申《联合国宪章》具有关键意义，其宗旨和原则对维护世界和平安全、促进国际法发挥着重要作用。④ 在国际政治动荡加剧的背景下，亟须召开联合国安理会常任理事国峰会，以便通过直接对话探讨全人类共同问题的解决途径，维护全球稳定。⑤ 国际社会应坚持践行开放、平等、非意识形态化的多边主义原则，共同应对全球性挑战和威胁，努力维护多边体制的权威性，提高多边体制的有效性，完善全球治理体系，共同维护和平与战略稳定，促进人类文明发展，保障各国平等享有发展成果。同时，对话应成为处理国际事务的基本方式，国际社会要团结不要分裂，要合作不要对抗
2021 年 3 月 24 日	1. 美国联邦政府的证券交易委员会（SEC）发布公告，根据 2020 年 12 月 18 日通过的、涉及中概股审计事宜的《外国公司问责法案》(Holding Foreign Companies Accountable Act)，SEC 已就相关公司的认定、信息提交要求、信息公开等程序制定细则，并征询社会意见。上述细则将在 30 天后生效 2. 加拿大发布《投资国家安全审查指南》，明确提到针对涉及关键矿产控制权的收购交易、对专门从事敏感个人数据业务的公司的收购，以及涉及国有或受政府影响投资者的拟议投资将启动国家安全审查 3. 鉴于中方宣布对欧制裁措施，欧洲议会决定取消中欧全面投资协定审议会，对此外交部表示：中欧投资协定不是一方给予另一方的 "恩赐"，是互利互惠的

时　间	事　件
2021 年 3 月 24 日	4. 美国国务卿布林肯（Anthony Blinken）和欧盟外交事务高级代表博雷尔（Josep Borrell）发表声明说，美国和欧洲同意重启有关中国的双边对话，并共同努力应对俄罗斯"具有挑战性的行为"，这意味着美欧正式开启跨越大西洋的联手，应对中俄问题
2021 年 3 月 25 日	拜登在就任后首次记者招待会上表示，① 不寻求与中国的对抗，但会直面更激烈的竞争，要求中国遵守公平规则、公平贸易，尊重人权。② 其任内不允许中国超过美国。他声称，"中国的总体目标是要成为领先世界、最富裕、最强大的国家，虽然我不是责备中国制订这样的目标，但在我的任内，不会让中国超出。"他承诺将进行大规模基础设施投资，以便在与中国的竞争中获胜
2021 年 3 月 26 日	1. 美国对外关系委员会会长理查德·哈斯认为，美中两国较量越来越激烈，清楚地表明多权力中心的新兴世界可能预示着这个时代的竞争和冲突越来越剧烈。很大一部分问题在于现有的国际治理机制（其中绝大部分为第二次世界大战结束后不久建立）已经过时，并已无力承担维护全球稳定的任务 2. 鉴于英方基于谎言和虚假信息，以所谓新疆人权问题为借口对中国有关个人和实体实施单边制裁，中方决定对恶意传播谎言和虚假信息的英方 9 名人员和 4 个实体实施制裁，包括图根哈特、邓肯-史密斯、奥布莱恩、奥尔顿、劳顿、加尼、肯尼迪、尼斯、芬利以及"中国研究小组"、保守党人权委员会、"维吾尔独立法庭"、埃塞克斯园大律师事务所。自即日起禁止有关人员及其直系家属入境（包括我国香港和澳门地区），冻结其在华财产，禁止中国公民及机构同其交易。中方保留采取进一步措施的权利 3. SEC 已通过修订案，以执行国会授权的"外国公司问责法"（HFCA Act）的相关规定。据环球时报此前报道，美国众议院当地时间 2020 年 12 月 2 日通过《外国公司问责法案》，可能阻止一些中企在美交易所上市。该法案于 2020 年 5 月曾在美参议院通过。该法案规定，如果外国公司连续三年未能通过美国公众公司会计监督委员会（PCAOB）的审计，将被禁止在美国任何交易所上市。不少分析称，该法案可能阻止一些中资企业在美国交易所挂牌上市，除非他们遵守美国的审计标准。2020 年 12 月 21 日，外交部发言人汪文斌回应称，美方不顾中方监管部门与美方开展审计监管合作的积极努力，执意将含有明显歧视中国企业条款的所谓《外国公司问责法案》签署成法，中方对此表示坚决反对。美方此举完全是对中国在美上市企业的无理政治打压，严重阻碍中国企业赴美正常上市，严重扭曲美方自己一贯标榜的所谓市场经济基本准则，也会剥夺美国投资者和公众分享中国企业发展红利的机会，还将削弱全球投资者对美国资本市场的信心，到头来只会损害美国资本市场的国际地位和声誉

续　表

时　　间	事　　件
2021 年 3 月 31 日	美国贸易代表办公室发布《2021 年国家贸易估算报告》，详述了未来一年拜登政府的贸易优先关切事项，以及潜在的贸易伙伴关系，提供了一个透视拜登政府政策导向的窗口。在《2021 年贸易估算报告》中，对华强硬的关税要求体现较明显。这份长达 570 页的报告研究了美国 65 个贸易伙伴，其中关于中国的章节长达 30 页，在整个报告中篇幅仅次于欧盟。报告认为，中国正在利用《中国制造 2025》、"为中国企业提供千亿美元补贴"等政策支持中国企业，以实现中国占领全球市场份额的既定目标。报告称美国将努力解决中国的补贴问题，并持续对阻碍美国出口增长的贸易行为持强硬态度。另外，在农业贸易方面，尽管中国已经大幅度开放了农产品贸易的入口，但报告仍然指责中国政府对美国出口的商品存在不透明的审批程序、烦琐的许可和认证要求等限制
2021 年 4 月 5 日	1. 美国国际贸易法院（CIT）发布了简易判决意见书，宣布对钢铝衍生品加征 232 关税的行政令（9980 号公告）无效，并要求返还对原告征收的关税及保证金。值得注意的是，本案仅涉及钢铝衍生品（CIT 可能会在其他针对钢铝衍生品的诉讼中作出类似判决），并不影响美国目前对进口钢铁和铝产品的 232 关税，且美国政府也有可能针对本案提出上诉 2. SEC 在《联邦公告》上正式发布初步最终规则，以执行特朗普政府于 2020 年 12 月 18 日批准生效的《外国公司问责法》（Holding Foreign Companies Accountable Act），并征询公众评论，评论期将于 5 月 5 日截止，该规则于同日生效。要点包括：① 《外国公司问责法》规定，被指定的"涵盖发行人"应向 SEC 提交文件，证明自身不被境外司法辖区的政府实体（governmental entities）所有或控制。② 证券法涉及众多投资者的利益，且财务信息具有专业性和复杂性，因此在利用证券法规对中国企业实施打击以及保护美国投资者利益之间，美国的立法者并未能够有效划定边界。③ 在中国证监会与 PCAOB 签署双边合作协议之前，由于 PCAOB 无法入境中国对注册会计师事务所开展检查，在美上市的中国企业很可能被确定为"涵盖发行人"
2021 年 4 月 6 日	美国跨党派参议员要求拜登总统编列预算，以加强美国企业在 5G 领域与华为等中国企业的竞争。参议院情报委员会主席、民主党参议员沃纳和副主席、共和党参议员鲁比奥等 15 名两党参议员致函总统拜登，敦促拜登在向国会提出的 2022 年度财政预算中为根据 2021 年《国防授权法案》设立的"公共无线供应链创新基金"（Public Wireless Supply Chain Innovation Fund）和"多边通信安全基金"（Multilateral Telecommunications Security Fund）各自提供 15 亿美元的资金，以鼓励采用无线接入网络（Open Radio Access Network）设备，让更多的供应商能够进入 5G 市场，与华为等中国 5G 制造商开展竞争

时　　间	事　　件
2021 年 4 月 7 日	美国财政部公布了配套拜登匹兹堡基建宣言的税改计划报告，着重于取消离岸投资激励措施、减少利润转移、反击公司税领域竞争，并为清洁能源生产提供税收优惠政策。美国财政部透露，这项税收计划将会为美国带回约 2 万亿美元的公司利润，其中约有 7 000 亿美元的联邦收入来源于中止那些鼓励转移利润至海外的措施。（税改落实后的）15 年内约有 2.5 万亿美元的额外税收将用来覆盖拜登"八年计划"的支出，该计划旨在实施提供更多就业岗位的基础设施建设、绿色投资和一系列社会项目
2021 年 4 月 8 日	1. 美国商务部网站公告，再将 7 家中国超级计算机公司列入"实体清单"，称这些公司"其从事的活动有悖于美国国家安全或外交政策利益"，涉嫌"破坏军事现代化的稳定"。7 个实体的中文名称：天津飞腾信息技术有限公司；上海高性能集成电路设计中心；成都申威科技有限责任公司；国家超级计算济南中心；国家超级计算深圳中心；国家超级计算无锡中心；国家超级计算郑州中心。在学术交流层面，针对 STEM（科学、技术、工程和数学）领域的华裔研究人员展开的"中国行动"（China Initiative）也尚未取消，属于诸多正在评估的政策之一。"中国行动"是 2018 年杰夫·塞申斯（Jeff Sessions）任司法部长时出台的专门针对美国高校与中国机构学术交流进行审查的政策，旨在遏制中国"不正当"获取美国尖端技术，主要集中在司法部所说的"非传统情报收集者"——学生、老师和其他研究人员 2. 美国国会两党推出 283 页的《2021 年战略竞争法案》（the Strategic Competition Act of 2021，也被称为《两党对华全面法案》），动用所有战略、经济、外交工具抗衡中国。参议院要求拜登政府采取与中国的"战略竞争"政策，以保护和促进美国"重要利益和价值观" 3. 美国国家情报总监办公室发布《全球趋势 2040》。报告对未来 20 年可能影响国家安全环境的趋势和动态进展进行分析研判，该报告预测 2040 年中国将成为美国在航天领域的最主要对手，双方的竞争将涉及商业、民用和军事
2021 年 4 月 15 日	美参议院下属外交委员会通过《战略竞争法》（草案），拟授权采取外交和战略行动、增加对全球供应链以及科技领域的投资以加强对抗中国，反映了美国国会民主党和共和党在对华事务上的强硬态度。《战略竞争法》全文共 283 页，是由美参议院外交委员会主席、民主党参议员罗伯特·梅嫩德斯（Robert Menendez）和外交委员会首席共和党参议员詹姆士·里施（James Risch）等人提出
2021 年 4 月 16 日	1. 为进一步限制中国半导体产业的发展，拜登政府正考虑将用于成熟制程芯片的浸润式 ArF 深紫外（DUV）光刻机列入对中国禁售的产品名单。此外，美国部分国会议员还在推动美国政府将芯片设计所必需的 EDA 软件也列入对中国的禁售清单

时 间	事 件
2021 年 4 月 16 日	2. 美日两国领导人罕有地共同发表对台海局势的关注，这是 1969 年以来首次在联合声明中加入与台湾直接相关的内容。路透社报道说，拜登与菅义伟在峰会后的联合声明中，提及"台湾海峡和平稳定的重要性"。这是 1969 年以来美日联合声明首次提及台湾，与上个月两国外长防会议声明的说法类似。就美日峰会将"台湾"议题写入联合声明，中国外交部回应表达"强烈不满、坚决反对"，同时还表示"中方将采取一切必要措施，坚决捍卫国家主权、安全和发展利益" 3. 美国财政部发布半年度汇率政策报告，取消此前对越南和瑞士"汇率操纵国"的认定，但美国将中国、日本、韩国、德国、爱尔兰、意大利、印度、马来西亚、新加坡、泰国和墨西哥等 11 个经济体列入汇率政策监测名单
2021 年 4 月 18 日	周小川（博鳌亚洲论坛副理事长）在谈到数字人民币时公开表示，发展央行数字货币应尊重各国央行的货币主权，不应采取某一个货币"一统天下"的做法，发展数字人民币的初始动机并不是用于跨境支付，而是做好零售系统的升级换代，而后才是批发系统、跨境支付等
2021 年 4 月 20 日	1. 美国制裁的三大最新发展趋势： 第一，制裁手段更新升级。传统的国际经济制裁是通过发起实施对目标方的贸易、金融、技术等领域的强制措施，给目标方施加强大的压力，造成严重的经济困难，从而达到迫使其改变既定政策方针的目的。但是，由于全球化的迅速发展，单边经济制裁很难完全切断目标方的对外经济往来，而多边经济制裁实施起来太慢而且很难保持行动一致，这就造成经济制裁很难取得成效，在此背景下，近些年来美国越来越多地使用定向制裁措施，并由此而导致制裁主体和客体的非国家化 第二，二级制裁的兴起。所谓"二级制裁"是指经济制裁发起方在对目标方进行制裁时，针对第三国的公司或个人进行的旨在阻止其与目标方金融、贸易往来的制裁活动。美国是世界上使用经济制裁次数最多的国家，但是自冷战结束以来，美国实施的经济制裁越来越难以获得期望中的效果，这主要是因为美国的制裁策略所致。一方面，冷战结束后，世界多极化的趋势越来越明显，组织有效的多边制裁难度较大，而美国又认为依靠国际组织实施的经济制裁不仅决策机制缓慢，会错过最好的制裁时机，而且还会使得制裁中的漏洞太多。因此，美国常常热衷于单边经济制裁，但是在单边制裁中美国一般都无法得到任意第三国对其制裁活动的支持，很多国家往往并不会配合美国的制裁行为，反而会利用美国实施制裁的机会趁机占领美国退出的市场，从中获利。于是，在无法组织有效的多边

时　　间	事　　件
2021 年 4 月 20 日	制裁的情况下，美国开始频繁使用二级制裁，通过二级制裁活动迫使第三的公司或个人加入其制裁阵营，以达到一种事实上的多边制裁，有效遏止目标方在国际金融、贸易活动中寻求替代美国的合作伙伴，从而强化美国的制裁效果。而且二级制裁可以起到对其他国家进行恫吓的作用，既威胁它们不得对目标方进行声援，又警告它们不要试图挑战美国的世界警察地位；在经济方面，通过采取强制手段断绝目标方与其他国家的金融、贸易往来，确保将来取消经济制裁后美国企业能重新占据目标方的市场 第三，加大了与网络相关的经济制裁力度。2018 年，美国财政部 OFAC 先后 6 次将从事恶意网络活动的 12 个伊朗人和 1 个伊朗实体以及 26 个俄罗斯人和 16 个俄罗斯实体纳入 SDN 名单。美国政府对于网络安全越来越关注，将维护网络安全纳入国家战略，美国财政部不断加大对从事恶意网络活动（包括窃取商业机密）的非美国人的制裁力度 2. 习近平主席在博鳌亚洲论坛 2021 年年会开幕式上以视频方式发表题为《同舟共济克时艰，命运与共创未来》的主旨演讲，倡议"亚洲和世界各国要回应时代呼唤，携手共克疫情，加强全球治理，朝着构建人类命运共同体方向不断迈进"，同时强调"全球治理应该符合变化了的世界政治经济格局，顺应和平发展合作共赢的历史趋势，满足应对全球性挑战的现实需要。我们应该秉持共商共建共享原则，坚持真正的多边主义，推动全球治理体系朝着更加公正合理的方向发展"
2021 年 4 月 21 日	美国参议院外交关系委员会以 21：1 的压倒性优势，通过《2021 年战略竞争法》（Strategic Competition Act of 2021），该法案旨在人权和经济领域向中国政府施压。这份在拜登政府主持召开全球气候变化峰会当日推出的立法议案，从一个侧面展示了华盛顿决策圈当下的战略认知以及政策选择，即将维护或者拯救美国的霸权；运用美国国会在拨款方面的权限，实施一项至少在形式和程序上非常宏大的战略投资计划，通过对五个领域，即前沿科技、联盟和伙伴、美西方价值观、经济治国方略（Economic Statecraft）以及战略安全领域的"投资"或资金投入，形成一个比较全面和完整的框架，以有效应对与中国的"战略竞争"
2021 年 4 月 21 日	1. 周小川在博鳌亚洲论坛 2021 年年会期间举办媒体见面会，就全球宏观政策、人民币地位、数字人民币、绿色金融等热点话题进行了解答 2. 澳大利亚政府首次引用《外交安排政策法》（Foreign Arrangements Scheme），宣布取消当地维多利亚州与中国签署的两份"一带一路"协议。对此，中国驻澳洲大使馆回应，对澳撕毁"一带一路"备忘录表示强烈不满和坚决反对

续　表

时　间	事　件
2021 年 4 月 22 日	应美国总统拜登邀请，国家主席习近平在北京以视频方式出席领导人气候峰会，并发表题为《共同构建人与自然生命共同体》的重要讲话，强调要坚持绿色发展，坚持多边主义，坚持共同但有区别的责任原则，共同构建人与自然生命共同体
2021 年 4 月 24 日	《中国国家航天局和俄罗斯国家航天集团公司关于合作建设国际月球科研站的联合声明》发布，声明展示了中俄两国在月球及深空领域合作的信心和决心。国际月球科研站将面向所有感兴趣的国家、国际组织和国际伙伴开放，在国际月球科研站的规划、论证、设计、研制、实施、运营等方面开展合作，并欢迎在项目的各个阶段、在任务的各个层级，以实物和非实物的形式参与国际月球科研站合作。国家航天局副局长吴艳华表示，中国、俄罗斯将与其他国际伙伴一起，共同建设国际月球科研站。2020 年 7 月，中国和俄罗斯两国航天机构确定了国际月球科研站的合作。2021 年 3 月，中俄两国政府签署《关于合作建设国际月球科研站的谅解备忘录》，启动国际月球科研站的合作。根据中俄两国计划，后续还将发布《国际月球科研站实施路线图》，以及明确其他有兴趣国家或国际组织的加入程序
2021 年 4 月 27 日	美国部分参众两院议员提出了一项《无尽前沿法案》（Endless Frontier Act），要求在 5 年内拨出 1 000 亿美元的科技领域研究经费，以及 100 亿美元用于在全国创建新的科技中心。针对中国的《中国制造 2025》计划，法案要求美国动用更多资金和资源，在核心科技领域上阻止中国占据领先地位。具体做法包括让美国减少对中国供应链的依赖，加强美国半导体实力，以及在科研领域增加研究经费等
2021 年 4 月 28 日	日本国会参议院批准《区域全面经济伙伴关系协定》（RCEP）。由于众议院此前已批准该协定，此举意味着日本已完成 RCEP 批准程序。日本政府此前发布 RCEP 经济效果评估报告称，由于日本两个重要贸易伙伴中国和韩国均加入其中，RCEP 对日本经济的拉动作用将超过日本迄今签署的所有贸易协定。报告预计，RCEP 有望使日本国内生产总值提高 2.7%，并创造 57 万个就业岗位
2021 年 4 月 29 日	WTO 上诉机构继续瘫痪，美国仍拒绝开启法官甄选程序。美国总统拜登上台后，WTO 争端解决机制下的上诉机构仍未能恢复正常运行。此前，美方曾给出理由称"美国新总统（拜登）于 1 月 20 日正式就职，美国正处于向新政府过渡时期"。而此次美方的回答则又回到了更早之前的立场上，即表示对上诉机构有"系统性担忧"。一位日内瓦贸易官员表示，美方所说的"系统性担忧"是美国曾经在过去的 16 年中多次提出且解释过的，美方希望与成员方就这些关切进行进一步讨论

时　　间	事　　件
2021 年 4 月 30 日	美国贸易代表办公室（USTR）发布了《2021 年关于知识产权保护的特别 301 报告》（以下简称《报告》）。《报告》分为两大部分：第一部分为知识产权保护、执法、相关市场准入方面的发展；第二部分为国别报告。美国一直密切关注中国履行其在美中经贸协议（第一阶段协议）下的承诺的进展。《报告》指出，2020 年中国发布了几项与知识产权有关的法律法规草案，并最终确定了十几项措施。中国在过去一年修改了专利法、著作权法和刑法，然而这些改革步骤需要有效实施，并没有实现改善中国知识产权格局所需的全方位根本性变革，假冒问题严重。同时，中国连续第 17 年被美国列入"重点观察国名单"
2021 年 5 月 1 日	G7 英美德法日韩等 14 国成立全球人工智能组织 GPAI
2021 年 5 月 5 日	美国司法部律师约瑟夫·博森在华盛顿特区联邦法院法庭上说，拜登政府正在考虑修改特朗普时期的禁止与所谓"有军方背景的中国企业"进行股票交易的规定。该法院正在审理 2020 年五角大楼禁止与所谓"与中国政府和军方有关联的"中国公司进行证券交易一案。两家被列入黑名单的上市公司已经就此起诉
2021 年 5 月 6 日	1. 七国集团外长会议是疫情暴发以来七国集团代表首次举行面对面会议，会议的焦点包括各国疫情后的经济复苏、气候变化、朝鲜、俄罗斯及伊朗问题，以及西方国家如何应对中国崛起。路透社报道，七国集团讨论如何应对中国和俄罗斯的挑战 2. 欧盟委员会副主席瓦尔季斯·东布罗夫斯基斯对法新社（AFP）表示，欧盟将暂停中欧投资协定。背后原因是两国外交出现了"裂痕"，鉴于相互制裁，"目前的环境不利于批准该协议" 3. 美国财政部宣布，在法院作出进一步命令之前，美国第 13959 号行政令（制裁令）不适用于箩筐技术公司，这意味着箩筐技术公司取得了"初步胜诉"。这也是继小米集团之后，第二家中国（中资）企业起诉美国国防部的"涉军企业黑名单"决定获得临时禁令
2021 年 5 月 7 日	1. 中国人民银行、银保监会、证监会、外汇局联合发布《关于金融支持海南全面深化改革开放的意见》（以下简称《意见》）。《意见》的发布具有重大意义，对加快海南自贸港建设具有重要的推动作用 2. 美国的纽约股票交易交所，坚持要中国移动、中国电信、中国联通三大中国电信运营商在该所的存托股票退市
2021 年 5 月 8 日	经合组织日前公布的数据显示，受疫情影响，2020 年全球外国直接投资（FDI）总规模为 8 460 亿美元，比上年下降 38%，为 2005 年以来最低水平。其中，流入中国的 FDI 逆势增至 2 120 亿美元，增幅为 14%；流入美国的 FDI 为 1 770 亿美元，下降 37%。中国 FDI 存量占国内生产总值比重仍相对较低，吸引外资仍有很大增长空间

续　表

时　　间	事　　件
2021 年 5 月 9 日	国家发展改革委决定，自即日起无限期暂停国家发展改革委员会与澳联邦政府相关部门共同牵头的中澳战略经济对话机制下一切活动。"近期，澳大利亚联邦政府某些人士基于冷战思维和意识形态偏见，推出系列干扰破坏重置正常交流合作的转变"
2021 年 5 月 10 日	欧盟理事会全票通过新修订的《两用物项条例》。待欧洲议会和理事会签署通过的法规后，该法规将正式发布，并在 90 天后生效。本次修订的《两用物项条例》（Council Regulati on No.428/2009）是自 2009 年之后欧盟在出口管制方面所进行的重大改革。两用物项一般指既可用于民事用途，又可用于军事用途的货物、技术和服务。欧盟出口管制法规旨在设立欧盟层面两用物项出口商、外贸代理人、技术援助、过境和转移的管制制度，包括 10 章 32 条和 6 个附件。《新规》在《2009 法规》的基础上加强了网络监控技术出口管制，着重强调了反恐怖主义及人权保护、规范出口商内部合规管理机制等
2021 年 5 月 11 日	小米集团与美国国防部就双方诉讼发布了联合状态报告（Joint Status Report，JSR）。美国国防部与小米已经同意和平解决双方之间的诉讼，美国国防部最终决议将小米集团移出 2021 年 1 月 14 日的"涉军企业黑名单"，双方将就最终决议协商拟定具体内容，并于 2021 年 5 月 20 日或之前向法院进行提交
2021 年 5 月 12 日	1. 美国国家情报委员会第七版的全球趋势报告。自 1997 年以来，《全球趋势报告》每 4 年出版一次，评估影响美国未来 20 年战略环境的主要趋势和不确定性。《全球趋势报告》旨在为每届美国政府的决策者在制定国家安全战略和驾驭不确定的未来时提供一个分析框架 2. 美国企业和行业组织以过于宽泛为由要求商务部暂停特朗普时期的一项供应链安全法规。该规定允许政府阻止被视为安全威胁的外国电信设备进口以及其他商业交易。这项规定是在 2019 年提出的，旨在回应美国对中国技术进入美国市场与日俱增的担忧，其中包括通信设备巨头华为技术有限公司（Huawei Technologies Co.）向乡村电话公司和互联网提供商销售宽带设备 3. 美国贸易代表戴琪在美国参议院财政委员会就《2021 年贸易政策议程》发表证词，并表示将采取强有力的措施解决中国具有胁迫性和不公平的贸易行为。戴琪认为，中国推行的此类贸易行为不仅损害美国工人的利益，而且还破坏多边贸易体系，侵犯基本人权。同时，戴琪强调美国将致力于加强供应链多样化与安全性建设，与可信赖的盟友和合作伙伴改善贸易关系，以维护国家安全
2021 年 5 月 13 日	1. 美国国家情报总监办公室（ODNI）、美国国家安全局（NSA）、美国国土安全部网络安全与基础设施安全局（CISA）联合发布《5G 基础设施潜在威胁载体》，将 5G 网络建设及应用过程中的主要威胁载体归为政策与标准、供应链和系统架构，并列举了三类威胁载体

时　　间	事　　件
2021 年 5 月 13 日	的具体表现及设想的威胁场景。其中，在政策与标准方面，5G 威胁可能来自开放的国际标准、可选的安全控制命令；在供应链方面，5G 威胁可能来自伪劣组件、委托第三方厂商生产的部件；在系统架构方面，5G 威胁可能来自软件恶意篡改、网络设备漏洞、网络切片、老旧的通信基础设施、多路访问边缘计算（MEC）、频段共享和软件定义网络（SDN）等 2. 拜登宣布延长特朗普于 2019 年签署的行政命令，继续禁止美国企业使用那些存在国家安全风险企业所生产的电信设备。外界认为，这项命令虽未指名任何企业，但主要就是针对华为。与此同时，美国国会也在展开行动，询问东芝美国电子元件（Toshiba America Electronic Components）、希捷科技（Seagate Technology）和威腾电子（Western Digital）等公司是否不当供应外国生产的硬盘驱动器给华为 3. 美国贸易代表戴琪出席众议院听证会，详细阐述了拜登总统 2021 年贸易政策议程，其中第五点提及"应对中国在劳工权利保护等方面的行为"，她称对于损害美国工人利益和多边体系等具有胁迫性和不公平的贸易做法，美国将采取强有力的战略性措施。如果中国不能适应或者不去适应国际规则和规范，美国必将采取更大力度和更多举措，以便创造公平的竞争环境、增强美国的实力，并改善美国与贸易伙伴的关系
2021 年 5 月 14 日	1.《欧盟两用物项出口管制条例》（以下简称《欧盟条例》）。《欧盟条例》取代了此前欧盟两用物项出口管制主要法律文件《第 428/2009 号欧盟理事会规章［Regulation（EC）No 428/2009］》，待欧洲议会、欧盟理事会签署后，《欧盟条例》将在欧盟官方公报上正式公布，并在公布后的第 90 天生效。此次修法在实体和程序方面对原有规定做出了较大改动，扩大了管制物项的范围，并加强了欧盟各国执法交流互通，为欧盟各国加强出口管制执法奠定了基础。在中欧近期颇为紧张的政治氛围中，这部《欧盟条例》也将焦点指向了中国。欧洲议会发言人表示："此次修订将确保欧盟的面部识别技术和其他欧洲高端监控技术不会落到中国手中。"美国参议院外交委员会上个月高票通过的意图全面限制中国的《2021 年战略竞争法案》也特别提到，美国将联合欧盟共同加强出口管制执法，并根据《瓦森纳协定》将更多的两用物项纳入管制范围，限制对中国的出口 2. 美国参议院的商务委员会以 24 票赞成、4 票反对的表决结果通过了一项措施，批准在 5 年内拨款 1 100 多亿美元用于基础和先进技术研究，以应对来自中国日益严重的竞争压力。报道称，"无尽前沿法案"授权将其中大部分拨款——1 000 亿美元用于未来 5 年内投资人工智能、半导体、量子计算、先进通信、生物技术和先进能源等关键技术领域的基础和高级研究、商业化以及教育和培训计划。据美媒报道，该法案禁止参与中国方面支持的人才聘用项目的美国科

续　表

时　　间	事　　件
2021 年 5 月 14 日	学家获得或者使用美国联邦政府的资金。通俗地说，美国科学家如果为中国方面所聘用参与中国科研工作，那么就会被切断来自美国联邦政府的科研资金支持。这意味着，美国科学家必须在中美之间作出选择
2021 年 5 月 15 日	美国贸易代表戴琪分别在美国参议院财政委员会与众议院筹款委员就《2021 年贸易政策议程》发表证词。戴琪表示，拜登政府以工人为中心的贸易政策是努力实现"更好地重建"的关键部分。在发言中，戴琪主要就以下方面进行了论述：一是就新冠疫情而言，戴琪重申美国支持有关新冠疫苗知识产权豁免，并且美国将与所有可能的伙伴合作扩大新冠疫苗的生产并实现公平分配，以助力世界经济复苏。二是美国将搭建公平的国际贸易体系，以促进包容性增长并反映美国价值观。戴琪强调贸易政策必须反映工人和劳动者的价值，并且新的贸易政策将包含公众全面参与贸易政策制定的透明度原则、种族平等的目标，以及应对环境与气候变化实现可持续发展。三是美国要加强战略伙伴的合作，积极同贸易伙伴进行接触与对话，努力推进世界贸易组织的改革进程，以解决持续的贸易摩擦，应对重大挑战。四是采取强有力的措施解决中国具有胁迫性和不公平的贸易行为。戴琪认为，中国推行的此类贸易行为不仅损害美国工人的利益，而且还破坏多边贸易体系，侵犯基本人权。同时，戴琪强调美国将致力于加强供应链多样化与安全性建设，与可信赖的盟友和合作伙伴改善贸易关系，以维护国家安全。五是全面执行《美墨加协定》（USMCA）。戴琪指出，USMCA 具有先进性，包括劳工问题、环境标准，并使女性与落后地区可以从贸易中受益。就应对中国的不公平的贸易行为而言，拜登正在对中国的贸易政策进行"从上至下的审查"（top-to-bottom review），其中包括特朗普与中国政府签订的《中美第一阶段经贸协议》的完成情况。对此，戴琪表示"从上至下的审查"还将包括如何处理中国进口产品 301 关税豁免措施届满的相关事宜，并称"时间是至关重要的"
2021 年 5 月 17 日	国务院关税税则委员会公布对美加征关税商品第四次排除延期清单，对《国务院关税税则委员会关于第二批对美加征关税商品第二次排除清单的公告》（税委会公告〔2020〕4 号）中的 79 项商品延长排除期限，自 2021 年 5 月 19 日至 2021 年 12 月 25 日，继续不加征我国为反制美 301 措施所加征的关税
2021 年 5 月 20 日	美参议院多数党领袖舒默提交《2021 年创新与竞争法案》（the U.S. Innovation and Competition Act of 2021）作为《无尽前沿法案》（Endless Frontier Act）的替代修正案。《2021 年创新与竞争法案》整合了参议院各委员会的相关提案，包括《无尽前沿法案》《2021

时　间	事　件
2021 年 5 月 20 日	年战略竞争法案》《2021 年迎接中国挑战法案》（Meeting the China Challenge Act）以及参议院国土安全和政府事务委员会、HELP（健康、教育、劳工与养老金）委员会、司法委员会和拨款委员会的相关提案。舒默发表声明称："这项法案将使美国在半导体等关键技术领域超越中国等竞争对手，为美国创造高薪就业机会，并帮助改善我国的经济和国家安全。"《2021 年创新和竞争法案》目前分为六个部分："芯片和 O‐RAN 5G 紧急拨款"、《无尽前沿法案》《2021 年战略竞争法案》、"国土安全和政府事务委员会相关条款"、《2021 年迎接中国挑战法案》以及最后一部分"其他事项"
2021 年 5 月 21 日	美贸易代表办公室（USTR）公布了分别针对 2 000 亿美元中国产品加征关税的第 29 批商品排除清单。该批清单自 2018 年 7 月 6 日开始正式执行，加征税率为 25%，于 2019 年 6 月 4 日做第五次排除，有效期原定于 2020 年 6 月 4 日到期。本次公告决定，将部分商品的排除有效期自 2020 年 12 月 31 日起 73 个品项商品恢复加征关税
2021 年 5 月 27 日	1. 中共中央政治局委员、国务院副总理、中美全面经济对话中方牵头人刘鹤与美贸易代表戴琪通话。双方本着平等和相互尊重的态度，进行了坦诚、务实、建设性的交流。双方认为发展双边贸易非常重要，并就彼此关心的问题交换了意见，同意继续保持沟通 2. 美国参议院以 68 : 30 的投票结果结束了对《2021 美国创新与竞争法案》的辩论，使该法案距离最终投票更进一步。该法案可以视为先前《无尽前沿法案》（Endless Frontier Act）的增强版，并整合了之前其他若干制华法案，被视为一揽子制华法案的"集合体"。《2021 年创新与竞争法案》整合了参议院各委员会的相关提案，具体包括《无尽前沿法案》《2021 年战略竞争法案》《2021 年迎接中国挑战法案》（Meeting the China Challenge Act）以及参议院国土安全和政府事务委员会，健康、教育、劳工与养老金委员会，司法委员会和拨款委员会的相关提案。《2021 年创新和竞争法案》共分为六个部分：《芯片和 O‐RAN 5G 紧急拨款》《无尽前沿法案》《2021 年战略竞争法案》《国土安全和政府事务委员会相关条款》《2021 年迎接中国挑战法案》《其他事项》。法案计划紧急拨款 520 亿美元，用于落实美国 2021 财年国防授权法案中的芯片法案以及有关芯片生产、军事以及其他关键行业的相关项目；另拨款 15 亿美元，用于落实美国 2021 财年国防授权法案中的美国电信法案，以加强在 5G 竞争中的"美国创新"。法案授权未来 5 年投入约 1 200 亿美元，用于支持国家科学基金会、商务部、能源部、航天局的相关活动，涉及科技创新与研发、STEM 教育、精准农业、量子信息、生物经济、制造业及其技术中心建设、供应链、电信、太空等。法案致力于推进"印太战略"、扩大与"印太"盟友的多方面合作、提升美国在国际组织和多边论坛的领导力。法案还无端指责中国侵犯人权、对美开展所谓网络间谍行动等

时　间	事　件		
2021 年 5 月 28 日	1. 拜登向美国国会提交的 2022 财年预算案中，包括要求 7 529 亿美元的军费开支，其中五角大楼开支 7 150 亿美元。美国防长奥斯汀直言：这个预算为美军提供最需要的能力组合，并保持对来自中国的"进展最大挑战"的关注 2. 美财政部根据 19 C.F.R.351.528（c）的规定，针对对华五氟乙烷（R-125）反补贴调查案（案件编号：C-570-138）中关于货币低估补贴的调查作出调查报告。报告指出，为了对美商务部要求的认定做出评价和结论，美财政部利用其全球汇率评估框架（GERAF）进行了分析 3. 七国集团（G7）贸易部长会议举行。七国贸易部长在会上就扭曲市场的做法、数字贸易和贸易与环境等问题进行了讨论。七国集团呼吁民主国家团结起来支持对当前世界贸易体系的改革		
2021 年 6 月 1 日	美国国会"中国问题执行委员会"（Congressional-Executive Commission on China）给美国篮球职业联盟（NBA）发出正式公开信，要求 NBA 的球员不再为中国的安踏、李宁和匹克代言，否则其将会面临"声誉风险"。理由是这些品牌公开表示自己将继续使用产自中国新疆地区的棉花		
2021 年 6 月 3 日	美国国防部根据《2021 财年国防授权法》第 1260H 条的要求，发布了在美国直接或间接经营的"中国涉军企业"（CMC）的名称		
	序号	企业名称	
	1	中国航空发动机集团有限公司	
	2	航天彩虹无人机股份有限公司	
	3	航天通信控股集团股份有限公司	
	4	航天晨光股份有限公司	
	5	安徽长城军工股份有限公司	
	6	中国航空工业集团有限公司	
	7	中航航空高科技股份有限公司	
	8	中航重机股份有限公司	
	9	中航光电科技股份有限公司	
	10	中航沈飞股份有限公司	

续　表

时　间	事　件

续　表

序号	企业名称
11	中航西安飞机工业集团股份有限公司
12	长沙景嘉微电子股份有限公司
13	中国运载火箭技术研究院
14	中国航天科工集团有限公司
15	中国航天科技集团有限公司
16	航天时代电子技术股份有限公司
17	中航航空电子系统股份有限公司
18	中国交通建设股份有限公司
19	中国交通建设集团有限公司
20	中国电子信息产业集团有限公司
21	中国电子科技集团有限公司
22	中国广核集团
23	中国船舶重工集团海洋防务与信息对抗股份有限公司
24	中国移动通信集团有限公司
25	中国移动有限公司
26	中国核工业集团有限公司
27	中国海洋石油集团有限公司
28	中国北方工业集团有限公司（或：中国兵器工业集团有限公司）
29	中国核工业建设股份有限公司
30	中国铁建股份有限公司

时间栏：2021 年 6 月 3 日

续　表

时　间	事　件

续　表

序号	企业名称
31	中国卫通集团股份有限公司
32	中国船舶重工股份有限公司
33	中国船舶重工集团动力股份有限公司
34	中国兵器装备集团有限公司（曾用名：中国南方工业集团公司）
35	中国东方红卫星股份有限公司
36	中国船舶集团有限公司
37	中国电信股份有限公司
38	中国电信集团公司
39	中国联合网络通信（香港）股份有限公司
40	中国联合网络通信集团有限公司
41	中国海洋石油有限公司
42	中光学集团股份有限公司
43	中船海洋与防务装备股份有限公司
44	福建火炬电子科技股份有限公司
45	贵州航天电器股份有限公司
46	杭州海康威视数字技术股份有限公司
47	华为投资控股有限公司
48	华为技术有限公司
49	内蒙古第一机械集团有限公司
50	浪潮集团
51	江西洪都航空工业股份有限公司

时间栏：2021 年 6 月 3 日

续　表

时　　间	事　　件

续　表

序号	企业名称
52	南京熊猫电子集团有限公司
53	北方导航控制技术股份有限公司
54	熊猫电子集团有限公司
55	华为旗下注册于英属维尔京群岛的公司，此前华为发行债券有使用此主体
56	华为旗下注册于英属维尔京群岛的公司，此前华为发行债券有使用此主体
57	中芯国际集成电路制造有限公司
58	陕西中天火箭技术股份有限公司
59	中航电测仪器股份有限公司

序号	企业名称
1	航天彩虹无人机股份有限公司
2	航天晨光股份有限公司
3	中国航空工业集团有限公司
4	中航航空高科技股份有限公司
5	中航重机股份有限公司
6	中航光电科技股份有限公司
7	中航沈飞股份有限公司
8	中航西安飞机工业集团股份有限公司
9	中国航天科工集团有限公司
10	中国交通建设股份有限公司

时间栏：2021 年 6 月 3 日

续　表

时　间	事　件		
2021 年 6 月 3 日	续　表		
	序号	企业名称	
	11	中国交通建设集团有限公司	
	12	中国电子信息产业集团有限公司	
	13	中国电子科技集团有限公司	
	14	中国广核集团	
	15	中国船舶重工集团海洋防务与信息对抗股份有限公司	
	16	中国移动通信集团有限公司	
	17	中国移动有限公司	
	18	中国核工业集团有限公司	
	19	中国海洋石油集团有限公司	
	20	中国北方工业集团有限公司（或：中国兵器工业集团有限公司）	
	21	中国铁建股份有限公司	
	22	中国兵器装备集团有限公司（曾用名：中国南方工业集团公司）	
	23	中国东方红卫星股份有限公司	
	24	中国船舶集团有限公司	
	25	中国电信股份有限公司	
	26	中国电信集团公司	
	27	中国联合网络通信（香港）股份有限公司	
	28	中国联合网络通信集团有限公司	
	29	中国海洋石油有限公司	
	30	中光学集团股份有限公司	

续　表

时　　间	事　　　件

续　表

序号	企业名称
31	福建火炬电子科技股份有限公司
32	杭州海康威视数字技术股份有限公司
33	华为投资控股有限公司
34	华为技术有限公司
35	内蒙古第一机械集团有限公司
36	浪潮集团
37	江西洪都航空工业股份有限公司
38	中芯国际（北京）有限公司
39	中芯国际（深圳）有限公司
40	中芯国际（天津）有限公司
41	中芯国际集成电路制造有限公司
42	中芯南方集成电路制造有限公司
43	中芯国际控股有限公司
44	中芯国际香港（国际）有限公司
45	中芯国际北方集成电路制造（北京）有限公司
46	中芯国际半导体制造（上海）有限公司
47	中航电测仪器股份有限公司

时间　2021年6月3日（对应上表）

2021年6月7日	中美已就第二轮贸易谈判在华盛顿达成一致，发表如下联合声明：双方同意，将采取有效措施实质性减少美对华货物贸易逆差。为满足中国人民不断增长的消费需求和促进高质量经济发展，中方将大量增加自美购买商品和服务，这也有助于美国经济增长和就业。双方同意有意义地增加美国农产品和能源出口，美方将派团赴华讨论具体事项。双方就扩大制造业产品和服务贸易进行了讨论，就创造有利条件增加上述领域的贸易达成共识。双方高度重视知识产权保

续　表

时　间	事　件
2021 年 6 月 7 日	护，同意加强合作。中方将推进包括《专利法》在内的相关法律法规修订工作。双方同意鼓励双向投资，将努力创造公平竞争营商环境。双方同意继续就此保持高层沟通，积极寻求解决各自关注的经贸问题
2021 年 6 月 8 日	1. 美国国会参议院以 68 票赞成、32 票反对的结果通过了《2021 美国创新和竞争法》（US Innovation and Competition Act 2021）。据悉，该法案旨在在多个方面"对抗"来自中国的影响，将"推动"美国的创新领域并为未来几代人保持"竞争优势" 2. 美国白宫发布根据 14017 行政令（2021 年 2 月 24 日由美国总统拜登签署）进行的供应链综合评估报告。白宫新闻简报称，政府发布了对四类关键产品（半导体制造和先进封装、大容量电池、关键矿物和材料以及医疗用品和原料药）的供应链百日综合评估结果，未来一年内将制定支撑美国经济和国家安全的六大关键行业（国防、公共卫生和生物防备、信息和通信技术、能源部门、运输以及农产品和食品生产）的工业基础战略；未来将采取行动解决关键产品供应链漏洞，建立公平和可持续的工业基础；疫情后要解决可能的短期供应链中断问题；重新制定加强美国供应链弹性的长期战略等
2021 年 6 月 10 日	1. 美国总统拜登与英国首相约翰逊在英国康沃尔郡进行首次会晤，并签署《新大西洋宪章》（The New Atlantic Charter）。该宪章共计八个部分，与《大西洋宪章》遥相呼应。《新大西洋宪章》重申英美价值观的共同性，强调加强全面合作、共同捍卫"以规则为基础"的国际秩序，提防"那些会破坏规则的人"，声明在事关全球治理的重大事项上保持共同立场，力图重塑被新冠危机重创的国际秩序 2. 根据即将到来的美欧峰会结论草案，欧盟和美国计划宣布，将在技术和贸易领域建立更广泛的伙伴关系以应对中国在技术领域的优势地位，并宣扬其"民主价值观"。白宫国家安全顾问杰克·沙利文本周告诉记者，拜登和欧盟领导人将"专注于调整我们的贸易和技术策略，以使民主国家而不是其他任何国家来制定 21 世纪的贸易和技术规则"
2021 年 6 月 15 日	美欧宣布建立跨大西洋贸易和技术理事会（Trade and Technology Council，TTC），该机构被视为美欧会最重要的成果之一，目标是协调美欧在关键技术领域的政策立场，降低贸易壁垒，应对全球技术治理变化以及第三方技术竞争
2021 年 6 月 17 日	美国联邦通信委员会（U.S. Federal Communications Commission，FCC）在其官网发布了一则关于设备授权及供应链竞标的拟议规则通知。FCC 宣称发布此项规则是为了保护美国国家安全及国家关键网络的安全，并将此前被其列入"黑名单"的华为、中兴、海能达、海康威视及大华 5 家中国公司实施禁令，禁止美国通信网络中批准

续　表

时　间	事　件
2021 年 6 月 17 日	使用来自此 5 家公司的设备。该项规则已经一致投票通过，目前已进入审查，等待最终裁决。根据 FCC 发布的此项拟议规则，针对这 5 家公司的禁令不仅指向将来，即未来美国通信网络设备授权程序中将禁止授权使用此 5 家公司的设备，而且还赋予了 FCC 权力以撤销此前已经发放给中国 5 家公司的设备授权
2021 年 7 月 6 日	美国商务部发布了一份报告，建议对进口汽车及其零部件实施基于国家安全的贸易限制。该报告是关于美国商务部根据《1962 年贸易扩展法》第 232 节进行的调查，美国商务部调查显示，进口汽车和汽车零部件正在削弱美国国内经济，带来第 232 节规定的国家安全威胁。美国商务部建议总统考虑对汽车和越野车分别征收高达 25% 和 35% 的关税，以推动达成解决国家安全所受到威胁的协议
2021 年 7 月 7 日	美国白宫发布所谓"与香港有关国家紧急状态继续实施的通知"，宣布延长"针对香港局势宣布的国家紧急状态"，即延长美国对港制裁措施一年
2021 年 7 月 9 日	美国商务部对《出口管制条例》（EAR）作出如下修改：① 将 34 个实体（包括 22 个中国实体和 1 名中国个人）列入实体清单；② 对实体清单现有的 1 个中国实体的条目进行修订；③ 将 1 个德国实体从实体清单中移出；④ 将 1 个实体从未经验证清单中移出；⑤ 将 1 个俄罗斯实体列入"军事最终用户名单" 序号 / 企业名称 1 北京东土军悦科技有限公司 2 北京燕京电子有限公司 3 北京格灵深瞳信息技术股份有限公司 4 北京海力联合科技有限公司 5 北京中电兴发科技有限公司 6 成都西物信安智能系统有限公司 7 中国电子科技集团公司电子科学研究院 8 杭州华澜微电子股份有限公司 9 润信科技有限公司 10 上海金卓科技有限公司

续　表

时　间	事　件

续　表

序号	企业名称
11	北京东土科技股份有限公司
12	立昂技术股份有限公司
13	深圳市科苼信息技术有限公司
14	深圳市华安泰智能科技有限公司
15	苏州科达科技股份有限公司
16	同方锐安科技有限公司
17	乌鲁木齐天耀伟业信息技术服务有限公司
18	张文杰——董事总经理
19	武汉锐科光纤激光技术股份有限公司
20	新疆北斗同创信息科技有限公司
21	新疆联海创智信息科技有限公司
22	新疆熙菱信息技术股份有限公司
23	新疆汤立科技有限公司

时　间	事　件
2021 年 6 月 3 日	ERC 决定，向上述 22 个实体和 1 名个人出口、再出口或者转让（境内）所有受 EAR 管辖的物项均需经过 BIS 事先许可，而且向这些实体的出口、再出口或转让（境内）均不享受任何许可例外
2021 年 7 月 13 日	美国国务院、商务部、财政部、国土安全部、劳工部和贸易代表办公室等多部门联合发布了更新版的《新疆供应链商业咨询公告》，全方位阐述了非美国企业在中国新疆维吾尔自治区开展商业活动所可能遭遇的美国贸易管制和经济制裁风险
2021 年 7 月 16 日	美国财政部依据美国《香港自治法》（HKAA）和第 13936 号行政令，将 7 名中国官员加入 SDN 名单，并附加了次级制裁
2021 年 7 月 26 日	美国证券交易委员会（U. S. Securities and Exchange Commission, SEC）民主党委员艾里森·海伦·李表示，在美国上市的中国企业，必须在定期报告中披露其被中国政府干预业务的风险

时　间	事　件
2021 年 7 月 27 日	美国商务部（DOC）对中国移动式升降作业平台及组件作出反补贴调查初裁，认定中国对美出口的移动式升降作业平台及组件存在补贴。我国涉案企业补贴初裁税率为 4.09%—435.06%，强制应诉企业浙江鼎力机械股份有限公司的税率为 23.43%，临工集团济南重机有限公司的税率为 4.09%，其他合作企业的税率为 20.47%，其他不合作企业的税率为 435.06%。美国海关和边境保护局将于裁决公告在联邦纪事（Federal Register）发布之日起按上述税率征收保证金
2021 年 7 月 30 日	美国证监会正式发布公告（Statement on Investor Protection Related to Recent Developments in China）称，鉴于中国最近的事态发展以及中国 VIE 结构的整体风险，SEC 要求工作人员在处理中国公司相关的境外发行人的注册申请时，应确保招股说明书充分披露了此次特定新增的必要风险披露事项，使投资人在进行投资决策之前能充分知晓固有风险
2021 年 8 月 24 日	美国证券交易委员会（SEC）已开始向寻求赴美上市的中国企业提出新的披露要求，其中包括披露更多所谓"中国监管者干预企业数据安全的政策"的风险，以提高投资者对于风险的认知
2021 年 9 月 3 日	美国总统气候问题特使约翰·克里访华，在天津与中国气候变化事务特使解振华举行会谈，就"中美气候变化合作"、《联合国气候变化框架公约》第二十六次缔约方大会（COP26）等气候变化议题交换意见
2021 年 9 月 10 日	习近平主席应约同美国总统拜登通电话，就中美关系和双方关心的有关问题进行了坦诚、深入、广泛的战略性沟通和交流，双方同意继续通过多种方式保持经常性联系，将责成双方工作层加紧工作、广泛对话，为中美关系向前发展创造条件
2021 年 9 月 11 日	以"国家安全受到威胁"为由，加拿大政府要求中国移动加拿大分公司在 90 天内必须从母公司完全剥离，或关闭加拿大业务。加拿大政府的这一要求意味着，如果联邦法院未搁置或暂停这一决定，那么中国移动将被迫完全退出加拿大市场
2021 年 9 月 16 日	1. 拜登政府官员正考虑依据美国贸易法的第 301 条对中国的补贴进行调查，调查结果可能导致美国对华施加新的关税。美国白宫还希望能与欧盟、日本和其他亚洲盟友合作，在世界贸易组织（WTO）内部获得各方支持，来对抗中国的补贴举措 2. 关于中国申请加入《全面与进步跨太平洋伙伴关系协定》（CPTPP）一事，美国白宫新闻秘书珍·普萨基（Jen Psaki）在新闻

续　表

时　　间	事　　件
2021年9月16日	发布会上回应，美国总统拜登不会加入TPP。CPTPP的前身《跨太平洋伙伴关系协定》（TPP）是在奥巴马政府期间推动的，2017年，特朗普总统上台第一周就宣布退出TPP。目前该贸易协定签署国并获批准国家包括日本、澳大利亚、新加坡、越南、加拿大、新西兰等国
2021年9月29日	美欧"跨大西洋贸易和技术理事会"（TTC）首次会议在美国匹兹堡市召开。2021年6月，TTC在美欧峰会上正式启动，目标包括促进美欧之间的创新与投资、强化供应链。尽管欧盟方面多次申明该平台不针对特定的第三国，但包括路透社、彭博社等外媒均表示，美欧成立TTC旨在共同应对来自中国的"战略挑战"。TTC最初将包括十个工作组，分别为：技术标准合作、气候和绿色科技、供应链安全、信息通信技术安全和竞争力、数据治理和技术平台、滥用技术威胁安全和人权、出口管制、投资筛选、促进中小企业获取和使用数字技术和全球贸易挑战
2021年10月4日	美国贸易代表凯瑟琳·戴琪就拜登政府对华贸易政策发表演讲，承诺将一些中国进口产品排除在前总统特朗普加征关税的范围之外，同时就"第一阶段"协议寻求与中国进行新的谈判，但不会就中国的国家补贴和其他结构性问题寻求"第二阶段"谈判。以下四个方面的举措在美国拟采取之列：一是美国将与中国讨论其在第一阶段协议下的表现。二是美国将重启关税排除程序，以减轻关税的影响。三是美国将使用其拥有的所有工具并根据需要开发新工具来捍卫美国的经济利益。四是美国将继续与盟友和合作伙伴进行协商和协调，共同制定关于21世纪贸易和技术道路的规则
2021年10月5日	美国贸易代表办公室发布了《拜登政府关于中美贸易关系的新道路》（以下简称《公告》）。《公告》声明，美国欢迎与中国竞争，但同时强调，竞争需要公平并须进行负责任的管控，美国的目标是为美国的工人、农民和企业创造一个平等的竞争环境。《公告》对特朗普时期贸易战等做法做了评价，认为特朗普政府采取的单方面举措损害了美国经济，并且破坏了美国与盟友和合作伙伴的关系。拜登政府希望采取一条谨慎的和长远考虑的新道路。《公告》首次阐明拜登政府的对华贸易政策的四大重点，强调美国首先会采取以下四方面的举措：一是美国将与中国商讨第一阶段协议的执行情况。二是在寻求执行第一阶段协议的条件下，美国将启动"具针对性"的关税免除程序。三是《公告》再次提及美国关注的所谓的非市场贸易做法和政策，涉及国有企业、限制市场准入、政府补贴、知识产权等问题。四是《公告》强调，美国将与全球的盟友和合作伙伴一起，重新构建21世纪的贸易和科技竞争规则，确保竞争规则公平

续　表

时　间	事　件
2021 年 10 月 6 日	中共中央政治局委员、中央外事工作委员会办公室主任杨洁篪同美国总统国家安全事务助理沙利文在瑞士苏黎世举行会晤。沙利文提出了美国和中国有兴趣合作应对重大跨国挑战的领域，以及管控双边关系风险的路径。双方还就气候变化和共同关心的地区问题交换了意见。沙利文表示，美方会一如既往地"加强美国的实力"，与盟友和伙伴密切合作，同时"继续与中国进行高层级接触，以确保以负责任的方式进行竞争"
2021 年 10 月 7 日	美国中央情报局（CIA）局长威廉姆·伯恩斯（William Burns）表示，他将成立一个中国问题高层工作组——中国任务中心（Mission Center for China），以应对中国威胁
2021 年 10 月 20 日	1. 美国商务部发布一项新的出口管制规定，希望遏制向中国和俄罗斯出口或转售黑客工具的行为。这项规定将在 90 天后生效，要求各企业除非获得商务部工业与安全局（BIS）许可，否则不得向中国、俄罗斯及其他重点针对国家出售任何黑客软件及设备 2. 微信禁令诉讼案完结，美国微信用户联合会（USWUA，以下简称美微联会）与美国司法部达成协议，美方同意撤销微信禁令，并赔偿美微联会产生的律师费等，总金额为 90 万美元
2021 年 10 月 26 日	1. 中共中央政治局委员、国务院副总理、中美全面经济对话中方牵头人刘鹤应约与美财政部长耶伦举行视频通话。双方就宏观经济形势、多双边领域合作进行了务实、坦诚、建设性的交流。双方认为，世界经济复苏正处于关键时刻，中美加强宏观政策沟通协调十分重要。中方表达了对美国取消加征关税和制裁、公平对待中国企业等问题的关切。双方同意继续保持沟通 2. 美国联邦通信委员会（FCC）发布公告，宣布吊销（revoke）中国电信美洲公司（China Telecom Americas）在美国提供国内州际和国际通信服务的授权，要求中国电信美洲公司在命令公布的 60 天内停止在美国的电信服务（之前中国电信在美已经运营近 20 年）
2021 年 10 月 28 日	美国参议院当天通过了《2021 年安全设备法》（Secure Equipment Act of 2021），该法案以所谓"安全威胁"为借口，禁止美国联邦通信委员会（FCC）对华为和中兴等公司进行审议或颁发新的设备执照。法案制定者声称，该方案是为了堵住漏洞，不让任何华为和中兴等公司的设备进入美国电信网络
2021 年 11 月 1 日	美国财政部长珍妮特耶伦表示，美国与中国最终可能会考虑以互惠的方式降低一些关税。耶伦在接受路透社采访时表示，关税往往会推高国内价格，并增加消费者和企业对铝和钢等投入品的获得成本，这意味着降低关税将产生压低通胀的效应。当被问及对中国商品征收的

续 表

时 间	事 件
2021 年 11 月 1 日	关税是否有助于缓解通胀压力时，耶伦表示："我们的贸易代表曾表示，我们将考虑进一步降低关税。我们希望看到第一阶段的结果，但稳定并最终以对等方式降低一些关税可能是一个理想的结果。"
2021 年 11 月 11 日	美国总统拜登签署《安全设备法》，防止华为技术有限公司或中兴通讯股份有限公司等被视为安全威胁的公司从美国监管机构获得新的设备许可证。《安全设备法》于 2021 年 10 月 28 日获得美国参议院一致通过
2021 年 11 月 15 日	美国商务部长雷蒙多表示，美国将不加入《全面与进步跨太平洋伙伴关系协定》（CPTPP），而是寻求建立一个超越它的经济框架
2021 年 11 月 16 日	1. 中国电信美洲公司向美国哥伦比亚特区上诉法院提起诉讼，要求撤回美国联邦通信委员会（FCC）吊销该公司在美运营许可的决定 2. 中美元首视频会晤结束，此次会晤推进了气候、经贸等一系列议题。值得注意的是，在会晤前夕，24 家美国商会和行业协会联名致信美国政府高级别贸易官员，敦促白宫降低对中国商品的关税，以扩大进口关税豁免范围
2021 年 11 月 24 日	美国商务部出于美国国家安全考虑将 12 家中国公司列入实体清单，新增来自中国、日本、巴基斯坦和新加坡的 27 家实体。根据美国商务部公告，杭州中科微电子有限公司、湖南高科微电子、新华三半导体科技有限公司、西安航天华迅科技有限公司和云芯微电子有限公司被列入美国商务部的实体清单。同时，美国商务部还将合肥微尺度物质科学国家研究中心、科大国盾量子技术股份有限公司和上海国盾量子信息技术有限公司列入实体清单，原因是这些机构"获取和试图获取美国原产物项以支持军事应用"
2021 年 12 月 2 日	历经长达 4 年的谈判之后，中美等 67 个 WTO 成员国当天正式达成服务贸易协议，该协议将进一步推动服务贸易发展，取消了一些外国企业来本国发展的烦琐程序，其中包括金融等诸多领域，对于该份协议，美国表达了肯定的态度。欧盟方面则表示，该协议具有开创意义，有利于进一步减少开展服务贸易的烦琐程序
2021 年 12 月 11 日	拜登宣布将中国人工智能公司商汤集团（Sense Time Group Limited）列入"涉军企业"黑名单，禁止美国人投资商汤集团
2021 年 12 月 7 日	新美国安全中心发布最新报告《遏制危机：应对胁迫性经济治国的战略方针》（Containing Crisis：Strategic Concepts for Coercive Economic Statecraft），将中国的经济政策称为"胁迫性经济政策"。该报告指出，在地缘政治日益紧张的情况下，美国缺乏有效的经济措施来应对中国的"胁迫性经济政策"，因此，美国应该通过与盟友合作对中国进行联合施压。此外，报告还建议美国采取将美国国内法律框架下的经济工具与国际贸易和投资规则相结合的方式，与中国进行约束性接触

时　　间	事　　件
2021 年 12 月 16 日	美国财政部将 8 家中国科技企业加入《中国军工复合体企业名单》（CMIC），包括：云从科技有限公司、曙光信息产业股份有限公司、立昂技术股份有限公司、旷视科技有限公司、东方网力科技股份有限公司、深圳市大疆创新科技有限公司、厦门市美亚柏科信息股份有限公司和依图科技有限公司。此前，上述多家企业已被加入"实体清单"，采购受美国 EAR 管辖的物项限制，此次被列入《中国军工复合体企业名单》后，美国主体将被限制投资这些企业的公开交易的证券和衍生证券
2022 年 1 月 25 日	美国众议员公布《美国竞争法案》，其中包括了 520 亿美元芯片投资，矛头指向中国
2022 年 1 月 27 日	美国联邦通信委员会（FCC）发布一项命令，吊销中国联通（美洲）运营有限公司在美国提供州际和国际通信服务的授权，并要求该公司在命令发布的 60 天内停止在美的任何国内和国际服务。美国联邦通信委员会在命令中宣称，中国联通（美洲）运营有限公司"隶属中国国有企业，受中国政府的利用、影响与控制，非常可能在没有足够的受独立司法监督的法律程序的情况下被迫执行中国政府的要求"
2022 年 2 月 4 日	美国众议院以 222 票赞成、210 票反对通过了《2022 年美国竞争法案》。该法案全文长达近 3 000 页，主要内容包括旨在促进美国半导体制造业的大规模投资，其中包括约 520 亿美元（约合人民币 3 308 亿元）对半导体行业的拨款和补贴，以及 450 亿美元（约合人民币 2 672 亿元）用于加强高科技产品的供应链的资金，试图以此在全球范围内更好地与中国竞争

二、拜登政府《2021 年贸易议程》

整体方案：包括应对气候变化、促进种族平等和加强全球合作三方面，更加关注新双边贸易协定的谈判；同时，还提出考虑设立边境碳调整税，试图在全球范围内与盟国重新建立关系；承继特朗普的多项贸易举措，包括每年对华征收 3 350 亿美元的进口关税，并全面审查对亚洲国家的政策	
对华基本思路	美国政府应使用更全面的"综合战略"与更系统的措施，全面统筹
打击中国措施	针对中国强制且不公平的贸易行为，重点审查中国限制市场准入的关税和非关税壁垒、强迫劳动、诸多行业中的产能过剩、利用不公平补贴和偏好进口替代的产业政策、出口补贴（含出口融资）、强制技术转让、非法获取和侵犯美国知识产权、限制互联网和数字经济的审查，以及与其他产业领域对美企业的非对等待遇等。此外，将处理中国政府强迫劳动中普遍存在的侵犯人权问题列为首要任务
拟用贸易措施	包括关税等所有可用手段；积极与盟友合作恢复美国的世界领导地位，向中国施压
涉华贸易政策	对华贸易政策的全面审查评估
	借助一切可用手段应对中国一系列不公平且有损美国工人、企业的贸易做法
	打击强迫劳动，加强公司在全球市场上的问责制建设
	加强执法力度，敦促确保中国承担现有贸易义务
	加强与盟友、伙伴的合作，致力于协调解决国际贸易规则中存在的分歧
国内改革政策	对工人、基础设施、教育、创新进行转型投资，以提高美国竞争力
国际经贸政策	恢复伙伴关系、同盟关系，以及美国在全世界的领导地位 重新参与包括 WTO 在内的国际组织并成为领导者 与盟友合作，对 WTO 实质性规则、程序规则进行必要改革，以应对增长不平等、数字经济、小型商业贸易带来的全球贸易体系转型危机 与盟友合作，根据美国共同民主价值观，建立高标准全球规则，管理数字经济 与盟友合作，施压中国政府停止其不公平贸易行为，并追究责任 与盟友合作，解决钢铁、铝、光纤、太阳能等产业的产能过剩所导致的全球市场扭曲问题

三、2021 年美国国家贸易评估报告摘要（中国部分）

关税措施	2019 年中国平均最惠国适用关税税率为 7.6％，其中 2018 年中国农产品平均最惠国适用关税税率为 13.9％，非农产品为 6.5％。虽然中国在 WTO 承诺的平均最惠国关税税率为 10％，但特定农产品的税率达到 65％。2018 年 4 月，中国对从美国进口的一系列农产品、钢铁和铝产品征收 15％—25％的关税，以报复美国根据《1962 年贸易扩展法》第 232 条调整美国进口钢铁和铝制品的决定。2018 年 7 月，美国在世贸组织启动了针对涉及中国报复性关税的争端解决程序。2018 年，美国对华实施 301 关税后，中国实施了一系列报复性关税：2018 年 7 月和 8 月，中国分别对 340 亿美元和 160 亿美元的美国进口货物征收 25％的关税；2018 年 9 月，中国对 600 亿美元的美国进口货物征收 5％—10％的关税。根据中国财政部的数据，截至 2018 年年底，这些措施将中国的平均最惠国关税税率从 9.8％降至 7.8％
非关税措施	1. 产业政策方面，中国继续推行一系列广泛的产业政策，试图限制货物进口以及外国制造商和外国服务供应商的市场准入，同时为中国产业提供大量的政府指导、资源和监管支持。这些不断变化的政策的受益者不仅是国有企业，而且也包括其他试图向价值链上游发展的国内企业 2. 国有企业方面，虽然中国有时似乎显示出决心加快国有企业所需的经济改革，但这些改革并没有实现。中国过去的政策并不是为了减少国有企业在中国经济中的存在，也不是为了使它们与私企以同样的条件进行竞争，相反，改革的目标是巩固和加强国有企业的市场地位，并通过继续提供以优惠条件获得的国家资金以及利用其他政策和做法，使这些企业在中国和全球市场中更具竞争力 3. 产业补贴方面，中国持续向其国内产业提供大量补贴，并已经对美国产业造成了损害，而其中一些补贴为 WTO 所禁止。自入世以来，中国没有向世贸组织提交过一份完整的由中央政府实施的补贴通报。美国正在与欧盟和日本合作，以解决现有 WTO 义务未涵盖的有问题的补贴。2020 年 1 月，美国、欧盟和日本的贸易部长发表声明，同意通过以下方式加强世贸组织的补贴规则：① 严禁某些恶劣的补贴类型；② 要求补贴国就其他扭曲性补贴证明其所提供的补贴没有造成不利影响；③ 强化现有的"严重损害"规则；④ 为"通报"规则新增相关惩罚措施；⑤ 明确可以拒绝使用国内价格的条件以及使用适当基准的规则；⑥ 为"公共机构"制定新定义 4. 渔业补贴方面，中国对渔业部门的补贴每年超过 40 亿美元，已造成对全球鱼类种群的过度捕捞。事实上，中国是世界上最大的海洋捕捞渔业生产国，在加入 WTO 后的几年里，中国继续通过补贴和其他扭曲市场的手段支持其捕捞船队。目前，中国的年渔

非关税措施	业捕捞量已增长到第二大海洋捕捞渔业生产国的近两倍。同时，悬挂中国国旗的渔船屡屡被报道在公海以及其他 WTO 成员管辖的海域内从事非法、无管制和未通报的捕捞活动 5. 产能过剩方面，由于其计划经济体制，中国已成为世界上最主要的非经济性产能的创造者，并导致几个行业如钢铁、铝、太阳能电池板和渔业等严重的产能过剩。中国还通过推行诸如《中国制造 2025》等产业政策，以在其他行业创造产能过剩。中国的过剩产能通过对全球价格和供应的影响，已经伤害了美国的各种产业和工人，使得全世界有竞争力的制造商难以继续生存。对此，美国已经根据《1962 年贸易扩张法》第 232 条采取行动，在发现过度进口对美国国家安全构成威胁后，对钢铝产品加征关税或实施进口配额 6. 自主创新政策方面，旨在促进"自主创新"的政策仍然是中国工业化努力的一个重要组成部分。在经过双边接触后，美国争取到了中国在政府采购方面的一系列类似承诺，中国同意将中国各级政府的自主创新政策与政府采购优惠脱钩，包括通过国务院要求省级和地方政府在 2011 年 12 月前将自主创新政策与政府采购优惠完全脱钩。然而十年后，截至 2021 年 3 月，这一承诺仍未兑现。因此，美国一直在利用 301 调查和关税等机制，寻求解决中国利用自主创新政策强迫外国人在中国拥有或发展其知识产权等问题 7. 技术转让方面，在 2017 年年初，尽管中国一再作出取消或不再推行有问题的政策的高级别双边承诺，但美国对技术转让的严重关切仍未得到解决。2017 年 8 月，美国启动了 301 条款调查，重点调查中国政府有关技术转让、知识产权和创新的政策和做法。具体而言，美国在启动通知中确定了四类被举报的中国政府行为将成为其调查的对象，包括但不限于：① 利用各种工具要求或施压向中国公司转让技术和知识产权；② 剥夺美国公司在与中国公司的技术许可谈判中拟定基于市场机制的条款的能力；③ 通过指导或不公平地便利中国公司收购美国公司和资产以获得尖端技术和知识产权；④ 进行或支持网络盗窃和非法侵入美国商业计算机网络以获取商业秘密。2018 年 3 月，美国发布报告支持调查结果，认为调查中涉及的四类行为、政策和做法是不合理并具有歧视性的，给美国商业带来负担和限制。2018 年 11 月，美国发现中国没有采取任何措施改变其有问题的政策和做法。因此，根据 301 调查的结果，美国采取了一系列应对行动，包括对中国坚持的某些歧视性技术许可措施提出质疑，并对中国进口产品征收额外关税 8. 投资限制方面，中国试图通过限制性投资制度来保护许多国内产业。中国现行投资制度的许多方面仍然引起外国投资者的严重关切。例如，2020 年 1 月生效的《外商投资法》及实施细则，使内资投资者和外国投资者适用不同的制度，并持续给予外资歧视性待遇。此外，外国公司还表示，中国政府官员可能会以要求外国公司转让技术、在中国进行研发、满足与出口或使用当地成分有关的业绩要求，或作出有价值的、针对具体交易的商业让步作为批准投资的条件

非关税措施	9. 行政许可方面，美国公司在中国的各种行政许可程序中仍然遇到严重的问题，包括产品审批、投资审批、业务扩张审批、营业执照续期，甚至是日常业务活动的审批。虽然许可审批的要求总体上有所减少，并注重下放许可审批流程，但美国公司表示，截至目前有关措施对他们的行政许可只产生了很小的影响。标准方面，多年来中国官员向寻求参与标准制定过程的外国公司施压，以不利的条件要求外国公司许可其技术或知识产权。其次，中国持续在一些已经存在国际标准的高新技术领域推行独特的国家标准。另外，中国政府利用其庞大的国内市场来促进或迫使全球市场采用中国标准 10. 安全及可控的信息通信技术政策方面，2020 年 4 月中国发布《网络安全审查办法》，并自 2020 年 6 月起施行。该办法落实了《网络安全法》建立的网络安全制度的相关内容。具体而言，该办法提出了一个审查程序，以规范中国关键信息基础设施运营商购买信息通信技术产品和服务的行为。该审查程序要求考虑与服务中断、数据泄露和供应链可靠性有关的潜在国家安全风险等问题。美国公司担心，像这种将供应链可靠性作为衡量标准的措施，可能会被用作决定不采购美国产品的理由 11. 加密技术方面，利害关系方认为中国政府对使用加密的苛刻要求，包括侵入性的审批程序，以及在许多情况下强制使用本地加密算法（例如，WiFi 和 4G Cellular 产品）已经属于重大的贸易壁垒。2019 年 10 月，中国通过了《密码法》，其中包括对"涉及国家安全、国计民生、社会公共利益"的商用密码产品必须经过安全评估的限制性要求。这种对必须经过安全评估的商用密码产品的宽泛定义，让人担心《密码法》会对国外信息通信技术产品和服务造成不必要的限制 12. 竞争政策方面，中国实施《反垄断法》面临多重挑战。一个关键问题是《反垄断法》在多大程度上适用于国有企业。虽然中国监管部门已经明确《反垄断法》确实适用于国有企业，但他们主要是针对省级政府层面的国有企业，而不是国资委监管的国有企业。此外，《反垄断法》的规定还保护国有企业的合法经营和被认为是国家重要行业的政府垄断。许多美国公司认为，《反垄断法》对寻求在中国开展业务的外国公司的选择性执法是一个主要关注点，并强调该法对国有企业的有限执法。此外，美国工商界的另一个关切是，在并购案中对外国公司包括美国公司采取的补救措施似乎并不总是以恢复竞争为目的。相反，这些补救措施似乎是为了推进产业政策目标。最后一个关切则是涉及《反垄断法》对外国公司调查的程序公正性。美国工商界对《反垄断法》调查程序的可预测性、公平性和透明度不足表示担忧 13. 医药方面，作为《第一阶段协议》的一部分，中国同意在全国范围内建立一个早期解决潜在医药专利纠纷的机制，该机制适用于涉及小分子药物和生物制品的纠纷，并给予专利持有人在涉嫌

非关税措施	侵权产品上市前寻求快速补救的诉讼理由。另外，《第一阶段协议》还规定了专利期限的延长，以补偿不合理的专利和上市审批延迟，从而削减有效的专利期限，以及使用补充数据来满足药品专利申请的相关专利性标准。中国已经对专利法中有关专利期限延长的内容进行了修改，并将自 2021 年 6 月起生效。中美双方同意在今后的谈判中解决药品数据保护问题

14. 医疗设备方面，在 2015 年 11 月的联席会议上，中国确实承诺在市场准入方面将给予进口医疗器械与国内生产或研发的医疗器械同等的待遇。遗憾的是，中国并没有兑现这一承诺。中国以数量为基础的采购方式及其新的国家招标程序表明，中国的制度可能没有在这些程序中充分考虑质量或临床疗效。这两种程序都没有考虑到技术创新或临床效果的差异，可能会限制美国公司进入中国市场。

化妆品方面，在过去几年中，美国和美国业界与国家医药产品管理局进行了接触，强调了对中国化妆品监管的关注。美国关注的是，一些实施措施草案没有就如何保护未披露的信息、商业秘密和商业机密信息不被擅自披露提供足够的保证。鉴于美国化妆品行业在研究、开发和品牌建设方面的巨大投资，并且鉴于中国要求披露其他国家在化妆品市场准入方面没有强制要求的信息，这种担忧更为显著

15. 出口限制方面，中国继续对一些原材料采取一系列出口限制措施，包括出口配额、出口许可证、最低出口价格、出口关税和其他限制措施，而中国在这些方面拥有作为世界主要生产国的优势。通过这些出口限制，中国似乎能够以牺牲外国下游生产者的利益为代价，为中国的广大下游生产者提供实质性的经济优势，同时对外国下游生产者造成压力，迫使他们将业务、技术和工作转移到中国。在 2013 年美国在世贸组织赢得对中国的争端解决案后，中国取消了对美国钢铁、铝和化工行业关键的几种原材料设置的出口配额和关税；2014 年，美国赢得了第二起世贸组织案件，主要针对中国对稀土、钨和钼的出口限制，这些产品是美国制造的众多产品的关键投入，包括混合动力汽车电池、风力涡轮机、节能照明、钢铁、先进电子、汽车、石油和化学品，中国在 2015 年取消了这些出口限制；2016 年，美国向世贸组织发起第三起诉讼，挑战中国维持的出口限制措施。受到挑战的出口限制包括中国对 11 种原材料的以各种形式保持的出口配额和出口关税，包括锑、铬、钴、铜、石墨、铟、铅、镁、滑石、钽和锡。这些原材料是美国重要制造业的关键投入，包括航空航天、汽车、建筑和电子行业。虽然中国似乎已经消除了有关的出口限制，但美国仍在继续监测这一情况

16. 增值税退税及相关政策方面，与往年一样，2020 年中国政府试图通过提高或降低出口时可获得的增值税（VAT）退税来管理许多初级、中级和下游产品的出口。这些做法给一些产品的全球市场造成了巨大的混乱、不确定性和不公平，特别是中国作为世界主要生产国或出口国的下游产品，如钢铁、铝和纯碱行业的产品。这些做法也造成了这些行业产能的严重过剩。2014 年 7 月中

非关税措施	国承诺改善增值税退税制度，包括积极研究国际最佳做法，并就此事与美国加深沟通，包括对贸易的影响。但这一承诺仍未兑现 17. 禁止进口再制造产品方面，中国禁止进口再制造产品，并通常将其归类为二手产品。中国还限制再制造工艺投入品进口到除经济特区外的中国海关辖区。这些进口禁令和限制破坏了中国许多行业的发展，包括采矿、农业、医疗、运输和通信，因为这些行业的公司无法购买中国以外生产的高质量、低成本的再制造产品 禁止进口再生材料方面，自 2017 年以来，中国已经发布了许多措施，限制或禁止进口大多数废弃和再生材料，如某些类型的塑料、纸张和金属。中国还采用了进口许可和检查措施，以限制这些材料的进口。值得注意的是，中国似乎没有对国内来源的废弃和再生材料实施类似的限制 18. 贸易救济方面，中国反倾销和反补贴实践中最大的制度性缺陷仍然是在透明度和程序公正方面，近年来中国在令人不安的情况下滥用反倾销和反补贴救济措施。对此，美国在双边、世贸组织会议上以及通过就未决反倾销和反补贴程序提交的书面意见向中国施压，要求中国在进行贸易救济调查时严格遵守世贸组织规则 19. 在实践中，中国进行反倾销调查似乎仍未充分依据世贸组织《反倾销协定》所体现的透明度和程序公正的基本原则。美国已经多次向中国商务部提及这些反倾销实践中的问题，而且围绕其中部分问题提起了 WTO 争端解决。而在这些 WTO 案件中，世贸组织支持了美国关于透明度和程序正义的主张。政府采购部分，在中国的政府采购制度和招标投标制度下，中国继续执行有利于中国国有企业制造或开发的产品、服务和技术的政策，通过明确和隐含的要求阻碍外国公司在中国公平竞争。例如，尽管中国承诺平等对待，但仍有外国公司表示，在招标文件中要求使用"国内品牌"和"本土设计"。中国还提出但尚未通过关于什么是国内产品的明确规定。因此，在许多采购和招标中，没有具体的衡量标准，如中国国内成分的百分比以及外国产品是否有资格参加，这往往对外国公司不利 20. 企业社会信用体系方面，外资企业担心企业社会信用体系会被中国政府利用，以向其施压要求按照中国相关产业政策行事，或者以违背市场原则或自身经营战略的方式进行投资或经营。外资企业还担心企业社会信用体系的不透明性。例如，目前，尽管《严重违法失信企业名单管理办法》中有提前告知企业被列入黑名单的要求，但有时企业只有在申请许可并收到拒绝时才知道自己的已被列入黑名单。企业社会信用体系的另一个关键问题涉及它与个人社会信用体系的联系。在这方面，除了自身的企业行为外，公司可能需要对关键人员进行监督，以确保其个人社会信用评分不会因为负面评价而下降，对公司的企业社会信用评分产生不利影响。鉴于个人社会信用体系同样具有不透明性，其目标是全面

续　表

非关税措施	规范个人的行为，这两种体系之间的联动使外资企业处于无法可依的境地。例如，如果在中国经营的外国公司的主要员工以个人身份行使言论自由，而中国政府认为其行为令人反感，那么似乎可以动用企业社会信用体系来惩罚该公司 21. 其他非关税措施方面，其他一些非关税措施会对美国企业进入中国市场或在中国投资的能力产生不利影响。主要包括《劳动法》、土地使用规范、商业争端解决和非政府组织的待遇。中国政府官员腐败的部分原因是中国没有完全实行法治，这也是一个关键问题
知识产权	商业秘密方面，美国认为中国目前的立法和执法仍存在不足，第一阶段协议大大加强了对商业秘密的保护，美国会对此领域保持持续特别关注 恶意商标注册方面，中国持续存在的恶意商标注册现象仍然令人十分担忧。美国认为 2019 年修订生效的商标法对恶意注册的打击效力尚不清楚，第一阶段协议要求解决这一长期关切 网上侵权方面，中国的网络盗版仍在大规模发生，并影响到各行各业，包括涉及合法音乐、电影、图书和期刊、软件和电子游戏的发行。虽然执法活动的增加有助于阻止一些盗版产品的在线销售，但要想为内容创作者和权利人，特别是中小企业带来有意义的改变，还需要更多的持续行动和关注。在新冠肺炎疫情期间，大量侵权者已转移到网上销售其盗版和假冒商品，这进一步增加了在网上环境中采取有针对性和持续性的执法措施的必要性。《第一阶段协议》要求中国对网络环境中的侵权行为采取有效和迅速的行动，包括要求迅速采取取缔行动，确保通知和反通知的有效性。该协议还要求中国对未采取必要措施打击侵权行为的电子商务平台采取有效行动 假冒产品方面，美方提及了中国商标法的修订，提出中国需要加强对药物活性成分的监管以防止其被用于假冒伪劣药品。强调《第一阶段协议》规定了销毁商品等措施、加强执法行动以及保证政府和国有企业使用正版软件
农业	鉴于中国监管机构的不一致执法和对市场的选择性干预，以及中国未能始终遵循基于科学的国际标准，中国仍然是一个不可预测的市场。美国同时提出，《第一阶段协议》消除了贸易结构性障碍，扩大美国食品、农业和海产品出口。协议解决了大量对美国非关税壁垒，涉及农业和海鲜产品，包括肉类、家禽、海鲜、大米、乳制品、婴儿配方奶粉、园艺产品、动物饲料和饲料添加剂、宠物食品以及农业生物技术产品。协议还要求中国兑现承诺，在 2021 年和 2022 年每年进口 400 亿美元美国农产品和海产品，并每年额外进口 50 亿美元农产品和海产品，还在国内政策支持、关税配额管理、农业生物技术审批、食品安全法、家禽、牛肉和猪肉、园艺产品、增值税退税及相关方面提出大量意见

服务	美国在华服务提供商的前景是乐观的。尽管美国在与中国的服务贸易中保持了 364 亿美元的顺差。2019 年美国在中国服务市场的份额仍远低于美国的全球服务市场份额。美国指出中国监管机构继续使用歧视性的监管程序、非正式的准入和扩张禁令、部分服务行业的逐案审批、过于烦琐的许可和运营要求以及其他手段来挫败美国服务提供商在中国充分发挥市场潜力的努力。这些政策和做法影响到广泛行业的美国服务供应商，包括云计算、电信、在线视频和娱乐软件、电影制作和发行、快递和法律服务。中国的个人信息保护法草案还包括对跨境数据流动的限制，以及数据本地存储和处理的要求。这些规定削弱了美国服务供应商进入中国市场的能力。中国也未能完全解决美国在世贸组织争端解决领域的担忧。《第一阶段协议》解决了一系列长期贸易和投资壁垒，包括银行、保险、证券和资产管理、信用评级和电子支付服务等。协议涉及的障碍包括合资企业的要求、外国股权限制和各种歧视性监管要求
	银行方面，美国指出虽然中国在银行业领域以外资银行的形式向外国开放竞争，并在过去三年取消了一些对外资银行的长期限制，但中国一直在其他方面限制市场准入，同时用歧视性和不透明的监管规则阻碍外资银行在中国建立、扩大和获得相关的市场份额。目前外资在中国仅占 1.4％。《第一阶段协议》中国承诺消除一些障碍并增加包括银行分支机构在内的美国金融机构提供证券投资基金托管服务的机会，并将尽快审查其牌照
	证券、资产管理、期货和保险方面，美国主要关注持股上限和市场份额低的问题。中国已经允许外国独资企业进入证券、资产管理、期货和保险领域，承诺消除歧视性监管要求和程序，并加快审查和批准许可申请程序，确保服务提供商能够在非歧视基础上进入中国市场
	电子支付方面，美国认为中国对包括美国主要信用卡和借记卡处理公司在内的外国公司施加不合理的限制，并采取支持中国公司的扭曲市场措施。美国将继续密切关注中国人民银行为美国电子支付服务供应商提供的许可的程序进程，以确保中国遵守《第一阶段协议》的承诺
	互联网支付服务方面，美国指出中国人民银行在对在线支付行业的许可证申请上对外资具有歧视性。尽管 2018 年中国人民银行宣布，将在非歧视性的基础上允许外国供应商提供互联网支付服务，但中国人民银行对数据和设施本地化的要求实际上阻碍了大多数外国互联网支付供应商的市场准入。最近，一家美国公司通过收购一家获得在中国提供在线支付服务许可的中国公司，获得该领域的许可证
	电信方面，中国对基础电信服务的过度限制，如非正式的新准入禁令，49％的外资股权上限，以及过高的资本金要求，阻止外国供应商进入中国基础电信服务市场。同时，中国对增值电信服务

服务	的歧视性限制，包括不透明的许可程序，外资股权上限以及定期不合理地暂停发放许可证，造成了严重的市场准入壁垒 互联网监管制度方面，美国认为中国的互联网监管制度限制性强且不透明，同时由多个机构监管，彼此间没有明确的管辖权界限。外国公司跨境提供基于互联网的服务时，面临诸多限制和困难。中国继续大规模封锁合法网站和应用程序，给基于网络的服务和产品的供应商和用户带来了巨大成本。根据最新数据，中国目前屏蔽了超过一万个外国网站，严重影响价值数十亿美元的跨境服务业务的提供 互联网协议语音服务方面，美国认为虽然中国允许计算机到计算机的互联网语音（VOIP）服务，但中国监管部门限制了向基本电信服务持牌人提供与公共交换电信网络互连的 VOIP 服务（即呼叫传统电话号码）的能力。这种限制没有合理理由，因此美国继续提倡将其取消 云计算服务方面，中国禁止外国公司在中国直接提供云计算服务，包括通过互联网提供的计算机数据和存储服务以及软件应用服务。因此外国公司为进入中国市场，需要与本是竞争对手的中国公司建立伙伴关系，并需将业务转移给竞争对手，美国对此表示关切 电影业方面，中国未履行其在 DS363 败诉后与美国所达成的备忘录，美国将持续敦促中国全面履行其义务 视听服务方面，美国指出中国禁止外国公司在中国提供电影制作和发行服务。中国在影院服务领域的限制完全阻碍了外国公司在中国投资影院，对电视和广播相关服务的限制极大地限制了外国供应商的参与 在线视频和娱乐软件服务方面，美国认为中国通过影响内容和发行平台的措施，限制在线提供外国视频和娱乐软件服务。 法律服务方面，中国限制外国律师事务所在华经营，包括限制外国律师事务所可以提供的法律服务类型，以及在中国政府机构面前代表客户的能力，并对欲设立新办事处的外国律师事务所进行长时间的拖延。2020 年 6 月发布的最新《外商投资负面清单》新增规定，明确禁止外国律师成为国内律师事务所合伙人 快递服务方面，中国通过邮政法及其相关规定阻止外国服务供应商参与其国内快递市场的文件部分。在包裹部分，中国采取了包括安全检查等过于烦琐和歧视性的监管方式。另外据报道，发放营业执照时中国服务提供商可获得更优惠待遇 跨境数据传输和数据本地化方面，中国监管机构正在制定各项措施草案和最终措施，以实施《网络安全法》和《国家安全法》，禁止或严格限制在正常商业活动中常规且至关重要的信息跨境流动。此外，《网络安全法》过于严苛且对"关键领域"定义宽泛不明。同时，美国将持续关注《个人信息保护法》中过于对跨境数据流动的限制规定

透明度	贸易有关措施的公布方面，美国认为中国很少发布与贸易相关其他措施信息（例如意见、通知等具有约束力的法律文件） 通知和评议程序方面，美国认为中国在公布行政法规和部门规章征求公众意见程序方面仍然需要改进。此外，中国许多部门在公布部门规章草案征求公众意见方面并不一致。其他规范性文件的通知和评议程序也需规范和完善 翻译方面，美国认为中国并未履行其入世承诺，没能提供各级政府所有与贸易有关的法律、法规和其他措施的一种或多种世贸组织官方语言的官方翻译

参 考 文 献
References

一、中文文献

（一）中文著作

白波、郭兴文：《博弈——关于策略的 63 个有趣话题》，哈尔滨出版社 2005 年版。

陈兴良：《刑法哲学》，中国政法大学出版社 2004 年版。

郭寿康：《国际技术转让》，法律出版社 1989 年版。

国家发展和改革委员会：《中国对外投资报告》，人民出版社 2017 年版。

贺平：《贸易与国际关系》，上海人民出版社 2018 年版。

贺小勇：《中国产业政策与 WTO 规则协调研究》，北京大学出版社 2014 年版。

胡方：《日美经济摩擦的理论与实态》，武汉大学出版社 2001 年版。

黄风：《金融制裁法律制度研究》，中国法制出版社 2014 年版。

马忠法：《国际技术转让合同实务研究：法律制度和关键条款》，法律出版社 2016 年版。

沈四宝、王秉乾：《中国对外贸易法》，法律出版社 2006 年版。

孙南翔：《美国经贸单边主义及国际应对》，社会科学文献出版社 2021 年版。

石伟：《"竞争中性"制度的理论和实践》，法律出版社 2017 年版。

苏长和：《全球公共问题与国际合作：一种制度的分析》，上海人民出版社 2000 年版。

王帆、曲博：《国际关系理论思想、范式和命题》，世界知识出版社 2013 年版。

王海浪：《ICSID 管辖权新问题与中国新对策研究》，厦门大学出版社 2017 年版。

王鸣野：《"中间地带"的博弈与困境》，科学出版社 2017 年版。

徐红菊：《国际技术转让法学》，知识产权出版社 2012 年版。

徐士英：《竞争政策研究——国际比较与中国选择》，法律出版社 2013 年版。

徐以升、马鑫：《金融制裁：美国新型全球不对称权力》，中国经济出版社 2015 年版。

张晓都：《郑成思知识产权文集：专利和技术转让卷》，知识产权出版社 2017 年版。

赵瑾：《全球化与经济摩擦——日美经济摩擦的理论与实证研究》，商务印书馆 2002 年版。

中华人民共和国商务部、中华人民共和国国家统计局、国家外汇管理局：《2016 年度中国对外直接投资统计公报》，中国统计出版社 2017 年版。

中华人民共和国商务部产业损害调查局、中华人民共和国工业和信息化部运行监测协调局:《集聚优势,转型升级——中国产业国际竞争力评论(第二辑)》,中国商务出版社 2009 年版。

(二)中文译著

[澳]克里斯蒂安·罗伊-斯密特、[英]邓肯·斯尼达尔:《牛津国际关系手册》,方芳等译,译林出版社 2019 年版。

[德]诺伯特·海林:《新货币战争:数字货币与电子支付如何塑造我们的世界》,寇瑛译,中信出版社 2020 年版。

[法]弗雷德里克·皮耶鲁齐、马修·阿伦:《美国陷阱》,法意译,中信出版社 2019 年版。

[古希腊]修昔底德:《伯罗奔尼撒战争史》,谢德风译,商务印书馆 1985 年版。

[美]L. 兰德尔·雷:《现代货币理论》,张慧玉、王佳楠、马爽译,中信出版社 2017 年版。

[美]巴里·埃森格林:《嚣张的特权:美元的兴衰和货币的未来》,陈召强译,中信出版社 2011 年版。

[美]布鲁斯·E. 克拉伯:《美国对外贸易法和海关法》,蒋兆康等译,法律出版社 2000 年版。

[美]加利·克莱德·霍夫鲍尔等:《反思经济制裁》,杜涛译,上海人民出版社 2019 年版。

[日]西村吉雄:《日本电子产业兴衰录》,侯秀娟译,人民邮电出版社 2016 年版。

[日]野口悠纪雄:《战后日本经济史》,张玲译,民主与建设出版社 2018 年版。

[英]阿尔弗雷多·萨德费洛、黛博拉·约翰斯顿:《新自由主义批判读本》,江苏人民出版社 2006 年版。

[英]依恩·布朗利:《国际公法原理》(第 5 版),曾令良、余敏友等译,法律出版社 2003 年版。

[英]阿代尔·特纳:《债务和魔鬼:货币、信贷和全球金融个体系重建》,王胜邦等译,中信出版集团 2016 年版。

[英]安德鲁·埃德加:《哈贝马斯:关键概念》,江苏人民出版社 2009 年版。

[英]尼尔·弗格森:《世界战争与西方的衰落》,喻春兰译,广东人民出版社 2015 年版。

[英]苏珊·马克斯:《宪政之谜:国际法、民主和意识形态批判》,方志燕译,上海译文出版社 2005 年版。

(三)中文论文

卜令强:《竞争中立规则视野下的中国国有企业改革》,《法大研究生》2017 年第 2 期。

车丕照:《WTO 对国际法的贡献与挑战》,《暨南学报(哲学社会科学版)》2014 年第 3 期。

陈寰琦、周念利:《从 USMCA 看美国数字贸易规则核心诉求及与中国的分歧》,《国际经贸探索》2019 年第 6 期。

陈继勇:《论 80 年代以来日本对美国直接投资的发展及特点》,《日本学刊》1992 年第

2 期。

陈淑梅：《2030：全球化与区域经济合作的中国纪元》，《学术前沿》2017 年第 14 期。

陈宇瞳、成戈威：《美国金融制裁的法律分析与风险防范》，《金融监管研究》2017 年第 1 期。

池漫郊：《〈美墨加协定〉投资争端解决之"三国四制"：表象、成因及启示》，《经贸法律评论》2019 年第 4 期。

崔威：《国有企业重组的"超特殊"税务处理：法律背景及评议》，《中外法学》2010 年第 6 期。

邓炜：《从"多哈回合"中止看多边贸易体制的危机》，《经济经纬》2007 年第 1 期。

邓仲良：《从中美贸易结构看中美贸易摩擦》，《中国流通经济》2018 年第 10 期。

翟东升、夏青：《美国投资保护主义的国际政治经济学分析——以 CFIUS 改革为案例》，《教学与研究》2009 年第 11 期。

杜涛：《欧盟对待域外经济制裁的政策转变及其背景分析》，《德国研究》2012 年第 3 期。

杜雨潇：《美收紧外资安全审查给我国企业对美投资带来挑战》，《中国外资》2018 年第 19 期。

樊富强：《澳大利亚关于国有企业竞争中立政策的实施与评析》，《对外经贸实务》2016 年第 10 期。

冯兵、黄涧秋：《论 WTO 争端解决活动中的法律解释》，《法学评论》2002 年第 1 期。

冯昭奎：《日本半导体产业发展与日美半导体贸易摩擦》，《日本学刊》2019 年第 3 期。

葛顺奇、王璐瑶：《美国对 FDI 监管政策的变化与措施》，《国际经济合作》2013 年第 4 期。

耿玥：《基于改革开放 40 年回望：试论新型全球化的影响》，《经济师》2019 年第 9 期。

古祖雪：《论国际技术贸易中的知识产权限制》，《当代法学》2005 年第 2 期。

顾静：《美国多边主义东亚新政策剖析》，《东南亚研究》2011 年第 6 期。

顾敏康、孟琪：《TPP 国有企业条款对我国国有企业的影响及对策》，《宏观经济管理》2016 年第 9 期。

韩静雅：《技术转让要求规制新趋势下的中国因应》，《广东社会科学》2017 年第 3 期。

韩立余：《国际法视野下的中国国有企业改革》，《中国法学》2019 年第 6 期。

韩小威：《WTO 规则约束下合理发挥中国产业政策效应的对策》，《经济纵横》2006 年第 3 期。

何婧：《出口管制理论研究》，《长安大学学报（社会科学版）》2017 年第 6 期。

何力：《逆全球化下中美贸易战与国际经济法的走向》，《政法论丛》2019 年第 5 期。

何艳：《技术转让履行要求禁止研究——由中美技术转让法律争端引发的思考》，《法律科学》2019 年第 1 期。

贺平：《多边贸易体制下日美贸易争端解决机制研究》，《复旦学报（社会科学版）》2009 年第 6 期。

贺小勇、陈瑶：《"求同存异"：WTO 改革方案评析与中国对策建议》，《上海对外经贸大学学报》2019 年第 2 期。

洪功翔、顾青青、董梅生：《国有经济与民营经济共生发展的理论与实证研究》，《政治经济学评论》2018 年第 5 期。

胡改蓉：《竞争中性对我国国有企业的影响及法制应对》，《法律科学》2014 年第 6 期。

胡加祥：《〈中国入世议定书〉第 15 条之解构》，《法学》2017 年第 12 期。

黄炬、刘同舫：《唯物史观视域中的人类命运共同体与新型全球化》，《甘肃社会科学》
2019 年第 4 期。

季剑军：《美国单边主义对全球治理体系的影响以及我国参与全球治理的应对策略》，
《兰州学刊》2019 年第 1 期。

姜达洋：《国外产业政策研究的新进展》，《天津商业大学学报》2009 年第 5 期。

蒋奋：《反补贴语境下的国有企业定性问题研究》，《上海对外经贸大学学报》2017 年第
1 期。

金香丹：《特朗普政府修订〈美韩自由贸易协定〉的动因及影响解析》，《韩国研究论丛》
2020 年第 1 期。

柯静：《WTO 电子商务谈判与全球数字贸易规则走向》，《国际展望》2020 年第 3 期。

冷静：《超越审计纠纷：中概股危机和解？》，《中国法律评论》2021 年第 1 期。

李本：《人民币入篮后的"不可回撤义务"与践行路径》，《社会科学研究》2017 年第
1 期。

李翀：《"广场协议"是导致日本"失落十年"的原因吗？——一个经济史的谜的解析》，
《福建论坛·（人文社会科学版）》2014 年第 3 期。

李丹：《"去全球化"：表现、原因与中国应对之策》，《中国人民大学学报》2017 年第
3 期。

李红亮、李海燕等：《日美贸易战日本真的输了吗？》，《财经界》2018 年第 9 期。

李健：《论国有银行的双重功能与不良资产的双重成因》，《财贸经济》2005 年第 1 期。

李思奇、姚远、屠新泉：《2016 年中国获得"市场经济地位"的前景：美国因素与中国
策略》，《国际贸易问题》2016 年第 3 期。

李巍、赵莉：《美国外资审查制度的变迁及其对中国的影响》，《国际展望》2019 年第
1 期。

李巍：《制衡美元的政治基础：经济崛起国应对美国货币霸权》，《世界经济与政治》2012
年第 5 期。

李先腾：《后危机时代中企海外收购面临的安全审查困局及治理路径——以美国 CFIUS
监管机制为切入点》，《交大法学》2014 年第 2 期。

李向阳：《特朗普政府需要什么样的全球化》，《世界经济与政治》2019 年第 3 期。

李晓华：《对加入 WTO 后"以市场换技术"的思考》，《中国工业经济》2004 年第 4 期。

李晓玉：《"竞争中性"规则的新发展及对中国的影响》，《国际问题研究》2014 年第
2 期。

李仲周：《WTO 改革，谨防误入歧途》，《WTO 经济导刊》2018 年 11 期。

廉德瑰：《美国对华政策的地缘政治思考模式与日本的外交选择》，《亚太安全与海洋研
究》2021 年第 4 期。

廉晓梅、许涛：《逆全球化与东亚区域经济合作的发展前景》，《东北亚论坛》2017 年第
5 期。

梁一新：《论国有企业在 ICSID 的仲裁申请资格》，《法学杂志》2017 年第 10 期。

廖凡：《从〈美墨加协定〉看美式单边主义及其应对》，《拉丁美洲研究》2019 年第 2 期。

廖凡：《跨境证券监管合作砥砺前行》，《中国外汇》2021 年第 16 期。

廖诗评：《"中美双反措施案"中的"公共机构"认定问题研究》，《法商研究》2011 年第 6 期。

廖诗评：《国内法域外适用及其应对——以美国法域外适用措施为例》，《环球法律评论》2019 年第 3 期。

林进成：《略论 80 年代日本对美国的直接投资》，《亚太经济》1991 年第 2 期。

林乐、胡婷：《从 FIRRMA 看美国外资安全审查的新趋势》，《国际经济合作》2018 年第 8 期。

刘建飞：《新时代中美关系的发展趋势》，《美国研究》2021 年第 4 期。

刘俊海：《全面推进国有企业公司治理体系和治理能力现代化的思考与建议》，《法学论坛》2014 年第 2 期。

刘笋：《投资条约中的"履行要求禁止规则"》，《武汉大学学报（哲学社会科学版）》2001 年第 6 期。

刘晓春、付扬：《详解美国 301 调查报告中的知识产权问题》，《中国对外贸易》2018 年第 5 期。

刘栩畅：《美英外资安全审查趋势及对我国影响分析》，《中国经贸导刊》2018 年第 33 期。

刘雪红：《论国有私人投资者身份认定及启示——以 ICSID 仲裁申请人资格为视角》，《上海对外经贸大学学报》2017 年第 3 期。

刘晔：《新型经济全球化与国际经济新秩序的构建》，《管理学刊》2019 年第 2 期。

刘瑛、张璐：《论〈中国入世议定书〉非市场经济方法条款到期的效力及应对》，《国际经贸探索》，2017 年第 7 期。

刘瑛：《论 WTO 争端解决中中国入世法律文件的解释》，《山西大学学报（哲学社会科学版）》2016 年第 3 期。

卢进勇、李小永、李思静：《欧美国家外资安全审查：趋势、内容与应对策略》，《国际经济合作》2018 年第 12 期。

卢周来、朱斌、马春燕：《美对华科技政策动向及我国应对策略——基于开源信息的分析》，《开放导报》2021 年第 3 期。

栾甫贵、田丽媛：《国有商业银行内部控制实质性漏洞披露问题研究》，《财会通讯》2015 年第 2 期。

栾文莲、杜筐：《理性认识和应对逆全球化和单边主义霸权》，《党政研究》2019 年第 4 期。

吕贤：《透视美国外资安全审查制度》，《中国领导科学》2018 年第 2 期。

吕耀东：《美日贸易摩擦与日本的衰退》，《人民论坛》2018 年第 11 期。

马方涵：《涉外民事诉讼中被告财产管辖权适用问题研究》，《郑州轻工业学院学报（社会科学版）》2017 年第 3 期。

马忠法、彭亚媛、谢迪扬：《中国"强制技术转让"的法律辨析》，《国际经济合作》2018 年第 12 期。

宁金成：《国有企业区分理论与区分立法研究》，《当代法学》2015 年第 1 期。

欧阳俊、邱琼：《〈美墨加协定〉的目标、原则和治理机制分析》，《拉丁美洲研究》2019

年第 2 期。

裴桂芬、李珊珊：《美国"301 条款"在日本的运用、影响及启示》，《日本学刊》2018
　　年第 4 期。

彭德雷：《中美技术转让争端的国际法解决路径》，《环球法律评论》2018 年第 6 期。

漆彤、范睿：《WTO 改革背景下发展中国家待遇问题》，《武大国际法评论》2019 年第
　　1 期。

强世功：《超大型政治实体的内在逻辑："帝国"与世界秩序》，《文化纵横》2019 年第
　　2 期。

强世功：《帝国的司法长臂——美国经济霸权的法律支撑》，《文化纵横》2019 年第 4 期。

屈彩云：《中国崛起背景下"日美澳印民主同盟"的构建》，《国际展望》2015 年第 3 期。

刘建飞：《新时代中美关系的发展趋势》，《美国研究》2021 年第 4 期。

任永彬：《失灵的 WTO》，《进出口经理人》2018 年第 9 期。

沈骏霖：《逆全球化现象浅析》，《甘肃广播电视大学学报》2017 年第 3 期。

沈铭辉：《"竞争中立"视角下的 TPP 国有企业条款分析》，《国际经济合作》2015 年第
　　7 期。

沈伟、厉潇然：《中美贸易摩擦中的"强制技术转让"争议及其法理分析——以技术转
　　让政策南北差异论为分析框架》，《国际法研究》2019 年第 6 期。

沈伟、徐驰：《逆全球化背景下的"小多边主义"的端倪和成型——理解〈中美经贸协
　　议〉（第一阶段）的变局背景》，《海峡法学》2020 年第 5 期。

沈伟：《"竞争中性"原则下的国有企业竞争中性偏离和竞争中性化之困》，《上海经济研
　　究》2019 年第 5 期。

沈伟：《"修昔底德"逻辑和规则遏制与反遏制——中美贸易摩擦背后的深层次动因》，
　　《人民论坛·学术前沿》2019 年第 1 期。

沈伟：《WTO 框架下的产业政策：规则约束和政策优化——基于"301 报告"及"中国
　　制造 2025"的分析》，《上海对外经贸大学学报》2019 年第 4 期。

沈伟：《赫尔姆斯—伯顿法案及其非法性》，《国际观察》1997 年第 1 期。

沈伟：《历史维度中的日美贸易摩擦：背景、历程和因应——兼谈中美贸易战之困的特
　　质》，《广西财经学院学报》2019 年第 5 期。

沈伟：《论金融制裁的非对称性和对称性——中美金融"脱钩"的法律冲突和特质》，
　　《上海对外经贸大学学报》2020 年第 5 期。

沈伟：《中美贸易摩擦中的法律战——从不可靠实体清单制度到阻断办法》，《比较法研
　　究》2021 年第 1 期。

石斌：《有效制裁与"正义制裁"：论国际经济制裁的政治动因与伦理维度》，《世界经济
　　与政治》2010 第 8 期。

石佳友、刘连炻：《美国扩大美元交易域外管辖对中国的挑战及其应对》，《上海大学学
　　报（社会科学版）》2018 年第 4 期。

时建中：《论竞争政策在经济体系中的地位——兼论反垄断法在管制型产业的适用》，
　　《价格理论与实践》2014 年第 7 期。

史田一：《冷战后美国亚太多边外交中的同盟逻辑》，《当代亚太》2015 年第 2 期。

［日］寺田贵：《中国的全球金融抱负：小多边框架》，王雅琦译，《国际经济评论》2014

年第 1 期。

宋彪：《竞争中性的渊源、政策目标与公共垄断改革》，《经济法研究》2017 年第 1 期。

孙晋：《新时代确立竞争政策基础性地位的现实意义及其法律实现——兼议〈反垄断法〉的修改》，《政法论坛》2019 年第 2 期。

孙璐璐：《佩里·安德森论霸权与 21 世纪的国际体系》，《国外理论动态》2019 年第 12 期。

孙南翔：《〈美墨加协定〉对非市场经济国的约束及其合法性研判》，《拉丁美洲研究》2019 年第 2 期。

孙秋月、张桂红：《TPP/CPTPP 双边保障措施歧视性条款解析及启示》，《山西大学学报（哲学社会科学版）》2018 年第 6 期。

孙效敏：《论美国外资并购安全审查制度变迁》，《国际观察》2009 年第 3 期。

孙冀：《WTO 谈判规则的反思与改革》，《湖北经济学院学报》2017 年第 2 期。

孙艳：《中美贸易知识产权摩擦及应对研究》，《经济研究》2018 年第 9 期。

孙哲、石岩：《美国外资监管政治：机制变革及特点分析（1973—2013）》，《美国研究》2014 年第 3 期。

覃斌武、高颖：《美国民事诉讼管辖权祖父案件——彭诺耶案的勘误与阐微》，《西部法学评论》第 2015 年第 6 期。

谭观福：《论数字贸易的自由化义务》，《国际经济法学刊》2021 年第 2 期。

汤婧：《"竞争中性"规则：国有企业的新挑战》，《国际经济合作》2014 年第 3 期。

汤薪玉、黄朝峰、马浚洋：《军民融合"隐形冠军"企业创新特征研究》，《科技进步与对策》2019 年第 5 期。

唐庆鹏：《逆全球化新动向的政治学分析》，《当代世界与社会主义》2017 年第 4 期。

唐宜红、姚曦：《竞争中立：国际市场新规则》，《国际贸易》2013 年第 3 期。

汪亚青：《逆全球化兴勃的逻辑机理、运行前景与中国方案的政治经济研讨》，《中共南京市党校学报》2019 年第 4 期。

王保树：《完善国有企业改革措施的法理念》，《中国法学》2000 年第 2 期。

王联合：《美国"印太战略"框架下针对南海问题的联盟新样式》，《国际观察》2021 年第 1 期。

王明国：《选择性退出、多边间竞争与特朗普的反制度化国际战略》，《国际论坛》2020 年第 1 期。

王鹏远、朱颖妮：《美国推动〈美墨加协定〉的考量、特征及其对中国带来的挑战》，《价格月刊》2020 年第 8 期。

王秋雯：《"一带一路"倡议背景下国有企业海外投资的法律挑战与中国因应》，《东南学术》2019 年第 4 期。

王书会：《中兴事件对产业强国战略推进的影响因素研究》，《中国商论》2018 年第 28 期。

王淑敏：《国际投资中的次级制裁问题研究——以乌克兰危机引发的对俄制裁为切入点》，《法商研究》2015 年第 1 期。

王晓文：《特朗普政府印太战略背景下的小多边主义——以美印日澳四国战略互动为例》，《世界经济与政治论坛》2020 年第 5 期。

王晓燕：《上市银行信息披露超载问题研究——以工商银行为例》，《财会通讯》2018 年第 26 期。

王新红：《国有企业所有权与经营权相分离理论批判》，《政治与法律》2019 年第 8 期。

王燕：《国际经贸法制改革的路径与困境反思》，《国外社会科学前沿》2019 年第 4 期。

陈寰琦、周念利：《从 USMCA 看美国数字贸易规则核心诉求及与中国的分歧》，《国际经贸探索》2019 年第 6 期。

王允贵：《"广场协议"对日本经济的影响及启示》，《国际经济评论》2004 年第 1—2 期。

王泽应、刘利乐：《当代世界逆全球化现象的伦理审视》，《中州学刊》2019 年第 1 期。

王中美、徐乾宇：《战略排他与规则重构：试析美国 FTA 的贸易政策涵义》，《国际商务研究》2021 年第 4 期。

王中美：《试论中国 FTA 战略的几个基本问题》，《世界经济研究》2018 年第 9 期。

翁国民、宋丽：《〈美墨加协定〉对国际经贸规则的影响及中国之因应》，《浙江社会科学》2020 年第 8 期。

吴敬琏：《银行改革：当前中国金融改革的重中之重》，《世界经济文汇》2002 年第 4 期。

吴盼盼：《"逆全球化"现象与"新型全球化"的中国方案》，《中国商论》2019 年第 17 期。

吴其胜：《美国外资安全审查的政治化及其应对》，《美国问题研究》2013 年第 2 期。

吴允辉：《美国"长臂司法管辖"频击外资金融机构》，《环球财经》2014 年第 11 期。

武艺、杨艳：《防控国际金融制裁风险》，《中国金融》2017 年第 24 期。

肖永平：《"长臂管辖权"的法理分析与对策研究》，《中国法学》2019 年第 6 期。

谢望原：《域外刑事管辖权及其实现》，《法学论坛》2000 年第 1 期。

邢勃：《欧美外资安全审查趋严对我国企业海外投资的警示》，《对外经贸实务》2019 年第 5 期。

徐程锦、顾宾：《WTO 法视野下的国有企业法律定性问题——兼评美国政府相关立场》，《上海对外经贸大学学报》2016 年第 3 期。

徐明棋：《论经济全球化的动力、效应与趋势》，《社会科学》2017 年第 7 期。

徐伟功、王育琪：《美国的域外证据开示制度评析》，《河南省政法管理干部学院学报》2005 年第 6 期。

徐昕：《WTO 改革最新进展及中国应对》，《WTO 经济导刊》2018 年第 10 期。

徐秀军：《逆全球化思潮下中国全球治理观的对外传播》，《对外传播》，2017 年第 3 期。

徐莹、刘静：《修昔底德与现实主义国际关系理论》，《东北大学学报》2004 年第 2 期。

许宏强、张琦：《美欧日对 WTO 改革的核心诉求与中国的对策》，《国际贸易》2019 年第 2 期。

阳东辉：《国有企业改革的法哲学基础及多元模式构想》，《法商研究》2002 年第 1 期。

杨国华：《中国贸易反制的国际法依据》，《经贸法律评论》2019 年第 1 期。

杨国华：《中美贸易战中的国际法》，《武大国际法评论》2018 年第 2 期。

杨万东、张蓓：《逆全球化的历史演进与可能走向》，《上海经济研究》2019 年第 1 期。

杨永红：《次级制裁及其反制——由美国次级制裁的立法与实践展开》，《法商研究》2019 年第 3 期。

姚凯：《从日美贸易纠纷看 WTO 争端解决机制中的非违约申诉》，《深圳大学学报》（人文社会科学版）2003 年第 3 期。

伊丹丹：《改革开放以来中国对全球化的认识与研究》，《全球化》2019 年第 2 期。

易继明、李春晖：《美对华启动 301 调查与我国的应对措施》，《西北大学学报（哲学社会科学版）》2018 年第 1 期。

易继明：《构建集中统一的知识产权行政管理体制》，《清华法学》2015 年第 6 期。

应品广：《竞争中性条款与国企改革》，《WTO 经济导刊》2015 年第 3 期。

应品广：《竞争中性——中国的实践与展望》，《WTO 经济导刊》2014 年第 6 期。

余锋：《"绿屋会议"：WTO 走出合法性危机的一道坎》，《北方法学》2010 年第 2 期。

余晖：《WTO 体制下行业协会的应对策略——以反倾销为例》，《中国工业经济》2002 年第 3 期。

余淼杰：《改革开放四十年中国对外贸易奇迹：成就与路径》，《国际贸易》2018 年第 12 期。

余莹：《中国入世议定书关于国企补贴的特殊条款及其影响》，《知识经济》2013 年第 2 期。

余永定：《中美贸易战的回顾与展望》，《新经济评论》2018 年第 3 期。

俞建雄、曹冬英：《全球化钟摆视角下特朗普政府"逆全球化"分析》，《福建商学院学报》2019 年第 5 期。

云翀：《廉实力建设与法律规制问题：国企反腐的视角》，《廉政文化研究》2016 年第 1 期。

张安彤、陈浩杰：《民营经济 120 天》，《财经国家周刊》2019 年第 5 期。

张斌：《国际投资协定中的国有企业条款：美欧模式演变与比较》，《国际商务研究》2021 年第 2 期。

张建：《论 WTO 反倾销法视角下中国的市场经济地位问题——兼论〈中国入世议定书〉第 15 条的解释》，《西安电子科技大学学报（社会科学版）》2016 年第 6 期。

张康之、张桐：《论世界的"中心—边缘"结构——读加尔通的〈帝国主义的结构化理论〉》，《吉林大学社会科学学报》2013 年第 9 期。

张力：《"印太"视域中的美印日澳四边机制初探》，《南亚研究季刊》2018 年第 4 期。

张丽英：《〈中国入世议定书〉第 15 条到期的问题及解读》，《中国政法大学学报》2017 年第 1 期。

张乃根：《试析美欧诉中国技术转让案》，《法治研究》2019 年第 1 期。

张庆麟、钟俐：《析〈美墨加协定〉之 ISDS 机制的改革——以东道国规制权为视角》，《中南大学学报（社会科学版）》2019 年第 4 期。

张天行：《美国〈外国投资风险评估现代化法案〉下的监管变革：立法与应对》，《国际经济法学刊》2019 年第 2 期。

张勇：《奥巴马政府的亚太地区"少边主义"外交浅析》，《美国研究》2012 年第 2 期。

赵春明、何艳：《对日美贸易摩擦的回顾与展望》，《现代日本经济》2001 年第 4 期。

赵海乐：《"国有企业补贴"的合法性分析——从中国诉美国双反措施案裁决谈起》，《中南大学学报》2011 年第 6 期。

赵宏：《论世界贸易组织的谈判机制》，《国际贸易》2016 年第 12 期。

赵学清：《欧美竞争中性政策对我国国有企业影响研究》，《河北法学》2013 年第 1 期。

郑永年：《国家与发展：探索中国政治经济学模式》，《文化纵横》2019 年第 1 期。

周金凯：《美国对华贸易政治的实施策略分析——中美经贸摩擦视角》，《上海对外经贸大学学报》2021 年第 3 期。

周俊：《特朗普政府的贸易政策——基于美国国内贸易政治视角的分析》，《国际展望》2017 年第 9 期。

周志华：《我国民营企业的现状、问题及对策》，《经济与社会发展》2018 年第 3 期。

朱民、缪延亮：《从多边和双边的视角看中美贸易》，《国际经济评论》2018 年第 4 期。

朱文龙、鲍禄：《国际软法的理论探析》，《天津大学学报（社会科学版）》2013 年第 4 期。

朱兆敏：《论世界贸易组织与中国的市场经济地位》，《法学》2015 年第 9 期。

朱志玲：《"涉外刑事管辖权"与"域外刑事管辖权"概念辨析》，《湖北警官学院学报》2009 年第 6 期。

宗良、黄雪菲：《新型全球化的前景、路径与中国角色》，《金融论坛》2017 年第 6 期。

邹松霖：《任正非的案头书：中国企业如何规避"美国陷阱"》，《中国经济周刊》2019 年第 15 期。

左海聪、林思思：《2016 年后反倾销领域中国（非）市场经济地位问题》，《法学研究》2017 年第 1 期。

白洁、苏庆义：《〈美墨加协定〉：特征、影响及中国应对》，《国际经济评论》2020 年第 6 期。

保建云：《大国博弈中的全球产业链分化重构》，《人民论坛·学术前沿》2018 年第 18 期。

保民、袁博：《美国外资安全审查的政治化趋势及我国的法律应对》，《国际贸易》2020 年第 10 期。

蔡丛燕：《国家的"离开""回归"与国际法的未来》，《国际法研究》2018 年第 4 期。

陈淑梅：《2030：全球化与区域经济合作的中国纪元》，《学术前沿》2017 年第 14 期。

程大为：《诸边主义还是（大）区域主义？解决 WTO 多边主义危机的两难选择》，《WTO 经济导刊》2014 年第 2 期。

程信和：《硬法、软法与经济法》，《甘肃社会科学》2007 年第 4 期。

储昭根：《安全的再定义及其边界》，《国际论坛》2015 年第 4 期。

崔子恒、杨守明：《美国阿富汗战争性质分析——基于新干涉主义的视角》，《郑州航空工业管理学院学报（社会科学版）》2022 年第 5 期。

段楠：《全球产业链布局调整、变化趋势及中国应对策略研究》，《新经济》2021 年第 1 期。

傅梦孜：《国际力量格局变化与中美关系》，《国际安全研究》2020 年第 6 期。

付文广：《从门罗主义到威尔逊主义：美国对外干预思想的起源与发展》，《拉丁美洲研究》2021 年第 6 期。

甘培忠、王丹：《"国家安全"的审查标准研究——基于外国直接投资市场准入视角》，《法学杂志》2015 年第 5 期。

高柏、草苍：《为什么全球化会发生逆转——逆全球化现象的因果机制分析》，《文化纵横》2016 年第 6 期。

耿玥：《基于改革开放 40 年回望：试论新型全球化的影响》，《经济师》2019 年第 9 期。

古燕：《美国国家安全战略述评》，《世界经济与政治》1992 年第 2 期。

归泳涛：《经济方略、经济安全政策与美日对华战略新动向》，《日本学刊》2021 年第 6 期，第 66 页。

归泳涛：《日本与中美战略竞争——贸易战、科技战及印太战略》，《国际论坛》2020 年第 3 期。

韩冬涛、孔令兰萱：《斯蒂芬·赫德兰视野中的俄罗斯转型路径依赖》，《俄罗斯研究》2016 年第 3 期。

韩逸畴：《国际规则的"结构性挑战"：以贸易协定中的例外规定为例》，《当代法学》2021 年第 4 期。

何力：《逆全球化下中美贸易战与国际经济法的走向》，《政法论丛》2019 年第 5 期。

贺立龙：《美国对华投资并购安全审查的最新进展、未来趋势与应对策略》，《对外经贸实务》2021 年第 4 期。

何志鹏、申天娇：《国际软法在全球治理中的效力探究》，《学术月刊》2021 年第 1 期。

何志鹏、孙璐：《国际软法何以可能：一个以环境为视角的展开》，《当代法学》2012 年第 1 期。

胡然、王缉思：《论中美关系与国内治理》，《当代美国评论》2022 年第 3 期。

胡晓鹏、苏宁：《中美经济"脱钩"的政策解析以及对两岸关系的影响》，《台湾研究集刊》2022 年第 4 期。

胡子南：《德国加强外商直接投资审查及对华影响——基于〈对外经济条例〉修订的分析》，《现代国际关系》2019 年第 6 期。

黄洁琼：《论比例原则在外资国家安全审查中适用》，《河北法学》2020 年第 10 期。

黄炬、刘同舫：《唯物史观视域中的人类命运共同体与新型全球化》，《甘肃社会科学》2019 年第 4 期。

黄日涵、高恩泽：《"小院高墙"：拜登政府的科技竞争战略》，《外交评论》2022 年第 2 期。

黄用琴：《完善新形势下中国外资国家安全审查制度》，《新理财（政府理财）》2020 年第 12 期。

黄忠：《百年变局下第四次工业革命的发展与国际关系的走向》，《当代世界与社会主义》（双月刊）2022 年第 4 期。

季剑军：《美国单边主义对全球治理体系的影响以及我国参与全球治理的应对策略》，《兰州学刊》2019 年第 1 期。

季剑军：《美国单边主义对全球治理体系的影响以及我国参与全球治理的应对策略》，《兰州学刊》2019 年第 1 期。

贾文山、江灏锋：《千年视野下百年未有之大变局与中国路径》，《现代国际关系》2022 年第 7 期。

江河：《从大国政治到国际法治：以国际软法为视角》，《政法论丛》2020 年第 1 期。

蒋凯：《国际软法的缘起及影响》，《当代世界》2010 年第 8 期。

李道刚、喻锋：《欧安会/欧安组织框架下的人权与安全——基于〈赫尔辛基最后文件〉的法理分析》，《法学家》2008 年第 5 期。

李泓霖、毛欣娟：《西方国家安全理论嬗变及启示》，《中国人民公安大学学报（社会科学版》2016 年第 5 期。

李建华、张永义：《价值观外交国际政治伦理冲突》，《河南师范大学学报》2009 年第
　　3 期。

李军：《外资国家安全审查制度历史考察及我国制度选择》，《云南大学学报法学版》
　　2014 年第 6 期。

李向阳：《特朗普政府需要什么样的全球化》，《世界经济与政治》2019 年第 3 期。

李伟、张佳敏：《中国企业对美投资中的美国国家安全审查趋势与对策》，《太原师范学
　　院学报（社会科学版）》2020 年第 4 期。

李义虎：《拜登对华战略中的对台政策：战略定位与战略竞争》，《台湾研究》2021 年第
　　3 期。

李玉梅、桑百川：《国际投资规则比较、趋势与中国对策》，《经济社会体制比较》2014
　　年第 1 期。

廉晓梅、许涛：《逆全球化与东亚区域经济合作的发展前景》，《东北亚论坛》2017 年第
　　5 期。

连增、王颖、孙文莉：《特朗普政府投资领域国家安全审查制度的新变化及其趋势解
　　析》，《国际论坛》2019 年第 2 期。

凌胜利、李航：《拜登政府的亚太联盟政策探析》，《现代国际关系》2021 年第 4 期。

凌胜利、雒景瑜：《拜登政府的"技术联盟"：动因、内容与挑战》，《国际论坛》2021 年
　　第 6 期。

刘春宝：《欧盟国际投资协定政策的革新及其对中欧 BIT 谈判的影响》，《国际经济法学
　　刊》2015 年第 2 期。

刘小枫：《"门罗主义"与全球化纪元》，《人民论坛·学术前沿》2020 年第 3 期。

刘晔：《新型经济全球化与国际经济新秩序的构建》，《管理学刊》2019 年第 2 期。

刘友金、李玮瑾：《俄乌冲突、全球产业链重塑与"一带一路"背景下的中国应对》，
　　《湖南科技大学学报（社会科学版）》2022 年第 3 期。

刘智：《美国价值观之清教主义根源》，《深圳大学学报（人文社会科学版）》2004 年第
　　1 期。

栾文莲、杜筐：《理性认识和应对逆全球化和单边主义霸权》，《党政研究》2019 年第 4 期。

马如辅、郝正阳、聂嵘：《资源型企业并购重组的动因分析——以中石油多宗并购案为
　　例进行分析》，《现代商业》2012 年第 7 期。

牛子牛：《跨国垄断资本与主权国家的当代矛盾——论当代新资本形态内在矛盾的一种
　　表现形式》，《学术月刊》2021 年第 7 期。

彭岳：《中美贸易战的美国法根源与中国的应对》，《武汉大学学报（哲学社会科学版）》
　　2021 年第 2 期。

钱嘉宁、黄世席：《国际投资法下东道国监管权的改革——基于可持续发展原则的分
　　析》，《北京理工大学学报（社会科版）》2018 年第 4 期。

强世功：《贸易与人权（上）世界帝国与"美国行为的根源"》，《文化纵横》2021 年第
　　5 期。

任琳、孟思宇：《霸权护持、复边主义与全球治理秩序的危机》，《外交评论》2022 年第
　　5 期。

任琳、郑海琦：《虚弱的联盟扩容与全球治理秩序》，《国际政治科学》2022 年第 1 期。

任卫东：《全球化进程中的国家主权：原则、挑战及选择》，《国际关系学院学报》2005 年第 6 期。

任晓：《安全——一项概念史的研究》，《外交评论（外交学院学报）》2006 年第 5 期。

单文华、张生：《从"南北矛盾"到"公私冲突"：卡尔沃主义的复苏与国际投资法的新视野》，《西安交通大学学报（社会科学版）》2008 年第 4 期。

沈骏霖：《逆全球化现象浅析》，《甘肃广播电视大学学报》2017 年第 3 期。

沈伟：《国际法体系的基础之辨：基于国际规则体系的理论溯源》，《社会科学》2022 年第 10 期。

沈伟：《国际经济法的安全困境——基于博弈论的视角》，《当代法学》2023 年第 1 期。

沈伟：《"脱钩论"背景下的中美金融断裂——以〈外国公司问责法案〉为切入》，《浙江工商大学学报》2021 年第 2 期。

沈伟、田弋滢：《欧盟外商直接投资审查条例出台的背景、规则和应对》，《海关与经贸研究》2019 年第 6 期。

盛斌、孙天昊：《美国贸易政策评析与中美经贸关系展望》，《当代美国评论》2021 年第 5 期。

宋晓敏：《建构主义安全研究理论范式刍议》，《人民论坛》2012 年第 14 期。

宋云博：《全球治理的"双擎模式"：国际德治与国际法治的融合互动》，《法治现代化研究》2018 第 2 期。

苏可桢、沈伟：《从"印太经济框架"看美国小多边主义的滥觞与因应》，《亚太经济》2022 年第 6 期。

孙效敏：《论美国外资并购安全审查制度变迁》，《国际观察》2009 年第 3 期。

孙莹：《历史学派帝国特惠思想和张伯伦关税改革运动》，《学海》2018 年第 2 期。

唐庆鹏：《逆全球化新动向的政治学分析》，《当代世界与社会主义》2017 年第 4 期。

滕建群：《拜登政府对华战略竞争的前景分析》，《当代中国》2021 年第 7 期。

田丰：《英国审查外商投资对国家安全的影响》，《中国外资》2018 年第 1 期。

田九霞：《论美国的"价值观外交"及其实质》，《江淮论坛》2012 年第 5 期。

田文林：《大国博弈与中间地带的动荡与冲突》，《区域与全球发展》2019 年第 3 期。

王保民、袁博：《美国外资安全审查的政治化趋势及我国的法律应对》，《国际贸易》2020 年第 10 期。

王东光：《国家安全审查：政治法律化与法律政治化》，《中外法学》2016 年第 5 期。

王文、贾晋京、胡倩榕：《如何化解西方价值观外交中的"词汇陷阱"》，《对外传播》2021 年第 12 期。

汪亚青：《逆全球化兴勃的逻辑机理、运行前景与中国方案的政治经济研讨》，《中共南京市党校学报》2019 年第 4 期。

王阳：《美国全球话语霸权是如何形成的》，《人民论坛》2016 年第 25 期。

王一鸣：《百年大变局、高质量发展与构建新发展格局》，《管理世界》2020 年第 12 期。

王泽应、刘利乐：《当代世界逆全球化现象的伦理审视》，《中州学刊》2019 年第 1 期。

吴盼盼：《"逆全球化"现象与"新型全球化"的中国方案》，《中国商论》2019 年第 17 期。

徐崇利：《跨政府组织网络与国际经济软法》，《环球法律评论》2006 年第 4 期。

徐明棋：《论经济全球化的动力、效应与趋势》，《社会科学》2017 年第 7 期。

许鹏：《脱钩：去依附战略与"逆全球化"思潮之辨》，《当代经济研究》2023 年第 2 期。

徐秀军：《金融危机后的世界经济秩序：实力结构、规则体系与治理理念》，《国际政治研究（双月刊）》2015 年第 5 期。

徐秀军：《逆全球化思潮下中国全球治理观的对外传播》，《对外传播》2017 年第 3 期。

徐秀军：《中国参与全球经济治理的路径选择》，《国际问题研究》2017 年第 6 期。

阎学通：《无序体系中的国际秩序》，《国际政治科学》2016 年第 1 期。

杨万东、张蓓：《逆全球化的历史演进与可能走向》，《上海经济研究》2019 年第 1 期。

杨勇萍、潘迎春：《美国对华"新冷战"的演进逻辑》，《国际观察》2021 年第 2 期。

杨悦、张子介：《"美国优先"及其对美韩同盟的影响探析》，《太平洋学报》2019 年第 3 期。

杨云霞：《当代霸权国家经济安全泛化及中国的应对》，《马克思主义研究》2021 年第 3 期。

伊丹丹：《改革开放以来中国对全球化的认识与研究》，《全球化》2019 年第 2 期。

叶成城、王浩：《拜登政府价值观联盟战略初探》，《现代国际关系》2021 年第 9 期。

尹楠楠、刘国柱：《塑造大国竞争的工具——拜登政府科技联盟战略》，《国际政治研究》2021 年第 5 期。

于宏源：《风险叠加背景下的美国绿色供应链战略与中国应对》，《社会科学》2022 年第 7 期。

俞建雄、曹冬英：《全球化钟摆视角下特朗普政府"逆全球化"分析》，《福建商学院学报》2019 年第 5 期。

俞可平：《全球治理引论》，《马克思主义与现实》2002 年第 1 期。

张怀岭：《德国外资并购安全审查：改革内容与法律应对》，《德国研究》2018 年第 3 期。

张猛：《知识产权国际保护的体制转换及其推进策略——多边体制、双边体制、复边体制?》，《知识产权》2012 年第 10 期。

张茜：《拜登政府价值观同盟问题评析》，《国际研究参考》2021 年第 10 期。

张帅：《美元拍卖博弈理论视角下的中韩文化争论研究》，《改革与开放》2011 年第 2 期。

张小明：《约瑟夫·奈的"软权力"思想分析》，《美国研究》2005 年第 1 期。

张宇燕、冯维江：《从"接触"到"规锁"：美国对华战略意图及中美博弈的四种前景》，《清华金融评论》2018 年第 7 期。

赵光锐：《拜登政府上台后欧盟-美国的对华政策协调：动因、领域与障碍》，《德国研究》2022 年第 1 期。

赵骏：《全球治理视野下的国际法治与国内法治》，《中国社会科学》2014 年第 10 期。

赵柯：《试论大国经济外交的战略目标——美国经济外交与大英帝国的崩溃》，《欧洲研究》2014 年第 4 期。

赵洋：《破解"全球治理赤字"何以可能? ——兼论中国对全球治理理念的创新》，《社会科学》2021 年第 5 期。

赵迎结、吕耀东：《"印太"视阈下日英"准同盟"关系的构建与局限》，《太平洋学报》2020 年第 8 期。

周念利、吴希贤：《中美数字技术权力竞争：理论逻辑与典型事实》，《当代亚太》2021
　　年第 6 期。

竺彩华：《市场、国家与国际经贸规则体系重构》，《外交评论》2019 年第 5 期。

朱宁：《安全与非安全化——哥本哈根学派安全研究》，《世界经济与政治》2003 年第
　　10 期。

宗良、黄雪菲：《新型全球化的前景、路径与中国角色》，《金融论坛》2017 年第 6 期。

二、英文文献

（一）英文专著

Alexander, Kern. *Economic Sanctions: Law and Public Policy*. Palgrave Macmillan,
　　2009.

Algan, Yann, Sergei Guriev, Elias Papaioannou and Evgenia Passari. *The European Trust
　　Crisis and the Rise of Populism*. Brookings Papers on Economic Activity, 2017.

Anthea Roberts. *Is International Law International?* Oxford: Oxford University Press,
　　2017.

Beeson, Mark. *Environmental Populism: The Politics of Survival in the Anthropocene*.
　　Palgrave MacMillan, 2019.

Bobbio, Norberto. *The Future of Democracy: A Defence of the Rues of the Game*. Polity
　　Press, 1987.

Brummer Chris. *Minilateralism: How Trade Alliances, Soft Law, and Financial
　　Engineering Are Redefining Economic Statecraft*. Cambridge University Press, 2014.

David Goodhart. *The Road to Somewhere: The New Tribes Shaping British Politics*.
　　Penguin Books, 2017.

Doxey, Margaret P. *International Sanctions in Contemporary Perspective*. Martin's Press,
　　1996.

Eric Posner. *The Perils of Global Legalism*. Chicago: University of Chicago Press, 2009.

Francis Fukuyama. *The End of History and the Last Man*. New York: Fress Press,
　　1992.

Gagnon, Joseph E. Foreign Excahnge Intervention since the Plaza Accord: The Need for
　　Global Currency Rules, in Bergsten C. Fred and Green Russell (eds). *International
　　Monetary Cooperation: Lessons From The Plaza Accord After Thirty Years*. Peterson
　　Institute for International Economics, 2016.

Ghemawat, Pankaj. *The Laws of Globalization and Business Applications*. Cambridge
　　University Press, 2016.

Higgins, Rosalyn. *Problems and Process: International Law and How We Use It*.
　　Clarendon Press, 1994.

Julia Ku and John Yao. *Taming Globali zation: International Law, the U. S.
　　Constitution and the New World Order*. Oxford University Press, 2012.

Kittrie, Orde F. *Lawfare: Law As A Weapon of War*. Oxford University Press, 2016.

Koh, Harold Hongju. *The Trump Administration and International Law*. Oxford University Press, 2019.

Ku, Julia and Yoo John. *Taming Globalization: International Law, the U.S. Constitution and the New World Order*. Oxford University Press, 2012.

Listokin, Yair. *Law and Macroeconomics: Legal Remedies to Recessions*. Harvard University Press, 2019.

Lowenfeld, Andreas F. *International Economic Law*. Oxford University Press, 2008.

Mark Malloch-Brown. *The Unfinished Global Revolution — The Pursuit of a New International Politics*. New York: The Penguin Press, 2011.

Miyagawa, Makio. *Do Economic Sanctions Work?* St. Martin's Press, 1992.

Mudde, Cas and Rovira Kaltwasser. *Populism: A Very Short Introduction*. Oxford University Press, 2017.

Müller, Jen-Werner. *What is Populism?* University of Pennsylvania Press, 2016.

Norris, Pippa & Ronald Inglehart. *Cultural Backlash: Trump, Brexit, and Authoritarian Populism*. Cambridge University Press, 2019.

Norris, Pippa and Ronald Inglehart. *Cultural Backlash: Trump, Brexit and the Rise of Authoritarian Populism*. Cambridge University Press, 2018.

Polanyi, Karl. *The Great Transformation: The Political and Economic Origins of Our Time*. Beacon Press, 2001.

Posner, Eric A. *The Perils of Global Legalism*. University of Chicago Press, 2009.

Walter, Bagehot. *Lombard Street: A Description of the Money Market*. Scribner, Armstrong & Co., 2017.

(二) 英文论文

Alan E Boyle. Some Reflections on the Relationship of Treaties and Soft Law, *International and Comparative Law Quarter*, Vol.48, No.4, 1998.

Alesina, Alberto and George-Marios Angeletos. Fairness and redistribution, *American Economic Review*, Vol.95, 2005.

Algan, Yann, Sergei Guriev, Elias Papaioannou & Evgenia Passari. The European Trust Crisis and the Rise of Populism, *Brookings Papers on Economic Activity*, Vol. 5, No.3, 2017.

Alston, Philip. The Populist Challenge to Human Rights, *Journal of Human Rights Practice*, Vol.1, 2017.

Amedeo Gasparini. *Challenges under the Biden Administration in the US-EU Transatlantic Relations. Global Affairs*, Vol.7, 2021.

Andreas Wilhelm. *Außenpolitik. Grundlagen, Strukturen und Prozesse. Oldenbourg*, 2006.

Andrew Emmerson. Conceptualizing Security Exceptions: Legal Doctrine or Political Excuse? *Journal of International Economic Law*, Vol.11, No.1, 2008.

Anne-Marie Slaughter. The Real New World Order. *Foreign Affairs*, Vol.76, 1997.

Anne van Aaken. International Investment Law Between Commitment and Flexibility: A Contract Theory Analysis. *J Int'l Econ. L.* Vol.12, 2009.

Anu Bradford & Eric A Posner. Universal Exceptionalism in International Law. *Harvard International Law Journal*, Vol.52, No.1, 2001.

Avioutskii, Viatcheslav and Mouloud Tensaout. Does Politics Matter? Partisan FDI in Central and Eastern Europe, *Multinational Business Review*, Vol.24, 2016.

Baldwin, David A. The Power of Positive Sanctions, *World Politics*, Vol. 24, No.1, 1971.

Becker, Sascha O., Thiemo Fetzer and Dennis Novy. Who Voted for Brexit? A Comprehensive District-level Analysis, *Economic Policy*, Vol.32, 2017.

Ben Rhodes. *The Democratic Renewal: What It Will Take to Fix U. S. Foreign Policy The World Trump Made. Foreign Affairs*, Vol.99, 2020.

Bhattacharya, Ritwik. Three Viewpoints on China's Non-Market Economy Status, *Trade L. & Dev.*, Vol.9, 2017.

Bu, Qingxiu. The Anatomy of Holding Foreign Companies Accountable Act (HFCAA): A Panacea or a Double-edge Sword? *Capital Markets Law Journal*, Vol. 16, No.4, 2021.

Chen Yu. Advancing Predictability via a Judicialized Investment Court? A Fresh Look Through the Lens of Constructivism. *Journal of International Dispute Settlement*, Vol.13, No.3, 2022.

Christian Reus-Smit. International Law and the Mediation of Culture. *Ethics and International Affairs*, Vol.28, No.1, 2014.

Christoph Schreuer. Traveling the BIT Route: Of Waiting Periods, Umbrella Clauses and Forks in the Road. *The Journal of World Investment and Trade*, Vol.5, No.2, 2004.

Clements, Kevin P. Authoritarian Populism and Atavistic Nationalism: 21st Century Challenges to Peacebuilding and Development, *Journal of Peacebuilding & Development*, Vol.13, No.3, 2018.

Colantone, Italo and Piero Stanig. The Economic Determinants of the "Cultural Backlash": Globalization and Attitudes in Western Europe, *Baffi-Carefin Working Paper*, Vol.1, 2018.

Colantone, Italo and Piero Stanig. The Trade Origins of Economic Nationalism: Import Competition and Voting Behavior in Western Europe, *American Journal of Political Science*, Vol.62, No.4, 2018.

Colantone, Italo & Piero Stanig. Global competition and Brexit, *American Political Science Review*, Vol.112, No.2, 2018.

Daniel C. Esty. Good Governance at the Supranational Scale: Globalizing Administrative Law. *Yale Law Journal*, Vol.115, 2006.

Dani Rodrik. How far will international economic integration go? *The Journal of Economic Perspectives*, Vol.14, No.1, 2000.

David Kennedy. Turning to Market Democracy: A Tale of Two Architectures. *Harvard International Law Journal*, Vol.32, 1991.

Dunlap, Charles J. Lawfare Today: A Perspective, *Yale Journal of International Affairs*, Vol.3, 2008.

Eric Engle. Trump's Foreign Policy: Realist Economic Nationalism. *Loyola University Chicago International Law Review*, Vol.14, No.1, 2016.

Furculiţă, Cornelia and Wolfgang Weiss. The EU in Search for Stronger Enforcement Rules: Assessing the Proposed Amendments to Trade Enforcement Regulation 654/2014, *Journal of International Economic Law*, Vol.23, 2020.

Galtung, Johan. On the Effects of International Economic Sanctions: With Examples from the Case of Rhodesia, *World Politics*, Vol.19, No.3, 1967.

Gary Born. A New Generation of International Adjudication. *Duke L. J.* Vol.61, 2012.

Gerowin, Mina. U.S. Regulation of Foreign Direct Investment: Current Development and the Congressional Response, *Virginia Journal of International Law*, Vol. 15, No.3, 1975.

Gidron, Noam and Peter A. Hall. The Politics of Social Status: Economic and Cultural Roots of the Populist Right, *The British Journal of Sociology*, Vol.68, 2017.

Globerman, Steven. A New Era for Foreign Direct Investment? *Multinational Business Review*, Vol.25, 2017.

Gregory Shaffer. Tragedy in the Making? The Decline of Law and the Return of Power in International Trade Relations. *Yale J Int'l Law*, Vol.37, 2019.

Guiso, Luigi, Helios Herrera, Massimo Morelli and Tommaso Sonno. Demand and Supply of Populism, *EIEF Working Paper*, Vol.17, 2017.

Hameleers, Michael. Framing Blame: Toward a Better Understanding of the Effects of Populist Communication on Populist Party Preferences, *Journal of Elections, Public Opinion and Parties*, Vol.25, No.3, 2018.

Hayes, Alexander Rossell & Carolyn Marie Dudek. How Radical Right-Wing Populism Has Shaped Recent Migration Policy in Austria and Germany, *Journal of Immigrant & Refugee Studies*, Vol.18, No.2, 2020.

Heine-Ellison, Sofia. The Impact and Effectiveness of Multilateral Economic Sanctions: A Comparative Study, *The International Journal of Human Rights*, Vol. 5, No. 1, 2001.

Hoda, M. J. The Aérospatiale Dilemma: Why US Courts Ignore Blocking Statues and What Foreign States Can Do about It, *California Law Review*, Vol.106, 2018.

Ian Hurd. The International Rule of Law: Law and the Limit of Politics. *Ethics and International Affairs*, Vol.28, No.1, 2014.

J. Benton Heath. National Security and Economic Globalization: Toward Collision and Reconciliation? *Fordham Int'l L J*, Vol.42, 2019.

J. Benton Heath. The New National Security Challenge to the Economic Order. *Yale Law Journal*, Vol.129, 2020.

Jerry Harris. Statist Globalization in China, Russia and the Gulf States. *Perspectives on Global Development and Technology*, Vol.73, No.1, 2009.

John H. Jackson. Sovereignty-Modern: A New Approach to an Outdated Concept. *Am J. Int'l L.*, Vol.97, 2003.

José E. Alvarez. The Return of the State. *Minnesota Journal of International Law*, Vol. 20, No.2, 2011.

Joseph S. Nye Jr. and William Owens. *America's Information Edge. Foreign Affairs*, Vol.75, 1996.

Josselyn, Amy S. National Security at All Costs: Why the CFIUS Review Process may have Overreached Its Purpose, *George Mason Law Review*, Vol.21, No.5, 2014.

Jules Lobel. Emergency Power and the Decline of Liberalism. *Yale L. J.* Vol.98, 1989.

Kathleen Claussen. Trade's Security Exceptionalism. *Stan L Rev.*, Vol.72, 2020.

Klein, Michael, Mizrach Bruce and Murphy Robert G. Managing the Dollar: Has the Plaza Agreement Mattered? *Journal of Money, Credit and Banking*, Vol.23, No.4, 1991.

Laura K. Donohue. The Limits of National Security. *Am Crim L Rev*, Vol.48, 2011.

Lawson, Fred H. Using Positive Sanctions to End International Conflicts, *Journal of Peace Research*, Vol.20, No.4, 1983.

Li Ji. Investing Near the National Security Black Hole, *Berkeley Business Law Journal*, Vol.14, No.1, 2017.

Lindsay, James M. Trade Sanctions as Policy Instruments: A Re-examination, *International Studies Quarterly*, Vol.30, No.2, 1986.

Lu, Haitian et al. Political Connectedness and Judicial Outcomes: Evidence from Chinese Corporate Lawsuits, *Journal of Law and Economics*, Vol.58, No.4, 2015.

Major, Solomon & Anthony J. McGann. Caught in the Crossfire: Innocent Bystanders as Optimal Targets of Economic Sanctions, *The Journal of Conflict Resolution*, Vol.49, No.3, 2005.

Martin Shubik. The Dollar Auction Game: a Paradox in Noncooperative Behavior and Escalation. *Journal of Conflict Resolution*, Vol.15, No.1, 1971.

Mian, Atif, Amir Sufi and Francesco Trebbi. Resolving Debt Overhang: Political Constraints in the Aftermath of Financial Crises, *American Economic Journal: Macroeconomics*, Vol.6, No.2, 2014.

Miles Kahler. Multilateralism with Small and Large Numbers. *International Organization*, Vol. 46, 1992.

Miles Kahler. Rising Powers and Global Governance: Negotiating Change in a Resilient Status Quo. *International Affairs*, Vol.89, No.3, 2013.

Nedumpara, James J. & Archana Subramanian. China and the Non-Market Economy Treatment in Anti-Dumping Cases: Can the Surrogate Price Methodology Continue Post-2016, *J. Int'l & Comp. L.* Vol.4, 2017.

Nicolas Lamp. The Club Approach to Multilateral Trade Lawmaking. *Vand J Transnational Law*, Vol.49, 2016.

Nossal, Kim Richard. International Sanctions as International Punishment, *International Organization*, Vol.43, No.2, 1989.

O'Connor, Bernard. Much Ado about Nothing: 2016, China and Market Economy Status, *Global Trade and Customs Journal*, Vol.10, No.5, 2015.

Pappas, Takis S. Exchange: How to Tell Nativists from Populists, *Journal of Democracy*, Vol.29, No.1, 2018.

Patrick, Griffin. CFIUS in the Age of Chinese Investment, *Fordham Law Review*, Vol.85, No.4, 2017.

Patrick, Stewart. The New 'New Multilateralism': Minilateral Cooperation, but at What Cost? *Global Summitry*, Vol.1, 2015.

Paul Mertenskötter & Richard B. Stewart. Remote Control: Treaty Requirements for Regulatory Procedures. *Cornell L. Rev*, Vol.104, 2018.

Peter M. Haas. Addressing the Global Governance Deficit. *Global Environmental Politics*, Vol.4, No.4, 2004.

Primo Braga C. A. and Alexander J. Yeats. Minilateral and Managed Trade in the Post-Uruguay Round World, Minn. J. Global Trade, Vol.3, 1994.

Rao, Weijia. China's Market Economy Status under WTO Antidumping Law after 2016, *Tsinghua China L. Rev.*, Vol.5, 2013.

Richard B. Bilder. Kosovo and the New Interventionism: Promise or Peril. *Journal of Transnational Law & Policy*, Vol.9, 1999.

Robert Basebow. The WTO and the Rise of Plurilateralism — What Lessons Can We Learn from the European Union's Experience with Differentiated Intergration? *Journal of International Economic Law*, Vol. 21, 2018.

Robert O. Keohane and Joseph S. Nye Jr. Power and Interdependence in the Information Age. *Foreign Affairs*, Vol.77, 1998.

Rodrik, Dani. How far will international economic integration go? *The Journal of Economic Perspectives*, Vol.14, No.1, 2000.

Roger P. Alford. The Self-Judging WTO Security Exception. *Utah L. Rev.*, 2011.

Rose, Euclid A. From a Punitive to a Bargaining Model of Sanctions: Lessons from Iraq, *International Studies Quarterly*, Vol.49, No.3, 2005.

Roy Clark Hanaway. Latin American Opinion of the Monroe Doctrine. *Social Science*, Vol.1, 1926.

Rui J. P. Figueiredo, Jr. & Barry R. Weingast. Self-Enforcing Federalism. *J. L. Econ. & Org.*, Vol.21, 2005.

Savage, Ischemia & Christopher W. Horlick. United States Voluntary Restraint Agreements: Practical Considerations and Policy Recommendations, *Stanford Journal of International Law*, Vol.21, 1985.

Sean Creehan and Sabeel Rahman. The Power of Persuasion: Dual Components of US Leadership. *Harvard International Review*, Vol.24, 2003.

Shen Wei and Shang Shu. Conceptualizing Unilateralism, Fragmentationism and Statism in a Populism Context — A Rise of Populist International Law? *Brazilian Journal of International Law*, Vol.17, No.2, 2020.

Shin-yi Peng. Cybersecurity Threats and the WTO National Security Exceptions. *J. Int'l Econ L.*, Vol.18, 2015.

Smith, Malcolm D. H. Voluntary Export Quotas and US Trade Policy: A New Nontariff Barrier, *International Business Law and Policy*, Vol.5, 1973.

Stewart Patrick. The New 'New Multilateralism': Minilateral Cooperation, but at What Cost? *Global Summitry*, Vol.1, 2015.

Terence Wesley-Smith and Gerard A. Finin. US-Pacific Engagement and the Biden Presidency: The Limits of a China-Centred Approach. *The Journal of Pacific History*, Vol.56, 2021.

Timothy Meyer and Ganesh Sitaraman. Trade and the Separation of Power. *Cal L. Rev*, Vol.107, 2019.

Tomuschat, Christian. International Law: Ensuring the Survival of Mankind on the Eve of New Century, *Recueil des Cours*, Vol.281, 1999.

Tostensen, Arne & Beate Bull. Are Smart Sanctions Feasible? *World Politics*, Vol.54, No.3, 2002.

Tow, William T. Minilateral Security's Relevance to US Strategy in the Indo-Pacific: Challenges and Prospects, *The Pacific Review*, Vol.32, No.2, 2019.

Trine Flockhart. The Coming Multi-order World. *Contemporary Security Policy*, Vol. 37, 2016.

Wesley A. Cann, Jr. Creating Standards and Accountability for the Use of the WTO Security Exception: Reducing the Role of Power-based Relations and Establishing a New Balance Between Sovereignty and Multilateralism. *Yale J Int'l L*, Vol.26, 2001.

William T. Tow. Minilateral Security's Relevance to US Strategy in the Indo-Pacific: Challenges and Prospects. *The Pacific Review*, Vol.32, 2019.

Winston P. Nagan. Global Governance: A New Paradigm for the Rule of Law. *CADMUS*, Vol.2, No.1, 2013.

W. Michael Reisman. Old Wine in New Bottles: The Reagan and Brezhnev Doctrines in Contemporary International Law and Practice. *Yale Journal of International Law*, Vol. 13, 1988.

Yakunin, Vladimir. The Future of World Order-Building a Community of Common Destiny, *China Quarterly of International Strategic Studies*, Vol.3, No.2, 2017.

Yu, Yanning. Rethinking China's Market Economy Status in Trade Remedy Disputes after 2016: Concerns and Challenges, *Asian Journal of WTO and International Health Law and Policy*, Vol.8, No.1, 2013.

Zhao Jun. Rule of Law at the National and International Levels: A Review from the Global Governance Perspective. *Social Sciences in China*, Vol.37, No.2, 2016.

索　引

Index

一、法律法规索引

《1930 年关税法》　103，582

《1949 年出口管制法》　283

《1950 年国防产品法》　179

《1961 年维也纳外交关系公约任择议定
　书》　347

《1988 年综合贸易和竞争法》　303

《2007 年外国投资与国家安全法》　168，
　169，457

《2018 年出口管制改革法案》（Export
　Control Reform Act of 2018，ECRA）
　281

《2021 战略竞争法案》　577，616

《埃克森—弗洛里奥修正案》（The Exon-
　Florio Amendment）　160，168，457

《爱国者法案》（Uniting and
　Strengthening America by Providing
　Appropriate Tools Required to Intercept
　and Obstruct Terrorism Act of 2001，
　USA PATRIOT Act）　316

《爱克森—佛罗里奥修正案》（Exon-Florio
　provision）　265

《巴黎协定》（Paris Agreement）　346，
　397，557，612，615

《保护美国投资者免受中国公司重大风险
　影响的备忘录》（Memorandum on

Protecting United States Investors from
　Significant Risks from Chinese
　Companies）　192，313

《伯德修正案》　160，161，168，457

《补贴与反补贴措施协议》（Agreement on
　Subsidies and Countervailing Measures，
　SCM Agreement）　24，68，581，609

《不可靠实体清单》　249

《不为无法审计的行为者进行 IPO 法案》
　（No IPOs for Unaccountable Actors
　Act）　198

《澄清境外数据的合法使用法案》（"云法
　案"）　270

《出口管理法》（The Export
　Administration Act，EAA）　132，318

《出口管理条例》（Export Administration
　Regulations，EAR）　132，234，280 -
　282，284，285，295，296，318，349

《对外贸易法》　140，297，303，307

《多德—弗兰克法案》（Dodd-Frank Wall
　Street Reform and Consumer Protection
　Act）　204，252

《反不正当竞争法》　85，139

《反海外腐败法》（Foreign Corrupt
　Practices Act）　290，318，319

《反外国制裁法》　616

《服务贸易总协定》(General Agreement on Trade in Services，GATS)　116，248，274，300

《改善国内外投资申报法》　179

《工业 4.0 战略》　113

《公平法案》(Ensuring Quality Information and Transparency for Abroad-based Listings on Our Exchanges，or the EQUITABLE Act)　195，313

《古巴自由与民主声援法》(或称《赫尔姆斯—伯顿法》，the Helms Burton Act)　293，316

《关税与贸易总协定》　283，300，543

《关于创新试点红筹企业在境内上市相关安排的公告》　223

《关于磋商、合作和信息交流多边备忘录》(Multilateral Memorandum of Understanding Concerning Consultation and Cooperation and the Exchange of Information)　206

《关于加强在境外发行证券与上市相关保密和档案管理工作的规定》　208，209，212，213

《关于外国人收购、兼并和接管的条例》(Regulations on Mergers，Acquisitions and Takeovers by Foreign Persons)　179

《广场协议》　2，19 - 22，33，160

《国防授权法》(National Defense Authorization Act)　203，316

《国防战略报告》　164

《国际紧急经济权力法》(International Emergency Economic Powers Act，IEEPA)　245，282，316

《国际投资调查法》(International Investment Survey Act)　160，179

《国家安全战略中期指导方针》(Interim National Security Strategic Guidance)　259

《国家对国际不法行为的国际责任草案》(简称《国际责任草案》)　291

《国家紧急状态法》(National Emergencies Act)　316

《国家先进制造战略规划》　113

《国家中长期科学和技术发展规划纲要》(National Program for Medium-to-Long-Term Scientific and Technological Development)　153

《海外反腐败法》　287，289，306

《赫尔姆斯—伯顿法》(Helms-Burton Act)　288，308，316

《会计师事务所从事中国内地企业境外上市审计业务暂行规定》　212，213

《计算机软件保护条例》　140

《技术进出口管理条例》　118，134，138，139

《技术进出口合同登记管理办法》　139

《技术贸易壁垒协议》　101

《加速外国公司问责法案》(Accelerating Holding Foreign Companies Accountable Act)　199

《建立非洲大陆自由贸易区的协定》　389

《禁止进口限制进口技术管理办法》　139

《开放天空条约》　348

《可再生能源中长期发展规划》　141，143

《联合国宪章》　290，483，497，544，552 - 557

《马格尼茨基法案》　285

《马拉喀什建立世界贸易组织协定》　389

《马斯特里赫特条约》　114

《贸易壁垒条例》(Trade Barriers Regulation，TBR)　303

《贸易利益法案》(Protection of Trading Interests Act 1980)　292，320

《贸易有关的投资措施协定》　109

《美国防务目录》（United States Munitions List，USML）　132

《美国联邦云计算战略》　96

《美国商业管制清单》（The Commerce Control List，CCL）　132

《美国国家安全战略报告》　257，425，427

《门罗宣言》　426

《免受第三国立法及由此产生行动之域外适用影响的保护法案》　292

《民法通则》　140

《民事诉讼法》　140

《纳税人及储蓄者保护法案》（Taxpayers and Savers Protection Act）　195，313

《区域全面经济伙伴关系协定》（Regional Comprehensive Economic Partnership，RCEP）　417，502，550，613

《确保信息通信技术与服务供应链安全行政令》（Executive Order on Securing the Information and Communications Technology and Services Supply Chain）　282

《入世议定书》　108

《萨班斯—奥克斯利法案》（Sarbanes-Oxley Act）　204，205，251，318 - 320

《商标法》　140

《涉外经济合同法》　140

《实施卫生和植物卫生措施协议》　101

《数据安全法》　249，295

《通用数据保护条例》（General Data Protection Regulation，GDPR）　595，608

《外国公司问责法案》（The Holding Foreign Company Accountable Act）　190，191，222，312，579

《外国投资研究法》（Foreign Investment Study Act）　160

《外国域外措施法案》（Foreign Extraterritorial Measures Act）　292，293，320，322

《外商投资产业指导目录》　112，117，137，141，142，269

《外商投资与国家安全法案》（Foreign Investment and National Security Act of 2007，FINSA）　174，180

《外资企业法》　140

《为新冠病毒受害者伸张正义法案》（Justice for Victims of COVID - 19 Act）　361

《武器出口管制法》（The Arms Export Control Act，AECA）　132

《武器国际运输条例》（International Traffic in Arms Regulations，ITAR）　132

《新能源汽车生产企业及产品准入管理规定》　143

《行政诉讼法》　298

《行政许可法》　141

《叙利亚责任与黎巴嫩主权法》（Syria Accountability and Lebanese Sovereignty Restoration Act）　316

《伊朗核协定》（Joint Comprehensive Plan of Action 2015，Iran Nuclear Deal）　347，476

《伊朗交易制裁条例》　308

《与敌贸易法》（Trading with the Enemy Act，TWEA）　158，457

《与贸易有关的投资措施协议》（Agreement on Trade-Related Investment Measures，TRIMs）　116，148

《与贸易有关的知识产权协议》（Agreement on Trade-Related Aspects of Intellectual Property Rights，TRIPs）　148，487

《增强版多边备忘录》（Enhanced
　　Multilateral Memorandum of
　　Understanding Concerning Consultation
　　and Cooperation and the Exchange of
　　Information）　208，213
《知识产权海关保护条例》　140
《中共中央关于坚持和完善中国特色社会
　　主义制度　309
《中国加入 WTO 议定书》（Protocol on
　　the Accession of the People's Republic
　　of China）　150
《中国禁止出口限制出口技术目录》　248
《中华人民共和国反垄断法》　297
《中华人民共和国国家安全法》　268，
　　295 - 297
《中华人民共和国外商投资法》　155，
　　193，268
《中美经贸协定》（第一阶段）（The
　　Economic and Trade Agreement
　　between the United States of America
　　and the People's Republic of China）
　　190，236，311，312，396，411，412
《中外合资经营企业法》　140
《中外合作经营企业法》　140
《中外合作经营企业法实施细则》　140
《仲裁法》　140
《著作权法》　135，140
《著作权法实施条例》　140
《专利法》　139
《专利法实施细则》　139
《阻断外国法律与措施不当域外适用办法》
　　249，270，275，279
《最高人民法院关于适用〈中华人民共和
　　国行政诉讼法〉的解释》　298

二、关键词索引

A

安全例外条款　242，243，248，449，
　　455，460，465

B

巴塞尔委员会（Basel Committee）　205
霸权转移理论　563
保护主义　21，25，160，162，164，
　　166，184，295，337，341，368，375，
　　381，397，404，405，418，438，446，
　　468，477，478，482，492，529，535，
　　546，573，606
北京城建集团有限责任公司（Beijing
　　Uurban Construction Group Co.，Ltd.，
　　BUCG）　51
北约（North Atlantic Treaty
　　Organization，NATO）　226，331，
　　347，348，429
本土主义　162，166，338，341，343，
　　344
比较优势理论　110，111
布雷顿森林体系　20，237，333，334，
　　465，510 - 513，524，530，532，538，
　　548，554
便利主义　495

C

财产罚　305
超级 301 条款　8，11 - 13，303
惩罚技术化　306
出口管制　132，133，136，162，164，
　　185，233，268，281，283 - 285，288，
　　290，295，297，298，302，305，318，
　　350，448，456，472，487，542，
　　572 - 575，577，578，586，591，602
储备货币　224，225，236，238，240，
　　317，323，327，329，330，332，335，
　　546，580
次级制裁　279，288 - 291，302，320，
　　328，350

D

搭便车　460，498，526

大陆均势　568

大卫·莱恩（David Lane）　481，496 -
498，537 - 539，541，549

单边制裁　10，237，282，291，334，
348 - 350，583

单边主义　17，18，237，239，258，
277，279，289，295，310，333，337，
341，345，366，368，375，381，385，
397，398，400，406 - 408，410，413，
418，419，451，461，462，468，480，
482，483，492，499，532，539 - 541，
551，571，602，612

德维卡·豪威尔（Devika Howell）　350

地缘政治　199，249，276，295，341，
436，438，441，444，503，567 - 570，
572，573，598

抵制性立法　292，293

抖音（TikTok）　241，252，446，470，
472

毒丸条款　35，39，103，166，385，
413，415，437，478，587

独立审计监管机构国际论坛
（International Forum of Independent
Audit Regulators，IFIAR）　205

独立养老基金　30

多边主义　10，341，345，351，396，
397，399，400，402，403，405，413，
418 - 421，424，436，439，441，442，
444，469，487，488，499，506，531，
532，536，548，549，551，572，592，
593，601，603，610 - 614，617

多哈回合谈判　370，462

地缘经济秩序　474

斗鸡博弈　471，472

E

二级制裁　317，583

二十国集团（G20）　73，477，488，
497，499，516，535，548

F

法律战（lawfare，又称 legal warfare）
190，278，279，286，288，302，310

法庭之友（amicus curiae）　361，373，
374，378

反垄断法　54，84，85，146，297，305，
594

反洗钱　306

非 SDN 中国军工复合体企业名单（Non-
SDN Chinese Military-Industrial
Complex Companies List）　198，199

非歧视性原则　12，15，101，403

非市场经济国家　35，39，59，103，
104，106，108，166，409，410，413，
415，416，420，587

非专向性原则　102

负面清单　112，214，463，471，617

非传统安全　257，268，452，453，473

复边主义　439，440

G

格雷厄姆·艾利森（Graham Allison）
563，564

公共服务部门　120

公司治理　30，56，70，80，88，121，
157，187，188，357，392，466

公众公司会计监督委员会（Public
Company Accounting Oversight Board，
PCAOB）　312

孤立主义　257，258，345，462，476，
546，572，573

关键基础设施　171 - 173，176，181，

182，185，234，260，265，276，395，454，457，586，606

关键技术 96，138，161，167，171 - 173，176，180 - 182，185，262，265 - 267，269，395，454，457，575，586 - 588，591，597，606

管辖权 41，46 - 48，52，53，59，65，171 - 173，182，185，186，213，249，265，267，270，288 - 293，302，317，318，321，322，327，347，358，359，361，362，364，365，380，449，457，488，498，538，542，585

管辖投资 394

广场协议 2，19 - 22，33，34，160

规则软法化 279

国防安全 159，168，175，180，181，266，269，457

国际法治 278，341，397，456，465，475，476，483 - 485，488，490 - 494，497，500 - 502，507，537，542 - 544，560

国际货币基金组织（International Monetary Fund，IMF） 238，436，482，483，490，491，501，510，538，581

国际贸易组织（International Trade Organization，ITO） 543

国际投资协定（International Investment Agreements，IIAs） 41，58，463，464

国际投资争端解决中心（International Center for Settlement of Investment Disputes，ICSID） 40，341，486

国际刑事法庭（International Criminal Court，ICC） 348，486

国际证监会组织（International Organization of Securities Commissions，IOSCO） 204 - 206，208，211

国际秩序改革 569

国家安全 38，57，88，94，96 - 98，111，117，128，131 - 133，135，136，141，144，157 - 162，164，166 - 176，179 - 186，188 - 190，202，203，208，215，233 - 236，242 - 252，255 - 270，273，274，276，278，280 - 285，287，295 - 297，299，300，302，312，327，328，338，349，350，369，391，394，395，405，410，425，427，430，434，438，445 - 461，464 - 474，487，498，541，554，572 - 575，577，585 - 589，591，592，595，599，601，602，606，608，615，616

国家发展改革委规划司 110

国家豁免制度 616

国家紧急状态 282，316

国民待遇原则 101，179，180，409

国民生产总值 114，225，330

国有企业（State Owned Enterprise，SOE） 24 - 32，37，39 - 47，49 - 67，69 - 82，84，86 - 88，90 - 92，109，110，115，119 - 123，127，136，161，162，168，174，183，221，236，273，280，284，285，329，355，357，358，369，380，389，391，392，406，415，419，421，471，575，609，610，613 - 615，617

公司主权 463

共同价值观 424，426，427，429，430，440，491

供应链 36，74，95，136，191，232，233，239，259，282，284，285，287，288，300，302，309，315，332，350，395，414，423，430，433，435，439，440，467，482，528，571 - 576，578，579，586，589，592 - 594，601，606，611

国际德治　485

国际经贸秩序　422，425，432，434，
　437，439，442，443，549，550

国家安全泛化主义　446，452，460

H

和解措施（mitigation measures）　186

华为　75，82，126，136，182，233，
　234，255，259，276，280，282，284，
　287，349，350，391，446，454，
　586－589，593，594，608

汇率操纵国　581

汇率低估　312，541，581－584

豁免　7，30，32，57，84，86，123，
　175，177，183，187，216，222，246，
　271，292，296，308，321，333，
　353－365，388，410，411，413，494，
　613

豁免制度　120

货币互换协定　226，331

J

机构治理监督　305，306

集体行动（collective action）　399，
　413，436，441

技术转让制度　95，112，134，156，594

监管中立　29，56，66，86，120，121，
　123

交叉补贴　31，32，122

交易成本　131，183，304，307，479，
　498

金伯利·艾略特（Kimberly Elliott）
　610

金融制裁　282，288，289，311，315－
　318，323，324，326－329，331，332，
　348－350，504，579，580，583

金砖国家新开发银行　301

进出口管理法　305

进口限制　5，7，8，16，17，139，283，
　349

禁止性补贴　68，109，125，392，609

经济规制权　460，538

经济合作与发展组织（Organization for
　Economic Co-operation and
　Development，OECD）　25

经济民族主义　164，181，572，601

经济全球化　2，21，36，100，152，
　276，381，413，419，420，435，438，
　445－447，452，460，464，474，480，
　481，491，498，499，510，512，516，
　524，527，532，534，538－540，
　542－545，548－550，554，555，560，
　562，583

经营管制　305，306

价值观同盟　422－441，443

价值观外交　422－425，427－431，433－
　436，438－443

坚韧自由主义　435

警察国家　338

竞争中性原则　25，28－30，41，54，
　57－59，61，62，65－67，69，70，
　72－74，81－84，86，87，91，92，
　119－121，124，126，357

K

凯瑟琳·戴琪（Katherine Tai）　575，
　576

可变利益实体（Variable Interest Entity，
　VIE）　192，222

可诉性补贴　109，125

肯尼迪回合　370

恐怖分子资金追踪计划（Terrorist
　Finance Tracking Program）　324

跨市场监管集团（Intermarket
　Surveillance Group，ISG）　206

扩散控制倡议（Enhanced Proliferation

Control Initiative，EPCI）　281

L

联邦公报（Federal Register）　177，284

联邦政府云计算发展计划　96

联合国（United Nations，UN）　39，
147，148，290，328，346，347，349，
351，360，376，381，405，427，444，
472，483，486，489，490，493，497，
501，502，504，513，516，532，539，
544，548，552－557，562，569，611，
612

联合国教科文组织（UN Educational
Scientific and Cultural Organization）
346，347，397，476

拉平效应　432

路径依赖　434－436

联合国人权理事会（UN Human Rights
Council）　346，476，556

量化宽松　19，225，226，240，329，
330

临时性通用许可证（temporary general
license）　284

伦敦证券交易所（London Stock
Exchange）　222

罗伯特·莱特希泽（Robert Lighthizer）
604

罗伯特·佐利克（Robert B. Zoellick）
522，610

绿地投资　188，459

绿屋会议　371，377

M

贸易保护主义　10，11，20，33，105，
114，306，310，343，387，396，402，
404，414，418，419，446，477，478，
487，528，532，535，546，613

贸易壁垒　8，10－13，101，278，283，

303，350，369，388－391，393，402，
404，411，414，539，573，578，603，
608

贸易赤字　33，301

贸易战　1，2，23，33－38，57，61，
74，91，93，94，97，111，113，157，
163，165，167，185，187，190，194，
223，233，259，261，311，349，366，
368，375，395，397，406，411，412，
439，451，472，476，480，481，498，
529，539，542，549，563，565，573，
612

贸易制裁　10－12，279，290，304，
311，449，456，541

美国存托证券（American Depository
Receipts，ADR）　197

美国例外主义　451

美国国际贸易委员会（United States
International Trade Commission，
USITC）　26，90，582，591

美国贸易代表办公室（United States
Trade Representative，USTR）　94，
128，129，236，382，383，390，393，
575，603，605，607，611

美国商务部　14，98，103，136，164，
234，246，280，282，284，285，290，
295，312，318，349，350，451，487，
575，578，581－583，586，589，592

美国商务部工业和安全局（Bureau of
Industry and Security，BIS）　296，
575

美国外资投资委员会（the Committee on
Foreign Investment in the United
States，CFIUS）　97，158，161，287

美国陷阱　286，287，290，306

美国优先　34，166，168，244，258，
357，375，387，396，404，408，409，
413，425，427，460，462，476，478，

487，526，571，572，589

美国证券交易委员会（The U.S. Security and Exchange Commission，SEC）159，206，252

美墨加协定（The United States-Mexico-Canada Agreement，USMCA）39，57 - 59，66，103，346，357，385 - 388，398，406 - 408，413，414，437，478，572，587

民主赤字　478，483，499

民族国家　164，448，460，468，481，498 - 500，517 - 520，540，545，559

民粹主义　166，232，253，263，264，337 - 345，351，352，366，367，461，476，479，480，484，492，546，605

民族主义　250，337，340 - 342，344，451，462，464，540，546

模糊安全　453

N

南海行为准则（Code of Conduct，COC）600

能源高级研究计划署（Advanced Research Projects Agency-Energy，ARPA - E）596

拟列入行为　305

纽约清算所银行同业支付系统（Clearing House Interbank Payment System，CHIPS）232，325

纽约证券交易所（The New York Stock Exchange）197，200，591

逆全球化　264，267，301，306，374，396 - 398，403，404，438，445，462，475 - 477，479 - 483，488，492，497 - 499，503，506，516，527，529，530，534 - 537，539 - 542，544 - 551，587，613

O

欧盟（European Union，EU）　2，9，29，34，35，37，39，61，69，70，73，74，99，100，102 - 106，108，113 - 115，120，131，133，149，175，189，205，232，263，273，292，293，303，307，308，317，319 - 322，324 - 326，332，341，349，350，369，372，377，379，382，384，389，390，393，404，405，410，411，414，415，420，423，443，451，459，460，463，467，499，538，541，547，587，593，595，598，605，607，608，613，617

P

平行二元模式　449

Q

七国集团　346，429，489，548，593

气候高级研究计划署（Advanced Research Projects Agency-Climate，ARPA - C）596

强制性技术转让　37，99，130，139，148 - 150，613

去全球化　166，340，341，469

权力转移理论　563

全面与进步跨太平洋伙伴关系协定（Comprehensive and Progressive Agreement for Trans-Pacific Partnership，简称 CPTPP）66，389，502

全球治理赤字　475，478，483，489，504，506，542

区域多边机制　433

全球法治　475，483，496，537

R

人类命运共同体　441，442，444，475，

480，492，497，502，506，522，532，534，536，537，547，551－562，600，617

人民币国际化　190，216，224，236，237，311，332－334，534，584

日落条款　290，408，414

软权力　431－434，441

S

沙文主义　341

商业部的工业和安全局（Bureau of Industry and Security，BIS）　132

商业贿赂　287，306，319

实际有效汇率（Real Effective Exchange Rate，REER）　582

实体清单（Entity List）　132，133，136，249，268，271，278－282，284－286，290，294－302，305，309，310，349，350，575，586，588

世界贸易组织（World Trade Organization，WTO）　12，24，39，94，106，129，348，368－370，381，386，389，393，395，403，404，415，417，440，449，482，483，487，493，497，511，538，562，603

世界卫生组织（World Health Organization，WHO）　348，359，397

世界知识产权组织（World Intellectual Property Organization，WIPO）　147，148，591

市场准入　10，14，71，95，98－101，116，143，144，149，154，274，278，305，371，376，390，403，405，418，443，447，576，580，607

属地管辖　289，318

属人管辖　275，289，317，318，322

数字鸿沟　243

双边投资协定（Bilateral Investment Treaties，BIT）　40，64，115，149，157，189，274，358，405，455，460，465

双重犯罪原则　207

税收中立　25，29，32，119，121，122

司法救济　271，301，308，309，352

司法审查豁免　174

斯普特尼克时刻　593

十四点计划　425，426

T

碳边境税　598

特惠贸易与投资协定（PTIA）　455

体制失范　499

特别301条款　8，11

特别关注国家　175，184，394，606

特殊指定国民（Specially Designated Nationals，SDN）　328

替代国标准　102，103

透明度原则　108，115，124，373

脱钩　55，75，189－191，193，194，199，202，216，217，223，224，232，236，238－240，242，289，306，311，312，327，329，333，335，336，394，437－439，441，455，571，576－579，583，585，587，588，593，600，601，617

W

外国对手（foreign adversary）　233，260，282，285，287，589

外国投资委员会（Committee on Foreign Investment in the United States，CFIUS）　163，166，167，173，179－181，265，394，541，606

外资安全审查　97，123，157－163，166－169，171，178，183，184，188，264－

266，394，452，457-459，541，572

外资并购安全审查制度　158，161，168，169，266，453，457

网络安全悖论　241-244，249，250，267，272

威权主义　341，343

温迪·贝特斯顿（Wendy Beetlestone）　246

乌拉圭回合　7，14，371，512

X

宪政主义　496，524

香港证券交易所（Hong Kong Stock Exchange）　200

消费者保护法　252，305

小多边主义　306，396，398-404，406，409，410，413-415，417，419-422，424，430，436，442，469，488，490，578，601

效果原则（Effect Doctrine）　288，317，318

协商一致原则　371，375，376，403

新加坡议题　377

信息共享　175，208

修昔底德陷阱　1，2，97，522，563，564，611，616

虚假陈述　224，323，352

许可证制度　132，283

西方缺失　434，442

小范围治理　487，488，503

新型国际治理机制　484，485，504

新兴经济体　23，398，404，442，481-483，499，500，511-513，516，529，531，536，547

新自由主义　338，340，434，460，464，481，491，494，511-513，517，535，541，546

Y

亚投行　301，519

一般301条款　8，303

一带一路（The Belt and Road）　53，55-57，239，277，301，336，416，438，439，443，488，497，505，516，519，534-536，545，547，584，614，615，617

一揽子承诺（Single Undertaking）　371，374-376，488，503

一美元拍卖　469，470

印太经济框架（IPEF）　422，430，442，576，577

Z

债务货币化　225，226，330

长安模式　95

长臂管辖　205，223，224，270-272，279，288-293，309，317-323，327，328，487，542

争端解决机构（Dispute Settlement Body，DSB）　9，13，18，102，148，274，383，486，494，603

证券法　193，204，212，213，220，223，224，252，305，322，323

政治孤立主义　166

直接制裁　279，288，308

殖民资本主义　567

制裁性立法　292，293

制裁预警机制　307

治外法权　288，291，294，322

中国财政部　206

中国威胁论　34，167，250，361，563，576

中国行动计划　285

中国证券监督管理委员会　206，212，213

中国制造2025计划　134

中欧投资协定　617

中兴通讯　162，255，287，454

重商资本主义　567

制度赤字　479，483，497，498

中国式民主　441

主权弱化　461

主权平等　290，291，356，544，552，
　555，561

铸币税　225，330

专制技术官僚主义　339

专制主义　338

资产负债表　225

自由裁量权　11，24，103，117，138，
　148，174，180，181，219－221，266，
　305，358，451，454

自由主义　23，239，344，431，434，

435，449，450，457，461，462，464，
465，468，469，477，481，494，511，
513，517，526，530，535，540，568，
569，588

自愿限制协定（Voluntary Restraint
　Agreement，VRAs）　283

最惠国待遇　8，48，59，101，368，370，
　387，403，407－411，461，471，549

最终用户审查委员会（End-User Review
　Committee，ERC）　281，282，296

再平衡　162，257，267，462，464

责任赤字　479，483，498，499

战略竞争　162，242，243，260，286，
　361，422，423，428，437，439，540，
　568－570，572－574，577，588，589，
　599，600，602，616

后　记
Postscript

呈现在读者面前的这本书是 2020 年度教育部哲学社会科学研究后期资助项目"中美经贸摩擦和国际经济秩序研究"课题（项目批准号：20JHQ072）的最终成果，也是 2021 年度国家社会科学基金重大项目"美国全球单边经济制裁中涉华制裁案例分析与对策研究"课题（项目编号：21&ZD208）的阶段性成果。

首先，我要衷心感谢周汉民教授审阅了书稿，并且在百忙中拨冗为本书撰写序言。序言简意赅，道出了中美贸易摩擦在百年未有之大变局中的时代意义和国际法意义。

其次，一些章节的合作者为本书相关章节的形成做出了贡献：前言部分内容是我讲座的部分内容，陈睿毅作了记录和整理；厉潇然合作了第五章；苏可桢补充了第七章第二节和合作了第十四章；靳思远合作了第八章；徐驰合作了第十三章；李况然合作了第十六章、整理了第十九章第三节；吴柄萱合作了第十七章；杨宝舒整理了第十八章第四节的有关内容；苏一、屠安楠先后整理了附录一。

再次，我要感谢课题申请和结项过程中匿名评审提出的完善建议和修改意见，也要感谢业内同仁师友就相关问题的讨论和启发，限于篇幅就不一一罗列，好在我们志趣相投，心在一起。

我还要感谢上海交通大学出版社汪娜编辑的精心编辑，本书在三审三校之后，我又进行了比较大的修改和补充，汪娜编辑给与了耐心和大力支持，对本书的出版贡献良多。我也期待和汪娜编辑在"涉外法治研究丛书"和"国家安全研究丛书"项目中有更多的合作。

　　本书的出版得到教育部课题资助、上海交通大学通识核心课程的支持，特此致谢！

　　不幸的是，在本书付梓之际，中美经贸摩擦仍然没有画上句号。从全球化的视野看，我们固然有一万个理由希望中美经贸摩擦早日结束，但是从地缘政治经济格局看，中美经贸摩擦很有可能是百年未有之大变局的一个重要节点，甚至是一个序幕性的事件。时间是良药，也是苦酒，我们和中美经贸摩擦都会成为历史，我们能够亲历其中既是幸事，更是可叹之事。

沈伟

2022 年 11 月 28 日初稿

2023 年 3 月 24 日再稿

2023 年 4 月 26 日定稿